北部湾科学数据共享平台构建
与决策支持系统研发及应用

胡宝清　覃开贤　陈　波　元昌安等　著

科学出版社

北　京

内 容 简 介

本书以广西北部湾经济区为对象，沿着"科学问题—科学思维—科学方法—科学数据—科学结论—科学规律"的科学思路，研发广西北部湾经济区科学数据共享和决策支持系统，基于区域可持续发展的视角，运用科学合理的方法和手段研究区域可持续发展在资源、环境、社会、经济等方面的各种问题。在研究内容上，本书包含既相对独立又相互联系的3部分共12章，即以北部湾经济区作为研究对象，主要研究北部湾经济区科学数据分类、共享规范标准制定、专题数据库群建立、共享平台研发，在此基础上，运用科学合理的方法和手段研究生态环境脆弱性评价、自然灾害时空分异与风险性评估、综合区划及优化、土地集约利用与产业优化结构耦合、海岸带城市区域发展的空间结构关系等。

本书可供地理信息科学、地理学、资源与环境科学、海洋科学等学科研究人员及有关院校师生参考。

图书在版编目(CIP)数据

北部湾科学数据共享平台构建与决策支持系统研发及应用／胡宝清等著. —北京：科学出版社，2016

ISBN 978-7-03-049007-0

Ⅰ. ①北… Ⅱ. ①胡… Ⅲ. ①北部湾-经济区-区域发展-数据共享-研究②北部湾-经济区-区域发展-决策支持系统-研究 Ⅳ. ①F127.67

中国版本图书馆 CIP 数据核字（2016）第 141162 号

责任编辑：王 运 陈娇娇／责任校对：何艳萍
责任印制：张 倩／封面设计：耕者设计工作室

科学出版社 出版

北京东黄城根北街 16 号
邮政编码：100717
http://www.sciencep.com

北京通州皇家印刷厂 印刷

科学出版社发行 各地新华书店经销

*

2016 年 6 月第 一 版 开本：787×1092 1/16
2016 年 6 月第一次印刷 印张：31 1/2
字数：750 000

定价：278.00 元

（如有印装质量问题，我社负责调换）

本书作者名单

主　　笔　　胡宝清　覃开贤　陈　波　元昌安

编写人员　　田　涛　车良革　李　鹏　王珊珊　秦登华
　　　　　　陈振宇　许贵林　兰瑞乐　严志强　唐高华
　　　　　　张建兵　闫　妍　段　炼　胡　刚　李　峥
　　　　　　闭应洲　董德信　陈　默　梁铭忠

序　言

　　近20年来，随着人类对地球系统科学认知的进步和高新技术应用的发展，资源与环境科学领域的科学研究已迈入全球化、信息化的新时代，国际科学界启动了一系列与资源环境有关的重大国际研究计划，资源与环境科学的研究思路、内容和方法均发生了重大变化，学科领域的总体发展态势表现为研究手段的先进性和精确性，以及学科研究的交叉性和集成性。在此背景下，胡宝清团队近10余年紧跟国际科学发展潮流，依托我国西部大开发和面向东盟开放合作的重点地区——广西北部湾经济区，针对北部湾经济区生态、环保和防灾减灾等领域科学研究的科学数据共享需求，探索开展属于信息技术及资源环境应用技术交叉领域的研究。以广西北部湾经济区为研究对象，沿着"科学问题—科学思维—科学方法—科学数据—科学结论—科学规律"的思路，综合运用时空信息的组织、传输、可视化表达、管理和共享等相关理论与方法，采用空间信息、数据库和网络等相关技术，构建一个支撑北部湾经济区资源、生态、环境与防灾减灾等研究领域的科学数据共享平台，并依托该平台开展基于区域可持续发展视角的北部湾经济区相关典型性应用研究。

　　该书围绕"数据—模型—系统—服务"资源环境信息技术应用建设思路，在数据方面，研究和制定北部湾科学数据系列标准规范和管理条例，包括元数据标准规范、数据分类规范、数据库建设规范和相关的管理条例等，建立基于北部湾科学数据标准规范指导下的网络联邦式北部湾经济区数据库群，实现网络化数据集成，制定北部湾经济区科学数据库数据采集与整理工作规范标准，构建基于WebGIS和B/S架构的数据采集和输入系统；在模型方面，开发基于智能计算和数据挖掘的北部湾经济区科学数据辅助分析决策系统，建立基于工作流引擎的服务组合机制，建立基于UDDI语义Web服务针对具体用途的智能组合模型库，实现智能化的模型建立、模型显示、模型修改、模型查询、模型打印、模型删除、模型组合、模型编译、模型保存等功能，突破了区域资源环境数据集成与共享等方面的技术瓶颈；在系统方面，构建了基于数据集成共享和Web语义服务的科学数据集成共享与智能决策支持系统平台，建成以元数据为核心的数据汇交发布架构，采用面向服务架构体系建立了各数据中心的中间件数据集成体系，为广西在资源、环境、社会、经济等领域开展资源环境合理评价、科学规划提供技术支撑；在服务方面，基于平台生态环境脆弱性评价、分析、驱动等模型服务多学科交叉综合研究北部湾经济区生态脆弱性问题，定量与定性结合剖析广西北部湾经济区自然灾害时空分异与风险性评估，在分析广西北部湾经济区综合区划基础上提出优化开发方案，以产业结构数据和土地利用数据为依据融合平台分析模型服务分析土地集约利用与产业优化结构耦合关系，以评价指标体系及平台评价模型服务为基础梳理广西北部湾经济区海岸带城市区域发展的空间结构内在关系，这些综合服务的实际应用为广西北部湾经济区科学数据综合服务大规模开展提供了有力的支撑。

该书针对社会实践与国家及地方政府需求的指向非常明确，在数据处理、数据存储、异构数据集成共享、智能模型服务搭建及应用方面都做了大量研究，为广西北部湾资源生态环境和国民经济发展规划提供了基础数据和技术支撑，是一部很有参考价值的著作。

王家耀

2016 年 3 月

前　　言

　　随着北部湾经济区经济飞速发展和社会进步，经济发展与人口、资源、环境之间的矛盾日益显著，北部湾海岸带生态环境相对脆弱，快速的资源开发、城市化、工业化、环境污染等人类活动必然会引起北部湾经济区生态环境变化，带来生态退化与环境污染等一系列问题。实施可持续发展已成为北部湾经济区区域经济发展的必经之路，同时对北部湾社会发展模式进行科学决策也是必然需求。目前，为北部湾经济区提供科学决策支持的基础科学数据，缺乏系统的信息整合平台；信息数据的采集、储存、处理分析及服务对象多局限于单一的单位和部门；数据缺乏统一性、系统性，给数据集成和共享带来极大困难，同时还缺乏空间分析技术支撑，难以满足综合分析与评价的要求。

　　全面系统的科学数据是解决科学问题、找出科学规律的基础。本书根据"科学问题—科学思维—科学方法—科学数据—科学结论—科学规律"这一科学思路，建立数据共享平台，为解决北部湾可持续发展所面临的资源环境问题提供科学支撑和基础数据。同时从区域可持续发展的视角出发，运用数据共享平台提供的基础数据和分析模型服务，来研究北部湾经济区可持续发展能力、发展水平和区域系统协调发展的程度，为区域可持续发展提供现实的指导意义。

　　从研究内容的内在逻辑上，本书包含基础平台研发及围绕平台数据和模型服务开展的基于资源、环境、经济、社会的区域可持续发展专题研究。以满足北部湾经济圈发展的科学数据共享需求为根本出发点，以北部湾经济区区域自然要素和人文社会经济要素为研究对象，综合运用空间数据组织信息传输、可视化表达、知识共享等相关理论与方法，采用最新技术，结合数据挖掘，构建一个支撑北部湾可持续发展的资源、生态、环境与防灾减灾信息共享平台，提出该领域数据库组织、分类和构建流程的标准，实时监测分析北部湾资源、生态、环境与防灾减灾的空间信息、分布特征与动态变化。在此基础上，研究北部湾经济区生态环境脆弱性评价、自然灾害时空分异与风险性评估、广西北部湾经济区综合区划及优化开发、广西北部湾经济区土地集约利用与产业优化结构耦合、广西北部湾经济区海岸带城市区域发展的空间结构关系等内容。

第一篇总论。主要综述国内外科学数据共享及决策支持系统研究现况与进展，在充分调研和分析的基础上提出需求分析与实施方案，撰写北部湾经济区科学数据中心规范标准、章程。

第二篇平台研发。主要围绕"科学数据共享"与"决策支持"两大主题，基于"数据—模型—系统—服务"一体化的地理空间信息方法论、技术体系，制定北部湾科学数据共享与处理规范标准、数据分类规范和数据库建库规范与标准、数据采集与整理技术规范等一系列标准规范；构建北部湾若干专题数据库群，完成北部湾科学数据共享和综合服务中心、北部湾经济区电子地图服务平台、北部湾经济区智能模型库与智能决策支持系统平台的研发。

第三篇专题研究。依托基础平台提供的科学数据和智能模型库与智能决策支持系统平台，基于区域可持续发展的视角从资源、环境、社会、经济等方面开展各项研究，着眼于北部湾人海系统演变机理及资源环境效应研究，选择位于海陆过渡带、气候过渡带的广西北部湾经济区作为典型案例，基于自然地理学、遥感学原理、景观生态学、土壤侵蚀敏感性指数等对北部湾经济区的生态脆弱性问题进行系统、定量的研究；运用可取的数据对北部湾经济区近50年易发生的自然灾害时空分异进行分析，基于系统科学、遥感学原理等科学针对不同灾种的自然灾害，分析其致灾因子的危险性、孕灾环境的脆弱性、承灾体的暴露性和易损性进而分析不同灾种的灾害风险分布，最后综合分析研究区自然灾害风险分布并划分等级，进而提出针对北部湾经济区自然灾害风险管理方案；以综合区划为研究主线，分析广西北部湾经济区6个地级市的自然环境、资源及社会经济现状，建立北部湾经济区综合区划初步方案，并针对区划结果提出区域可持续发展对策、措施；以广西北部湾经济区2005～2012年的产业结构数据和土地利用数据为依据，采用模糊综合分析模型、BP神经网络模型、灰色关联度模型等专业分析模型服务确定产业结构优化度、指标隶属度、指标权重、土地利用集约度、经济区的耦合度，最终建立合理的指标评价体系；选取县级行政单元，建立评价指标体系与评价模型，分析区域综合实力不同时相差异以及同一时相内城市区域内部综合实力的空间分异格局，提出广西北部湾经济区区域空间结构优化策略；建立衡量指标综合判断广西北部湾经济区发展阶段，基于总体差异和内部差异分析1997～2007年广西北部湾经济区的区域发展差异，建立综合实力评价体系，研究1997年、2002年、2007年三个时段各评价单元综合实力，并以区域综合实力为因变量，经济活动人口偏置度为自变量进行回归模型分析服务。

本书的研究成果得到以下基金项目的资助，特此感谢：国家自然科学基金项目"北部湾海陆过渡带生态环境演化机理及其情景模拟研究"（41361022）、广西北部湾重大基础专项"北部湾经济区科学数据共享平台构建与决策支持系统研发"（2011GXNSFE018003）和"广西北部湾经济区海陆交错带环境与生态演变过程及适应性调控研究"（2012GXNSFEA053001），以及广西自然基金重点项目"北部湾同城化资源环境约束机制与情景模拟研究"（2014GXNSFDA11803）、广西科技开发项目"复杂数据数学建模与智能处理及其在北部湾资源与环境中的应用研究"（1599005-2-13）和广西海洋局委托课题"'新丝路'战略背景下北部湾海岸带陆海统筹发展关键问题与技术集成研究"（GXZC2015-G3-3900-HLGC）。

本书得到北部湾环境演变与资源利用教育部重点实验室、广西地表过程与智能模拟重点实验室，以及广西师范学院地理学一级学科博士学位点建设项目经费资助。王家耀院士对本书的撰写给予真诚的关心和指导，体现长辈对晚辈的勉励与期待，并热忱为本书作序，在此深深感谢他的厚爱。

本书包含诸位集体项目合作者的智慧，得到中国科学院生态环境研究中心傅伯杰院士、北京大学蔡运龙教授、中国地质科学院岩溶研究所蒋忠诚研究员和广西红树林研究中心范航清研究员的启迪和指导，特此向一切给予协作、关照和支持的同仁，致以衷心的感谢。在项目研究和本书撰写过程中，参考了大量有关的著作和文献，谨向原著者表示衷心的感谢。由于作者才识浅薄，书中难免存在不足之处，敬请同仁不吝赐教。

胡宝清

2015 年 12 月

目　　录

第二篇 平台研发

第三篇 专 题 研 究

第一篇

****

总　　论

第1章 绪 论

1.1 科学数据共享及决策支持系统的发展

1.1.1 科学数据共享发展概况

科学数据是指人类社会科技活动所产生的基本科学技术数据、资料，以及按照不同需求而加工的数据产品和相关信息。在自然科学技术领域，科学数据以数值数据、空间数据、图形数据和文本数据为主，也有统计数据和多媒体数据等。其内容可概括为：①长期观测、试验数据，描述事物、现象的分布格局与变化过程数据。特别是那些长期持续地观测、探测、监测和现场试验研究所获取的长序列空间数据。②科学考察、调查数据，描述事物、现象的情景数据。主要是特定时段、特定区域、特定科技领域规模化的普查、调查或考察所获取的基本科学数据、资料和相关信息。③实验、测试数据，描述物体特征的数据。人工控制条件下的试验、实验和测试分析所获取的描述物体（含生命体）特征的基本数据、图像、谱线等。④生产、实践数据。生产活动、研究实践过程中所产生和积累的具有科学价值的基本数据和相关信息[1]。

随着人类迈入现代信息社会，在世界范围内，信息已与物质、能量共同构成三大资源体系。科学数据作为信息的重要内容之一，不仅具有明显的潜在价值和可开发价值的资源属性，而且还具有不同于其他资源的特征：其一，是科技资源。科学数据由人类社会科学和技术活动所产生和积累，它可以按照社会的多种需求提供系统的资源量。其二，具有可增值性。其价值的实现与开发者的能力和方法密切相关，能够在广泛应用中增值。其三，具有可复制性和无损耗性。科学数据是可共享的、可反复使用的、非排他的、可无限复制的，它不会因为满足某人某时的需求而影响任何时候他人对其的需求。其四，具有使用的便捷性。它所提供的数量、质量、产品形态及其存储和传输方式，借助现代信息技术可以迅速、广泛传播和便捷使用[2]。

1. 国外数据共享发展概况

近20年来，从单个国家特别是发达国家到国际组织，在信息技术广泛应用与发展的基础上，不断加强科学数据、资料和相关信息的获取、管理与面向社会服务的步伐，积极推动科学数据的流动与低成本使用，并从政策、法律制度、技术规范、组织管理各个方面保证科学数据信息管理与应用的正常秩序。

1）国家级的数据共享活动

国外尤其是发达国家很早就重视数据的开放和流动，斥巨资建立了许多部门和行业数据中心，为社会公众提供数据共享服务。例如，美国政府投入资金建设国家级科学数据中心群，实现了公益性科学数据资源的长期积累、高效管理与广泛应用。美国国家航空航天局（NASA）、美国国家海洋与大气管理局（NOAA）、美国地质调查局（USGS）和美国国立卫生研究院（NIH）等都是在政策支持和政府大量资金投入下，建成的一批规模化、影响度高的科学数据中心（库）。这为美国的科技、经济、社会发展带来了深刻而广泛的效益。

值得注意的是，于21世纪初美国政府启动的电子政府24个项目之一的美国地图与数据总站（www. geodata. gov）站点的服务性质与我国科学数据交换中心的作用非常相似，这对于科学数据交换中心的研究具有借鉴意义。

在其他发达和较发达国家，如加拿大、澳大利亚、日本、韩国、新加坡等国政府同样重视自然科学技术数据的管理与共享。例如，日本1992年制定了大力加强科研数据库基础建设和构筑全国科研信息网络的规划。从1994年开始实施，政府投入巨资（5万亿日元）建设成政府部门、大学、科研机构的数据库，构筑跨学科、跨部门、跨地区的全国科研信息网络。其中，在数据库建设方针中确定的重点完善领域为生物、材料（或物质）、国土、地球、海洋和宇宙的数据库。

2）国际组织的数据共享活动

倡导数据共享的国际组织近年来也很活跃。如国际科学理事会（ICSU）在一系列全球性研究计划的推动下，专门设立了"世界数据中心"（World Data Center，WDC）和"国际科技数据委员会"（Committee on DATA for Science and Technology，CODATA）两大数据组织，主要从事科学数据的收集、交换和服务活动。许多国际组织和大型研究计划都设立有关资料信息方面的委员会或专门数据计划，负责系统保存、交换相关数据资料，协调成员国之间的信息共享。

WDC成立于1957年，是国际科学联合会理事会所属的国际数据组织，在国际科学联合会世界数据中心专门委员会的指导下展开工作。WDC的主要业务活动包括数据采集、归档管理和提供数据信息服务。其数据活动的学科领域为地球科学、地球环境和空间科学领域。目前，在全世界共有五个地区中心，它们是美国的WDC-A、俄罗斯的WDC-B、欧洲的WDC-C1、日本的WDC-C2和中国的WDC-D。每个地区中心又有各自所属的若干学科中心，整个系统目前共有51个学科中心。

成立于1966年的CODATA是国际科学理事会下的一个跨学科的科学委员会，它致力于提高对整个科技领域有重要变化的数据的质量、可靠性、管理与可访问性。CODATA是一个信息源，向科学家和工程师提供对国际数据活动的访问以提高知悉度、促进直接合作及增加新知识。CODATA关心科学技术的各类实验测量、观察和计算数据，这些领域包括物理科学、生物学、地质学、天文学、工程、环境科学、生态学及其他学科。同时，十分关注不同学科所共有的数据管理问题及数据在其产生的学科领域之外的应用。

其他的国际数据共享活动，还包括世界气象组织（World Meteorological Organization，

WMO）于 1980 年联合各国建立了世界天气监测网。它遵循"平等、互惠、互利"的原则，在各国之间实时交换全球气象资料和分析预报产品，并推出全球气候数据计划（World Climate Data Programme）。1994 年提出"科学数据的全面公开交换"建议，将共享范围扩展到科技教育，促进了在研究全球环境问题上的进一步合作。

2. 国内科学数据共享发展历程

随着科学技术的迅猛发展和信息化的推进，科学数据的共享与服务逐步为人们所共识。"填平数据鸿沟，连接数据孤岛"是信息社会科技发展的自身需求与时代的必然，同时是增强国家科技创新能力和国际竞争力的必由之路。在这种背景下，我国自 20 世纪 80 年代末就在多个层面上逐步推动科学数据的共享，最终建立了科学数据共享工程。

科学数据共享的历程可以概括为以下几个大事件：

1989 年在国家科委和科协的支持下，中国科学院联合有关政府部门和科研教育机构，组建世界数据中心中国中心（World Data Center-D，WDCD）和国际科技数据委员会；在基础科学和若干前沿领域的基础性数据，开展有效的国内外交流与服务。

1994 年由国家科委、自然科学基金委员会、中国科学院的有关司局联合组织的《走向二十一世纪的中国地球科学》的调研，提出加强包括科学数据、资料和信息；重大仪器装备；标本馆与地质遗迹；文献情报等在内的科学基础设施建设和建立、健全共享机制的建议。中国科学院地学部向国家提出关于加强科学数据共享的建议，随后又多次提出国家科技规划中要切实解决科学数据共享问题。

1995 年国家科委相继建立了虚拟的国家科技图书文献中心和中国可持续发展网络信息系统等。

1997 年国家科委就青藏高原综合考察科学数据共享进行部际协调。多年来，国家自然科学基金委员会坚持项目数据资料的汇交管理。

1999 年以来，科技部在科技基础性工作专项计划中陆续启动支持了一批急需的科技基础数据库建设。

2001 年，完成《实施科学数据共享工程，增强国家科技创新能力》的调研报告。同年年底，中国气象局在科技部的支持下率先启动了气象数据共享试点，开展气象数据共享服务。

2002 年 6 月，科技部向国务院提出关于启动科技基础条件平台建设的建议，同时联合教育部、中国科学院、中国工程院、国家自然科学基金委员会下发了《关于进一步增强原始性创新能力的意见》，把建立科学数据共享机制作为增强原始性创新能力的重要环节。

2003 年，科学数据共享工程试点（三个数据网，六个数据中心）推进。

与此同时，在国家信息网络的基础设施建设方面，我国已步入新的发展阶段，国家信息基础设施（China NII）建设蓬勃开展，"信息高速公路"正以极快的速度发展。科技网（CSTNET）、教育和科研网（CERNET）、金桥网（CHINAGBN）、中国公用互联网（CHINANET）和全新一代的宽带网（网通）等一批网络基础设施的相继建成，为科学数据的广泛、方便、快捷共享提供了技术保障。随着 Web、GIS、数据仓库和可视化、虚拟现实技术等一系列新兴信息技术的应用，科学数据共享服务的形式也将向可视化、多维空间和动态变化显示的方向发展，从而将更全面、更有效地满足科技界和社会各界的需要。

1.1.2 决策支持系统的发展概况

决策是人类社会发展中人们在为实现某一目的而决定策略或办法时，普遍存在的一种社会现象，任何行动都是相关决策的一种结果。正是这种需求的普遍性，人们一直致力于开发一种系统来辅助或支持人们进行决策，以便促进提高决策的效率与质量，这就是所谓的管理决策系统。随着决策理论与方法研究的推进，计算机科学与信息技术的飞速发展，为满足决策者决策需求内涵的丰富与提升，一种重要的决策支持工具——决策支持系统（Decision Support System，DSS）应运而生。1971 年，Scott Morton 和 Gorry 首次提出 DSS 的概念以支持半结构化和非结构化决策。DSS 是在 MIS 和基于模型的信息系统的基础上发展起来的可形式化、可模型化、层次较高的信息系统，追求的目标是有效性。

1. DSS 的概念

DSS 的概念由美国麻省理工学院的 Scott Morton 和 Gorry 于 20 世纪 70 年代首次提出，标志着决策支持系统作为一门学科的开端。决策支持系统是以管理科学、运筹学、控制学和行为科学为基础，以计算机技术、仿真技术和信息技术为手段，辅助决策者以人机交互方式进行半结构化或非结构化决策，具有一定智能行为的人机交互的计算机应用系统。DSS 作为信息系统研究的最新发展阶段，已经成为系统工程与计算机应用领域中的重要研究课题。如今，DSS 已在灾害预测和防灾决策、企业生产活动决策、集团经营行为决策、经济形势预测和政策决策中开展了广泛的应用。

1）理论基础与实现依据

DSS 的理论研究和实践开发与很多学科（领域）的知识有关，其理论框架涉及计算机科学、信息科学、管理科学、决策科学、行为科学等领域。它不断吸收其他学科的知识并遵循其自身结构与功能特征的发展规律以完善其理论体系。DSS 支持全部决策过程，不同的研究者对决策过程模型有不同的认知和表述。DSS 的研究者在很大程度上受到 Simon 决策过程模型的影响。它不仅用来解释决策过程，还是 DSS 实现的理论依据，且被很多研究者作为区分 DSS 和其他信息系统（如 MIS、ES 等）的标志。

2）基本结构

DSS 体系结构的研究经历了两库系统、三库系统到四库系统等过程。1980 年，R. H. Sprague 提出基于两库的决策支持系统的体系结构：数据库系统（DBMS）和模型库系统（MBMS）；在此基础上增加方法库系统（MEBMS）即成为三库系统；而四库是在三库的基础上增加包含推理、解释等功能的知识库（KBMS）；为了增强系统的交互性，体系结构增加了人机接口系统（DGMS）（图 1.1）。

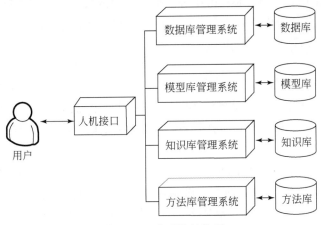

图 1.1 四库系统结构图

3) 关键特征和功能

因 DSS 没有统一的、广为接受的定义，故 DSS 的标准特征和功能也没有统一的描述。但理想中的 DSS 的关键特征和功能如图 1.2 所示。

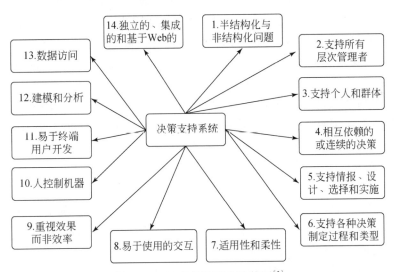

图 1.2 DSS 关键特征和功能图[3]

4) 分类

在 DSS 的演化进程中，不同时期的不同研究者从不同视角、不同层次对 DSS 作了不同的分类。在学术界广为接受的是 Power 于 2007 年提出的按驱动方式将 DSS 分为模型驱动型 DSS、数据驱动型 DSS、通信驱动型 DSS、文本驱动型 DSS、知识驱动型 DSS 和基于 Web 的 DSS 等类型。近年来，基于数据仓库（Data Warehouse，DW）、联机在线分析（On-Line Analytical Process，OLAP）和数据挖掘（Data Mining，DM）的商业智能技术得到了迅速发展，再加上 Microsoft、Oracle、IBM 等数据库厂商的大力开发与支持，使得数据驱动的 DSS 相对于模型驱动的 DSS 具有更高的标准化程度和产品成熟度。

2. 演化进程

DSS 在人工智能、数据库、模型库、知识管理、联机分析、语义 Web 服务等新技术的不断推动以及对决策理论与方法的深入研究，DSS 呈现出以不同技术为主要表征的多种形态并已经取得一系列重要的进展，目前 DSS 的研究主要集中在应用层面，其演化进程总结如下[3]。

（1）20 世纪 60 年代：DSS 的研究主要体现在 Scott Morto 的管理决策支持、卡内基梅隆大学（CMU）的组织决策理论研究、麻省理工学院（MIT）的有关交互式在线分析处理系统的技术研究、决策支持理论发展等方面。系统的主要特征是将交互式技术应用于管理任务。

（2）20 世纪 70 年代：1971 年 Scott Morton 和 Gorry 提出 DSS 的概念；1971～1976 年，研究主要集中在交互式的计算机系统，后把模型融入 DSS；1978 年 Keen 和 Scott Morton 把 DSS 的应用范围限定在对半结构化管理决策的支持；这个阶段具有代表性的是 Brand Aid、Alter、Holsapple 等的研究。70 年代中后期，系统主要注重有效性，而不是效率。

（3）20 世纪 80 年代：1980 年 Sprague 提出 DSS 的"三部件"结构，后又增加了知识库和方法库；1980 年 Bonczek 等提出 DSS 的"三系统"结构；1981 年首届 DSS 国际会议在亚特兰大举办；1980 年出现 GDSS 的概念；1985 年 Owen 等提出 DSC 的概念；1985 年 Kersten 开发支持谈判的决策支持系统 NEGO；1989 年出现的群件 Lotus Notes；1989 年 Kraemer 和 King 提出协同决策系统 CDSS。人工神经元网络及机器学习等技术的研究与应用为知识的学习与获取提供了新途径，如专家系统和 DSS 结合形成 IDSS。这阶段有代表性的是群决策支持系统原型、基于计算机的专家系统等。20 世纪 80 年代中后期，注重系统的柔性及应用性。1990 年以前，DSS 大多是模型驱动的。

（4）20 世纪 90 年代：1990 年后，Bill Inmon 和 Ralph Kimball 积极推崇使用关系数据库技术建立数据驱动的 DSS；1994 年，开始把 OLAP 功能集成到数据库中；1995 年，数据仓库和 World Wide Web 开始影响决策支持技术的发展，基于 Web 的 DSS 变得切实可行；1996 年 Gartner Group，提出 BI 的概念。随着网络、新一代数据库、多媒体、仿真和虚拟现实等技术的发展，DSS 的研究主要集中在商业智能——联机在线分析、数据仓库、基于 Web 服务的系统/门户网站、数据挖掘等方面。系统的主要特征是网络化、应用性、数据驱动。

（5）21 世纪至今：系统研究注重应用、注重集成及融入人的高级思维，出现了面向服务的体系结构（Service-Oriented Architecture，SOA）的一体化系统形态。重视计算机与人的知识的相互融合及有效管理，强调 DSS 与人的交互。特别是近几年来，开始关注触控界面技术。系统的主要特征是友好交互、个性化、智能化、集成化。DSS 名称的扩展反映了决策支持技术的进步和决策者需求内涵的提升。每一种系统形态都有其独特的运用范围，即所求解的决策问题都有一定的边界。当然，无论是哪种形态的 DSS，都需经过系统调查、可行性论证、系统规划、系统分析、系统设计、系统实施和系统评价等各阶段。

3. 面临的问题

目前,物联网、云计算、网络超算、无线传感、语义 Web 等新技术的出现和现有决策支持技术的发展,对个人、组织和社会的影响与日俱增。现有的 DSS 体系架构面临复杂决策环境下决策者逐渐增强的参与意识时屡屡陷入困境,这引起了我们的反思,DSS 的决策支持效能为什么多年来没能提上去? 传统 DSS 是进行决策任务求解的重要支持工具,主要具备基于逻辑和符号推理的理性决策能力。在实践中常面临以下问题。

(1) 知识提取困难。信息是决策的基础,海量(多维)信息、不完备信息,并有信息孤岛的存在,如何从这些信息中提取所需知识成为严重影响 DSS 系统效能的因素。

(2) 处理半结构化和非结构化决策问题的能力较弱。目前,已经应用于实践的 DSS 大部分是模型或数据驱动的,面对结构化和非结构化的问题缺乏有效的解决途径。

(3) 忽视了人的参与作用。传统 DSS 的发展重心在技术,主要依靠数据和模型从决策技术层面支持人的决策,忽略了不能完全模型化(定量化)的非技术因素(人的认知),人只是系统的"看客",而单纯考虑技术因素往往让决策者认为技术不符合决策需求,作为非技术因素的人又是决策系统的一个重要组件,其参与作用如何才能被刻画出来且无缝融入系统并获得决策者的认可。这些存在的问题严重影响了 DSS 的使用价值和用户的使用热情,以致 DSS 的进展不大,但这也是一种挑战和推动力。因此,如何突破现有 DSS 的体系架构以提供快速决策和满足决策者真实需求的、复杂的、个性化的决策服务成为研究焦点。

4. 发展趋势

进入 20 世纪 90 年代以来,人工智能(包括遗传算法、模糊逻辑和智能代理等)、数据库技术、Web Service,特别是一些专用技术,如网格计算、人机交互、移动计算和代理启发式搜索的算法等技术的发展,为 DSS 的发展提供了强大的技术支撑,扩展了系统辅助决策的深度与广度。其发展趋势主要体现在以下几个方面[3]。

(1) 注重基于认知特征的人机交互技术。系统通过人机交互技术支持决策过程,为决策过程中超越其认知极限的问题处理提供适用技术手段。近年来,基于知识的人机交互技术是目前 DSS 研究的主要方向。随着信息技术的发展,人机交互技术的研究也从简单的菜单驱动和多媒体界面发展到智能化、多模态(通道)界面,除传统的键盘输入、触摸屏等接触式操控模式外,还允许语言、手势、视觉(眼动仪)等多种非接触式操控模式。

(2) 注重人的高级思维的参与,从技术和非技术角度重建系统架构。目前,人类对信息处理规律的研究与探索已经渗透到认知领域,但人的认知特征并没有体现在传统 DSS 系统设计与操作过程中。我们认为,需从技术与非技术的角度考虑 DSS 的体系结构。将人的高级思维嵌入非结构化决策问题求解中以实现人机智能的协同与融合,以期系统在可信度、可行性、适应性、敏捷性等方面都会有所提高。当然,这势必会引起新型决策系统架构的改变,也会带来一系列需要解决的关键技术。例如,如何将人件(参与决策活动的人）和软件分别网络赋能为人件服务和软件服务，并纳入系统进行统一管理、调度及使其能驱动等。

（3）注重各种相关技术的集成应用。未来的 DSS 将是综合集成的，是一个集各种决策支持技术于一身的多功能系统。它把专家群体、决策者、统计数据和信息资料与计算机软件系统等有机结合起来，构成一个操作便利、快捷、流畅、更能反映决策者高级思维的新型决策系统，具有感性与理性、定性与定量的综合功能。特别是将语义 Web 服务、认知科学与未来 DSS 的设计与开发相结合，已引起国内一些科研院所（校）的重视，并开展了一些基础性研究工作，但仍有很多理论问题和技术实现难点有待深入研究。

（4）注重系统的智能化。随着人工智能技术的不断发展，人工智能技术在 DSS 中的应用已经相当广泛。大体可分为两类：一类是用人工智能技术去实现 DSS 的模型管理、模型选择等；另一类是利用人工智能的知识表达和推理能力直接为决策问题提供支持。如使用专家系统可提升 DSS 的模型和数据管理；神经计算系统或 GSS 能够支持专家系统的知识获取过程；智能代理技术能实现不同任务的自动化，最终代替人执行许多日常事务；等等。

1.2　科学数据共享及决策支持系统关键技术

1.2.1　科学数据共享关键技术

如何集成学科交叉、异地存储、格式多样的数据资源，通过网络为公众提供方便的数据查询、访问、获取等服务是科学数据共享的难点和重点。针对这一问题，一种被普遍理解和认同的模式就是利用元数据的相对集中管理，实现异地、异构数据资源的分布式访问和共享。元数据在数据描述、发现、使用、管理和评价中的优良特性，使它非常胜任于数据交换中心的角色。这种模式可以快速构建一个行业或部门数据交换体系，服务于本业务领域的数据共享和服务。但与此同时，它隐含了四个关键的问题，即元数据扩展问题、元数据互操作问题、元数据语义理解问题及元数据技术体系问题。

1. XML 技术

XML 是可扩展置标语言（eXtensible Markup Language）的简称，在 Internet 环境下，XML 已经成为一种工业标准，其与 HTML 一样，是 Web 应用上的通用标准语言。但与HTML 不同，后者只是一种预定义的标识语言，在网页的定义中加上了一种描述信息的方法，当今网络应用日益深入和扩展，HTML 交互性差、语义模糊、结构零散、扩展性差等弱点日益突出。而 XML 是一种描述其他语言的语言，它没有预定义的标识，结构灵活，允许用户自定义自己的标识语言，甚至出现用来专门描述、存储数据的 XML 数据库系统。因此，XML 具有以下特点。

（1）自描述性。XML 允许用户更加具体的需求，自定义结构标签，通过支持命名空间定义这些标识的结构信息，因此具有极强的语义描述能力。

（2）跨平台性。XML 与 HTML 一样是基于纯文本形式的内容，其适于网络的传输。

（3）半结构化特性。XML 是基于树型结构的数据，元素间有明显的层次关系，其结构还可以通过 DTD 或者 Schema 来规范，能够比一般的关系型数据库更适合描述现实数据实体。

（4）可扩展性。XML 具有自描述性、半结构化的特点，结构灵活，通过 DTD 或者 Schema 语法规范，可灵活地扩展 XML 描述信息结构。

（5）广泛的支持。XML 得到了诸如 Microsoft、Sun 、Oracle 和 IBM 等几乎所有 IT 行业企业的产品支持。

上述这些特点使得人们可以很方便地运用 XML 来定义元数据标准中使用的数据结构，同时使用 XML 存储树状结构的元数据，并且可以和网上发布实现无缝连接。

2. XML Schema

Schema 是用于描述和规范 XML 文档逻辑结构的一种语言，其作用是验证 XML 文档结构的内容、限制与合法性。XML Schema 基于 XML1.0 描述，其有理由取代传统的描述 XML 文档内容与结构限制的 DTD 机制，因为其有如下理由。

（1）XML Schema 基于 XML 编写

不同于 DTD 使用独有的语法，XML Schema 本身就是基于 XML 定义编写的，所以，XML Schema 对 XML 的定义可以直接借助于 XML 自身的特性，利用 XML 语法规则来定义 XML 文档的结构。这极大地方便了开发人员和用户，以及跨平台的实现，使用者可以使用一致的工具来处理 XML Schema，而不必使用特殊工具。北部湾科学数据共享平台元数据的内容采用 XML 文档定义，数据结构采用 XML Schema 定义，确保与元数据内容的一致性及扩展的方便。

（2）XML Schema 提供数据类型的支持

XML Schema 具有内嵌的丰富数据类型并支持自定义的数据结构。支持常见的数据类型，包括整数、字符型、浮点型、日期类型、URL 标识、全球唯一标识（UUDI）等类型，还有其特有的类型（Notation、Entity、Entities、Enumeration），除此之外，更重要的是其支持两种用户自定义数据类型，即简单数据类型（Simple Type Definition）与复杂类型（Complex Type Definition）。在此基础上用户可定制需要的各种专有数据类型，并可对数据进行条件限定，保障数据通信的正确性。

（3）XML Schema 可针对未来的需求进行扩展

XML Schema 具有自定义数据类型的特点，用户可以利用该特点来构造自己的复杂类型，通过基于面向对象思想中继承的机制来构造可复用代码段，一旦用户定义了一个这样的类型，在之后的应用中就可以重用或者在其基础上构造新的类型，从而使 XML Schema 具备极强的可扩展性。

（4）XML Schema 支持命名空间

命名空间的作用是使元素在作用域内保持名称的唯一性，XML Schema 定义的文档一般都会有如下的命名空间声明：

<xs：schema xmlns：xs＝"http：//www.w3.org/2001/XMLSchema" >

其声明使得文档中的每一个元素，都存在一个与 XML Schema 命名空间相联系的前缀"xs"，尽管从语法上来说其命名并没有严格的限制，但"xs"前缀被约定为表示 XML Schema 命名空间的空间前缀。如 type ="xs：decimal"，其表示当前类型是属于 XML Schema 内置的数据类型，再如 type ="ccx：customType"，其表示当前类型是属于命名空间"ccx"中定义的数据类型。而且通过 XML Schema 提供的"include"与"import"方法，可以实现对已存在命名空间的引用，这样可以实现命名空间的重用与扩展。对于科学数据共享工程来说，由于涉及的多学科问题，可以定义各自的命名空间，并通过对已定义命名空间的引用，实现元数据的扩展。

XML Schema 极大地强化和扩展了 DTD 的能力，尤其在 Web 应用中逐步替代了 DTD，成为 XML 规范体系中正式的类型语言，并与 Namespace 规范、XML 规范等一同构成 XML 体系的坚实基础[4]。

3. XHTML

XHTML 是 The Extensible HyperText Markup Language（可扩展超文本标识语言）的缩写。XHTML 是一个基于 XML 的标记语言，看起来与 HTML 有些相像，只有一些小的但重要的区别[5]，XHTML 就是一个扮演着类似 HTML 角色的 XML，其结合了部分 XML 的强大功能及大多数 HTML 的简单特性。其相对于传统的 HTML 语言而言要求更为规范，如标签要成对使用、小写标签及其属性、独立标签也要使用/>来关闭、
变成
、完整的结构、属性值必须被引用（就是把属性值用双引号括起来）、属性缩写被禁用等。从两者的本质特性来说，XML 是以数据信息的描述为目标，而不是数据的显示，所以其不可能取代 HTML，而 XHTML 就是为解决这两种语言的缺陷与限制而开发的一种新的网络语言，其在注重数据显示的同时，又注重对数据内容与结构的规范定义，因此其具备以上两种语言的优势和特点。

本书元数据的定义与管理是基于 XML 文本，而元数据的显示则是对 XML 文档的抽取与组织后，转化为静态的 XHTML 网页并显示，只有当用户更新 XML 元数据时才会更新相应的 XHTML 文件。通过这种方法，保证了数据显示的直观、美化，并提高了数据显示的效率与并发操作的问题。

（1）XHTML 元数据模式

元数据模式结构：XML 是基于树状结构的组织结构，从根节点通过路径可达到各个叶节点，科学数据元数据最终转化为 XHTML 页面应保留 xml 的树状结构。因此本书使用树状结构展现元数据，通过树状结构能够很好地表示各描述信息直接的联系与层次关系，如图 1.3 所示为元数据树状结构示意图。

元数据 XHTML 格式展现：基于元数据的树状结构，将 XML 元数据源文件向 XHTML 格式转换，采用 .NET 平台的 TreeView 控件，将通过遍历 XML 元数据，把数据节点绑定至 TreeView 控件各节点，其中针对 Url 通过设定 TreeNode 的 NavigateUrl 属性设置超链接，实现数据页面的跳转。下面为部分关键代码：

……

```
TreeNode xNode = new TreeNode ( );
```

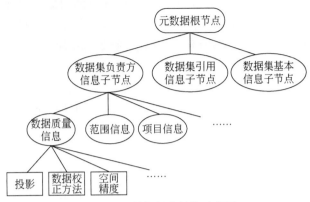

图 1.3　元数据树状结构示意图

xNode ＝ xmlNode. ChildNodes［i］；//获取当前子节点
if（xNode. name＝＝NodeTypeName. URL）//判断当前叶节点是否 Url 导航节点
｛

　　　xNode. NavigateUrl＝dr［"URL"］. ToString（）；//设置浏览的网址

　　　xNode. NodeData＝dr［"NodeID"］. ToString（）；//存放节点 ID

　　　xNode. Text＝dr［"NodeName"］. ToString（）；　　//设置节点名称

｝

（2）静态 XHTML 页面生成

对于元数据的浏览来说，如果每次用户查询浏览某项数据的元数据都去数据库中取出 XML 源文档，然后按上述原理遍历 XML 节点，而后生成 XHTML 文档则会对服务器造成不小的压力。并且一般来说元数据共享平台用户使用最多的是信息的浏览，而这并不涉及元数据的编辑工作，使用静态 XHTML 页面能够更简便、高效地完成这个工作。

基于以上考虑，本书利用静态 XHTML 页面来保存 XML 元数据的结构信息，只有当数据生产者更新、删除等操作时，系统才会相应地更新或删除对应的 XHTML 页面。

4. 数据安全控制技术

安全控制技术包括用户身份认证、防火墙（fire-wall）、入侵检测（Intrusion Detection）、数据加密及访问记录等。

（1）用户身份认证

对数据安全、可靠、有效地存取是数据安全的关键，身份认证技术是主要的实现手段。用户认证的目的是验证用户身份、访问请求的合法性，可有效地防止冒充和非法访问等威胁。

（2）防火墙

防火墙技术是建立在现代通信网络技术和信息安全技术基础上的应用性安全技术，越来越多地应用于内、外网的互联环境中，它在内、外网之间建立起一个安全网关（Security Gateway），从而保护内网免受非法用户的侵入。防火墙主要由服务访问政策、验证工具、包过滤和应用网关 4 个部分组成。防火墙通过控制和监测信息交换及访问行为来实现对数据安全的有效管理，基本功能为过滤进出网络的数据、管理进出网络的访问行为、封堵某些禁止行为、记录通过防火墙的数据内容和活动、对网络攻击进行检测和告警。防火墙总体上分为包过滤、应用级网关和代理服务器几种类型。

（3）入侵检测

入侵检测是数据安全的一个重要组成部分，入侵检测按照一定的安全策略，对网络、系统的运行状况进行监视，尽可能发现各种攻击企图、攻击行为或攻击结果，以保证网络系统资源的机密性、完整性和可用性。

（4）数据加密

防火墙等技术是一种被动的防卫技术，而数据加密技术则是一种主动的防卫措施。数据加密是数据保护技术措施中最古老、最基本的一种。加密的主要目的是防止数据的非授权泄漏。加密方法多种多样，在网络中一般是利用变换规则把可懂的数据变成不可懂的数据。既可对传输数据加密，也可对存储数据加密，把数据变成一堆乱七八糟的数据，攻击者即使非法获得加密数据时，也不过是一串看不懂的毫无意义的字符序列。加密可以有效地对抗截取、非法访问等威胁。现代密码算法不仅可以实现加密，还可实现数字签名、鉴别等功能，有效地对抗截取、非法访问、破坏数据的完整性、冒充、抵赖、重演等威胁，因此数据加密技术是数据安全的核心技术之一。常见的数据加密算法有 DES 算法、RSA 算法、IDEA 算法、DSA 算法等。

（5）访问记录

当用户访问数据对象时，系统将自动把用户访问数据对象的相关信息实时记录下来，访问记录的内容主要有用户名称、来源、访问日期与时间、访问内容、规则等，当出现访问安全问题时能够做到有据可查。虽然通过各类防范技术措施与手段可以在一定程度上解决某些数据安全隐患，但仍无法彻底消除数据安全风险，绝对安全是不存在的。因此，从技术层面而言，用户应继续健全数据安全保障体系；从使用层面而言，应养成良好的习惯，强化数据安全防范意识与数据安全控制策略的应用，意识到数据安全不可能通过系统得到彻底解决，它不仅是一种技术问题，更是有关业务和管理的问题，只靠技术是不能保证数据安全的，因此数据安全有赖于技术与管理相互作用，才能使数据最大限度免受各类威胁，从而保证数据安全。

5. 元数据互操作技术

元数据的互操作是指在学科组织与技术规范不尽相同的元数据环境下，能够做到对用户采用一致性的技术服务，即对某个应用或用户来说，能够保证一个统一的数据界面、技术流程，保证技术一致性与对用户透明[6]。

由于各行各业元数据缺乏一个统一的标准，往往只是根据自己的业务体系来设计的，没有考虑多学科与跨领域的综合性问题。诸多元数据标准和格式互不兼容，从而导致符合某一种格式的元数据不能被其他格式所接受，不同数据库之间无法互相访问和检索，甚至在同一个系统平台内部，也存在不同的数据生产者采用不同的元数据标准的现象[7]。而科学数据在学科组成与用户群体复杂性的本质上，决定了元数据格式标准的多样性，这样给元数据的互操作带来了很大的挑战。

基于此考虑，元数据互操作的关键是要抓住各学科元数据的共性，使用统一的互操作策略达成这一目的。首先通过制定顶层核心元数据标准（表 1.1），而后各学科在此基础上通过继承、重用制定各自的元数据标准。

表 1.1 地学数据交换中心查询条件项

查询目的	查询项	对应元数据元素
什么样的数据集	标题	Meta. title
	关键词	Meta. keywords
	摘要	Meta. abstract
	所属学科分类	Meta. subject
	所属专题分类	Meta. theme
哪里的数据集	数据集与目标区域相交	Meta. north, Meta. south, Meta. west, Meta. east
	数据集被目标区域包含	Meta. north, Meta. south, Meta. west, Meta. east
	数据集包含目标区域	Meta. north, Meta. south, Meta. west, Meta. east
什么时间的数据集	数据集的起始时间	Meta. begin
	数据集的结束时间	Meta. end
	数据集发布时间	Meta. pubdate
	数据集更新时间	Meta. update
谁有这样的数据集	数据集生产者	Meta. publisher

（1）元数据查询

不同元数据之间的互访，首先面对的是查询问题。元数据查询是科学数据平台为用户提供服务发现、服务访问和具体数据集内容服务的重要内容。通过元数据的查询，进而可以访问分布式的元数据及数据集信息。

北部湾科学数据共享平台中的元数据字典信息中，包含了一部分查询项。数据查询项已经在科学共享平台的元数据中指出，包括核心元数据的部分内容和扩展的核心元数据中的部分内容。具体而言，包括四个方面，即查询什么样的数据集（What）、哪里的数据集（Where）、什么时间的数据集（When）和谁有这样的数据集（Who）。根据需要设定的查询内容见表 1.1。

当前，元数据以 XML 进行编码表示，以关系化的方式进行存储是目前国际上及业界的一大趋势。为了提供核心元数据查询项检索的效率，在应用中把这些由 Schema 管理的查询字段单独保存在关系数据表中。这使得用户对元数据的检索由复杂的 XPath 解析，转化为简单的 SQL 查询。

（2）元数据注册发布

元数据的注册过程通常伴随元数据的扩展，由于学科差异用户常常需要在系统核心元数据的基础上扩展元数据，以建立各自学科背景的专有元数据标准。因此系统开发了元数据模板定义功能，即在用户注册元数据之前，允许用户定义自我的专有数据模板，并可保存以便下次使用。

用户定义元数据模板也存在一些问题，主要是当用户修改或重新定义新的元数据模板时会造成本学科内元数据标准的前后不一致。解决这一问题的途径之一是当用户更新元数据模板时，原有元数据结构将按新模板重新组织。但这样做工作比较复杂，以及可能造成意想不到的后果，如原有数据丢失、结构被破坏、难以反向恢复原有结构等问题。因此综合考虑后，本系统在允许用户修改元数据标准后，不对原有元数据结构做任何更改。图1.4为元数据注册发布流程示意图。

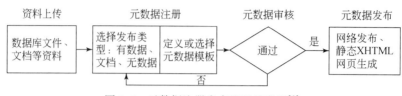

图1.4 元数据注册发布流程示意图[8]

（3）元数据收割

元数据收割是指在分布式环境下，通过因特网实现检索不同的资源库，获取元数据在本地集中式建库的一种做法，常常包括对于协议和数据格式的规定。目前在诸多领域应用中建立了成功的应用，比较典型的如期刊论文检索系统的元数据收割。元数据自动收割一般有如下两种模式：

第一种是基于同一数据开发工具建立的分布式资源中心。其特点是首先由总中心提供一个统一的数据管理与发布系统，随后各分中心利用该工具建立数据共享分中心，该中心同时成为总中心的一个共享子节点，该系统工具能够自动获取各分中心的元数据并上传汇总至总中心。国内比较成功的有中国科学院科学数据库及其软件工具——可视化数据管理与发布系统（VisualDB）。

第二种是基于行业标准和接口（Interface）所建立起来的开放式地理信息系统（OpenGIS）数据平台。其特点是通过提供一系列标准开放接口，可实现元数据层面的互操作，实现元数据的自动获取。

第一种模式相对简单，更新维护更为方便，其开发工作主要由总中心负责，应用方主要负责目录、页面的定制，以及数据的录入等工作。第二种模式标准化程度更高，各学科可根据各自的特点灵活定制开发需要的信息平台，但系统建设要求难度更高，使用维护难度较大。

根据本书的实际，本平台以元数据的集中管理为主，各分中心（数据生产者）主要负责将元数据以人工注册方式汇总至总中心，但从中长期需求来看第一种模式是解决本区域数据共享的一个有效途径。因此，本书当前阶段主要需要做好元数据的有关标准规范，以及科学数据共享中心平台的建设，为下一阶段的建设做好基础工作。

6. 异构数据访问与集成技术

（1）异构关系型数据库共享集成技术

分布式关系型数据库存在跨平台、跨网络、跨数据库等问题，应用网格技术 Globus Toolkit 4.0 软件包的一系列工具和协议软件以及 OGSA-DAI 中间件，提供中间件服务和程序库，屏蔽关系型数据库之间的分布、异构特性，向网格应用提供透明、一致的使用接口，从而完成分布式异构关系型数据库服务注册、资源发布、资源集成访问[9]。

（2）面向服务的 SOA 架构技术

面向网络服务的 SOA 软件体系架构具有良好的松散耦合性，本质上是一系列服务的集合，能够兼容不同平台和开发环境之间的差异性，能够更好地重用已有模块、加快软件开发速度。这一特性在异构数据共享和互操作上得到广泛的应用，尤其是在多源异构地理空间信息共享上将地理空间数据通过 SOA 技术以符合 OGC 规范标准的 Web 服务发布服务共享数据，服务数据的兼容性和互操作得到了有力的提升，共享理念也由数据共享向服务共享转变，既保持了数据源实体的安全又可以让数据以服务形式共享给用户浏览观看，为当前数据共享工作的进一步开展提供有力的技术保障。

本平台结合 SOA 体系架构技术，有效整合北部湾经济区各种计算资源、存储资源、原始数据、产品信息，更有效地实现系统软件的无关性、平台可扩展性和可靠性。改变了共享理念，实现了数据共享向服务共享转变，利用系列地理空间信息服务应用环境发布符合 OGC 规范的 Web 服务，服务之间可以根据不同应用需求自由聚合形成一个可以自我衍生的空间信息共享生态环境，在此环境中，信息服务及其聚合，经聚合后的服务的再聚合，会按照应用的需要，自由而又规范地进行衍生和扩展。既保持了数据源实体的安全又可以让数据以服务的形式共享给用户浏览观看，为当前数据共享工作的进一步开展提供有力的技术保障。

依靠嵌入"发现"、"绑定"和"执行模式"及具有强大松散耦合机制的 SOA 架构紧密串联数据生产者与数据消费者，共享理念由数据共享向服务共享转变，围绕服务共享设计思想将数据共享活动抽象为一系列的 Web 服务，利用系列地理空间信息服务应用环境发布符合 OGC 规范的 Web 服务，应用服务器端服务聚合技术聚合服务形成"一张图"，无缝集成服务。

1.2.2 决策支持系统关键技术

决策支持系统关键技术体现在：以定性定量综合集成法思想为指导，以系统工程理论和决策支持理论为基础，采用面向对象的设计思想，充分运用成熟的信息技术、人工智能技术、分布式交互技术、群 DSS 技术、数据仓库、数据挖掘等各种决策支持新技术和成就，体现专家依据知识与经验的判断和计算机技术的结合。

1. 与数据仓库结合

数据仓库是面向主题的、集成的、时变的、永久的数据集合。数据仓库最初是为了支持经营、管理之中的决策，而将不同数据库中的数据加以融合、整理的解决方案而提出的。数据仓库发展是基于数据库技术改进的需要而进行的。数据库管理系统的快速发展与应用，使得"抽取"（从数据库搜索符合要求的数据并传递出来）处理逐渐变成了抽取中的抽取，并反复再次抽取等。这导致数据的"蜘蛛网"结构——"自然演化史体系结构"，并且问题越来越严重，终于导致产生一种新的体系结构——数据仓库环境。数据仓库技术最适合开发数据驱动型的 DSS，通过对内部的海量数据合理地存储组织，选择需要的数据和分析达到决策支持的目的。

2. 与联机分析处理结合

数据仓库既然是海量数据的集合，那么大量的数据必然会吸引人们对于这些数据的分析与应用。联机分析处理（Online Analytical Processing，OLAP）是数据仓库环境下的最典型应用。在 OLAP 的数据模型中，信息被抽象视为一个立方体，其中最重要的概念是"维"和"度量"。"维"是 OLAP 的核心概念，是主题的基础，是对主题的一种类型划分。OLAP 采掘的与"维"有关的度量信息才是用户关心的焦点。OLAP 一般在多维数据模型上进行多维分析，典型的 OLAP 操作包括上卷、下钻（钻过、钻透）、切片和切块、转轴（旋转）以及统计操作，如定秩、计算移动平均值和增长率等。OLAP 比较传统的实现方案是采用数据仓库服务器、OLAP 服务器、前端的展现工具的三层客户端/服务器结构，现在流行采用基于 Web 的浏览器/服务器结构，一般分为 OLAP 服务器、Web 服务器、Web 浏览器三部分。

3. 与数据挖掘结合

虽然 OLAP 工具在数据仓库的基础上得到了一定的发展，但是数据挖掘，包括一系列的人工智能和统计方法等在更精确的数据分析中得到了越来越多的应用。数据挖掘是指从大型数据库或数据仓库中提取隐含的、未知的、非平凡的及有潜在应用价值的信息或模式，一般又称数据库中的知识发现（Knowledge Discovery in Database，KDD）。当今的时代是一个信息爆炸的时代，尤其是网络和电子商务中飞速增加的数据量，更是极大地促进了数据挖掘的发展。并且，数据挖掘的出现也在一定程度上解决了智能决策支持系统中知识贫乏的问题。通过数据挖掘，将数据中存在的信息转换为可用的知识，存入到知识库中，为决策服务。

4. 与网络环境的结合

网络环境对于决策支持系统来说，是一个良好的开发和分发平台。从 21 世纪初开始，网络已经成为发展 DSS 的中心。基于网络的 DSS 极大地减少了处于不同位置的管理者和工作人员的交流，使整个决策过程能够更加方便地进行，同时成本更低。更重要的是，网络与其他已有决策支持技术的融合，产生的如网络智能决策支持系统、分布仿真决策支持系统等，更是极大地推进了整个智能决策技术的发展。

1.3 科学数据共享理论与方法

1.3.1 科学数据共享

在科学数据共享工程的大背景下，元数据问题已不再是科学数据交换中心中的一个普通的技术问题，而是一个共性的瓶颈问题。不仅需要在理论上，而且需要在技术上对这一问题进行剖析，并利用先进的 IT 技术进行实践和服务。根据共享工程的开展状况，确定科学数据交换中心普遍存在的四个关键问题。由此可见，科学数据中心的技术层面中是一个理论和技术并重的课题，并且元数据的理论和技术研究是解决这一问题的突破口。在本书中，牢牢地抓住元数据的核心地位，基于此构建了科学数据交换中心的元数据基本框架体系。

由于科学数据共享工程本身是一个复杂的巨系统，并且其科学数据交换中心在形式上具有多样性，涵盖了多个领域和学科，所以采用的技术路线是"从一般到特殊，再从特殊到一般"的方法。选取科学数据共享工程中具有代表性的试点，抓住元数据的关键问题展开研究，从理论和实践两个角度为共享工程做出示范，进而为共性问题的解决提供方法和思路。

多学科、多类型、多尺度的地学数据资源给数据整合带来了很大困难，如何使这些异构的数据资源集成在一个统一的框架内是地学数据交换中心不可回避的一个课题。解决这一难题很容易和元数据标准联系在一起，因为如果没有一个相对统一的标准，就不能对数据资源进行科学、有效地规范和约束。

元数据是数据资源有效应用的必要前提，换句话说，元数据可以使数据生产者和用户在处理元数据的交换、共享和管理等诸多问题时有共同的语言。制定和编制元数据所必须遵循的规则，可以理解为元数据标准。国际标准化组织就元数据的规范与标准化制定过相关的规则，各行各业也可以根据自己的业务需要制定相关的元数据标准。

一般来说，元数据所涉及的学科分支越细，元数据标准越专业化，所要求的元数据元素越多。面对地球系统科学的复杂学科体系，想要规划出一个全面的元数据标准既不科学，也不现实。

正是因为多学科元数据标准间的差异，笔者认为重复地制定元数据标准不能够解决地学数据交换中心的难题。在尽可能地参考国际、国家和现有行业标准的基础上，构建地学元数据标准框架，提出和建立元数据的扩展方法才具有可行性和实践意义。正是基于这一思路，本书并没有创建大而全的元数据标准，而是在分析现有标准的基础上，侧重于研究更具有普遍意义的元数据扩展模型、方法和技术。

1. 元数据技术

在当今信息化浪潮中，各行各业数据信息流动越来越频繁，导致对翔实、准确地获取使用数据的需求越来越大。这需要各种数据来源在内容、格式、说明等方面符合一定的规范和标准，以便数据的交换、检索、更新、集成以及数据的二次开发等，要消除数据这些方面的鸿沟，必然离不开元数据（Metadata）。

1）基本概念

元数据（Metadata）一词源自希腊语，"meta"即改变之意，"Metadata"原意是关于数据变化的描述，即关于数据的数据。迄今为止，各行各业对于元数据依然没有公认的定义，但其存在以下共同点。

（1）元数据的性质：元数据是关于数据的描述性信息，它应尽可能多地反映数据集自身的特征规律，以利于数据使用方准确、高效地组织利用数据。不同领域，其数据内容有很大的差别。

（2）元数据的目的：元数据的根本目的是促进数据的高效利用，另一个目的是为计算机辅助软件工程服务。

（3）元数据的内容：概括起来主要包含对数据集的描述；对数据集中数据项、所有者、数据来源、数据生产年份、获取方式等的说明；对数据处理信息的说明，如处理工具、量纲的转换等；对数据质量的描述，如数据精度、数据完整性、空间分辨率、比例尺、数据范围等；对数据转换方法的描述；对数据库的基础、更新等的说明。

（4）元数据的作用：通过元数据可以检索、访问数据库，可以有效地识别、评价和追踪资源在使用过程中的变化，实现信息资源的有效发现、查找、一体化组织和对使用资源的有效管理，以及对数据进行深加工和二次开发等。

2）元数据的类型

元数据的分类是为了更好地了解和使用元数据，不同的应用需求对元数据的组织结构会有很大的差异。

（1）根据元数据的内容分类。不同领域、不同性质的数据其数据内容会有差异。再者，不同的应用研究目的，其元数据内容也会有很大差别。总结起来可分为三种类型：①科研型元数据；②评估型元数据；③模型元数据。

（2）根据元数据描述对象分类。根据元数据所描述对象的不同，可将元数据划分为三种类型：①数据层元数据；②属性元数据；③实体元数据。

（3）根据元数据在系统中的作用分类。根据元数据在系统中的作用可分为：①系统级别元数据，指实现系统自动抽取像元数据的相关描述信息，甚至实现元数据的自动重构，如元数据的自动收割功能的实现等；②应用层元数据，指面向用户的，有助于有效地检索、评估、使用、管理数据信息的各种描述信息。

3）科学数据元数据特点

科学数据元数据描述以地学信息为主要对象，其元数据特点主要表现在以下几个方面。

（1）描述性：元数据的本质是有关数据的描述性信息。地理信息的数字化表达，是将现实世界的地理空间信息通过抽象、提炼、转化至计算机世界的过程，元数据描述提供了对此过程的详细描述，用以推进地理信息的有效组织与管理。

（2）动态性：元数据随着所描述对象的变化而变化，其语义表达要求高度灵活，并要求支持高可扩展性。

（3）复杂性：地理空间对象本身具有非常复杂的属性结构，其承载的信息量巨大，对象之间、对象内部存在相互交叉、相互渗透的关系，各个学科对其都有各自的独特的解释视角。因而其描述性的元数据信息本身也会变得极为复杂。

（4）多样性：是指元数据的体系庞大与元数据类型的多样性。各个学科以及同一学科不同研究目的的不同，都会导致需要特定结构的元数据描述体系，通过考虑使用继承、重用等面向对象的思想，解决多样性元数据结构之间的联系与统一。

（5）层次性：地理空间信息不仅有外部形态单元的组合分异关系，以某一要素或多个要素为主导，不同尺度下各级别形态单元有着相似的分异规律。另外，地理空间信息在内部结构功能上，也存在层次结构划分。这些特点形成了地理元数据的树状层级结构模型。

2. 元数据研究进展

1）数据共享工程进展

为促进科学数据资源的共享和交换，许多发达国家和国际组织都开展了一系列的基于计算机网络的科学数据共享的研究和实践，目的是将长期积累的科学数据为本国以及全球的可持续发展等研究提供数据支撑服务。例如，世界数据中心等国际组织的成立，在世界范围内进行科学数据共享的工作；美国及欧洲的一些发达国家建立了国家级科学数据中心群和数据共享服务网络。

在国内，2001 年科学技术部主持完成了《实施科学数据共享工程，增强国家科技创新能力》的调研报告，对我国目前科学数据共享存在的主要问题和可能解决的办法等一系列问题进行了详细的调查研究。2002 年 6 月，科学技术部向国务院提出了关于启动科技基础条件平台建设的建议，把建立科学数据共享机制作为增强原始性创新能力的重要环节；2003 年科学数据共享工程 3 个数据网（可持续发展科学数据共享网、地球系统科学数据共享网、医药卫生科学数据共享网）和 6 个数据中心（气象科学数据中心、测绘科学数据中心、林业科学数据中心、地震科学数据中心、水文水资源科学数据中心、农业科学数据中心）试点工作全面启动。

广西区内数据共享领域建设相对滞后，部分成果有广西文化共享工程信息资源共享平台，以及广西基础地理信息中心产品目录发布网站等。数据共享仅限于部门领域或部门内部，缺乏统一的元数据标准，难以有效整合区内资源。

2）元数据管理现状

元数据管理的基本原理是利用系统和数据库资源开发一些工具对数据库进行查询检索，并通过元数据或元数据系统对数据库进行管理。

现有元数据平台最常见的管理模式是基于本地编辑、Web 发布的单机元数据平台，如中国国家空间信息交换中心的 NREDIS 标准空间元数据编辑器，其只能提供本地元数据的采集与维护；另一种是分布式管理模式，元数据分布在不同的数据部门，采集与编辑也分布在不同的机器上完成，通过提供 Web 操作的元数据管理平台整合元数据资源，如地球系统科学数据共享服务网；还有一种是分布式与集中管理相结合的管理模式，数据与元数据分布在各分中心，各分中心负责数据与元数据的采集与编辑，总中心通过自动收割将元数据集中至总中心服务器，典型应用如中国科学院科学数据库。北部湾科学数据共享项目当前主要采取元数据与数据资源的集中存储，通过 Web 端各用户实现元数据的注册、编辑、管理与分发等工作，但同时兼顾进一步研究的需要，需要研究元数据的自动收割技术，因此同时具有模式二与模式三的特点。

另外，从现有元数据管理平台来看，现有各种平台通常只支持特定格式的元数据标准，如 ESRI 公司的 ArcGIS 元数据管理平台只支持 FGDC 与 ISO 标准，而北部湾科学数据其元数据标准形式多样，单一标准平台难以提供有效的支持。因此需要根据共享平台的元数据特点，设计开发出支持网络操作、传输与发布，同时支持多标准的元数据平台。

3）国内外元数据标准现状

制定统一的元数据标准是不同数据管理软件间交换元数据的唯一途径。随着国内外数据共享工程的进展，各个地区分别建立各自的数据共享工程，完成了相关的元数据标准，但由于专业背景与需要的差异，元数据标准始终难以取得共识。关于统一元数据的标准引起各国广泛重视，许多国家为此专门成立了元数据标准委员会，完成了不少标准的制定，开发了多种工具软件，建成了大量的元数据库，并已投入使用。而且定期召开专门的国际学术研讨会，对元数据的相关理论、实施、应用及标准化的有关问题进行讨论。

国外影响较大的元数据标准以及相应的标准制定组织主要有：美国联邦地理数据委员会（FGDC）制定的数字地理空间元数据内容标准（CSDGM）；美国国家航空航天局（NASA）和全球变化数据管理国际工作组（IWGDMGC）制定的目录交换格式（DIF）；美国联邦政府制定的政府信息定位服务（GILS）；加拿大通用标准委员会（CGSB）地理信息息专业委员会制定的描述数字地理参考集的目录信息等。

中国在"九五"期间通过《国土资源环境与区域经济信息系统与国家空间信息基础设施关键技术研究》，推动了地球空间信息共享和网络应用集成的规划及标准规范研究，实施空间决策支持和空间信息基础设施关键技术研究，以及数据库和国家空间信息交换中心建设等方面的工作。提出总体规划研究报告，4个标准规范草案，包括中国地学空间元数据标准规程草案、中国空间信息共享元数据标准（草案）、重点数据库空间集成数据编码试行规定、中国重点数据库空间数据转化标准草案、国土资源环境和地区经济信息系统指标体系及分类标码方案等。表1.2对现有的国内外几个主要地理空间数据标准作了一个比较。

表 1.2　国内外主要地理空间数据元数据标准比较表

标准体系 指标内容	美国联邦地理数据委员会	欧洲地理信息标准技术委员会	美国国家航空航天局	加拿大元数据标准	国家基础地理信息系统元数据标准（草案）	国际标准化组织地理信息/地球信息化技术委员会
数据集标识信息	√	√	√	√		√
数据集综述信息	√	√	√	√	√	
数据质量信息	√	√			√	√
空间数据组织信息	√					
空间数据表示信息					√	√
数据描述信息			√			
实体和属性信息	√		√	√		
元数据管理信息		√				
数据集继承信息						√
应用要素分类信息		√	√		√	√
空间参照系信息	√	√			√	√
发行信息	√		√	√		√

续表

指标内容 \ 标准体系	美国联邦地理数据委员会	欧洲地理信息标准技术委员会	美国国家航空航天局	加拿大元数据标准	国家基础地理信息系统元数据标准（草案）	国际标准化组织地理信息/地球信息化技术委员会
元数据参考信息	√	√		√	√	√
引用文献信息	√			√	√	
访问信息						
时间信息	√		√	√		
联系信息	√		√	√		
地址信息	√		√	√	√	

1.3.2 典型区科学数据概述

数据的一般性定义是指记录现实世界特征的一种符号化载体。其借助文字、数字、图像等形式勾画和表达了现实世界实体的本质、特征以及运动规律，是可以鉴别的一种符号。而所谓科学数据，是指从各种科学研究活动中提取产生的基础性、专业性、基础性的数据。科学数据共享首先需要解决的问题是数据资源的组织。

1. 典型区科学数据的范畴

本书的典型区是指广西北部湾经济区，是国家大力支持的面向西部大开发和东盟开放合作的战略性宏观规划。以该区域研究为典型，本书的科学数据是指研究北部湾经济区生态环境演变的各种观（探、遥）测手段探测、考查取得的数据，也包括广大科技工作者长年累月的研究工作所获得的历史积累和整编的海量科学数据。数据类型有数值型、文本型、影像、多媒体、元数据等。基于地学分类体系，数据范围涵盖人地关系与社会经济、土地利用、自然资源、宏观生态、环境灾害、海岸近海等各学科。

2. 典型区科学数据的特点

本书的科学数据是以支持区域的生态环境演变研究为目的，面向的用户对象涵盖科研单位、政府机构、研究团体与个人、社会公众等，数据具有如下特点。

（1）广泛性：一是在共享群体方面，本平台面向所有研究北部湾经济区的机构、个人等群体，所有研究本区域的相关数据，经审核通过后都可以放置平台共享。二是在分类体系方面，平台涵盖人地关系与社会经济、土地利用等各学科体系。

（2）学科性：为使数据的管理与共享脉络清晰，科学数据分类体系在参考相关国家标准与成功经验的基础上，以地学分类体系为依托，将数据分为海岸带与近海数据、遥感及产品数据、环境与灾害数据、宏观生态数据等 13 个大类，各个类别之下继续划分子类。

（3）时空性：科学数据以一定区域为研究对象，它具有明确的空间位置与反映研究区域变化演变的时间属性。

（4）海量性：科学数据包括空间数据与非空间属性数据，尤其空间数据其数据量随描述尺度和时间序列的变长，数据成几何量增长。

（5）异构性：数据来源的类型、储存载体的不同，数据可能储存在 SQLServer 中也有可能储存在 Oracle 中，空间数据格式有 ArcGIS、MapGIS、SuperMap 等，还可能有压缩包、图片、影音文件等各种数据类型。数据的驱动与访问机制的不同，加上各个数据格式间在通用性与相互转化方面的鸿沟，使得对数据的存储访问成为异构模式。

解决这一问题的关键是元数据的共享，通过基于纯文本格式的 XML 元数据技术，使得数据共享跨越平台与数据格式异构的鸿沟。

3. 典型区科学数据分类体系

从宏观生态条件和微观元素地球化学迁移等方面深入研究北部湾经济区可持续发展所面临的资源环境问题，基于数据共享角度出发，将这些研究成果资料汇聚作为资源环境相关持续研究的科学数据源。根据科学数据的性质和特点，本书的科学数据分为以下几类。

1）依内容属性分类

依据数据资料的内容属性，考虑使学科内容的覆盖面更广，分类层次更清晰，这里将科学数据分为以下 11 个大类，并保留随研究进展的可扩充性。

（1）地理背景数据：主要包括地形、地貌、地质、气象、植被、土壤、水文、湿地、区划、交通、居民点等，反映区域地理特征的各种矢量、栅格影像、属性数据等内容。

（2）土地覆被与土地利用数据：与区域土地相关的土地覆被与土地利用数据，包括农田、林地、草地、建设用地、水域、未利用地、其他数据等内容。

（3）自然资源数据：包括反映区域总体资源禀赋的综合自然资源数据，以及各种专题数据有气候资源、水、土地、动植物、森林、草原、能源、旅游、矿产、海洋、其他资源等数据。

（4）人地关系与区域发展数据：反映区域经济发展状况的各类数据，包括人口与劳动力、综合经济、农业经济、工业经济、交通运输邮电、建筑业、城市建设、科教文卫、旅游经济、消费、贸易、投资、财政、物价、人民生活以及其他的数据。

（5）宏观生态数据：包括生态环境背景数据、生态系统类型数据、生物量、生物多样性数据、生态功能区划、定位观测与研究、植物生理、其他数据等。

（6）环境与灾害数据：涵盖环境背景、环境质量评价、自然灾害、环境监测数据、环境破坏、环境污染、环境治理、环境保护、三废利用、古环境古地理数据以及其他数据等。

（7）遥感及其产品数据：分为航空遥感数据、航天遥感数据、地面遥感数据、其他数据。

（8）海岸带与近海数据：包括海洋基础地质、海岸线、大陆架地形、海洋资源、海岸带资源、海洋环境、海洋生态、海岸带环境、海岛、海湾、海洋经济、海洋管理、海洋文献资料、海洋地质调查、其他数据等。

（9）1km 格网空间化产品数据库：基于 1km 空间分辨格网化各类土地利用、生态环境、资源分布等数据。

（10）其他数据：与研究区域有关的各种文本、图片、多媒体等格式的数据载体。

（11）元数据库：基于相关数据共享标准建立的数据描述元数据库，以 xml 格式存储。

2）以共享类型分类

从共享类型来看，从数据的结构特点可把数据分为结构化数据和非结构化数据两类。

（1）结构化数据：即行数据，可以用二维表结构的逻辑表达结构来表达数据，其以关系数据型的表格数据为典型代表。结构化数据格式统一、有统一的数学逻辑基础，结构稳定，易于存储和查找。

（2）非结构化数据：非结构化数据是指相对于结构化数据而言，其无法用二维表结构的逻辑关系来表达数据信息，数据的内在特性难以描述，结构不规则，多以文件形式存放。主要包括办公文档、文本、分析资料、数字影像、雷达资料以及结构化资料的文件形式等。

1.4　决策支持系统理论与方法

20 世纪 70 年代以来，人们对决策支持系统进行了大量的研究，决策支持问题的研究已逐步受到管理科学、经济学、应用数学、工程技术、信息科学等领域的重视。众多学者研究各种决策分析方法，通过多学科的交叉并结合新近发展的人工智能技术、网络技术、通信技术和信息处理技术，解决一系列具有代表意义的决策支持问题。决策支持系统正朝着规范化、科学化的方向发展。决策支持系统是在管理科学和运筹学的基础上发展起来的，历经早期的单模型决策，到计算机自动组织的多模型协调运行和对数据库、模型库进行高效管理，无论在理论和方法上均取得了长足的进步。先就这些正在研究的各类 DSS 进行分析，论述各类 DSS 的优点和不足之处，指出只有建立综合集成型 DSS 才能有效地解决复杂系统的决策支持问题。

1.4.1　IDSS

IDSS 是 DSS 和人工智能相结合的产物，是 DSS 研究的一个热点，初期综合了传统 DSS 的定量分析技术和专家系统的不确定推理的优势，较原来的 DSS 能够更加有效地处理半结构化与非结构化问题，通过专家系统的支持，能够解决决策支持中的部分定性分析问题，但是，到目前为止专家系统对定性知识处理能力依旧较弱，尚无法解决很多不确定性分析问题，并且专家系统实际运行时，存在很多不尽如人意的地方，如专家系统一般采用直接操纵界面，而随着任务复杂性的增加，用户的操纵过程将越来越繁琐，直接影响问题的求解；专家系统一般不是从传感器而是从用户那里获得信息，但是现实中用户常常与专家系统的构建假设不一致，使专家系统无法正确发挥其作用；专家系统解决问题时，为了保证求解问题的有效性，提供以符号逻辑为基础的严密推理过程，但这些限制使得系统无法处理很多例外情况，降低了系统的适应性，使基于专家系统的智能决策系统适用范围狭窄。由于专家系统的缺点，在人工智能领域 Agent 技术出现并发展后，IDSS 逐步与 Agent 技术结合。Agent 技术在一定程度上确实可以避免专家系统的很多缺点，在目前发展阶段同样也无法实现复杂问题的有效决策支持，IDSS 的研究重点放在模型的自动选择和自动生成以及模型库和知识库的结合运行上，忽视了群体专家的作用，难以有效建立复杂决策问题模型。当然 IDSS 的研究者也意识到了 IDSS 存在的缺点，目前的研究倾向于如何提高系统的柔性，从而提高系统的易修改性、适应性和问题求解的灵活性，在一定程度上可以增强系统处理复杂问题的能力。

1.4.2 DDSS

DDSS 是对传统集中式 DSS 的扩展，由多个物理上分离的信息处理节点构成了计算机网络，网络的每个节点至少含有一个 DSS 或具有若干决策支持功能。DDSS 将传统集中式 DSS 发展为在网络环境下的分布或分布加上并行处理的方式，这样使 DSS 支持在网络环境中的决策处理，它以计算机网络通信技术为信息交互基础，通过网络连接的工作平台和分布式数据库、模型库提供的各种格式的数据、信息和工具，支持分布在各地的 DSS 彼此交互，从而使它们共同地为决策问题提供正确及时的决策支持。DDSS 可进一步分为支持 Internet 和支持 Intranet 两种类型，当然两种技术也可综合运用，以满足企业多方面的决策需求。已获得应用的系统有 InterAction、Tcbworks、BrainWeb 等。DDSS 的优势在于它通过成熟的网络技术支持庞大的信息库和数据库，较 DSS 更能处理复杂问题，支持分布的模型库共享，并且可以调用外部决策网所提供的服务。实际应用中，DDSS 可划分为若干子系统，每个子系统针对一个专门的领域提供决策支持，这样可以提高系统整体的决策支持能力，同时系统的灵活性和可扩充性也较好。但是与集中式 DSS 一样，DDSS 在系统的决策支持上较大地依赖于定量化的模型、方法等手段来辅助决策，无法有效地处理定性知识和提供对复杂问题的全面决策支持。

1.4.3 基于数据仓库、OLAP 与数据挖掘技术的 DSS

数据仓库、OLAP 和数据挖掘等新技术为 DSS 开辟了新途径。传统数据库技术一般以单一的数据库为中心，进行联机事务处理（OLTP）和决策分析，很难满足数据处理多样化的要求。DSS 中经常会访问大量的历史数据，而且这种处理以分析为主，与 OLTP 有很多不相同的性质，如在性能方面 OLTP 要求每次操作的处理时间短，而在分析处理环境中，对每次分析数据的时间要求并不严格，事实上某个 DSS 应用可能需要连续运行几个小时，所以分析型处理及其数据必须与操作型处理及其数据相分离，这样就形成了数据仓库的概念，由 Inmon 于 1992 年首次提出，用于解决 DSS 中对大量数据分析和访问需求。数据仓库将分布的和不同历史时期的数据集成到一起，这种集成可以方便用户对信息的访问，更可以使决策人员对一段时期内的数据进行分析并研究走势。

在越来越多的关键数据被存入数据仓库后，需要高效的数据分析工具来利用其中的数据。OLAP 是 Codd 于 1993 年提出的一种软件技术，帮助分析人员迅速、一致、交互地从各个方面观察信息，达到对数据的深入理解。OLAP 以数据仓库为基础，通过 OLAP 的基本功能，如切片、切块、钻取与旋转、模型计算等，实现对数据的多维分析和处理。数据挖掘是应用各种挖掘算法和知识从数据仓库和数据库中提取模式的过程。从数据仓库的角度，数据挖掘可以看作是 OLAP 的高级阶段，通过知识库和数据挖掘引擎的支持，数据挖掘比汇总型分析处理具有更强的功能。数据挖掘结合人工智能技术和机器学习方法，利用信息论、统计分析和模糊论、粗集方法等对数据进行归类、预测、评价和决策。目前数据挖掘还扩展到各类信息存储上，如研究比较集中的 Web 数据挖掘等。Business Object (BO) 推出的决策支持工具 BO4.0 是以 OLAP 技术为主体、集查询和报表为一体的 DSS 开发工具。该工具的一个重要特点是提出了"语义层"和"语义动态对象"的概念。语义层将数据库中的列按决策主题重组为面向用户的对象，对象可以是数据库中的表、列、连接和对多列进行运算的表达式。语义动态对象对已经定义的语义层对象进行任意组合后形成决策需要的新表，并将表中的数据以可视化的方式在屏幕上显示出来或以报表的形式打印出来。

数据仓库解决了 DSS 中数据存储的问题，OLAP 和数据挖掘对数据仓库中的数据进行有效的分析，从而为决策提供帮助。基于数据仓库、OLAP 和数据挖掘技术的 DSS 的应用提高了决策分析支持的能力，但它仍以计算机的模型处理为主，无法成为全面解决复杂决策问题的有效途径。

1.4.4 GDSS/ODSS

决策环境复杂度的增加使面向个体的 DSS 逐渐显示出其局限性，此时的决策一般不能由单一的决策者完成，需要多个决策者协作才能做出正确的决定。GDSS/ODSS 即在此背景下出现，它是指多个决策者通过彼此间的通信和协作产生决策方案，并最终通过协调和评估形成决策。GDSS/ODSS 的研究一般集中在如何实现对群体决策的支持上，包括对群体提供更好的信息共享、交流和通信渠道，研究群体间的协作机制、意见综合集成等。研究主要基于各种通信技术的发展，通过网络支持实现电子会议、电子投票、视频音频交流等。在群体意见处理和协作机制方面，典型的群技术包括名义群体法、步阶法、头脑风暴法、辨证询问法、社会评价分析法等，这些技术从不同角度改善群体决策水平，提高决策绩效，确保群体成员意见都能充分表述，同时集成各成员间的不同意见，在解决复杂决策问题时有一定的效果。目前波音、IBM 等已将 GDSS/ODSS 投入到应用中，并取得了较好的成效。

GDSS/ODSS 与上述几种典型的 DSS 有较大的差别，它为群体决策人员提供工作环境，有组织地指导信息交流、讨论形式、决议内容等，从而提高群体决策的效能。该系统考虑到群体专家的智慧，提供了人发挥处理定性问题和非结构化问题能力的决策环境，但是在重视人的作用的同时，虽然考虑到提供结构化决策分析技术来改善群体决策过程、提高决策的效率和质量，但 GDSS/ODSS 的重心依然是对群体决策中信息交流的支持和对群体协作的支持。而且目前实际应用的 GDSS/ODSS 提供的定量分析决策工具较少甚至没有，部分 GDSS/ODSS 虽然利用了一定的智能技术，提供一定的推理和定量分析功能，但是很少联合利用其他的决策支持技术，如 OLAP 和数据挖掘技术等，所以 GDSS/ODSS 虽然在非结构化问题的支持上有较大的进步，但与其他 DSS 相比，提供的定量分析能力较弱，不能高效处理复杂决策问题。

1.4.5 I3DSS

I3DSS 的提出和实际应用考虑到单独运用某些 DSS 难以适应越来越复杂的决策环境，所以 I3DSS 综合采用系统分析、运筹学方法、计算机技术、知识工程、专家系统等技术，并使之有机结合。I3DSS 注意利用智能决策支持能力和提高系统的人机交互能力来面向规模较大的决策问题，充分发挥联合运用的优势——集成化来解决该类问题，可以说 I3DSS 是 DSS 进入新的历史阶段的标志。

I3DSS 考虑到综合运用现有的决策支持技术，考虑的重点是人机交互的支持，对于群/组织决策支持考虑的人人交互支持，即如何充分发挥专家群体的智慧来解决复杂问题涉及得不够，但即使如此，I3DSS 依然是 DSS 发展过程中一个重要的里程碑。通过以上分析，不难发现单独使用上述任何一个现有的决策支持环境都不能解决复杂决策问题，但若综合各种决策支持技术和成就，就有可能成为处理复杂决策问题的有效途径和技术路线。钱学森于 20 世纪 90 年代提出开放的复杂巨系统及方法论，即"定性定量综合集成法"，后又发展到"从定性到定量综合集成研讨厅"，其实质是将专家体系、数据、信息体系和计算机体系有机结合起来，构成一个高度智能化的人/机结合、人/网结合的体系，该体系能够将人的思维过程、思维成果、经验、知识与各种情报、资料和信息统统集成起来，充分利用人类在过程分析、逻辑推理和认知、学习以及知识创新方面的优势，使系统的辅助决策能力超越推理和学习阶段，可以对复杂结构的决策问题提供有效的支持。本书为了论述的清晰，将 DSS 作了分类，实际应用时上述各种 DSS 可以相互结合以提高系统的灵活性和决策支持力度，如 IDSS 可以同 DDSS 结合、同数据挖掘等数据处理技术结合来提高分析决策支持的适应性等，但是一般而言这种联合是局部的、临时的，与综合集成研讨环境有本质区别。

1.4.6 综合集成型 MDSS

开放复杂巨系统具有以下特点：系统本身与周围环境有物质、能量和信息的交换，所以是开放的；系统包含的子系统成千上万甚至上亿万，所以是巨系统；子系统的种类繁多，有几十甚至几百种，所以是复杂的。钱学森提出的综合集成理论可以对复杂巨系统的复杂决策问题进行指导研究，构建综合集成型决策支持系统（MSDSS），已成为 DSS 发展的一个新方向。MSDSS 支持专家之间的协同交互，提供人/人交互环境，非结构化的直觉思维问题最终必须依靠群体专家作决定，发挥和展示群体的科学理论、经验、智慧，从不同层次、不同方面和不同角度来研究复杂问题，提出经验性假设，形成定性判断。MSDSS 同时提供完善的人/机交互支持，结构化的逻辑思维问题仍然必须依赖机器的推理和计算，以便快速产生定量分析的结果，提高解决复杂决策问题的性能。从定性到定量、综合集成、研讨是 MSDSS 的三个关键主题。从定性到定量是将专家的定性知识同模型的定量描述有机地结合起来，实现定性变量和定量变量之间的相互转化。对于复杂巨系统问题，需要对各种分析方法、工具、模型、信息、经验和知识进行综合集成，构造出适于问题的决策支持环境解决复杂问题。对于结构化很强的问题，主要用定量模型来分析；对于非结构化的问题，主要通过定性分析来解决；对于既有结构化特点又有非结构化特点的问题，采取紧耦合式的定性定量相结合的方式。综合集成是指集成系统的各种资源，包括专家群体头脑中的知识、系统中的模型库、数据库和知识库。研讨是指分析问题人员的群体协同工作，充分利用定性定量模型和数据库等工具，实现人/机的有机结合。研讨过程既是分析人员的知识同计算机系统的数据、模型和知识的不断交互过程，也是研讨人员群体智慧的结合和综合。

钱学森提出的综合集成理论是一种指导思想，并没有规定 MSDSS 的具体实现方式，所以实际应用中可根据具体情况来构建综合集成研讨环境，许多学者在这方面做了研究和实际应用。陈文伟等提出了一种综合 DSS 的结构，联合了数据仓库、联机分析处理、数据开采、模型库、数据库、专家系统技术，在处理复杂决策问题上有很大的帮助[10]。清华大学自动化系的研究人员把综合集成研讨厅体系框架应用于电力系统的调度，华中理工大学系统工程研究所把综合集成研讨厅体系框架用于三峡工程散装水泥/粉煤灰调运支持上，中国科学院自动化研究所、航天工业总公司 710 所、清华大学计算机科学与技术系、中国科学院系统科学研究所把综合集成研讨厅体系框架用于支持宏观经济决策，建立一个多功能的支持宏观经济决策研讨的技术环境与工作空间，这些应用研究都取得了非常好的效果，实践证明，综合集成研讨的体系框架是处理复杂大系统的有效方法。

1.5 广西北部湾经济区科学数据共享进展

近几十年来，随着经济的迅速发展和人口的急剧增长，人类活动对海岸带施加的压力与日俱增，直接或间接地不断改变着海岸带的环境。广西北部湾经济区所处海岸带同样存在经济发展开发与海岸带生态环境难以协调和谐发展的问题。2008 年，国家批准《广西北部湾经济区发展规划》实施，广西沿海地区的开放开发迎来了一个前所未有的高潮。2009 年，广西壮族自治区人民政府颁布了《广西海洋产业发展规划》，把科技兴海作为重要内容，对今后广西沿海经济发展奠定了基调，指明了方向。广西把开放开发的战略重心定在北部湾，以北部湾为核心的沿海开发正在加速开展，广西总投资约 284 亿元建设 43 项海洋产业重点项目正在建设，北部湾经济区开放开发，既关系到广西自身发展，也关系到国家整体发展。广西沿海港口建设已经成为广西经济发展的重要依托，通过填海方式扩大港口建设不可避免。一批临海（临港）工业重大项目纷纷落户广西沿海，总装机达 600 万 kW 的三个火电厂、中国石油 1000 万 t 炼油厂、年产 180 万 t 浆及 250 万 t 纸项目、北海哈纳利 12 万 m³ 铁山港 LPG 大型冷冻储存库等重大项目已逐步建成；投资 624 亿元的防城港 1000 万 t 钢铁项目、130 亿元的钦州中国石化年产 300 万 t LNG 项目、总装机 600 万 kW 的防城港核电项目、年产 300 万 t 重油沥青项目也进入开工阶段。此外，为了发挥沿海优势，规划在北海铁山港、钦州港、防城港企沙半岛等建设三个面积分别为 120km²、

132km²、100km² 以石化、林浆纸、钢铁、炼油、冶金、机械制造等产业为主的工业区。经济的快速发展以及海洋的快速开发，给被称为我国最后一片"净海"的广西沿海带来了经济、资源、环境、人口等方面的巨大压力和挑战。北部湾沿海湿地减少、生物多样性下降、生物资源衰退、整体生态功能减弱等海洋环境质量恶化以及生态环境破坏等问题也将加速发展，反过来制约北部湾社会经济的持续、快速发展。如何在生态环境保护的前提下实现"区域经济社会与资源环境协调发展"的开发目标，是必须高度重视和妥善处理的问题。

目前，北部湾经济区科学数据缺乏系统的信息整合平台，信息数据的采集、储存、处理分析及服务对象多局限于单一的单位和部门，数据缺乏统一性、系统性，给数据集成和共享带来极大困难，也缺乏空间分析技术支撑，难以满足综合分析与评价的要求，急需高水平的研究团队对此进行数据共享的系统研究，建立科学数据共享平台，实时监测分析北部湾资源与生态环境的空间信息、分布特征和动态变化，为科学研究及管理提供北部湾经济区的资源、生态、环境和灾害等重要基础数据与决策分析依据。

北部湾海岸带生态环境相对脆弱，快速的资源开发、城市化、工业化、环境污染等人类活动必然会引起北部湾经济区生态环境变化，带来生态退化与环境污染等一系列问题。因此，对北部湾社会发展模式进行科学决策是必然需求。根据"科学问题—科学思维—科学方法—科学数据—科学结论—科学规律"这一科学思路，全面系统的科学数据是解决科学问题、找出科学规律的基础。建立数据共享平台，为解决北部湾可持续发展所面临的资源环境问题提供科学支撑和基础数据。

北部湾经济区海岸带科学数据共享平台的构建和研发，在面向人类可持续发展的资源和环境（包括灾害）需求成为地学发展的社会推动力的背景下，为北部湾资源持续利用、开发与环境保护、生态系统和生物多样性保护、污染控制和环境治理、经济快速发展的沿海城乡安全用水，洪涝、风暴潮、赤潮重大自然灾害预防、人类生存环境预测、疆界纷争与国防安全等提供知识与技术支撑和科学决策保障。

1.5.1 北部湾科学研究

北部湾经济区由南宁、北海、钦州、防城港四市所辖行政区域组成，地处我国沿海西南端，背靠大西南，西向东南亚，位居中国–东盟经济圈、华南经济圈、西南经济圈的结合部，是我国大西南地区出海口最近的通路，是连接经济高速增长的华南经济圈和自然资源极其丰富的大西南地区的经济枢纽，更是我国联系东南亚、沟通新马泰等国际经济区域的天然纽带，是我国沿海开放开发最具潜力的地区。

广西北部湾经济区整体生态环境保持良好，拥有森林、湿地、海洋等多种类型自然生态系统，较好地发挥着各种生态服务功能。大部分城市环境质量达到二级以上标准；近岸海域水环境功能区水质达标率在85%以上，是目前我国近海水质保持最好的海域之一；拥有陆地海岸线1595km，海域及潮间带滩涂面积广阔，海洋资源丰富且开发潜力巨大。

2008年1月16日，国家正式批准了《广西北部湾经济区发展规划》。《广西北部湾经济区发展规划》认为"北部湾经济区岸线、土地、淡水、海洋、农林、旅游等资源丰富，环境容量较大，生态系统优良，人口承载力较高，开发密度较低，发展潜力较大，是我国沿海地区规划布局新的现代化港口群、产业群和建设高质量宜居城市的重要区域。"更是将生态环境保护写入发展原则中，要求"坚持生态保护，促进环境友好。强化生态建设和环境保护，提高节能环保水平，切实保护海域环境，实现经济社会可持续发展"。在实现经济繁荣、结构优化的同时要实现生态文明的目标，建设一个"海陆生态环境质量保持优良，成为南中国海海洋生态安全重要屏障区；节能减排效果显著，循环经济形成较大规模，资源环境支撑能力不断增强，基本形成节约能源资源和保护生态环境的产业结构、增长方式、消费模式，可持续发展能力显著增强"的生态环境良好的地区。

20 世纪 80 年代末至 90 年代初广西进行了沿海资源综合考察，进行了两次沿海沙化监测。进入 21 世纪，随着广西北部湾经济社会发展所面临的重大资源环境问题，进行了广西北部湾专项研究。

北部湾作为遥感实验区，进行资源环境监测和治理；北部湾经济区作为第一个落实国家主体功能区划要求的地方规划，运用"综合地理单元"的区划方法，把 4.25 万 km^2 的经济区划分为适宜开发的城市地区、限制开发的农村地区和严禁开发的生态区三类地区。其中禁止开发的生态区占总面积的 35%，包括现有自然保护区、水源保护区和生态恢复区，作为构筑生态安全屏障的国土空间。禁止从事不符合生态功能定位的各类开发建设活动。并且还为生态环境建设独立篇章，强调加强生态建设和环境保护，增强可持续发展能力，把建设资源节约型、环境友好型社会放在工业化、现代化发展战略的突出位置。为生态环境保护制定了明确的保护规则、政策和法案。

1.5.2 多源异构数据共享

区内高等院校、研究院所经过多年的研究，关于北部湾经济区的科学研究数据已达海量级，同时这些数据源牵涉不同的学科，这些数据源具有地理位置分散、数据类型不一、存储格式不同等特点。为了能够有效、快速地整合、集成这些多源异构的数据资源，需要建立一个综合不同学科的共享网站或数据中心。通过该数据共享网站，制定适合于北部湾经济区学科数据资源特征的汇交、管理流程，数据生产者和管理者能够独立进行数据的汇交、审查发布和更新维护，以便能够分学科保障数据资源的质量。

国内外关于多源异构数据共享方面的研究经过多年的发展已取得了较好的成效，其中国外的世界数据中心（WDC）、国际科技数据委员会（CODATA）、世界气象组织（World Meteorological Organization，WMO）、美国地图与数据总站等在多源异构数据共享方面进行了积极的研究和探索，并在实际应用中取得了良好的效益。国内关于数据共享方面紧跟国际数据共享发展的大势潮流，先后有中国科学院数据应用环境、中国西部环境与生态科学数据中心、国家农业科学数据共享中心以及各行业的数据共享中心等数据共享项目实施，相关的研究成果均已发布并在互联网上投入使用，很好地为广大用户服务，实现了数据的真正意义上的共享。

综合国内外研究的情况来看，实现多源异构数据共享大都基于元数据方面进行研究，紧紧围绕元数据应用地理信息系统、计算机、遥感等关键技术来推进元数据的深层次共享。鉴于此，北部湾经济区科学数据共享也是基于元数据进行数据共享，以元数据信息的共享作为根本出发点，以数据高效利用和交换为目的的数据集说明性数据并尽可能全面地反映基础数据的信息。同时通过元数据对数据进行管理，元数据已经从简单的描述或索引发展成为用于管理数据、发现数据、使用数据的一种重要的工具与手段。在科学数据交换中心中，元数据为各种形态的数字化信息单元和资源集合提供规范、普遍的描述方法和检索工具；元数据为分布的、由多种数字化资源有机构成的信息体系提供整合的工具与纽带。离开元数据的各种数据信息将是一盘散沙，将无法提供有效的检索和处理。

1.5.3 元数据互操作

由于元数据国家标准制定与出台的落后，很多单位与部门已在参考相关材料的基础上，自行制定了元数据标准规范，并在各自的系统中使用。这些元数据标准与规范虽然存在某种程度的一致性，然而这些标准规范只是根据自己的业务体系来设计的，并没有考虑到跨领域和多学科的综合应用问题。这些格式和标准互不兼容，符合某一种格式的元数据不能被其他格式所接受，从而导致不同数据库之间根本无法互相访问和检索，甚至在一个集成的系统内部，也存在数据生产者采用不同的元数据标准的现象。因此目前在采用元数据进行信息服务的过程中，要重点解决不同的元数据集间的互操作问题，通过提供分布式元数据的远程注册与更新功能，更好地为用户提供元数据服务。

各个行业数据中心只是根据自己的业务体系构建元数据系统，没有考虑跨领域和多学科的综合应用问题。这给更大范围的数据交换带来了困难，并且一旦该业务数据中心停止建设，对外界来说，这个国家斥巨资建设的数据中心将会变成一个新的"数据孤岛"。这一问题的关键在于提高元数据互操作性，需要更加有效的元数据互操作技术支撑。

1.5.4 系统安全性能

北部湾经济区科学数据共享数据信息源是由高校、科研院所提供，而这些数据信息源提供者作为数据生产单位，对于自身所生产的数据有不可置疑的数据使用权，同时对于数据中心中其他加盟进来的合作者来说，也可对这些数据拥有访问权，甚至经过一定的沟通和协调也能对这些数据进行使用，普通用户可以通过北部湾经济区数据数据中心网站对公开的相关元数据进行访问，根据系统不同的安全级别、不同的用户级别可以看到不同的数据信息。由此可见，数据生产者、数据使用者、数据管理者，对中心数据的操作均有严格的访问级别和享有对应的访问权限，这就要求中心站点在安全性能的体现上有较强的健壮性。

在网络环境下，敏感数据的防窃取和防篡改问题显得越来越重要。因此，安全问题无疑是数据共享中最重要的问题。元数据在以分布式的网络传输为主的方式下，数据共享和安全技术必须解决并发访问冲突问题及系统和数据安全问题。在元数据管理体系中，可通过四层安全保护策略，即 A 层（硬件加密）、B 层（操作系统的安全）、C 层（信息系统的安全）和 D 层（数据库的安全）。系统安全的根本任务是保持元数据的完整约束条件，并且保护数据库免受非授权的泄露、更改或破坏，同时要注意网络安全、计算机病毒防治等。系统安全性的关键在于防止非法访问数据库信息、恶意破坏数据库或未经授权非法修正数据库数据等数据安全问题。

综上所述，本书以北部湾经济区海岸带为研究对象，以北部湾经济区科学数据共享与决策支持作为研究目标，综合国内外已有科学数据集成共享的相关研究，试图应用最新的基于 SOA 架构的 Web 服务技术实现北部湾经济区科研数据信息集成与共享，促进科研设备资源与计算能力的共享，促进多学科及国内外多机构间的科研交流与合作，从而使得跨越时间、空间、物理障碍的资源共享与协同工作成为可能，最终实现北部湾经济区科学数据共享与集成。

参 考 文 献

[1] 黄鼎成. 科学数据共享的理论基础与共享机制. 中国基础科学，2003，(2)：22～27.

[2] 孙九林，李爽. 地球科学数据共享与数据网格技术. 地球科学，2002，27 (5)：539～543.

[3] 黄孝鹏，周献中，杨洁等. 决策支持系统及其演化发展趋势研究. 现代管理科学，2012，(4)：9～11，29.

[4] 刘啸. 基于 XML 矢量图像 SVG 的研究与应用. 黑龙江科技信息，2010，(10)：60.

[5] 刘江宏，刘金瑄. 一种基于 Web 的 HTML 到 XML 数据转换方法. 计算机与数字工程，2007，37 (1)：35～37.

[6] 萨蕾. 元数据互操作研究. 情报科学，2014，32 (1)：36～40.

[7] 黄岩. 基于元数据的气象数据共享系统设计与实现. 北京：中国科学院大学（工程管理与信息技术学院）硕士学位论文，2013.

[8] 田涛. 广西北部湾科学数据共享平台元数据管理系统研究与实现. 南宁：广西师范学院硕士学位论文，2012.

[9] 谢军，肖路，张会. 企业信息资源整合的目录服务系统研究与应用. 武汉理工大学学报（信息与管理工程版），2011，33 (6)：974～977，1014.

[10] 陈文伟，黄金才，陈元. 决策支持系统新结构体系. 管理科学学报，1998，1 (3)：54～58.

第2章 需求分析与实施方案

2.1 研究目标

针对北部湾经济区生态、环保和防灾减灾等领域科学研究的科学数据共享需求，综合运用时空信息的组织、传输、可视化表达、管理和共享等相关理论与方法，采用空间信息、数据库和网络等相关技术，结合数据挖掘，构建一个支撑北部湾经济区资源、生态、环境与防灾减灾等研究领域的科学数据共享平台。其主要内容包括研究和制定数据分类体系和数据标准，形成标准化的北部湾经济区科学数据体系；制定数据的采集、输入、建库和集成等规范标准，构建基于 WebGIS 和 B/S 架构以及移动环境下的数据采集和输入系统；建立基于网络的联邦式北部湾经济区数据库群、实现网络化数据集成；制定北部湾经济区科学数据共享与处理规范标准，研发科学数据共享和综合服务平台，实现科学数据的共享和数据综合应用的服务；建立智能模型库和空间数据模型接口，开发基于智能计算和数据挖掘的北部湾经济区科学数据辅助分析决策系统，研究沿海典型生态系统演变和主要灾害形成模拟系统；研发北部湾经济区电子地图服务平台，展现北部湾经济区科学数据在时空格局上的分布情况，应用平台提供的各类空间地理信息处理分析服务，与平台共享的科学数据结合起来进行各类专业分析。

2.2 研究内容

针对北部湾经济区发展的科学数据共享需求，以区域自然要素和人文社会经济要素为研究对象，综合运用空间数据组织信息传输、可视化表达、知识共享等相关理论与方法，采用最新技术，结合数据挖掘，构建一个支撑北部湾可持续发展的资源、生态、环境与防灾减灾信息共享平台，提出该领域数据库组织、分类和构建流程的标准，实时监测分析北部湾资源、生态、环境与防灾减灾的空间信息、分布特征与动态变化，为科学研究及管理提供北部湾经济区的资源、生态、环境与防灾减灾等重要基础数据与决策分析依据。本书具体研究内容包括北部湾资源环境数据体系及技术规程研究、北部湾科学数据集成共享关键技术研究与平台构建、智能模型库关键技术研究及决策支持系统研发，以及智能模型库服务应用平台的研制。

2.2.1 北部湾资源环境数据体系及技术规程研究

1. 资源环境数据体系

北部湾资源环境数据体系的建立是构建北部湾科学数据共享平台的重要基础，其体系建立结合实际情况划分为基础地理数据、基础背景数据、其他资料数据，在此基础上衍生一系列的专题数据，如生态环境、环境污染、自然灾害、水土资源、物种资源、社会经济等，还有就是记录详细的数据背景、内容、质量、状态等档案资料的元数据，如图 2.1 所示。

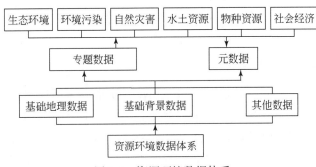

图 2.1 资源环境数据体系

2. 技术规程

1）数据库建设的技术规程

平台数据库建设都采用标准的软件工程规范和软件项目的管理模式进行，分阶段按步骤地完成数据库建立工作。第一阶段为建库准备：主要包括建库方案制定、数据库设计、人员准备、数据源准备、软硬件准备、管理制度建立等；第二阶段为数据采集与处理：主要包括基础地理数据、基础背景数据、专题数据等各要素的采集、编辑、处理和检查等；第三阶段为数据入库：主要包括矢量数据、栅格数据、属性数据以及各元数据等的检查和入库；第四阶段为成果汇交：主要包括数据成果、文字成果、图件成果和表格成果的汇交。

2）移动环境下数据采集和提取技术规程

移动环境下用户在数据采集终端上运行客户端程序，通过无线 2.5G/3G 数据网络登录服务器，发送 GPS 定位数据、巡查资源环境数据、照片等到服务器，服务器通过服务器端程序接收数据，并将该数据存储到数据库中，数据库中保留历史信息，以备历史回放、应急反应、数据汇总使用，监控终端上运行的监控程序连接到服务器，获取该移动终端发送上来的各项数据并显示，如图 2.2 所示。系统可以收集多源数据，除矢量数据以外，还支持各种栅格数据，如 BMP、JPEG、PNG 等标准栅格格式，在数据库端采用图像金字塔组织模型，客户端海量栅格数据的浏览。

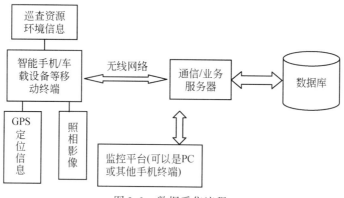

图 2.2　数据采集流程

3）数据集成与共享技术规程

数据的分布式特征及项目需求数据的多元化，使集成应用项目涉及的部门、内容越来越复杂，要求在集成中能快速使用物理上分布于各个节点的数据，各类网络的建设为多源空间数据的网络化集成提供了条件。在动态、异构组织间实现协同的资源共享以及协同解决某一问题，构建统一的资源信息服务平台是解决这一问题的可行之路。根据组件技术功能分治的观点，建立基于语义的空间信息资源共享、交换和互操作性的通用空间数据引擎（USDE），形成单独的中间件，以便不同的 GIS 软件都能利用它实现对多源空间数据的访问。分离出来的部分由数据引擎管理器和数据引擎组成，称为 USDE（图 2.3）。它处于客户 GIS 软件和不同的空间数据之间，利用它可以为所有的 GIS 客户软件提供针对不同数据格式的直接数据访问功能。数据引擎管理器根据数据源的信息调用相

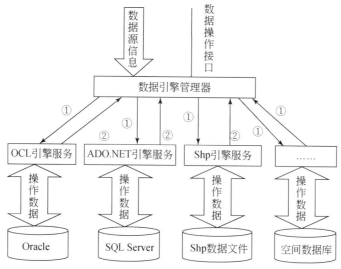

图 2.3　空间数据引擎的工作流程
①调用引擎；②返回数据访问句柄

应的数据引擎访问数据，保存对空间数据访问的句柄，并为所有的句柄提供统一的数据操作接口。各数据引擎负责对空间数据访问，并实现各自的数据操作接口，完成对空间数据的实际读写工作。

4) 模型库建设技术规程

模型库建设将组件思想引入模型的设计与实现中，模型主要以 DLL 二进制文件的形式存在，通过接口实现模型之间、模型与数据之间的信息传递，模型与系统的集成，从而使系统具有健壮的可扩充性与易维护性。模型库建设采用开放式原则，在建立丰富基础模型库与方法库的基础上，首先建立操作简单可嵌入式的图形化建模子系统，利用积木式模型化建模工具，实现"有限算法，无限模型创建"的可能。如图 2.4 所示，针对具体的应用，首先确定要解决的具体问题，然后通过分析问题，找出其中用到的各种最优算法、模型，找出处理问题的一般技术路线。在建立常用算法库与模型库的基础上，通过上述算法与模型的有序组合，进而形成粒度更大的有针对性的新模型，新的模型亦可组成更加复杂的综合应用模型，经验证后的新模型可以添加进入模型库。

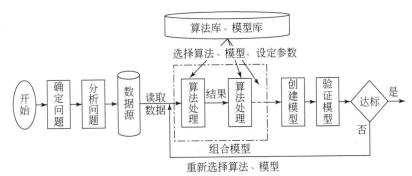

图 2.4　积木式综合模型搭建技术流程示意图

5) 科学数据共享与专业应用服务平台构建技术规程

科学数据共享与专业应用服务平台遵从软件工程设计思想，整个平台开发过程是一个将用户需求转化为软件系统所需活动的集合，是按照工程学的方法组织系统的生产与管理，经过需求分析、总体设计、详细设计、代码实现、系统测试等一系列的软件生命周期阶段的过程（图 2.5）。因此，本平台开发构建技术规程就是整个平台软件开发的一系列流程，程序设计完全遵循面向对象程序开发思想，总体架构基于 SOA 架构思想实现。按照此规程实现了"两个平台、两个体系、一个网站"。

2.2.2　北部湾科学数据集成共享关键技术研究与平台构建

1. 网格环境下的北部湾资源环境信息组织与管理研究

主要研究网格环境下信息的分类组织与管理；以服务牵引的多源数据组织与管理方

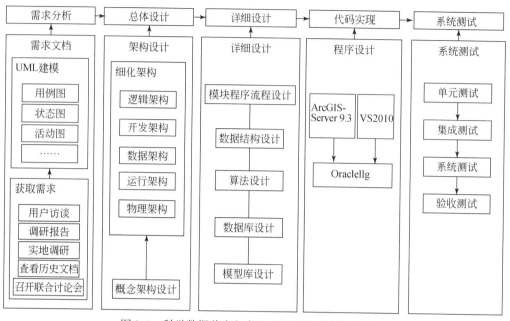

图 2.5　科学数据共享与专业应用服务平台构建流程

式；研究网格环境下北部湾环境信息交换系统的架构、交换协议及数据的同步更新等技术。

2. 北部湾环境信息资源共享平台体系结构的研究

主要研究如何采用云计算和 SOA 体系架构技术将北部湾环境信息资源共享平台中的各种计算资源、存储资源、原始数据、产品信息和各种建模方法进行有效的整合与集成，方便有效地实现信息集成与资源共享，满足各类涉海用户的信息共享需求。同时，通过研究 GIS 云计算技术，应用云计算技术解决空间数据的海量存储、空间分析和数据高效处理问题，实现数据调度、并行处理、用户数据存储、数据处理服务都在云端运行，进而搭建一个在云中实现数据—处理—服务—应用四位一体的 GIS 平台。

3. 北部湾环境共享信息技术的研究

为了解决资源环境领域内空间信息的表达和服务中存在的问题，本书通过研究基于本体的资源环境空间信息共享集成框架，建立基于空间信息本体理论来描述、抽取、构建资源环境领域空间信息概念模型，应用处理地理本体服务和处理空间信息数据服务，解决异构环境下资源环境空间信息各自独立、相对封闭、无法相互沟通与协作这一难题。

4. 北部湾数据库群建设

北部湾经济科学数据库群面向北部湾经济区基础研究、区域经济建设和区域战略需求，包括北部湾经济区资源、生态、环境与防灾减灾等重要基础数据。数据库的内容涉及多尺度的物种资源、生态系统、环境演变和灾害形成、社会经济等多个方面，主要为区域基础研究、区域可持续发展、政府管理决策以及社会公众提供数据服务。北部湾数据划分为基础地理数据、地理背景数据、专题数据、其他资料、元数据等。

2.2.3　北部湾科学数据共享与专业应用服务平台研发

北部湾科学数据共享与专业应用服务平台综合利用"Web Service"技术和网格技术来整合北部湾区域各类信息资源，构建一个跨部门、跨地域的安全、可控的北部湾环境信息共享网络，面向公众的北部湾信息共享，包括生态环境（赤潮、水质）、基础地理、海洋环境状态评价产品、专题数据、环境质量评价等数据。北部湾科学数据共享与专业应用服务平台是一个多层次的软件体系，基本的信息共享过程从底层的环境信息网格开始，通过元数据层次组织分布的环境信息，再通过信息查询、获取等信息服务能力，最后通过门户为用户提供数据服务。在内容上平台表现为"两个平台、两个体系、一个网站"。两个平台是指数据仓库管理平台和应用服务平台，两个体系是标准规范体系和运行管理体系，一个网站是服务共享的门户网站。

2.2.4　智能模型库关键技术研究及决策支持系统研发

1. 智能模型库建设技术

新一代模型库系统，必须具有基于知识的问题求解能力，模型的重构或建模活动都可以是基于知识的，使事务处理与问题求解可共存于同一系统中，从而增强系统的强壮性。建立智能模型库系统，提出模型抽象结构及各组成部分之间的一致化表示方法，对领域知识在特征和深浅程度的分析；使不同的知识领域在系统中起到支持决策人员决策的作用，减少人的负担和错误，增强系统的强壮性，良好的用户界面可方便用户，增加用户对系统的认知度。在建立图形化建模工具的基础上，采用基于协同/融合的模型组合技术，完成复杂的任务通过多个不同的服务模型组合来进行。系统包含基础模型库与综合模型库两部分，功能组成由模型管理服务、模型访问接口、模型组合服务、工作流引擎和模型目录服务五部分构成。

1) 基础模型库建设

基础模型库是针对各种专业领域的一些常用、通用解决问题的方法而开发的模型，主要针对的有分类分级—演变过程—分异格局—驱动机制—胁迫阈值—预测预警—风险评估—优化决策等问题。方便用户用模块化的模型方法快速地得出最优的分析结果。

2) 综合模型库建设

综合模型库建设采用开放式原则，在建立丰富基础模型库与方法库的基础上，首先建立操作简单可嵌入式的图形化建模子系统，利用积木式模型化建模工具，实现"有限算法，无限模型创建"的可能。在此基础上，针对具体用途的组合模型库及组合机制，建立专门的处理特定领域问题及复杂的综合性问题的模型类库。

2. 智能决策支持系统研发

北部湾智能决策支持系统的研发工作核心是构建综合模型库。综合模型库的建设是针对具体用途的组合模型库及组合机制，建立各种专业模型库，实现智能化的模型建立、模型显示、模型修改、模型查询、模型打印、模型删除、模型组合、模型编译、模型保存等功能，建立模型库的驱动系统和运行机制。

2.2.5 智能模型库服务应用平台

1. 沿海典型生态系统演变模拟系统

沿海典型生态系统演变过程可以通过其健康状态分析并进行预测，建立沿海典型生态系统演变指标体系，从大量历史记录（环境、生态、经济、人口、社会等）进行验证对比，应用四类预测模型（土地利用趋势预测模型、海洋环境数值模型、海洋生态系统模型、灰色预测模型），构建多学科预测模型的综合预测体系预测沿海典型生态健康状态及演变过程。

2. 北部湾主要灾害形成模拟系统

北部湾主要灾害有洪涝、风暴潮、赤潮灾害等，其中随着环境污染的日益扩大，北部湾沿海赤潮频发且规模不断扩大，导致各种海洋生物的生存环境遭到严重破坏，海洋生态系统失衡恶化，迫切需要建立高精度的赤潮灾害智能预警系统。结合当前日趋成熟的神经网络算法，构建基于神经网络的赤潮灾害智能预警系统，在简要分析赤潮发生与环境因子之间关系的基础上，构建基于 PCA（Principal Component Analysis）的附加动量法 BP（Back Propagation）神经网络赤潮预测模型。通过对北部湾海域赤潮成因进行分析，构建基于 LMBP（Levenberg–Marquardt Back Propagation）的北部湾赤潮预测模型。以多种神经网络预测算法为核心，搭建基于 Web 2.0 架构的赤潮灾害模拟系统，实现基于 B/S 模式的神经网络赤潮灾害智能预警系统。该系统的作用体现在以下几个方面。

（1）合理地对生态环境中的现实现象进行解释，了解生态环境演变过程，并对复杂生态环境系统进行及时的监控、预测和预警。

（2）通过建立的人工系统模型，可以为复杂生态环境系统提供一个直观的试验平台，了解生态环境演变过程，模拟主要灾害形成过程。

（3）对于政府和监管者来讲，可以更好地理解各种复杂系统现象的成因，把握解决问题的关键所在，从而对症下药制定出相应的监管治理措施。

3. 海陆交错带地下水水质监测主动服务平台

在北部湾海陆交错带开展水文地质和专项污染源数据采集，查明地下水污染状况及潜在的重要污染源；完善区域地下水监测网以及建立重点污染源监测网和相应的数据库，形成统一的地下水环境监测、评价以及信息发布机制，建设地下水长期、系统的监测与评价能力；采用多种通道并存的方式，充分利用 2.5G/3G 移动通信网络的数据传输特性，实现水文数据的自动采集、远程传输、处理入库，再完成远程修改测站运行参数和通信参数。

4. 近海典型灾害形成监测与预警主动服务平台

过去近海典型灾害的监测预报技术和手段不够先进，由人工定时采集，难以捕捉到灾害来临前和发生时的多源信息，已无法满足和适应监测预报工程的需要。近海典型灾害形成监测与预警主动服务平台通过移动 2.5G/3G 技术实现远程传感器实时监控、采集传感器的数据，建立有效的实时监测的方法和技术手段，及时有效地将来源各异、数据格式不同，所描述的对象和内容也差别较大的信息组织起来，依托网络技术实施大范围多参数的自动化在线监测。结合已取得的多年数据观察结果，利用智能模型库建立灾害预警模型，如赤潮、水污染等灾害的形成模拟、发展预测模型。在线服务平台调用模型实时分析动态数据，根据水体数据变化的情况主动给出灾害可能发生的时间、地点、范围、破坏程度等预警信息。

2.3　系统总体需求分析

2.3.1　系统用户分析

北部湾科学数据共享平台与决策支持系统的规划设计必须从用户现有需求出发，结合当前国内外最新的技术发展趋势，使软件具有良好的适应性和推广性。因此，应当深入了解系统用户的特点和业务情况，全面分析各类用户可能提出的功能性需求和非功能性需求。

1. 系统管理人员

北部湾科学数据共享平台与决策支持系统开发完成后，系统管理人员负责对系统的正常运行和功能维护，包括对各类数据的管理、对用户的管理、对权限的管理等。管理维护人员大都具有一定计算机操作水平，熟悉数据库建库、数据分析处理等业务，经过一定的技术培训，即可了解系统的基本功能并进行独立操作。这要求系统符合主流的软件管理和操作规范。

2. 数据管理人员

该数据管理人员是指用户层面的管理者，主要负责本单位或研究项目组的数据资源在平台中心的注册、维护等工作。其需要具有一定计算机操作技能与数据库管理技能，同时需要对北部湾科学数据共享平台与决策支持系统的数据共享机制有一定的了解，这可通过培训实现。

3. 系统开发人员

北部湾科学数据共享平台与决策支持系统是一个基础平台，随着研究工作的深入与系统功能的扩展，需要对系统功能进行二次扩展，这些工作由系统开发人员来完成。系统开发人员可以是平台管理单位的专业开发人员，也可以是项目的承办单位或其他的开发单位。

4. 行业研究工作者

为研究北部湾可持续发展的各学科研究工作者提供一个数据共享交流的信息平台，用以支撑区域可持续发展研究的各个方面。

5. 政府职能部门

在面向人类可持续发展的资源和环境（包括灾害）需求成为地学发展的社会推动力的背景下，为北部湾资源持续利用、开发与环境保护、生态系统和生物多样性保护、污染控制和环境治理、经济快速发展的沿海城乡安全用水，洪涝、风暴潮、赤潮重大自然灾害预防、人类生存环境预测、国土安全等相关部门提供决策支撑。

6. 社会大众

北部湾科学数据共享平台与决策支持系统不仅仅是一个面向专业研究人员与政府部门的信息平台，其同时也向公众提供了一个了解区域发展与研究动态的窗口，允许社会公众共享掌握的知识、信息。

2.3.2 现状分析

1. 项目组目前占有的相关数据、信息资源

1）投标单位：广西师范学院

广西师范学院资源与环境科学学院经过多年的研究实践，积累了丰富的资源环境与社会经济、人文领域的相关理论基础及成果。经过长期的研究实践积累的主要成果有：岩溶区生态环境脆弱性格局、地质构造、植被覆盖、水土流失、土地及土壤、水土保持等方面的理论与数据。

与广西基础地理信息中心、广西地图院有长期合作，以较优惠的方式取得了该单位基础地理信息相关数据的使用权。主要数据包括以下几个方面。

（1）4D基础测绘产品。数字线化图（DLG）主要有1:25万覆盖全区、1:5万覆盖全区、1:1万覆盖北部湾沿海大部分、1:5000覆盖北海和钦州；数字栅格地图（DRG）主要有1:5万、1:1万；数字正射影像图（DOM）主要有1:5万、1:1万；数字地面高程模型（DEM）主要有1:5万、1:1万。

（2）基础测绘基准。覆盖北部湾的全球导航卫星连续运行跟踪站系统（广西CORS）和广西似大地水准面精化成果。

（3）北部湾（广西）高分辨率遥感实验室拥有环境遥感数据，数据周期2天。

（4）其他商业高分辨率遥感卫星资料，如QuickBird、GEOEYE和IKNOS。

另外，广西师范学院与北京超图软件股份有限公司、广西气象局共三家挂牌成立气象 GIS 联合实验室，在数据取得方面，三方有良好的合作机制，可较方便地取得气象气候、水文等数据。

依托广西师范学院在资源环境与经济、人文领域的理论与实践成果，以及强有力的研究队伍，为本书提供了强大的理论支持与平台开发建设技术支撑。在与数据中心合作的基础上，进行深入的数据挖掘做成各种专题应用成果，为决策系统提供支持。

2）合作单位：广西科学院

广西科学院从事广西海洋科学研究、调查多年，拥有北部湾北部近海海域的气象、水文、环境等丰富的基础资料，完成了广西海岸带资源综合调查；广西海岛资源综合调查；钦州港海域布设近 28 个站点进行为期两年的海上连续监测调查，监测内容有入海污染源、海水水质、沉积物、海洋生物、海流等，直接为防城港市茅岭至红沙核电的沿岸海域提供了大量的海洋环境数据、信息和背景材料。2010 年 6 月开始的"广西北部湾经济区海洋、陆地环境生态背景数据库调查及数据库构建研究"（合同号：2010GHNSF013001）广西重大基础专项研究。调查沿海岸带 10km 至水深 20m、北仑河口至英罗港的 1500 多千米的范围，调查内容有地质地貌、土壤地球化学、大气干湿沉降和悬浮颗粒物、海岸带水文、近岸海水水质、海洋沉积物、入海地表水等，布设调查站点 136 个，其中，海岸带陆域调查站点 72 个，近海海域调查站点 64 个，已取得的大量调查数据和资料对本书有重要的参考价值。近 3 年来还接受企业委托的海洋工程项目海域使用技术论证项目 30 多项，掌握了广西沿岸及其海湾大量的环境背景数据和资料，项目分别在钦州港海域、防城港海域、企沙渔港海域开展包括海水水质与底质、海洋生物、水文气象等环境基本要素的外业监测调查，布设调查站位 50 多个，取得大量的现场观测数据和资料，为工程合理选址、布局和促进钦州港和防城港市临港（海）经济发展以及生态环境保护提供有效的技术服务。此外，还先后承担了广西海洋局委托的"广西中长期海洋科技发展规划研究"、"广西海洋生态环境规划保护研究"、"广西海洋资源规划思路研究"等，以及"广西大百科全书（地理·海洋篇）"的编写工作，为广西海洋经济发展和海洋环境资源保护做出了积极贡献。所有这些，都为本书的完成提供了大量有参考价值的基础数据和研究理论支持。

2. 具有的资质、业务组织机构等背景材料

1）与本书相关的资质

（1）国家海洋计量认证合格实验室资质（证书编号：2010002779F）：具备开展海洋水文、海水水质、海洋沉积物、海洋生物体、海洋生物与生态、海洋测绘 6 大类 63 项参数的海洋环境监测和海产品质量检验检测的工作能力和基本条件。

（2）国家海洋功能区划资质证书（证书编号：第 0837 号）：具备开展海洋功能区划编制、评估的资格。

（3）国家海域使用论证资质证书（证书编号：国海论字第 0813 号）：具备开展海域使

用论证的资质。

2）与本书相关的业务组织机构图

由广西师范学院牵头，将与研究内容相关的科研机构及校内综合资源进行整合，建立数据共享相关业务架构（图2.6），主要体现为四个方面：试验中心、研究机构、业务管理、相关学院；试验中心包括资源环境信息系统、应用化学、科学计算、区域环境演变、区域海洋研究中兴等实验室和研究中心；研究机构与研究内容相关的科研机构广西科学院、广西基础地理信息中心及广西气象局纳入机构联合体中；业务管理主要是协调管理业务相关的校内相关职能部门，包括学校办公室、设备处、科研处、项目办等；相关学院主要为研究所涉及二级学院，资源与环境科学、网络中心、数学科学学院、计信工程学院等。

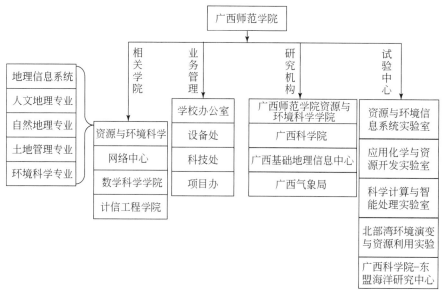

图2.6　广西师范学院与本书相关的业务组织结构图

3. 项目组数据、信息和资料的收集、加工处理能力

项目组以广西师范学院相关科学领域和合作单位的专家群为依托，以广西师范学院与广西科学院几个重点实验室（资源与环境信息系统实验室、应用化学技术与资源开发实验室、科学计算与智能信息处理实验室、北部湾环境演变与资源利用实验室、广西科学院–东盟海洋研究中心、广西科学院海洋环境监测中心）以及校属各开发实验室和合作单位所拥有的仪器设备为硬件基础，具备开展本项目研究的各种主要条件和工作环境。

项目组联合校内、校外与本项目相关的专业部门，涉及资源环境、计算科学、物化分析、海洋研究、测绘、气候气象等部门，依托资源与环境信息系统实验室、应用化学技术与资源开发实验室、科学计算与智能信息处理实验室、北部湾环境演变与资源利用实验室、广西科学院–东盟海洋研究中心、广西科学院海洋环境监测中心等重点实验室，有着强大的数据采集、分析、处理的理论技术支撑。

专业技术人员组成有资源环境、地理信息系统、数据挖掘、海洋资源、计算机技术等各领域专家，为本项目的数据、分析、处理提供了强大的智力支持。另外，广西师范学院完善的研究生、本科生队伍为本项目的顺利进行提供了新鲜血液。

2.3.3　总体构架分析

1. 标准规范层

在系统开发和运行的整个过程中，要制定统一的技术规程，保障共享平台建设的有序进行，并指导后续的进一步开发与研究工作的进行。拟建设的标准规范主要包括以下几个方面：①数据库建设的技术规程；②核心元数据与扩展元数据标准规范；③数据集成与共享的技术规程；④决策模型库建设的技术规程；⑤科学数据共享与专业应用服务平台构建的技术规程；⑥运行管理规范。

2. 基础设施层

系统软硬件是系统高效、稳定、安全运行的基础与保障。根据系统运行的实际需要，系统硬件设施包括数据库服务器、Web 应用服务器，以及图形工作站、PC 终端、路由器与交换机、数字化设备等。

系统软件部分需要如下几个部分。

1) 数据库管理系统

服务器端：操作系统采用 Windows Server 2005。
数据库为 SQL Server 2005，空间数据库引擎采用 ArcSDE 10。

2) 网络共享平台系统

服务器端：操作系统采用 Windows Server 2008。
数据发布和服务：ArcGIS Server 10，ArcGIS for Flex。
客户端：操作系统采用 Windows 2000 以上的其他版本。

3. 数据层

数据层是平台共享服务的基础，其以地学学科分类为基础，在元数据共享的基础上，集中存储大量的基础与背景研究数据。系统拟建设的数据信息包括以下几个方面。

（1）地理背景数据：主要包括地形、地貌、地质、气象、植被、土壤、水文、湿地、区划、交通、居民点等，反映区域地理特征的各种矢量、栅格影像、属性数据等内容。

（2）土地覆被与土地利用数据：与区域土地相关的土地覆被与土地利用数据，包括农田、林地、草地、建设用地、水域、未利用地、其他数据等内容。

（3）自然资源数据：包括反映区域总体资源禀赋的综合自然资源数据，以及各种专题数据，有气候资源、水、土地、动植物、森林、草原、能源、旅游、矿产、海洋、其他资源等数据。

（4）人地关系与区域发展数据：反映区域经济发展状况的各类数据，包括人口与劳动力、综合经济、农业经济、工业经济、交通运输、邮电、建筑业、城市建设、科教文卫、旅游经济、消费、贸易、投资、财政、物价、人民生活以及其他数据。

（5）宏观生态数据：包括生态环境背景数据、生态系统类型数据、生物量、生物多样性数据、生态功能区划、定位观测与研究、植物生理、其他数据等。

（6）环境与灾害数据：涵盖环境背景、环境质量评价、自然灾害、环境监测数据、环境破坏、环境污染、环境治理、环境保护、三废利用、古环境古地理数据以及其他数据等。

（7）遥感及其产品数据：包括航空遥感数据、航天遥感数据、地面遥感数据、其他数据几大类。

（8）海岸带与近海数据：包括海洋基础地质、海岸线、大陆架地形、海洋资源、海岸带资源、海洋环境、海洋生态、海岸带环境、海岛、海湾、海洋经济、海洋管理、海洋文献资料、海洋地质调查、其他数据等。

（9）1km 格网空间化产品数据库：基于 1km 空间分辨格网化各类土地利用、生态环境、资源分布等数据。

（10）其他数据：与研究区域有关的各种文本、图片、多媒体等格式的数据载体。

（11）元数据库：基于相关数据共享标准建立的数据描述元数据库，以 XML 格式存储。

4. 平台服务层

平台服务层是针对北部湾科学数据共享服务一系列问题，在参照行业相关标准规范的基础上，设计开发的有针对性的信息平台。平台服务层主要由以下几个子系统构成：①元数据共享服务子系统；②在线数据管理子系统；③基于地图服务的智能查询与综合服务子系统；④辅助分析决策支持子系统；⑤系统管理维护子系统；⑥应用示范系统。

5. 应用层

建立在平台服务层之上的各种应用，包括北部湾区域、部门、科研和公众层面的各种用户的数据共享服务和分析处理服务等

2.3.4 功能需求分析

北部湾经济区数据共享服务与决策系统划分为 6 个子系统，如图 2.7 所示为系统总体功能框架。

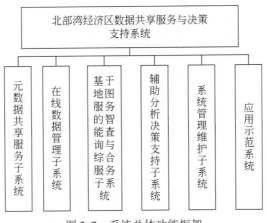

图 2.7　系统总体功能框架

2.4　北部湾科学数据共享的数据库群建设

根据分类编码通用原则，将北部湾科学数据库要素依次按主题类、一级类、二级类和三级类划分，要素代码采用七位数字层次码组成，其结构见表 2.1。

表 2.1　数据库要素分类编码

XX	XX	XX	XX
主题类要素码	一级类要素码	二级类要素码	三级类要素码

其中，主题类要素码设定为二位数字码，基础地理要素码为 1，地理背景要素码为 2；一级类要素码为二位数字码，二级类要素码为二位数字码，三级类要素码为一位数字码空位以 0 补齐。

2.5　数据共享服务子系统

2.5.1　概述

数据共享服务子系统，采用 B/S 构架，以元数据共享为基础，同时集中保存大量科研背景与基础数据，提供元数据的注册、检索、浏览显示、管理，以及数据的上传、分发、管理等功能。

2.5.2　功能结构

数据共享服务子系统围绕元数据共享作为核心功能开展其他功能模块，其中元数据共享功能集中体现为元数据后台的管理和维护：元数据注册发布、元数据分发、元数据管理，以及与元数据相关联的数据上传、FTP 空间管理；元数据前台共享主要有元数据目录浏览、元数据显示、数据信息查询。结构如图 2.8 所示。

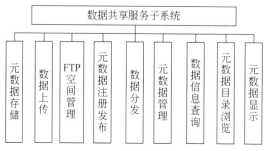

图 2.8 数据共享服务子系统功能框架

2.6 在线数据管理子系统

2.6.1 概述

本系统以在线形式实现对资源环境数据的采集管理，主要包括系统的安全管理：登录用户管理，服务器角色管理；在线的数据库管理：数据库的编辑，数据存储过程管理，数据的查询、录入、修改，数据库属性设置，数据库用户管理，数据库角色管理等功能模块。实现了基于 B/S 构架的分布式数据管理，方便各数据分中心对数据的统一操作管理，减少数据采集的误操作，提高数据管理的效率。

2.6.2 功能结构

在线数据管理子系统划分为数据库安全设置管理、数据库基本管理两大功能，其中数据库安全设置管理有数据库角色管理、数据库用户管理、登录系统、安全设置；数据库基本管理功能有数据库属性设置、数据库查询、存储过程管理、数据库编辑等内容。功能结构如图 2.9 所示。

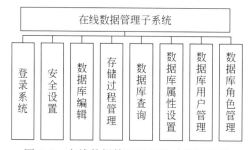

图 2.9 在线数据管理子系统功能结构图

2.7　基于地图服务的智能查询与综合服务子系统

2.7.1　概述

通过将自有地图数据叠加至商业开放地图之上，结合 ArcGIS 二次开发功能，提供基于地图服务的 GIS 基础功能，主题信息的空间查询与显示，以及统计图表分析，专题地图服务等功能。

2.7.2　功能结构

基于地图服务的智能查询与综合服务子系统主要提供了地图信息浏览、基础 GIS 地图服务、地图相关属性信息的统计图表分析、专题地图服务以及主题信息的空间查询与显示。功能结构如图 2.10 所示。

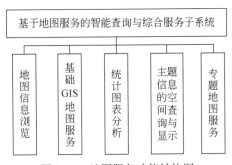

图 2.10　地图服务功能结构图

2.8　辅助分析决策支持子系统

2.8.1　任务概述

北部湾数据共享平台与决策支持系统科研项目的最终目标是建成服务区域科学研究的信息化科研平台。平台以元数据的共享为基础，同时集中保存大量科研背景与基础数据，因此在提供数据层面的共享之外，系统是可以在数据挖掘方面做些文章的。但由于数据平台是以数据信息的共享为主要目的，本身并没有确切的专业研究决策需求，因此数据库在结构与格式方面并没有针对某一具体问题而设计，考虑这些因素决策平台必然不可能做到强的决策支持，因此本平台是以科学研究数据挖掘的弱支持为目标设计平台的决策支持系统。

考虑到平台数据在结构与信息量上的不断变化，决策模型库的建设必须优先考虑解决常用且能通用的方法库设计。

本系统基本算法是基于 MATLAB 与 C#混合编程实现，通过编译成 DLL 后再发布成 Web Server 给远程调用，实现基于客户端的组合建模。

2.8.2　需求分析

1. 方法库需求分析

1）传统数学分析方法

传统数学分析方法包括主成分分析、相关分析、时间序列法、回归分析、系统聚类分析、马尔可夫预测、层次分析等。

2）图表分析方法

统计图表分析：直方图、折线图、曲线图、累计曲线图。
专题图表分析：柱状图、饼状图、曲线图、扇形图。

2. 总体构架

系统采用 B/S 构架设计，模型方法库采用插件式管理机制，数据层支持 SQL Server 与 Oracle 数据库，开发语言采用 C#. net，网页部分采用 silverlight 插件技术实现动态拖拽建模，同时，为了屏蔽数据来源、数据结构和格式差异性，考虑通过建设一个接口标准和可配置文件，以方便服务器配置。

1）数据层

数据层包括支持用户选择数据库数据、用户上传 Excel 表格等。

2）平台服务层

平台提供各种统计分析算法、方法，支持用户选择感兴趣的数据进行相关分析，并提供分析过程与结果的分析报告的下载、打印等功能。主要由以下几个功能模块构成：①算法、方法库管理；②在线组合建模；③数据挖掘分析。

3）应用层

在数据共享平台的基础上，利用决策支持模型库系统提供的数据挖掘功能，为各学科科学研究提供辅助决策支持。

2.8.3　组织结构

决策支持模型库系统以算法及方法库作为基础，以图形化操作环境搭建在线组合建立模型，并将组合模型分步骤输入数据进行挖掘分析，分析数据之间内在的联系，最终将数据分析结果以报表的形式输出，以供用户使用。功能结构如图 2.11 所示。

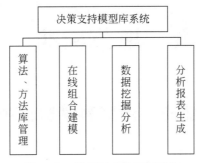

图 2.11 模型库功能组织结构

2.9 系统管理维护子系统

2.9.1 概述

系统管理维护子系统采用基于 C/S 构架，集成数据、组织机构（部门）、用户、学科、权限、系统日志等管理，以及数据库、平台、目录等配置，内部通信的功能。

2.9.2 功能结构

系统管理维护子系统是方便对平台内各个子系统进行一体化权限管理而研发的。系统采用基于 C/S 构架，集成数据、组织机构（部门）、用户、学科、权限、系统日志等管理，以及数据库、平台、目录等配置，内部通信的功能。结构如图 2.12 所示。

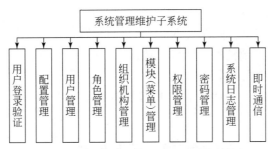

图 2.12 系统管理维护子系统功能结构

第3章　规范标准、章程

3.1　北部湾经济区科学数据中心章程

第一章　总　　则

第一条　【成立依据】为了整合广西北部湾经济区科学数据自主产出与系统集成优势，推动北部湾经济区科学数据共享与服务，成立"北部湾经济区科学数据中心"（以下简称"中心"）。为确保"中心"的规范化运行，制定本章程。

第二条　【中心宗旨】"中心"的宗旨是以现代空间信息技术为支撑，实现广西北部湾经济区科学数据的系列产出与我区相关部门数据的科学再加工与集成，促进数据共享，支持北部湾经济区科学研究，满足我区对可持续发展战略决策信息的迫切需求，全面支持北部湾经济区科学研究方法论的改造和知识创新。

第三条　【中心功能】"中心"的功能是北部湾经济区科学数据自主产出与我区相关部门数据的科学再加工与集成平台；北部湾经济区研究时空数据共享平台与数值模拟研究平台；北部湾经济区科学数据的综合应用示范平台；北部湾经济区科学数据汇交平台。

第四条　【中心性质】"中心"是为广西北部湾经济区科学研究提供数据支撑的公益性、学术性、非营利组织，接受广西科学技术厅的业务指导和监督管理。

第五条　【中心原则】本"中心"遵从以下四条基本原则：

（1）开放性原则。本"中心"是一个开放的、宽松的科学数据共享组织，北部湾经济区科学相关领域的科研人员，以及数据资源的拥有者、使用者均可以申请加入。

（2）共建共享原则。本"中心"成员既是科学数据资源的提供者，又是科学数据资源的使用者；通过共建共享，促进北部湾经济区科学数据资源长期发展。

（3）公益性原则。北部湾经济区科学数据中心遵从"完全和开放"、"无歧视"的数据共享政策，提供无偿数据共享服务。

（4）共赢、互利原则。本"中心"积极探索科学数据共享机制，实现所有"中心"成员受益、互利和共赢。

第二章　管 理 体 制

第六条　"中心"是广西科学技术厅成立的非法人研究单元，挂靠广西师范学院北部湾环境演变与资源利用重点实验室。

第七条　【组织机构】"中心"组织机构包括理事会和秘书处。理事会一般由 7~9 人组成，设理事长 1 人，副理事长 2 人；秘书处一般由 3~5 人组成，设秘书长 1 人。

第八条　【理事会】理事会的主要职责：①制定"中心"重大发展战略；②审议批准重要活动计划；③审议决定"中心"成员的加入与退出；④领导本"中心"成员开展工作。

第九条　【秘书处】秘书处的主要职责是在理事会领导下处理日常事务，负责筹备重大活动和会议，完成理事长交办的工作等。

第十条　【任期设置与调整】理事会实行任期制，每届任期四年，每届至少替换理事总数的三分之一。理事的调整需经理事会讨论确定，并报业务指导和主管部门备案。

第三章　数据共享内容

第十一条　【业务范围】整合集成北部湾经济区科学研究领域的科学数据，引进国际数据资源，并在此基础上生产加工满足北部湾经济区科学研究需要的专题性和综合性数据产品，通过分布式的数据共享体系，为北部湾经济区重大战略和基础与前沿领域科学研究提供科学数据支撑。

第十二条　【数据资源体系】本"中心"的数据资源内容涉及固体地球、陆地表层、海洋、大气和外层空间 5 个圈层；数据所涉及的学科及领域有地理、自然资源、灾害与环境、气候变化、地质、地球物理、空间、对地观测、人口与社会经济等。

第十三条　【数据来源】本"中心"主要整合集成科学研究的过程和结果数据，以及用于科研目的所获取的监测、观测、探测、试验等数据。这些数据主要来源于国内外数据中心群、高等院校、科研院所、野外站点以及科学家手中。

第四章　运 行 机 制

第十四条　"中心"实行全流程质量管理。根据 ISO 等国际标准，制定运行系统的全流程质量控制标准和实施办法。

第十五条　"中心"实行数据安全管理，包括原始信息源的保管与备份、信息源使用交接的审批权限、防止数据流失的纪律与管理措施、作业期间阶段性数据安全保证、防火墙的建造与管理、数据使用权限、阶段性成果数据的定期批量备份制度、最终成果数据产品的知识产权保护、盗版的防止及相应的处罚措施等。

第五章　中 心 成 员

第十六条　【成员类别】"中心"成员包括单位成员、数据组织成员和个人成员。

单位成员是指从事北部湾经济区科学相关领域科学研究、数据采集、管理与分发服务和数据应用等的法人或非法人实体。

数据组织成员是指从事北部湾经济区科学数据的整合、集成与共享，科学计划实施与管理，科技项目群体等组织。

个人成员是指从事北部湾经济区科学相关领域科学研究的知名科学家、科技工作者和数据用户。

第十七条　【申请程序】加入本"中心"需要以下申请步骤：①申请单位、数据组织或个人向本"中心"提出申请；②"中心"秘书处审核后，报"中心"理事会审议；③理事会批准后，成为会员。

第十八条 【成员权利】"中心"成员享有以下权利：①参加"中心"各项活动的权利；②无偿访问和使用"中心"可共享的数据资源；③在共享"中心"数据共享服务体系内发布自己拥有的数据资源；④基于"中心"已有数据开展数据集成研究、数据产品加工和生产。

第十九条 【成员义务】"中心"成员履行以下义务：①遵守"中心"章程的约定，执行"中心"决议；②加入"中心"服务体系的共享数据，要求产权清晰、数据质量可靠；③基于"中心"共享数据研究产生的新数据集，应纳入"中心"继续提供共享；④不经"中心"许可，不得对外散发"中心"数据；⑤积极参加"中心"相关活动，并对"中心"发展提出建议；⑥维护"中心"的声誉和权益。

第六章 资金与财务管理

第二十条 资金由"中心"所在单位财务部门统一进行管理及核算。资金的使用严格执行国家有关法律法规及科学事业单位财务制度和会计制度，对国家科研项目经费严格执行预算管理。

第七章 其 他

第二十一条 本"中心"章程的修改，须经理事会表决通过后，报主管部门审议。

第二十二条 本章程的解释权属本"中心"理事会。

第二十三条 若本章程有与国家和科学技术厅有关政策法规相触之处，将按国家和科学技术厅政策法规修改执行。"中心"根据本章程制定实施细则。

第二十四 本章程自发布之日起生效。

3.2 北部湾经济区科学数据共享和管理暂行办法

（讨论稿）

第一章 总 则

第一条 为了充分发挥北部湾经济区科学数据中心（以下简称"中心"）所获取数据的作用和有效保护其产权，规范地管理数据，依据《北部湾经济区科学数据中心章程》之规定，制定本办法。

第二条 遵守国家保密法规和知识产权保护法律，严格保护数据生产单位的权益；遵循"权利与义务对等、平等互利"原则，充分实现成员单位（各研究项目课题组、数据中心）之间的数据共享，逐步开展与其他机构之间的数据交流，完善数据共享体系。

第三条 对数据和用户实行分类、分级管理，同级用户拥有同等的权利和义务。

第四条 领导小组授权数据管理专家小组监督本办法的执行，审议在数据共享和管理过程中的争议事项。

第二章 数据保护与共享

第五条 利用广西科学技术厅科技项目的物质和技术条件所产生的所有数据都是国家

的数据资源，为数据生产单位（或研究者）和广西科学技术厅共同所有。数据生产单位不具有对数据的独立产权，但享有署名权、优先利用权，也有权向他人提供和交换其生产的数据，提出数据保护期限建议。

第六条　北部湾经济区科学数据中心的数据包括各成员单位所生产、加工集成和通过有关渠道获取的各种数据。为便于共享和管理，将的数据分为如下 2 类（用罗马数字表示类号）8 子类（用罗马数字和阿拉伯数字表示子类号）。

（1）Ⅰ类——网络监测数据：观测手册所规定的有关北部湾经济区各种常规定位观测数据。包括 5 个子类：

Ⅰ1 类——常规生物要素监测数据；

Ⅰ2 类——常规水文要素监测数据；

Ⅰ3 类——常规土壤要素监测数据；

Ⅰ4 类——常规海洋要素监测数据；

Ⅰ5 类——"中心"各成员单位利用网络监测数据集成或整编的各类总数据集。

（2）Ⅱ类——研究项目（课题）产生的数据。包括两个子类：

Ⅱ1 类——以依托由广西科学技术厅经费直接支持的研究项目、课题所获得的各类观测和实验数据以及总集成的区域性科学数据；

Ⅱ2 类——非广西科学技术厅经费直接支持的各类研究项目、课题，研究工作中主要是利用的各观测站点和"中心"的实验研究设施、仪器或数据等条件所获得的各类数据。

第七条　将数据用户分为 5 级，分别为：

0 级——区科技厅及国家有关部门；

1 级——各成员单位；

2 级——区科技厅内研究单位；

3 级——区内研究单位及其他非营利机构；

4 级——其他。

第八条　"中心"通过用户管理信息系统对用户进行管理，包括用户的身份认证、数据申请和使用记录、信息反馈等。

第九条　用户必须通过注册登记获取唯一的身份认证代码后才能拥有数据使用申请权。注册登记的内容包括用户姓名、身份证号码、所在单位名称、联系方式、个人用户/单位用户等。

第十条　用户申请使用数据时，必须真实填写数据使用申请表、签署数据使用许可合同书。数据使用申请表由"中心"编制，申请表内容包含用户名称、身份认证代码、详细数据需求描述、使用目的等，具体内容见"数据使用申请表"。

第十一条　用户从"中心"获得的数据用途必须与数据使用许可合同中规定的一致，需要改变用途时必须重新申请和签署许可合同。

第十二条　为了保证不损害原始数据生产方和提供方的利益，保护其合法产权，对各类数据分不同用户级别设定相应的保护期限。保护期限的起始日期为数据的应提交日期。数据生产者可提出对所生产的各类数据的保护期限的建议。各类数据对 0 级用户不设保护期限；对 0 级以外的用户的保护期限设定为：

Ⅰ类数据——对1、2级用户分别设为0.5年、1年，对3、4级用户的保护期限另行规定发布；

Ⅱ类数据——对1、2级用户分别设为1年、2年，对3、4级用户的保护期限另行规定发布。

第十三条　各成员单位可以自行使用和处置各自所生产的数据；1～4级用户可通过交换、协议或付费方式获取和使用他人生产的、处于保护期内的各类数据，但未经数据生产单位书面许可，不得向第三者转手提供。

第十四条　各级用户可依据本《办法》的规定程序，免费申请获取和使用超出保护期限的各类数据，或通过中心网站自由获取和使用已经完全公开的各类数据。

第十五条　使用数据的用户在发表相关成果时，应注明其所利用数据的生产单位（或研究者）、数据提供单位，并向数据提供单位反馈数据利用情况的相关信息，将其所发表成果（论文或报告等）赠送数据生产单位和中心各一份。

第十六条　违反第十三条、第十五条之规定即为侵犯知识产权行为。数据生产单位可依法追究侵权单位和责任人的法律责任，要求其承担相应经济补偿。

第十七条　各成员单位应按规定及时向中心提交相关数据，否则，根据权利与义务对等原则相应限制其共享数据的权限。

第三章　数据管理

第十八条　数据报送。各数据生产、加工单位在整编和保存文件档案的基础上，应按"中心"规定的标准格式录入计算机，并按下列程序将数据报送到"中心"。在提交Ⅱ类数据时，应提出数据共享条件和数据发布方式，否则视为无附加条件。

Ⅰ1类至Ⅰ4类数据由各观测站点按成员单位的要求按期整理报送，将通过质量检验的各观测站前一年的观测数据和《各观测站数据质量评估报告》报送到"中心"，同时将评估报告报送到北部湾重大基础专项研究办公室领导小组办公室；"中心"应将《各项目课题组数据报送情况报告》报送到北部湾重大基础专项研究办公室领导小组办公室，并在规定时间内完成中心数据库年度更新，发布数据资源信息。

Ⅰ5类数据由各成员单位以及"中心"负责，依据监测数据状况，分时段进行集成和整编，报送"中心"入库，"中心"及时发布数据更新信息。

Ⅱ1类数据由各项目课题组负责人在项目实施的各阶段将科学数据分批次报送"中心"，由"中心"组织专家对报送的数据进行质量审核、汇总，出具相应的数据验收意见。数据报送情况将作为项目、课题完成情况和成果评价的基本依据。

Ⅱ2类数据原则上由"中心"与各项目课题组负责人协商，将项目各个研究阶段的科学数据分阶段进行系统整理，并附相关说明，直接报送到"中心"。"中心"在收到报送数据后的20个工作日内，将数据输入中心数据库中，发布新增数据资源信息。

第十九条　数据库的保存与更新。数据库在"中心"运行，"中心"必须及时更新所管理的数据库。为了保证数据库的安全运行，需要对数据库进行异地备份保存，每年度"中心"应将中心数据库进行备份。

第二十条　成员单位的数据发布和对外提供数据服务的权限。北部湾经济区科学数据中心的数据系统体现了集中管理、合理使用的基本原则，各成员单位将项目过程中生产、加工的数据档案和数据库，集中提交给"中心"，"中心"负责总体集成和管理中心数据库，按不同数据的性质、来源和协议的共享条件，设定数据发布和使用权限，以不同方式对外发布数据目录和部分原始数据。对各成员单位的数据发布和对外提供数据服务的权限做如下规定：

中心负责向数据用户发布有关中心数据库的数据信息（数据目录），审批数据用户的申请，向用户提供相应的数据服务。

第二十一条　数据信息发布方式。"中心"定期通过互联网对外发布网络数据资源目录和可以完全公开的原始数据，说明具有共享权限的数据资源内容及其提供单位、获取数据的地点和方式。

第二十二条　共享数据的申请和审批程序。

（1）各级用户可以直接向各成员单位申请共享其独立生产和加工、处于保护期限内的各类数据，通过协商解决共享问题，以合同形式规定双方的权利与义务；各级用户也可向"中心"申请处于保护期限内的数据，由"中心"通告数据生产单位，在得到数据生产单位的许可或达成数据利用协议的前提下，可对用户提供数据服务。

（2）国家有关部门、区科学技术厅有关部门可以"中心"提出获取和使用数据的要求，经领导小组办公室认可后，免费获取各类数据。

（3）各级用户可以通过中心网站或其他方式申请获取和使用处于保护期限外的各类数据。接收申请并提供数据服务的单位应将相关的数据利用信息告知原数据生产单位。

第二十三条　数据服务的收费。北部湾经济区科学数据中心是一个对国内用户的数据中心，对该中心的各成员单位以及区科技厅内部用户的数据服务都是非盈利性的，只限于收取提供数据服务时的数据加工成本费；各成员单位对其他国内科研用户提供数据服务时，主要以合作研究的方式提供，依据《合作研究协议书》，以合作经费等形式适当收取相应的数据生产成本费（有关数据加工成本费和数据成本费的计算标准，及其所收费用的使用方法将另行规定）。

第四章　附　　则

第二十四条　"中心"可依据本《办法》制定各自的实施细则。
第二十五条　本《办法》由区科学技术厅基础处北部湾基础办公室负责解释。
第二十六条　本《办法》自发布之日起试行。

3.3　北部湾经济区科学数据提交流程

3.3.1　准备数据

在提交数据之前，首先需要整理数据，制作相应的数据文档。北部湾经济区科学数据中心对数据格式没有要求，但如果是自定义的数据格式，请务必要在数据文档中说明各字段含义及数据使用方式。在撰写数据文档说明中明确阐述数据背景、生产过程、质量控制、内容、引用等信息，详细请参考样例文档。数据汇总后中心会加以整理，并在提交的数据文档的基础上进行必要的整理和扩充。

3.3.2　提交数据方式

（1）FTP 传输方式。推荐首选方式，优点是支持大文件传输，速度快。使用 FTP 客户端工具上传数据到中心的文件服务器。在上传结束后，发送一封电子邮件给北部湾经济区科学数据中心，以便及时发布数据。

（2）电子邮件传输方式。若所需上传数据量（小于 5Mb）不大，可采用电子邮件方式发送。

（3）传统邮寄方式。也可以通过传统的邮递方式发送。

（4）发布数据。在"中心"接收到数据后，将相关数据文档制作成元数据，发布到北部湾经济区科学数据门户网站上。发布之前，工作人员将对发送过来的数据进行检查错误，并根据数据提交者填写的项目数据的共享程度，包括共享开始时间、共享人员范围和共享方式（在线下载或离线申请两种，在线下载只需要用户在北部湾经济区科学数据中心网站注册登录即可，离线申请需要用户签署数据共享协议），如果没有专门指定，则将按照数据中心数据共享有关规范进行共享。

3.4　北部湾经济区科学数据使用申请流程

北部湾经济区科学数据中心数据申请支持两种方式：在线方式和离线方式。

1）在线方式

在线数据获取请访问北部湾经济区科学数据中心共享门户网站，免费注册后，登录进入网站按照类别浏览元数据或者根据关键词进行元数据搜索。若元数据支持在线下载，在详细元数据里可以找到一个或多个下载链接，点击链接，按提示进行 HTTP 或 FTP 下载。

2）离线方式

受国家数据政策限制或数据提供者的要求，一些数据提供离线下载。北部湾经济区科学数据中心有专人负责数据服务，会在尽量短的时间内回复离线数据请求。北部湾经济区科学数据中心按照"完全与开放"数据共享原则，以不高于复印、邮寄或材料费提供数据。用户在收到数据后，请按通知返回上述费用。

3.5　北部湾经济区科学数据《数据使用申请表》

广西北部湾经济区科学数据中心《数据使用申请表》填写说明如下：

1. 注意事项

（1）自 2011 年 8 月 1 日起启用《数据使用申请表》。

（2）填写《数据使用申请表》前，请务必认真阅读以下的填写说明。

（3）《数据使用申请表》填写不全的数据使用申请将不予受理。

（4）用户应特别关注"用户保证条款"和"违约责任"。

（5）向数据中心提交《数据使用申请表》时只需提交下页的表格，不必提交此页。

2. 填写说明

（1）用户姓名：数据的实际使用者，必须与"用户承诺"中的用户签字一致。

（2）所在单位：用户所在的具有法人资格的单位名称，与单位公章一致。

（3）联系电话：办公时间（8：00～17：00）能够接听的电话号码（含区号）。

（4）Email：经常使用的电子邮件地址。

（5）数据内容：明确说明所需要的数据集（或数据项）。

（6）空间范围：所需数据覆盖的空间区域量化指标，如行政区代码、经纬度范围等。

（7）时间（段）：数据所代表的时间或时间段。

（8）比例尺：矢量数据按实际比例尺填写（如 1：100 万等）；栅格数据填写格网大小（如 1km 等）；属性数据填写区域尺度（如县级、省级等）。

（9）格式：填写数据存储格式。

（10）其他要求：除上述数据需求信息外，用户需要说明的内容。

（11）使用目的：

①政府决策：说明政府机构名称、服务内容、该数据集的作用等；

②科学研究：说明科研项目来源、名称、批准号、起止时间、负责人、承担单位、研究区域、该数据集在项目中的具体作用等，项目（课题）负责人即为相关负责人；

③教学示范：说明教学专业、课程名称或内容简介、选课人数等，教研室负责人即为相关负责人；

④博士论文：论文题目、研究区域、该数据集在论文研究中的具体作用、毕业时间等，导师即为相关负责人；

⑤硕士论文：要求同"博士论文"；

⑥商业应用：简要说明数据的用途；

⑦其他：请注明具体用途，并说明数据集的作用。

（12）用户签字：与用户姓名一致，即数据的实际使用者。

（13）单位负责人（签字）：由用户所在单位的主管领导签字，而不是单位下属的部门领导。

（14）用户分级、数据类别：由数据中心（分中心）有关人员核定。

（15）数据中心审批意见：由数据中心（分中心）主管领导签署。

广西北部湾经济区科学数据中心数据使用申请表（2011 年 7 月版）

用户姓名			所在单位			
联系电话				Email		
数据需求	数据内容					
	空间范围					
	时间（段）					
	比例尺			格式		
	其他要求：					
使用目的	1（ ）政府决策　2（ ）科学研究　3（ ）教学示范　4（ ）博士论文　5（ ）硕士论文　6（ ）商业应用　7（ ）其他（请注明）：_____ 应用说明： 相关负责人（签字）：					
用户保证条款	1. 对以上数据只享有有限的、不排他的使用权。 2. 不有偿或无偿转让以上数据，包括对这些数据进行了单位换算、介质转换或者量度变换后形成的新数据。 3. 不将以上数据向外分发，或用作向外分发或供外部使用的数据库、产品和服务的一部分，也不间接用作生成它们的基础。 4. 保证以上数据的用途与数据使用申请中规定的一致，需要改变用途时重新申请。 5. 在使用以上数据产生的一切成果中标注数据来源，并将该成果提交一份到"数据中心"存档。发表论文时引用数据提供者指定的相关论文，并在中文论文首页的"基金项目"中或在英文论文"Acknowledge"中说明"数据来源：北部湾经济区科学数据中心提供"。 6. 遵守《北部湾经济区科学数据共享和管理办法》的其他规定。 7. 及时将数据使用中存在的问题和建议反馈到"数据中心"。					
违约责任	数据使用申请一旦获得批准，即视同《数据使用许可合同》。用户若有违约，数据中心将停止向其提供数据服务；若同一单位有多人次违约，数据中心将停止向该单位所有人员提供数据服务，并在数据中心网站公布其名单及违约行为。如有严重违规或违法者，将根据国家相应的法律规定进行追究。					
用户承诺	我同意以上条款，并保证按此执行。用户签字：　　　　年　　月　　日					
申请者所在单位意见	我单位保证监督数据用户按上述要求使用数据，并进行成果标注。 单位负责人（签字）：　　　　单位（盖章）　　　年　　月　　日					
用户分级：		数据中心审批意见	负责人（签字）：　　　　　　　　　年　　月　　日			
数据类别：						

第二篇

平 台 研 发

第4章 数据分类与数据库建设

4.1 北部湾经济区科学数据分类体系

北部湾经济区是一个在生态脆弱的基础上经济快速发展的典型区域,涉及海洋、海岸带、陆地(包括陆海流域)等部分,因此其数据体系体现在基础地理数据、专题数据、对地观测数据、元数据、其他数据等,资源环境数据体系如图4.1所示。

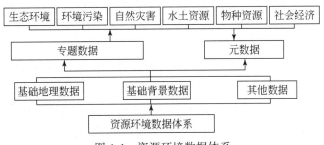

图 4.1 资源环境数据体系

北部湾经济区科学数据不仅包括数字、文字和文档等属性信息,而且还包括大量的空间图形信息,具有数据海量、全覆盖、空间性强、动态变化、类型和结构复杂、来源广泛等特点。北部湾科学数据库划分为基础地理数据、基础背景数据、其他资料数据等,在此基础上衍生的一系列专题数据,如生态环境、环境污染、自然灾害、水土资源、物种资源、社会经济等,还有就是记录详细的数据背景、内容、质量、状态等档案资料的元数据。

(1)基础地理类数据库主要是指涵盖土地资源、土地权属、基本农田以及土地监察等信息的数据库。包括土地利用现状数据库、土地利用规划数据库、基本农田数据库、建设项目用地数据库、土地供应备案数据库、土地开发整理项目数据库、土地开发整理规划数据库、耕地储备数据库、土地利用遥感监测数据库、土地执法监察数据库等。

(2)专题类数据库主要是指涵盖探矿权审批管理、采矿权审批管理、储量管理、矿产资源执法监察、矿产资源潜力数据以及矿产品数据等信息的数据库。包括矿产资源储量数据库、执法监察数据库、矿产资源规划数据库、矿产品数据库、矿产资源潜力数据库、矿产资源可供性数据库等。

4.2 北部湾经济区科学数据建库规范和标准

4.2.1 北部湾经济区科学数据建库规范和标准制订步骤

构建北部湾经济区科学数据建库规范和标准，首先对北部湾经济区科学数据对应的各项内容进行需求分析，保证与对应的北部湾经济区科学数据各项内容及成果要求相吻合，同时综合科学数据更新等一般性需求，拟按照以下步骤进行规范和标准制订。

（1）按照北部湾经济区科学数据分类体系将待编制标准的数据库进行归类，并针对北部湾经济区科学数据及其内容特点进行深入研究分析。

（2）对数据标准及建设规范的编制进行需求分析，分析待建库数据的现状、应用需求以及应执行的标准和规定等，并对应用系统需要的、现有的、可提供的数据进行归纳汇总。

（3）在需求分析的基础上，依据北部湾经济区科学数据数据库标准及建设规范结构框架，确定待编制北部湾经济区科学数据数据库标准及建设规范的主要内容：①北部湾经济区科学数据数据库标准的编制，结合相关标准及规范等要求，从数据库标准化、规范化视角，确定北部湾经济区科学数据库标准应包含的内容。②北部湾经济区科学数据数据库建设规范的编制，依据相应数据库标准，从数据库建设涉及的各个技术环节或可操作性入手，确定建设规范应包含的内容，并提出相应的建设要求。

4.2.2 北部湾科学数据数据库标准编制内容及方法

1. 数据库内容和要素分类

经过对需要编制标准的数据库进行需求分析后，明确数据库系统应用要求，在此基础上，结合通过外业数据采集能获取的数据内容，确定数据库的最终内容，并将数据库包含的主要信息内容在"数据库内容"中详细说明。如土地利用数据库内容中包含基础地理信息、权属信息、土地利用信息等。

北部湾经济区信息数据种类齐全、内容丰富、涉及领域广泛，为了能将它们有机地进行组织，有效地进行存储、管理和检索应用，只有将所有的地理信息按一定的规律进行分类和编码，使其有序地存入计算机才能对它们进行按类别存储，按类别和代码进行检索，从而实现信息标准化、数据资源共享等应用需求，并力求实现数据库的协调性、稳定性、高效性。分类过粗会影响将来分析的深度，分类过细则采集工作量太大，在计算机中的存储量也很大。分类编码应遵循科学性、系统性、实用性、统一性、完整性和可扩充性等原则，既要考虑数据本身的属性，又要顾及数据之间的相互关系，保证分类代码的稳定性和唯一性。

　　要素分类及代码应包括各类北部湾经济区基础地理数据、基础背景数据和各类专题数据分类和代码，其中，各级比例尺基础地理数据、基础背景数据分类与代码按《基础地理信息要素分类与代码》（GB/T 13923—2006）规定执行；各类专题数据分类与代码，凡是已有国家标准或者行业标准的应遵照执行。

2. 数据库结构定义

1）编写内容

　　若数据库中含有空间信息，则应包括空间信息要素分层。其中空间信息要素分层用于说明空间数据要素分层、定义与属性关联；空间信息要素属性数据结构用于说明要素所对应的基本属性结构。

　　若数据库中含有非空间信息，则应说明非空间要素所对应的基本属性结构，主要指表格信息，采用二维关系表的方式进行组织管理。

2）编写方法与要求

　　明确规定空间信息要素分层应遵循的原则；应在元数据文件中说明要素分层信息；空间数据信息要素分层表的描述方法见表 4.1；空间与非空间信息要素属性数据结构的描述见表 4.2。

表 4.1　空间数据信息要素分层表的描述方法

描述项		描述方法
表头	表题	格式为"表× ×××数据库图形数据分层"
	序号	采用阿拉伯数字，从 1 开始连续编号
	层名称	根据该层的意义，采用汉字自定义层名称
	层代码	可用拼音或英文的全称或缩写表示并可以附加使用阿拉伯数字
	层要素	说明数据层所包含的要素内容，与要素名称保持一致，用汉字表示
	几何特征	使用相应几何特征的英文名称，如 Point、Line、Ploygon 或 Annotation 等。注记层视特定数据库需要而定
	属性表名	采用层名称汉语拼音首字母大写表示
	约束条件	明确图形数据图层哪些是必选的，哪些是可选的；约束条件取值：M（必选）、O（可选）
	说明	对各层数据相关说明，必要时填写，允许为空

表 4.2　空间与非空间信息要素属性数据结构描述方法

描述项		描述方法
表题		格式为"表× 层要素+属性结构（属性表代码：属性表名）" 如"表3 行政区划属性结构（属性表代码：XZQH）"
表头	序号	采用阿拉伯数字，从 1 开始连续编号
	字段名称	根据该字段意义，采用汉字自定义名称
	字段代码	采用字段名称的汉语拼音首字母大写表示，如果出现字段代码相同情况，则在相同字段代码后分别加上一个大写字母（从 A 开始）作为序号信息，以示区别，序号顺序可自定义
	字段类型	用英文缩写形式表示字段类型
	字段长度	采用阿拉伯数字表示
	小数位数	用小写阿拉伯数字，也可以不填写
	值域	根据字段类型给予相应的取值范围描述 可以是数学表达式或属性值代码表等。若是属性值代码表，以"见表×"的字样表示，并在"要素属性数据结构"表后增加该属性值代码表
	约束条件	明确哪些字段值不能为空。约束条件取值：必填，即不能为空，以"M"表示；反之以"O"表示
	备注	备注中说明哪个字段为主键，以"主键"表示，其余留空不填 需要说明计量单位时在备注中明示
表注		统一放在表内最后一行

3. 数据文件命名

对数据库标准运用过程中产生的各种形式的数据文件制定相应的命名规则，如以标准图幅为基础的数据文件、以行政区划为基础的数据文件和文档数据等。文件命名规则要一致，按照一定原则进行总体设计，使文件名称简洁明确，不具歧义，达到提高数据库文件管理效率的作用。

4. 数据交换格式

明确数据交换内容以及交换数据文件的存储方式，各类型数据的交换格式可以引用现有的关于交换格式的标准，如"本标准按照 GB/T 17798—2007《地理空间数据交换格式》对 XXXX 数据交换格式进行描述"，也可采用国内外相关软件直接进行交换，或者进行自定义交换格式。

5. 元数据

元数据描述包括数据集标识信息、数据质量、数据源和处理说明、数据内容摘要、数据空间参照系、数据分类、数据分发信息以及其他有关信息。编写元数据时，严格执行《地理信息元数据》（GB/T 19710—2005）和《基础地理信息数字产品元数据》（CH/T 1007—2001），并用资料性附录给出元数据使用说明及示例。可表述为"XXXX 数据库元数据参照《地理信息元数据》（GB/T 19710—2005），使用说明和示例见附录 X"，在 GB/T 19710—2005 规定以外的内容允许其扩展，但应对扩展内容给出相应的说明。

4.2.3　北部湾经济区科学数据数据库建设规范编制内容及方法

北部湾经济区科学数据数据库建设规范编制要求是以数据库标准，以及北部湾经济区科学数据调查的相关标准及规范为依据，在分析各类数据库标准的基础上编制北部湾经济区数据库的建设规范，指导数据库建设。

数据库建设准备的内容包括数据内容与结构、人员要求、软件要求、硬件要求以及管理制度要求。根据数据库建设的实际情况，对数据、人员、软硬件、管理制度等方面的要求进行描述。具体编写要求如下。

（1）数据内容与结构的要求：根据数据库标准，明确建库数据的组织应满足数据库结构设计，必要时对属性数据结构表等内容进行扩充。

（2）人员要求：参加数据库建设的人员，包括项目负责人、技术负责人、质量检查员、班组长、作业员和数据库应用负责人的要求及分工。

（3）软件要求：描述相应数据库系统软件应具备的主要功能要求，但不指定具体软件名称。

（4）硬件要求：描述对应于相应数据库空间与非空间数据采集、处理、存储及应用、网络环境等设备的名称、功能性能等技术指标，但不指定具体设备型号。

（5）管理制度要求：对数据库建设单位提出的数据管理、系统管理、安全保密、人员培训、作业记录、问题报告等方面制定管理制度，以保证数据库建设成果质量。

数据库建设步骤：列出数据库建设步骤中的重要环节，可根据实际情况，对次要步骤的先后次序进行调整。对数据建库流程设计可以不作具体规定，在满足数据建库各项工作内容和质量要求的前提下，允许建库单位自行设计。

4.3　北部湾经济区科学数据数据库群建设

4.3.1　基础地理数据库群

基础地理数据是公用平台建设的空间背景数据，在公用平台空间数据库的建设上分为 1:50 万、1:25 万、1:5 万、1:2.5 万、1:1 万等多个等级，从数据格式上可分为矢量数据库和栅格影像数据库两大类。

1:25 万或 1:5 万矢量数据库：高程点、水系、交通、居民地、行政中心、境界线等。

栅格影像数据库：栅格数据库的建设包括 DOM、DRG、DEM 数据；1:25 万、1:5 万为主，部分区域 1:1 万甚至更高；卫星、航空影像数；等等。

4.3.2 基础背景数据库

基础背景数据库是除基础地理数据以外的相关背景数据，是对基础地理数据的重要补充。主要包括气候资源数据、地质信息、水文信息等数据集。

4.3.3 专题数据

根据内容专题系列划分为生态环境、环境污染、自然灾害、水土资源、社会经济系列数据库。

4.3.4 其他数据

除了以上数据之外的相关北部湾数据信息都集中统一存在于该库，如政府相关报告、新闻、影像资料、档案等信息。

4.3.5 元数据

元数据是关于数据的数据。在地理空间数据中，元数据是说明数据内容、质量、状况和其他有关特征的背景信息，可用于包括数据文档建立、数据发布、数据浏览、数据转换等。根据地理空间信息系统应用特点，元数据库建设应针对基础数据平台包含的空间信息基础资料，建立详细的数据背景、内容、质量、状态等档案资料，元数据的动态维护与基础数据的动态维护保持同步。元数据库建设内容可包括元数据内容定义、元数据动态维护机制、元数据发布规则三个方面。

4.3.6 空间数据仓库

传统数据库针对海量级数据的访问和操作以及数据集成等方面都存在诸多的不足，而海量级数据访问和各类数据集成则是数据仓库的特点之一，其可以集中经过组织处理过的各类数据，用于面向特定主题的决策分析，数据量较大，往往是 TB 级的海量数据，在存储上多为分布式，数据访问以查询统计分析为主。而北部湾经济区科学数据共享平台与决策支持系统面对的都是北部湾地区海量级的资源环境数据信息，传统数据库技术无法解决海量级数据的访问与操作，以空间数据仓库作为北部湾经济区科学数据共享平台与决策支持系统的数据平台搭建关键技术为必然的选择。

北部湾经济区科学数据共享平台与决策支持系统空间数据仓库是面向资源环境的、综合的、不同时间的、稳定的数据集合，将分散在各个数据中心、不同平台的资源环境数据，经过抽取、转化、集成，建成北部湾科学数据共享数据仓库，为北部湾地区资源环境的决策提供有力的技术支持。该数据仓库中可以设置若干个决策目标主题，根据不同的决策目标选择相应的数据集成。设计资源环境数据仓库要理解资源环境的内在联系和变化规律，才是动态的、面向过程的，使源数据得到增值和统一，并致力于知识的发现。该数据仓库的实施平台是一个开放式的系统，能支持多种平台和多种数据库，能够基于 Internet 的决策支持工具和 GIS 应用工具，能够满足各种不同用户的需要。

4.4　北部湾经济区科学数据获取、信息提取和入库的规范与科学数据采集及输入系统构建

4.4.1　北部湾经济区科学数据获取、信息提取和入库的规范及标准研究

1. 数据采集与处理

1）数据源准备

从该数据库建库目标或数据库对象所支撑的业务系统需求入手进行分析，根据具体数据库建设时涉及的数据源进行分类说明：在数据源类型及其内容中，对各具体的北部湾经济科学数据数据库建设的基本数据源进行分类说明；在数据源的质量要求中，对所有涉及的数据源提出相应质量要求。

2）数据采集方法与要求

列出以下各类数据的采集方法及要求：

（1）图形数据采集：详细阐述数据库中各要素的采集方法及要求，包括图形数据的校正、要素分层、图形编辑、坐标系变换、图幅接边、拓扑关系建立等图形数据处理的技术要求以及精度要求；

（2）图像数据处理：包括图像数据的几何纠正、坐标系变换、图像镶嵌等技术要求以及精度要求；

（3）属性数据采集：包括属性数据录入、与图形数据挂接处理方面的技术要求以及精度要求；

（4）存档文件采集：若数据库中包括该类型数据，需要对其采集方法与要求进行描述；

（5）元数据采集：依据《地理信息元数据》（GB/T 19710—2005）说明元数据内容、采集方法与要求等。

2. 数据入库

1）编写内容

（1）数据入库前检查；

（2）数据入库；

（3）运行测试。

2）编写方法与要求

（1）数据入库前检查。依据数据库建库目标，对在数据采集阶段获取的不同类型数据（图形、图像、属性、存档、元数据）分别描述质量检查的内容、方法及要求，并对不符合质量要求的数据提出相应处理规定。

（2）数据入库。针对通过数据入库前检查的各类数据，分别描述入库的方法、步骤及要求。在必要情况下，应对具有不同入库方式的同类数据进行单独描述，如需要对 DOM、DEM、DLG、DRG 进行分别阐述入库流程及要求。

（3）运行测试。确定试运行时出现的问题和处理方法，以及运行测试通过后，需要履行的合格认定方式。

3. 数据库成果内容及要求

1）编写内容

（1）成果内容；

（2）成果要求。

2）编写方法与要求

（1）成果内容。详细列出最终成果，有选择性地列出中间成果内容。成果内容可以数据成果、文字成果、图件成果和表格成果四类描述，也可依照实际情况按其他分类方式进行描述。

（2）成果要求。按照不同的数据分类，提出相应的成果提交要求，给出数据类型、数学基础、数据精度、验收文档、成果份数、作业单位等方面的信息。

4. 数据库质量控制与评价

1）编写内容

（1）数据库质量控制与评价原则（可选）；

（2）数据库质量控制指标；

（3）质量检查方法；

（4）质量评价方法。

2）编写方法与要求

（1）数据库质量控制与评价原则。提出质量控制与评价中所需要遵循的原则。

（2）数据库质量控制指标。编写数据质量控制指标、图件及表格质量控制指标、文字报告质量控制指标的详细内容。

（3）质量检查方法。说明适用于数据库建设过程中质量控制和数据库成果质量检查方法。

（4）质量评价方法。说明适用于数据库建设质量的评价方法。

5. 数据库成果检查与验收

1）编写内容

（1）检查与验收规定；

（2）预检（可选）；

（3）验收。

2）编写要求

（1）检查与验收规定。提出建库承担单位自检、上级预检、验收和国家级抽查等不同层次检查验收的规定。

（2）预检。提出预检程序、内容、抽样方法、评价指标、评分标准等。

（3）验收。提出验收工作组织、验收条件、验收抽样、验收方法等。

6. 数据库更新与应用

1）编写内容

（1）数据库更新目的和要求；

（2）数据库更新环节和技术方法。

2）编写方法与要求

（1）为保持数据库现势性，提出数据库更新的重点对象、时间周期等方面的要求。

（2）根据数据库对象提出相应的数据库更新的技术方法。

7. 数据库安全管理与维护

1）编写内容

（1）数据库运行与维护；

（2）数据库管理和安全。

2）编写方法与要求

（1）数据库运行与维护。数据库成果移交给管理人员的期限、数据库软硬件环境、人员管理以及运行与维护制度等内容说明。

（2）数据库管理和安全。说明安全机制和管理制度的建设要求；数据加密、存取控制、数据管理、用户管理等要求说明。

4.4.2 建库和入库规范及标准指导下的北部湾经济区科学数据数据库建设工作

北部湾经济区科学数据数据库建设都采用标准的软件工程规范和软件项目的管理模式进行，分阶段按步骤地完成数据库建立工作。第一阶段为建库准备：主要包括建库方案制定、数据库设计、人员准备、数据源准备、软硬件准备、管理制度建立等；第二阶段为数据采集与处理：主要包括基础地理数据、基础背景数据、专题数据等各要素的采集、编辑、处理和检查等；第三阶段为数据入库：主要包括矢量数据、栅格数据、属性数据以及各元数据等的检查和入库；第四阶段为成果汇交：主要包括数据成果、文字成果、图件成果和表格成果的汇交。如图 4.2 所示。

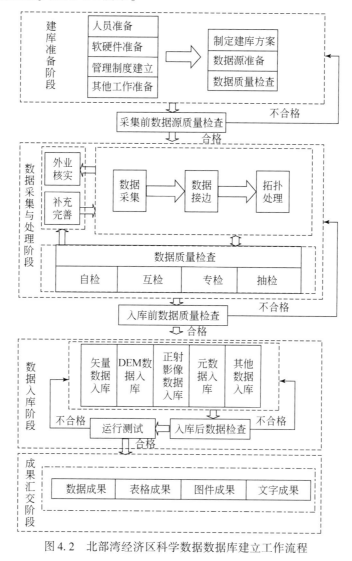

图 4.2　北部湾经济区科学数据数据库建立工作流程

　　图 4.3 展现了导入数据库后规则属性基础数据基本表结构和部分数据，图 4.4 及图 4.5 系统可以给予不同用户赋予数据管理各个阶段的不同权限；用户提交上传已完成的数据的时候，需要选择正确科学数据类别，图 4.6 为设置系统数据分类体系的类型，表 4.3 要素代码和名称描述表是北部湾经济区科学数据分类体系分类结构表，依据该表划分依次将分类信息从 4.6 所示界面录入相关分类信息。

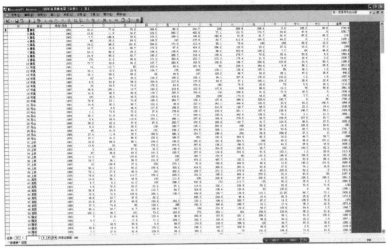

图 4.3　数据入库示例图

图 4.4　北部湾经济区科学数据共享后台管理登录界面

图 4.5　北部湾经济区科学数据共享后台用户管理界面

图 4.6 北部湾经济区科学数据共享后台学科体系管理界面

表 4.3 要素代码与名称描述表

编码	主题类	一级子类	二级子类	三级子类	几何特征	属性表名
1000000	地理背景数据					
01010000		基础地理数据				
01010100			矢量基础地理数据			
				地形		
				地名		
				公路		
				河流		
				居民地		
				行政界线		
				铁路		
				数字导航地图		
				全要素地理底图		
01010200			栅格地图数据	水系		
				道路		
				政区		
				地形		
			大地测量数据			
				北京 GPS 跟踪站数据		

编码	主题类	一级子类	二级子类	三级子类	几何特征	属性表名
				西安 GPS 跟踪站数据		
			分区 DEM 数据			
01020000		地质数据				
01010100			地质构造	数字地质图		
01010200			地层岩性			
01010300			水文地质			
01010400			环境地质	地质环境监测		
01010500			工程地质			
			海洋地质			
01010600						
01020000		地貌数据				
01020100			地貌单元			
01020200			地表起伏			
01030000		气象数据				
			平均气温			
			最高气温			
			最低气温			
			降水量			
			总辐射			
			大气湿度			
			蒸发量			
			相对湿度			
			日照时数			
			平均气压			
			平均风速			
			雾			
01040000		水文数据				
			地表水			
			地下水			
			水资源量			
			河网			
			流量			

编码	主题类	一级子类	二级子类	三级子类	几何特征	属性表名
			径流			
			含沙量			
			降水			
			水位			
			浅海水文	水温、盐度、潮汐		
01050000		土壤数据				
			土壤类型			
			土壤侵蚀			
			土壤质量			
			养分元素分布			
			农田肥力状况			
01060000		植被数据				
			植被类型			
			植被分布格局			
			数据			
			动物物种			
			微生物物种			
			森林类型与区划			
01070000		湿地数据				
01080000		区划数据				
01090000		交通数据				
01100000		地名数据				
01110000		其他数据				
02000000	土地覆被与土地利用数据					
02010000		土地覆被与土地利用				
02020000		农田数据				
02030000		林地数据				
02040000		草地				
02050000		建设用地				
02060000		水域				
02070000		未利用地				

编码	主题类	一级子类	二级子类	三级子类	几何特征	属性表名
02080000		其他数据				
03000000	自然资源数据					
030100000		综合自然资源	水资源分布图			
			土地资源分布图			
			林业资源分布图			
			草畜资源分布图			
			渔业资源分布图			
			农村能源分布图			
			农业经济分布图			
			农业气候资源分布图			
			自然地理背景图			
			生态环境背景			
			广西农业资源概况			
			农业资源潜力			
			资源环境变化			
			农业生产现状变化			
030200000		气候资源				
			历年各月太阳净辐射			
			历年各月太阳总辐射			
			历年各月平均气温			
			历年各月日照时数			
			历年各月降水量			
			各月太阳总辐射及年光合有效辐射			
			各月最大晴天辐射			
			日均温稳定通过各界限温度初终期间的太阳总辐射			
			日平均气温稳定通过各界限温度初终期间的日照时			

编码	主题类	一级子类	二级子类	三级子类	几何特征	属性表名
			月最大冻土深度及10cm、30cm 冻结解冻日期			
			稳定≥0℃，5℃，10℃，15℃，初，终期及积温			
			累年各月大风日数			
			累年各月平均10cm地温			
			累年各月平均地面温度			
			累年各月平均日照时数（分台站）			
			累年各月平均最低气温			
			累年各月平均最高气温			
			累年各月平均气温及年较差（分台站）			
			累年各月平均相对湿度			
			累年各月平均降水			
			累年各月平均风速			
			累年各月日照百分率（分台站）			
			累年各月日降水量≥0.1mm 日数			
			累年各月极端最低气温及出现日期			
			累年各月极端最高气温及出现日期			
			累年各月蒸发量			
			累年平均无霜期及有霜初，终日			

编码	主题类	一级子类	二级子类	三级子类	几何特征	属性表名
030300000		水资源				
			年降水量			
			地表水资源量			
			地下水资源量			
			水资源总量			
			河流水质状况			
			已建成水库情况			
			大中型水库蓄水量			
			供水量			
			用水量			
			耗水量			
			用水指标			
			水利工程年供水量			
			各部门用水量			
			水文径流			
			湖泊水量			
			水利工程情况			
			水资源供需平衡			
03040000		土地资源				
			土地利用现状（分县）			
			土地利用平衡表（分县）			
			地形统计表（分县）			
			土地利用现状与土地覆盖统计表（分县）			
			土地适宜类统计表（分县）			
			宜农土地资源统计表（分县）			
			耕地质量等级统计表（净面积，分县）			

编码	主题类	一级子类	二级子类	三级子类	几何特征	属性表名
			后备耕地质量等级统计表（分县）			
			宜林土地资源统计表（分县）			
			林地质量等级统计表（分县）			
			后备林地质量等级统计表（分县）			
			宜牧土地资源统计表（分县）			
			牧地质量等级统计表（分县）			
			后备牧地质量等级统计表（分县）			
			农林牧土地限制型及限制强度统计表（分县）			
			耕地限制型及限制强度统计表（净面积，分县）			
			园地分类面积（分县）			
			林地分类面积（分县）			
			牧草地分类面积（分县）			
			居民点及工矿用地分类面积（分县）			
			交通用地分类面积（分县）			
			水域分类面积（分县）			
			未利用土地分类面积（分县）			

编码	主题类	一级子类	二级子类	三级子类	几何特征	属性表名
			后备土地资源分类面积（分县）			
			土地利用状况（分县，统计）			
			耕地增减变动情况（分县，统计）			
			耕地增加来源或减少去向情况（分县，统计）			
			土地利用现状（分县，统计）			
03050000		动植物资源				
			动物资源概况			
			森林生产			
			自然保护区			
			畜牧资源			
			水产资源			
			名土特产			
			工业用油脂植物类			
			植物胶类			
			植物资源概况			
03060000		森林资源				
			木材植物类			
			林业用地			
			林业用地各类土地面积统计			
			林业资源			
			林分各林种面积，蓄积统计			
			林木蓄积（其他国营部分）			
			林木蓄积（分县集体部分）			
			林木蓄积（森工企业部分）			

编码	主题类	一级子类	二级子类	三级子类	几何特征	属性表名
			林木蓄积（非林业系统部分）			
			林木蓄积及有林地面积			
			森林资源按权属统计			
			森林资源概况			
			森林资源概况统计表			
			森林面积及蓄积量统计			
			森林面积蓄积统计			
03070000		草原资源				
			各类天然草地			
			各类蓄积			
			天然草地等级			
			天然草地类型			
			天然草地面积分等统计			
			天然草地面积分级统计			
			天然草地面积分经济类型区统计			
03080000		能源资源				
			水能理论蕴藏量及可开发利用量			
			煤炭平衡表			
			电力平衡表			
			石油平衡表			
			综合能源平衡表			
03090000		旅游资源				
			实际利用外资和旅游外汇收入			
			旅游景点			

续表

编码	主题类	一级子类	二级子类	三级子类	几何特征	属性表名
			自然保护区			
03100000		矿产资源				
03110000		海洋资源				
			水产加工数量			
			水产品产量			
			水产品产量和水产养殖面积			
			沿海省区全民所有制海水养殖单产水平			
			沿海省区海水养殖单产水平			
			沿海省市自治区全民所有制海水养殖面积			
			沿海省市自治区海水养殖面积			
			浅海、滩涂、港湾可养面积			
			淡水养殖单产水平			
			淡水养殖面积			
			淡水面积			
			渔业及水产行业第二、三产业总产值			
			渔业总产值分项			
03120000		其他				
0400000	人地关系与区域发展数据					
04010000		人口与劳动力				
			人口状况（全区）			
			从业人员和职工人数（全区）			

编码	主题类	一级子类	二级子类	三级子类	几何特征	属性表名
			人口数及自然变动情况（分县）			
			分年龄、性别的死亡人口数（分县）			
			分性别、年龄人口数（分县）			
			分年龄、性别、行业门类的人口数（分县）			
			按产业部门，大、中类分性别、文化程度人口数（分县）			
			分年龄、性别、职业大类人口数（分县）			
			分年龄、性别、文化程度的不在业人口状况（分县）			
			按城乡分从业人员（年底数）（分县）			
			从业人员和职工人数（年底数）（分县）			
			人口民族构成			
04020000		综合经济	GDP 国内生产总值			
			GDP 增长率			
			人均 GDP			
			农业人口所占比例			
			农业人口密度			
			农村劳动力密度			
			种植业收入			

编码	主题类	一级子类	二级子类	三级子类	几何特征	属性表名
			林业收入			
			种植业总产值			
			林业总产值			
			乡镇企业总收入			
			人均纯收入			
			农民人均纯收入			
			人均地方财政收入			
			人均地方财政支出			
			人均固定资产投资			
			人均基本建设投资			
			人均耕地			
			公路密度			
			封山育林面积比例			
			经济密度			
04030000		农业经济				
04040000		工业经济				
04050000		交通运输邮电经济				
04060000		建筑业				
04070000		城市建设				
04080000		科教文卫				
04090000		旅游经济				
04100000		消费				
04110000		贸易				
04120000		投资				
04130000		财政				
04140000		物价				
04150000		人民生活				
04160000		其他				
05000000	宏观生态数据					
05010000		生态环境背景数据				
05020000		生态系统类型数据				

编码	主题类	一级子类	二级子类	三级子类	几何特征	属性表名
05030000		生物量				
05040000		生物多样性数据				
05050000		生态功能区划数据				
05060000		定位观测与研究数据				
05070000		植物生理数据				
05080000		其他				
06000000	环境与灾害数据					
06010000		环境背景数据				
		环境质量评价数据				
			环境背景值分析			
			环境质量综合评价			
			环境影响评价			
			污染防治效果评价			
			区域环境质量评价			
			其他			
06020000		自然灾害数据				
			气象灾害			
				洪涝		
				干旱		
				台风		
				冷冻害		
				局地暴风		
				连阴雨		
				其他气象灾害		
			地震灾害			
				地震直接灾害		
				地震次生灾害		
			地质灾害			

续表

编码	主题类	一级子类	二级子类	三级子类	几何特征	属性表名
				崩塌灾害		
				滑坡灾害		
				泥石流灾害		
				地裂缝灾害		
				地面沉降灾害		
				矿山地质灾害		
				海岸侵蚀灾害		
				其他地质灾害		
			生物灾害			
				农作物病虫害		
				水产养殖品灾害		
				蝗虫灾害		
				森林生物灾害		
				陆地外来有害生物入侵	种类、分布、危害、防控对策	
				海洋外来有害生物入侵	种类、分布、危害、防控对策	
			海洋环境灾害			
				风暴潮灾害		
				海啸		
				海平面上升		
				海岸蚀退		
				赤潮		
		环境监测数据				
			环境背景值数据			
			大气监测数据			
			水质监测			
			土壤监测			
			海洋监测数据			
			生物、生态监测数据			

编码	主题类	一级子类	二级子类	三级子类	几何特征	属性表名
			食品监测数据			
			人体污染监测数据			
			环境遥感数据			
			其他监测数据			
06030000		环境破坏数据				
			生态退化			
			生物多样性			
			湿地生态系统破坏			
			生态保护面积			
06040000		环境污染数据				
			环境质量			
			大气污染			
				大气污染物		
				大气污染状况		
				酸雨		
			水污染			
				重点江河湖库		
			水体污染状况			
			水功能区			
			土壤污染			
				土壤污染物质		
				土壤污染状况		
			环境功能区			
				森林公园与自然保护区		
				生态环境恢复治理工程		
			污染源信息			
				三废排放		
				环境治理		
06050000		环境治理数据				

编码	主题类	一级子类	二级子类	三级子类	几何特征	属性表名
06060000		环境保护数据				
06070000		三废利用数据				
			固体废物			
			液体废物			
			气体废物			
			其他			
06080000		古环境古地理数据				
06090000		其他				
07000000	遥感及其产品数据					
07010000		航空遥感数据				
07020000		航天遥感数据				
07030000		地面遥感数据				
			美国 Landsat 系列			
			法国 SPOT 系列			
			中巴卫星 CBERS-1			
			Ikonos 卫星			
			Quickbird 卫星			
			MODIS 影像			

编码	主题类	一级子类	二级子类	三级子类	几何特征	属性表名
			MODIS 影像专题图			
			TM 影像			
			TM 影像融合数据			
07040000		其他				
08000000	海岸带与近海数据					
		海洋基础地质				
			基础地理			
			海上设施			
			海底地貌			
			航道			
			潮汐通道			
			限制区			
			其他			
08010000		海岸线数据				
			大陆海岸线数据			
			海岛海岸线数据			
08020000		大陆架地形数据				
08030000		海洋资源数据				
			水产品种类与分布			
			水产品产量			
			海水养殖产出水平			
			水产品加工数量			
			海洋化学资源			
			海洋生物资源			
			海洋矿产资源			
			海洋能量资源			
			盐业资源			
			油气资源			
			海域空间资源			

续表

编码	主题类	一级子类	二级子类	三级子类	几何特征	属性表名
08040000		海岸带资源数据				
			潮间带底栖生物			
			滨海湿地			
			海岸带植被资源			
			滨海旅游资源			
			滨海动物资源			
08050000		海洋环境数据				
			海洋调查信息			
			海洋生物			
			海洋水文			
			海洋气象			
			海洋物理			
			海洋化学			
			海洋地球物理			
			海洋遥感			
			海洋灾害			
			其他			
		海洋生态数据				
			海洋污染事件			
			海洋倾倒点			
			赤潮			
			海洋自然保护区			
08060000		海岸带环境数据				
			海岸带潮间带底质			
			潮间带沉积化学			
			海岸带地貌和第四纪地质			
			岸滩冲淤动态			
			滨海陆地水文			
			滨海陆域污染源			
			滨海土地资源			
			海岸带滩涂面积			

续表

编码	主题类	一级子类	二级子类	三级子类	几何特征	属性表名
			海岸带土壤			
			海岸带植被			
08070000		海岛数据				
			海岛岸线类型与长度			
			海岛数量和面积			
			海岛潮间带类型和面积			
			海岛植被类型和分布面积			
			海岛旅游			
			海岛土地利用			
			海岛地貌			
08080000		港湾数据				
			港址资源			
			主要港湾和河口潮差值			
08090000		海洋经济数据				
			农林牧渔业			
			采掘业			
			制造业			
			电力和水生产业			
			交通运输业			
			社会服务业			
			科教文化			
			综合发展状况			
			其他			
		海洋管理				
		海洋文献资料				
		海洋地质调查				
08100000		其他				

编码	主题类	一级子类	二级子类	三级子类	几何特征	属性表名
09000000	1km 格网空间化产品数据库					
10000000	其他数据					
11000000	元数据库					

4.5 基于本体和星系模式的异质科学信息数据仓库

科学数据错综复杂且十分庞大，需要使用最新数据仓库技术，才能实现数据的科学管理。主要包括数据预处理、数据结构以及数据的联机分析处理等。

4.5.1 ε-复共线性数据预处理

数据预处理基本功能包括数据清理、集成、变换、归约，以及提出并实现复共线性数据的预处理方法。函数发现算法挖掘出来的函数关系表达式可能会存在系统误差，该表达式将不是我们要发现的理想函数，为解决该问题，系统给出不满足不相关假设的情况下进行数据预处理的算法 ε-MDPA。为消除数据的复共线性使数据满足统计不相关假设，需对矩阵 X 做主成分分析，计算出主向量矩阵 Z，矩阵 Z 的各行向量之间是满足统计不相关假设的。在后续的函数发现算法中，将挖掘 Y 与 Z 的关系，然后再利用 X 与 Z 的关系，得到 Y 与 X 之间的关系表达式。算法思想及算法过程中涉及线性代数知识和主成分分析数学原理。

4.5.2 提出并实现了基于 Hash 函数取样的抽样技术数据预处理

在函数发现算法处理海量数据时，由于实时的需要（如针对数据流的处理），常需要先进行抽样。要使抽样取得好的效果，最重要的是要使样本的代表性能真正反映总体的统计特性[1]。传统的抽样方法一般采取简单随机抽样，但这种方法反映的是数据编号的统计特性，没有真正反映出其数据分布的统计特性；特别是当数据倾斜时，样本不具有对总体数据统计分布的代表性。从理论上证明采取分层抽样来代替简单随机抽样，可取得更好的效果。但传统的分层抽样需要有关层次概念的知识，然后根据层的知识来进行分层，因而传统方法在没有层知识的情况下就显得无能为力。因此引入 Hash 函数技术，在对总体数据没有层知识的情形下，利用 Hash 桶进行分层，即将 m 维超立方体按等概率空间进行分桶，使得每层（Hash 桶）的数据个数相近，以较小的计算代价获得分层的效果，然后进行分层抽样，使所抽样本能充分反映数据的统计特性。

本书提出新的基于 Hash 函数取样技术 SHF（Sampling Based on Hash Function） 模型，新方法注意到传统分层抽样需要预先知道关于层的知识，因此引入 Hash 函数技术，在对总体数据没有层知识的情形下，利用 Hash 桶进行分层，即将 m 维超立方体按等概率空间进行分桶，使得每层（Hash 桶）的数据个数相近，以较小的计算代价获得分层的效果，然后进行分层抽样，使所抽样本能充分反映数据的统计特性。算法保证了样本具有对总体数据的充分的统计代表性并从理论上证明了新算法复杂度为 $O(n)$。

1. Hash 函数的构造

SHF 模型按如下步骤构造 Hash 函数：

（1）对总体进行简单随机抽样，抽样针对每维变量进行。

（2）构造 Hash 函数。

如下：$H(x_1, x_2, \cdots, x_m) = F(x_1)F(x_2)\cdots F(x_m)$

以上方法实际上假定各变量之间相互独立。对于总体数据，若各变量之间存在复共线性情形，可采取因子分析法先将数据进行转化，消除其复共线性。其计算量为 $O(n)$。

命题 3.2 $x_1, x_2, \cdots, x_m$ 相互独立时，$H(x_1, x_2, \cdots, x_m)$ 为变量 $X = (x_1, x_2, \cdots, x_m)$ 的联合分布函数。

证明：由独立随机变量的联合分布函数的性质即知。

2. 分层取样

SHF 模型利用 Hash 函数对总体数据进行分桶，亦即将数据进行分层，然后针对各桶进行简单随机抽样，从而实现分层抽样。

（1）设按函数发现技术要求所需抽取的样本数为 slayer，将 [0，1] slayer 等分，slayer 个等分点如下：

0＝i0，i1，i2，$\cdots$，islayer-1，islayer＝1，则 iq-iq-1＝1/slayer（q＝1，2，$\cdots$，slayer）

（2）将 n 个数据分到 slayer 个桶，分法如下：

若第 j 行数据满足：

iq-1＜＝H（xj1，xj2，$\cdots$，xjm）＜iq （q＝1，2，$\cdots$slayer-1）

iq-1＜＝H（xj1，xj2，$\cdots$，xjm）＜＝iq （q＝slayer）

则第 j 行属于第 q 个桶。

命题 1（各桶中数据分布的特点）按上述分桶方法，各桶中数据的个数以概率 1 相同。

证明：$H(x_1, x_2, \cdots, x_m)$ 为变量 $X = (x_1, x_2, \cdots, x_m)$ 的联合分布函数，将 n 个点看作是分布在维数为 m 的超几何体中。由于桶的划分是按分布函数等概率来划分的（注意，不是按超几何体等体积划分），即超几何体被划分为 slayer 个等概率空间，即 slayer 个等概率 Hash 桶，由概率函数的频率意义知，各桶落入点的频率应该均为 $\dfrac{1}{\text{slayer}}$，因此，各桶中数据的个数以概率 1 相同。命题 1 保证了后面的基于 Hash 函数取样技术在分层时，各层中数据个数接近，为保证抽样质量提供了理论依据。

3. 基于 Hash 函数取样的数据预处理算法

SHF 模型中的 HSDPA（Hash Sampling Based Data Preprocessing Algorithm）算法首先进行简单随机抽样，估计分布函数，构造出 Hash 函数，然后进行基于 Hash 函数的分层抽样，得到具有充分统计代表性的样本。下面的算法给出了计算过程的细节：

HSDPA 算法：

输入：n 行 m 列混合类型数据，样本个体数为 slayer；

输出：slayer 行 m 列混合类型数据。

步骤：

（1）针对各列进行简单随机抽样；

（2）估计各列分布函数；

（3）构造 Hash 函数 H；

（4）将 n 个个体分成 slayer 个桶；

（5）随机地从各桶抽取一个个体，组成一个样本数为 slayer 的样本；

（6）结束。

命题：HSDPA 算法的复杂度为 $O(n)$，即为关于 n 的线性时间。

证明：显然，HSDPA 算法中 m, k, ssimp, slayer<<n,

第（1）步代价为 $O(1)$；

第（2）步代价为 $O(1)$；

第（3）步代价为 $O(1)$；

第（4）步代价为 n；

第（5）代价为 $O(1)$；

所以整个算法的代价为 $O(n)$。

即整个算法的复杂度是关于 n 的线性时间。

HSDPA 算法已被成功应用于聚类分析方法中。实验表明，HSPDA 算法在聚类质量下降很小的情况下，在数据集个数接近 10000 时，聚类效率比传统算法提高 2 个数量级。

4.5.3　基于本体和星系模式数据结构

本书采用最新技术构建数据仓库中的数据结构，下面以土地信息系统中处理的数据为例，给出该类数据结构，如图 4.7～图 4.13 所示。数据仓库是面向资源环境的、综合的、不同时间的、稳定的数据集合，将分散在各个数据中心、不同平台的资源环境数据，经过抽取、转化、集成，建成科学数据共享数据仓库，为区域资源环境的决策提供有力的技术支持。该数据仓库中可以设置若干个决策目标主题，根据不同的决策目标选择相应的数据集成。设计资源环境数据仓库要理解资源环境的内在联系和变化规律，才是动态的、面向过程的，使源数据得到增值和统一，并致力于知识的发现。该数据仓库的实施平台是一个开放式的系统，能支持多种平台和多种数据库，能够基于 Internet 的决策支持工具和 GIS 应用工具，能够满足各种不同用户的需要。

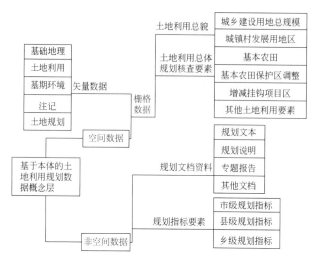

图 4.7　基于本体的土地利用规划数据概念层

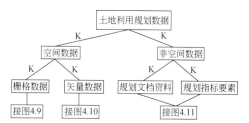

图 4.8　基于本体的土地利用规划数据概念层

K：kind-of，表示概念之间的继承关系

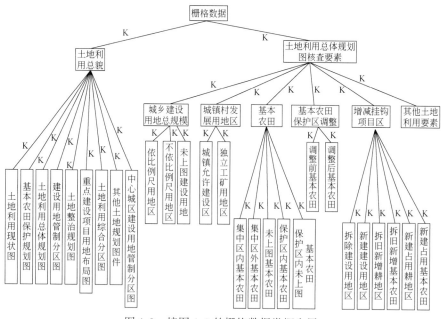

图 4.9　接图 4.8 的栅格数据类概念层

K：kind-of，表示概念之间的继承关系

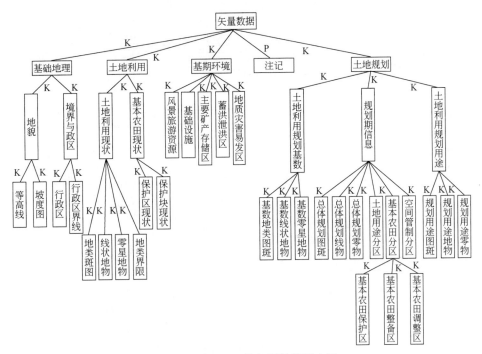

图 4.10　接图 4.8 的矢量数据概念层

P：part-of，表示概念之间部分与整体的关系；K：kind-of，表示概念之间的继承关系

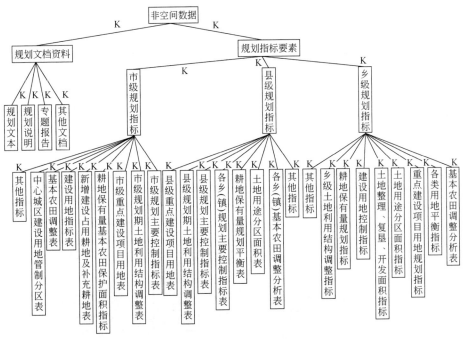

图 4.11　接图 4.8 的非空间数据概念层

K：kind-of，表示概念之间的继承关系

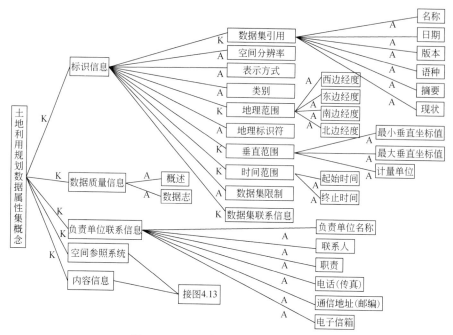

图 4.12　土地利用规划属性数据结构

K：kind-of，表示概念之间的继承关系；A：attribute-of，表示某个概念是另一个概念的属性

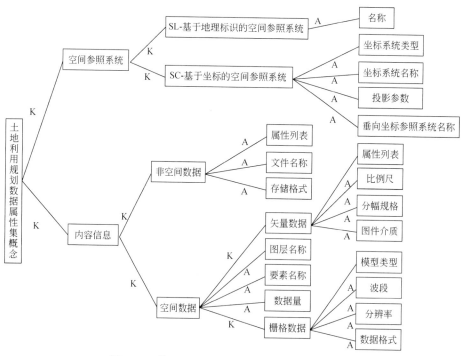

图 4.13　接图 4.12 土地利用规划属性数据结构

K：kind-of，表示概念之间的继承关系；A：attribute-of，表示某个概念是另一个概念的属性

4.5.4　联机分析处理（OLAP）

针对以上模式的数据结构，系统提供的 OLAP 功能主要包括：①切片，在给定的立方体的一个维上进行选择，导致一个子立方体；②切块，通过在两个或多个维上进行选择，定义子立方体；③上卷，通过沿一个维的概念分层向上攀升或者通过维归约在数据立方体上进行聚集；④下钻，上卷的逆操作，由不太详细的数据到更详细的数据，通过沿维的概念分层向下或引入附加的维来实现；⑤转轴，转动数据视角，提供数据的替代表示。

参 考 文 献

[1] 元昌安. 基于 GEP 函数发现的智能模型库关键技术研究. 成都：四川大学博士学位论文，2006.

第5章 科学数据共享平台建设

5.1 功 能 需 求

5.1.1 安全认证功能

平台通过统一的用户门户访问，实现多重安全认证机制。要求建立共享平台统一的用户管理平台，提供统一的权限管理平台。可以提供统一的用户登录入口，以电子证书或者用户名/密码机制登录时，可以在集成的界面上选择进入哪个应用系统，保留与各应用系统的权限入口。监控访问各应用、各服务器的操作记录，以保证设备及数据的安全。

5.1.2 数据汇交功能

数据汇交功能直接面向用户，为他们提供发布数据资源的功能。数据汇交功能是指数据生产者或数据拥有者将自己的数据资源汇交到科学数据共享平台，然后由数据管理者审查发布。数据汇交发布过程是以元数据为核心的，主要表现在两个方面：一是用户在汇交数据资源时，只需要填写该数据资源的元数据，数据资源实体可以上传到共享平台中也可以仍然放在自己的服务器上；二是管理员审查发布该数据资源时也是基于元数据进行的，即管理员通过元数据了解该数据资源的基本情况、对外服务形式、质量状况等，按照元数据进一步对数据资源进行管理，对于满足质量要求的数据资源给予发布、否则不予发布。基于元数据的数据汇交发布流程包括三大步骤：数据汇交、数据审查和数据发布。

5.1.3 数据管理功能

数据管理包括两方面的功能，一是对元数据的审查发布与管理；二是对数据体的入库管理。数据共享平台要求各数据中心能够对汇交到本数据中心的元数据及其数据实体进行独立的管理。

用户汇交上来的元数据，经过管理员审查后才能正式对外发布。各分中心在发布元数据时，一方面对该元数据发布到本地数据中心，同时需要将该元数据推送到总中心。各数据分中心修改或删除已发布元数据时，也需要同步更新总中心相应的元数据记录。

用户上传的数据实体，数据中心管理员需要根据不同的数据类型进行相应的标准化处理，并修改元数据记录。如上传的是数据表文件，需要整理入库，并将元数据修改成数据库服务；空间数据，需要整理入库，制作成地理信息服务，并修改相应的元数据记录等。事实上，通过这样的一种管理，目的是想让用户通过元数据能够很方便地在线浏览和下载数据实体。

5.1.4 数据获取功能

数据获取功能包括数据查询、在线数据浏览与下载。基于任何一个数据中心，用户需要能够查询到整个共享平台所有数据中心的数据，并能在线游览元数据及其对应的数据体，包括属性表数据、空间数据等。同时，用户能够下载到相应级别的数据资源。

5.1.5 信息服务功能

信息服务包括除数据内容服务之外的信息服务，如新闻报告、知识窗、地学论坛、在线帮助等模块。

5.1.6 数据分析功能

数据分析功能是指能够对注册用户、数据资源及其使用、网站访问等情况进行统计分析。掌握平台用户的基本情况、数据资源的使用倾向、系统平台的实用性等，从而为提供共享平台的服务质量提供科学依据。

5.2 系统总体架构

5.2.1 建立统一安全认证管理服务

通过安全认证服务管理所有数据中心用户注册和登录认证的相关信息。采用单点登录设计模式，融入 RBAC（角色—用户—权限）架构设计思想，灵活设置系统菜单项和按钮赋予不同用户权限，体现较好的灵活性、兼容性和稳定性，并以日记形式记录和保存所有用户在平台中的所有操作。

5.2.2 建立基于 Web 服务的生产发布服务

应用网格技术 Globus Toolkit 4.0 软件包的一系列工具和协议软件以及 OGSA–DAI 中间件，提供中间件服务和程序库，屏蔽关系型数据库之间的分布、异构特性，向网格应用提供透明、一致的使用接口，从而完成分布式异构关系型数据库服务注册、资源发布、资源集成访问。

依靠嵌入"发现"、"绑定"和"执行模式"及具有强大松散耦合机制的 SOA 架构紧密串联数据生产者与数据消费者，共享理念由数据共享向服务共享转变，围绕服务共享设计思想将数据共享活动抽象为一系列的 Web 服务，利用系列地理空间信息服务应用环境发布符合 OGC 规范的 Web 服务，应用服务器端服务聚合技术聚合服务形成"一张图"，无缝集成服务。

5.2.3 构建基于 Web 服务的注册服务

将数据生产者生产发布的系列 Web 服务按照注册服务的规范标准注册登记，集中管理，从而提供一系列数据生产者授权愿意共享的 Web 服务，为元数据服务中实现元数据与数据服务密切结合提供可找可用的 Web 服务。

5.2.4 构建基于 XML Schema 架构的元数据共享服务

建立基于 XML Schema 架构的核心元数据标准，完成北部湾经济区海岸带科学数据分类与编码体系的编制，实现数据提交、数据审查发布、数据管理、数据查询、数据浏览、数据获取等完整的互动过程，应用"元数据+数据服务"的多源异构数据资源访问机制为数据生产者、数据使用者、数据管理者三方提供"一站式"的分布式数据共享服务，如图5.1 所示。

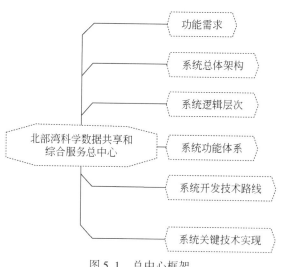

图 5.1　总中心框架

5.3　系统逻辑层次

科学数据共享和综合服务平台从纵向上可以划分四个逻辑层次，即数据资源层、业务逻辑层、Web 服务层和 Web 网站层，如图 5.2 所示。

数据资源层存放提供给用户共享的所有数据资源。这些数据资源不仅仅包含用户汇交

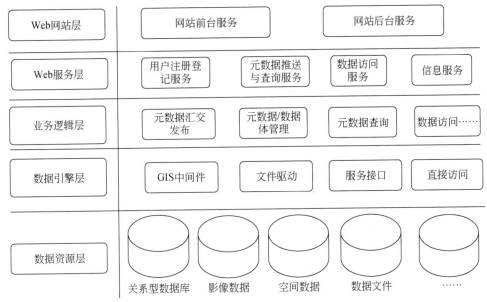

图 5.2　北部湾科学数据共享与综合服务平台结构框架

到共享平台上的数据体及其元数据，还包含那些仅提交了元数据，但数据体还在数据拥有者那边的数据资源。数据资源的形式多种多样，可以是已经入库的属性数据库表，也可以是以稳健形式存放的数据文件，FTP 文件或地理信息服务等；数据类型可以是矢量数据、栅格数据、遥感数据，也可以是统计图表、文字报告等。

业务逻辑层是整个平台的核心，是 Web 网站层、Web 服务层与底层数据资源层通信的纽带，完成各种具体的业务逻辑处理，包括元数据的汇交、审查发布与管理，数据体的入库管理，元数据的查询、浏览与下载，系统管理等。

Web 服务层基于业务逻辑层，由一系列的核心 Web 服务组成，包括用户注册与单点登录服务、元数据推送与查询服务、数据访问服务、统计分析服务等。Web 服务对外提供远程调用接口，当客户端调用该 Web 服务时，Web 服务接口客户端参数，通过业务逻辑层执行具体的操作，并将操作结果返回客户端。

Web 网站层是数据生产者、管理者与使用者平台交流的场所。通过该层用户向平台发出各种请求，该层将用户请求转发给 Web 服务层或业务逻辑层，同时向用户显示系统的处理结果。该层分为前台数据共享服务和后台系统管理两部分，其中前台数据共享服务主要面向用户，为他们提供数据汇交与数据查询、访问、信息服务等的界面；后台管理主要面向管理员，为他们提供数据管理与系统管理的界面。

5.4　系统功能体系

科学数据共享和综合服务平台从横向功能上分为两大部分，即用户服务功能体系和系统管理功能体系，分别对应于前台共享服务系统和后台管理系统，如图 5.3 所示。

前台共享服务系统面向用户，是数据生产者汇交数据，数据使用者获取数据的服务平

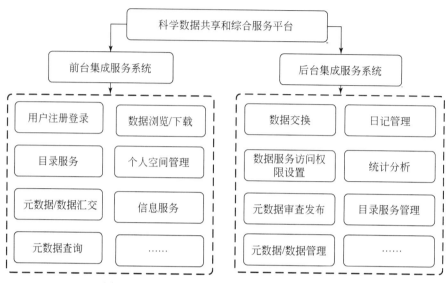

图 5.3　科学数据共享和综合服务平台功能体系

台，主要功能包括：用户注册登录、目录服务、元数据汇交（包括数据体上传）、元数据查询、数据浏览、数据下载、个人空间管理、信息服务等。

后台管理系统面向管理员，为他们提供用户级别管理（用户级别是指用户访问数据资源的级别，不同级别的用户具有访问不同安全级别数据的权限）、权限及角色管理（权限是指对系统操作的权限，如数据审查权限、用户管理权限、新闻发布权限等）、元数据审查发布、元数据及数据体管理、日志管理、统计分析、信息服务管理等。

在北部湾科学总中心，数据生产者和管理者可以在线提交元数据和数据集实体；入库的数据集实体及其元数据信息通过数据审查和安全控制后，从中间库迁移到发布库中，进而提供数据共享；用户可以通过多种数据查询方式发现和了解总中心的数据资源；不同类型的数据资源可以在线进行显示和浏览，并允许用户对需要的数据集进行在线下载。为了保障平台系统的安全，所有的用户行为日志都被保存和记录下来并在后台管理。

科学数据共享和综合服务平台体现了"以数据流为核心，满足数据共享过程三个主体活动需要"的设计思想，明确反映出生产者、管理者和使用者三个共享主体在数据共享中从数据汇交、数据审查发布、数据管理到数据的查询、数据浏览、数据获取这样的一个完整的互动过程，通过 Web 服务的形式为用户提供"一站式"的分布式数据共享服务。

5.5　系统开发技术路线

科学数据共享系统是一种典型的基于互联网上的分布式网络平台，并将数据信息资源遵从统一规范和标准下以 Web 服务的形式供政府各机构、企业和大众共享，该平台最大的特点是能够兼容异构的集成，实现跨部门、跨操作系统的部署与运行。

该架构体系划分数据资源层、平台基础层、服务层和应用四个层次（图 5.4），数据资源层包括各种分布式异构资源数据，如关系型数据库、地理空间数据库、文件

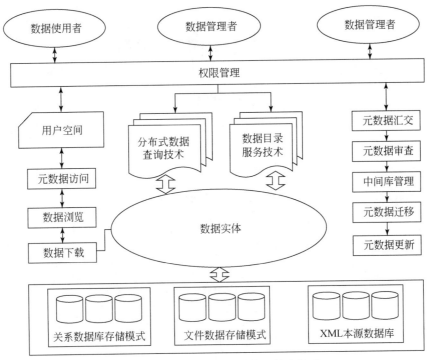

图 5.4　北部湾科学数据总中心技术体系

数据库等。平台基础有 Globus Toolkit 4.0 软件包的一系列工具和协议软件，它是一个开放源码的网格的基础平台，基于开放结构、开放服务资源和软件库，并支持网格和网格应用。另外，平台基础还有地理空间信息集成处理环境，包括 ArcGIS、MapInfo、MapGIS、SupMap 等 GIS 软件发布遵照 OGC 规范标准的空间数据 Web 服务的集成环境。此外平台基础还有 FTP 服务环境、http 服务环境的集成，便于融合其他数据类型，如 FTP 服务数据、http 网络协议数据等。服务层则是在整体平台架构中与平台功能需求息息相关。服务层依据"认证—生产—注册—共享"的服务设计思路来实施的，认证服务是用户进入共享服务的入场券（具备营业执照），生产服务是数据生产者将自己的数据加工成 Web 服务对外发布（生产产品），注册服务是数据管理者或数据生产者将用户发布的数据 Web 服务加到注册服务中来（产品运输到超市、商场等零售部门），共享服务则是以"元数据+数据服务"的形式共享元数据以及元数据所对应的数据服务（出售产品，每个产品上有相应的"元数据"即标签说明和"数据服务"即产品本身）。最后应用层是用户包括数据使用者、数据管理者、数据生产者通过各种远程客户端登录平台，应用平台各种服务寻找符合自己需求的服务，以便从中获取有益的资讯信息。

系统平台在建设原型系统实践中采用以下主要的技术路线，如图 5.5 所示。

1）基于"总中心—分中心"架构的数据集成技术

科学数据集成平台是一个由总中心、认证中心和若干个分中心共同构成的数据集成和

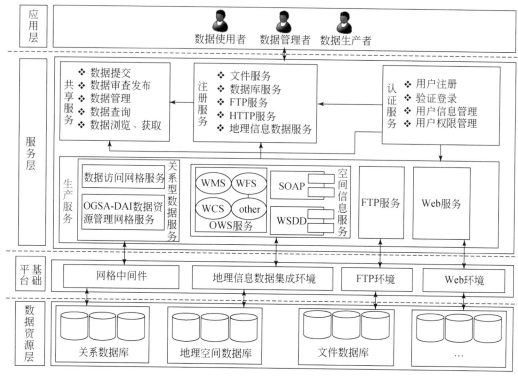

图 5.5　研究技术路线

共享网络体系，采用集中开发、统一部署的策略进行整个平台的构建和部署，集中完成平台三部分的开发（前台集成与共享服务系统、后台管理系统、Web 服务），完成分布式数据的汇交、查询与访问，其他专业服务功能可由各数据中心单独开发；构建总中心数据集成与共享部署系统、分中心数据集成与共享部署系统和 Web 服务中间件系统。在各数据中心均由各种数据集成交换的中心，采用面向服务的架构体系，集基础与应用于一体，采用中间件技术对数据进行集成，包括 GIS 中间件、数据库中间件、文件驱动三类中间件，基本涵盖了所有可访问数据的驱动。基于中间件方式，平台屏蔽了各个数据源的异构性，通过平台数据中心提供的统一数据访问接口，用户无需关心数据的位置、格式、驱动，可以统一、透明、一致地访问各类数据，做到数据的无缝集成，实现多源异构数据的混合分析。

2）基于元数据的数据汇交发布技术

数据汇交发布是指数据生产者或数据拥有者将自己的数据资源汇交到科学数据共享平台，然后由数据管理者审查发布。数据汇交发布过程是以元数据为核心的，主要表现在两个方面：一是用户在汇交数据资源时，只需要填写该数据资源的元数据，数据资源实体可以上传到共享平台中也可以仍然放在自己的服务器上；二是管理员审查发布该数据资源时也是基于元数据进行的，即管理员通过元数据了解该数据资源的基本情况、对外服务形式、质量状况等，按照元数据进一步对数据资源进行管理，对于满足质量要求的数据资源给予发布、否则不予发布。基于元数据的数据汇交发布流程包括三大步骤：数据汇交、数据审查和数据发布。

3）基于 XML 和本体的多源异构数据交换技术

围绕 ELT（数据提取、转换和加载）建立基于 XML 和本体的数据交换技术方法，制定包含 XML 数据文档、结构二进制文件夹的交换过渡文件，制定面向空间数据和非空间数据的数据检查规则，确定数据源是否合乎转换要求；采用基于本体的数据映射技术解决源数据与目标数据的映射关系，采用语义相似度匹配技术对本体映射关系进行计算，并结合 XML Schema 和 XSLT 技术，实现语义标注与数据转换生成；制定数据清洗和加载的规则，提高数据的质量，保证目标数据库的完整性与一致性。通过数据检查、抽取、映射、清洗、加载等流程，融合本体和 XML 构建多源异构数据交换技术，实现科学数据的共享与交换。

4）共享分布式异构关系型数据的 OGSA-DAI 网格技术

分布式关系型数据库存在跨平台、跨网络、跨数据库等问题，通过网格技术 Globus Toolkit 4.0 和 OGSA-DAI 中间件屏蔽这些关系型数据库的分布性、异构性，提供透明统一的使用接口，从而完成分布式异构关系型数据库服务注册、资源发布、资源集成访问。

5.6　系统关键技术实现

5.6.1　基于元数据的数据汇交发布

基于元数据的数据汇交发布流程体现为数据汇交、数据审查和数据发布如图 5.6 所示。

第一，数据汇交。用户可以根据需要选择符合要求的元数据模板进入对应的元数据汇交操作页面。元数据汇交划分为在线基本元数据表单填写和元数据文件直接上传，其中元数据表单用户可以选择填写少数核心元数据项和完整的元数据录入。上传的元数据文件按照元数据标准结构 XML Schema 由专门的客户端工具生成，上传完成后用户可以继续对这些元数据修改，可以将元数据与上传的数据实体挂接关联。无论用户采用何种方式包括界面录入以及文件上传等方式，均符合 Schema 的元数据标准格式，最后将这些符合 Schema 数据标准的元数据信息保存到元数据库中（图 5.7）。

第二，数据审查。管理员对提交上来的元数据以及数据实体进行审查。管理员将元数据整理入库成为数据库服务，针对用户上传的空间数据制作成地理信息服务。对于不符合要求的元数据信息则要求用户进行修改，直到符合元数据标准方可对外发布。

第三，数据发布。对外发布审核通过的元数据，各个数据分中心的元数据实时推送到总中心，保证总中心的数据与各个分中心的数据同步，确保用户无论在分中心还是在总中心查询到的相关元数据都保持一致性（图 5.8）。

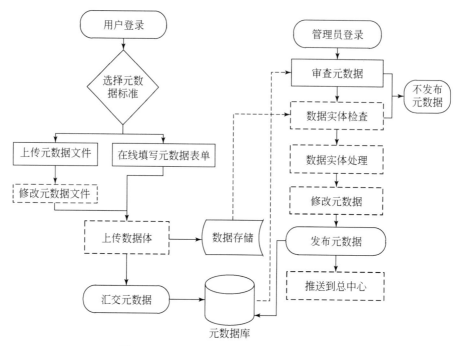

图 5.6 基于元数据的数据汇交发布流程[1]

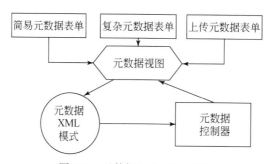

图 5.7 元数据汇交 MVC 结构

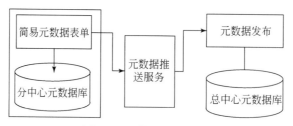

图 5.8 元数据发布流程

5.6.2　分布式元数据查询

　　分布式元数据查询就是无论在总中心还是分中心均可以相互查询得到相关的元数据记录。分布式元数据查询流程如图 5.9 所示。数据总中心既可以查询本地元数据，也可以查询其他各个中心的元数据信息。

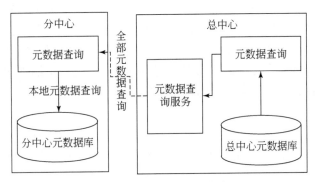

图 5.9　分布式元数据查询流程

　　在数据总中心，提供了若干种查询方式，包括按关键词查询、学科专题查询、时间查询以及空间范围查询等，也可以将集中查询方式组合起来实现复杂的元数据查询。

　　为了解决普通数据库查询方法存在的问题，提供元数据查询的正确度和效率，采用面向数据库的全文索引机制来实现元数据的查询，其流程如图 5.10 所示。

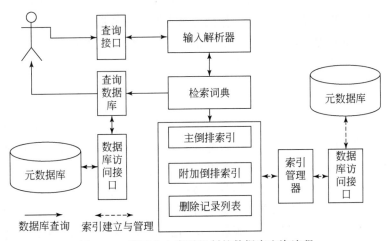

图 5.10　基于全文索引机制的数据库查询流程

　　全书检索查询机制数据查询主要经过以下四个步骤来实施。

　　（1）系统提供简单查询和复合查询两种方式，用户在界面上输入关键词即可进行简单查询，复合查询是多条件组合查询。

　　（2）用户的查询条件通过输入解析器进行切词处理，并将切词结果提交给索引词典。

在精确匹配模式下，输入解析器把用户输入字符作为一个整体进行查询；在模糊匹配模式下，输入解析器需要把用户输入字符进行切词处理。上述两种查询模式如含有空格或逗号时，自动以空格或逗号作为分词标识。中文分词处理是基于以下事实而产生的：汉语是以字为基本的书写单位，而作为能够独立活动的有意义最小语言成分的却是词，与拉丁语系的语言以空格作为词界不同，在汉语中词与词之间没有明显的区分标记。

（3）在索引字典中检索用户的查询词汇。索引字典包括三部分：主倒排索引、附加倒排索引和删除记录列表。主倒排索引和附加倒排索引都是按照词汇编号排序的，存储项包含文档编号、权重和词汇位置。删除文件列表中存储数据库中被删除，但尚未从索引中删除的记录的对应编号。之所以在索引字典中设置主倒排索引，附加倒排索引和删除文件列表主要是从索引更新的角度考虑的。索引查询的流程是：先在主倒排索引中查询，然后在附加倒排索引中查询，两个结果相加组成索引集，同时根据删除文件列表对索引集进行过滤，形成最终的索引集。

（4）根据索引集中查询词的位置，定位相应的元数据记录，提取元数据其他信息。同时，根据查询字段的权重及查询结构词频计算相关匹配度，最后将查询记录按相关匹配度排序输出给用户。

5.6.3　异构多源数据在线浏览

系统科学数据多源异构，种类繁多，包括有关系型数据库、空间矢量数据、删除数据、文件型数据，通过元数据方式为异构数据资源提供汇交和查询，为用户之间了解数据基本特性、质量状态、使用限制等方面提供一个概要的认识和了解，为用户寻觅和查找到有用所需数据提供辅助支持。系统所支撑的元数据服务与数据实体之间实行服务的联合挂接，屏蔽数据资源底层结构的不同，最终提供对异构多源数据的在线浏览。异构多源数据在线浏览的流程大致为四步，如图 5.11 所示。

第一步：用户通过数据目录或查询界面查询特定的数据资源，系统以元数据的形式返回元数据查询结果集，并返回给用户。

第二步：基于元数据用户可以了解该数据资源的基本信息、分发信息、质量信息以及该元数据标准的相关信息。其中，尤为重要的是在元数据基本信息中包含服务元数据（服务元数据是数据生产者或管理员在录入元数据中录著的）。服务元数据是异构多源数据资源在线浏览的基础，它提供了直接访问各类数据资源的参数信息。

第三步：当用户点击"数据浏览"时，系统自动将该数据资源的服务元数据传送给数据访问服务。数据访问服务时异构多源数据访问的核心，负责根据不同的数据类型调用相应的数据访问实例，例如访问数据库时，调用数据库服务；访问地理空间数据时，调用地理信息服务；访问 FTP 数据时，调用 FTP 服务；等等。

第四步：数据访问服务实例接收到服务元数据后，访问具体的数据资源，并将访问结构返回给用户。系统中心中支持的数据库格式包括 Oracle、SQL Server、Access、DBF、Excel 等。基于数据库访问界面，用户还可以在查询结果进行二次查询，系统自动提取数据库表字段名称及表字段类型，根据表字段类型提供相应的查询操纵符。系统中心支持的

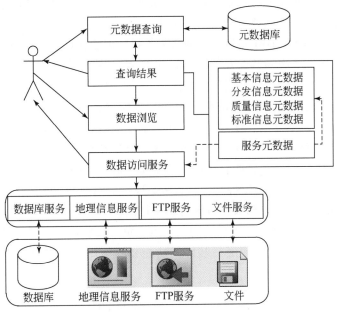

图 5.11　异构多源数据在线浏览流程

空间数据格式包括：ArcGIS 矢量数据和栅格数据，ArcServer 服务以及遵循 OGC WMS 规范的所有地理信息服务。系统中心通过一个统一的空间数据浏览门户为用户提供异构空间数据的叠加显示、放大、缩小、漫游以及剪切下载等功能。

5.6.4　OGSA-DAI 异构数据访问与集成技术

不同的操作系统、数据库管理系统、数据模式和存储模式等构成了一个分布式的多数据库的系统环境。基于 OGSA-DAI 异构数据访问与集成技术可实现异构关系型数据源之间的资源共享，将这些异构的数据库系统集成起来，屏蔽它们之间的差异性，以统一的标准的方式实现对多个数据源的透明访问[2]。

OGSA-DAI 异构数据访问与集成技术基于 OGSA-DAI 体系结构设计，在吸收消化该架构优点的基础上，引入虚拟化数据库和服务引擎，其中虚拟化数据库是将分布式数据库映射到统一的环境，如同一个数据资源，服务引擎担任在工作流执行过程中的工作流预处理、命令优化、任务分解、服务匹配和结果处理等一系列活动的管理和控制。集成系统如图 5.12 所示。

（1）数据层：包括各种用于数据集成的异构数据源，这些数据源通过 OGSA-DAI 的层层封装，最终以服务的形式发布到集成环境中，核心环境层通过 GDR 来与这些数据源进行交互。OGSA-DAI 4.0 版本在数据层支持的数据源有系数据源（MySQL、Oracle、SQL Server、PostgreSQL、DB2 等）、XML 数据库（eXist）等。

（2）核心环境层：该层是本集成系统的构建基础，主要由 OGSA-DAI、GT4、Tomcat 和 Axis 构成，主要作用是接收并处理由服务集成层发送过来的请求，通过数据资源与实际数据库进行交互，然后把处理结果放入服务器节点中的临时缓存。其中，GT4 是网格开发工具包，负责资源的发现管理、网格服务生命周期的管理、安全处理和认证、授权以及容错处理、消息通知机制等内容；OGSA-DAI 负责利用网格服务对异构数据资源进行访问和管理，包括资源的注册、定位、访问、更新和交互等；Tomcat 和 Axis 是网格服务的容器，在本系统中各层之间都以服务的形式进行交互，这些需要在这个容器中才能得以执行。

（3）服务集成层：这是该系统的核心模块，该模块在 GT4 和 OGSA-DAI 提供的基础服务的基础上扩展了数据分析、任务划分、服务匹配、查询执行和结果整合模块。它通过与网格数据服务代理的交互定位和调用服务，完成异构数据库的分布式查询；嵌入服务引擎来负责该层与应用层的交互，所有这些模块都基于虚拟化数据库来实现；虚拟化数据库将发布于核心环境中的数据资源转换成一个单一规范的数据资源，提供统一的查询平台，实现对部署于不同服务器的异构数据资源的透明访问。

（4）应用层：这是数据库集成系统的入口点，负责接收用户发送的请求。通过该层的网格服务或者 Web 服务接口将底层封装好的功能暴露给用户，以供用户访问和查询，并显示系统返回的最终结果。

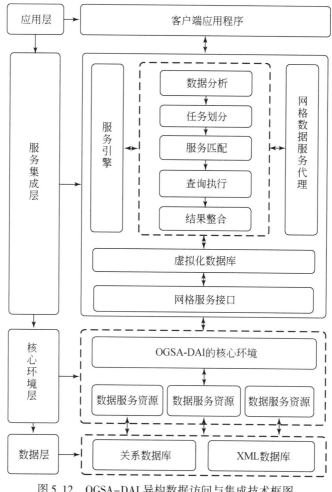

图 5.12　OGSA-DAI 异构数据访问与集成技术框图

5.7　平 台 实 现

5.7.1　元数据共享管理

1. 共享级别管理

共享级别管理主要针对不同用户设置不同权限，可以动态各种权限，如图 5.13 所示。

图 5.13　共享级别管理

2. 数据发布管理

1) 关系型数据发布

首先，后台管理员将注册在系统平台上的关系型数据库中选择需要发布共享的数据，操作如图 5.14 所示；接着从用户选择的数据库中进入该库的数据表，图 5.15 就是该数据库中的数据表，用户在列出来的数据中勾选需要共享的数据表，这样这些数据表数据登录用户就可以浏览这些数据表随机产生 10 条记录；在用户确定选择了需要发布的数据表后，进入填写核心元数据，如图 5.16 所示，这些核心元数据是数据发布者按照系统规定的要求规则进行填写，第一次填写保存完成后，第二次再次填写相关核心元数据的时候，会自动加载原来填写的主要字段信息；在核心元数据填写完成后，系统提供核心元数据尚未能够表达清楚的元数据，就可以应用扩展元数据，图 5.17 若选择是，则设置拓展元数据；自定义扩展元数据结构的 XML 模板，如图 5.18 所示；填写扩展元数据结构模板，如图 5.19 所示；依据模板填报扩展元数据信息，如图 5.20 所示；确认自定义信息，如图 5.21 所示；备份核心元数据与扩展元数据，即是否将核心元数据或者扩展元数据保存在备份数据库中，下次用户再次填写类似信息的时候，可以直接调用这些备份好的核心元数据信息和扩展元数据信息，避免用户重复填写，提高工作效率，操作界面如图 5.22 所示；填写

图 5.14　选择关系型数据发布

完成元数据信息后，点击已发布的核心元数据，如图 5.23 所示。

图 5.15　选择某一关系型数据库库中需要发布的数据表数据

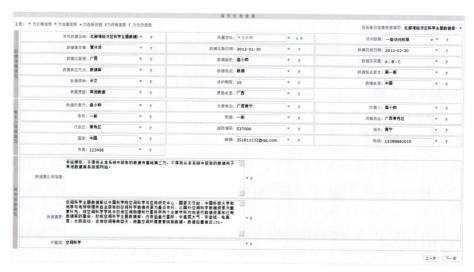

图 5.16　填写核心元数据

图 5.17　选择是否填写扩展元数据

图 5.18　自定义扩展元数据结构的 XML 模板

图 5.19 填写扩展元数据结构模板

图 5.20 依据模板填报扩展元数据信息

图 5.21 确认自定义信息

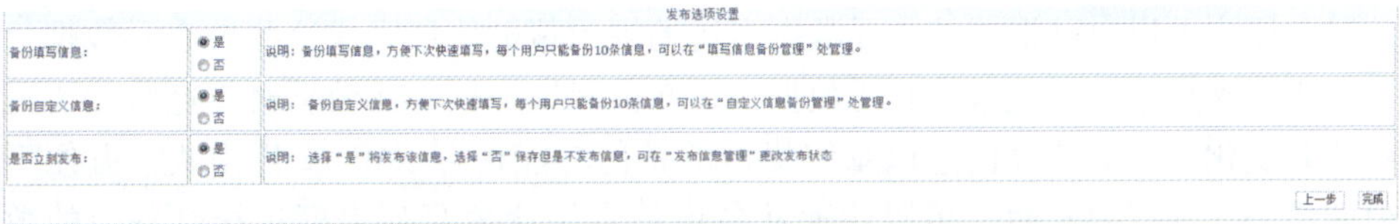

图 5.22 备份核心元数据与扩展元数据

图 5.23　已发布的核心元数据

2）非关系型数据发布

非关系型数据是除了关系型数据以外的其他数据信息，已由用户上传到服务器上或者已将相关上传路径挂架到服务器上。通过图 5.24 所示选择需要发布的非关系型数据，在弹出如图 5.25 所示的页面中选择 FTP 空间上已经发布的共享数据，选择完成后返回如图 5.26 所示页面，确定后进入图 5.27 页面进行填写用户共享的非关系型数据的核心元数据信息。

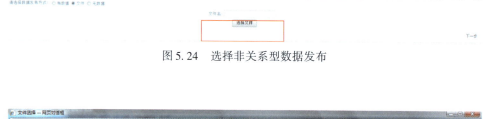

图 5.24　选择非关系型数据发布

图 5.25　选择用户 FTP 空间可以发布共享的数据

图 5.26　显示用户已经选择的文件名

此时，用户可以自己根据核心元数据旁边的提示帮助信息完成这些核心元数据信息的填报，若用户不是第一次填报核心元数据，且在前面填报核心元数据时将这些核心元数据信息中公共变化不大的部分信息以系统提供的备份功能保存 XML 文件格式，方便下次填报类似的核心元数据要素时，可以快速从备份信息快速填写列表框选择已备份的数据信息，避免重复填写大量相同的核心数据信息，加快填写元数据的进度，增强用户体验，如图 5.28、图 5.29 所示。

图 5.27　填写用户共享的非关系型数据的核心元数据

图 5.28　选择备份信息快速填写

选择备份信息快速填报后，系统自动用 XML 备份的文档信息将用户需要填写的该文件的核心元数据信息中备份部分的核心元数据信息填写完整，其他核心元数据信息用户根据实际情况进行逐项填写和修改。当完成了该项填报以后，可以点击右下角的"下一步"按钮进入下一个环节——扩展元数据的填报。由于后面这些操作步骤具体情况与"关系型数据发布"类似，具体操作介绍详见图 5.17 ~ 图 5.19 所示部分内容。

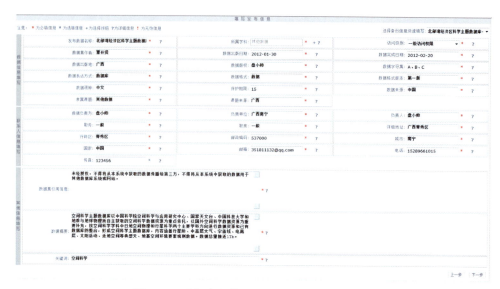

图 5.29　选择备份信息快速填报后的效果信息

5.7.2　元数据发布

该功能用户只是想将自己科学数据的相关元数据进行发布和介绍，并没有将相应的数据实体即元数据的原始数据公开，通过这些元数据的信息公开发布，让其他浏览者了解数据生产者目前科学数据的基本情况和研究进展情况，如有意向获取这些数据实体，可以根据元数据信息提供的联系方式或者与数据中心运维中心取得联系，切实推进数据共享，数据发布及发布元数据信息管理如图 5.30 和图 5.31 所示。

图 5.30　单一的元数据发布

图 5.31　管理用户发布元数据信息

由于该功能模块的具体操作与关系型数据发布、非关系型数据的发布在核心元数据与扩展元数据的发布基本上相同，在这里就不一一罗列，具体情况可以详见对应部分内容章节。

1. 数据信息管理

该功能模块主要对用户自己发布的元数据信息进行管理，用列表的形式列出相关的信息，包括元数据名称、创建时间、有效性信息、顺序调整、管理发布信息、有效性设置等。

点击"发布信息管理"，进入用户自己对已发布的元数据信息管理，如图 5.32 所示。

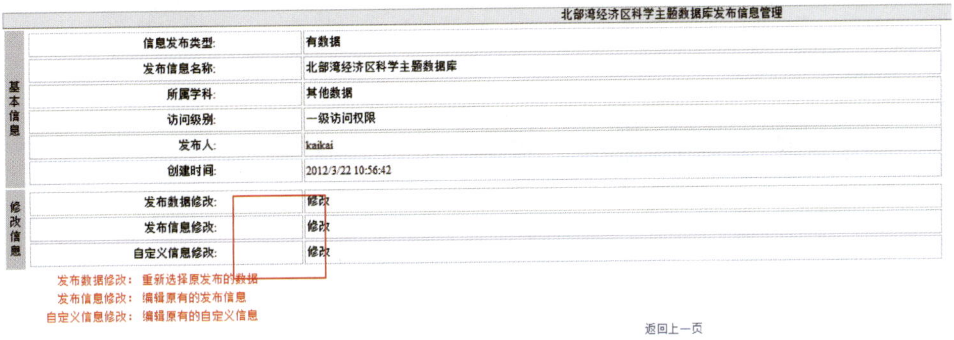

图 5.32　管理用户已发布的元数据信息

如图 5.32 所示是关系型数据共享，用户可以对已选择数据库中的共享数据表修改（增或减），如图 5.33 所示。同时，可以设置发布的数据表展示数据的方式，提供两种方式：显示数据表中所有数据，随机选择数据表中 10 条记录。图 5.34 ~ 图 5.36 示意重新修改选择数据表、核心元数据及扩展元数据。

图 5.33　修改元数据的数据实体共享情况设置

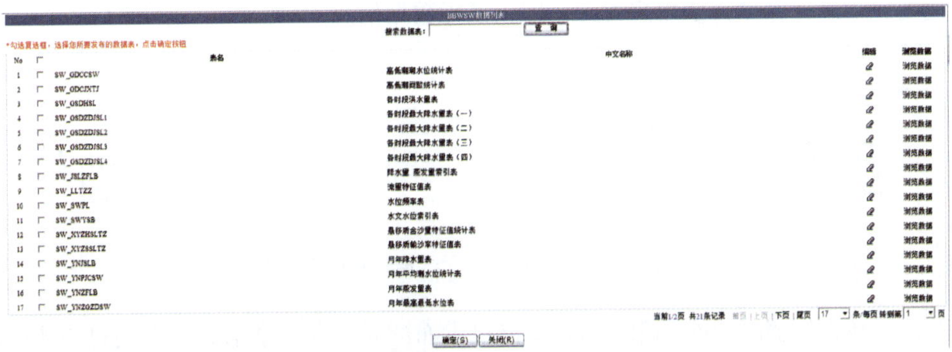

图 5.34　选择数据库中允许共享的数据表

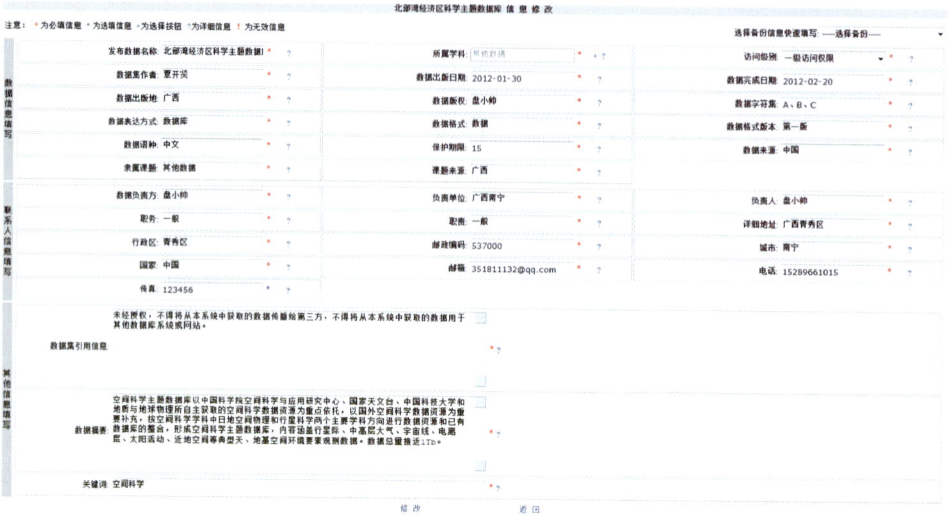

图 5.35　修改用户已发布的核心元数据信息

图 5.36　修改用户已发布的扩展元数据信息

图 5.37 所示是修改用户元数据信息发布的有效性，若设置为有效，则该元数据可以让其他用户访问，否则其他用户无法访问该条元数据信息。

图 5.37　修改用户发布元数据信息的有效性

此外，还提供删除功能，用户可以删除已发布的元数据共享信息。但通过该删除的元数据共享信息尚未物理删除，只是逻辑删除，尚在系统的垃圾箱存放，若需要还原，则到系统的"数据垃圾箱"恢复即可。

2. 数据图表统计分析

该功能主要通过选择数据库数据表和字段，动态展示数据表中数据的统计图表信息，如图 5.38 ~ 图 5.43 所示。

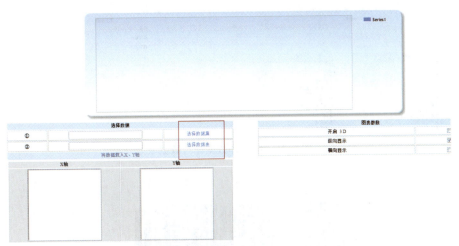

图 5.38　设置数据图表统计界面

图 5.39　选择需要统计图表的数据库

图 5.40　选择需要统计图表的数据表

图 5.41　已选择数据库与数据表

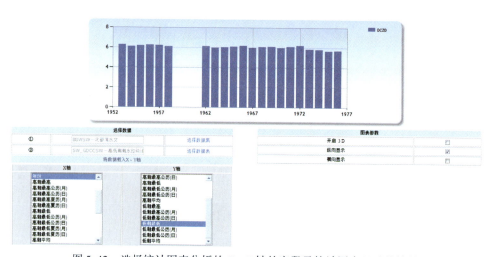

图 5.42　选择统计图表分析的 X、Y 轴的字段及统计图表显示的效果

图 5.43　改变统计图的显示类型

5.7.3 学科信息管理

1. 学科信息管理

1) 学科信息添加

图 5.44 为增加学科信息管理，图 5.45 为选择要增加学科的节点，填写完整的学科信息如图 5.46 所示。

图 5.44 添加学科信息

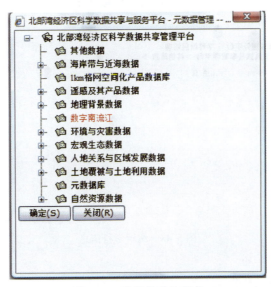

图 5.45 选择学科的节点

2) 学科信息列表

由于整个北部湾经济区科学数据共享与服务平台是基于科学体系划分元数据类型，故该数据分类体系采用树状结构表现，可以无限不断延续添加新学科内容进去。图 5.47 学科信息列表展现了已增加的学科信息，若对某一学科信息进行修改，则选择该学科信息对进行编辑，具体操作如图 5.48 所示。

图 5.46　填写完整的学科信息

图 5.47　学科信息列表

图 5.48　编辑学科信息

2. 学科元数据模板管理

该功能模块主要面向系统高级管理员设置基于学科分类的扩展元数据模板，提前预定义好部分学科的扩展元数据模板，以便于其他用户在此扩展元数据模板的基础进一步拓展或修改，如图 5.49 和图 5.50 所示。

图 5.49　基于学科的扩展元数据模板管理

图 5.50　添加学科扩展元数据模板

5.7.4　数据库管理中心

　　该功能模块由高级管理员操作。主要功能是高级管理员将用户提交的"关系型数据"添加到服务器的数据库系统中，依据"谁提交谁访问"的原则，即数据是谁提交共享的，那么高级管理员就设置权限给那个用户访问添加到数据库服务器上的数据。该功能模块是与前面元数据发布时用户选择的"关系型数据"选项密切相关的，"关系型数据"选项里面列出可以访问的数据库及数据表都是在这里由高级管理限制制定的，只有提交这些数据的数据生产者管理员方可对这些数据进行操作设定是否共享、如何设定共享发布方式。

　　下面以 SQL Server 数据库共享为例展开该功能的介绍。图 5.51 列出 SQL Server 服务器

图 5.51　列出 SQL Server 服务器中尚未设置共享分配的数据库

中尚未设置共享分配的数据库，设置分配尚未共享数据库如图 5. 52 所示，具体分配设置如图 5. 53 所示详细设置相关分配共享信息。

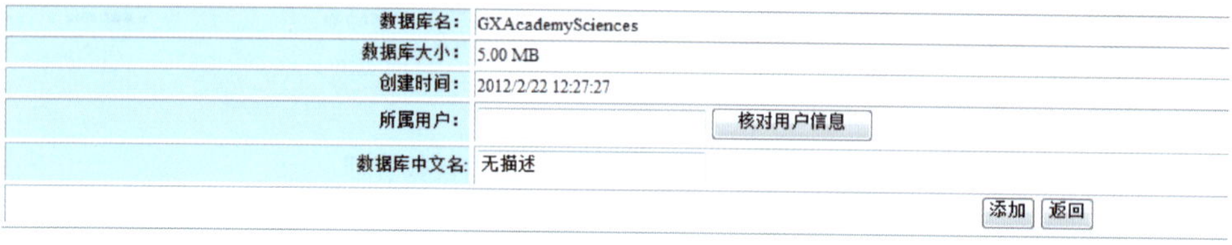
数据库名：
GXAcademySciences
数据库大小：
5.00 MB
创建时间：
2012/2/22 12:27:27
所属用户：
核对用户信息
数据库中文名：
无描述
添加
返回

图 5. 52　设置分配尚未共享的数据库

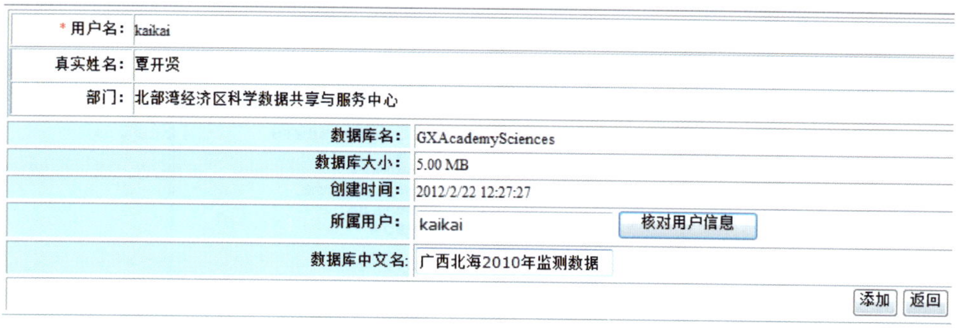
* 用户名：
kaikai
真实姓名：
覃开贤
部门：
北部湾经济区科学数据共享与服务中心
数据库名：
GXAcademySciences
数据库大小：
5.00 MB
创建时间：
2012/2/22 12:27:27
所属用户：
kaikai
核对用户信息
数据库中文名：
广西北海2010年监测数据
添加
返回

图 5. 53　详细设置相关分配共享信息

图 5. 54 所示的“重新分配”表示可以对已分配好数据共享的数据库重新选择共享用户，“编辑”则可以设置分配共享数据的有效性，默认情况下刚刚分配数据共享的信息有效性为 False，需要手工更新方可让有效性处于 True 状态。

已分配数据管理
No
名称
中文名称
所属用户
GXAcademySciences
广西北海2010年监测数据
BBWSW
北部湾水文
重新分配
有效
更新数据库
顺序
编辑
删除

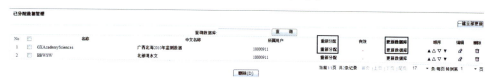

图 5. 54　管理已分配共享的数据库信息列表

新闻管理模块主要是将平台需要及时发布的新闻信息发布和管理，包括新闻信息的添加、删除、修改和查询等功能，如图 5. 55 ~ 图 5. 57 所示。

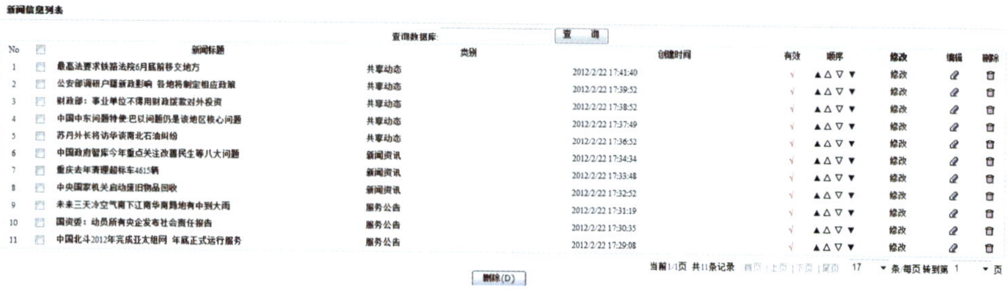
新闻信息列表
No
新闻标题
类别
创建时间
有效
顺序
修改
编辑
删除

图 5. 55　新闻管理列表

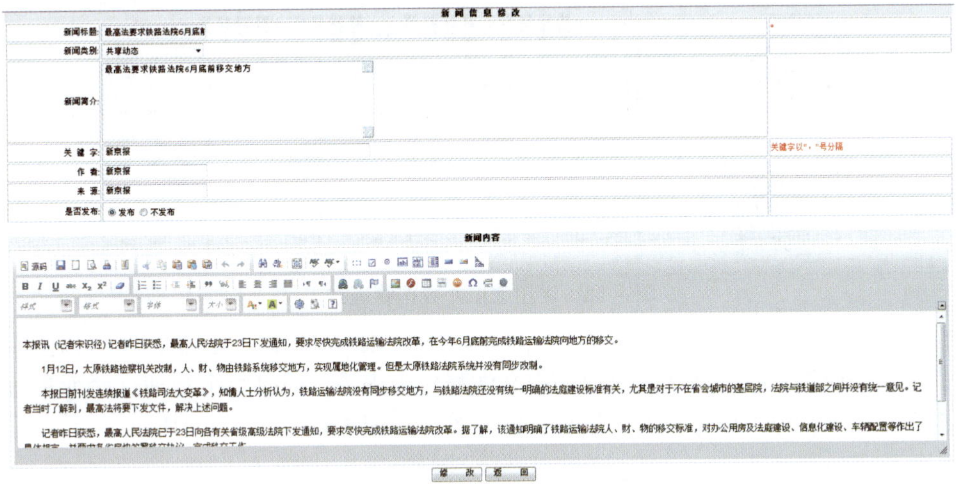

图 5.56 新闻信息修改

图 5.57 新闻信息添加

　　该功能模块设计基于构建一个基于 Web 通用在线数据库数据管理，主要包括数据库数据表数据的添加、删除、修改、浏览等基本功能。现在以 SQL Sever 数据库为例介绍该功能。

　　图 5.58 左边树状结构第一级目录为数据库名称，第二级目录名称为数据库里面数据表列表信息。其中，数据库库名和表名前面的英文字母拼写是库名和表名在数据库中的物理名称，旁边括号里面则表示库名和表名对应的注释描述信息，便于用户理解库名和表名对应的中文意义。同时用户点击表名，则在右边对应出现了这个数据库的数据信息，如图 5.58 右边列出来的信息所示。

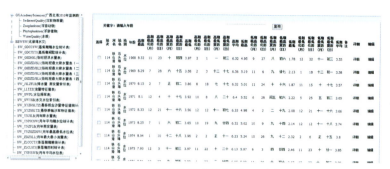

图 5.58　通用数据库数据管理列表

在图 5.59 右侧列出的数据表数据中，为了便于用户对数据表字段的理解和使用，显示方式上均采用每个数据表字段对应的中文注释作为表头。同时每个管理页面列表数据信息中，都可以进行详细信息查看、编辑、删除等，如图 5.60 ~ 图 5.62 所示。

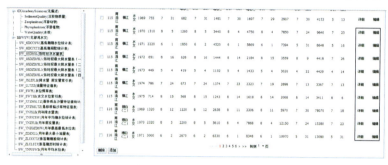

图 5.59　数据表信息浏览

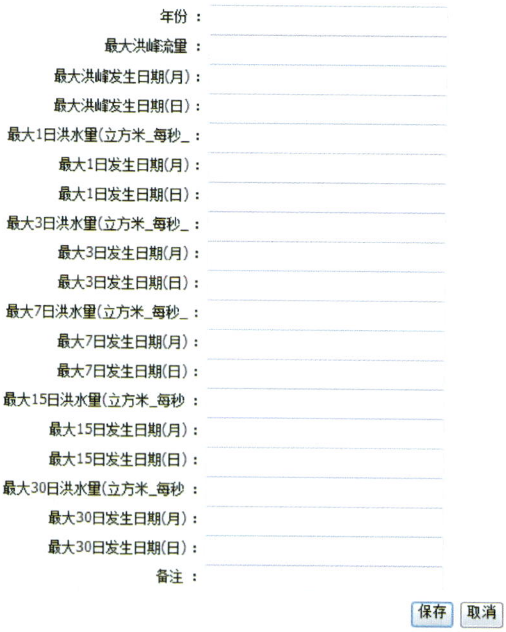

年份：

最大洪峰流量：

最大洪峰发生日期(月)：

最大洪峰发生日期(日)：

最大1日洪水量(立方米_每秒_：

最大1日发生日期(月)：

最大1日发生日期(日)：

最大3日洪水量(立方米_每秒_：

最大3日发生日期(月)：

最大3日发生日期(日)：

最大7日洪水量(立方米_每秒_：

最大7日发生日期(月)：

最大7日发生日期(日)：

最大15日洪水量(立方米_每秒)：

最大15日发生日期(月)：

最大15日发生日期(日)：

最大30日洪水量(立方米_每秒)：

最大30日发生日期(月)：

最大30日发生日期(日)：

备注：

保存　取消

图 5.60　数据表信息添加

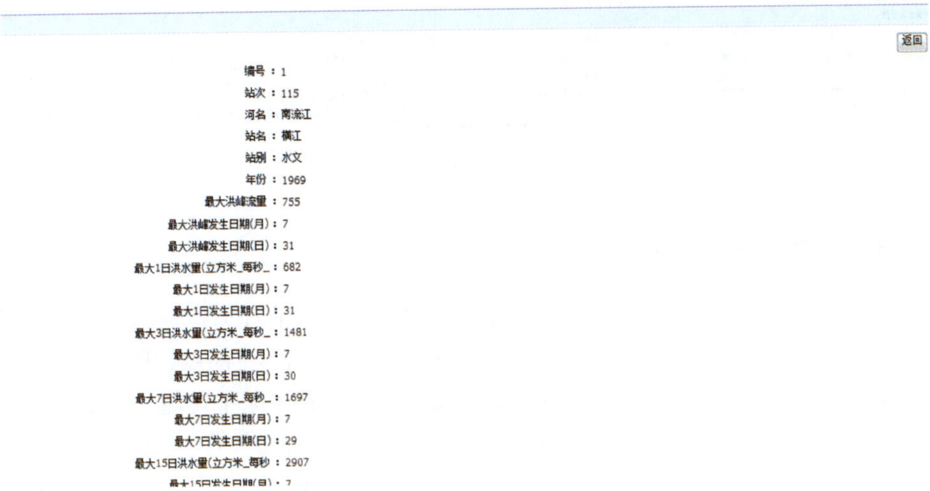

图 5.61　数据表记录信息浏览

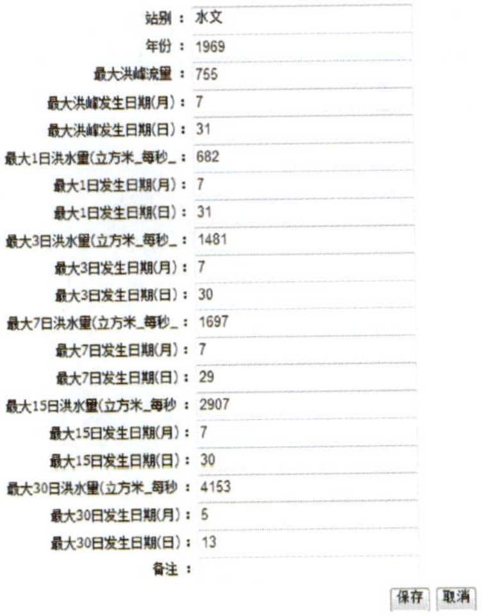

图 5.62　数据表记录信息修改

5.7.5　FTP 文件管理

该功能可以划分为两个功能区域：FTP 用户管理和 FTP 文件管理系统。

1. FTP 用户管理

FTP 用户管理模块主要为高级管理员服务。普通用户注册成功以后，可以通过前台的申请 FTP 服务空间的功能实现由普通用户升级拥有上传文件到 FTP 服务器空间的功能。在这里主要是审核前台申请 FTP 服务的用户，审核通过则自动由 Serv-U 在后台开通一个 FTP 空间供用户使用上传资料，如图 5.63 所示。

图 5.63　审核 FTP 空间申请用户

2. FTP 文件管理系统

该功能模块主要面向开通 FTP 空间服务的用户。由于当前计算机网络带宽等问题的限制，没有通过第三方控件就直接从 Web 浏览器端上传超大型文件在技术上尚未成熟和稳定，故项目充分考虑这些因素，选择当前比较成熟的 FTP 技术来上传超大型的文件。用户开通 FTP 服务以后，对于超过 20M 以上的超大型文件可以通过 FTP 上传工具将文件传输到 FTP 服务器空间上。对于这些上传到 FTP 服务器上的数据的维护和管理则由本项目自主开发的"网盘"管理信息系统实现，界面如图 5.64 所示。

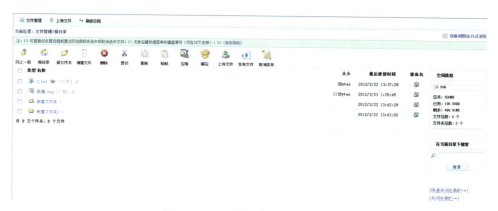

图 5.64　"网盘"管理信息系统

1）系统特点

（1）超大文件上传下载：支持 Web 端上传少于 20M 的单个文件，若超过 20M 以上的文件建议使用 FTP 客户端上传软件辅助上传。支持多文件、断点续传、进度显示上传各种强大功能。

（2）海量文件存储服务：支持单服务设备多硬盘存储体系，便于利用廉价 SATA 大容量硬盘搭建系统。

（3）超强易用性、可用性：支持 B/S（计算机浏览器/服务器）模式提供类 Windows 资源管理器操作，会用鼠标即可应用，无需培训。支持微软系统平台，易于部署、安装和运维，保证系统可用性。完美支持 Firefox 等其他非 IE 浏览器。

（4）较强的安全可靠性：系统本身对数据存储、权限分配、应用资源进行严格控制，有效防御多种网络入侵模式，支持内容过滤审核机制，最大限度地保护应用安全。采用 MD5 单向不可逆加密算法，保证个人数据与单位数据安全写入和读取。

2)　系统功能

（1）文件及目录操作：用户进入系统模块后可实现类似 Windows 资源管理器的目录创建、删除和移动，文件上传、下载及文件列表查看，图片预览及多媒体文件在线播放（需安装多媒体播放器），文件剪切、复制、粘贴、改名、删除、注释、导航、压缩、解压缩等操作。

（2）文件上传：小文件在线传输（小于 20M），20M 以上支持 FTP 客户端软件上传，操作界面如图 5.65 所示。

（3）文件发布共享：网盘中的文件只要勾选中点击发布共享即可在元数据共享中对这些文件进行共享观看或下载。

（4）文件在线打开及编辑：支持各种格式图片预览、多媒体或 flash 文件在线播放、文本及 Office 文件在线查看（后台可配置扩充可打开的文件格式）。支持在线编辑 Txt、Word、Excel、PowerPoint 等格式文件，编辑后可回存到服务器，无需下载修改后上传。

图 5.66 所示用户可以对文件进行在线编辑，图 5.67 所示用户可以对文件在线压缩，图 5.68 所示用户可以在线新建文件夹，图 5.69 所示用户可以对文件夹名字进行修改，用户可以根据自己的需要切换浏览方式，如图 5.70 所示，可以直接在线删除已上传文件，如图 5.71 所示；对于上传文件和建立的文件夹也可以在线直接查找，如图 5.72 所示。

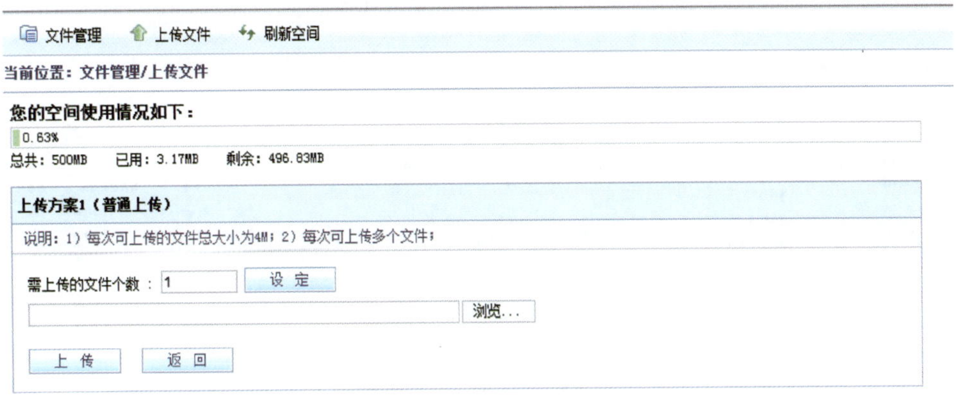

图 5.65　Web 文件上传

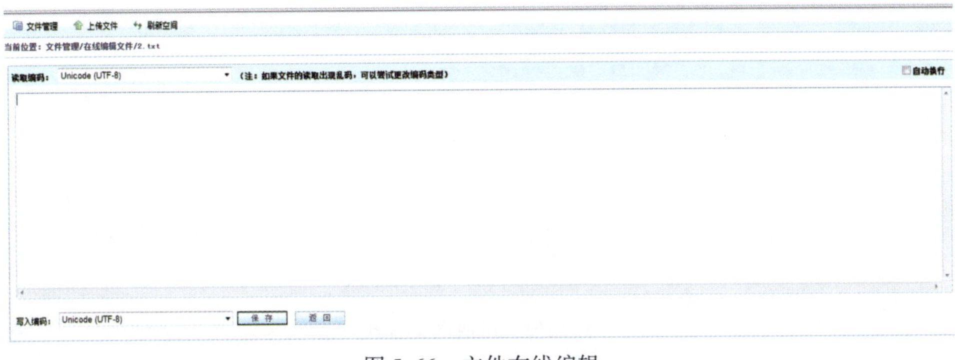

图 5.66　文件在线编辑

图 5.67　文件在线压缩

图 5.68　在线建立新文件夹

图 5.69　重命名文件夹

图 5.70　切换浏览方式

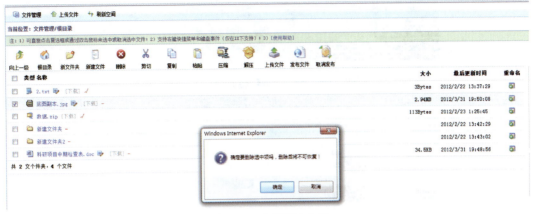

图 5.71　在线删除文件

图 5.72　在线搜索文件和文件夹

5.7.6　前台信息服务

1. 站点首页

站点首页是进入整个平台展示的第一形象，关乎整个网站用户体验，处于一个至关重要的地位。用户进入站点首要关注的是元数据共享信息，基于这个设计思想，将元数据共享信息处于首页中间显著位置，利于用户直接就可以浏览和下载相关信息。首页的其他板块的设计包括导航、Banner、登录、最新新闻信息、共享动态、学科信息、规范标准等，如图 5.73 ~ 图 5.75 所示。

图 5.73　平台首页

图 5.74　在数据快速搜索中根据"数据名称"搜索"主题"关键字

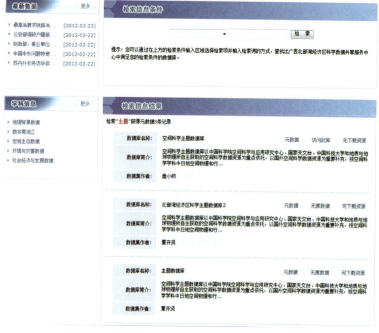

图 5.75　根据图 5.74 搜索词得到的搜索信息结果

2. 元数据服务

元数据服务主要展现用户发布的元数据共享信息，如图 5.76 所示。这些元数据共享信息包括核心元数据、扩展元数据、数据实体三个方面的数据信息。这三个方面共享信息根据用户的权限级别不一样而会显示不一样的内容。如果是匿名用户浏览数据实体时，数据发布人员设定了该数据实体需要有相关权限的人员登录方可访问，那么该匿名用户无法浏览或下载该元数据对应的原始数据实体。图 5.77~图 5.81 展现元数据服务数据信息。

图 5.76　元数据共享列表信息

图 5.77　浏览核心元数据信息

图 5.78　浏览扩展元数据信息

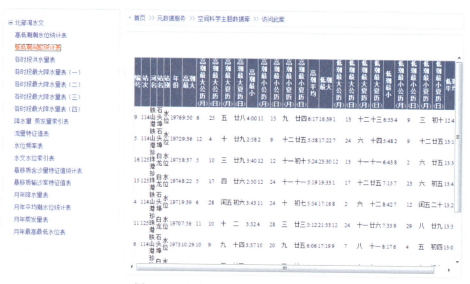

图 5.79　浏览共享的数据库数据表信息

图 5.80　下载有权限下载的数据实体数据

图 5.81 基于学科分类的元数据分类体系

5.7.7 权限管理系统

科学数据共享对于系统安全认证有着极其严格的要求，因此本项目单独构建一个权限管理系统对平台的用户认证、数据安全认证来进行管理，在安全性能上保障平台的安全运行。本权限管理系统，基于 RBAC 架构设计思想构建，能够做到对于系统中每个菜单项和按钮项都会根据不同用户的权限设置相应的权限，并且制定权限具有强大的灵活性、兼容性和稳定性。

1）系统登录

系统后台管理采用 C/S 模式进行管理，通过图 5.82 所示客户端登录界面输入用户名和密码登录系统；若是第一次登录系统，需要对系统点击图 5.82 上的"系统配置"按钮对系统进行设置，进入图 5.83 界面首先选择客户端配置，包括设置用户名、密码、窗体基本信息等内容，选择服务器配置则如图 5.84 所示对所登录的服务器进行相关链接信息的填写，关键是连接权限数据库、工作流数据库、业务数据库等数据库群连接字符串信息的填写。用户在填写完成这些基本信息以后，进入图 5.85 所示系统登录成功后界面。

图 5.82　权限管理系统登录

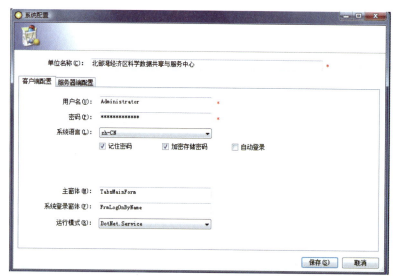

图 5.83　系统客户端基本配置

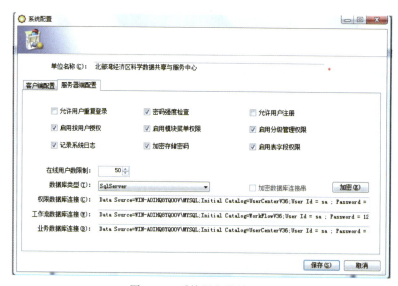

图 5.84　系统服务器端配置

图 5.85　系统登录成功后界面

2）用户申请

直接可以通过后台客户端进行用户申请信息填报，如图 5.86 所示。

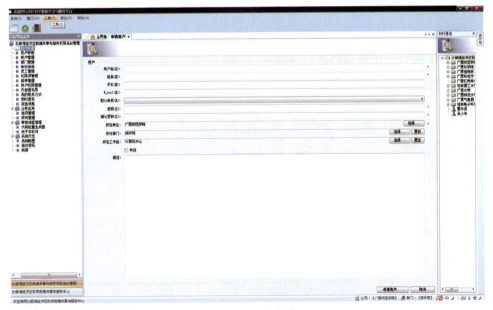

图 5.86　用户申请

3）用户审核

对于通过 Web 端或者客户端申请的用户，需要由管理员对这些用户资质进行审查，只有审核通过了该用户才能够成为系统正式会员。审核操作界面详见图 5.87。

图 5.87　用户审核

4）用户管理

对已审核通过的用户进行权限配置，不同用户根据他们所在不同部门赋予不同的权限角色，图 5.88 可以对用户权限进行设置。

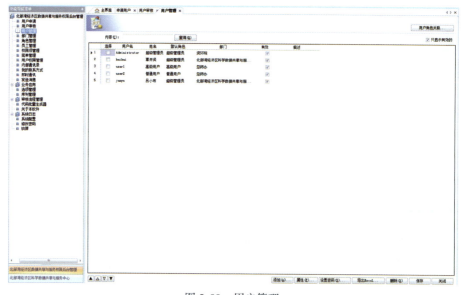

图 5.88　用户管理

5）部门管理

设置系统用户所属的各个单位或部门，可以对这些单位和部门名称进行修改、删除、增加、浏览，详见图 5.89。

图 5.89　部门管理

6）角色管理

给系统用户分配角色，通过角色分配来对用户进行权限管理，详见图 5.90。

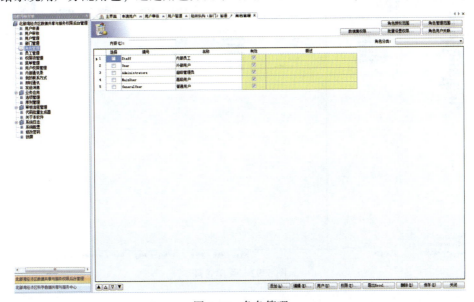

图 5.90　角色管理

7）权限管理

细分权限设置力度，将页面访问与访问权限挂接对应，详见图 5.91。

图 5.91　权限管理

8）菜单管理

设置 Web 端后台登录人员所能够访问菜单栏目项，具体设置详见图 5.92。

图 5.92　菜单管理

9）用户权限管理

如图 5.93 所示用户权限管理可以对用户权限进行设置相应的角色，归属对应的部门。

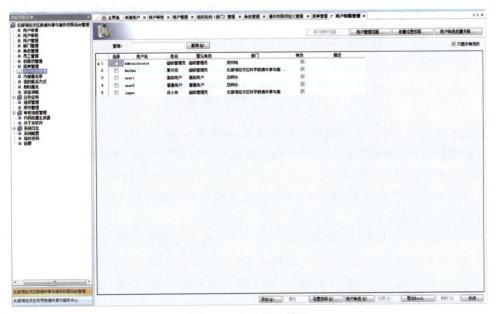

图 5.93　用户权限管理

参 考 文 献

［1］孙九林，林海．地球系统研究与科学数据．北京：科学出版社，2009，596.

［2］司海英．基于 OGSA-DAI 的异构数据集成的研究．洛阳：河南科技大学硕士学位论文，2011.

第6章　电子地图服务平台系统

6.1　总 体 设 计

开发上选用了 Adobe 公司的 Flex 框架结合 ArcGIS Serve 10 和.NET 架构分别实现系统的 GIS 功能和业务数据的集成,其中,NET 服务的发布是利用 IIS 网络服务器。选用.NET 是因为考虑到企业级系统的需要,而且 Flex 与.NET 的结合性比较好。为了提高系统开发效率,开发 Flex 程序选用 FlexBullder 4 作为系统的集成开发环境 IDE,.NET 的集成开发环境选用 Visual Studio 2008。

基于 Flex 框架的 REST 风格架构的 WebGIS 系统总体结构,体现在客户浏览器端和 ArcGIS Server 两部分进行交互,客户端 Flex API 后台使用 ArcGIS REST API 来调用服务端 ArcGIS Server 的资源。同时扩展添加了.NET 服务器来提供非 GIS 的数据与服务,使得其他应用的业务数据和服务可以融入到 WebGIS 系统中,在 Flex 平台中得到集成展现。这样也扩展了 Flex 与 REST 的 WebGIS 的应用范围和功能。GIS 的数据与服务可以由 Flex 与 ArcGIS Server 的交换获得,ArcGIS Server 则是从文件格式或通过 ArcSDE 从数据库中获取 GIS 数据;而其他不便抽象成资源的数据与操作或者其他业务系统中生成的非 GIS 数据服务可以由 Flex 与.NET 服务器的交换获得,.NET 是从文件格式或从数据库中获取数据,而且通过 Flex 的事件触发机制,两者还可以在 Flex 平台中相互引发事件。图6.1 体现了系统结构总体设计,图6.2 展现系统功能设计情况。

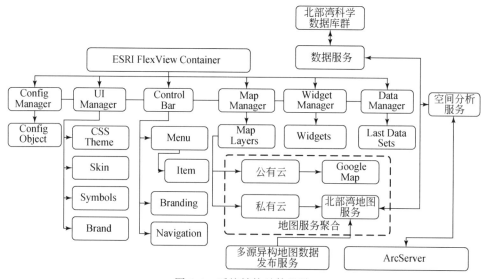

图 6.1　系统结构总体设计

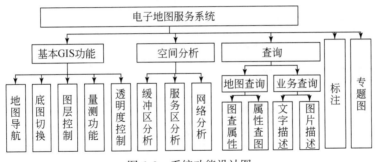

图 6.2　系统功能设计图

6.2　功 能 设 计

6.2.1　常用工具

（1）查询定位：用户通过 Widget 界面操作执行搜索功能，提供两个选项进行检索，即空间（使用自定义图形搜索工具）或属性（全文检索）。

（2）书签：存储地图视图程度的数据内容显示在浏览器应用程序（空间书签）的集合，可使用户能够创建和添加自己的空间书签。

（3）数据提取：用户在查看器应用程序的当前地图显示，从可见数据内容选择数据的一个子集作为一个 zip 文件下载到本地客户机。

（4）图层列表：应用程序的用户提供能够打开和关闭的地图服务（层）。在 widget 显示图层列表查看器应用程序的主配置文件中列出的业务层。

（5）图例信息：向用户传达地图上含义的符号用来表示地图阅读器的功能，如地图符号包含解释性文本的标签。

（6）地理编码定位：用户能够找到一个在浏览器上显示地图内容的位置。提供两种方式来找到一个位置：输入地址或指定经度/纬度坐标值。

（7）导出 shp 图层：显示的地图服务的查询功能启用，是目前在地图上每个地图服务的图层列表清单。允许用户导出地图服务中的所有数据（查询结果的最大数量限制）或指定查询结果的查询和导出。

6.2.2　分析工具

（1）计算视野：从地图上的点计算视域浏览器的部件，这个部件使用一个示例服务器的地理处理服务，计算给定一个用户定义的位置和观看距离点的视域。

（2）点缓冲区：允许用户在地图上画一个点（S），然后缓冲区规定的距离点。

6.2.3 空间分析

1. 缓冲区分析

缓冲区分析是在已有的实体对象周围形成一定范围的多边形，即任何实体对象的缓冲区都是多边形，且这些多边形构成了一个新的数据图层。矢量数据的缓冲区分析又根据矢量数据结构中的数据描述分为点缓冲、线缓冲和面缓冲三种缓冲方式。其分别是矢量数据结构中的点或线或面要素，根据给定的缓冲区半径，生成相应的点或线或面数据层。

缓冲区分析对于信息查询统计等各个方面起着重要的作用，如对道路两旁的宾馆数量、分布进行统计，查询居民地周围 1km 内的教育设施分布，影剧院周围 ZOOM 内的停车场的位置等都涉及这种分析功能。用户设置好距离和图层，然后单击绘制点、线或面的按钮，即可在地图上绘制相应要素，绘制完成后会在地图上显示出缓冲区以及高亮显示缓冲区内的相应要素。

2. 服务区分析

该功能的实现需要调用地理处理服务，ArcGIS Flex API 中提供了地理处理服务组件 GeoProcessor，其 ID 唯一标志该组件，URL 指向该所调用的服务的地址。对于地理处理服务的调用最关键的部分除了了解该服务的功能外，还要清楚该服务的输入输出参数及其参数数据类型。

6.2.4 标注

地图标注操作用来在地图上某位置作一个特殊的标注。由于用户在浏览地图的过程中，可能要刻意关注几个重要的点或者地面地物有变动等，而标注操作就为用户提供了这个功能。点击标注按钮，用户在需要标注的位置单击鼠标左键。系统会自动在此位置绘制一个特殊的图标，点击这个图标会显示一个 Div 浮动层，在 Div 框内填写用户标注的信息，提交即可把标注的信息传入服务器端，经过管理人员审查，如检查属实即可把所标注信息加入数据层。如果用户认为该标注已经没有意义，就不用点击图标，系统自动会在地图更新时擦除图标。

6.2.5 专题图

用户根据 ArcGIS Server 10 提供的专题图功能组件，使用此功能组件以专题地图的方式将数据图形化，使数据以更直观的形式在地图上体现出来。当使用专题渲染在地图上显示数据时，可以清楚地看出在数据记录中难以发现的模式和趋势，为用户的决策支持提供依据。专题地图是根据某个特定专题对地图进行"渲染"的过程。所谓的专题渲染，就是以某种图案或颜色填充来表明地图对象（点、线、区域）的某些信息（如人口、大小、年降水量、日期等），也就是说，这类渲染存在着主题，经过这样渲染的地图就是专题地图。同时应用 Flex 精美的统计图表形式展现区域内的各种统计数据。

6.2.6　制图工具

（1）绘制和测量：用户能够将简单的图形和文字绘制到地图显示。它提供了基本的"素描和红线"查看器应用程序的功能。如捕捉到了另一个功能节点的节点，按下 Ctrl 键，以便捕捉。它还提供了一些测量的能力，显示测量值绘制功能（如果激活）：线路长度、区域和多边形的周长。当部件最初被激活，最终用户提出一个简单的对话框，其中包含 9 个功能创建工具。

（2）高级绘制：用户提供每个绘制的图形（包括面积和长度测量、图形文字等）摘要、图形检查清单。突出显示图形与动画的光环效应（因此很容易区别于其他图形列表中）。可以选择单独的图形，并从检查名单中删除。

（3）编辑：用户编辑时简单和直观。它是基于特征模板编辑模式。功能模板定义创建一个功能所需的所有信息，将存储层的功能属性用于创建功能。

6.2.7　县域数据

县域数据模块用于查看每个县的数据，其中包括水文数据、气象数据、土壤数据，查询结果分为表格查看和图表查看。采用图文双向查询方式实施。

6.2.8　选择查询

选择查询部件能对各县的数据进行选择性地查询，生成统计图表。

6.2.9　图形统计

图形统计部件对城市以时态动画的方式进行演示，统计一段年份间隔中固定资产增长总值的变化。

6.3　技　术　路　线

6.3.1　Flex Viewer 架构

Flex Viewer 是 ESRI 公司结合 ArcGIS API for Flex 推出的针对 RIA 应用的客户端框架，是一个使用 ArcGIS API for Flex 开发的并且能够即拆即用的（out-of-box）RIA 应用。Flex Viewer 提供了一种 GeoWeb 2.0 的开发模式，整合了 ArcGIS Online、ArcGIS Server 以及其

他服务器，可以简单、灵活地处理各种空间服务。Flex Viewer 空间服务来自于"软件即服务"（Saas Software as a Service）的提供者，诸如 RrcGIS Online、ArcGIS Server 或者 Web 的数据资源如 GeoRss 种子 KML 文件、JSON/REST 数据等。Flex Viewer 还能处理移动设备产生的动态数据，如室外便携式电脑或移动手机。

6.3.2　Flex Viewer 设计模式

Flex Viewer 的设计原则就是要简单化，方便开发人员定制和扩展。Flex Viewer 是一个高内聚、低耦合的复杂应用程序框架，具有两种设计模式：容器事件总线（container Event Bus）和依赖注入（DI Dependence Injection）。

1. 容器事件总线

容器事件总线是一个全局事件调度器（dispatcher），负责各个事件的分发。不同的组件之间利用容器事件总线进行通信（发送消息）。事件总线 EventBus 是在 EventBus 类中实现的，在这个类中定义了一些静态代理函数，保障各个组件对 EventBus 的访问。容器事件总线通过使用发布/订阅的消息机制，使组件之间能交互。基于事件的消息机制使得组件具有低耦合性，因此只要组件保持消息不变，对组件进行修改，也不会直接对其他组件产生影响。

2. 依赖注入

依赖注入是将类之间的关系通过第三方进行注射，不需要类自己去解决调用关系。目的是降低类之间的耦合度，实现的时候就把依赖从编译时推迟到运行时，在 Flex Viewer 中使用依赖注入原则。通过使用配置文件的方式对界面的构建，把服务的调用推迟到运行时，而不是在编译时就固定好。即编译时刻程序不知道使用哪些图片来创建用户界面（UI User Interface），也不知道该调用哪些地图服务。只有当配置文件被加载到 Flex Viewer 中时，这些要素才被固定。因此这就为程序的发布提供很大的灵活性。界面修改、服务更换只需要编辑配置文件，而不需要重新编译。

6.3.3　基于 AMF 的数据服务体系

AMF（ActionScript Message Format）是负责 Flex 客户端与服务端通信的功能，是基于 FLASH 的一种轻量级的、高效能的网络通信协议。直接解析和编码 AMF 数据是一项非常艰苦和枯燥的工作，基于各种开发语言的 AMF 组件应运而生，FluorineFx 则是基于 .NET 的专门用于处理 AMF 数据的免费组件，为 .NET 程序的开发大大提高了效率。通过应用 .NET 开发对后台数据库管理、事务控制等统一处理，将得到的结果和处理集通过 AMF 协议发送到 Flex 客户端，从而形成系统化的数据服务体系架构。

6.3.4　基于 Flex Viewer 的数据融合

系统客户端框架 Flex Viewer 是基于 Flex 技术的 RIA 客户端，具有丰富的通信方式，如 HttpServie、WebService 和 RemoteObject 等，能读取数据库相关数据信息；同时 Flex Viewer 是具有 WebGIS 性质的客户端，采用 ArcGIS Flex API，能融合不同的地图服务，动态叠加显示不同类型的地图数据，能对各种地图数据进行综合操作与分析。作为目前最常用的混搭（mashup）形式——服务融合，是指两个或多个不同来源的服务引用相同或类似的内容。本系统 WebGIS 系统的地图服务可以有两种，一种是本地地图服务，提供本区域基础地理数据、专业地理数据等；另一种是 Internet 上的网络地图服务，如 ArcGIS Online、GoogleMap 上的地图服务，可以提供全球性的基础地理数据等。尽管方式不同，但都是为系统平台 WebGIS 地图数据提供不同方面的服务。

6.4　系 统 实 现

6.4.1　查询定位

搜索部件是用户能够通过搜索功能在 Flex 浏览器（"界面"）操作的具体层。在 widget 提供了两个选项，执行搜索，即空间（使用自定义图形搜索工具）或属性（全文检索）（图 6.3）。

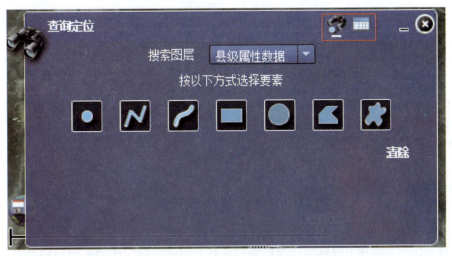

图 6.3　查询定位界面

6.4.2　书签

书签部件是存储地图视图程度的数据内容显示在浏览器应用程序（即空间书签）的集合。它使用户能够创建和添加自己的空间书签。默认情况下，它包括7个预定义的、已经在浏览器（默认配置）配置一些示例数据的空间书签（图6.4）。

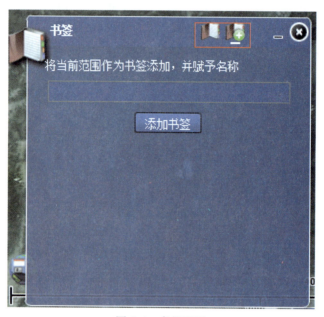

图6.4　书签界面

6.4.3　GDP分析

GDP分析部件是使数据内容显示在浏览器的应用程序。它使最终用户能够修改当前颜色块并在地图上相应地显示其区域范围内的GDP值。默认情况下，等级为1级，可更改（图6.5）。

6.4.4　海拔分析

海拔分析部件，使用一个这样的部件可以检索到用户生成的折线图表沿高程值。移动鼠标会显示在一个图表中的数据点与该点的高程和沿画线的距离的定制数据提示。此外，部件能够多行显示一个标记符号，以及显示图表数据点的地理位置，如图6.5～图6.7所示。

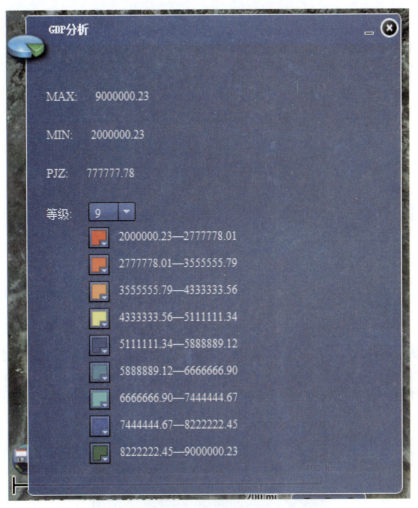

图 6.5　GDP 分析界面

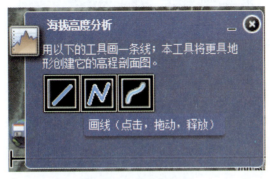

图 6.6　海拔分析界面

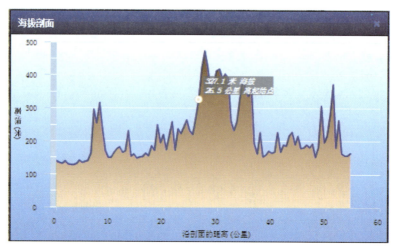

图 6.7　海拔剖面图

6.4.5　数据提取

数据提取部件是用户在查看器应用程序的当前地图显示，从可见数据内容选择数据的一个子集作为一个 zip 文件下载到本地客户机。用户定义的数据子集是用户指定选择比较感兴趣的图层，然后进行类似于"剪辑和合并"地理服务那样进行数据提取（图 6.8）。

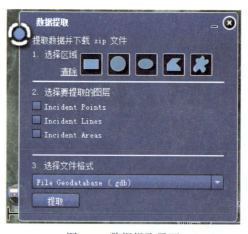

图 6.8　数据提取界面

6.4.6　绘制和测量

绘制和测量部件，使用户能够将简单的图形和文字绘制到地图显示（图 6.9）。它提供了基本的"素描和红线"查看器应用程序的功能。如捕捉到了另一个功能节点的节点，按下 Ctrl 键，以便捕捉。它还提供了一些测量的能力，显示测量值绘制功能（如果激活）：线路长度、区域和多边形的周长。当部件最初被激活，最终用户提出一个简单的对话框，其中包含 9 个功能创建工具。

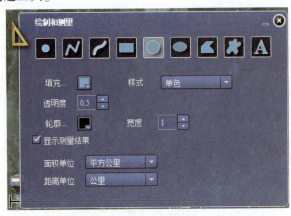

图 6.9　绘制和测量界面

6.4.7　高级绘制

高级绘制部件包含原有的绘制和测量部件的功能扩展，可在浏览器框架的一部分，作为标准绘图部件（图 6.10）。这个工具，允许用户以交互方式添加图形功能的地图，包括

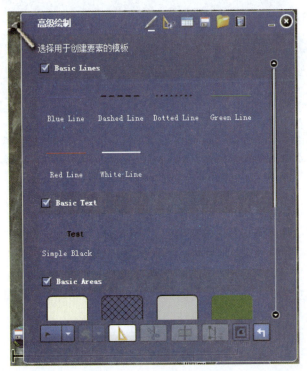

图 6.10　高级绘制界面

点、线、多边形和文本。他们可以操纵的图形的属性（符号样式和颜色、字体大小、透明度等）（图6.11）。它利用类似编辑器部件，允许用户选择他们希望生产类型的图形模板选择器组件。

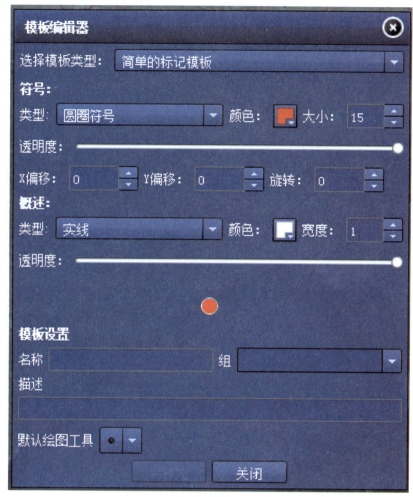

图6.11　模板编辑器界面

高级绘制部件的功能，为用户提供每个绘制的图形（包括面积和长度测量、图形文字等）摘要图形检查清单。以上列表中的功能，突出显示图形与动画的光环效应（因此很容易与其他图形列表区别）。可以选择单独的图形，并从检查名单中删除。

编辑部件的设计使用户编辑时简单和直观（图6.12）。它是基于特征模板编辑模式，通过使用功能模板创建和改变现有的功能部件使其具有新功能。功能模板定义创建一个功能所需的所有信息，将存储层的功能属性，用于创建功能。

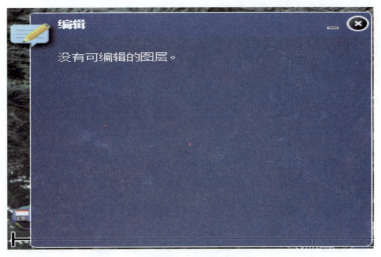

图 6.12　编辑界面

6.6.8　计算视野

计算视野部件是从地图上的点计算视域浏览器的部件（图 6.13）。这个部件使用一个示例服务器的地理处理服务，计算给定一个用户定义的位置和观看距离点的视域。

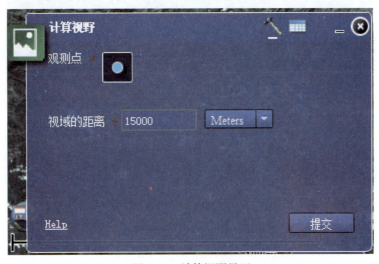

图 6.13　计算视野界面

1. 人口摘要

人口摘要部件用于计算由用户定义的多边形指定区域内的人口（图 6.14）。

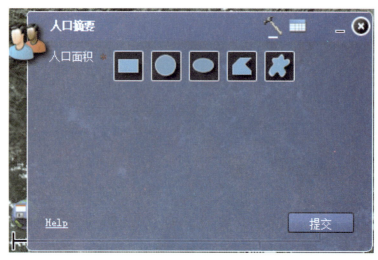

图 6.14　人口摘要界面

2. 表面轮廓

表面轮廓部件是一个用户定义的线要素输入，生成表面轮廓（图6.15）。

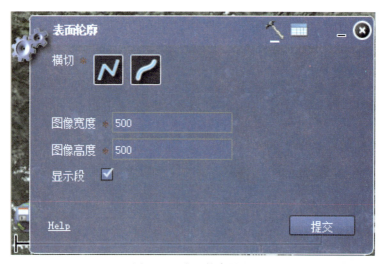

图 6.15　表面轮廓界面

3. 地震点

　　地震点部件，应用程序被连接到一个 GeoRSS 资料的 GeoRSS 部件。当部件被激活，查询的 GeoRSS 资料和作为内构件的结果列表中显示的地理参考的项目（图6.16）。列表中的每个项目可以显示在地图上。例如，美国地质勘探局地震监测站点的 GeoRSS 资料。

图 6.16　地震点显示

4. 图层列表

图层列表部件是应用程序的用户提供能够打开和关闭的地图服务（层）。在 widget 显示图层列表查看器应用程序的主配置文件中列出的业务层（图 6.17）。

图 6.17　图层列表界面

5. 图例信息

图例信息部件向用户传达地图上含义的符号用来表示地图阅读器的功能（图6.18）。例如，地图符号包含解释性文本的标签。

图6.18　图例信息显示

6. 地址定位

定位部件（又名地理编码部件），使用户能够找到一个在浏览器上显示的地图内容的位置。部件提供两种方式来找到一个位置：输入地址或指定经度/纬度坐标值（图6.19）。

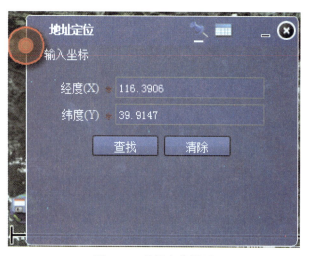

图6.19　地址定位界面

7. 打印

打印部件可以查看应用程序的最终用户打印什么，你看到的是你所得到的（所见即所得）输出（图 6.20）。目前可见的所有地图上显示的内容将被打印。这包括导航部件、比例尺、供电由 ESRI 归属标志。最终用户可以指定一个自定义输出文件的标题和副标题。

图 6.20　打印界面

8. 点缓冲区

缓冲区距离的部件允许用户在地图上画一个点（S），然后设置缓冲区规定的距离（图 6.21）。

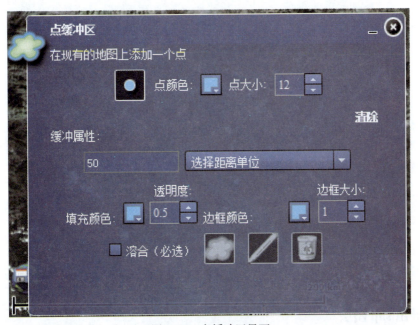

图 6.21　点缓冲区界面

9. 地图快照

地图快照部件，让你从地图区域快照，并保存为 JPEG 或 PNG 文件（图 6.22）（可选的地理位置为 zip 文件）。

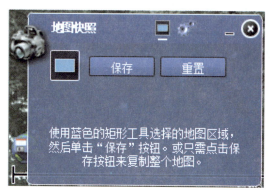

图 6.22　地图快照界面

10. 地图经纬网

国家网格/军事格网参考系统与刻度层为 Web 墨卡托基于地图（图 6.23）。

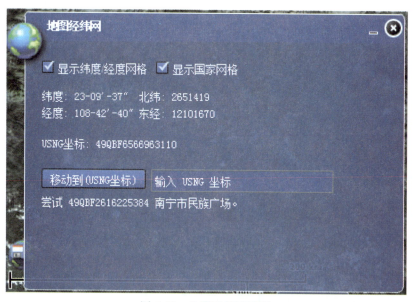

图 6.23　地图经纬网界面

11. 导出 shp 图层

导出 shp 图层部件是一个非常简单的部件。显示地图服务的查询功能启用，是目前在地图上，每个地图服务的图层列表清单（图 6.24）。允许用户导出地图服务中的所有数据

（查询结果的最大数量限制）或指定查询结果的查询和导出。在一个 shapefile 导出的结果。

图 6.24　导出图层界面

12. 地图拉帘

地图拉帘部件用于多层地图叠加时，通过窗口上按下"卷帘"按钮后，地图界面出现小三角箭头。按住鼠标右键拖动可以看到该图层下的另一个图层内容（图 6.25）。

图 6.25　地图拉帘界面

13. 天气预报

天气预报部件用于显示天气信息（图 6.26）。

图 6.26　天气预报显示

14. 谷歌街景

谷歌街景部件这个小工具（图 6.27），允许最终用户选择地图上的一个点，在浏览器打开一个新窗口，其中包含各种配套的图像，如谷歌地图、街景和 Bing 地图（图 6.28）。

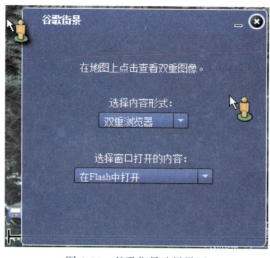

图 6.27　谷歌街景选择界面

这些图像可以被看作单独或复合 mapchannels.com 提供。此外，它提供用户选择打开这个新的窗口内闪光灯（有避免弹出窗口拦截器），或打开一个新的浏览器窗口中的内容。

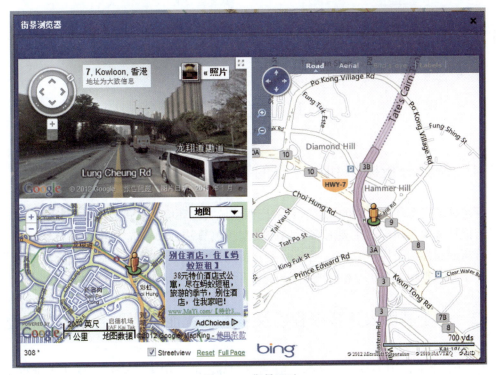

图 6.28　街景显示

15. 创建 PDF

创建 PDF 部件可以让你通过脚本操纵的地图文件和层文件，导出成 PDF 格式（图 6.29）。

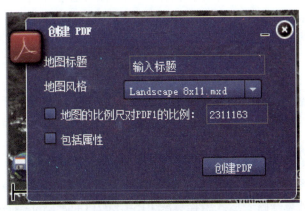

图 6.29　创建 PDF 界面

第7章 智能模型库与智能决策支持系统平台

7.1 智能模型库

7.1.1 统计分析模型和单一化的智能计算模型

围绕区域资源环境方面的问题，针对广西区域资源环境特点进行统计分析模型和单一化的智能计算模型研究，主要有多元回归模型预测算法、Logistic 模型预测算法、基于主成分分析的属性约简模型算法、基于因子分析的聚类和分类算法、基于决策树的分类算法、基于 BP 神经网络的分类及预测算法、基于 GA 遗传算法的优化算法。

7.1.2 基于基因表达式编程以及多人工智能算法融合的智能模型

1. 研究多个可用于分类、预测、时间序列分析的基因表达式编程优化改进算法

2013 年以来，主要进行了基于基因表达式编程以及多人工智能算法融合的智能模型技术研究。

（1）提出 GEP 挖掘显式模型的方法。

（2）研究基于残差制导进化方法的 GEP 算法。

（3）提出基于 GEP 的属性约简函数挖掘算法，该方法能在自变量很多的情况下自动实现属性约简的函数挖掘功能，针对真实的遥感数据进行分类研究。

（4）研究基于基因表达式编程的时间序列预测方法，提出基于基因表达式编程的微分方程预测法。

（5）研究 GEP 技术在林业科学研究中的应用。用 GEP 技术挖掘杉木净初级生产力与气候变量的相关模型。针对一组真实数据，采用 GEP 方法对纸浆和手抄纸影响显著的生长性状和木材品质性状与得率的关系进行属性约简研究，建立属性约简模型。

2. 研究基于 GEP 多人工智能算法融合的智能模型

（1）将禁忌搜索引入到基因表达式编程的遗传操作中，改善基因表达式编程的局部搜索能力，提出并行禁忌基因表达式编程算法 PTS-GEP（Gene Expression Programming Based on Parallel Tabu Search）。

（2）针对标准 GEP 在解决实际问题中仍常表现出算法的不稳定，以及挖掘出的函数

表达式可解释性差等问题, 改进标准 GEP 算法的基因构成, 以提高 GEP 算法的通用性, 并将模拟退火引入到标准 GEP 算法的选择算子中, 提出基于模拟退火的基因改进型基因表达式编程算法 (RG-GEP-SA)。

(3) 针对传统分类存在的高维数据属性分类精度低的问题, 提出一种在任意两个元组之间高维数据属性的相似性计算模型, 该模型假设数据属性为 m 维的基本向量, 每个元组是所有属性的一个向量空间; 提出一种新的基于 GEP 的距离算法来计算任何两个元组属性向量的相似距离。

(4) 针对辨识 Hammerstein 模型的传统方法需假定系统结构或阶次, 并且过程复杂的问题, 提出基于基因表达式编程的 Hammerstein 模型辨识的新方法 (HMI-GEP), 全自动地构造模型结构和决定参数。

(5) 针对 RBF 网络的隐节点的个数和隐节点的中心难以确定, 从而影响整个网络的精度, 极大地制约了该网络广泛应用的问题, 提出基于 GEP 优化的 RBF 神经网络算法。

(6) 针对传统算法训练 HMM 的转移概率 aij 和发射概率 ai (0t) 很难使观察序列的 0 概率恰好达到最大值的问题, 把 GEP 引入到 HMM 的训练中去, 提出一种改进的训练方法 GBHA。

(7) 针对传统的决策树分类算法必须人工输入归类集合, 划分属性, 确定最优的分类集合的问题, 提出信息增益排列 GEP 染色体头部的思想, 给出基于信息增益的 GEP 构造决策树属性约简算法 (IG-GEPDTAR)。

(8) 针对遥感信息的不确定性和混合像元问题, 为了避免 FCM 算法初值选取不当而陷入局部最优, 提出基于基因表达式编程的遥感数字图像模糊聚类算法。

7.1.3 基于基因表达式编程智能模型库

模型库是决策支持系统的重要组成部分, 依靠模型库, 决策者使用库中模型做出多种可选决策。传统模型库的建立与表示方法有许多缺陷, 如不能支持复杂函数关系式和多分段函数关系式等模型的建立; 缺少真正意义上的智能寻找模型类型的功能, 难以实现真正意义上的智能化; 扩展性差, 针对不同的函数模型类型, 在程序实现时就必须有一个新的程序模块, 当模型库要进行扩充, 系统就要为该模型增加新的代码等。本模型库提出显式模型和隐式模型的概念, 建立了两类模型库, 第一类模型库即传统意义上的显式模型库; 第二类为基于 GEP 函数发现的智能模型库系统, 该系统是真正意义上的无先验知识的智能模型库系统, 模型的类型和参数的求解均由程序自己来实现, 用以发现隐式模型。

1. GEP-IMBS 智能模型主程序算法

GEP-IMBS 系统主程序算法 (GEP-IMBS_ MAIN)
输入: 样本数据 A
输出: 函数模型表达式 g (x)
Begin//输入 GEP 进化过程的基本参数;
训练样本数 k1, 测试样本数 k2;

函数符号集 F，终端符号集 T；

群体数 M，基因头长度 h，每个染色体的基因数 k，连接基因的操作符，适应度函数类型（含自定义类型）；

变异率 pmu，交叉率 pre，IS 移位率 pis，RIS 移位率 pris；

If（挖掘显式模型）

  GEP-EIMA（）；//调用 GEP-EIMA 算法

Else if（时间序列分析）

  GEP-DEPM（）；//调用 GEP-DEPM 算法

Else if（剔除噪声数据的函数模型挖掘）

  GEP-REFA（）；//调用 REFA 算法

Else if（分域表达式的函数模型挖掘）

  GEP-MEM（）；//调用 GEP-MEM 算法

Eles if（属性约简的函数模型挖掘）

  GEP-MFRDF；//调用 GEP-MFRDF 算法

Else（复杂数据的函数模型挖掘）

  GEP/GEP-RGEA（）；//调用标准 GEP 算法或 GEP-RGEA 算法

返回所挖掘出的最佳函数模型表达式 g（x）及其复相关系数 R 或适应度函数值；

End.

说明：

（1）针对用户不同的要求及其数据的特点，调用相应的基于 GEP 的改进算法。

（2）算法 GEP-EIMA 用于显式模型的挖掘，目的是实现显式模型挖掘的可扩展性，并兼容了传统的显式模型的挖掘算法；

（3）GEP-REFA 主要用于需要剔除噪声数据的函数挖掘；

（4）GEP-MEM 用于样本数据在不同域呈现不同规律的情况，实现分段函数的挖掘；

（5）GEP-MFRDF 主要是针对自变量个数太多时，需要进行属性约简的函数模型挖掘；

（6）GEP-DEPM 算法在进行时间序列分析时用于提高精度。GEP-DEPM 算法在时间序列预测一般可以使用滑动窗口预测法（Sliding Window Prediction Method，SWPM），对基于 GEP 的滑动窗口预测进行描述，并给出 GEP-SWPM 算法。滑动窗口预测法直观、简洁，有很好的性能，但是，它缺乏语义上的能力，采用滑动窗口预测法得到的公式一般很难反映时间序列数据的本质含义。为了解决这个问题，引入基于 GEP 的微分方程预测法 GEP-DEPM（Differential Equation Prediction Method）。

（7）GEP-RGEA 算法用于处理复杂数据时提高效率。

2. 适应度函数

需要计算每个个体的适应度函数，GEP-IMBS 系统提供可供选择的适应度函数有下列 12 种。

1）带有边界约束的相对误差（Relative Error with Selection Range，RESR）

第 i 个个体的适应度函数 f_i 由式（7.1）计算：

$$f_i = \sum_{j=1}^{n} \left(R - \left| \frac{P_{(ij)} - T_j}{T_j} \cdot 100 \right| \right) \tag{7.1}$$

式中，$P_{(ij)}$ 为第 j 个样本根据第 i 个个体所对应的表达式计算的值；n 为样本个数；T_j 为第 j 个样本的目标值。RESR 主要思想是来自于两个参数，一个是 R，用于代表每个样本值适应度的最大值；另一个是精度，即相对误差的绝对值，用于控制进化尽可能地往正确的方向进行。当精度达到最大时，也即所有样本相对误差为 0，适应度达到最大值：$f_{max} = n \times R$。注：当目标值为 0 时，使相对误差没有定义，这时适应度函数表达式无意义。GEP–IMBS 系统对这些样本数据进行特殊处理，使适应度函数可以计算，从而能够对最优解进行微调。

2）带有边界约束的绝对误差（Absolute Error with Selection Range，AESR）

第 i 个个体的适应度函数 f_i 由式（7.2）计算

$$f_i = \sum_{j=1}^{n} \left(R - \left| P_{(ij)} - T_j \right| \right) \tag{7.2}$$

绝对误差不会出现相对误差中适应度函数表达式无意义的情况。适应度最大值 $f_{max} = nR$。

3）Relative/Hits

一些函数发现问题时，往往要求进化的模型针对所有的样本，甚至产生的相对误差小于一个指定值的样本数越多越好。针对这种情况，设计适应度函数如下：

第 j 个样本根据第 i 个个体所对应的表达式计算的适应度值 $f_{(ij)}$ 由式（7.3）计算得到：

$$\text{If} E_{(ij)} \leq p, \text{ then} f_{(ij)} = 1; \text{ else} f_{(ij)} = 0 \tag{7.3}$$

式中，p 为指定的一个精度；$E_{(ij)}$ 为第 j 个样本根据第 i 个个体所对应的表达式计算的相对误差，由式（7.4）计算得到：

$$E_{(ij)} = \left| \frac{P_{(ij)} - T_j}{T_j} \cdot 100 \right| \tag{7.4}$$

显然，按式（7.4）计算的适应度值，其最大值为 $f_{max} = n$，其中 n 为样本数。

4）Absolute/HITs

在一些函数发现问题中，往往要求进化的模型对所有的样本，绝对误差小于一个指定值的样本数越多越好。针对这种情况，设计适应度函数如下：

第 j 个样本根据第 i 个个体所对应的表达式计算的适应度值 $f_{(ij)}$ 由式（7.5）计算得到：

$$\text{If } E_{(ij)} \leq p, \text{ then } f_{(ij)} = 1; \text{ else } f_{(ij)} = 0 \tag{7.5}$$

式中，p 为指定的一个精度；$E_{(ij)}$ 为第 j 个样本根据第 i 个个体所对应的表达式计算的相对误差，由式(5.8)计算得到：

$$E_{(ij)} = \left| P_{(ij)} - T_j \right| \tag{7.6}$$

显然，按式（7.3）计算的适应度值，其最大值为 $f_{max} = n$

5）R-square

$$R_i = \frac{n \sum_{j=1}^{n} \left[T_j P_{(ij)} \right] - \left(\sum_{j=1}^{n} T_j \right) \left(\sum_{j=1}^{n} P_{(ij)} \right)}{\sqrt{\left[n \sum_{j=1}^{n} T_j^2 - \left(\sum_{j=1}^{n} T_j \right)^2 \right] \left[n \sum_{j=1}^{n} P_{(ij)}^2 - \left(\sum_{j=1}^{n} P_{(ij)} \right)^2 \right]}} \tag{7.7}$$

式（7.7）表示的是第 i 个个体所对应的函数模型的复相关系数，$1 \leq R_i \leq 1$。式中的符号与式(7.1) ~ 式(7.6)相同。第 i 个个体的适应度函数 f_i 式（7.8）计算。

$$f_i = 1000 \times R_i \times R_i \tag{7.8}$$

该适应度值是基于统计学中复相关系数的概念设计的。由于复相关系数在传统函数发现算法中的重要性，GEP-IMBS 中对每个发现的函数均计算其复相关系数的平方。

6）均方差（Mean Squared Error，MSE）

第 i 个个体的均方差由式(7.9)计算：

$$E_i = \sum_{j=1}^{n} \left[P_{(ij)} - T_j \right]^2 \tag{7.9}$$

第 i 个个体的适应度函数 f_i 由式(7.10)计算：

$$f_i = 1000 \cdot \frac{1}{1 + E_i} \tag{7.10}$$

MSE 适应度设计是基于统计学中标准均方差概念的。也是常用的适应度函数之一。
最完美的情况就是 $P_{(ij)} = T_j$，$E_i = 0$。相对误差的取值从 0 到无穷大。
由标准关 E_i 的含义知，它不能直接作为适应度函数，因为由适应度的定义知，随着效率的增加，适应度值应增大。所以由式（7.10）来计算适应度值。
由式（7.10）计算的适应度值范围为（0，1000）。

7）均方根差适应度函数（the Root Mean Squared Error Fitness Function，RMSE）

RMSE 是基于统计学中标准均方根概念设计的。
个体 i 的均方根差 E_i 由式（7.11）计算得到：

$$E_i = \sqrt{\frac{1}{n} \sum_{j=1}^{n} \left[P_{(ij)} - T_j \right]^2} \tag{7.11}$$

第 i 个个体的适应度函数 f_i 按式(7.10)计算。但式中的 E_i 由式（7.11）计算得到。RMSE 的其他性质与 MSE 相同。

8）绝对均差适应度（Mean Absolute Error Fitness Function，MAE）

MAE 是基于统计学中标准绝对均差概念设计的。个体 i 的标准绝对均差 E_i 由式

（7.12）计算得到：

$$E_i = \frac{1}{n} \sum_{j=1}^{n} \left| P_{(ij)} - T_j \right| \tag{7.12}$$

第 i 个个体的适应度函数 f_i 按式（7.10）计算。但式中的 E_i 由式（7.12）计算得到。MAE 的其他性质与 MSE 相同。

9）相对方差适度函数（Relative Squared Error Fitness Function，RSE）

RSE 是基于统计学中相对标准方差设计的。个体 i 的相对标准方差 E_i 由式（7.13）计算得到：

$$E_i = \frac{\sum_{j=1}^{n} \left[P_{(ij)} - T_j \right]^2}{\sum_{j=1}^{n} (T_j - \bar{T})^2} \tag{7.13}$$

式中，$\bar{T} = \frac{1}{n} \sum_{j=1}^{n} T_j$。

第 i 个个体的适应度函数 f_i 按式（7.10）计算。但式中的 E_i 由式（7.13）计算得到。RSE 的其他性质与 MSE 相同。

10）相对均方根差（Root Relative Squared Error Fitness Function，RRSE）

RRSE 是基于统计学中相对均方根差设计的。

个体 i 的相对标准方差 E_i 由式（7.14）计算得到：

$$E_i = \sqrt{\frac{\sum_{j=1}^{n} \left[P_{(ij)} - T_j \right]^2}{\sum_{j=1}^{n} (T_j - \bar{T})^2}} \tag{7.14}$$

第 i 个个体的适应度函数 f_i 按式（7.10）计算。但式中的 E_i 由式（7.14）计算得到。RRSE 的其他性质与 MSE 相同。

11）相对绝对值差适应度函数（Relative Absolute Error Fitness Function，RAE）

RRSE 是基于统计学中相对绝对值差概念设计的。

个体 i 的相对标准方差 E_i 由式（7.15）计算得到：

$$E_i = \sqrt{\frac{\sum_{j=1}^{n} \left| P_{(ij)} - T_j \right|}{\sum_{j=1}^{n} \left| T_j - \bar{T} \right|}} \tag{7.15}$$

第 i 个个体的适应度函数 f_i 按式（7.10）计算。但式中的 E_i 由式（7.15）计算得到。RAE 的其他性质与 MSE 相同。

12）自定义（Custom Fitness Function）

系统提供函数体，由用户自己定义适应度函数表达式。

以上适应度函数类型用户可根据实际情况选用，在对样本数据缺少先验知识的情况下，一般选用 R-square；RESR 和 AESR 是在需要限定样本数据的理论值与目标值之间的误差时才使用，需要先验知识。MSE 等适应度函数直观地反映了理论值与目标值之间的差异，常被用来和其他适应度函数配合使用。在系统中，无论用户选用哪一种适应度函数，系统都将给出所得函数模型的复相关系数，便于用户直观分析函数模型的精度，也便于与传统方法所求出的显式模型进行精度上的比较。基于基因表达式编程智能模型库系统框图如图 7.1 所示。

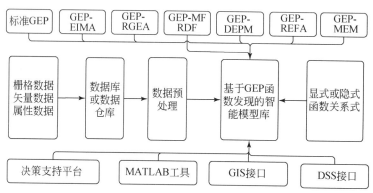

图 7.1　基于基因表达式编程智能模型库系统框图

3. 基于 GEP 的智能模型库系统

GEP-IMBS 智能模型库分为以下几个模块：

1）数据管理模块

（1）多个数据源的读取，实现读取存储在文本文件、Excel、数据库中的样本数据；读取的数据可划分为训练数据（training data）和测试数据（test data）；

（2）数据显示；

（3）单个变量数据散点图、单个自变量与因变量之间关系散点图。

2）系统设置模块

（1）一般设置，包括训练样本数、测试样本数、群体中染色体数、基因头长度、基因个数、连接符、基因数是否自动增加，如果自动增加，多少代适应度不发生增长时增加基因数，增加基因数上限是多少；

（2）适应度函数设置，包括 R-square、MSE、RMSE、MAE、RSE、RRSE、RAE、Custom（如果为 Custom，则输入计算公式）、目标值、终止程序执行适应度函数值；

（3）遗传操作率设置，包括变异率，一点重组、两点重组、基因重组率，IS 位移、RIS 位移、基因位移率等；

（4）数值常数设置，如果在基因编码中使用数值常数，需设置每个基因常量数、常量取值下界和上界、常量数据类型、常量变异率和常量 IS 位移率等；

（5）函数符号集设置，包括常见数学函数和自定义函数符号。常见函数符号有+，−，×，/，Mod，Pow，Sqrt，Exp，Pow10，Ln，Logi，Abs，Inv，Nop，Neg，sin，cos，tan，csc，sec，cot，arcsin，arccos，arctan，arccsc 等。

3）运行进化程序模块

运行进化程序模块包括选择执行程序、继续执行、停止执行功能。运行模块动态显示进化代数、最大适应度值、平均适应度值、相关系数值以及最大适应度、平均适应度、相关系数变化动态图等。

4）历史模块

历史模块显示每一代适应度最大的函数表达式及其适应度值和相关系数值。

5）输出模块

输出模块指最后一代中适应度值最大的函数表达式的输出。

（1）模型的输出，输出形式有 ET 表达树、C++表达式、VB 表达式等。

（2）最佳函数表达式对应指标的输出，包括适应度函数值、相关系数值、目标值、模型值、残差等。

7.2　智能决策支持系统平台

智能决策支持系统主要依托 UDDI 中心提供的模型服务进行辅助分析决策支持。智能决策支持系统架构体系围绕语义 Web 服务展开，除在传统 UDDI 注册中心可以全新注册 Web 模型服务以外，系统允许用户根据自身需要可以从系统已有的模型服务中组合构建新的模型服务；整个辅助分析决策支持系统通过 OWL−S/UDDI 转化器来增强 Web 服务发现机制；在 UDDI 中心可以对模型服务集合体进行有效的管理，并且通过系统提供的OWL−S/UDDI 转换器实现 OW−S Profile 实例与 UDDI 注册信息的转换功能，有效支持服务的寓意描述进而实施服务发现，从而将服务描述中的寓意信息嵌入到 UDDI 数据结构中来，实现基于服务能力的匹配功能；用户经过查询处理器及语义服务发现引擎得到服务请求者所需的模型服务后，可以直接生成该模型服务的图形操作界面，用户可以在该图形操作界面输入相关数据参数后运行模型得到模型输出结果，若模型为组合模型服务则根据模型组合流程步骤一步步实施。

7.2.1　设计思路

1. 增强 UDDI 注册

原有 UDDI 注册中心允许用户注册各类服务，但对于 UDDI 中心中已有服务之间组合搭建形成新的服务的功能机制尚未建立。基于此，通过客户端技术建立模型服务组合环境，用户通过该可视化操作环境实施模型服务组合构建，从而建立新的模型服务。

2. 嵌入语义服务发现

UDDI 为服务注册和发现基于目录的服务发现方法缺乏语义描述机制，以关键字匹配方式为主的检索方式检索结果准确率不高。为了增强 UDDI 服务发现功能，构造查询处理器实现对服务请求中功能及行为特征信息的抽取，构建 OWL-S/UDDI 转换器来实现 OWL-S Profile 实例与 UDDI 注册信息的转换功能，设计基于服务功能的语义匹配为主的分级匹配算法来构建语义服务发现引擎，实现具体服务匹配过程，方便用户选择和定位所需服务。

3. 增加实例化服务

UDDI 注重 Web 服务的注册和发现，在用户发现服务之后至于服务使用则不是其所关注的问题。用户在发现服务以后往往还需要其他途径（浏览器、各种开发环境等）来调用服务，这给打算直接使用该服务的用户带来了不便。系统在用户发现自己所需的服务以后，可以便捷点击相关按钮对该服务进行实例化直接生成该模型服务对应的图形操作界面，用户可以直接在图形操作界面上输入模型相关参数列表，之后运行模型得到模型运行结果，若该模型服务是由组合模型服务构建，则按照组合模型的流程来实施，每一个流程数据输入和输出与单一模型相似。

7.2.2 总体设计

BBWDSS 总体设计功能模块包括主要包含 UDDI 注册中心、模型组合服务、OWL-S/UDDI 转换器、查询处理器、语义服务发现引擎模块、实例化服务（图 7.2）。挖掘系统原有注册服务的资源优势实现内部模型服务的再次组合服务，增加注册服务的深度和广度。系统设计充分利用和发挥 UDDI 原有的优势，将底层的 Web 服务管理部分依托于 UDDI 现有的功能，在保留原有的服务发布、查询接口的基础上扩展 UDDI 注册中心，通过增加服务的语义描述层和服务的能力匹配层来实现服务的语义标注和语义匹配功能。通过 OWL-S/UDDI 转化器可以实现 OWL-S Profile 与 UDDI 中广告描述的映射关系，因此扩展了 UDDI 的服务描述能力；同时通过构造服务发现引擎能实现基于服务功能的语义匹配，达到提高服务发现性能的目的。在用户通过 UDDI 及语义服务发现引擎发现符合其要求的服务后，可以通过系统提供的实例化服务功能模块直接将该模型服务生成图形化操作界面，用户可以直接使用该模型进行模型数据输入和模型验证。

1. UDDI 注册中心

UDDI 注册中心保留 UDDI 原有的四种数据模型和发布、查询 API，服务广告描述主要通过 Business、Businesss Service、Binding Template 和 tModel 四种数据类型表示，通过 Business 类型建立企业信息模型，包含企业名称、描述、所提供的服务名和所属的分类等[1]。Businesss Service 类型用来描述企业提供的服务，包含服务名称、基本描述、对应的绑定模块（Binding Template）和所属分类等。Binding Template 用来描述服务绑定信息，

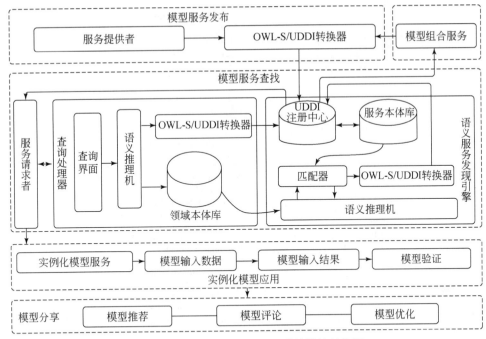

图 7.2　基于服务的 BBWDSS 总体设计结构图

表明 Businesss Service 和描述服务技术特征的 tModel 集之间的映射关系。tModel 模型用来描述服务的技术特征，如分类或标识、指向技术规范 URL 的指针等。

2. OWL–S/UDDI 转化器

服务提供者发布服务时，需要向 UDDI 中心注册服务，通过该转换器可以将服务的 OWL–S Profile 实例转化成一个 UDDI 服务注册信息，并用原有的发布接口进行服务信息发布，经过转化器在 UDDI 中心注册后，获得一个与该服务相关的 ID 号，然后把这个 ID 号与服务本体绑定发送到语义服务发现引擎。OWL–S/UDDI 转化器实现服务功能描述与 UDDI 广告描述之间的映射关系，为 UDDI 中心扩展语义标注，增强 UDDI 描述服务的能力。

为了使 UDDI 注册中心能支持 OWL–S（Ontology Web Language for Services）规范，并能存储服务的语义信息，必须建立 OWL–S 到 UDDI 的转换方法，使得 OWL–S Profile 的元素与 UDDI 元素存在一一对应关系。本书参考 WSDL 与 UDDI 的映射方法和提出的 DAML–S Profile 到 UDDI 的映射机制，通过扩展 tModel 类型的方法来实现。主要思想是：对于在 UDDI 中没有相应元素的 OWL–S Profile 元素，在 UDDI 注册中心创建新的 tMdoel 类型，使 OWL–S Profile 元素与该 tModel 产生映射关系（图 7.3）。

3. 查询处理器

查询处理器旨在提取用户查询请求中有用的服务能力信息，使经过该模块处理后的服务请求描述更能精确表达用户所需的服务信息。主要包含以下几个步骤。

（1）查询界面接收用户查询信息，并把查询信息发送至推理机。

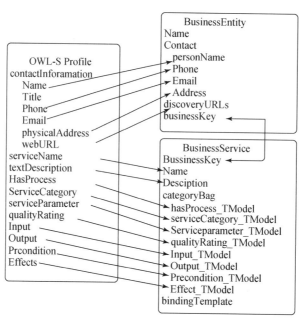

图 7.3　OWL-S Profile 到 UDDI 的转换

（2）推理机分别就每个查询信息查询领域本体库，判定查询信息是否存在于领域本体中，把不存在于领域本体中的查询条件或参数去除。

（3）把接收到的查询信息进行标准化，如标准词与别名之间的映射等，以达到领域内统一的表现形式，然后把结果发送至 OWL-S 格式转换器。

（4）OWL-S 格式转换器把查询信息转换成符合 OWL-S Profile 规范的服务请求描述。

（5）把规范化的服务请求描述发送给语义服务发现引擎。查询界面提供给服务请求者一个可视化的友好界面，从技术层面上讲，查询界面不可能实现完全支持自然语言的查询，因此查询界面需要服务请求者提供必需的服务信息，用户根据 OWL-S Profile 规范中包含的语义信息，确定查询条件须包含服务名称（Service Name）、服务描述（text Description）、服务分类信息（Service Category）、输入参数（Input Parameter）、输出参数（Out Parameter）、前提条件（Precondition）、执行结果（Effect）、引用的领域本体文件的 URL 地址和最低的匹配度（MinMatch）等[2]。

推理机需要对查询请求中的输入输出参数引用的本体概念进行判定，主要实现以下功能。

（1）判断该参数引用的本体概念是否存在于所指向的领域本体中。

（2）判断概念之间的包含、等价关系等，即判断两个概念是否满足包含关系或是等价关系。如标准词与别名之间的等价关系。

（3）概念的可满足性：即判断领域本体库中是否存在一个个体满足该概念。在判定后把查询信息进行标准化，以达到领域内统一的表现形式。OWL-S 格式转换器主要实现把查询界面提供的服务请求信息转换成符合 OWL-S Profile 规范的请求描述，这样服务请求描述与服务广告描述都采用相同的形式表示，因此能简化服务的匹配过程、提高执行效率，如图 7.4 所示。

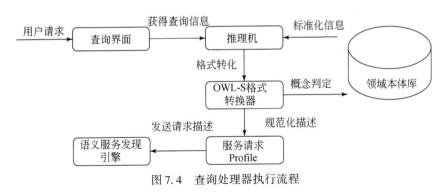

图 7.4　查询处理器执行流程

4. 语义服务发现引擎

该语义服务发现引擎是整个服务发现的核心模块。语义服务发现引擎用来实现基于服务功能的语义匹配，以弥补基于关键字匹配方法发现性能差的缺陷[3]。语义服务发现引擎按功能可细分为语义推理机、匹配器、领域本体库和 Web 服务本体库四个模块。

1）语义推理机

根据 OWL 和描述逻辑的语义等价性，利用描述逻辑具有的概念间包含关系判断推理功能对服务本体和服务请求描述所涉及的本体概念关系进行推理并计算匹配程度，并把结果返回给匹配器。

语义推理机主要实现对领域本体库中的各个领域本体及本体实例提供解析、查询和推理接口。利用现有推理工具的 API 基础上可实现如下主要功能。

（1）根据概念的 URL 找到所在的领域本体，并判断是否存在于该本体中。

（2）判断概念 A 和概念 B 是否来自于同一本体，通过判断概念 A 和概念 B 所在的领域本体的命名空间是否相同。

（3）判断概念 A 和概念 B 是本体类还是属性，通过判断该类是否存在于该本体的所有类的集合中，属性判断也是进行类似处理。

（4）根据概念语义相似度的不同情况，分别对概念 A 和概念 B 的关系进行判断，当两者都是本体类，则判断类之间的关系，包括等价关系、子类关系、父类关系等。

（5）当两者都是属性类型，判断这两属性关系，同样包括上述几种关系。

（6）当一个概念是本体类，另外一个概念是属于该类的属性，则通过判断该属性的domain 域是否指向该类来实现。

（7）如果两个本体类之间无任何包含关系时，分别获得其所有属性集，把两者的数量比发送给匹配器。

2）匹配器

把服务请求描述和服务广告描述的 Service Category 和输入输出参数信息作为匹配依

据，并根据以服务功能的语义匹配为主的分级匹配算法，对服务双方进行匹配，并以服务请求者设置的最小匹配度为闭值进行筛选服务，最后按照优先级把匹配结果集反馈给用户[4]。

匹配器在接收规范化的服务请求描述后，以查询请求中的功能信息（如输入、输出参数）为条件向 OWL-SU/DDI 转换匹配器发送查询请求，从 UDDI 注册中心提取与这些参数对应 tModel 的 Web 服务本体 URL，并通过 URL 在 Web 服务本体库中获取 Web 服务本体实例。然后根据自身的服务匹配策略和算法对查询请求和服务广告描述进行匹配，在匹配过程中通过调用语义推理机来计算概念间的匹配程度，最后对服务匹配集按匹配程度高低排列，并把用户设定的匹配程度作为阈值，过滤不符合要求的服务集。

作为语义发现引擎的核心，匹配器主要负责查找满足用户需求的 Web 服务，并能实现基于服务功能的语义匹配。而采用何种匹配算法来实现匹配将直接影响到 Web 服务发现的检索效率和性能。本系统在参考 Massimo Paolucci 算法、Stefan Tang 算法和何文利算法的基础上给出一种以基于服务功能为主的分级匹配算法。该算法分为两级匹配，第一级为 Service Category 级的服务匹配，通过判断服务请求者所需服务与服务广告实例是否属于同一服务分类来缩小搜索范围。如果采用的是某第三方分类系统（NAICS），则判定服务描述双方的分类值是否相同，如果相同则进入下一级匹配，反之则从候选服务集中删除；如果引用的是某领域本体文件，则通过判定服务双方是否属于同一本体，如果是则进入下一级匹配，否则过滤掉该服务实例。第二级基于服务功能的语义匹配把输入输出参数作为匹配依据，在匹配过程中通过调用语义推理机来判断概念间的关系，并根据概念语义相似度公式来计算匹配度，然后对服务匹配集按匹配程度高低排列，并把用户设定的匹配程度作为阈值，过滤不符合要求的服务集。

3）领域本体库

存储特定领域内的知识库、知识关系。领域本体提供该领域的概念定义和概念间的关系，提供该领域中发生的活动及该领域的主要规则和基本原理等，并为服务本体提供统一的抽象术语表，同时为语义推理机实现本体概念间关系的判定提供必要信息。通过建立特定的领域本体，能使本领域内的用户形成共同的语义理解。

领域本体（Domain Ontology）是针对特定的应用领域抽象领域知识的结构和内容。包括领域知识的类型、术语和概念，并对领域知识的结构和内容加以约束，形成描述特定领域中具体知识的基础[5]。领域本体是针对特定领域的一个层次结构的概念系统，包含本领域内共同认可的共享知识库。

领域本体为 Web 服务所属特定领域的事物提供通用的抽象语义术语表，为不同的 Web 服务实体间的理解和交互提供语义基础，同时为语义推理机的功能实现提供语义基础。Web 服务本体通过引用领域本体的相应概念，使得服务各参与方达成共同的语义理解，从而可以方便实现在机器层次上的自动处理。同时领域本体对于知识和规则的描述是基于特定应用领域的。

Web 服务实例可以通过 Service Categoryt 元素来指定所属的子领域的 URL。这为 Service Categoryt 级的服务匹配提供了必要信息。领域本体库的建立需要经过创建领域术语集、创建领域本体、一致性检查几个重要阶段。领域知识专家依据领域内的知识结构、知识关系和所要解决的任务对系统建模，确定领域本体的核心概念集，构建领域本体概念的关系并将其模型化。技术人员依据本体描述语言的语法规则，使用领域专家给出的领域模型创建领域本体。最后利用现有的推理机对领域本体进行一致性检查。领域本体库的表示、推理方法具体过程包含以下几个步骤。

（1）创建领域术语集 OWL 本体通过类、数据类型、对象属性、数据类型属性、个体和数据值来描述领域术语集。OWL 可通过本体属性来导入已构造好的本体，并在新建的本体中说明新建本体中的术语和导入本体中术语间的关系，这体现了本体的重用和共享特性。

（2）创建领域本体得到领域术语集后，使用这些术语写出领域知识集，从而得到领域本体。根据 OWL 的语法规则可定义类、数据类型、对象属性、数据类型属性、个体、数据值、公理和事实。

（3）调用合适的推理系统进行一致性检查。本书采用的 RACER 系统为解决根据 role hierarchy 关于 Abox 的一致性检查问题提供了优化的推理算法，因此可凭借 RACER 系统来实现对 OWL 所描述的领域本体的推理。

4）Web 服务本体库

Web 服务本体能精确描述 Web 服务的相关要素及其相互关系，提供一种形式化描述的原形，以便对服务进行各抽象层面的语义描述，Web 服务本体库为服务功能的语义匹配提供所需的功能信息[6]。

Web 服务本体库用来存放 Web 服务的语义描述文件，即 Web 服务本体。为服务功能的语义匹配提供所需的服务功能信息。每个服务本体通过 UDDI 注册中心的服务 ID 号与特定的 Bussiness Service 对应。当语义服务发现引擎接收到用户查询请求时，通过转换器查询 UDDI 注册中心，找到与语义信息匹配的 tModel 类型（如 input_ tmodel），从而获得 Profile 的 URL 列表，然后根据 Profile 的 URL 在服务本体库中找到对应的服务本体文件，再把该服务本体文件和查询描述一起传送到语义推理机进行计算匹配程度计算。

借鉴 OWL-S 规范，同时兼容 WSDL 语言，Web 服务本体可通过定义方式来描述。一个完整的 Web 服务本体应包含调用方式信息、属性语义信息、操作方式信息、调用映射信息四个组成部分，这四个方面信息分别通过 WSDL 文件、OWL-S 的 Profile 文件、OWL-S 的 Process 文件、OWL-S 的 Grounding 文件来实现（图 7.5）。

（1）调用方式信息——WSDL 文件。WSDL 文件描述 Web 服务的物理信息，即调用具体服务所需的技术细节，如消息格式、参数类型、操作、协议绑定和服务地址等。通过 WSDL 文件服务请求者可以获得服务调用信息，然后可以定位和访问服务。

（2）参数语义信息——OWL-S Profile。Profile 文件提供服务的基本描述信息和功能属性。包括服务提供者信息、服务的分类、名称信息和服务功能信息，并通过将有关参数关联到相应的领域本体说明各参数的语义信息。Profile 最本质的部分是功能性描述，通过功能性描述提供信息的转化和服务执行引起的状态变化所涉及的参数。服务的信息转换通过输入和输出参数来表示；服务执行状态的变化通过先决条件和结果表达来表示。服务功能描述主要包括 Parameter Name、Restricted To 和 Refers To 参数。Parameter Name 表示参数名

图 7.5　Web 服务本体结构

称；Restricted To 表示对输入和输出参数的约束，给出与输入输出参数相关联的领域本体的信息，即对领域本体概念的引用。Refers To 描述该参数所属的操作，即提供输入输出对过程模型 Service Model 相应部分的引用。通过 Profile 信息，服务描述可以提供服务的能力说明，因此服务匹配器可利用 Profile 提供的功能信息判断服务是否符合用户的需求以实现服务的语义匹配，从中选择最适合用户要求的服务。

（3）操作语义信息——OWL-S Process。Process 文件用于描述服务中各子操作信息。每个服务本体描述的是一个具体的服务，其中可能涉及多个操作，而 Process 文件详细描述其中各个操作的基本信息和语义信息。如操作名、对应的 Grounding 映射文件、操作的语义信息等。Process 主要描述操作的基本信息和语义信息，而 Profile 是对一个具体服务的总体描述，两者结合就完整地描述了服务的操作和参数的语义信息。

（4）调用映射描述——OWL-S Grounding。Grounding 文件描述用于访问具体服务的技术细节。包括 WSDL 地址、具体调用操作和输入输出参数类型格式信息。Grounding 文件可看作抽象描述到具体服务的映射过程，在 WSDL 和 Process 起桥梁作用。

根据上述 Web 服务本体结构，并运用 Protege 软件和 OWL-S Editor 插件可实现 Web 服务本体的创建。本书把 Web 服务本体实例统一发布成 http：//128.0.0.1/＊.owl 命名空间，以便于该模型定位服务本体文件。

7.2.3　功能设计

1. Web 服务发布

用户通过 UDDI 登录接口登录平台，新用户则要求在 UDDI 注册信息方可进入系统平台发布 Web 服务，已注册用户则直接进入系统进行以下操作：发布服务、组合服务、浏览服务和删除服务，如图 7.6 所示。

发布服务的发布过程主要分为以下几个步骤实现。

（1）服务提供者登陆 UDDI 中心，在服务发布前进行用户预注册，获得注册服务的权限。

（2）若服务提供者直接进入发布服务则直接进入（3）环节步骤；若服务提供者选择

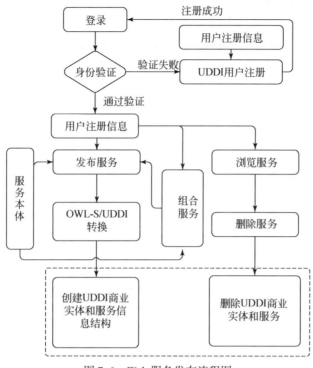

图 7.6　Web 服务发布流程图

组合服务，则进入组合服务模块；服务提供者可以从系统平台模型服务库中选择合适的模型服务进行组合搭配。

　　可视化组合建模环境：系统包含四个大对象，即代表活动（activity）的矩形、菱形、圆形图，Silverlight 中的这些图形对象代表工作流中的一个活动。其中不同的图形代表着不同的活动类型；代表连接的带箭头的直线，这个图形对象代表工作流中两个活动之间的流向。可视化组合建模环境所具备的功能有：①图形化的方式显示流程。即在流程建模的过程中，连接和活动都直接由相应的图形表示并在图形上对属性进行定义。②支持拖拽创建和修改流程。在流程创建的过程中，代表活动和连接的图形都是可以随意拖拽的，按照需求更换它们的位置。③导出图形对应的 XML 描述文件。当流程创建或是修改完成后，系统可以自动地生成 XML 描述文件。④根据流程 XML 描述文件显示流程图。调用以前的流程时，打开相应的 XML 文件即可显示该流程图。

　　基于可视化图形化操作界面：允许专业用户根据专业需求 UDDI 注册服务库中选择合适的模型服务以拖拽方式搭建相关模型，模型服务与模型服务之间的数据流以 XML 工作流的方式保存，按照工作流由"开始—方法—方法—⋯⋯—结束"的模式实施，明确模型数据流向，密切建立模型服务之间内在的通道。以上建模组合通过 UDDI 注册服务库以拖拽方式组合模型服务。当用户组合服务保存完成以后，即可进入（3）步骤，对保存完成的组合模型服务进行注册发布。

　　（3）服务提供者利用 OWL-S 语言对 Web 服务进行语义描述，创建服务本体实例，并把它发送给 OWL-S/UDDI 转换器。

（4）转换器接收到服务本体后，按照其提供的 OWL-S Profile 到 UDDI 的映射机制，创建 Web 服务广告描述，调用 UDDI 应用程序接口，将这些信息存储在 UDDI 注册中心，并把创建的 Web 服务 ID 和相对应的服务本体绑定发送到语义服务发现引擎。

（5）语义服务发现引擎把接收到的服务本体发送到服务本体库进行存储，Web 服务发布完成。用户进行删除服务操作时，先选定服务条目，得到待删除的商业实体和商业服务的索引，然后交给 OWL-S/UDDI 转换模块继续处理，OWL-S/UDDI 转换器调用 UDDI 接口删除 UDDI 注册中心中的相应商业实体和商业服务。

2. Web 服务查找

Web 服务查找具体分为以下几个步骤，如图 7.7 所示。

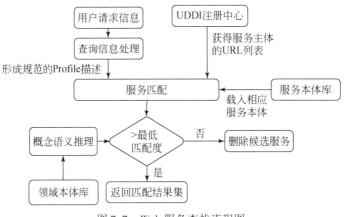

图 7.7　Web 服务查找流程图

（1）服务请求者通过用户查询界面提供所需的服务信息，主要包括服务名称、服务描述，以及服务的输入、输出、前提条件、结果参数、引用领域本体的 URL 和最小匹配程度参数等，并把这些信息传送给查询处理器。

（2）查询处理器在获得查询请求后，通过查询领域本体库对查询信息进行标准化和过滤，保留应用于查找的条件和约束信息，并根据 OWL-S Profile 规范形成新的查询请求描述，然后把该查询请求描述发送给语义服务发现引擎，同时通过 OWL-S/UDDI 转换器从 UDDI 注册中心提取出所有与服务语义信息对应的 tModel 中。Overview Doc 元素指向的 Web 服务语义描述文档，并把该信息发送至语义服务发现引擎。

（3）语义服务发现引擎根据接收到的 Web 服务语义描述文件地址在服务本体库中找到相应文件，同时把该文件与服务请求描述一起发送给语义推理机。

（4）语义推理机根据服务的输入、输出参数对应的本体概念的 URL，从领域本体库中提取对应的领域本体，并运用概念间包含关系判断推理功能来计算匹配程度，然后把结果返回给匹配引擎。

（5）匹配引擎根据用户要求的匹配程度为阈值，对服务查询描述和服务语义进行过滤和匹配，得到功能相似的服务描述文件列表，并按匹配程度由高到低返回匹配结果集。

3. Web 服务应用

在 Web 服务查找发现所需模型服务后，可以直接在线使用该模型服务。若该模型服务为原子模型服务（单一模型服务）则用户直接在页面上生成该模型的操作界面；如果是组合模型服务（复合模型服务），则模型执行顺序按照模型服务流程图顺序执行，具体步骤如下所示。

1）数据输入

支持各种格式，包括矢量数据、栅格数据（包括遥感影像数据）、数据库数据表、Excel、客户端页面输入等。

2）模型过程运算

平台将各个用户在平台建模环境上建立完善并有较好元数据说明的组合模型展示出来供注册用户在线使用。用户在使用过程根据模型元数据说明按部就班地输入相关数据，按照相关工作流模型流向提示，一步步实施相关方法或者模型得到数据结果，作为下一个模型或方法的输入数据，反复循环直到模型工作流的末端终止，此时最后一个模型输出的结果则为该模型服务最后所需要的结果。此外，工作流过程中每一个模型或方法的中间数据均以临时文件的形式保存下来，用户对于工作流过程中某一个模型或方法的数据、模型参数需要做修改，可以点击工作流图进入这一模型或方法的参数设置和数据输入情况，用户点击下一步则可以获得该模型或方法输出数据基本情况。

3）结果输出

模型在工作流末端输出结果中，提供统计图表等方式展示得到的运算结果，也提供在线设置打印模式以供用户选择相应的数据在线打印输出。

4. Web 服务分享

为了增强用户参与意识，用户可以对在线使用的模型服务的同时进行评论和推荐，模型服务提供者可以及时对于用户使用情况进行反馈，进一步优化和完善模型存在的问题，同时也进一步衔接模型使用者之间同行的联系，搭建业态沟通互动桥梁。借鉴分享的理念，用户在使用在线模型中认为较好的模型除了推荐以外同时可以通过网站提供分享的功能将该模型向其他好友分享推荐，可以不断地将优质的模型向广大用户推介，让更多的用户从中获取得到优质的模型服务。通过这样的模式构建一个由用户参与决定的模型库群，提升模型库系统的生命周期和存活度。

7.2.4 关键技术

1. OWL-S-Web 技术

1）语义 Web 服务技术

（1）Web 服务技术

Web 服务是一种新的分布式应用技术，是微软提出的一种基于互联网的开发和访问模型，其允许服务请求者在一定条件下使用服务提供者在互联网上发布的服务，并且能方便地集成到自己的应用程序中，运行在不同软硬件平台上的应用程序能够通过 Web 服务实现相互通信或集成[3]。目前，IBM、Oracle、微软等计算机厂商均对 Web 服务提供支持，Web 服务以其操作简单、易于使用等特点，在商业、金融、旅游等领域被广泛使用，具有广阔的发展空间。

一个完整的 Web 服务通常包含服务提供者、服务注册中心和服务请求者，这三种角色构成 Web 服务软件模块和 Web 服务描述，并通过发布、查找和绑定操作进行交互操作。一个 Web 服务从发布到被调用，会经过以下过程。Web 服务体系结构中的服务提供者，定义 Web 服务的服务描述并把它发布到服务请求者或服务注册中心。服务请求者要想调用该服务，首先使用查找操作来从本地或服务注册中心检索服务描述，然后使用服务描述与服务提供者进行绑定并调用 Web 服务。服务提供者和服务请求者角色是逻辑结构，因而服务可以表现两种特性，即一个 Web 服务既可以是提供者又可以是请求者（图 7.8）。

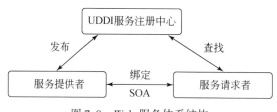

图 7.8　Web 服务体系结构

（2）语义 Web 技术

语义 Web 是由 Web 的创始人 Tim Berners-Lee 首先提出来的，他给出语义 Web 的定义是：语义 Web 不是一个孤立的 Web，而是针对当前 Web 的扩展，语义 Web 使得信息具有良好的含义，将 Web 这个信息系统的潜力充分挖掘出来。当前的 Web 上的网页是针对于人来设计的，计算机并不能理解网页上信息的含义。因此语义 Web 研究的主要目的是针对当前的万维网进行相应语义扩展，使得网络中的信息具有语义性，这样就使网页上的信息能够被计算机所理解[7]。语义 Web 技术希望将万维网上数量庞大的资源整合成按实际意义联系起来的整体，将传统的万维网变成一个巨大的"知识数据库"，而不是传统意义上只是一个个互相连接网页的集合。

（3）本体

本体论是共享概念模型的明确的、形式化规范说明，包含四层含义：概念模型、明确、形式化和共享。概念模型指通过抽象出客观世界中一些现象的相关概念而得到的模型。概念模型所表现的含义独立于具体的环境状态。明确指所使用的概念及使用这些概念的约束都有明确的定义。形式化是指计算机可理解的。共享指体现的是共同认可的知识，反映的是相关领域中公认的概念集，针对的是共同的共识。本体的目标是捕获相关领域的知识，提供对该领域知识的共同理解，确定该领域内共同认可的词汇，从不同层次的形式化模型给出这些术语和术语间的相互关系的明确定义，为基于领域的知识共享和推理提供声明式的描述逻辑框架。

（4）语义 Web 服务

语义 Web 服务的主要方法是利用本体来描述 Web 服务，然后通过这些带有语义信息的描述实现 Web 服务的自动发现、调用和组合。语义 Web 和 Web 服务是语义 Web 服务的两大支撑技术。目前对语义 Web 服务标记语言研究最典型的组织就是 DARPA 组织，该组织提出了 Web 服务本体语言 OWL-S。由于 OWL-S 对 Web 服务领域标准和语义 Web 领域标准的兼容性较好，并且具有开放灵活的定义方式，已经逐渐成为语义 Web 服务描述框架的推荐标准。在 OWL-S 中，一个 Service 由三个顶层本体来描述，分别称为 Service Profile、Service Model、Service Grounding。简单来说，Service Profile 描述服务是做什么的；Service Model 描述服务是怎么做的；Service Grounding 描述怎么访问服务的。一个 Service 最多被一个 Service Model 描述，一个 Service Grounding 必须和一个 Service 相关联，如图7.9 所示。

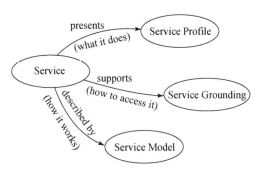

图 7.9　OWL-S 的顶层服务本体

2）语义 Web 服务发现技术

语义 Web 服务发现是建立在原有的 Web 服务体系结构基础上的，并引入本体方法、语义推理和 OWL-S 等技术而产生的。在 Web 服务中利用本体论对 Web 服务进行概念建模，使服务之间能理解交互信息从而实现语义的互操作，可解决 Web 服务发现过程中存在的语义异构问题，达成领域内一致的语义理解。采用语义 Wbe 服务本体描述语言（OWL-S）对 Web 服务进行语义描述，使用户能够了解服务的功能细节，加强服务描述信息的机器可理解性，支持用户需求与服务能力之间的匹配。同时利用描述逻辑具备的推理能力为 Web 服务的语义匹配提供推理机制。应用本体建模方法建立领域本体库，解决 Web 服务发现过程中存在的语义异构问题，达成领域内一致的语义理解。并采用语义 Web 服务本体描述语言（OWL-S）分别对 Web 服务和服务请求进行语义描述，产生的 Web 服务本体使服务请求者能够了解服务的功能细节，加强服务描述信息的机器可理解性，同时服务请求 Profile 能精确描述服务请求者所需服务的功能信息，为实现基于服务功能的语义匹配提供充分的语义信息。通过 OWL-S Web 服务技术拓展 UDDI 注册中心，使其能支持服务功能的语义描述。同时系统采用分级匹配策略结合语义推理实现模糊匹配，提高检索效率和查准率。

2. Silverlight 技术

Microsoft Silverlight（"银光"）是一种新的 Web 呈现技术，能在各种平台上运行。借助该技术，将拥有内容丰富、视觉效果绚丽的交互式体验，一个跨浏览器、跨客户平台的技术。Silverlight 是一种融合了微软的多种技术的 Web 呈现技术。它提供一套开发框架，并通过使用基于向量的图像图层技术，支持任何尺寸图像的无缝整合，对基于 ASP. NET、AJAX 在内的 Web 开发环境实现了无缝连接。Silverlight 使开发设计人员能够更好地协作，有效地创造出能在 Windows 和 Macintosh 上多种浏览器中运行的内容丰富、界面绚丽的 Web 应用程序——Silverlight 应用程序。Silverlight 呈现技术 XAML（可扩展应用程序标记语言）遵循 WPF，它是 Silverlight 呈现功能的基础。XAML 提供一种便于扩展和定位的语法来定义与程序逻辑分离的用户界面，而这种实现方式和 ASP. NET 中的"代码后置"模型非常类似。XAML 是一种解析性的语言，简化了编程式上的用户创建过程。

1）Silverlight 与 XAML、Javascript 的关系

XAML 是构成 Silverlight 的内容，Javascript 能够使 XAML 所建立的内容与用户互动。Silvethght 控件解译指定的 XAML 文件的内容，并且将其显示出来，简单地说，XAML 本身定义了内容，而 Silverlight 控件则对其进行解译。XAML 是建立 Silverlight 可视化接口最重要的基石，它是一种 XML 格式的纯文本文件，以 .xaml 为扩展名，通过声明式的 XML 标签建立各种 Silverlight 可视化元素，而这些对象化元素进一步通过 Javascript 程序代码，处理用户或是系统自行触发的事件，达到互动的目的。XAML 主要用来呈现 Silverlight 应用程序的可视化接口，它由数量不等的对象组成，而 Silverlight 对象模型提供创建 XAML 所需的对象，通过 XAML 的整合，Silverlight 控件则在执行期间，展示对象所呈现的可视化效果。

2）Silverlight 与 XAML、Javaseript 在项目中的互动

Silverlight 可视化过程定义工具中，在操作界面所能看到的视图的数据信息就储存在 XAML 文件中，包括活动、活动菜单、连接、连接菜单、容器、容器菜单，但是 XAML 文件只储存了能描述这些对象的视图信息，本身并不具备解译这些信息的功能，要把这些储存在 XAML 文件中的视图数据信息映射成操作人员能直观感觉的图形则需要 Silverlight 控件对其进行解译，通过 Silverlight 控件的解译之后，XAML 所保存的信息就能在操作界面上表现为用户可以看到的图形。

用户只能看到各种代表活动、连接、容器或是菜单的图标，不能对这些图形进行动态的操作，这些操作在过程定义工具中，以活动为例，包括对活动的拖曳、添加、删除以及对属性的定义等，要完成这些活动或是事件需要 Javaseript 文件进行驱动，Javaseript 文件就是 Visual Studio 的 xaml.es 文件，它也就是可视化定义工具中对各种类的操作的后台文件。

3）基于 Silverlight 的 MVC 开发模式

在对 ASP.NET MVC 模式借鉴的基础上设计了一种基于 MVC 模式的轻量级 Silverlight 框架，其结构如图 7.10 所示。视图是用来实现交互界面的，在 Silverlight 的框架中，界面所展现的效果由 XAML 文件决定。开发人员可以在 ASPX 页面插入控件来实现视图。在 Silverlight 中，有两部分表现视图的内容：一部分是原 ASPX 页面所配备的各种控件，另一部分则是 Silverlight 中由 XAML 文件体现其内容的 Silverlight 控件。通过对这两部分控件的完美结合，展现出绚丽丰富的用户交互页面效果。在 Silverlight 应用程序中，控制器主要由两部分组成，一部分是采用 Javascript 编写的代码，另一部分采用诸如 C++、VB 等托管语言编写的 Code-Behind 形式的代码。用户在操作页面与计算机交互时，在通过 Silverligllt 的控件提交请求后，Javascript 代码响应用户，并驱动托管语言编写的事件。

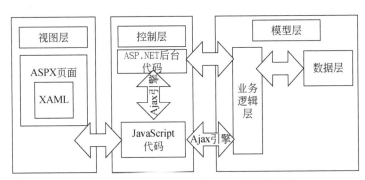

图 7.10　基于 Silverlight 的 MVC 开发模式图

7.2.5　系统实现

1. 开发环境

（1）UDDI 开发工具包：Windows Server 2008 UDDI SDK，支持 UDDI 标准，本系统通过 Windows Server 2008 UDDI 模块来建立 UDDI 注册中心。

（2）数据库软件：SQL Server 2008，用来实际存储 UDDI 注册中心的 Web 服务信息。

（3）本体开发工具：Protege 3.2+OWL Plugin，用来创建本系统的领域本体库。Protege 是由斯坦福大学开发的本体和知识编辑器，它是一个进行本体设计和知识获取的图形化开发环境。它可以用于对描述特定领域的本体建摸，并可创建对应于特定领域的本体实例。同时它提供扩展接口使用户可依据自身需求开发特殊用途的插件。采用 OWL Plugni 插件可通过 OWL 语言来实现具体的领域本体库的创建。

（4）Web 服务语义描述工具：OWL-S Editor 是 Protege 的插件，用来创建服务 OWL-S 规范的 Web 服务主体；提供一个可视化的编辑界面，作为 Protege 的一个插件，可以方便用户创建采用 OWL-S 规范的服务描述，OWL-S Editor 作为 Protege 的插件被使用。

（5）服务语义描述应用接口——OWL-S API：OWL-S API 提供一个 Java API 的编程接口，可以读取、执行和编写 OWL-S 服务描述。API 提供一个执行引擎，既可调用原子过程，又可调用复合过程。API 里的所有对象都是继承 OWLR esource 类，因而具有 accessor 函数，来获取 OWL 属性的值，也可获取底层的数据模型（基于 Jena）用于更高级的查询。

（6）语义推理工具——Jena 及 Racer 推理机：Jena 是 HP 实验室开发的实现语义网应用的 Java 框架工具。它提供一个 RDF、RDFS 和 OWL 语言的编程环境。实际上，Jena 把 RDF 文件转换成一个用概念-谓词-对象表示的 DRF 模型，并支持使用 RDQL 查询语言来实现信息检索。Jena 还包括一个基于规则的推理引擎，该推理引擎能实现简单的推理。为了实现复杂的语义推理，Jena 提供一个把外部推理机连接到 Jena 模型的机制，可以通过外部的推理机来实现 DIG 描述逻辑推理接口。

Racer 是一个采用高效优化 tableau 算法的知识表示系统。Racer 为多样的 Tbox 和 Abox 提供推理服务，对于 Tbox 而言，能实现的推理有：概念的一致性检测、概念的包含关系、判断概念的父类和子类等。对于 Abox 而言，可以实现 Abox 的一致性检测、实例检测、实例抽取等。Racer 是基于描述逻辑的推理机，它不是通用的推理机，而是针对具体的本体语言（如 OWL）的推理机，因此具有高效性。

（7）服务语义描述处理工具：OWL-S API，利用 OWL-S API 来读取和解析 Web 服务本体。

（8）开发工具：VS2010，ASP. NET C++；应用服务器：Windows Server 2008。

（9）模型组合技术：Microsoft Silverlight 4。

（10）. NET 平台和 Java 平台的互相调用技术——IKVM. NET 技术。

IKVM. NET 是开发的基于. NET CLR 的 Java 虚拟机，IKVM 提供以下三种功能：①使用 ikvm-jar 控制台指令，直接在 IKVM 下运行 Java 程序，如 ikvm-jar myapp. jar；②使用 IKVM 可以把 Jar 文件转换成动态链接库，执行 ikvmc-target：librarymylib. jar 指令可将 mylib. jar 转换为 mylib. dll，方便在. NET 环境下调用；③使用 ikvmstub 在 Java 环境下开发. NET 程序。本书使用其第二个功能，将 Java 等提供的 Jar 包转换成可以被. NET 环境使用的动态链接库 DLL，解决了. NET 环境下不能直接使用 Java 的问题。

2. 系统实现

1）系统登录

系统登录界面如图 7.11 所示。

2）服务注册与发布

根据通过各种途径获取得到 Web Service 服务，在这里用户可以对这些已注册的服务进行查询和修改。如图 7.12 和图 7.13 所示。

图 7.11　系统登录界面

图 7.12　已注册的 Web Service 浏览和查找

图 7.13　注册发布模型服务

3）模型服务组合

模型服务注册和发布以后，对单一模型服务进行重新组合，通过系统平台提供的图形化建模环境对单一模型服务进行重新组合，生成新的模型服务。如图7.14～图7.16所示。

图7.14　模型服务组合

图7.15　填写新建模型服务组合相关信息

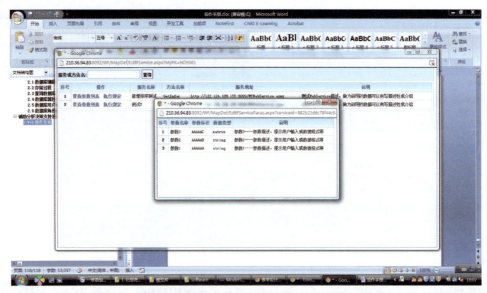

图 7.16　从注册模型服务库中挑选合适的方法绑定到模型服务节点

4）模型服务验证

模型服务验证主要对前面注册发布和组合的模型服务进行验证使用。点击"发起验证"可以对该模型服务进行验证使用。若需要查看浏览该模型服务的流程具体情况，则点击"查看验证模型"则看到相应的模型服务流程情况。如图 7.17 ~ 图 7.19 所示。

图 7.17　组合模型服务方法列表信息

图 7.18　验证模型组合服务节点模型方法

图 7.19　验证模型组合服务节点模型方法

5) 系统后台配置管理

针对后台权限管理和基本信息配置，应用角色管理、菜单权限管理等模块进行基本的设置，系统基本信息设置如图 7.20 ~ 图 7.22 所示。

图 7.20　角色管理

图 7.21　菜单权限管理

图 7.22　后台基本文件配置

3. 系统应用

1）基础模型服务开发

依托专业数据建模工具 MATLAB 完成模型原型构建，并采用 NET 与 MATLAB 混合编程的形式将 MATLAB 专业模型 m 文件编译成动态链接库文件 dll，在 NET 中以 Web Service 模式发布专业模型，为人文、社会、经济系统以及陆地系统和海洋系统等各研究领域提供通用和基础的分析模型服务。这些专业模型服务包括相关分析、方差分析、回归分析、时间序列分析、系统聚类分析、模糊数学分析、主成分分析、马尔科夫预测、趋势面分析、AHP 决策分析、灰色关联分析、控制论方法、分型理论、小波分析、神经网络、元胞自动机、遗传算法、退火算法等。

2）注册模型服务构建专业模型服务分类分级体系

将开发的基础模型服务在 UDDI 注册中心注册，并将这些模型服务按照演变过程—分异格局—驱动机制—胁迫阈值—预测预警—风险评估—优化决策等问题进行分类分级，具体情况见表 7.1。

表 7.1　基础模型库及方法组成结构

基础模型 方法库	分类分级	演变过程	分异格局	驱动机制	胁迫阈值	预测预警	风险评估	优化决策
相关分析	√		√					
方差分析	√		√					
回归分析				√				√

续表

方法库＼基础模型	分类分级	演变过程	分异格局	驱动机制	胁迫阈值	预测预警	风险评估	优化决策
时间序列分析		√				√		
系统聚类分析	√		√					
模糊数学分析	√							
主成分分析	√			√				
马尔可夫预测		√				√	√	
趋势面分析		√				√		
AHP 决策分析			√					
灰色关联分析						√		√
控制论方法								√
分形理论	√							
小波分析	√	√			√			
人工神经网		√			√	√		
元胞自动机		√				√		
遗传算法						√	√	
退火算法						√	√	

3）综合模型库建设

综合模型库建设采用开放式原则，在建立丰富基础模型库与方法库的基础上，首先建立操作简单可嵌入式的图形化建模子系统，利用积木式模型化建模工具，实现"有限算法，无限模型创建"的可能。在此基础上，针对具体用途的组合模型库及组合机制，建立专门的处理特定领域问题及复杂的综合性问题的模型类库。

7.3　北部湾经济区科学数据辅助分析决策系统研发

北部湾经济区科学数据辅助分析决策系统研发工作的核心是构建智能模型库。智能模型库的建设就是针对具体用途的组合模型库及组合机制，建立各种专业模型库，实现智能化的模型建立、模型显示、模型修改、模型查询、模型打印、模型删除、模型组合、模型编译、模型保存等功能，建立模型库的驱动系统和运行机制。

7.4　北部湾经济区科学数据辅助分析决策系统具体应用

沿海典型生态系统演变过程可以通过其健康状态分析并进行预测，建立沿海典型生态系统演变指标体系，从大量历史记录（环境、生态、经济、人口、社会等）进行验证对比，应用四类预测模型（土地利用趋势预测模型、海洋环境数值模型、海洋生态系统模型、灰色预测模型），构建多学科预测模型的综合预测体系，预测沿海典型生态健康状态及演变过程。

7.5 北部湾主要灾害形成模拟系统

北部湾主要灾害有洪涝、风暴潮、赤潮灾害等，其中随着环境污染日益扩大，北部湾沿海赤潮频发且规模不断扩大，导致各种海洋生物的生存环境遭到严重破坏，海洋生态系统失衡恶化，迫切需要建立高精度的赤潮灾害智能预警系统。结合当前日趋成熟的神经网络算法，构建基于神经网络的赤潮灾害智能预警系统，在简要分析赤潮发生与环境因子之间关系的基础上，构建基于 PCA（Principal Component Analysis）的附加动量法 BP（Back Propagation）神经网络赤潮预测模型。通过对北部湾海域赤潮成因进行分析，构建基于 LMBP（Levenberg–Marquardt Back Propagation）的北部湾赤潮预测模型。以多种神经网络预测算法为核心，搭建基于 Web 2.0 架构的赤潮灾害模拟系统，实现基于 B/S 模式的神经网络赤潮灾害智能预警系统。

该系统具有如下作用：

（1）合理地对生态环境中的现实现象进行解释，了解生态环境演变过程，并对复杂生态环境系统进行及时的监控、预测和预警；

（2）通过建立的人工系统模型，可以为复杂生态环境系统提供一个直观的试验平台，了解生态环境演变过程，模拟主要灾害形成过程；

（3）对于政府和监管者来讲，可以更好地理解各种复杂系统现象的成因，把握解决问题的关键所在，从而对症下药制定出相应的监管治理措施。

参 考 文 献

［1］乔治强. 基于 UDDI 的 Web 服务注册中心开发. 西安：西安理工大学硕士学位论文，2008.
［2］王旭辉，姚世军，焦志勇等. 基于 UDDI 的 Web 服务发现研究. 计算机与现代化，2009，（2）：31～34.
［3］杜春. 语义 Web 服务发现模型研究. 南京：河海大学硕士学位论文，2006.
［4］夏秋香. 基于 OWL 的本体整合系统关键技术的研究. 天津：天津理工大学硕士学位论文，2012.
［5］张嗜军. 基于功能语义的可视化 Web 服务发布与匹配的研究与实现. 武汉：武汉理工大学硕士学位论文，2011.
［6］杜道林. 应用集成中语义 Web 服务匹配和发现机制的研究. 济南：山东大学硕士学位论文，2008.
［7］魏娟丽. 一种改进的语义 Web 服务发现方法. 电子设计工程，2010，18（7）：51～53.

第三篇

专题研究

第8章 广西北部湾经济区生态
环境脆弱性评价

本章主要从生态环境脆弱性、生态环境、自然灾害等空间信息、分布特点、动态变化等方面来研究北部湾人海系统演变机理及资源环境效应。

8.1 引　　言

8.1.1 选题背景与研究意义

生态环境脆弱性研究及其评价已成为目前区域环境演变与可持续发展研究中的热点问题，是现代生态学重要研究命题之一，是在全球气候变化影响下大尺度生态环境演变研究的深化。近几年，国家进一步推进实施中国国家海洋战略，使海陆过渡带成为全国向海洋进军的桥头堡和前沿基地，在海陆过渡带掀起了新的一轮开发建设热潮。海陆过渡带人类活动的强度显著提高，其活动范围不断扩张，这也使人口密集、经济发达的海陆过渡带遭受到前所未有的生态环境压力，其生态环境存在着退化、恶化的潜在趋势，此时展开海陆过渡带生态环境脆弱性研究，加强生态修复、生态保护与生态建设，对区域环境演变与可持续发展显得尤为重要。开展海陆过渡带的生态环境脆弱性评价，不仅对海陆过渡带的生态环境建设与恢复具有重要的现实意义，同时对海陆过渡带的环境演变与管理、土地高效利用、资源合理配置以及社会经济可持续发展都有着重要的指导和参考价值。

生态环境脆弱性研究，通过综合分析区域环境的生态敏感性、生态恢复力以及在外部生态环境压力胁迫共同影响下的潜在演变趋势，理清区域生态环境脆弱性的驱动机制、演化规律及其空间格局，进一步进行生态环境脆弱性综合评价、分级及分区，为当地脆弱生态环境保护与恢复政策的制定提供参考。

现有的生态环境脆弱性研究多从生态固有脆弱性与胁迫脆弱性两方面因素着手，研究方法从定性发展到定量，应用大量数学计量方法及数理模型进行研究；评价指标也逐步从自然、人文单一评价指标体系发展到多指标体系综合评价，但是这些指标数据必须依靠长期观测统计或由项目组对研究区大范围实地调查得到，这对大尺度的研究及缺少统计资料的生态研究存在很大的局限性，同时现代生态学所涌现出来的景观指数、土壤侵蚀敏感性指数等在传统的地学计量统计方法中难以得到应用，因此目前的生态环境脆弱性评价研究普遍存在着单一评价指标体系指标间信息重叠、少量综合性生态指标信息覆盖不全的问题，严重影响着评价的科学性，而基于遥感、GIS技术进行空间主成分分析，既可以充分利用现有统计资料，又可以快速获取大尺度研究区未作统计的生态信息，既能剔除指标间数据的冗余重叠，又能避免少量综合指标覆盖不全的不足，从而为研究区域生态环境脆弱性评估提供准确而全面的信息。

广西北部湾经济区地处欧亚大陆与北部湾海的过渡带，北回归线横贯其中，是典型的海陆过渡带以及气候过渡带并存的区域，十万大山、六万大山、大容山、西大明山、大明山等山脉对南方的暖湿气流有明显的阻挡作用，从而造成迎风坡常年湿润多雨，雨影区干旱少雨，蒸发强烈，水土流失严重，生态环境十分脆弱。特别是近年来，随着广西北部湾经济区经济建设发展迅猛，经济区人口快速增加、大批临海重化工业项目的建设建成以及商贸物流业的快速发展，人为活动影响加剧，水土流失面积急剧增加，使本来就脆弱的生态环境更加恶化，研究区内的生态环境压力度达到空前的高度。植被破坏、土地沙化和海水倒灌等较为严重的地区已对北部湾经济区农业构成了一定威胁，成为目前制约广西北部湾经济区内社会经济快速建设发展的关键因素之一。该地区集滨海湿地和土地沙化过程为一体，反映区域内地质地貌过程、水文过程和人类活动过程的综合作用，是指征广西生态环境变化的关键地区。由于气候高温湿润多雨，季节降水不均衡，洪涝、干旱灾害并存，植被单一，研究区出现土壤侵蚀、土壤盐渍化、植被质量退化、生物多样性丧失等环境问题。同时随着经济的发展，人们对经济区高强度开发等诸多人为因素的干扰，使该研究区生态系统极不稳定，具有很强的脆弱性与敏感性。因此，在向海洋进军的国家发展战略大背景下，对广西北部湾经济区生态环境脆弱性进行综合评价研究，探究其驱动机制，无论对海岸带环境演变与管理、经济产业结构调整及区域生态环境建设与保护，还是对实现广西北部湾经济区环境和经济的可持续发展都将具有十分重要的理论和现实意义。

本书在深入分析广西北部湾经济区区域生态环境脆弱性的基础上，以遥感数据、DEM数据、土壤类型图、土壤质地图、气候观测统计数据、地质图、植被图、灾害数据以及社会经济数据等为基本信息源，提取研究区生态脆弱性信息，基于生态敏感性指标-生态恢复力指标-生态压力度指标建立生态脆弱性综合评价概念模型，应用空间主成分分析，实现对海陆过渡带与气候过渡带区域生态环境脆弱性的定量评价。

8.1.2　研究综述

1. 国内外生态脆弱性研究现状与发展动态

随着全球环境变化影响研究的加强，特别是对于人地耦合关系研究的深入，有关生态脆弱性及其脆弱性评估、脆弱生态环境的可持续性管理、已受损害的生态环境的恢复重建等研究逐渐成为全球性研究热点，且其研究内容不断扩展、应用领域日趋广泛并呈现学科综合化的趋势[1]。

生态脆弱性是区域环境变化与可持续发展研究的热点问题之一。生态脆弱性的研究，早已得到全球的广泛关注。在20世纪60年代的国际生物学计划（IBP）、70年代的人与生物圈计划（MAB）、80年代的地圈-生物圈计划（IGBP）都把生态环境脆弱性作为热点研究领域[2]。1988年政府间气候变化专业委员会（IPCC）成立，着重关注人类社会经济活动所造成气候过程的影响[3]。生态脆弱性概念及其研究内容经历了一个不断延伸发展的过程。在美国学者 Clements 首次提出生态过渡带之后，有关脆弱性生态环境的研究逐渐展开，在第 7 届（1989 年）布达佩斯大会重新确立生态过渡区（Ecotone）的概念后，更是在该领域掀起新的研究热潮[4]。继 Ecotone 被提出后，国内学者纷纷将 Ecotone 中过渡地带的思想引入生态研究，逐渐形成了生态脆弱带的概念，它是指处在不同的物质体系、能量体系、结构体系和功能体系间所形成的界面及由界面向外延伸空间过渡地带[5]。这导致国内生态脆弱性研究范围被限定在生态交错带，20 世纪 90 年代初期，生态脆弱带的概念及其研究逐步向生态脆弱区扩展。生态脆弱区是指在特定地理背景下，生态系统中物质与能量分配不均衡，物质与能力在低水平下进行，生态系统处于脆弱不稳定状态，相对于稳定的生态系统，更容易在同等干扰作用下偏离系统原有的平衡、稳定状态，从而导致生态环境的退化、恶化的区域[6]。90 年代后生态脆弱在研究内容上也从自然生态系统、自然灾害的研究进入到灾害与资源耦合研究。2000 年以后，脆弱性研究内容进一步延伸到自然系统与社会经济系统研究的综合，被广泛应用到灾害管理、全球气候变化、景观生态学、可持续性科学以及经济学、土地利用等众多研究领域[7]。自 2001 年以来，IPCC（WG2）已做了三次评估报告，报告指出脆弱性和适应性评价是识别和评估气候变化对自然和人类系统有害或有益影响，并对气候变化的潜在影响，自然和人类系统的敏感性、适应性和脆弱性进行评估[8]。自此，以 IPCC 为代表的国际学界对生态脆弱性展开了持久的研究[9]。2010 年 IPCC 对生态脆弱性研究内容的界定相对权威，IPCC 认为生态脆弱性研究的基本内容包括系统变化的评估、系统响应变化的敏感性评价、变化对系统造成的潜在影响估测，以及系统对变化及其可能影响的适应性评价[10]。

尽管当前不同研究者或研究区机构对生态环境脆弱性概念及其理解仍不尽相同，但脆弱生态环境一般都具有生态环境敏感性强、环境稳定性较差、生态自身恢复能力与再生能力较差、生态弹性力小、所遭受生态压力较大以及抵抗外界干扰能力差等特征。

2. 生态环境脆弱评价体系与研究方法

生态脆弱性评价是对生态系统的脆弱程度做出定量或半定量的分析、描绘和鉴定[11]。其目的是研究生态环境脆弱性的驱动机制及其演变规律，并根据不同成因及驱动因子提出科学的资源利用方式、生态保护与恢复的原则与发展对策，从而实现当地可持续发展。

在不同时空尺度下的生态系统有着不同的特征，评价时需要不同的指标体系和评价方法。1990 年以来，围绕各种典型脆弱生态区，学者进行大量生态脆弱性理论与实证研究，评价指标体系与方法都得到了较大的发展。在生态研究的初期阶段，国内生态研究主要以构造数学生态模型或以多个单一指标综合评价进行生态环境脆弱性研究。1996 年王经民和江有科对黄土高原水土流失重点县进行了生态脆弱性评价，但所建立的指标体系适用范围有限，其选取的评价指标只适用于特殊地理背景下典型生态脆弱区的评价，但在不同类型区的评价结果缺乏可比性[12]。罗新正和朱坦建立适用于山区生态环境脆弱性评价的指标体系[13]。陈焕珍以山东大汶河流域为例，建立适用于流域的生态脆弱性单一评价指标体系，通过空间主成分分析构建流域生态环境脆弱指数模型[14]。同时，随着现代生态学的研究发展及 "3S" 技术的进步与广泛应用，逐渐涌现出与景观生态学、土壤侵蚀原理等相结合，以少量综合生态环境脆弱性指数来构建生态环境脆弱度评价模型的相关研究，并朝着指标综合性、方法综合化和更具区域针对性的方向发展。2005 年王介勇等[15]、2007 年邱彭华等[16]、2011 年卢远等[17]，以遥感影像为信息源，利用景观格局指数、土地沙化、土壤侵蚀、石漠化敏感性敏感指数等少量综合生态环境脆弱性评价指数构建区域生态脆弱度模型，进行生态环境脆弱性评价。

3. 生态环境脆弱性研究所存在的不足

生态环境脆弱性研究已获得了较大进展，但仍存在着不足急需解决，主要表现在以下几个方面。

（1）传统统计、观测资料不足，数据精度低，在中小尺度生态研究中传统统计、观测数据的空间精度较低，难以满足研究需要。在经济社会发展滞后的区域，传统的统计资料明显不全甚至缺乏统计资料，影响了生态学研究大尺度范围的全面、整体研究。而在中小尺度的研究中，传统统计、观测资料的数据精度明显不足。如气候、地温等数据在一个县级行政单位才设 1～2 个观测站点，若进行县级生态评价研究，数据精度不足。而使用中高分辨率的遥感影像作为数据源，能在一定程度上缓解传统统计、观测资料的不足或缺测以及精度低等问题。在今后很长一段时间内，中、高遥感影像数据将是生态研究重要的数据源。

（2）传统地理数学统计分析方法难以适用于现代生态学最新的研究成果与空间分析技术。常用的计量地理学方法有相关分析法、回归分析法、层次分析法、主成分分析法、因子分析法和综合指数法等，这些方法在人文地理、经济地理中获得了广泛的应用，但在生态环境研究中面临着社会统计资料不全或缺乏统计数据的问题。现代生态学研究中涌现出大量基于遥感影像的生态评价指标、指数，在一定程度上解决了生态研究社会统计资料不足以及大尺度生态研究的数据来源的问题，但是传统的计量地理学方法难以利用这些基于遥感影像栅格数据格式的大量现代生态学研究成果。景观生态学方法的出现一定程度上解决了传统计量地理学的不足，然而景观生态学又难以利用已有的地质、地貌、土壤、气候观测数据等与生态系统密切相关的资料，加剧了生态研究中的不确定性。

（3）少量综合性生态评价指标所包含的信息难以涵盖生态系统脆弱的复杂性，其所构成的综合评价模型具有一定的局限性。近年来，生态学研究涌现出大量以土壤侵蚀敏感性指数、景观格局指数、石漠化敏感性指数与土地沙化敏感性指数等少量综合性生态指数构建生态评价模型的研究成果，然而该类模型受自身特点的限制，理想程度较高，模型主要关注生态环境系统内在脆弱性，对外在胁迫脆弱性考量不足，模型所描述的复杂性远低于生态环境系统的现实复杂性，同一评价模型适用性受到社会经济制度及其变化等因素制约，未能体现不同的社会经济发展区域或不同发展阶段生态压力外部胁迫下生态脆弱性的不同。

利用遥感、GIS 分析技术进行生态环境脆弱性的评价、决策并分析研究区域生态脆弱的驱动机制及其空间格局演变已成为当前最主要的发展方向。但是，仅是利用单一指标对生态环境进行综合评价，难以表征生态系统的复杂性与敏感性，同时又难以消除多个单一评价指标间的相关性及其数据冗余，将来的生态环境研究将更多地依靠综合性指标与综合性评价方法。传统的生态环境实地调研法，耗时耗力，难以进行大尺度生态监测与研究，而单纯的遥感信息模型以统计学分析模型为主，与当地自然地理状况以及社会经济发展实际脱节，计算方法较为复杂，还需不断完善。随着"3S"空间分析技术发展，空间主成分分析法受到了众多研究者的重视。应用空间主成分分析法既能充分利用原有的地质、地貌、土壤气候、资源、社会经济发展统计资料，又能很好地融合最新的遥感信息、GIS 分析技术，同时消除指标间的重叠信息并弥补少量生态综合评价指数信息涵盖不全的缺陷。利用空间分析技术对区域生态环境脆弱性进行综合性评估与遥感监测将是未来重要的发展方向。

8.1.3　研究思路与技术路线

以广西海陆过渡带北部湾经济区 6 个地级市为案例，以生态环境脆弱性为研究主线，分析广西海陆过渡带生态环境脆弱的驱动力因子与空间结构的特征及其环境防护对策。首先，对国内外生态脆弱性研究进行文献综述，提出论文的研究设计，而后基于生态敏感性-生态恢复力-生态压力度概念模型的基础上构建广西海陆过渡带（北部湾经济区）生态环境脆弱性的空间主成分分析模型及其空间自相关分析模型，并提出生态环境修复与分驱动力因子环境防护发展对策、措施，最终提出本书的结论。研究技术路线如图 8.1 所示。

8.1.4　研究内容

本书从广西海陆过渡带的主要生态问题入手，运用 ArcGIS 空间分析法与空间自相关分析法、均方差决策赋权重法、多元统计方法和数学模型等研究方法，对广西海陆过渡带生态环境脆弱的驱动因子进行分析研究，并针对不同区域的主要驱动因子，提出相应的环境防护措施，主要研究内容如下。

（1）阐述广西北部湾经济区生态环境脆弱性评价的选题背景、研究目的与意义及研究进展。参照前人研究，提出本书的研究思路与方法。

（2）介绍研究区概况、研究区生态脆弱性的具体表现与数据预处理。主要从遥感影像监督分类获取景观/土地分类。确定以 Landsat TM/ETM+遥感影像作为基本数据源，界定研究区的具体范围，对剪裁后的图像进行几何精校正和辐射校正等预处理。

（3）理论与方法。计算地形地貌因子、地质因子、地表因子、气候因子、灾害因子、景观干扰度指数、土壤侵蚀敏感度指数、植被净初级生产力、人类活动压力以及经济活动压力等指标，构建生态敏感性-生态恢复力-生态压力度的生态环境脆弱性概念模型、空间主成分分析模型，生态环境脆弱性空间自相关分析模型，并进行模型计算。

（4）分析研究区生态环境脆弱性评价结果及其特征。

（5）根据研究区生态环境脆弱性分级图对广西北部湾经济区进行生态脆弱性综合评价及分区。

（6）根据研究区生态脆弱性评价结果，针对研究区的生态环境脆弱不同的驱动因子提出生态恢复与保护的发展对策。

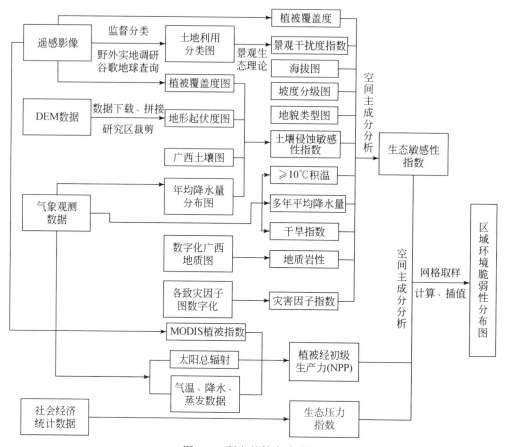

图 8.1　研究的技术路线图

8.1.5　研究方法

本书以自然地理学、景观生态学、土壤侵蚀原理、遥感原理及恢复生态学的理论和方法为指导，借助于"3S"技术和空间分析方法，基于 Landsat TM/ETM+遥感影像，选择广西海陆过渡带（北部湾经济区）作为研究区。

运用地貌类型、坡度、海拔、多年平均降水量、干旱系数、≥10℃连续积温、地质岩性、植被覆盖度 8 个单一评价指标，结合灾害因子、景观干扰度指数、土壤侵蚀敏感性指数 3 个综合性生态评价指标，通过空间主成分变换估算研究区生态环境脆弱的生态敏感性指数；通过构建净初级植被生产力模型（CASA 模型）计算植被净初级生产力，从而获取研究区生态恢复力指数；运用人类活动压力与经济活动压力两方面的人均耕地面积、人口密度、人均纯收入、人均 GDP、经济密度 5 个指标进行空间主成分转换计算研究生态环境脆弱性的生态压力度指数；基于生态敏感性–生态恢复力–生态压力度的生态环境脆弱性概念模型。在此基础构建区域综合生态环境脆弱度空间主成分分析评价模型，估算研究区范围内综合生态环境脆弱度指数，并对其进行分级、分区，并分析该区域生态环境脆弱性驱动因子及其空间自相关特征。最后，基于广西北部湾经济区脆弱生态环境的不同驱动因素，以当地生态环境脆弱性主导因素提出适合当地的生态修复以及生态防护对策。

8.2　研究区概况

8.2.1　研究区自然概况

1. 地理位置

广西北部湾经济区始建立于 2006 年 3 月，现由南宁、北海、钦州、防城港、玉林和崇左 6 个地级市组成。广西北部湾经济区（以下简称"北部湾经济区"）位处中国沿海西南端，南部濒临北部湾，拥有广西全部的海岸线，是整个广西的海陆过渡带。地理位置：北纬 20°26′ ~ 24°02′，东经 106°33′ ~ 110°53′，北部湾经济区拥有土地面积 72703km²，占广西总面积的 30.68%，浅海海域面积约 6488km²，滩涂面积 1005km²，海水可养殖面积 614km²；拥有大陆海岸线 1595km，加上岛屿岸线则有 1600 多千米。各市土地面积与海岸线长度如图 8.2 所示；广西北部湾经济区是广西经济的重点发展区域，包括海陆交错带、森林边缘带，是个典型的气候过渡交错区，经济区内平均海拔为 523m，有着海洋、滩涂、湿地、滨海平原、丘陵、台地、山地、河流、盆地等在内的多样生态系统。

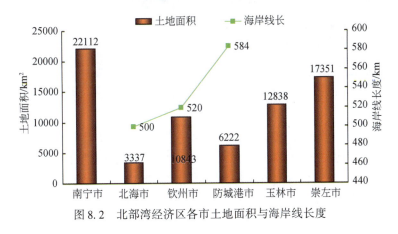

图 8.2　北部湾经济区各市土地面积与海岸线长度

2. 地形地貌

北部湾经济区地形复杂，地貌类型多样，境内北部南宁市以喀斯特地貌、丘陵、山地和平原为主，其中喀斯特地貌占 27.72%、丘陵 24.44%、山地占 23.39%、平原占 23.20%、台地占 1.73%；南宁市北部为喀斯特地貌，中部被大明山山脉分为两部分，大明山山脉西边为武鸣盆地，右边为宾阳盆地；其南部为南宁盆地，南宁盆地被邕江分割，左江、右江在盆地西侧汇合发育了南宁盆地，南宁东部、南部、东南部主要为低丘陵。

西部崇左市以喀斯特山地为主，山地多，平地少，喀斯特地貌占 42.36%、其他山地占 33.45%、丘陵占 7.46%、平原占 15.72%、台地占 0.55%。有西大明山、左江河谷、低山丘陵等，地势总体上是西北及南部略高，向中部、东部倾斜，中部被左江及其支流切割，形成错综分布的丘陵平原和岩溶洼地。海拔 200～1000m；东部玉林市以山地、丘陵为主，有山地（大容山、六万大山）、谷地、平原、玉林盆地、博白盆地等，地势西北高、东南低，自西向东、自北向南倾斜走向，其中山地占 54.97%、平原占 23.37%、丘陵占 17.68%，如图 8.3 所示。

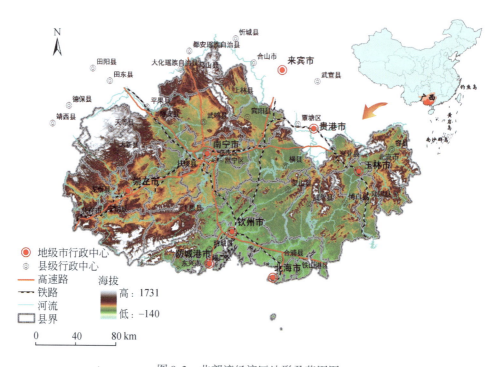

图 8.3　北部湾经济区地形及范围图

　　南部钦州、北海、防城港市以丘陵、台地、平原为主，海积地貌、海蚀地貌均较为发育，钦州市北枕山地，南濒海洋，地势北高南低，地貌类型由北向南依次为山地占 52.95%、丘陵占 27.49%、台地占 0.81%、平原占 10.18%、沿海阶地占 8.40%；钦州东北部有六万大山、罗阳山，西北部有十万大山，丘陵交错在山地和平原台地之间，钦州以低山丘陵为主，丘陵占 43.25%、低山山地占 30.76%、平原占 17.86%、沿海阶地占 7.69%；北海市境内南部沿海以阶地、平原为主，东北部、西北部为丘陵，阶地占 54.21%、平原占 19.62%、丘陵占 24.20%、台地占 0.07%；防城港市多为山地、丘陵，山地占 52.95%、丘陵占 27.49%、沿海平原占 10.18%、沿海阶地占 8.40%、台地占 0.81%，十万大山山脉横亘于防城港市中部，山脉以南地势向沿海降低倾斜，山脉以北，地势从南向北倾斜；沿海地形破碎，海岸曲折，如图 8.4 所示。

3. 气候

　　北部湾经济区属亚热带季风气候区，受濒临北部湾与北回归线横穿该区的共同影响，

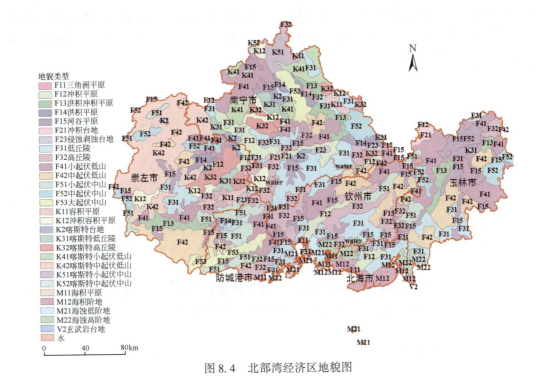

图 8.4　北部湾经济区地貌图

在气候上属于从南到北分布着亚热带海洋性季风气候、南亚热带季风气候和中亚热带季风气候。北部湾经济区气候温暖，阳光充足，雨水丰沛，无霜期长，利于农作物的生长。夏季长、气温高、降水多；冬季时间短、天气干暖。日照时数 1680～2089h，年均温 21.6～23.0℃，气温年较差 13.2～15.6℃，多年平均年降水量为 1147.3～2689.5mm，多年平均≥10℃连续积温 6667.27～7980.37℃。受西南海洋性暖湿气流与来自北方的变性冷气团的交替影响，北部湾经济区常见主要的灾害性天气有春旱、秋旱、低温阴雨、台风、暴雨、风暴潮、寒露风、霜冻等。

北回归线横穿研究区，北回归线以北属中亚热带季风气候，北回归线以南大部属南亚热带季风气候；而北海市、钦州市、防城港市受北部湾海洋暖湿气流影响，属南亚热带海洋性季风气候，具有亚热带向热带过渡性质的海洋季风特点，相对湿度年均值为 75%～82%，各地年降水量为 1551.0～2823mm。可见，广西北部湾经济区是一个典型的气候过渡交错区。

4. 土壤

广西北部湾经济区主要土类有新积土、水稻土、沼泽土、滨海潮土、火山灰土、石灰（岩）土、砖红壤、红壤、赤红壤、粗骨土、紫色土、红黏土、酸性硫酸盐土、黄壤 14 个土类。南宁市土壤主要有赤红壤、红壤、黄壤、水稻土、石灰土、紫色土、冲积土、沼泽土和菜园土 8 个土类。北海市的土壤类型分砖红壤、水稻土、潮土和沼泽土 4 个土类，以砖红壤土类为主。钦州市的土壤分砖红壤、赤红壤、黄壤、紫色土、水稻土、潮土、沼泽土等种类。防城港市主要有水稻土、紫色土、红壤土、黄壤土、冲积土、石灰岩土、赤红壤土7个土类。玉林市的土壤主要有水稻土、红壤、赤红壤、石灰岩土、紫色土、冲积土、沼泽土7个土类。崇左市土壤主要有水稻土、红壤、赤红壤、石灰岩土、紫色土、冲积土、沼泽土7个土类。

5. 植被

广西北部湾经济区主要自然植被类型有亚热带针叶林，亚热带常绿、落叶阔叶混交林，亚热带常绿阔叶林，热带雨林，热带季雨林，亚热带和热带竹林及竹丛，亚热带和热带常绿阔叶、落叶阔叶灌丛，热带旱生常绿肉质多刺灌丛，亚热带、热带草丛，亚热带、热带沼泽，热带红树林。其中以亚热带针叶林分布范围最广，主要树种是马尾松林、杉木林和湿地松林。热带雨林主要分布在十万大山、六万大山南麓山谷地带。热带红树林主要分布于铁山港、廉州湾、大风江口、钦州湾、北仑河口、防城港东西湾等海湾，常见的红树林植物种类有白骨壤、桐花树、秋茄、红海榄、木榄、海漆、老鼠勒、榄李、海芒果等。

栽培植被主要有一年两熟粮食作物田、一年三熟粮食作物田、常绿和落叶果树园与经济林、常绿果树园与亚热带经济林、热带常绿果树园和经济林。

8.2.2 社会经济状况

2015年，北部湾经济区经济继续保持良好发展势头，经济区生产总值（GDP）增速高于全区、西江经济带及桂西资源富集区，财政收入、工业、消费等主要经济指标增速均高于全区，经济区成为拉动全区经济增长的重要引擎。经济区（南、北、钦、防四市）GDP 5867.32亿元，比全区高1个百分点，比珠江–西江经济带广西7市高1.4个百分点，比桂西资源富集区高2.1个百分点；占全区GDP的比重为34.9%；对全区GDP增长的贡献率为38.8%。经济区固定资产投资额5623.51亿元，投资总量占全区比重35.9%，经济区社会消费品零售总额2424.19亿元，比上年增长10.3%，比全区高0.3个百分点，占全区比重为38.2%。完成货物吞吐量20482.06万t（规模以上），占全区规模以上港口货物吞吐量的65.2%。其中，集装箱吞吐量141.52万t，占全区规模以上集装箱吞吐量的69.2%。由此可见，广西经济正逐步向北部湾经济区倾斜，由此给北部湾经济区所带来的生态环境压力降逐步增强，特别是随着临海重工业化在北部湾经济区的布局、建设建成，以及发展迅猛的商贸物流业，使北部湾经济区的生态环境面临严峻的考验，面临着生态恶化、退化的风险。

8.2.3 研究区主要生态问题

广西北部湾经济区作为广西的海陆过渡带，一方面呈现出明显的海陆过渡的特点，另一方面研究区从海到内陆其气候类型呈现出由亚热带海洋性季风气候向南亚热带季风气候，再由南亚热带季风气候向中亚热带季风气候过渡演变的特征，具有典型的气候过渡意义，是典型的水陆交错带及气候过渡带，生态环境相当敏感而脆弱。

研究区生态环境脆弱性主要体现在以下几个方面。

（1）降水时空分布不均匀，干旱、洪涝灾害并重，降水利用率不高。

广西北部湾经济区属季风气候区，造成降雨年内年际分配极不均匀，受地形山脉阻挡等因素影响，降雨空间分布不均，迎风坡湿润多雨，雨影区干旱少雨。夏季降水占全年的40%~60%，且暴雨次数多强度大，年内高度集中的季节性降水，提高了干旱、洪涝灾害的发生频数，却降低了降雨利用率，加剧了多雨区的土壤侵蚀与水土流失。

（2）存在台风、风暴潮、暴雨、滑坡、泥石流等自然灾害的威胁。

广西北部湾经济区地处欧亚大陆与北部湾海洋海陆过渡带，沿海的地理区位，以及受北部湾全日潮的影响，使得经济区沿海地区常遭受台风、风暴潮、暴雨的袭击，给当地的农业种植、渔业养殖等经济活动以及基础设施建设造成了严重破坏，造成巨大的经济损失。受北部湾经济区降雨特点的影响，过度集中的降雨，以及研究区内山脉较多，潜在滑坡、泥石流等灾害发生可能性较大。

（3）土壤侵蚀、水土流失加剧。北部湾经济区山多坡陡，遍布的坡地是土壤侵蚀、水土流失的易发地，丘陵过度开发，水土流失严重；北部湾经济区内成土母质多以花岗岩、花岗斑岩、紫色砂页岩、石灰岩、砂页岩为主，在这些地质岩层风化壳上发育的土壤，土质疏松、持水性能差，遇水易蚀易冲、抗侵蚀性弱，在亚热带高温多雨的季风气候环境影响下，水土流失问题尤为突出；地表土壤被大量带走，土地生产力下降，生态环境相当脆弱，人口承载量小，物质交换能力低下。

（4）在经济发展迅猛、重工业化发展、开发区人口快速增加、物流商贸业的快速发展的状况下，生态环境压力空前增大，生物多样性受到严重威胁。北部湾经济区天然林面积小且零星分布，以次生林地为主，纯林面积比较大，生态系统单一，森林质量较差，生态功能较低，生物多样性已受明显破坏，森林生态系统逆向演替，呈退化衰败趋势，生物多样性受到严重威胁。

研究区内喀斯特石山区植被遭受严重破坏，石漠化问题突出；近年来，喀斯特石山区荒草地开垦、局部矿产无序开发进一步加剧了生态破坏和水土流失，抵御外界干扰能力差，在外界干扰时，极易发生生态变化甚至环境突变，生物多样性面临较大威胁。

（5）北部湾沿海地区生态环境问题突显，海洋生态系统受到一定程度的破坏。北部湾沿海地区生态环境敏感性强、稳定性差，这种不稳定性在台风、海啸、咸水盐渍等胁迫作用下越显脆弱，围海造陆和围海养殖破坏部分滩涂、湿地，红树林面积减少，围海造地陆源污染和水产养殖污染，向海洋倾倒废物垃圾、排放废水和有害物日益增加，造成近岸局部海域水质下降，红树林滩涂湿地等典型海洋生态系统遭到破坏。

8.3 理论与方法

8.3.1 生态环境脆弱性评价的理论基础

脆弱生态环境是一种对环境因素变化反应敏感而维持自身稳定的可塑性较小的生态环

境系统[18]。脆弱生态环境是生态稳定性差，生物组成和植被生产力波动性较大，对人类活动及突发性灾害反应敏感，自然环境易向不利于人类利用方向演替的一类自然环境[19]。生态系统的脆弱性即指生态系统在一定机制作用下，容易由一种状态演变成另一种状态，变化后又缺乏恢复到初始状态的能力。如果这种机制来自于生态系统内部，则属于自然脆弱性，如果来自人为压力，就属于人为影响脆弱性[20]。生态环境脆弱性是生态系统在特定时空尺度相对于外界干扰所具有的敏感反应和自恢复能力，是自然属性和人类经济行为共同作用的结果[21]。生态环境脆弱区是指大的稳定生态系统边缘或多种生态类型交汇过渡的地区，对各种自然和人为扰动极为敏感，生态系统常遭破坏而随之波动[22]。

脆弱生态环境形成因素可归纳为自然因素和人为因素两大类[23]，自然环境因素又包括基质、动能两种因素，基质因素是生态环境构成的物质基础，主要包括地质脆弱因子、地貌脆弱因子、水文脆弱因子与植被类型因子，动能因素是生态环境形成演替的能量基础，主要由气候因子构成。人为因素主要是由于人类对环境资源的不合理开发利用而远超出生态环境的承载能力所造成的环境脆弱。因此进行生态环境脆弱性评价时，既要充分评价其自然环境背景因素的脆弱性，还需评价人类活动给生态系统所带来的干扰的影响因素。

生态环境敏感性是环境及其组成要素对外界扰动发生响应的灵敏程度，它取决于区域环境系统的内部结构。生态环境的自然条件的脆弱包括生态环境敏感性及其生态恢复力。生态环境敏感性强弱取决于两个方面：一是外界扰动与环境系统响应这一过程的时间间隔（或速度）。时间越短，速度越快，生态环境敏感性越强，反之亦然。二是响应后果，即扰动引起的环境变化。响应越强烈，环境变化的幅度越大，表明生态环境敏感性越强。

生态脆弱性反映生态环境对外界变化的响应程度。生态脆弱性是指生态环境具有不稳定性，在外界的干扰或胁迫下容易发生变化，且这种变化可以是正向的也可以是逆向的，这种不稳定性和易变性可以用生态敏感性来描述。生态脆弱性是指生态环境在被干扰后的自我恢复能力较弱，如同样的干扰对于一般生态环境也许是可以承受的，但对于有明显脆弱性的生态环境来说，则很容易超出其抵抗干扰的阈值范围，从而使生态环境发生不可逆转的变化，这种恢复能力可以用生态弹性来描述。

生态脆弱性除了与生态环境的组成、结构、功能相关外，还与生态环境的处境密不可分。因为，生态环境本身的结构特征只是导致生态脆弱的潜在条件，而将这些潜在条件激化为现实的则是人类活动的干扰。所以，生态脆弱性研究须考虑生态环境所处的压力状况。

8.3.2 生态环境脆弱性评价、分析模型及评价体系

1. 生态环境脆弱性评价模型

1) 生态环境脆弱性评价概念模型的构建

区域环境演变多方面影响着生态系统的稳定，所以评估生态环境评价模型也纷繁复

杂。当前生态脆弱性评价的概念模型主要有基于主要成因指标和结果表现指标的指标体系的评价方法[24]，基于影响因子–表现因子–胁迫因子评价方法[25]、社会–生态系统方法，基于敏感性–弹性–压力体系评价法[26]，基于生态压力–状态–响应（PSR）指标体系评价法[27]，还有基于生态敏感性–生态恢复力–生态压力度的评价模型方法[28]；不同的生态环境脆弱概念模型，其评估方法也不尽相同，常用的生态评价方法有综合指数法、景观生态学方法、人工神经网络法、灰色评价法和模糊数学法等。

通过分析北部湾经济区生态环境脆弱性成因，选择生态敏感性–生态恢复力–生态压力度概念模型进行生态脆弱性评价，一级评价指标为生态敏感性指数、生态恢复力、生态压力度 3 个指标；其中生态敏感性指数由 11 个二级评价指标因子组成，生态压力度由 5 个二级评价因子指标组成，但在实际评价中各评价指标因子对广西北部湾经济区生态环境的作用和影响存在很大差异，考虑到各个指标之间可能存在着相关性，通过主成分分析方法予以剔除，并根据选取的各个主成分的特征值及其贡献率得到各主成分权重，建立最终的评价模型。因此对各 3 个一级评价因子与各二级评价因子分别采用空间主成分分析，所提取出来的主成分因子其所对应的载荷系数越大，其所包含原变量的信息的成分就越高，如果载荷系数为正则说明原来变量与该主成分呈正相关，如果载荷系数为负则说明原变量与提取出来的主成分呈负相关。据此可以具体分析各个主成分的组成。

为了消除原始数据量纲不同的影响，在进行空间主成分分析前需对原始数据进行标准化处理，本书采用极差标准化，与生态环境脆弱性正相关的指标用式（8.1）标准化，呈负相关的指标标准化用式（8.2）。

$$X_{ij} = 10 \times \frac{x_{ij} - x_{ij(\min)}}{x_{ij(\max)} - x_{ij(\min)}} \tag{8.1}$$

$$X_{ij} = 10 \times \left[1 - \frac{x_{ij} - x_{ij(\min)}}{x_{ij(\max)} - x_{ij(\min)}} \right] \tag{8.2}$$

式中，X_{ij} 为标准化后数据；x_{ij} 为原始数据矩阵；$x_{ij(\max)}$、$x_{ij(\min)}$ 分别为原始数据 x_{ij} 的最大值、最小值。

2）生态环境脆弱性空间主成分分析评价模型

考虑到各个指标之间可能存在着相关性，采用空间主成分分析方法剔除冗余数据，提取主成分，然后进行脆弱性评价，计算公式见式（8.3）：

$$\text{EVi} = w_1 \cdot F_1 + w_2 \cdot F_2 + \cdots + w_m \cdot F_m (i = 1, 2, \cdots, m) \tag{8.3}$$

式中，EVi 为生态环境脆弱性综合评价结果；F_i 为经空间主成分提取出来的第 i 个主成分因子；w_i 为第 i 主成分对应的贡献率。上述空间主成分分析以及脆弱性的计算在 ArcGIS 9.3 中实现。

2. 生态环境脆弱性空间格局分析模型

1）空间自相关理论

空间自相关分析是检验具有空间位置的某要素观测值与其相邻空间点上的观测值是否

显著相关联的常用指标[29]。空间自相关分析分为全局空间自相关分析和局部空间自相关分析。

全局空间自相关（GMI）：用于研究空间自相关强度、研究全局特征和宏观性质有相对优势。常用的度量指标有 Moran's I 指数和 Geary 系数等。本书采用 Moran's I 指数来度量空间自相关，公式为

$$I = \frac{n \sum\limits_{i=1}^{n} \sum\limits_{j \neq i}^{n} w_{ij}(x_i - \bar{x})(x_j - \bar{x})}{\sum\limits_{i=1}^{n} \sum\limits_{i \neq j}^{n} w_{ij} \sum\limits_{i=1}^{n}(x_i - \bar{x})^2} = \frac{n \sum\limits_{i=1}^{n} \sum\limits_{j \neq i}^{n} w_{ij}(x_i - \bar{x})(x_j - \bar{x})}{S^2 \sum\limits_{i=1}^{n} \sum\limits_{i \neq j}^{n} w_{ij}} \tag{8.4}$$

式中，I 为 Moran 指数；$S^2 = \frac{1}{n} \sum\limits_{i=1}(x_i - \bar{x})^2$；$\bar{x} = \frac{1}{n} \sum x_i$；$n$ 为研究样本个数；x_i 和 x_j 分别为区域 i 和 j 的观测值；S 为标准化要素，其值等于权重矩阵要素和；W_{ij} 为空间数据邻接矩阵，空间相邻记为 1，不相邻时记为 0。Moran's I（$-1 \sim 1$）：当大于 0 时，表示空间正的自相关，表示某区域与其"邻居"之间的相似性大于差异性，呈现高空间集聚；当小于 0 时，则表示区域与邻近周边区域存在显著的差异；当 Moran's I = 0，则表示观测值相互独立，在空间上随机分布。

高的局部 Moran's I 值在 Moran 地图上表现为"热点"，即通常指标变量的相似性集群在一起具有统计上的显著性。将 Moran 散点图与 LISA 显著性水平相结合，获得"Moran 显著性水平图"，用以表示不同象限的观测值的分布及 LISA 非常显著地区。

2）脆弱性空间自相关分析模型

为了研究区域脆弱性的空间分布规律和聚集程度，采用空间自相关法加以分析，Moran's I 指数计算值如下：

$$I = \frac{n \sum\limits_{i=1}^{n} \sum\limits_{j \neq i}^{n} w_{ij}(x_i - \bar{x})(x_j - \bar{x})}{\sum\limits_{i=1}^{n} \sum\limits_{i \neq j}^{n} w_{ij} \sum\limits_{i=1}^{n}(x_i - \bar{x})^2} = \frac{n \sum\limits_{i=1}^{n} \sum\limits_{j \neq i}^{n} w_{ij}(x_i - \bar{x})(x_j - \bar{x})}{S^2 \sum\limits_{i=1}^{n} \sum\limits_{i \neq j}^{n} w_{ij}} \tag{8.5}$$

式中，n 为研究区的总样地评价单元；x_i 为第 i 个样地评价单元所对应的生态环境脆弱性综合评价值；$\bar{x}$ 为 x_i 的平均值；w_{ij} 为研究区内第 i 样地评价单元与空间第 j 样地评价单元（$i, j = 1, 2, 3, 4, \cdots, n$）的空间连接矩阵。本书的空间自相关分析指数在 GeoDa 095i 中进行，空间权重矩阵以 GeoDa 095i 中的 rook 算法进行计算[30]。

3. 生态环境脆弱性评价指标体系

生态环境脆弱性评价指标体系如图 8.5 所示。

8.3.3 数据来源及预处理

依据研究的需要，选取了遥感数据、经济社会统计数据及相关地面气象观测站资料，具体数据如下：

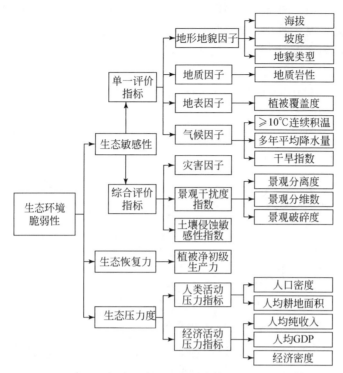

图 8.5　广西北部湾经济区生态环境脆弱性评价指标体系

（1）研究区 2009 年和 2010 年的 TM/ETM+影像，2010 年的 MODIS 影像。

（2）空间分辨率 30m 的 DEM 数据；数字化 1：25 万广西行政区图，得到广西北部湾经济区行政区矢量化数据。

（3）广西 1992 年 1：50 万土壤类型图、土壤质地图及其矢量化数据。

（4）广西 2010 年 1：50 万土地利用图；龙州县、江州区、大新县、防城港市、南宁市、博白县等区域的全国第二次土地利用调查现状图。

（5）1：50 万广西数字地质图；数字化 2000 年研究区范围 1：100 万植被类型图。

（6）中国气象局年太阳辐射总量观测共享数据。

（7）北部湾经济区历年的气象、水文地质、土壤、人口、社会经济及前人研究成果等统计资料。

1. DEM 数据来源及预处理

DEM 数据由国际科学数据服务平台（http：//datamirror. csdb. cn/）提供的 ASTER GDEM 数字高程数据产品，覆盖整个中国区域，空间分辨率为 30m。用 ArcGIS 9.3 对 DEM 数据完成拼接、投影变换及研究区范围内的裁剪。

2. 气候、气象数据来源

（1）太阳总辐射数据。太阳总辐射数据（SOL）从中国气象科学数据共享服务网（http：//cdc. cma. gov. cn/index. jsp）下载，位于广西的太阳总辐射观测站点只有南宁站、北海站和桂林站 3 个站，由于太阳辐射与地理纬度和海拔有关，为了保证广西太阳总辐射量插值精度，因此选取广西及处于广西北部湾经济区纬度与海拔相近的其他实测站点进行插值。对于研究区内未设太阳辐射观测站的区域，通过广西地面气象观测站的地面大气水汽压数据估算其太阳总辐射值。

在 ArcGIS 9.3 软件中通过气象站点的经纬度信息建立气象数据站点位置图，如图 8.6 所示，将本书所用到的太阳总辐射、≥10℃连续积温、多年平均降水量等气象要素值作为属性字段添加到站点图层的属性表中。再用相关属性数据在 ArcGIS 9.3 软件的反距离插值法插值成 30m×30m 气候栅格数据。

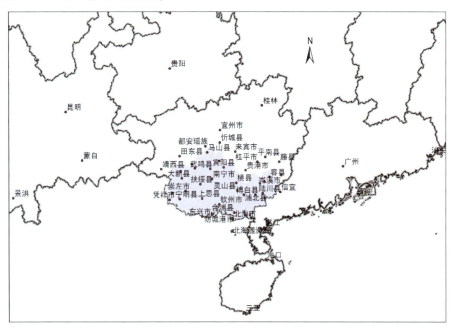

图 8.6　北部湾经济区气候气象插值站点分布示意图

（2）气温、降水、蒸发量数据。研究区内≥10℃积温、多年平均降水量、多年平均年蒸发量数据直接来自广西气象局地面观测站数据。

3. Landsat 遥感数据来源及预处理

TM/ETM+是 Landsat 美国陆地探测卫星数据，Landsat-5 重访周期为 16 天，即其每 16 天覆盖全球一次，空间分辨率为 30m。Landsat-7 上搭载的传感器 ETM+，增加了一个 15m 空间分辨率的全色（PAN）波段。2009 年、2010 年的 TM/ETM 数据由中国科学院对地观测共享数据计划网（http：//ids.ceode.ac.cn/）提供。研究区涉及的 TM/ETM 影像有 p124r44、p124r45、p125r43、p125r44、p125r45、p126r43、p126r44、p126r45。

1）几何校正

以 30m 空间分辨率的 DEM 地形图以及已进行几何精校正的 2009 年遥感影像为参考，对 2010 年的遥感影像进行几何精校正，配准误差控制在 0.5 个像元以内，在 ERDAS

IMAGINE 9.1 的几何校正模块（Geometric Correction）下，选取投影系统、几何校正模型、地面控制点对 GCP 进行重采样。

2）投影变换

TM 影像的原始投影坐标系是 UTM/WGS 84（世界大地坐标系/横轴等角割圆柱投影），为了方便研究数据的预处理、空间分析以及后期管理，把研究数据的投影统一转换为等面积圆锥投影：Krasovsky_1940_Albers。遥感影像的投影转换在 ArcGIS 9.3 软件中的 Data Management Tools 模块下的 Projections and Transformations 完成投影转换，统一转换成 Krasovsky_1940_Albers 投影，地图参数见表 8.1。

表 8.1 研究区地图投影参数

Projection	Albers
False_Easting	0.000000
False Northing	0.000000
Central Meridian	108.000000
Standard_Parallel_1	22.000000
Standard_Parallel_2	26.000000
Latitude of Origin	0.000000
Linear Unit	Meter
Datum	D_Krasovsky_1940

3）遥感影像拼接、裁剪

在 ERDAS 软件中 Data preparation 下 Mosaic Images 的功能模块完成研究区遥感影像的拼接，图像重叠部分取其平均值；在 ERDAS 软件中 Data preparation 下的 Subset Image 模块以行政边界对影像进行不规则裁剪。

4. MODIS 遥感植被数据计算与处理

中分辨率成像光谱仪（简称 MODIS），是 Terra 和 Aqua 卫星上搭载的主要传感器之一，全球 MODIS 植被指数是为了表现植被状况的时空综合特征而生产的，全球 MOD13Q1 数据为 16 天合成的 250m L3 数据产品，投影为正弦曲线投影，内容为栅格的归一化植被指数（NDVI），空间分辨率为 250m，时间分辨率为 16 天，数据的研究时间序列为 2010 年 1 月到 2010 年 12 月。MODIS 数据从网站 https://lpdaac.usgs.gov/lpdaac/get_data/data_pool 下载，研究区域涉及的两景影像条带号为 H27V06、H28V06。所用数据均进行去云处理，使数据具备一致性与可比性。

5. 社会经济数据

国民生产总值、人均 GDP、行政区域面积、农村居民纯收入、城镇居民可支配收入等社会经济数据来源于各年广西统计年鉴，人均耕地面积数据来源于中国区域经济统计年鉴。

8.4 广西北部湾经济区生态脆弱性指标计算

8.4.1 生态敏感性指标及其计算

1. 地形地貌因子指标

地形：是影响生态环境脆弱性发生发育的基础性因素，不同的地形其所具有的水热配置是完全不同的，从而形成了不同的生态系统，其生态环境脆弱程度也有较大区别，在海拔较高、坡度较大的地形区域，其生态环境越脆弱、生态系统越不稳定。

坡度：是控制水土流失的重要因素之一，在雨量丰富的季风气候区，地形坡度常常是加剧生态环境脆弱性的关键因素。在降雨、植被相同的条件下，随着坡度的增加，坡面径流加快，水土流失加剧，发生滑坡、泥石流等地质灾害的可能性进一步增加，从而加剧了生态环境脆弱程度，生态环境系统的脆弱程度，基本上同坡度大小呈正相关（表8.2）。坡度是湿润的热带、亚热带区域决定生态环境脆弱性的关键因素，是生态环境敏感性的重要地形因子指标。

表8.2 坡度分级及生态脆弱性分级

坡度分级	<5°	5°~10°	10°~15°	15°~25°	25°~35°	≥35°
生态脆弱分级	2	3	5	6	8	10

海拔：位于丘陵山地上的植被、土壤、岩石，在地球重力作用下具有重力势能，并以不稳定能量存储于生态环境系统中。随着海拔的升高，坡度的增大，生态环境系统中的水热条件组合发生显著变化，从而进一步影响着植被的生长、土壤的发育以及生态系统的稳定，因此海拔是影响生态环境系统的自然脆弱性的主要控制性因素。

地貌类型：地形地貌是构成生态环境的基础，作为一种相对稳定的要素，地形是在地质因素及其内营力、外营力共同作用下形成，地形的高低不同、坡度、坡向的不一，直接或间接地影响着当地的水热配置、物质与能量的分布及再分配，影响着人类活动及土地利用方式，从而影响当地生态环境的稳定。不同的地貌类型具有不同的地貌过程，其主导的外营力也不相同，其构造成因存在巨大区别。如一般堆积平原，在平原形成过程中不断接受风化碎屑物堆积，土壤肥沃，由于坡度较小，土壤侵蚀敏感性弱，生态较为稳定；而在山地区域，由于其坡度较大，坡面流水侵蚀强烈，土壤持水保肥能力差，不利于植被的生长，生态环境稳定性差。

研究区主要地貌类型有台地、丘陵、山地、平原、海积阶地、海蚀阶地、喀斯特丘陵山地，不同的地貌类型及地貌过程其所造成的脆弱生态环境的形成与演替均不相同。参考[31~34]研究成果将北部湾地貌类型的生态脆弱性分级，见表8.3。

表 8.3　地貌类型及其生态脆弱性分级

地貌类型	冲积台地、玄武岩台地	冲积平原、河谷平原、三角洲平原、小起伏低山、小起伏中山	海蚀高阶地、洪积冲积平原、洪积平原、中起伏低山、中起伏中山、喀斯特台地	海积平原、海积低阶地、喀斯特小起伏中山、喀斯特小起伏中山	高丘陵、大起伏中山、海蚀低阶地、喀斯特中起伏低山、喀斯特中起伏中山	低丘陵、喀斯特低丘陵、喀斯特高丘陵、侵蚀剥蚀台地
生态脆弱分级	2	3	5	6	8	10

2. 地质因子指标

地质岩性：不同的地质岩性，其母岩的成分对风化壳的发育的影响有着重大差异，其生态环境孕育条件也存在重大区别。在相同的气候水文条件下，地层岩性影响着风化过程的速度以及风化壳物质的多少。坚硬少裂缝的岩石所遭受的风化侵蚀最轻，由此产生的生态环境较稳定，生态脆弱性低；岩性强度中等的沉积岩，较容易产生侵蚀风化，生态环境较为脆弱；由结构疏松的岩层组成的生态环境因易风化而生态脆弱度较高；而在地质构造断裂带、不同岩性的岩层结合部或岩层由混合岩性的岩石组成会因风化作用的加剧，使得该区域的生态环境脆弱度加大；风化作用强弱还与岩石所含有的碳酸盐含量有关，碳酸盐岩成分比重越高的地层，风化作用越强烈，所形成的生态环境越脆弱。具体的地质岩性分类及其生态环境脆弱性分级见表 8.4。

表 8.4　地质岩性分类及其生态环境脆弱性分级

地质岩性分类	1	2	3	5	7	8	9	10
生态脆弱分级	辉长岩、玄武岩、辉绿岩、橄榄岩	闪长岩、正长岩	片麻岩、千枚岩、板岩	砂岩、页岩、砾岩、泥岩	花岗岩	冲积层、冲海积层	碎屑岩夹碳酸盐岩、碳酸盐岩互层	碳酸盐岩

3. 地表因子指标及其计算

植被覆盖度（F_c）：是指植被（包括叶、茎、枝）在地面的垂直投影面积占统计区总面积的百分比，反映植被覆盖情况[35]。相关研究表明，生态环境脆弱度与植被覆盖具有良好的负相关关系。植被覆盖度计算公式如下：

$$F_c = (\text{NDVI} - \text{NDVI}_{\text{soil}})/(\text{NDVI}_{\text{veg}} - \text{NDVI}_{\text{soil}}) \tag{8.6}$$

式中，$\text{NDVI}_{\text{soil}}$ 为裸土或无植被覆盖区域的 NDVI 值；NDVI_{veg} 为完全被植被所覆盖的纯植被像元的 NDVI 值。植被覆盖度的具体计算参考式（8.6）。

4. 气候因子指标及其计算

多年平均降水量：降水主要受降水量多少、降水年际分配、降水季节性分配、降水变率、降水稳定性以及当地的蒸发与降水的关系对人类利用水资源的产生影响，从而影响脆弱生态环境的形成。本书选取多年平均降水量作为脆弱生态环境的水资源生态敏感性指标。

≥10℃连续积温：北部湾经济区是典型的季风气候区，平均气温难以衡量各区域间的热量资源的配置情况，因此选取≥10℃连续积温作为区域热量充足与否的重要指标。热量资源不仅直接作用于脆弱生态环境，而且与水资源、植被类型及植被指数的匹配程度与状况，制约着生态系统的生产能力与稳定，影响生态环境敏感性。

干旱指数 $R = E/P$，E 为蒸发量；P 为降水量。干旱指数是区分区域易旱程度的重要指标，干旱指数的不稳定性意味着该区域的农业生产有可能遭受自然灾害的严重侵袭。是表征生态环境敏感性的重要指标。干旱系数越大，生态环境越脆弱，干旱指数大小与生态环境脆弱度大小呈正相关。

5. 灾害因子指标及其计算

选取广西北部湾经济区常见的 10 种自然灾害（台风、风暴潮、旱灾、洪涝灾、滑坡、泥石流、雪灾、冰雹、低温冷冻、地震）的加权叠加综合表示。灾害因子综合指数选取区域内各种灾害的致灾因子数、自然灾害发生频数、次生灾害发生频数 3 个灾害评价指标，对于同一区域的各种灾害计算可通过其灾损面积占区域总面积比重，或经济灾损值占当地国民生产总值比重作为各种灾害在同一地区的累加权重；对于同一年份中，个别地区没有的灾害则记为 0，如风暴潮灾害只在沿海县（市）发生，其他非沿海区域同年该灾害的影响均记为 0。

致灾因子数是指区域内可能出现灾情的灾害因子个数；

自然灾害发生频数=每年发生自然灾害的次数/区域总面积；

次生灾害发生频数=每年因自然灾害引起的次生灾害次数/区域总面积。

在进行这 3 个指标累加计算时，把这 3 个指标的原始数据经极大值标准化后，通过等权重求累加和综合表示。

6. 景观干扰度指数及其计算

本书基于景观生态学原理，通过遥感监督分类法，划分耕地、林地、草地、水域、城乡建设用地和未利用地 6 种景观/土地利用类型。计算景观分离度指数、景观破碎度指数、景观分维数倒数进一步构建景观干扰度指数模型，以均方差决策法计算景观干扰度指数。

1）景观/土地利用分类

景观类型分类应充分体现海陆交错带生态环境的基本特点。参照国内外生态环境景观研究中常用的土地利用分类体系，考虑到广西北部湾经济区海陆交错带及气候过渡带生态系统独特的自然环境特点，结合 Landsat 遥感数据的空间分辨率特点和第二次土地利用普

查数据以及实地考察数据，根据本书的主要目的和内容，参考《国家土地利用现状分类》
（GB/T 21010—2007），将景观/土地利用划分为 6 类：耕地、林地、草地、建设用地、水
域和未利用地。

2）景观/土地利用判读解译标志

根据 Landsat 研究主要采用 432 波段组合建立解译标志，选择遥感监督分类典型训练
样地，进行监督分类得到研究区景观/土地利用类型（表 8.5）。基于地学知识，依据数字
DEM、第二次土地利用调查数据、谷歌地球高分辨率卫星影像以及 Landsat 遥感影像的识
别，在外出实地调研时，对所调查的训练样地的地形地貌、土地利用类型、地质岩性、土
壤、植被、水文等要素进行调查记录，结合 GPS 的导航定位功能，在 ArcGIS 9.3 中通过
坐标匹配，把每一种生态景观/土地利用类型与所对应的遥感影像特征一一对照验证，识
别出每一种影像特征相应的地物属性，从而建立景观/土地利用类型遥感影像监督分类训
练样地的解译标志，见表 8.6。

表 8.5　Landsat 卫星影像波段特性

波段名称	波段类型	各波段的主要用途
band 1	蓝色	主要用于水体穿透、土壤植被的分辨
band 2	绿色	主要用于植被分辨
band 3	红色	主要用于观测道路、裸露土壤、植被种类，效果良好
band 4	近红外	一般用于估算植被生物量
band 5	短波红外	主要用于分辨道路、裸露土壤、冰
band 6	热红外	主要用于分辨发出热辐射的地物
band 7	短波红外	对于岩石矿物的分辨很有用，也可用于分辨识别植被覆盖和湿润土壤
PAN	全色	主要用于数据融合，以增强分辨率，提高可分辨性

注：通过不同的波段组合可以反映不同的地物信息，而在植被分类、农作物估产、土地利用类型分类和沿海湿地
提取等生态环境遥感的应用方面，最常用的是 432 标准假彩色波段组合，即 band 4、band 3、band 2 波段分别赋予红
色、绿色、蓝色。在 432 波段组合还不能确定区分的情况下，用 543 波段组合、743 假彩色组合、321 真彩色组合辅助
完成土地利用训练样地的解译选取。743 与 543 波段组合是反映植被的最佳波段；321 真彩色组合，影像的色彩与真实
地物色彩基本一致，方便判读；453 与 543 波段组合，主要应用于喀斯特山地、丘陵、滨海平原台地的地貌景观及各类
用地特征的识别

表 8.6　景观/土地利用类型含义及其（监督分类）训练样本解译标志

景观/土地利用类型	含义	空间分布位置	影像特征（训练样本解译标志）		
			形状	色调	纹理
耕地	水田	水田主要分布在山区河流、丘陵河流或沟谷两侧，水田在海积、湖积、河流冲积与洪冲积平原以及山区河谷平原上也有较多分布	水田几何特征较为明显，边界清晰，田块均呈条带状分布，在平原地带的水田多呈规则整齐面状，夹杂有渠系设施	深青色、浅青色、深红色，色调均匀	影像结构均一细腻

续表

景观/土地利用类型	含义	空间分布位置	影像特征（训练样本解译标志）		
			形状	色调	纹理
耕地	旱地	旱地主要分布在丘陵缓坡地带，旱地也分布在海积、湖积、河流冲积与洪冲积平原，地势略有起伏区域，在山区陡坡地带，地形坡度>25°区域也有旱地分布	沿山脚低缓坡不规则条带状分布，边界自然圆滑，边界较模糊，几何特征较规则，呈较大的斑状，地块边界清晰	影像色调多样，一般为褐色、青色、亮白色	影像结构较粗糙，河流冲积与洪冲积平原区域旱地内部有红色颗粒状纹理
林地	包括有林地、灌林地、疏林地、果园地、茶园地及其他园地	林地在不同地貌均有分布，灌林地主要分布在丘陵及山区阳坡或河谷两侧，疏林地主要分布山区、丘陵地带	受地形控制的边界自然圆滑，边界清晰，不规则形状，几何特征明显	有林地多为深红色、暗红色、色调均匀；灌木林地为浅红色，色调均一；疏林地多为浅红色，色调杂乱	有林地影像结构均一细腻，其他林地影像结构较粗糙，大片果地有格网纹理
草地	包括高中低覆被度草地	高覆盖度草地主要分布在山区丘陵山体的阳坡顶部，中覆盖草地主要分布海积沙堤及山体阳坡顶部，撂荒三年以上的耕地，低覆盖草地主要分布在丘陵、山地或沿海局部较为干旱区，分布极少	在农田间、河岸旁、丘陵、山地过渡带分布较广，中覆盖度草地多呈面状、条带状、块状、边界清晰，低覆盖草地为不规则斑块	红色、浅红色、深红色或灰色，形状不规则	影像结构较均一，边界清晰
水域	包括河流、湖泊、水库及坑塘、海涂、滩地	多分布在平原，山地沟谷、山地、丘陵区的耕地周围，滩涂分布在沿海潮间带	形状不规则，轮廓清晰，几何特征明显	水体呈深蓝色、浅蓝色、绿色或黑色，色调均匀；海涂滩地呈灰色、灰红色、灰白色，色调均一	影像结构均一
建设用地	包括城乡居民用地、交通用地以及工矿用地	主要分布于平原、沿海区及山区盆地，或者分布在城镇经济发达周边地区或交通沿线	几何性质特征明显，边界清晰	城镇青灰色，杂有其他地类处色调杂乱，农村居民点呈灰色或灰红色，色调较杂乱，工矿用地呈灰白色，色调较均匀	影像结构粗糙
未利用地	包括盐碱地、沙地和裸土、裸岩、荒地、沼泽地	沙地主要分布于海积平原及海积沙堤，裸地主要分布于丘陵、平原区城镇或居民点附近，裸岩主要分布在山体顶部一般荒地在耕地间、水体四周以及绿洲边缘均有分布	边界比较清晰	沙地为白色，色调不均；裸土地为不均灰白色；裸岩呈灰白色	一般未利用地比较均一，而沙地影像结构粗糙

3) 遥感数据监督分类

遥感图像是通过图像像元值亮度的高低及空间差异来代表不同地物，如植被、土壤、岩石及水体等不同地物。遥感图像分类就是基于图像像元灰度值，根据遥感图像中地物在不同波段反射率中具有不同的光谱特征、空间特征等信息，按照某种规则或算法对地物目标进行识别分类，将像元归并成有限的几种类型、等级或数据集的过程。通过图像分类可以得到地物类型及其空间分布信息。

遥感图像解译：是指从遥感图像中获取需要的地学专题信息的过程[36]，其主要类型见表 8.7。

表 8.7　遥感图像解译主要类型

遥感解译类型	定义	适用范围
目视解译（目视判读）	专业人员通过直接观察或借助辅助判读仪器在遥感图像上获取特定目标地物信息的过程	主要适用于遥感影像中高分辨率影像（如 NONA 10m×10m 空间分辨率影像、Quickbird 0.5m×0.5m 空间分辨率卫星影像），研究区域范围较小的区域（地级市、县域、重点镇等）
计算机解译（图像理解）	指以计算机系统为支撑环境，利用模式识别技术与人工智能技术相结合，调用专家知识库对遥感图像中目标地物的各种影像特征进行分析和推理，实现对遥感图像的理解，完成对遥感图像的解译	适用于空间分辨率较低（如 MODIS 250m×250m 空间分辨率遥感影像、TM 30m×30m 空间分辨率影像）

最常用的计算机解译图像分类方法可分为非监督分类（unsupervised classification）与监督分类（supervised classification）两种（详见表 8.8）。

表 8.8　监督分类与非监督分类法对比

计算机解译类型	特点	区别
非监督分类	不需要已知样本及其类别对计算机的分类器进行监督和训练，只是根据图像数据本身的特征，即这些数据所代表的地物辐射特性（谱特性）的相似性来分类	分类前不需要事先提供已知类别及其训练样本，即可进行分类
监督分类	又称训练分类法，用被确认类别的样本像元去识别其他未知类别像元的过程。监督分类需要事先知道地物类别，即分类之前，将每种地物范围输入计算机，随后计算机自动将每种地物类在相应波段图像中统计特征统计出来，构成训练样本；然后以这些类的训练样本的统计特征为标准，按照图像上各点的数值特征与它们的相似程度，把图像各点分别归入已知的各种地物类别	需要分类人员事先提供已知类别及其训练样本对计算机分类器进行训练和监督来划分

本书的监督分类在 ERDAS IMAGINE 9.1 的 Supervised Classification 模块下完成。监督

分类主要有以下步骤：定义分类模板（Define Signatures）、评价分类模板（Evaluate Signatures）、进行监督分类（Perform Supervised Classification）、评价分类结果（Evaluate Classification）、分类后处理（Post-Classification Process）。具体处理操作依据党安荣等编著的 ERDAS IMAGINE 遥感图像处理教程第六章。

4）遥感数据分类后处理

应用监督分类，分类结果中会出现大量面积很小的破碎图斑，给制图与实际应用带来不必要的麻烦，研究中需对这些破碎的细小图斑进行剔除，应用 ERDAS 软件中 GlS 分析的聚类分析（ClumP）、过滤分析（Sieve）、去除分析（Eliminate）等分析功能，可组合使用完成细碎图斑的处理。本书主要使用聚类分析与去除分析对监督分类后结果进行处理（表 8.9）。

表 8.9　分类后处理主要方法

监督分类后处理类型	定义	备注
聚类分析（Clump）	通过地分类专题图像计算每个分类图斑的面积、记录相邻区域中最大图斑面积的分类值等操作，产生一个 Clump 类组输出图像，其中每个图斑都包含 Clump 类组属性	该图像是一个中间文件，用于进行下一步处理
去除分析（Eliminate）	去除分析用于删除中间过程文件 Clump 聚类图像中的小 Clump 类组或原始监督分类图像中的细小图斑，与过滤分析（Sieve）命令不同，Eliminate 分析将删除的小图斑归并到相邻中最大的分类里去，且如果输入图像是中间过程文件 Clump 聚类图像，经过 Eliminate 处理后，小类图斑的属性值将自动恢复为 Clump 处理前的原始分类编码。显然，经过去除分析处理后输出的图像是简化了原始的分类图像	根据本书数据特点，将最小图斑大小设为 3 个像元

5）景观干扰度指数指标计算

不同大小和内容的斑块、廊道、基质、网络共同构成异质景观。景观格局指数是对景观空间异质性及其空间结构特征的总体描述，是破坏、干扰等各种生态过程在不同尺度上作用的结果。本书以景观生态学原理及遥感监督分类得到的景观/土地利用类型为基础，选择能反映生态环境敏感性特征的分离度指数、分形维数倒数、破碎度指数 3 个景观生态学指数的综合加权求和来进行景观干扰度指数（Ei）计算，用以衡量不同景观/土地利用类型所代表的生态系统遭受的干扰（主要是人类开发活动）程度，并参与最终的区域生态环境脆弱性评价。景观干扰度指数 Ei 表达式为

$$Ei = a\,FN_i + b\,FD_i + c\,FI_i \tag{8.7}$$

式中，i 为不同的景观类型；Ei 为景观干扰度；a，b，c 为各指标的权重值，$a+b+c=1$。采用均方差决策分析法[37]计算各指标权重，并采用均方差，求得景观分维数倒数（FD）、景观分离度指标（FI）与景观破碎度指数（FN）的权重分别为 0.2973、0.3572 和 0.3455；

然后依据式（8.7）计算各景观类型的景观干扰度指数。

景观破碎度指数（FN）：指某景观类型在特定时间里和特定性质上的破碎化程度。它在一定程度上反映了人类对景观的干扰强度。表征景观破碎度的指标很多，如斑块密度、景观斑块形状破碎化指数、景观斑块破碎化指数等。本书选取综合程度较好的景观斑块破碎化指数作为参评指标。其公式如下：

$$FN = MPS \times (Nf - 1) / Nc \tag{8.8}$$

式中，FN 为某景观类型的斑块破碎化指数，FN 为 [0, 1]，0 表示景观完全未被破坏，1 表示景观被完全破坏；MPS 为景观内各类斑块的平均斑块面积；Nf 为某景观类型的斑块总数；Nc 为研究区域景观总面积。

景观分维数倒数（FD）：景观分维数（D）为斑块面积与周长之间的回归系数，$D = 2\ln(0.25\,p_{ij})/\ln(a_{ij})$，$p_{ij}$ 为斑块 ij 的周长；a_{ij} 为斑块的面积。D 等于 2 倍 1/4 斑块周长的自然对数值除以面积的自然对数。该指标没有单位，取值范围 $1 \leqslant D \leqslant 2$，分维数反映空间尺度范围内的景观形状的复杂程度与景观的空间稳定程度。对于一个周长非常简单、规则的景观斑块（形状接近正方形）来说，其 D 值越趋近于 1，则表明景观受干扰的程度越大，景观越不稳定；而对于一个周长迂回曲折、不规则的景观斑块，其 D 值越趋近于 2，则表明景观斑块的几何形状越复杂，自然度越强，景观越稳定。故取分维数倒数来表示景观类型所受到的人为干扰的程度，分维数倒数的值越大，表示该景观类型的斑块形状越规则，其所受到的人为干扰程度也越强烈：

$$FD = \ln(a_{ij}) / 2\ln(0.25\,p_{ij}) \tag{8.9}$$

景观分离度指数 FI_i（DIVISION）表示某景观类型中不同斑块数个体分布的分离程度。采用下式计算：

$$FI_i = \left[1 - \sum_{i=1}^{m} \sum_{i=1}^{n} \left(\frac{a_{ij}}{A} \right)^2 \right] \tag{8.10}$$

式中，a_{ij} 为斑块 ij 的面积；A 为整个景观的面积。FI 就等于 1 减去景观中所有斑块的面积与景观面积比值的平方后求得的累加和。FI 的单位是比率，取值为 $0 \leqslant FI < 1$。如果整个景观是组成一个斑块时，FI=0；如果整个景观最大程度分离时（每个栅格都是一个独立的斑块），FI 取值接近 1。因此景观分离度越大，景观分布越复杂，破碎化程度越高，分离程度越大，表明景观类型在地域上越分散，其稳定性越差。

景观格局指数的计算使用 Fragstats 3.3 软件基于 ArcGIS 9.3 环境完成。计算结果见表 8.10。

表 8.10　广西北部湾经济区景观干扰度指数

景观类型	FD	FI	FN	干扰度指数（E）
草地	0.5883	0.9993	0.0397	0.5450
耕地	0.5646	0.9728	0.2395	0.4646
建设用地	0.5883	0.9791	0.0326	0.5199
林地	0.5941	0.8092	0.5654	0.7400
未利用地	0.6031	0.9995	0.0565	0.6700
水域	0.5946	0.6428	0.0663	0.2538

7. 土壤侵蚀敏感性指数及其计算

景观格局指数是对景观生态脆弱敏感性的总体表征，仅依赖景观格局信息来表征生态环境敏感性具有一定的局限性。为此，针对北部湾经济区位于海陆过渡带及多种气候交错过渡带而引起的水土流失的重要特征，根据突出主要矛盾减少干扰信息的原则，选用土壤侵蚀敏感性指标对生态环境敏感性评价进行补充与修正。

土壤侵蚀敏感性表示在没有采取任何水土保持措施的自然状态下地表土壤发生侵蚀的概率。土壤侵蚀导致土壤层变薄，土壤层持水保肥能力下降，植被生长越趋困难，从而容易造成整个生态环境系统的结构趋向简单和脆弱，因此土壤侵蚀敏感性是生态环境敏感性的重要表征指标。

土壤侵蚀敏感性指数计算，以通用土壤流失方程为基础，综合考虑降雨侵蚀力(R)、土壤质地(K)、地形(LS)和植被覆盖(C)因子。土壤侵蚀敏感性指数是不考虑人为因素的自然状态下土壤的可侵蚀程度，因此在这里对通用方程中与生态环境系统的自然敏感性关系不大的农业措施(P)因子不予考虑。

(1)降雨侵蚀力(R)因子。根据研究区亚热带季风气候的降雨特点，采用周伏建等[38]提出的降雨侵蚀潜力经验公式估算研究区的降雨侵蚀力(R值)，计算公式为

$$R = \sum_{i=1}^{12} (-2.6398 + 0.3046P_i) \tag{8.11}$$

(2)地形(LS)因子。地形因子对土壤侵蚀的影响可通过坡长(L)与坡度(S)的乘积进行量化。但对于大尺度范围研究分析，LS值很难直接计算得到，本书土壤侵蚀敏感性指数的地形因子采用地形起伏度作为评价指标[39]。地形起伏度以SRTM DEM数据进行计算，其计算过程在ArcGIS的空间分析模块的Focal统计函数中实现，以3×3个像元作为函数分析窗口，通过统计区域内最大高程值、最小高程值的差值运算得到地形起伏度，根据表8.11分级标准进行重分类，即得到地形起伏度分级图。

(3)植被覆盖(C)因子。在防止土壤发生侵蚀过程中，植被主要起到削弱降雨能量、保持土壤水分与抗侵蚀等作用。C因子用Landsat的TM数据计算的植被归一化指数(NDVI)并结合土地利用数据估算植被覆盖因子，把得到的植被覆盖度因子按表8.11的C因子分级标准进行属性重分类和赋值，获得植被覆盖因子分级图。

(4)土壤质地(K)因子。K因子按不同类型土壤赋分级值，K因子反映在经验公式中其他影响因子不变时不同类型土壤具有的不同侵蚀速度。北部湾经济区的土壤类型主要有新积土、水稻土、沼泽土、滨海潮土、火山灰土、石灰（岩）土、砖红壤、红壤、赤红壤、粗骨土、紫色土、红黏土、酸性硫酸盐土、黄壤等。根据广西1：50万土壤类型图，按表8.11分级标准分5级。

在参照国内外土壤侵蚀敏感性成果[40,41]及广西土壤侵蚀敏感性评价[42]的基础上，根据北部湾经济区的自然条件，确定各影响因子评价指标的分级标准与敏感性等级，见表8.11。

表 8.11 广西北部湾经济区土壤侵蚀敏感性影响因子的分级赋值标准

因子/分级	一般敏感	轻度敏感	中度敏感	高度敏感	极敏感
降雨侵蚀因子 (R)	< 400	401～460	461～530	531～600	>600
土壤可蚀因子 (K)	新积土、水稻土、粗骨土、滨海潮土、岩土、泥炭土	红黏土、砂褐土、暗棕壤、山地草甸土	棕壤、硅质白粉土、灰褐土	砖红壤、赤红壤、红壤、黄褐土、黄壤、棕红壤	石灰（岩）土、紫色土、火山灰土
地形起伏度 (LS)	0～10.5m	10.6～27m	27.1～46.5m	46.6～70m	>70m
植被覆盖因子 (C)	水体、滩涂、沼泽、水田，NDVI<0.20	阔叶林，灌丛，NDVI>0.61	针叶林、果园、草地、旱地，NDVI 为 0.46～0.6	稀疏林地、荒草地和坡耕地，NDVI 为 0.31～0.45	裸露土地，裸岩石山地等区，NDVI 为 0.21～0.30
分级赋值	1	3	5	7	9
分级标准	1.0～2.11	2.12～2.77	2.78～3.22	3.23～3.65	3.65～5.47

依据表 8.11 土壤侵蚀敏感指数各因子的敏感性分级标准，基于 GIS 技术制作北部湾经济区 5 个相关因子的分级图，然后利用 GIS 空间叠加分析功能和几何平均数算法得到土壤侵蚀敏感性综合指数，具体计算公式如下：

$$SS_j = \sqrt[4]{\prod_{i=1}^{4} C_i} \tag{8.12}$$

式中，SS_j 为 j 空间单元土壤侵蚀敏感性指数；C_i 为 i 因子敏感性等级值。在此基础上，应用 ArcGIS 栅格重分类的自然分界法（Natural break）与定性分析相结合的方法，将土壤侵蚀敏感性综合指数划分为 5 级（表 8.11），即一般敏感、轻度敏感、中度敏感、高度敏感和极敏感，即得到北部湾经济区土壤侵蚀敏感性分布图（图 8.7）。

根据图 8.7，北部湾经济区土壤侵蚀敏感性大致与研究区地貌类型联系紧密，在地形起伏度较大的山地、丘陵，及其过渡带出现了明显的土壤侵蚀敏感性高值区，主要分布在十万大山、六万大山、云开大山余脉、大明山等大起伏、中起伏山地地貌分布区域及研究区北部和东部喀斯特石山区；在研究区河谷平原、盆地，沿海平原、台地由于地形起伏度小，土壤可蚀性小等因素影响出现明显的低敏感区。

8.4.2 生态恢复力指标及其计算方法

1. 太阳总辐射月总量的估算

对于研究区内太阳辐射观测没设站的区域，太阳总辐射数据通过广西地面气象观测站的地表大气水汽压数据进行估算，站点信息详见表 4.1。计算式（8.13）如下：

$$SOL = Q_0(a + bs) \tag{8.13}$$

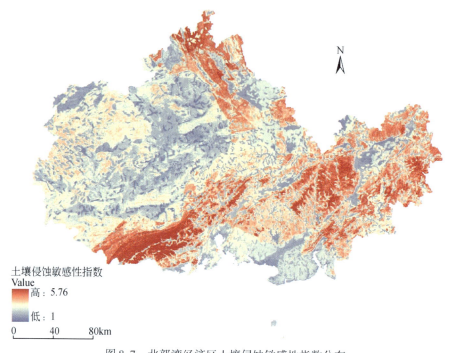

图 8.7　北部湾经济区土壤侵蚀敏感性指数分布

式中，a，b 为常数，$a = 0.248$，$b = 0.752$；s 为日照百分率；Q_0 为最大晴天总辐射量，根据式 (8.14) 来计算：

$$Q_0 = 0.418675 \, (C_0 + C_1\varphi + C_2H + C_3e) \tag{8.14}$$

式中，φ 为纬度；H 为海拔；e 为地面水汽压 (hPa)；C_0、C_1、C_2、C_3 为系数，其数值根据张炯远等[43]研究中我国最大晴天太阳总辐射月总量的各月方程回归系数来确定。用式 (8.14) 计算太阳辐射数据单位为 $cal \cdot cm^{-2} \cdot month^{-1}$（卡每平方厘米每月），在后面研究运算 NPP 计算模型时需进行单位转换。

2. 植被净初级生产力（Net Primary Productivity，NPP）计算

生态恢复（Ecological Restoration）是指利用自然生态的自我恢复能力，在适当的人工措施辅助下，恢复生态系统的生态功能和经济功能[44]。植被净初级生产力是指在单位面积、单位时间内绿色植物通过光合作用所合成的有机质总量减去植物自身呼吸消耗后所剩余的累积有机质数量[45]。NPP 是表征整个生态系统对当地水热资源利用效率的决定性指标，是生态环境恢复力的重要生态指标。NPP 低或 NPP 不稳定的区域往往所面临的是不利于生物繁殖的生态条件，在遭受干扰破坏以后其恢复速度相当缓慢，因而是脆弱的[46]，可见 NPP 与生态环境脆弱性呈负相关关系。

NPP 的研究方法很多，但在大尺度研究上，由于人们无法直接、全面地测算 NPP，因此在研究中普遍利用模型进行 NPP 的估算。以 CASA（Carnegie–Ames–Stanford Approach）模型为代表的光能利用率模型，因涉及的影响植被生长的水分系数、大气温度系数相对简单且与遥感技术联系紧密，可快速对生态环境进行动态遥感监测，因此成为净初级生产力

模型的重要研究方向之一[47]。本书利用 CASA 模型进行 NPP 估算。

本书在 GIS 的支持下，利用地面气象观测数据和 MODIS 遥感影像 MOD13Q1 数据，依据植被类型及其最大光能利用率的不同，在 CASA 模型的基础上构建一个区域性海陆过渡带植被 NPP 估算模型，对研究区植被的多年平均净初级生产力进行估算，最后作为区域生态恢复力指标参与生态环境脆弱性综合评价计算。

（1）CASA 模型。CASA 模型是由遥感数据、地表温度、地面大气水汽压、太阳总辐射月总辐射量，以及植被类型、土壤类型共同驱动的陆地生态系统碳循环模型。它是一个充分考虑到不同植被类型本身的特征以及环境条件影响的模型。CASA 模型中 NPP 主要由植被所吸收的光合有效辐射（APAR）与光能转化率（ε）两个变量来确定，其计算式如下：

$$NPP_{(x,t)} = APAR_{(x,t)} \times \varepsilon_{(x,t)} \tag{8.15}$$

（2）APAR 的估算。植被吸收的光合有效辐射（APAR）由到达陆地表面的太阳总辐射（SOL）和植被对光合有效辐射的吸收比例来决定，其计算式如下：

$$APAR_{(x,t)} = SOL_{(x,t)} \times FPAR_{(x,t)} \times 0.5 \tag{8.16}$$

式中，$SOL_{(x,t)}$ 为 t 月在像元 x 处的太阳总辐射量（MJ/m^2）；$FPAR_{(x,t)}$ 为植被层对入射光合有效辐射（PAR）的吸收比例；常数 0.5 为光合有效辐射占所到达陆地表面的太阳总辐射（SOL）的比例。

FPAR 的计算。植被层对光合有效辐射的吸收比例（FPAR）主要决定于地表植被本身的特性，主要受地表植被覆盖类型和覆盖程度影响，研究表明，FPAR 的大小和归一化植被指数（NDVI）之间有着很好的相关性，以式（8.17）计算。

$$FPAR_{(x,t)}NDVI = \frac{[NDVI_{(x,t)} - NDVI_{(i,min)}]}{[NDVI_{(i,max)} - NDVI_{(i,min)}]} \times (FPAR_{max} - FPAR_{min}) + FPAR_{min} \tag{8.17}$$

式中，$NDVI_{(i,max)}$ 和 $NDVI_{(i,min)}$ 分别为各植被类型的最大 NDVI 值和最小 NDVI 值，$NDVI_{(i,min)}$ 在不同植被类型中都取 0.015，$NDVI_{(i,max)}$ 的取值与植被类型有关。

同时，FPAR 的大小和比值与植被指数（SR）之间有着很好的线性相关性，可以通过式（8.18）来计算。

$$FPAR_{(x,t)}SR = \frac{[NDVI_{(x,t)} - NDVI_{(i,min)}]}{[NDVI_{(i,max)} - NDVI_{(i,min)}]} \times (FPAR_{max} - FPAR_{min}) + FPAR_{min} \tag{8.18}$$

$$SR_{(x,t)} = \frac{[1 + NDVI_{(x,t)}]}{[1 - NDVI_{(x,t)}]} \tag{8.19}$$

式中，$NDVI_{(i,max)}$ 和 $NDVI_{(i,min)}$ 分别为各植被类型的最大比值植被指数和最小比值植被指数，$NDVI_{(i,min)}$ 在不同植被类型中都取固定值 1.06，$NDVI_{(i,max)}$ 的取值与植被类型有关。

在式（8.17）和式（8.18）中，植被层对光合有效辐射的最大、最小吸收比例 $FPAR_{max}$ 和 $FPAR_{min}$ 与植被类型无关，$FPAR_{max}$ 取固定值 0.95，$FPAR_{min}$ 取固定值 0.001。

研究表明，$FPAR_{(x,t)}$ 取 $FPAR_{(x,t)}NDVI$ 则偏小，而取 $FPAR_{(x,t)}SR$ 则偏大，因此本书取其平均数。$FPAR_{(x,t)} = [FPAR_{(x,t)}NDVI + FPAR_{(x,t)}SR]/2$。

（3）光能利用率（ε）的估算。光能利用率是指植被把所吸收的入射光合有效辐射转化为植被干物质中所包含的化学潜能的效率，光能利用率在理想状态下处于最大值，在现实环境中光能利用率常常受地表温度、地面大气水汽压、土壤持水能力等因素的影响。在光能利用率模型中，影响植被生长的气温、水分等环境要素对 NPP 总产量的影响主要通过对光能利用率的调控来实现，根据式（8.20）来计算。

$$\varepsilon_{(x, t)} = \delta E \times \delta T \times \varepsilon_{\max} \tag{8.20}$$

式中，δE、δT 分别为大气水汽含量、大气温度对植物生长的影响系数[48, 49]；$\varepsilon_{\max}$ 为理想状态下的最大光能利用率。温度影响系数 δT 由式（8.21）决定。

$$\delta T = \left\{1 + \exp\left[\frac{-220000 + 710(T_s + 273.16)}{8.314(T_s + 273.16)}\right]\right\} - 1 \tag{8.21}$$

式中，T_s 为近地层气温或者地表温度（℃），可以从气象数据直接获得。

水分影响系数 δE 由式（8.22）决定。

$$\delta E = 1.2 \exp(-0.35E_v) - 0.2 \tag{8.22}$$

E_v 为大气水汽压差（hPa），可由式（8.23）计算得到。

$$E_v = 0.611\left\{\exp\left[\frac{17.27(T_s - 273.2)}{T_s - 35.86}\right] - \exp\left[\frac{17.27(T_d - 273.2)}{T_d - 35.86}\right]\right\} \tag{8.23}$$

式中，T_s 为近地层气温或者地表温度（K）；T_d 为露点温度（K），露点温度计算详见式（8.24）。需要注意的是，根据式（8.24）计算出的露点温度 T_d 的单位为华氏温度（℉），再代入式（4.17）计算大气水汽压差时需要转换成绝对温度（K）[注：1℃ =（1 ℉ − 32）/1.8；1K =（1 ℉ +459.67）/1.8]。

露点温度 T_d 由式（8.24）计算。

$$T_d = [\ln(w + 0.0001) + 0.981] / 0.0341 \tag{8.24}$$

式中，T_d 为露点温度（℉）；w 为整层大气的水汽含量（g/cm²）[注：根据式（8.24）计算出的露点温度 T_d 的单位为华氏温度（℉），在计算大气水汽压差时需要转换成绝对温度（K）。其中整层大气的水汽含量由经验公式（8.25）计算得到]。

$$\omega = a_0 + a_1 e + a_2 e^2 \tag{8.25}$$

式中，e 为地面水汽压（hPa），由气象数据可以获得；a_0、a_1、a_2 参考杨景梅和邱金桓[50] 的研究计算相应的值。

$a_0 = 0.04\exp(0.6H) - d_1 + d_2$（青藏高原以外的中国区域，$\varphi <33°$）

$a_1 = (0.20 - d_3) \times d_4$（青藏高原以外的中国区域，$\varphi <33°$）

$a_2 = -0.002$[华南部分地区：南岭和武夷山以南，云贵高原以东，海省以北（$\varphi > 20°$）的地区]

或 $a_2 \approx 0.0$（除华南部分地区以外的中国区域）

$d_1 = 0.05/[(\varphi - 25.0)2 + 0.25]$

$d_2 = 0$（$\varphi > 20°$）或 $d_2 = 0.9$（$\varphi \leqslant 20°$）

$d_3 = 0.066/[(\varphi - 33)2 + 4.41]$

$d_4 = 1.3$（$a_2 \neq 0$）或 $d_4 = 1.0$（$a_2 \approx 0.0$）

式中，φ 为地理纬度（°）；H 为海拔（km），具体计算参数见表8.12。

表 8.12　气象数据插值区台站站点信息及大气水汽含量计算参数

台站名	区站号	经度 E/(°)	纬度 N/(°)	海拔/m	a_0	a_1	a_2	备注
宜州市	59034	108.665	24.49	150.8	−0.0542	0.2589	−0.002	
都安县	59037	108.102	23.941	170.2	0.0078	0.2590	−0.002	
忻城县	59038	108.65	24.066	135.3	−0.0012	0.2590	−0.002	
靖西县	59218	106.424	23.147	739.1	0.0487	0.2592	−0.002	
田东县	59224	107.116	23.601	111.2	0.0201	0.2591	−0.002	
天等县	59227	107.155	23.087	486.0	0.0272	0.2592	−0.002	
平果县	59228	107.58	23.328	107.8	0.0263	0.2591	−0.002	
隆安县	59229	107.7	23.191	100.0	0.0283	0.2591	−0.002	
马山县	59230	108.168	23.728	173.0	0.0132	0.2591	−0.002	
上林县	59235	108.626	23.44	116.0	0.0214	0.2591	−0.002	
武鸣县	59237	108.284	23.166	109.0	0.0262	0.2592	−0.002	
宾阳县	59238	108.8	23.218	122.0	0.0284	0.2591	−0.002	
来宾市	59242	109.24	23.749	84.5	0.0145	0.2590	−0.002	
贵港市	59249	109.625	23.114	50.0	0.0281	0.2592	−0.002	
桂平市	59254	110.088	23.4	42.2	0.0232	0.2591	−0.002	
平南县	59255	110.394	23.556	32.5	0.0194	0.2591	−0.002	
藤县	59256	110.92	23.381	53.6	0.0239	0.2591	−0.002	
龙州县	59417	106.857	22.341	128.3	0.0364	0.2593	−0.002	
凭祥市	59419	106.751	22.105	250.0	0.0407	0.2593	−0.002	
大新县	59421	107.204	22.836	254.4	0.0365	0.2592	−0.002	
崇左市	59425	107.35	22.401	118.0	0.0329	0.2593	−0.002	
扶绥县	59426	107.904	22.637	88.2	0.0336	0.2592	−0.002	
宁明县	59427	107.131	22.128	126.3	0.0373	0.2593	−0.002	
上思县	59429	107.97	22.155	179.7	0.0386	0.2593	−0.002	
南宁市	59431	108.349	22.82	72.2	0.0318	0.2592	−0.002	实测数据
横县	59441	109.268	22.685	56.6	0.0325	0.2592	−0.002	
灵山县	59446	109.306	22.417	65.6	0.0344	0.2593	−0.002	
浦北县	59448	109.55	22.272	67.7	0.0352	0.2593	−0.002	
博白县	59449	109.989	22.268	66.2	0.0351	0.2593	−0.002	
北流市	59451	110.348	22.707	98.1	0.0333	0.2592	−0.002	
容县	59452	110.537	22.862	75.9	0.0315	0.2592	−0.002	
玉林市	59453	110.172	22.651	81.8	0.0333	0.2592	−0.002	
岑溪市	59454	110.991	22.923	98.6	0.0315	0.2592	−0.002	
陆川县	59457	110.271	22.318	121.6	0.0363	0.2593	−0.002	
东兴市	59626	107.97	21.544	21.0	0.0364	0.2594	−0.002	

台站名	区站号	经度 E/(°)	纬度 N/(°)	海拔/m	a_0	a_1	a_2	备注
钦州市	59632	108.624	21.952	4.0	0.0349	0.2593	-0.002	
防城港	59635	108.35	21.619	32.4	0.0365	0.2594	-0.002	
合浦县	59640	109.188	21.671	7.0	0.0358	0.2594	-0.002	
北海市	59644	109.135	21.454	12.8	0.0365	0.2594	-0.002	实测数据
涠洲岛	59647	21.033	109.083	55.2	0.0382	0.2594	-0.002	
桂林市	57957	110.300	25.3167	144.6	-0.0991	0.2586	-0.002	实测数据
信宜市	59456	110.933	22.350	92.0	-0.1979	0.2593	-0.002	
湛江市	59658	110.300	21.150	35.0	-0.1979	0.2594	-0.002	
海口市	59758	110.350	20.033	13.9	-0.8617	0.1996	0.0	实测数据
三亚市	59948	109.517	18.233	5.9	-0.8609	0.1997	0.0	实测数据
蒙自市	56985	103.383	23.383	1300.7	0.0698	0.1993	0.0	实测数据
景洪市	56959	100.783	22.000	582.0	0.0513	0.1995	0.0	实测数据
广州市	59287	113.333	23.167	41.0	0.0272	0.2592	-0.002	实测数据
贵阳市	57816	106.717	26.583	1223.8	0.2229	0.1986	0.0	实测数据
昆明市	56778	102.683	25.017	1892.4	-0.1979	0.1990	0.0	实测数据

在 ArcGIS 9.3 软件中通过气象站点的经纬度信息建立气象数据站点位置图。

植被最大光能利用率 ε_{max}。不同的植被类型具有不同的最大光能利用率，因此最大光能利用率在不同植被类型中要取不同的值，其对净初级生产力的估算结果影响很大。本书利用朱文泉等[51]根据实测 NPP 值所确定的中国典型植被类型[52]的最大光能利用率模拟结果。广西北部湾经济区常见植被类型的最大光能利用率值见表 8.13。

表 8.13 广西北部湾经济区常见植被的最大光能利用率值

植被类型	最大光能利用率值
热带、亚热带常绿阔叶林	0.985
亚热带常绿、落叶阔叶混交林	0.768
亚热带、热带草丛	0.542
亚热带、热带常绿阔叶、落叶阔叶灌丛	0.429
亚热带常绿针叶林	0.389
耕地	0.542

8.4.3 生态压力度指标及其计算方法

1. 人类活动压力指标及计算

（1）人口密度。人口密度是单位面积内的人口数，是表示各地人口的密集程度的指标。鉴于数据的可获得性原则，研究中的人口密度以县域为单位进行计算。人口密度＝年平均人口/县域行政区面积，最后在 ArcGIS 中矢量数据转栅格后，重采样成 30m×30m 分辨率栅格图。

（2）人均耕地面积。它代表了人口资源与土地资源的组合情况及其空间分布，是促成生态环境脆弱性的主要因素，它与生态环境脆弱程度呈负相关关系。人均耕地面积＝县域耕地总面积/年平均人口。

2. 经济活动压力指标及计算

（1）人均 GDP、人均纯收入指标。人均纯收入＝（农村居民纯收入+城镇居民可支配收入）/2，人均 GDP、人均纯收入指标可直接从各统计年鉴里获取，然后在 ArcGIS 中利用各县市行政图形的重心为插值点，运用反距离权重法进行数据插值成 30m×30m 空间分辨率栅格图。

（2）经济密度。经济密度＝县域 GDP 总量/县域行政区面积。最后在 ArcGIS 中矢量数据转栅格后，重采样成 30m×30m 分辨率栅格图。

8.5　广西北部湾经济区生态环境脆弱性空间格局及驱动机制

在 ArcGIS 9.3 的 GRID 模块的支持下，在 Spatial Analyst 功能的 Raster Calculator 功能里进行各指标因子栅格图的极差标准化，首先将海拔高度、坡度、地貌类型、地质岩性、植被覆盖度、多年平均年降水量、多年平均≥10℃连续积温、干旱系数 8 个单一评价指标与灾害因子、景观干扰度指数、土壤侵蚀敏感性指数 3 个综合评价指数进行空间主成分变换，生成生态敏感性指数；将人口密度、人均耕地面积、人均纯收入、人均 GDP 与经济密度进行空间主成分转换生成生态环境脆弱生态压力度指数；然后以 NPP 作为生态环境脆弱生态恢复力指标与生态敏感性指数以及生态压力度指数进行空间主成分转换最终生成广西北部湾经济区综合生态环境脆弱性评价指数。

8.5.1　生态环境脆弱的生态敏感性空间主成分分析

1. 生态敏感性空间格局

从广西北部湾经济区生态敏感性空间主成分的计算结果（图 8.8）看，土壤侵蚀敏感性指数高、干旱系数与坡度较大的大（中）起伏山地、喀斯特石山区区域，生态环境脆弱性最为敏感；而土壤侵蚀敏感性指数低、干旱系数与地形起伏较小的台地，以及平原地区生态敏感性最低。在大（中）起伏山地、喀斯特石山区内部，生态敏感性的差异也十分显著，在大（中）起伏山地、喀斯特石山区靠近山脊线的区域的生态脆弱敏感性明显，在山地、丘陵起伏度大的区域，生态敏感性高值区主要集中在 5 个区域：大明山、西大明山、十万大山、六万大山，以及大容山起伏较大区域和山脊附近的区域。而在宾阳盆地、玉林盆地、南宁盆地、左江龙州县河段两岸、南流江入海口到小江水库段河流两岸，钦北防沿海平原等地势平坦的区域形成明显的生态脆弱敏感区低值区。生态环境敏感性的分布格局大致与土壤侵蚀敏感性分布一致，这与土壤侵蚀敏感性指数是第一主成分的主要贡献因子密切相关。

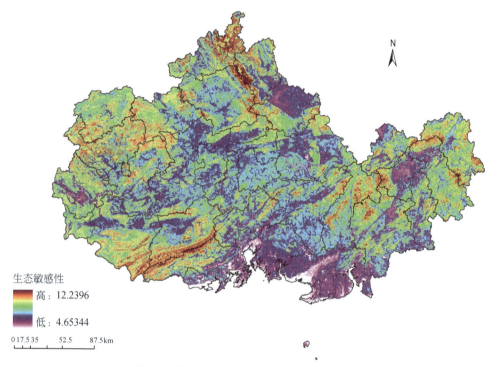

图 8.8　广西北部湾经济区生态敏感性分布图

2. 生态敏感性空间格局影响因子的主成分分析

上述生态敏感性涉及自然环境因素的多方面的影响，是生态环境脆弱性的自然内在脆弱的综合表现。各自然要素往往具有重叠性而且相互交织，如海拔、坡度坡向既影响着区域气候差异、植被生长，又因气候、植被的不同影响着土壤的发育与区域灾害的发生。这时利用多准则判断方法分析自然环境因子对生态环境敏感性的影响显然不合适。ArcGIS 软件具有很强的空间分析能力，本书在建立各生态环境敏感性栅格数据标准化后的基础上，通过 ArcGIS 软件的空间分析功能的 Principal Components 函数，对各综合评价因子进行主成分转换，得到生态敏感性各个主成分的特征值、贡献率及其累积贡献率见表 8.14。

表 8.14　生态环境敏感性主成分的特征值及其贡献率

主成分	特征值	贡献率/%	累积贡献率/%
Pri1 c1	4.47651	28.92	28.92
Pri1 c2	3.47058	22.42	51.34
Pri1 c3	2.85732	18.46	69.79
Pri1 c4	1.47395	9.52	79.32

主成分	特征值	贡献率/%	累积贡献率/%
Pri1 c5	1.12318	7.26	86.57
Pri1 c6	0.68427	4.42	90.99
Pri1 c7	0.46169	2.98	93.97
Pri1 c8	0.37581	2.43	96.40
Pri1 c9	0.20456	1.32	97.72
Pri1 c10	0.19264	1.24	98.97
Pri1 c11	0.15983	1.03	100.00

表8.15 是生态环境敏感性的各个空间主成分分析结果。由于前 5 个主成分已经包含了原始变量中高达 86.57% 的信息，因此认为前 5 项主成分已经能较好地反映生态环境敏感性空间格局的组成，说明广西北部湾经济区生态环境敏感性格局受自然环境因子主要包括 5 个主因子。同时，这也表明原变量之间存在着很高的相关性。

表8.15　生态环境敏感性主成分得分载荷矩阵

生态敏感性因子	Pri1 c1	Pri1 c2	Pri1 c3	Pri1 c4	Pri1 c5	Pri1 c6	Pri1 c7	Pri1 c8	Pri1 c9	Pri1 c10	Pri1 c11
坡度	0.4306	0.3842	0.2645	-0.1218	-0.3483	-0.5936	0.1369	0.1886	-0.1789	0.1344	-0.0645
海拔	0.1171	0.1366	0.1389	0.0283	-0.0221	-0.1333	-0.2028	-0.1847	0.1924	-0.9007	0.0766
地貌类型	-0.2696	0.7187	-0.6308	0.1004	-0.0210	-0.0165	0.0124	0.0283	0.0017	-0.0232	0.0265
地质岩性	-0.2636	0.3328	0.3713	-0.7332	0.1848	0.2878	0.0878	0.1298	-0.0223	-0.0466	0.0146
≥10℃积温	0.0221	0.0697	0.0959	0.1132	-0.0281	0.1237	-0.8003	0.5225	-0.1466	0.0670	0.1307
多年平均降水量	-0.1951	0.2292	0.4027	0.3122	-0.0565	0.0149	0.0186	-0.3340	0.0352	0.2118	0.6988
干旱系数	-0.1588	0.1973	0.3809	0.5297	-0.1377	0.3360	0.3154	0.3152	0.0209	-0.1272	-0.4037
植被覆盖度	-0.1317	-0.0556	0.0033	-0.0712	-0.1444	-0.1861	-0.0017	0.2838	0.9030	0.1432	0.0505
灾害因子	0.1149	-0.1889	-0.2028	-0.0150	0.0127	0.0715	0.4354	0.5632	-0.1457	-0.2535	0.5589
景观干扰度系数	0.3795	0.2051	0.0755	0.1847	0.8502	-0.0839	0.0482	0.0796	0.1618	0.0954	-0.0172
土壤侵蚀敏感性指数	0.6484	0.1713	-0.1085	-0.0806	-0.2773	0.6096	-0.0090	-0.1572	0.2109	0.0932	0.0741

生态环境敏感性指数的计算公式：

$$\text{Pri1} = 0.2892\,\text{Pri1 c1} + 0.2242\,\text{Pri1 c2} + 0.1846\,\text{Pri1 c3} + 0.0952\,\text{Pri1 c4} + 0.0726\,\text{Pri1 c5} \tag{8.26}$$

式中，Pri1 为生态环境敏感性指数；Pri1 c1，Pri1 c2，…，Pri1 c5 为由生态环境敏感性指数进行空间主成分变换提取的前 5 个主因子，贡献率为 86.57%，仅有 13.43% 的信息损失，可信度高。

表 8.15 显示了每个主成分生态环境敏感性评价包含原来 11 个变量的信息载荷情况。根据主成分载荷矩阵，对于第一主成分而言，土壤侵蚀敏感性指数、坡度、景观干扰度指数为该主成分的主要贡献因子，而从表中可以明显得出，地貌类型、地质岩性对第一主成分的贡献为负；对于第二主成分，地貌类型对其有明显的正贡献；对于第三主成分，多年平均降水量、地质岩性为其主要贡献因子，而对第二主成分产生主要影响的地貌类型则对该主成分产生了明显的负影响；对于第四主成分，多干旱系数为其主要贡献因子，而对第二、三主成分产生较大影响的地质岩性则对该主成分产生了明显的负影响；对于第五主成分，景观干扰度指数为其主要贡献因子，坡度与土壤侵蚀敏感性指数则对该主成分产生较大的负影响。综合考虑各个主成分的主要贡献因子，在 11 个自然环境因子中，单个因子对主成分贡献最大的因子是土壤侵蚀敏感性指数、景观干扰度指数、地貌类型、干旱系数以及多年平均降水量对单个主成分载荷分别是 0.6484、0.8502、0.7187、0.5297 和 0.4027，单个因子对主成分存在明显负相关的是地质岩性（载荷为 -0.7332）与地貌类型（载荷为 -0.6308）；综合 5 个主成分因子，可以看出，在其他研究区生态脆弱性评价贡献较大的海拔因子，在广西北部湾经济区生态环境敏感性评价中对各主成分的载荷并不高，对该 5 个主成分不存在明显的正相关或者负相关，由此可见，在广西北部湾经济区生态环境脆弱性评价中，海拔并不是关键影响因子。

对于广西北部湾经济区生态环境而言，影响生态环境敏感性的因子依据作用大小，可以概括为土壤侵蚀敏感性指数、地貌类型、多年平均降水量、干旱指数以及景观干扰度指数 5 个主因子。即第一主成分集中反映原变量中土壤侵蚀敏感性导致生态环境敏感性的有关因子，主要包含地形起伏度、坡度、降雨溶蚀率、植被因子和土壤类型（土壤质地）等信息；第二主成分则基本反映地貌类型对生态环境脆弱的影响，这与不同的地貌过程对生态环境作用不同密切相关；第三主成分主要反映多年平均降水量、干旱系数、地质岩性对生态环境脆弱的影响，主要是多年平均降水量直接影响着干旱系数的变化，降雨状况参与对不同地质岩性的岩石的风化作用过程存在很大差异；第四主成分主要反映干旱系数对生态环境脆弱的影响，对该主成分因子影响较大的还有多年平均降水量与 ≥10℃ 积温；第五主成分主要反映景观干扰度指数对生态环境敏感性的影响，景观干扰度指数的信息含量远远大于其他变量。

3. 生态环境敏感性空间分布格局

北部湾经济区生态环境敏感性分级中，微度生态敏感性面积为 7047.06km²，占研究区总面积的 9.71%；轻度生态敏感性面积为 18378.74km²，占广西总面积的 25.31%；中度生态敏感性面积为 18887.76km²，占研究区总面积的 26.01%；高度生态敏感性面积为 16493.43km²，占研究区总面积的 22.72%。极度生态敏感性面积为 11802.01km²，占研究区总面积的 16.25%。极度生态敏感区主要分布在大明山、西大明山、大容山、六万大山、十万大山、四方岭与研究区北部、西北部、东部的喀斯特山地，主要分布在山体起伏度较大的陡坡区域及山脊附近，这些区域土壤侵蚀敏感性指数高，土壤容易遭受流水侵蚀，同时这些区域海拔较高，气温较其他区域低，土壤发育缓慢，且因易遭受山谷风吹蚀，土壤易遭剥蚀，植被生长缓慢，生态系统不稳定，生态环境极其脆弱。

　　生态敏感性高值区主要分布在研究区内山地的山脊及其陡坡分布区；中度生态敏感区分布范围较广，主要分布在研究区东部、中部丘陵，其他区域丘陵山地也有零星分布；轻度生态敏感区主要分布在研究区南部沿海台地、平原，宾阳盆地、南宁盆地、玉林盆地以及各条河谷地段；微度生态敏感区主要分布在研究区南部沿海平原、河谷两岸。应该重点保护森林生态环境系统及生境极度敏感性的区域，同时对高度生态敏感性的地区也应采取加强保护和减少开发等措施，以保护研究区生态环境系统的稳定与完整性。

8.5.2　生态恢复力空间特征分析

　　参照与植被净初级生产力密切相关的水热条件、植被类型分布（图 8.9 ~ 图 8.12），广西北部湾经济区年 NPP 大体与研究区内植被类型分布格局一致，高值区主要分布在大明山、西大明山、十万大山、六万大山以及大容山等缓坡、山谷阔叶林分布区，较好地反映了植被类型在研究区内的空间布局特征，由于北部湾经济区内植被以针叶林为主，而针叶林的最大光能利用率较其他植被类型较低，因此广西北部湾经济区内的较高值区远小于林地生态分布范围，主要与光能利用率较高的植被类型分布一致。降水较少，以灌草丛为主的北部、西北部、东部地区年 NPP 产量最低；降水和积温较高，以针叶林和农田为主的中

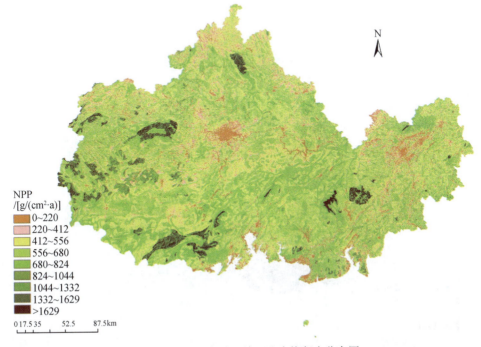

图 8.9　广西北部湾经济区生态恢复力分布图

部、西部地区年 NPP 较高；降水量最多，以阔叶林、针阔混交林为主的山谷及丘陵区域年 NPP 最高。本书以年 NPP 代表研究区内生态环境恢复力，因此广西北部湾经济区生态环境恢复力与年 NPP 分布格局一致。

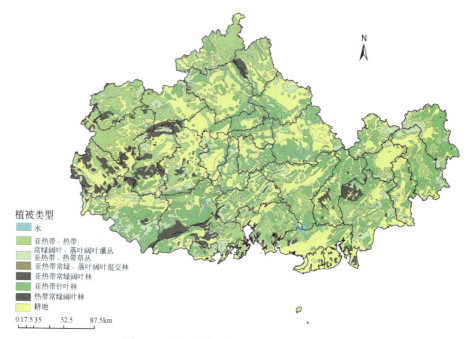

图 8.10　广西北部湾经济区植被类型分布图

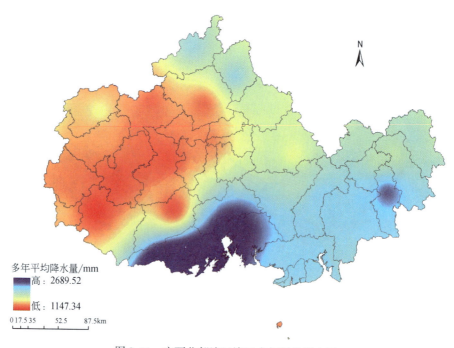

图 8.11　广西北部湾经济区多年平均降水量

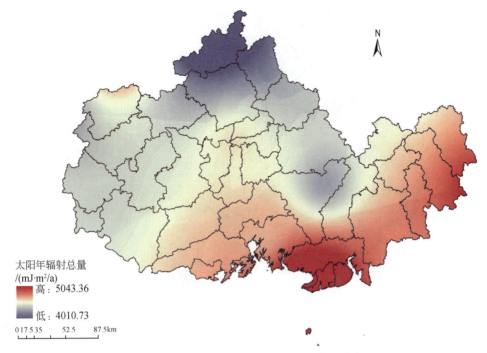

太阳年辐射总量
/(mJ·m²/a)
高：5043.36

低：4010.73

0 17.5 35   52.5   87.5km

图 8.12 广西北部湾经济区太阳年总辐射量分布图

8.5.3 生态环境压力度主成分分析

1. 生态环境压力空间格局

从广西北部湾经济区生态环境压力度空间主成分分析的结果看，生态压力度主要取决于人均 GDP 较高而人均耕地面积较小的区域，人均 GDP 较低而人均耕地面积较大的区域由于经济发展较慢，所面临的生态压力较小。生态压力度高值区主要集中在 4 个区域：南宁市、北海市、钦州市以及防城港人均 GDP 较高的市辖区周围；而人均耕地面积较大、人均 GDP 较低的区域则出现了多个生态压力度低值区，主要分布在研究区北部的宾阳县、上林县、马山县，研究区中部的扶绥县以及研究区西北部的天等县、龙州县等区域（图8.13）。

2. 生态环境脆弱生态压力度空间格局影响因子的主成分分析

上述生态环境压力度涉及人类活动压力与经济活动压力两方面的影响，是生态环境脆弱性在人为作用影响下的综合表现。应用空间主成分对生态环境压力各评价因子进行主成分转换，得到生态敏感性各个主成分的特征值、贡献率以及其累积贡献率见表 8.16。

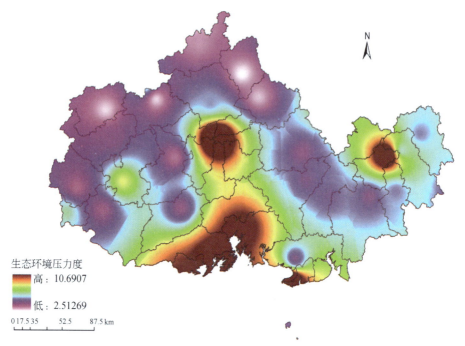

图 8.13　广西北部湾经济区生态压力度

表 8.16　生态敏感性主成分的特征值及其贡献率

主成分	特征值	累积贡献率/%	贡献率/%
Pri2 c1	2.6833	45.63	45.63
Pri2 c2	2.1773	82.65	37.02
Pri2 c3	0.8194	96.58	13.93
Pri2 c4	0.1577	99.26	2.68
Pri2 c5	0.0434	100.00	0.74

表 8.17 是生态环境脆弱中生态环境压力度的各个空间主成分分析结果。由于前 3 个主成分已经包含了原始变量中高达 96.58% 的信息，因此认为前 3 项主成分已经能较好地反映生态环境压力度空间格局的组成，说明广西北部湾经济区生态环境压力度的空间格局受人为作用影响主要包括 3 个主因子。同时，这也表明原变量之间存在较高的相关性。

表 8.17　生态敏感性主成分得分载荷矩阵

生态压力度指标	Pri2 c1	Pri2 c2	Pri2 c3	Pri2 c4	Pri2 c5
人口密度	0.63385	−0.60213	0.20323	0.03705	0.43931
人均耕地	−0.04101	0.28489	0.95050	0.11711	0.00005
人均纯收入	0.56302	0.35062	0.00495	−0.69586	−0.27537
人均 GDP	0.28252	0.65790	−0.22601	0.33267	0.57061
经济密度	0.44693	0.02252	−0.06438	0.62452	−0.63685

生态环境脆弱生态压力度的计算公式：

$$\text{Pri2} = 0.2892\,\text{Pri2 c1} + 0.2242\,\text{Pri2 c2} + 0.1846\,\text{Pri2 c3} \tag{8.27}$$

式中，Pri2 为生态环境敏感性指数；Pri2 c1、Pri1 c2、Pri2 c3 为由生态环境敏感性指数进行空间主成分变换提取的前 3 个主因子，贡献率为 96.58%，仅有 3.42% 的信息损失，可信度相当高。

表 8.17 显示每个主成分生态环境压力度评价包含原来 5 个变量的信息载荷情况。根据主成分载荷矩阵，对于第一主成分而言，人口密度、人均纯收入和经济密度为该主成分的主要贡献因子，没有因子对第一主成分的贡献明显为负；对于第二主成分，人均 GDP 对其有明显的正贡献，而对第一主成分产生主要影响的人口密度对该成分产生明显的负影响；对于第三主成分，人均耕地对其有显著贡献，主成分载荷系数高达 0.9505。

综合考虑各个主成分的主要贡献因子，在 5 个生态压力度评价因子中，单个因子对主成分贡献最大的因子是人口密度、人均纯收入、人均 GDP 以及人均耕地，对单个主成分载荷分别是 0.63385、0.56302、0.65790 和 0.95050，单个因子对主成分存在明显负相关的是人口密度（载荷为 -0.60213）。

对于广西北部湾经济区生态环境压力度而言，影响生态环境脆弱中生态环境压力度的因子依据作用大小，可以概括为人口密度、人口纯收入、人均 GDP 以及人均耕地面积 4 个主因子。即第一主成分集中反映原变量中人口分布和当地居民收入等信息；第二主成分则基本反映人均 GDP 对生态环境压力的影响；第三主成分主要反映人口分布与耕地分布组合对生态环境产生的压力。

8.5.4　北部湾经济区生态环境脆弱性驱动机制分析

1. 生态环境脆弱性综合评价

对生态环境敏感性、生态恢复力与生态环境压力度进行空间主成分转换，分析其对区域综合生态环境脆弱评价的影响，并以此确定该综合评价的各因子的权重。分析结果详见表 8.18。

表 8.18　生态环境脆弱性主成分特征值、贡献率及其主成分载荷

要素	Pri3 c1	Pri3 c2	Pri3 c3
特征值	2.1516	0.9490	0.4487
累积贡献率/%	60.62	87.36	100.00
贡献率/%	60.62	26.74	12.64
生态敏感性	0.68952	0.63169	0.50342
生态恢复力	-0.24976	-0.75015	0.85731
生态压力度	-0.76818	0.63113	0.10761

通过表 8.18 可以看出，在生态环境脆弱性综合评价中，第一、第二主成分因子对综合评价的累积贡献率为 87.36%。因此可认为前两个主成分已经能较好地反映生态环境脆

弱性空间分布，同时，这也表明原变量之间存在着较高的相关性。

综合生态环境脆弱性指数的计算公式：

$$Pri3 = 0.6062\ Pri3\ c1 + 0.2674\ Pri3\ c2 \tag{8.28}$$

式中，Pri3 为综合生态环境脆弱性指数；Pri3 c1、Pri3 c2 为由生态环境敏感性指数、生态恢复力、生态压力度指数进行空间主成分变换提取的前两个主因子，贡献率为 87.36%，仅有 12.54% 的信息损失，可信度交高。

从表 8.18 可以看出，在生态环境脆弱性综合评价结果中，对于第一主成分，生态环境敏感性因子是其主要贡献率因子，生态压力度因子对该主成分具有明显的负相关，可见在生态压力小的区域，生态环境敏感性可能也较高，生态环境脆弱度可能较高，如北部湾经济区的北部、西北部的喀斯特石山区，由于其人口密度较低，人均耕地面积在研究区中处于中上水平，同时因为这些区域经济发展滞后，因此在这些喀斯特石山区域内生态压力度指数较小，然而这些区域属典型的喀斯特石山生态脆弱敏感区，生态系统不稳定，受干扰后极易遭受破坏，而恢复缓慢，因此其生态环境相当脆弱。对于第二主成分因子来说，生态环境敏感性与生态环境压力度是其主要贡献率因子，而生态恢复力对该主成分具有明显的负相关，可见生态恢复力较高的区域生态环境脆弱度较低。

2. 生态环境脆弱性驱动因子分析

从生态环境脆弱性综合评价结果（图 8.14），广西北部湾经济区生态环境脆弱性总体上呈现出北高南低的整体趋势。北部湾经济区海岸带、各河流两岸、经济区 6 地市市区、各县城区及其周边区域均出现了明显的生态环境脆弱高值区，研究区东部、北部、西北部以及中西部的喀斯特石山区也有较大面积的生态环境脆弱高值区分布；研究区北部、西部、西南部和东南部的阔叶林、针阔混交林分布区生态环境脆弱较低，出现多个低值区。

将空间主成分分析的结果按照应用 ArcGIS 栅格重分类的自然分界法（Natural break）与定性分析相结合的方法，将生态环境脆弱性综合评价结果划分为五级，即微度脆弱、轻度脆弱、中度脆弱、重度脆弱和极度脆弱，得到北部湾经济区生态环境综合脆弱度分级图（图 8.15）。

研究区生态环境综合脆弱度的分布格局总体上与生态环境恢复力分布格局基本一致，可见该综合评价结果较大程度受到生态环境恢复力的影响。

综合以上广西北部湾经济区生态环境脆弱性空间主成分分析结果，广西北部湾经济区生态环境脆弱总体上受生态环境敏感性影响，在部分区域生态环境脆弱性主要受生态压力度因素影响，生态恢复力对生态环境脆弱性评价具有显著的负相关，生态恢复力越强的区域，生态环境脆弱度越低。

在生态环境敏感性的主成分分析中，土壤侵蚀敏感性指数、地貌类型、多年平均降水量、干旱指数和景观干扰度指数等因子对其起主要影响。由于在小区域范围内多年平均降水量、干旱指数相差较小，同一生态景观的生态环境敏感性主要受土壤侵蚀敏感性指数与地貌类型的不同控制。受地形起伏度共同的影响，同一生态景观中，地形起伏度大的地貌类型分布区，是土壤侵蚀敏感性高值区，也是生态环境敏感性高值区。如在林地景观中，陡坡区域、山脊线附近既是地形起伏的高值区，也是土壤侵蚀敏感性指数、生态环境敏感性指数高值区。

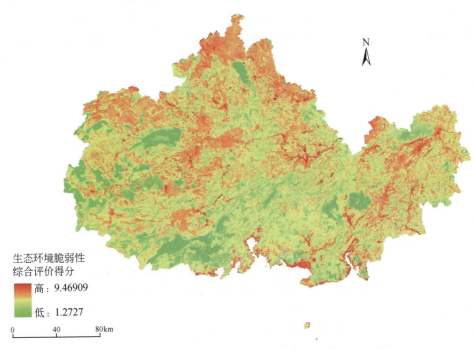

生态环境脆弱性
综合评价得分

高：9.46909

低：1.2727

0　　40　　80km

图 8.14　广西北部湾经济区生态环境脆弱性综合评价图

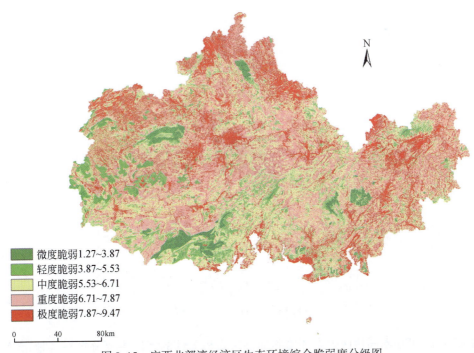

微度脆弱1.27~3.87
轻度脆弱3.87~5.53
中度脆弱5.53~6.71
重度脆弱6.71~7.87
极度脆弱7.87~9.47

0　　40　　80km

图 8.15　广西北部湾经济区生态环境综合脆弱度分级图

在生态恢复力分布空间格局中，生态环境脆弱性分布基本与生态恢复力分布格局一致，生态环境脆弱度与生态恢复力有明显负相关，生态恢复力低值区分布与生态环境脆弱度高值区分布基本吻合，而生态恢复力的分布又基本上与当地植被类型分布有很大的相关。

在生态压力度的主成分分析中，生态环境脆弱性主要受人口密度、人均 GDP、人均耕地面积 3 个指标因子的影响。

8.5.5　生态环境脆弱性空间自相关分析

通过 GeoDa 计算可知，全区 Moran's I 值为 0.7526，说明广西北部湾经济区生态环境脆弱性呈现出一定的正相关性和空间聚集性。由图 8.16 可见，落到第一（高—高）象限的点少于第三（低—低）象限，由此说明生态高脆弱区在局部具有一定的集聚性，而在整个研究区内看，高—高脆弱区集聚连片；大部分地区的点分布在第三低—低象限，说明这些地区为生态低脆弱区被低脆弱区包围，低脆弱区集聚程度很高；落在第四（高—低）象限和第二（低—高）象限的点均很少，表明生态高脆弱区被低脆弱区包围与低脆弱区被高脆弱区包围这些区域不明显。第一象限和第三象限都代表正相关，可见北部湾经济区高—高生态脆弱性呈现出一定的集聚程度，而低—低生态脆弱区集中连片，呈现出显著正相关。第二象限和第四象限表示负相关，图 8.16 表明研究区不同区域间脆弱性呈现出一定的负相关。

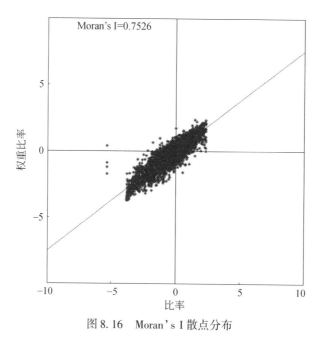

图 8.16　Moran's I 散点分布

由图 8.17 可知不同地区生态环境脆弱高—高相关性的地区主要分布在各地市及其周边，研究区北部、东北部、西北部的喀斯特石山区以及海岸带城镇附近，这些地区受生态恢复力较低、植被质量较低等因素影响，生态系统不稳定，环境比较脆弱，可见这些区域生态脆弱性之间存在着某种关系，相互影响；生态脆弱性低—低相关性高的地区分布与研究区主体山脉植被好的分布区基本一致，这些区域植被好，水土流失小，生态系统稳定；生态环境脆弱性不相关的区域分布较广，说明这些地区的脆弱性相互影响不大，脆弱性是自身生态系统稳定性、干扰和恢复的结果，而不是周围生态系统影响的结果。图 8.18 表示空间统计分析的显著性水平。除了图中白色部分在 5% 的水平不显著外，其他地区都达到了 5% 的显著性水平，而且很多地区达到了 1% 的显著性。

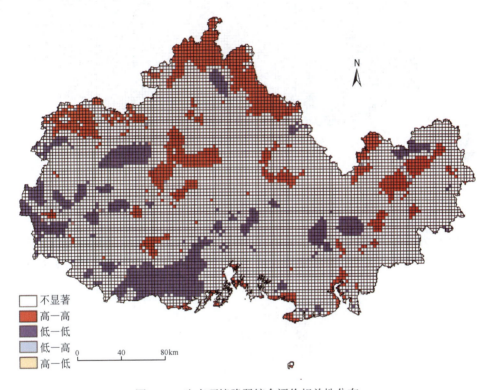

图 8.17 生态环境脆弱综合评价相关性分布

8.5.6 广西北部湾经济区生态环境脆弱性分区

为保证地统计学分析中各点的生态脆弱度能够代表一定区域生态系统稳定性的综合状况，本书利用覆盖全研究区的网格进行系统采样，每个样本（网格）将区域综合生态脆弱度风险模型 XER 计算结果作为样本中心点的值。利用空间主成分分析生态环境脆弱性评价结果与各脆弱性等级分级面积比重构建区域生态脆弱度风险模型 XER，它能够反映生态环境脆弱程度的区域空间格局特征，计算公式如下：

$$XER = \sum_{i=1}^{n} \frac{A_i}{TA} \cdot EVI_i \tag{8.29}$$

式中，XER 为区域生态环境脆弱度风险；A_i 为样地中综合生态脆弱度 i 的面积；TA 为样地

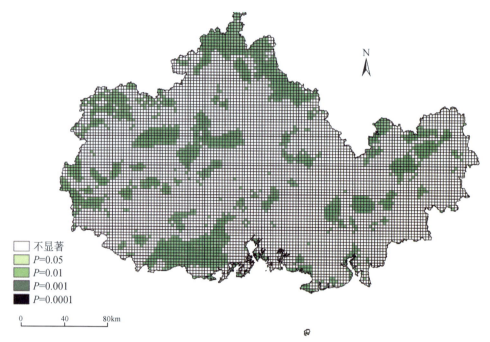

图 8.18　生态环境综合脆弱度空间自相关分析显著水平分布

总面积；EVI_i 为综合生态脆弱度。区域生态环境的脆弱度风险是景观类型脆弱度指数的空间化，它可以反映研究区生态环境脆弱程度的空间风险变化及其分布特征如图 8.19 所示。

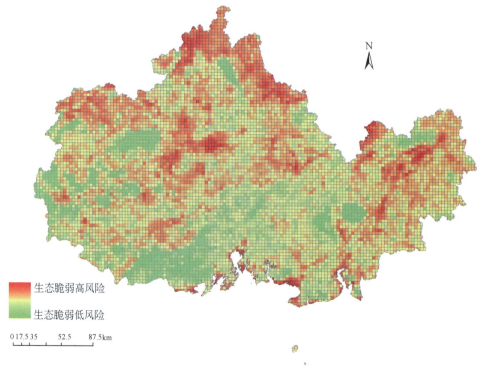

图 8.19　北部湾经济区各四边形样地单元生态脆弱风险

本书根据生态环境脆弱性程度及生态系统的特点，利用覆盖整个研究区的网格进行系统采样，根据研究区生态脆弱性空间格局，一般认为提取景观类型样本的面积应当为斑块平均面积的1~3倍，才能够综合反映采样地区周围生态环境脆弱性的格局信息[53]，确定每个采样网格的大小，以每个网格的区域综合生态脆弱度的计算结果作为采样地中心点的生态环境脆弱度。在网格系统采样的基础上，运用ArcGIS地统计分析模块中的普通克立格法（Ordinary Kriging）对区域生态环境脆弱度指数进行插值，使区域综合生态脆弱度指数面状化、连续化，同时以栅格图形的方式使区域综合生态脆弱度可视化。

根据研究区景观格局分析提取类型斑块的实际大小，确定采样网格的面积为9km²。本书采用格网系统采样方法应用比较常用的正方形网格，根据研究区的大小，共形成8482个采样点。利用区域综合生态脆弱度计算模型XER，计算研究区8482个点位的生态脆弱度风险。

使用ArcGIS 9.3中地统计分析模块（Gcostatistic Analyst），在变异函数分析的基础上，采用普通克立格插值法（Ordinary Kriging）进行空间插值，编制研究区区域生态脆弱度分布图（图8.20），以便直观描述研究区内生态脆弱性的空间分布情况。

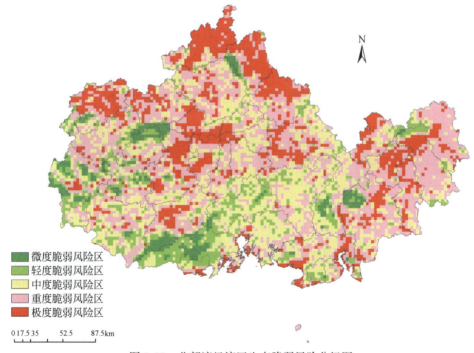

图8.20　北部湾经济区生态脆弱风险分级图

只有当数据服从正态分布时，克立格插值方法才有效。本书利用ArcGIS地统计分析模块中的直方图法对采样点数据的正态分布情况进行检验，结果均符合正态分布，采样点数据满足地统计学分析的要求。

分县（区）级行政单位统计各行政单位内的各脆弱性等级面积，求得各等级在全县（区）单位内各生态环境脆弱等级的面积比重，见表8.19。按各脆弱性的中等脆弱等级及其以上所占的面积比重进行北部湾经济区生态环境脆弱性分区，具体分区结果如图 8.21 所示。

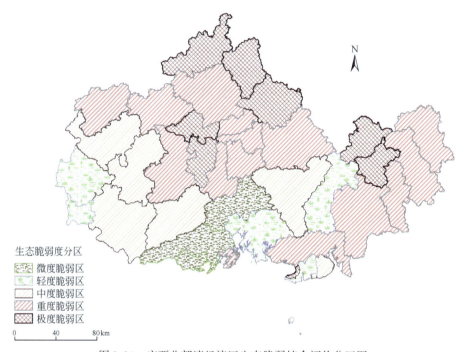

图 8.21　广西北部湾经济区生态脆弱综合评价分区图

表 8.19　生态环境脆弱性综合评价分县（市、区）级面积统计　（单位：km²）

县（市、区）	微度脆弱	轻度脆弱	中度脆弱	重度脆弱	极度脆弱	分区类型
马山县	9.3031	104.9234	469.1333	1094.7886	674.7066	极度脆弱区
兴宁区	1.0405	84.3701	259.7284	316.9897	98.0409	重度脆弱区
隆安县	91.6819	232.1578	665.3500	872.5760	462.1177	重度脆弱区
青秀区	0.6004	88.8365	292.6801	327.7228	122.8676	重度脆弱区
江南区	0.3179	88.2968	348.5812	613.1138	221.5334	极度脆弱区
良庆区	1.7922	195.2595	404.7078	549.8883	141.4503	重度脆弱区
宾阳县	2.3056	126.2219	685.8009	942.4241	564.6521	极度脆弱区
横县	5.1908	347.8287	1163.4793	1411.7312	534.2107	重度脆弱区
西乡塘区	17.3810	40.5577	245.0923	499.1662	278.2649	极度脆弱区
武鸣县	49.3637	370.1768	1180.1313	1378.7950	428.6217	重度脆弱区
上林县	102.7156	123.1103	386.9836	809.2472	455.9569	极度脆弱区
邕宁区	0.2518	120.5068	396.7486	620.7751	102.6993	重度脆弱区
铁山港区	27.7853	54.6125	112.6598	117.4821	87.2997	中度脆弱区
合浦县	71.5778	347.2826	715.3422	712.5837	556.0092	重度脆弱区
海城区	0.9101	13.6083	17.5222	26.9603	30.1824	极度脆弱区

续表

县（市、区）	微度脆弱	轻度脆弱	中度脆弱	重度脆弱	极度脆弱	分区类型
银海区	24.5614	109.8407	158.3704	113.3816	76.9860	轻度脆弱区
防城区	382.0237	780.9621	883.0283	250.1473	90.4204	微度脆弱区
港口区	0.1340	13.1464	94.3389	87.3803	65.1916	重度脆弱区
东兴市	22.8154	130.8595	198.4164	73.3038	73.5619	微度脆弱区
上思县	347.9075	255.8118	797.0227	1220.3023	211.6045	中度脆弱区
钦北区	50.2928	689.6261	887.8017	478.8249	122.7472	微度脆弱区
浦北县	139.1664	414.5054	986.3823	828.2257	166.7389	轻度脆弱区
钦南区	4.0788	385.4016	1038.8404	610.8996	299.6350	轻度脆弱区
灵山县	8.3966	542.2080	1495.3823	1283.3567	250.0142	中度脆弱区
兴业县	5.5078	178.1484	345.7857	561.4853	373.0838	极度脆弱区
容县	17.2805	208.9910	705.5328	999.7796	345.3030	重度脆弱区
北流市	27.1369	353.7340	729.7863	897.7604	458.8974	重度脆弱区
陆川县	5.8655	163.7803	475.2532	570.0322	348.6555	重度脆弱区
博白县	227.9902	405.2702	1204.6764	1360.9259	650.9964	重度脆弱区
玉州区	4.0317	124.0467	322.7783	516.2321	312.0633	极度脆弱区
龙州县	407.4672	468.9866	635.6648	554.4679	262.8174	轻度脆弱区
天等县	85.9368	200.0148	565.6745	696.5322	633.3737	重度脆弱区
扶绥县	135.5685	284.5470	736.5275	1261.4179	445.1007	重度脆弱区
江州区	333.8391	499.4533	811.4397	1016.2577	268.5525	中度脆弱区
大新县	147.6980	439.8999	908.2517	799.3700	470.0669	中度脆弱区
宁明县	129.1678	529.1603	1417.3631	1421.4102	233.6801	中度脆弱区
凭祥市	27.0961	146.1431	244.1306	193.4628	36.8394	轻度脆弱区

（1）划分为生态环境极度脆弱区的有：西乡塘区、江南区、马山县、上林县、宾阳县、海城区、兴业县、玉州区。

（2）划分为生态环境重度脆弱区的有：兴宁区、隆安县、青秀区、良庆区、横县、武鸣县、邕宁区、合浦县、港口区、容县、北流市、陆川县、博白县、天等县、扶绥县。

（3）划分为生态环境中度脆弱区的有：铁山港区、上思县、灵山县、江州区、大新县、宁明县。

（4）划分为生态环境轻度脆弱区的有：银海区、浦北县、钦南区、龙州县、凭祥市。

（5）划分为生态环境微度脆弱区的有：防城区、东兴市、钦北区。

8.6　广西北部湾生态脆弱区恢复与保护对策

随着广西北部湾经济区经济的发展，人类活动的范围不断扩大，活动强度不断提高，北部湾经济区所遭受的生态环境压力不断增大，其生态环境质量存在进一步退化的趋势，开展生态修复、生态保护与生态建设对于研究区的可持续发展显得尤为重要。本书根据生态环境脆弱性综合评价结果，将研究区以划分为微度脆弱、轻度脆弱、中度脆弱、重度脆弱和极度脆弱 5 个等级，各区域的生态环境脆弱驱动因子各不相同，因此所提出的生态恢复与保护对策也应对症下药。以广西北部湾经济区的实际状况为基础，结合本书驱动因子评价分析，提出如下生态环境脆弱性驱动因子恢复与保护的对策。在恢复和保护生态过程中，应遵循自然生态发展规律和社会经济发展规律，实事求是，促进当地生态、社会经济健康可持续发展。

8.6.1　基于生态脆弱敏感性主要驱动因子的生态环境恢复与保护对策

广西北部湾经济区生态环境敏感性的主要驱动因子是土壤侵蚀敏感性指数、景观干扰度指数、地貌类型、干旱指数和多年平均降水量等因子对其起主要影响。

生态环境敏感性与土壤侵蚀敏感性指数分布一致，对于受土壤敏感性影响所引起的生态脆弱高敏感区，应采取相应的生态工程措施降低土壤侵蚀敏感性，以降低土壤侵蚀、水体流失。如在缓坡农业发展中，建设边石坝或开发建设成为梯田、梯地等来降低土壤侵蚀强度。在土壤侵蚀高敏感区应划为生态保护核心区或限制开发区，以防止该类区域生态环境退化、恶化。

景观干扰度指数是人类活动作用于生态环境的重要指标，是人类活动作用于生态环境强弱的重要表征。在生态环境敏感性的主成分分析中，景观干扰度指数对单一主成分贡献率比重最大，说明广西北部湾经济区生态环境敏感性较大程度上受到了人类活动的影响。林地的景观干扰度最大，主要受近年来广西北部湾经济区内桉树林、八角林、橡胶林等经济林以及果树林的大面积种植的影响，这与研究区生态环境建设相符；目前，随着广西北部湾经济区的社会经济快速发展，大量商贸物流企业的入驻、沿海养殖码头建设工程以及经济区内重化工工业的布局发展，使得研究区内大量耕地、湿地被转为建设用地，而为了确保耕地的保有量，又把大量的草地开垦成耕地；从而造成了景观/土地利用类型在北部湾经济区内景观干扰度指数较高。对于这一类型造成的生态环境脆弱高敏感区，主要发展对策是在各种经济开发建设活动启动之前应先进行生态环境影响风险论证，在确保生态安全或采取合理的生态保护措施后才可以进行开发建设。

研究区的生态敏感性的这些驱动因子中，地貌类型、干旱指数和多年平均降水量等指标基本上属于生态环境中的自然要素，人为可控因素较小，主要对策以预防为主，适当增加生态防护工程设施。采取的措施有：①对于地貌类型差异而引起生态脆弱敏感性较高的区域，应控制生态脆弱敏感高值区的地貌类型区域的开发、利用等人类活动，防止这些高生态脆弱敏感区进一步发展成生态脆弱区。②对于多年平均降水量与干旱指数大引起的高生态脆弱敏感区，应适当改善这些区域的农牧业发展的灌溉水利条件，增设防洪排涝工程措施。

8.6.2　基于生态恢复力主要影响因素的生态环境恢复与保护对策

生态环境脆弱度与生态恢复力呈显著负相关，生态恢复力越高的区域，生态环境脆弱度越低。而在生态恢复力计算模型中，影响植被净初级生产力的因子有太阳辐射月总辐射量、大气水汽含量与大气温度对植物生长的影响系数、植被最大光能有效利用率等因素，植被最大光能有效利用率与植被类型有关，其他影响因子均是生态环境的自然要素，难以人为改变。而植被类型与当地植被生长有关，在条件允许的情况下，可通过种植高光能有效利用率的植被类型提高当地的生态恢复能力；如人工造林时尽量种植常绿阔叶林类型植被。因此可通过种植高光能利用率类型植被措施来提高当地生态恢复力，从而降低其生态环境脆弱性。同时对现有的常绿阔叶林、针阔混交林分布区要加强保护，防止人为破坏，从而避免生态恢复力下降，避免生态环境恶化。

8.6.3　基于生态压力度主要驱动因子的生态环境恢复与保护对策

在生态压力度的主成分分析中，生态环境脆弱性主要受人口密度、人均 GDP、人均耕地面积 3 个指标因子的影响。人口密度、人均 GDP 是生态环境脆弱的正向指标，人口密度越大，人均 GDP 值越高，该地区所消耗的资源量就越高，其所受到的生态压力度就越高，越容易造成生态不稳定，从而容易形成脆弱生态环境。人均耕地面积指数是生态环境脆弱性生态压力度评价的正向指标，人均耕地面积值越高，则该区域的人均占有耕地资源量越高，所受到生态环境的压力度较小。

在广西北部湾经济区生态压力度评价中，人均密度、人均 GDP 的高值区主要分布在研究区 6 个地级市、县建成区及其周围，环北部湾沿海等地，在该区域经济开发建设中，应采取节能、减排、环保的措施，降低资源消耗，减少资源浪费。在人均耕地面积占有量高的区域应该采取有效措施保持现有耕地量，在人均耕地占有量少的区域应努力发展现代农业科技，提高农业生产效率，防止生态环境压力增大，防止生态环境进一步恶化、退化。

综合以上三方面，对于北部湾经济区内进行区域发展规划时，应把生态环境规划作为区域发展规划的重要组成部分，对于生态敏感性强的区域应列为限制开发区，对于现有的阔叶林、针阔混交林分布区等生态恢复力高值区应列为生态保护核心区，加以进行生态重点保护和建设；对于生态压力度大的区域如城区及其周边在水热条件允许的情况下，应多种植热带、亚热带阔叶林树种，以提高当地的生态恢复力与生态环境容量。

8.7　结论与展望

本书选择位于海陆过渡带、气候过渡带的广西北部湾经济区作为典型案例，基于自然地理学、遥感学原理、景观生态学、土壤侵蚀敏感性指数等对该区域的生态脆弱性问题进行系统、定量的研究。在研究过程中，得到了一些有启发的结论，但是因为研究条件以及时间等限制，还存在一些不足之处和有待进一步深入研究的领域。本章就研究得到的主要结论进行总结归纳，并对将来的生态环境脆弱性的研究方向进行展望。

8.7.1 主要结论

本书基于生态敏感性–生态恢复力–生态压力度概念模型，运用空间主成分分析对研究区生态环境脆弱性进行综合评价研究。通过分析，本书得出以下结论：

（1）针对当前生态脆弱性评价，单一指标组成的多指标评价体系面临着数据收集困难、难以进行大面积评价等问题，用少数综合性指标又难以涵盖生态脆弱的现实复杂性，本书基于生态敏感性–生态恢复力–生态压力度概念模型，以单一评价指标与综合性指标相结合构建评价指标体系，运用空间主成分分析方法，使生态脆弱性评价更加综合，同时消除数据间冗余。

（2）北部湾经济区景观干扰度指数从大到小的分别是林地、未利用地、草地、建设用地、耕地、水域。

本书基于景观生态学原理，计算景观干扰度指数，研究表明，林地景观干扰度指数最大，未利用地、草地分别排在第二位和第三位，这与广西北部湾经济区近年来大量开发未利用地，以及把荒草地开垦成耕地等活动密切相关，研究区内林地、未利用地、草地受到的干扰程度较高。受近年来经济区的经济活动显著增强的影响，建设用地快速扩张，其景观干扰度指数较大。

（3）北部湾经济区的土壤侵蚀高敏感性区域主要分布在海拔较高、坡度较陡的山地及喀斯特石山地区；低敏感性区域主要分布在地势较平、坡度较小的河流两岸、沿海平原等地。

（4）北部湾经济区6市生态脆弱性分布基本规律为：生态较好即微度脆弱地区主要分布在广西北部湾经济区十万大山、大明山与西大明山的阔叶林区、针阔混交林区以及针叶林区，大容山和六万大山的针阔混交林区、针叶林区。这些地区植被状况好、人类活动强度小，生态系统稳定性及恢复力都很好。生态极度脆弱区主要分布在经济区6地级市、各县城及其外围区域，环北部湾的沿海与在北部、西北部喀斯特石山区等区域，在这些区域经济发达、人类活动频繁或自然生态系统本身就处于脆弱生境，其生态系统不稳定，抗干扰能力弱，生态恢复力低，在生态压力增大时极易遭到破坏。

（5）广西北部湾经济区生态环境脆弱性存在较明显的空间集聚，生态脆弱性高—高空间集聚的地区主要分布在各地市及其周边，研究区北部、东北部、西北部的喀斯特石山区以及海岸带城镇附近；生态脆弱性低—低相关性高的地区分布与研究区主体山脉植被好的分布区基本一致。

（6）研究区内原始阔叶林、针阔混交林分布区应作为生态核心区加以保护，在雨热条件允许的情况下，人工植被应以热带、亚热带阔叶林植被种植为主，以提高生态恢复力，降低区域生态环境脆弱性，从而防止区域生态环境退化、恶化。

8.7.2　不足与展望

1. 生态脆弱性模型评价因子的完善

本书从生态环境系统出发，试图通过研究景观干扰度指数、土壤侵蚀敏感性指数、植被净初级生产力与区域生态环境响应关系，拓宽区域生态环境建设与防护的研究方法与研究思路。但由于本研究区范围广，所需做遥感监督分类的样本量太大，因此未能做到对研究区景观生态做长时间序列的监测研究，如何加强长时间序列的遥感生态监测研究有待进一步探讨和细化。

2. 土壤侵蚀研究的长时间序列研究

由于广西北部湾经济区属季风区，降雨季节性不均衡，干旱、洪涝灾害危害较大，随着近年来全球气候异常，土壤侵蚀问题突显，本书估算土壤侵蚀敏感性指数时使用的是多年月平均降水量，得出的是整个研究区内土壤侵蚀多年平均强度，未对在全球气候异常的情况下研究区内响应做长序列的监测研究。因此在全球气候异常的背景下，土壤侵蚀敏感性变化对生态脆弱性的影响有待进一步深入研究。

3. 继续开展生态脆弱性动态监测

本书仅采用了 2009 年/2010 年的遥感资料，研究仅代表着 2009 年/2010 年现状水平；如果能够获得更加连续的遥感资料，则对研究更具有说服力。此外，在国家日趋突显的国家海洋发展战略的大背景下，沿海地区发展日新月异，但也快速地增加了沿海地区的生态系统压力，对其生态脆弱性做进一步动态评价，建立沿海过渡带生态环境脆弱性动态监测信息系统，可为研究区生态环境治理方案的制定决策以及防止沿海生态环境退化、恶化提供科学依据，从而促进广西北部湾经济区的社会、经济、生态健康可持续发展。

参 考 文 献

[1] 田亚平，常昊. 中国生态脆弱性研究进展的文献计量分析. 地理学报，2012，67（11）：1515~1525.

[2] Dow K. Exploring differences in our common future. The meaning of vulnerability to global environmental change. Geoforum，1992，（23）：417~436.

[3] 吴绍洪，戴尔阜，黄玫等. 21 世纪未来气候变化情景（B2）下我国生态系统的脆弱性研究. 科学通报，2007，52（7）：811~817.

[4] 常学礼，赵爱芬，李胜功. 生态脆弱带的尺度与等级特征. 中国沙漠，1999，19（2）：115~119.

[5] 牛文元. 生态脆弱带（ECOTONE）的基础判定. 生态学报，1990，9（2）：97~105.

[6] Barrow C J. Land Degradation. New York：Cambridge University Press，1991.

[7] Füssel H M. Vulnerability：A generally applicable conceptual framework for climate change research. Global Environmental Change，2007，17（2）：155~167.

[8] IPCC. Climate change Impacts，adaptation and vulnerability. Cambridge：Cambridge University Press，2007.

[9] 徐广才，康慕谊，贺丽娜等．生态脆弱性及其研究进展．生态学报，2009，29（5）：2578～2588.

[10] IPCC. Special Report on Emissions Scenarios（SRES）. Cambridge：Cambridge. Cambridge University Press.

[11] 蒙吉军，张彦儒，周平．中国北方农牧交错带生态脆弱性评价——以鄂尔多斯市为例．中国沙漠，2010，30（4）：850～857.

[12] 王经民，江有科．黄土高原生态环境脆弱性计算方法探讨．水土保持通报，1996，16（3）：32～36.

[13] 罗新正，朱坦．河北迁西县山区生态环境脆弱性分区初探．山地学报，2002，20（3）：348～353.

[14] 陈焕珍．GIS 支持下的山东大汉河流域生态脆弱性评价及对策．科技情报开发与经济，2005，15（5）：208～210.

[15] 王介勇，赵庚星，杜春先．基于景观空间结构信息的区域生态脆弱性分析——以黄河三角洲垦利县为例．干旱区研究，2005，22（3）：317～321.

[16] 邱彭华，徐颂军，谢跟踪等．基于景观格局和生态敏感性的海南西部地区生态脆弱性分析．生态学报，2007，27（4）：1257～1264.

[17] 卢远，苏文静，华璀．基于景观格局和生态敏感性的左江流域生态脆弱性分析．水土保持研究，2011，18（3）：1257～1264.

[18] 赵桂久．生态环境综合整治和恢复技术研究．北京：科学技术出版社，1992.

[19] 申元村，张永涛．我国脆弱生态环境形成演变原因及其区域分异探讨．北京：科学技术出版社，1993.

[20] 周劲松．山地生态系统的脆弱性与荒漠化．自然资源学报，1997，12（1）：10～16.

[21] 王让会，樊自会．塔里木河流域生态脆弱性评价研究．干旱环境监测，1998，12（4）：39～44.

[22] 张殿发，卞建民．中国北方农牧交错区土地荒漠化的环境脆弱性机制分析．干旱区地理，2000，3（2）：4.

[23] 蔡海生，陈美球，赵小敏．脆弱生态环境脆弱度评价研究进展．江西农业大学学报，2003，25（2）：270～274.

[24] 赵跃龙．中国脆弱生态环境类型分布及其综合整治．北京：中国环境科学出版社，1999.

[25] 万洪秀，孙占东，王润．博斯腾湖湿地生态脆弱性评价研究．干旱区地理，2006，29（2）：248～254.

[26] 乔青，高吉喜，王维等．生态脆弱性评价综合方法与应用．环境科学研究，2008，21（5）：118～123.

[27] 汪邦稳，汤崇军，杨洁等．基于水土流失的江西省生态安全评价．中国水土保持科学，2010，8（1）：51～57.

[28] 卢亚灵，颜磊，许学工．环渤海地区生态脆弱性评价及其空间自相关分析．资源科学，2010，32（2）：303～308.

[29] 徐建华．计量地理学．北京：高等教育出版社，2008.

[30] 石晨曦，杨小雄，车良革．广西县域人均耕地空间格局演变研究．湖南农业科学，2013，（1）：65～68.

[31] 李炳元，潘保田，韩嘉福．中国陆地基本地貌类型及其划分指标探讨．第四纪研究，2008，28（4）：535～543.

[32] 黄方，刘湘南，张养贞．GIS 支持下的吉林省西部生态环境脆弱态势评价研究．地理科学，2003，23（1）：95～100.

[33] 张红梅，沙晋明．基于 RS 与 GIS 的福州市生态环境脆弱性研究．自然灾害学报，2007，16（2）：

133～137.

[34] 覃小群, 蒋忠诚. 广西岩溶县的生态环境脆弱性评价. 地球与环境, 2005, 33 (2): 45～51.

[35] 车良革, 胡宝清, 李月连. 1991～2009 年南流江流域植被覆盖度时空变化及其与地质相关分析. 地球与环境, 2012, 29 (4): 52～59.

[36] 党安荣, 贾海峰, 陈晓峰等. ERDAS IMAGINE 遥感图像处理教程. 北京: 清华大学出版社, 2010.

[37] 王明涛. 多指标综合评价中权数确定的离差、均方差决策方法. 中国软科学, 1999, (8): 100～107.

[38] 周伏建等. 福建省土壤流失预报研究. 水土保持学报, 1995, 9 (1): 25～30.

[39] 刘新华, 杨勤科, 汤国安. 中国地形起伏度提取及在水土流失定量评价中应用. 水土保持通报, 2001, 21 (1): 57～62.

[40] 王万忠, 焦菊英. 中国的土壤侵蚀因子定量评价研究. 水土保持通报, 1996, 16 (5): 1～20.

[41] 王效科, 欧阳志云, 肖寒等. 中国水土流失敏感性分布规律及其区划研究. 生态学报, 2001, 21 (1): 14～19.

[42] 卢远, 华璀, 周兴. 基于 GIS 的广西土壤侵蚀敏感性评价. 水土保持研究, 2007, 14 (1): 98～100.

[43] 张炯远, 冯雪华, 倪建华. 用多元回归方程计算我国最大晴天总辐射能资源的研究. 自然资源, 1981, (1): 38～46.

[44] 李洪远, 鞠美庭. 生态恢复的原理与实践. 北京: 化学工业出版社, 2005.

[45] 侯英雨, 毛留喜, 李朝生等. 中国植被净初级生产力变化的时空格局. 生态学杂志, 2008, 27 (9): 1455～1460.

[46] 赵平, 彭少麟, 张经炜. 生态系统的脆弱性与退化生态系统. 热带亚热带植物学报, 1998, 6 (3): 179～186.

[47] 俞静芳, 余树全, 张超等. 应用 CASA 模型估算浙江省植被净初级生产力. 浙江农林大学学报, 2012, 29 (4): 473～481.

[48] 陈利军, 刘高焕, 冯险峰. 运用遥感估算中国陆地植被净第一性生产力. 植物学报, 2001, 43 (11): 1191～1198.

[49] 吴红, 安如, 李晓雪等. 基于净初级生产力变化的草地退化监测研究. 草业科学, 2011, 28 (4): 536～542.

[50] 杨景梅, 邱金桓. 用地面湿度参量计算我国整层大气可降水量和有效水汽含量方法的研究. 大气科学, 2002, 26 (1): 9～22.

[51] 朱文泉, 潘耀忠, 张锦水. 中国陆地植被净初级生产力遥感估算. 植物生态学, 2007, 31 (3): 413～424.

[52] 中国科学院中国植被图编辑委员会. 中国科学院植物研究所编制的 1:100 万植被图集. 北京: 地质出版社, 2001.

[53] 徐建华. 现代地理学中的数学方法. 北京: 高等教育出版社, 1996.

第9章 广西北部湾经济区自然灾害时空分异与风险性评估

9.1 引　　言

9.1.1 研究背景及意义

1. 研究背景

1）全球气候变暖、海平面上升、自然灾害威胁加剧

自工业革命以来，人类改造利用自然环境活动加剧、工业原料的使用、土地利用变化以及大规模农业生产活动，使得全球大气中的二氧化碳、甲烷和氧化亚氮等温室气体浓度明显增加，远远超出了根据冰芯记录得到的工业化前几千年的浓度值[1]。大气中温室气体的增加，导致全球气候变暖，表现为全球平均气温和海洋温度升高、大范围冰雪融化，进而导致海平面上升。1906~2005年的100年间，全球地表温度平均增加0.74℃（0.56~0.92℃）；而近50年变暖的线性趋势几乎是近100年间的两倍。根据分析，1993~2003年，全球平均海平面上升速率达3.1mm/a（2.4~3.8mm/a）。根据一系列温室气体排放情景的模拟，即使大气中温室气体浓度趋于稳定，人为变暖和海平面上升仍会持续数个世纪。IPCC第四次气候评估报告，对7种未来可能情景的全球增温和海平面变化做出预测，相对1980~1999年的全球温度变化和海平面变化分别为0.3~6.4℃和0~0.59m[1]。在过去30年，热带气旋虽然在频率上变化不大，但其持续时间与所释放的能量却增加了50%以上，故更具破坏性。海水表面温度与热带气旋关系研究表明，随着全球进一步变暖，未来在西北太平洋将会出现更多强热带气旋。根据James的研究成果，按照2007年IPCC对21世纪末海平面上升18cm的预测，全球沿海三角洲风暴洪水发生频次可能会增加50%[2]。多种时空尺度的观测已经显示，在全球变暖和海平面上升背景下，部分地区灾害系统活动加剧，各种极端天气事件具有显著增强的趋势，由极高海平面所引发的自然灾害事件不断增多，其中洪水发生频次增加最为显著。

全球气候变化对中国沿海地区的影响十分显著。气候变化国家评估报告显示，近100年来，中国年平均地表气温明显增温，升温幅度为0.5~0.8℃，比同期全球升温幅度平均值（0.6±0.2℃）略高，尤其近50年来增温明显，全国年平均地表温度增加1.1℃，明显高于全球或北半球同期平均增温[3]。根据全球海气耦合模式的多情景温室气体排放模拟结果，21 世纪末中国地区的平均增温可能将达 2 ~ 8℃，全球增温值。与此相同，20 世纪 50 年代以来，中国沿海海平面上升速率为 1.4 ~ 3.2mm/a，平局速率达到 2.5mm/a，略高于全球海平面上升速率，未来 30 年预测中国沿海海平面还将上升 0.08 ~ 0.13m（2003 年中国海平面公报；2009 年中国海平面公报）[4]。中国沿海地区受到气候变化和海平面上升的影响，热带气旋、洪水、干旱、风暴潮、强降雨等极端天气事件迅速增加，对沿海地区造成的灾害更为明显。

2) 城市化进程加速，人口与经济聚集，沿海地区脆弱性加大

随着世界人口的迅速增长和城市化进程的不断加快，人类社会面对自然灾害的暴露程度越来越高（尤其是发展中国家）。全球人口从 20 世纪 60 年代的 30 亿增长到 2000 年的 60 亿，预计 2050 年将达到 70 亿 ~ 100 亿，相应的城市化进程也由 29% 增加到现在的 50%，因此，预计 2050 年全球的城市化水平将达到 70%。沿海地区人口活动密集，是世界上受灾最脆弱的地区，20 世纪沿海地带的发展有着巨大的增长，几乎可以肯定，这一趋势在 21 世纪将继续。1990 年，全球约 12 亿人口（占世界总人口的 23%）生活在近岸 100km 的沿海城市地区；预计到 2030 年，将有近 50% 的人口生活在沿海城市地区；而到 2080 年，沿海地区的人口可能增长到 52 亿[1]。目前，全世界最大的 15 个城市中，11 个位于沿海地区。随着气候变化和海平面上升，以及人类对海岸带地区日益增加的开发压力，沿海地区将成为自然灾害风险最大的地区。据 IPCC 估计，南亚、东南亚和东亚很可能是暴露性与脆弱性增加最快的地区，而受影响的人数最多的可能是亚洲的大三角洲。

中国是世界上第一人口大国，1950 年我国总人口仅为 5.45 亿，2005 年增长到 13.12 亿，预计 2030 年将达到 14.62 亿人。自改革开放以来，我国城市发展伴随着经济增长加快，城市化率从 18% 增加到 41.7%，预测 21 世纪 50 年代末，我国城市化水平将达到 75% 左右，这意味着未来每年将有 1000 万 ~ 1200 万农村人口转移到城市。我国东部沿海地区是全球人口最为密集、城市化水平最高的地区之一。目前，我国东部沿海 11 个省、直辖市承载着全国 40% 以上的人口和 50% 以上的国内生产总值（GDP）、65% 的工业生产总值，以及 70% 以上的大中城市。我国的沿海地区的主要人口和财富集中在黄河三角洲、长江三角洲和珠江三角洲地区，这些地区是典型的河口三角洲平原，对全球变化有极高的暴露性和敏感性，持续高强度的人类活动和海岸带开发，削弱了沿海地区的自身调节能力和应对全球变化的能力，同时过度开采地下水和大规模的高层建筑及地下工程导致大规模的地面沉降，从而扩大了热带气旋、风暴潮、暴雨洪涝等极端天气的影响，沿海地区脆弱性和暴露度日益加剧。

3) 自然灾害风险与日俱增，灾害损失日益严重

据 1900 ~ 2010 年自然灾害数据统计表明，人类社会正遭受着自然灾害发展趋势越来越严峻的威胁，灾害损失也越来越巨大。特别是快速城市化的沿海地区，成为受全球自然灾害影响最为严重、损失风险最高的区域之一。

沿海城市是人口、产业、资金、生产力和科学技术高度密集的区域，是国民经济和社会发展的战略中心，也是各类灾害易发和频发区域。据估计，每年全球沿海地区约有 4500

万人受到热带气旋、风暴潮、洪水等灾害的影响。2004 年 12 月 26 日发生的印度洋海啸，22 万人被夺走了生命，200 万人失去了家园，直接经济损失高达 181.28 亿元；2005 年 8 月底登陆美国新奥尔良的"卡特里娜"飓风，导致 1069 人遇难，经济损失超过千亿美元[5]。在全球变暖背景下，即便不考虑未来沿海地区人口和热带气旋频率的变化，海平面上升 0.5m，则有约 9000 万人口受到自然灾害的影响。

随着我国城镇化进程的加速发展，人口数量急剧膨胀、城市经济增长模式落后、生态环境恶化和城乡差别进一步扩大等趋势，致使自然灾害频繁发生，自然灾害造成的损失日益严重。如我国东部沿海城市就是自然灾害易发和频发区，热带气旋、风暴潮和洪涝，以及由天文大潮、热带气旋雨、风暴潮相遇形成的"三碰头"等各类自然灾害频发，常以灾害链和灾害群的形式出现，严重地影响着人类经济财产和生命安全。据不完全统计，仅公元前 48 年至公元 1949 年的近 2000 年间，有记载的灾害有 576 次，平均不足 4 年就有一次，一次死亡人数少则千人，多则数万至 10 余万人[6]。近几年来，灾害造成的损害有增无减。2004 年 8 月发生的热带气旋"云娜"肆虐浙江 15 小时，导致全省 164 人死亡，24 人失踪，直接经济损失高达 181.28 亿元；2006 年 7 月登陆的第四号强热带风暴"碧利斯"共造成 2540.5 万人受灾，190 人死亡，155 人失踪，直接经济损失高达 250.9 亿元；同年 8 月"桑美"登陆时风力达 17 级以上，仅福建福鼎市遇难人口达 213 人，失踪 77 人；2008 年年初的特大冰雪，造成我国南方地区城市大面积交通线路、生命系统瘫痪。据统计，近年来，我们每年因自然灾害造成的生命财产损失达 2000 亿元以上。因此，减轻海陆过渡带地区的自然灾害风险和损失，已成为当前我国乃至国际社会面临的重大挑战之一。

2. 研究意义

1）科学前沿

灾害风险是当代国际社会和学术界普遍关注的热点问题之一。早在 1972 年联合国人类环境会议之后，环境问题就引起了世界各国的高度重视，大家共同认识到人类既是环境的产物，也是环境的塑造者，人类可以保护与改善环境造福于人类，也可能破坏环境危及人类的生存和发展[7]；1981 年，国际社会成立了国际风险协会（SRA），开展灾害风险分析、风险管理与政策研究；1994 年，联合国第一届国际减灾大会通过横滨战略，提出预防、防备和减轻自然灾害建立更安全世界的指导方针；1999 年，国际全球环境变化的人文因素计划（IHDP）设立全球环境变化与人类安全综合研究计划（GECHS）办公室，专注于自然灾害与城市脆弱性研究；2005 年 1 月，在日本神户举行联合国第二届全球减灾会议，会议以国家与社区灾害防御能力建设为主题，提出《兵库宣言》，为降低脆弱性和灾害风险提供了系统战略方法，其中自然灾害风险识别、评价、灾害风险监测与预警被列为未来 10 年减灾的五个优先领域之一。

2）国家需要

胡锦涛总书记在十八大报告中指出：建设生态文明，是关系人民福祉、关乎民族未来的长远大计。强调要加大自然生态系统和环境保护力度。强调加快水利建设，加强防灾减灾体系建设。坚持预防为主、综合治理，以解决损害群众健康突出环境问题为重点，强化水、大气、土壤等污染防治。坚持共同但有区别的责任原则、公平原则、各自能力原则，同国际社会一道积极应对全球气候变化[8]。然而，国务院办公厅 2007 年印发《国家综合减灾"十一五"规划》指出，近年来，中国平均每年因各类自然灾害造成约 3 亿人次受灾，倒塌房屋约 300 万间，紧急转移安置人口约 800 万人，直接经济损失近 2000 亿元，是继日本和美国之后的世界上第三个灾害损失最为严重的国家，自然灾害已经日益成为影响中国国民经济和社会发展的重要因素[9]。

尽管灾害已经引起了国际社会的重视，但随着全球气候变化与人类改变地表活动的加剧，温室效应与城市化进程的叠加效应不断显著，自然灾害发生的频率仍不断上升，同时由于社会经济的发展，自然灾害造成的损失亦呈上升趋势。了解区域灾害系统及区域灾害风险的构成、特征与作用机制，对易灾区域进行科学合理的灾害风险评估，从而进一步开展区域自然灾害风险区划和管理研究以及区域可持续发展的实现有着十分重要的理论和实践意义。

广西北部湾经济区地处我国沿海西南端，位于华南经济圈、西南经济圈和东盟经济圈的结合部，是我国西部大开发地区唯一的沿海区域；背靠大陆，面朝大海，也是我国与东盟国家既有海上通道、又有陆地接壤的区域，区位优势明显，战略地位突出，在我国东部崛起和西部大开发以及与东盟各国面向和平与繁荣共同发展的战略方针中都起着重要作用。

北部湾属半封闭型海湾，海水交换能力不强，尤其是广西沿海净化能力较差，属较脆弱海区。另外，海洋开发强度越大、沿海社会发达程度越高，环境风险也就越来越大。因此对北部湾经济区进行灾害风险性评估就变得越来越重要，这项工作不仅是认识灾情，进行灾害区划，实行灾害预测，制定防治对策，进行损失评估，实施防治措施和进行项目管理的基础，而且对风险区土地的合理利用与投资、灾害保险制度的建立和保险费率的厘定以及政府的辅助决策具有重要意义。此外，对灾害进行风险评价是灾害风险管理中的重要环节，是各国政府控制灾害风险、减少灾害影响和损失的非常重要的工具。同时，灾害风险评价也是当前国内外减轻灾害领域的重要研究前沿及挑战问题，其研究具有巨大的紧迫性和现实意义。北部湾经济区有关部门坚持以人为本，着眼人民生命财产安全和公共服务，加强团队协作，避害趋利，着力加强重大自然灾害预警体系和综合防灾减灾体系建设，以期科学、合理、有序、有效地开展防灾减灾工作。

9.1.2　研究综述

1. 国内外灾害风险研究的兴起

国外自然灾害风险评估是在 20 世纪灾害研究不断深入和保险业迅猛发展的背景下发展起来的。20 世纪前半叶的早期研究主要是就工程项目而言，比较重视自然灾害发生的可能性的研究[10]。其中，尤以 30 年代美国田纳西河流域管理局（TVA）进行的风险分析为代表。该研究探讨了洪水灾害风险分析和评价的理论和方法，开创了自然灾害风险评价之先例[11]。到 20 世纪后半叶，尤其是 70 年代以后，随着灾害评价由传统的成因机理分析及统计分析发展为与社会经济条件分析紧密结合，灾害风险评价过程也由定性的评价逐步转化为半定量评价或定量评价。一些发达国家开始进行比较系统的单项灾害风险评估理论、方法的研究。以美国为例，1973 年，完成了对加利福尼亚州的地震、滑坡等 10 种自然灾害的风险评估，得出 1970～2000 年加利福尼亚州 10 种自然灾害可能造成的损失为550 亿美元[12]。就在同一时期，美国地调所和住房与城市发展部的政策发展与研究办公室，还联合研制预测模型对美国各县的洪水、地震、热带气旋、风暴潮、海啸、龙卷风、滑坡、强风、膨胀土 9 种自然灾害进行期望损失估算[13]。而 20 世纪 90 年代后，美国联邦应急管理局（Federal Emergency Management Agency，FEMA）和国家建筑科学园（National Institute of Building Sciences，NIBS）又共同研制出地震、洪水、飓风三种灾害的危险评估软件。除美国外，日本、英国、澳大利亚、意大利等一些国家的研究者也陆续开展了洪水、海啸、地震、泥石流、滑坡等灾害的风险评估。

在国内，自然灾害风险评估研究工作起步较晚，自改革开放后，尤其是 20 世纪 90 年代参与"国际减灾十年"活动以来，自然灾害风险评价的研究才得到了应有的重视。分属地震、地矿、气象、水利、农林、GIS 等研究领域的专家对地震、滑坡、泥石流、干旱、洪水、热带气旋等灾害进行了区域性乃至全国性的风险分析或灾情预测，关于风险评价方法、技术的诸多研究成果陆续出现。

2. 灾害风险评估体系的发展

纵观国内外灾害风险评估工作可知，单项灾害风险评估体系的评估指标、评估模型及评估方法上的研究成果非常丰富，但尚未达到完全的共识，目前大多数专家学者更接受的是风险三要素论，即风险（risk）是由致灾因子危险性（hazard）、承灾体脆弱性（vulnerability）和暴露性（exposure）三要素共同作用而成，三者缺一不可。当风险系统中任一要素的贡献增加或者降低时，风险随之增加或降低[13]。自然灾害风险是致灾因子本身属性（危险性）、承灾体脆弱性与暴露性的函数。

至于区域的多灾种风险综合评价，目前国内外尚缺乏系统的理论与方法体系总结，需进一步深入探讨。但是，仍有为数不多的几篇文献曾简单提及多灾种的风险评估可采取单灾种风险度求和的办法，如 UNDP 的灾害风险指数系统研究、世界银行和哥伦比亚大学联合发起的灾害风险热点地区研究计划（Hotspots Projects）[14]。

9.1.3 研究内容、方法及技术路线

1. 研究内容

自然灾害风险综合评估是指通过采用科学、适当的方法，对自然灾害的致灾可能性及受灾对象可能遭受的损失进行综合评价和科学估算的过程，其结果通常还需要采用图示的方法准确地予以表达，即所谓的"自然灾害综合风险制图"。自然灾害风险评估与制图工

作的实践意义在于，它们是编制防灾、减灾预案与实施救灾工作的主要依据，也是制定国土规划、社会经济发展计划以及减灾对策的基础。从研究内容看，自然灾害风险评估与制图的具体研究目的包括以下几个方面。

（1）统计研究区多年自然灾害时间、空间分布，分析自然灾害的时空分异特征及造成灾害的主导因素。

（2）辨识区域致灾因素的组合类型及其主要（或主导）致灾因子，计算、确定各类致灾因子（即各种灾害的发生时间、强度等）的发生可能性（一般用事件发生概率表示）及区域危险程度。

（3）分类辨识人类社会不同区域、不同部门或行业的动态变化特征，通常也称为承灾体的物理"暴露量"或"暴露度"；确定人类社会的不同区域、不同部门对不同类型、不同强度风险的可接受水平，并评估他们承受不同类型、不同强度风险的能力，通常也成为"脆弱程度"或"脆弱性"。

（4）分别估算不同致灾因子对区域人员安全、财产安全、经济发展所造成的灾害风险，综合评估区域自然灾害风险，同时根据评估结果评定区域自然灾害风险综合等级。

（5）编制不同空间尺度的自然灾害风险分布图，包括孕灾环境、各类致灾因子、承灾体及其脆弱性、风险与影响的时空分布特征及区域自然灾害风险综合等级等。

2. 研究方法

本书以自然地理学、灾害学、系统科学、遥感原理和地理信息系统方法理论为指导，借助 3S 技术和空间分析方法，基于历史灾情数据、自然灾害风险评估系统和评估指标体系、灾害链系统、Landsat TM/ETM+遥感影像，选择广西壮族自治区海陆过渡带（北部湾经济区）为研究区。

分别运用研究区易发生的三类对研究区影响较大的自然灾害的历史灾情统计分析其自然灾害的时空分异及致灾因子危险性，结合植被覆盖度、地形因子等级、河网密度等生态环境脆弱性指标和人均纯收入、人口密度、经济密度、万人病床数、单位面积农作物百分比等承灾体暴露易损性指标，通过 AHP 层次分析法分别计算各种灾害的风险指数，并结合空间数据，利用 GIS 空间分析功能分析各种灾害风险的分布情况。运用主成分分析法分析各类易发灾害对研究区自然灾害风险的影响程度，最后将各类自然灾害风险赋予权重叠加分析得出研究区自然灾害风险等级，并制作研究区自然灾害风险图。

3. 技术路线

首先，针对北部湾经济区特殊的区位条件和地理环境提出研究的主要内容，即北部湾经济区自然灾害时空分异及风险性评估。

然后，在科学理论（灾害学、系统科学、地理信息系统等学科理论）的指导下，通过合理的分析、评估手段（层次分析、空间分析、GIS 技术等），通过文献查阅、图件扫描、统计数据分析、图件扫描等手段采集研究所需数据，并分析研究区自然灾害时空分异特征。

最后，通过科学、合理的指标选取，在灾害系统科学理论的指导下建立自然灾害风险评估指标体系，评估研究区自然灾害风险，并绘制自然灾害风险分布图，讨论自然灾害风险分布特征。图9.1为北部湾自然灾害风险评估技术路线图。

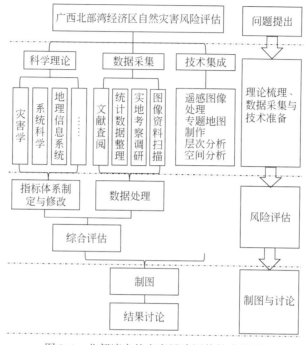

图9.1　北部湾自然灾害风险评估技术路线

9.2　理论与方法

9.2.1　理论基础

1. 自然灾害及其特征、分类

人类生存在地球上，受地球系统内外各种驱动因素的影响，地球系统及各个圈层总是处于不断的运动和变化的过程当中，因而人类赖以生存的自然环境也在时刻发生变化，当变化程度超过一定的限度，就会危及人类生命和财产安全，产生人员伤亡和经济损失等不利的影响，这就是灾害。从时间尺度来看，地球上发生的过程大致有两种，一种是快速过程，另一种是缓慢过程。有些过程在几分钟，最多几天内就能给人类造成巨大的灾害，对于这些快速过程的发生和发展，人们常常没有能力或者来不及做出反应。我们把这类快速过程叫做自然灾害。本书主要讨论快速过程造成的灾害，本书的自然灾害也仅指这种灾害，那种长期的与全球变化和人类活动相关的灾害暂不讨论。

自然灾害是自然界与人类社会经济系统相互作用的产物，是自然因素与社会因素共同作用的结果。因此，自然灾害的基本特征常常为自然属性和社会经济属性的综合表现，它们反映自然灾害评价的必要性和可能性。

2. 必然性、周期性、可防御性

自然灾害是地球系统及各个圈层运动和变化导致的，是自然环境与人类社会经济活动相互影响的产物。自然界中能量不断地从平衡到不平衡的往复变化不但可以诱发此起彼伏的自然灾害，还使其具有不规则的周期性的特点。也正因为如此，自然灾害属性特征、发生条件和规律的研究，自然灾害风险评估、监测预报以致提出防治措施，都可以在很大程度上减轻自然灾害带来的损失。

3. 随机性、连锁性、区域性

由于自然灾害受各种尺度的自然地理条件影响，且与人类活动等因素紧密相关，加之人类认识水平的局限性，使其发生的范围、时间和强度具有很大的不确定性。另外，单一灾种自然灾害往往容易诱发其他自然灾害，极易形成灾害链。同时，自然灾害还存在明显的区域差异性，即不同地区的主要灾害类型不同，不同区域同一灾害分布的强度有差异。也正是自然灾害的区域性特征为自然灾害的风险评估和区划奠定了基础，使得人们对随机且易连锁发生的自然灾害的防御成为可能。

4. 社会性、风险性

自然灾害可造成人员伤亡、农业减产、交通通信设施破坏，其不但造成巨大的直接经济损失，还间接给社会经济和人民生活造成更加广泛而深刻的影响。北部湾经济区是广西壮族自治区的重要经济区，农业在北部湾经济区经济结构中占有重要的位置，自然灾害及其诱发的次生灾害不但严重阻碍农村地区经济发展的步伐，而且影响整个地区经济发展战略的有效实施。因此，对北部湾经济区自然灾害的风险评估、预防和治理的研究不但对保护人民的生命财产安全具有重要的现实意义，而且对地区经济的发展具有广泛而深远的意义。同时，由于自然灾害是随机事件，其防治规划以及防治工程的实施具有很大的风险性。一般来说灾害风险的定量化应包括灾害的危险性即灾害的性质和量级，灾害发生的可能性大小（主要涉及灾害发生的外在背景），可能造成的损害即是要求分析受灾体的脆弱性。因此，必须深入分析自然灾害发生的危险性，并结合区域对灾害的承受能力，核算灾害风险，并综合评估各种自然灾害的风险程度，在此基础上规划和设计防治工程，才能最大限度地缩小减灾投入，提高减灾效益。

自然灾害风险评估的对象是自然灾害，为确定自然灾害评估的内容和评估方法，必须首先了解自然灾害类别、特点和对社会的危害。中国幅员辽阔，致灾因子多样，孕灾环境复杂，因而自然灾害类型也非常之多，几乎所有的自然灾害类型在中国都有发生，中国也因此成为世界上自然灾害类型分布最多的国家之一。按致灾因子、孕灾环境和承灾体机制的不同，通常可将自然灾害分为地质灾害、气象水文灾害、生物灾害等几类，每个大类又可以分为若干小类，如地质灾害又可分为地震、地陷、山体滑坡和泥石流等；气象水文灾害可分为干旱、暴雨、连阴雨、热浪、低温冻害、水灾、风灾、雪灾、雹灾、雷电等。其中，水灾又可细分为洪水、渍涝等，低温冷冻灾害又可分为低温冷害、霜冻和冻害等，风灾可细分为台风、热带风暴、龙卷风、沙尘暴等；海洋灾害主要有风暴潮、海啸、飓风、海冰、赤潮、海水入侵等；而生物灾害又可分为病害、虫害、鼠害、草害和兽害等，各小类还可进一步细分。

中国常发生的自然灾害主要有干旱、水灾（包括山洪、洪水、渍涝）、台风（包括热带风暴）、低温冷冻（包括冷害、霜冻和冻害）、雹灾、雪灾等气象水文灾害，地震、滑坡、泥石流等地质灾害以及农业病虫害等。其中，以干旱、水灾、地震、台风四种灾害的影响最大。

9.2.2 自然灾害风险评估理论基础

1. 自然灾害系统

自然灾害系统是由孕灾环境、致灾因子和承灾体共同组成的地球系统（也称地球表层异变系统），灾情和灾害风险都是这个系统中各子系统相互作用的产物。自然灾害发生既是自然现象又受人类活动的影响，从系统论的观点来看，孕灾环境、致灾因子、承灾体之间相互作用，相互影响，相互联系，形成了一个具有一定结构、功能、特征的复杂体系，这就是自然灾害系统。

$$R = \int (H, V, E) \tag{9.1}$$

式中，H 为致灾因子；V 为孕灾环境；E 为承灾体。由式（9.1）可知，自然灾害是由致灾因子、孕灾环境、承灾体共同决定的。

自然灾害致灾因子指存在于自然环境中的，导致人类社会损失或生态环境破坏的自然因素。灾害的形成是致灾因子在孕灾环境影响下对承灾体作用的结果，没有致灾因子就没有灾害。致灾因子一般根据致灾因子产生的环境进一步划分为大气圈、水圈所产生的致灾因子——热带气旋、风暴潮、暴雨、海啸、洪水等，岩石圈所产生的致灾因子——地震、滑坡、崩塌、泥石流等，以及生物圈所产生的致灾因子——病害、虫害等。

自然灾害的本质是一种自然灾变，具有自然属性，是地球系统发展演化过程中的一种自然现象。因此，地球系统各圈层（即陆圈、大气圈、水圈和生物圈）的存在及圈层之中、之间的物质能量交换（即孕灾环境）是自然灾害形成的自然背景。近年灾害发生频繁，损失与年俱增，其原因与区域及全球环境变化有密切关系，其中最为主要的是气候与地表覆盖的变化，以及物质文化环境的变化。

致灾因子、孕灾环境是灾害产生的必要条件，主要反映灾害本身的危险性程度和生态环境的稳定性及易损性。然而，有危险源和孕灾环境并不意味着就一定存在灾害，因为灾害是相对于人类及其社会经济活动以及其对自然环境的影响程度，只有灾害风险源有可能危害区域内某一社会经济目标后，风险承担者才承担了相对于该风险源和该风险载体的灾害风险。承灾体就是各种致灾因子作用的对象，是人类及其活动所在的社会与各种资源的集合。承灾体一般先划分人类、财产与自然资源两大类，没有承灾体就没有灾害。其中，人类既是承灾体，又是致灾因子[13]。

2. 风险评估

"风险"一词已经越来越多地走入我们的视野,德国科学家贝克还提出"风险社会",各种关于"风险"的学术理论、技术方法、应用系统、政策和法律纷纷面世,然而对于风险目前尚没有一个统一的定义,不同学科、不同领域研究者对于风险也有不同的解释。但根据前人的研究可以更好地理解"风险",从上述定义我们可以看出"风险"主要是用来描述不利事件的,因此我们认为风险对于客体意味着会有不利后果。很多专家将"风险"用概率来表示,有些用期望来形容风险,还有些以损失可能性来描述,总之"风险"所引起的不利后果不管是在时间、空间还是强度上都具有不确定性。同时,"风险"特别是我们所要研究的"灾害风险"具有复杂的系统,因此很难用公式来将其精确表达,其系统具有复杂性。

黄崇福在《自然灾害风险分析的基本原理》一文中从认知论的角度将风险分为真实风险、统计风险、预测风险和察觉风险,所谓的"风险评估"通常就是对风险的上述几种类型进行评估,但由于"风险"本身的复杂性,一种"风险"经常存在多种形式[15]。就拿洪涝灾害风险来说,由于洪涝灾害有一定的过程,随着时间的变化灾情有时变化较大,因此,很难把灾害调查归为真实风险的调查。我们认为洪涝灾害风险评估就是根据人们的经验和历史统计资料评估区域历代灾害发生情况及影响,由于统计资料是历史的反映,具有一定的预测意义,根据往年灾害的发生情况可以预测出区域灾害发生的可能性。

3. 自然灾害风险评估系统及评估内容

广义地说,地球是由生物圈、大气圈、岩石圈等组成的有机系统,系统内任何的变化,都有可能对人类生活产生影响,其结果可能是有利的也可能是有害的,所有这些不利影响(如自然灾害)出现的可能即称为自然灾害风险。从系统理论角度来看,灾害是致灾因子、孕灾环境和受灾对象的共同作用结果。灾害风险则是灾害系统功能实现,即导致灾情或灾害产生之前,由致灾因子危险性、孕灾环境脆弱性和承灾体暴露易损性三个方面因素相互作用而形成的、人们不能确切把握且不愿接受的、一种具有不确定性特征的灾害系统状态。研究灾害风险实际上也就是研究灾害系统的这种状态。因此,用系统学理念来评估灾害风险需要从灾害风险的致灾因子危险性、孕灾环境脆弱性和致灾因子暴露–易损性三个方面入手逐步地加以系统分析评估[15]。图9.2为灾害风险评估系统图。

1) 致灾因子危险性评估

以自然灾害的自然属性为基本出发点,通过对历史灾情和发生次数的分析,来确定自然灾害致灾因子发生的可能性以及发生强度的可能性。致灾因子危险性评估的主要内容包括两个部分。

(1)致灾因子强度评估。一般根据自然因素的变异程度(如震级、降水异常程度、风力大小、温度异常程度,等等)或由承载客体所承受的自然灾害影响程度(如地震烈

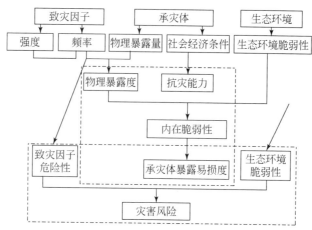

图 9.2　灾害风险评估系统图

度、洪水强度、干旱指数）等属性指标确定。为直观表示致灾因子强度，通常情况下可用"轻、较轻、中、较重、特重"等等级来表示[16]。

（2）致灾因子发生概率评估。一般根据一段时间内该强度自然灾害发生的次数确定，通常用概率（或频次、频率）等表示。通常情况下，致灾因子的强度与发生的概率是紧密相关的；一般某种致灾因子强度越大，发生概率越小。因而，在一些特定情况下，致灾因子强度也用致灾因子的发生频率（如十年一遇、百年一遇等）来表示[17]。

2）孕灾环境脆弱性评估

孕灾环境脆弱性评估即对灾害发生的水文、气象、下垫面等自然环境进行综合分析，包括生态环境稳定性评估和生态环境敏感性评估。生态环境稳定性受大气环境、水文气象环境以及下垫面环境等的影响。近些年灾害发生频繁，损失与年俱增，其原因与区域及全球环境变化有密切关系。其中最为主要的是气候与地表覆盖的变化，以及物质文化环境的变化。生态环境稳定度或者生态环境敏感度，即环境的动态变化程度，将影响灾害的强度及频度。重大自然灾害的发生，除了全球气候异常外，还与生态环境的稳定度及破坏有着重要的关系。因此在灾害风险评估时往往需要评估灾害发生的自然环境，如降水量、坡度、地形地貌、地质结构等，因为这些环境往往决定了灾情及损失的严重程度。

3）承灾体的暴露易损性评估

承灾体暴露易损性指在一定区域内，承灾体可能暴露于由一定发生概率的致灾因子引发的洪涝灾害中的人员、财产、建筑、基础设施等的数量和价值，它是洪涝灾害风险系统的重要组成要素之一[18]。在区域自然灾害风险评估中需要将两类承灾体进行综合评估，主要包括以下几个方面。

（1）承灾体的物理暴露度评估。主要评估研究区处在某种风险中的承灾体数量（或价值量）及分布[19]。

（2）承灾体的灾害损失敏感度评估。主要评估各种类型承灾体本身对于不同种类自然灾害及其强度的响应能力，一般根据承灾体的物理性质、灾害动力学机制以及历史损失资料进行评估[20]。

（3）区域社会应灾能力评估。这种评估主要反映的是不同区域的人类社会为各种承灾体所配备的综合措施力度以及针对特定灾害的专项措施力度。其中，综合应灾能力一般取决于区域的经济与社会发展储备、保险程度以及对外开放程度等；专项应灾能力则与特定灾害的预报水平及防治工程力度有关。

9.2.3　主要评价方法

对灾害风险评估方法而言，有好多种不同表达方式。目前，国内外研究灾害风险评估的方法也是多种多样，总的说来分为定性风险评估、定量风险评估及定性定量相结合的方法。定性风险评估方法主要是依据研究者的知识经验等非量化资料对灾害风险做出评估的方法。典型的定性评估分析方法主要有历史比较法、德尔菲法等。这样的方法主观性比较强，因此对评价者本身的要求比较高。而定量化风险评估分析方法是指用数量化指标对灾害风险进行评估的方法，直观的数据使得评估结果更加客观。定量与定性相结合的方法相对而言更有优势，在定性分析的基础上进行定量分析能更好地揭示客观事物的内在规律性。本书采用定性和定量相结合的方法评估研究区自然灾害风险，主要运用概率和统计方法、AHP 主层次分析法、加权综合评价法和几何平均法。

1. 概率和统计方法

概率论是研究随机不确定现象的重要数学理论，它主要用来研究随机事件的历史统计规律。由于灾害事件发生的随机性，灾害统计分析在灾害现象的模拟领域应用十分广泛。因为，难以设计确定模式的复杂的灾害现象、过程或系统，却可以设计统计模式。木书通过概率和统计方法研究广西北部湾经济区自然灾害的时空分异，并作为灾害发生的超越概率和致灾因子危险性的重要指标进行自然灾害风险综合评估。

2. AHP 主层次分析法

层次分析法简称 AHP，是美国运筹学家、匹兹堡大学教授 T. L. Saaty 于 20 世纪 70 年代初期提出的重要决策方法。它虽然只应用一些简单的数学工具，但却包含了深刻的数学原理，从本质上讲是一种思维方式。这是一种定量与定性相结合、将人的主观判断用数量形式表达和处理的方法。它通过两两比较的方式确定层次中各因素的相对重要性，然后综合决策者的判断，确定决策方案相对重要性的总排序。因为它是一种对较为复杂、模糊的问题做出决策的简易方法，因此近年来在灾害评价领域，如城市火灾、热带气旋的影响、地质灾害边坡失稳、气象灾害风险等方面得到了广泛的应用[21,22]。

3. 加权综合评价法

加权综合评价法是假设由于指标 i 量化值的不同，而使每个指标 i 对于特定因子 j 的影响程度存在差别，用公式表达为

$$C = \sum_{i=1}^{m} Q_i W_{ij} \tag{9.2}$$

式中，C 为评价因子的总值；W_{ij} 为对于因子 j 的指标 i 的值；Q_i 为指标 i 的权重值；m 为评价指标的个数。

该方法综合考虑了各个因子对对象总体的影响程度，是把各个具体的指标的优劣综合起来，用一个数量化指标加以集中，表示整个评价对象的优劣。因此，这种方法特别适用于对技术、决策或方案进行综合分析评价和优选，是目前最为常用的计算方法之一。王静爱等在编制中国城市自然灾害区划过程中使用了该方法对中国综合自然灾害强度进行分区[23]。

4. 几何平均法

几何平均法就是运用几何平均数求出预测目标的发展速度，然后进行预测。是 n 个价格变量连乘积的 n 次方根，在统计研究中常用以计算平均发展速度。在计算不同时期年度平均上涨幅度时，也用这种方法。具体计算公式如下：

$$R = \sqrt[3]{\prod_{i=1}^{3} R_i} \tag{9.3}$$

式中，R 为北部湾经济区自然灾害综合风险指数；R_i 为各类灾害因子风险值。

9.3 研究区概况与数据采集及处理

9.3.1 研究区概况

1. 水文背景

广西北部湾经济区水资源丰富，海岸线长度 1594km，浅滩面积 6488km²，浅海海域面积约 6488km²，滩涂面积 1005 km²；拥有大陆海岸线 1595km，加上岛屿海岸线 1600 多千米。拥有地表水 733.014 亿 m³ 和地下水 155.81 亿 m³，水资源丰富，河网密集，当强降雨天气发生时易发生洪涝灾害。区内主要河流有南流江、钦江、左江、右江、邕江、郁江等，其中直接流入南海北部湾的河流很多，流域面积大于 100km² 的有 12 条；流域面积大于 1000km² 的有 6 条，即南流江、大风江、钦江、茅岭江、北仑河及流到广东入海的九州江。

2. 气候背景

广西北部湾经济区地处我国低纬度地带，北回归线横贯辖区北部。终年太阳辐射强，气温高，降水丰富属中亚热带季风气候、南亚热带季风气候、南亚热带海洋性气候。北部湾经济区气候温暖，热量丰富，降水丰沛，境内光、温、水等气候资源十分丰富，为经济区人民的生活和经济发展提供了优越的气候环境。

北部湾经济区年平均气温 20.6℃，年平均日照时间 1264.6h，等温线基本上呈纬向分布，气温由北向南递增，由河谷平原向丘陵山区递减。涠洲岛年平均气温 23.1℃，是北部湾经济区年平均气温最高的地方。北部湾经济区热量资源丰富，各地稳定通过 10℃ 的持续期 240 ~ 363 天。受东亚季风之慧，降水丰沛，年平均降水量 1086 ~ 2755mm，全区平均 1670.9mm，是全国降水量最丰富的地区之一。但北部湾经济区降水量地域分布和时空分布不均。其地域分布的趋势具有东部多、西部少、南部多、北部少，丘陵山区多、盆地平原少，夏季迎风坡多、背风坡少，沿海多、海岛少的特点，图 9.3 为北部湾经济区多年平均降水量分布图。气候上通常以平均气温 10℃ 以下为冬天，22℃ 以上为夏天，10 ~ 22℃ 为春、秋季节。据统计，北部湾经济区大部分地区冬天较短少于 60 天。

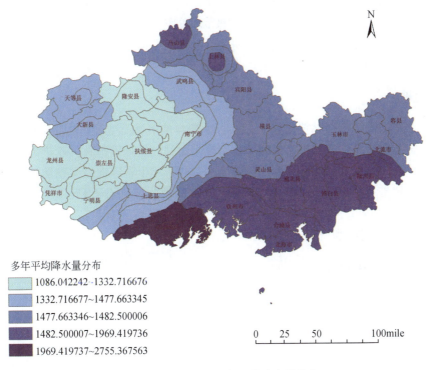

图 9.3 北部湾经济区多年平均降水量分布

1mile = 1.609344km

3. 地形地貌

广西北部湾经济区地处云贵高原东南边缘平均海拔 209m，北部湾经济区地势北高南低，地形复杂，以丘陵、平原和台地为主。北部的马山县、上林县有海拔高于 1700m 的山地发育，但主要还是低山和山间盆地居多，中部以丘陵和台地为主，小平原相间分布，南部则以低洼平地为主。区内海拔超过 800m 的山地占 0.90% 左右；海拔为 400 ~ 800m 的低山山地占 6.82% 左右；海拔为 200 ~ 400m 的丘陵占 17.29% 左右；海拔低于 200m 的平原台地占经济区陆域总面积的 74.99% 左右。

岩溶地貌类型丰富，分布广阔。在热带和亚热带气候条件的影响下，碳酸盐岩被强烈溶蚀和侵蚀，形成类型繁多、世界闻名的喀斯特地貌。区内峰丛、洼地分布密集，溶洞和地下河流资源丰富。

4. 土壤

广西北部湾经济区土壤类型众多，主要有新积土、水稻土、沼泽土、滨海潮土、火山灰土、石灰（岩）土、砖红壤、红壤、赤红壤、粗骨土、紫色土、红黏土、酸性硫酸盐土、黄壤14个土类。而这些土类中又以红壤类土壤（包括赤红壤、砖红壤、红壤、黄壤）为主，主要分布在山地、丘陵、台地和平原上，总面积约 909.42×10⁴ 亩①，为北部湾经济区农业发展提供了良好的条件。据测定，北部湾经济区土壤面积所占比重很大，土壤质地多为不砂不黏，透气性好，耕性好，是发展农业的一大优势。但土壤质量多中、低等级，土壤养分不足，土壤肥力较低。土壤有机质、全钾、全磷的含量自南向北，从低海拔向高海拔呈地带性分布。

5. 植被

广西北部湾经济区森林覆盖率51.2%，主要自然植被类型有亚热带针叶林，亚热带常绿、落叶阔叶混交林，亚热带常绿阔叶林，热带雨林，热带季雨林，亚热带和热带竹林及竹丛，亚热带、热带常绿阔叶、落叶阔叶灌丛，热带旱生常绿肉质多刺灌丛，亚热带、热带草丛，亚热带、热带沼泽，热带红树林。珍稀的植物品种有银杉、银杏、冷杉、铁杉；优良速生树种柳杉、黄梁木、擎天树；名贵观赏植物防城港金花；湿地生态森林红树林；著名的绿化、风景树大叶榕、小叶榕；等等。

6. 社会经济条件

至 2013 年年末，北部湾经济区（4+2）6 地级市年末常住人口 1998.39 万人占广西年末总人口的 43.42%，其中南宁市年末常住人口最多，达 731.5 万人；地区生产总值 5901.17 亿元，其中第一产业总产值 1050.43 亿元，第二产业总产值 2488.50 亿元，第三产业总产值 2364.63 亿元，全社会固定投资资产 6049.94 亿元。防城港市辖区人均地区生产总值 66405 元为北部湾之最，南宁市辖区 45415 元、钦州市辖区 43277 元、武鸣县 40530 元、北海市辖区 40372 元为北部湾经济区经济较为发达的地区，马山县经济发展相对落后人均地区生产总值 10214 元，天等县 12280 元、上林县 12135 元、灵山县 11603 元均为北部湾经济区经济落后地区。由于区域面积小，经济发达北海市经济密度达 1202.899 元，是北部湾经济区 26 个县市中最大的县市，而马山县因为占地面积较广且经济落后，经济密度 133.7121% 是北部湾经济区最小的县。图 9.4 为北部湾经济区经济密度分布图。

北部湾经济区 26 个县市人口最多的是博白县，2013 年末达 179.42 万人，最少的是凭

---

① 1 亩 ≈ 666.7m²。

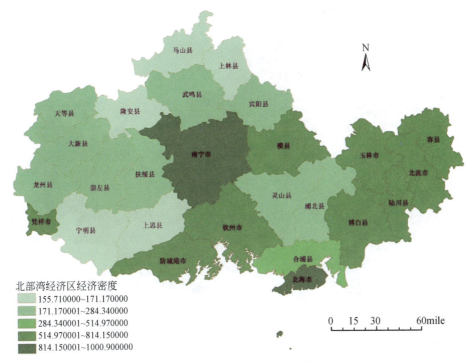

图9.4　北部湾经济区经济密度分布图

祥县，2013 年末有 11.18 万人。人口分布不均，其中人口密度最高的县，分别为陆川县
0.067%、北流市 0.056%、玉林市辖区 0.522%，最少的为上思市 0.0087%、上思县
0.01167% 和龙州县 0.01168%。图 9.5 为北部湾经济区人口密度分布图。

7. 研究区生态环境存在的主要问题

北部湾经济区资源丰富，生态系统复杂，但由于城市化进程的不断发展，人类改造
利用自然环境力度加大，北部湾经济区面临着重大的生态环境问题：①生态系统自我调
节功能退化，各类灾害发生频繁；②森林系统防护功能减弱，水土流失严重；③山地
多，石漠化面积大，生态环境脆弱；④城市发展，耕地减少，人地矛盾突出；⑤土壤污
染严重影响农业生产；⑥工业污染严重，生态失衡；⑦海岸带开发与海洋环境保护矛盾
日益凸显。

9.3.2　数据来源及预处理

根据对自然灾害风险评估系统的研究，选取北部湾经济区自然灾害的历史统计数据、
遥感影像数据、社会经济统计数据及相关地面气象观测站观测数据的统计资料，具体数据
如下。

（1）《广西气象大典》《广西水旱灾情》《市级志》《县级志》《地方志》《地震志》
《水利志》《气象志》等统计的历年自然灾害资料和广西地情网、广西水情网、广西统计

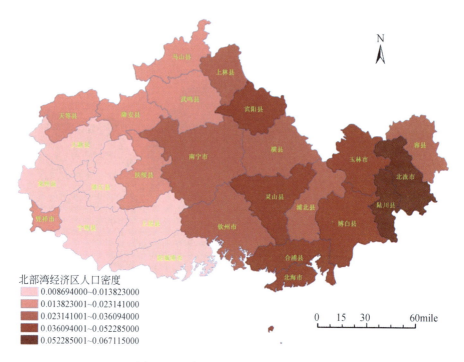

图9.5 北部湾经济区人口密度分布图

信息网记录的北部湾经济区各县市自然灾害情况及社会、人口、经济统计资料。

（2）北部湾经济区 2011 年的 ETM+影像；空间分辨率 30m×30m 的 DEM 数据；1∶25万广西北部湾经济区行政区矢量数据图。

（3）北部湾经济区各县市主要气象站点坐标及历年来气象观测统计数据。

1. 统计数据来源

各县市自然灾害数据来源于《广西气象大典》《广西水旱灾情》《市级志》《县级志》《地方志》《地震志》《水利志》《气象志》等的统计数据。

国民生产总值、人均 GDP、行政区域面积、各县市病床数、农作物面积等社会经济数据来源于各年广西统计信息网。

研究区涉及致灾因子危险性、孕灾环境脆弱性、承灾体暴露-易损性等多个指标，指标类型复杂，量纲等级不同，而且有的评价指标值越大，风险也越大，有的评价指标值越大，风险反而越小，且对于不同种灾害指标的相关性也不同。这些指标反映的风险大小往往是一个笼统或模糊的概念，所以很难用实际数值进行直接比较。为了简便、明确和易于计算，在获得每个指标的原始数据后，为统一评价标准，必须对具有不同量纲的原始数据进行标准化处理。本书选用极值标准化方法，对指标体系中的原始数据进行标准化处理。将所有指标按照正向指标（即指标值越高风险越大）与逆向指标（即指标值越高风险越小），分别采用式（9.4）和式（9.5）进行处理。

对于正向指标

$$y_{ij} = \frac{x_{ij}}{\max(x_{ij})} \tag{9.4}$$

对于逆向指标

$$y_{ij} = \frac{\min(x_{ij})}{x_{ij}} \tag{9.5}$$

式中,x_{ij}、y_{ij} 分别为指标的原始值和标准值;$\max(x_{ij})$ 为该指标中的最大值;$\min(x_{ij})$ 为该指标中的最小值。

2. 遥感影像数据来源及预处理

1) DEM 数据来源及预处理

DEM 数据由国际科学数据服务平台(http：//datamirror. csdb. cn/)提供,覆盖整个中国区域,空间分辨率为 30m×30m。用 ArcGIS 9.3 对 DEM 数据进行拼接、投影变换、北部湾经济区范围内的裁剪(图9.6),并对 DEM 影像进行分级处理(图9.7)。

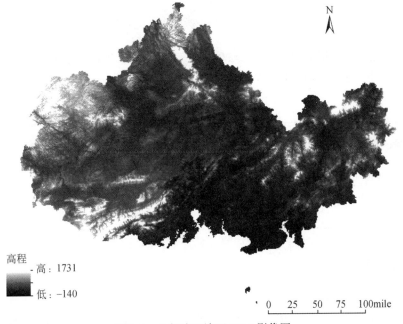

图9.6　北部湾经济区 DEM 影像图

2) 地形因子赋值

在 ArcGIS 对 DEM 数据以县域为单元计算各县地形平均高程以及高程标准差,根据表9.1地形因子赋值表对北部湾经济区各县市地形因子分级。根据北部湾经济区的平均高程,将北部湾分为三级:一级 ≤100m、二级 100～300m、三级 ≥300m。由于地形变化越大,地形标准差越大,在强降雨到来时就越容易发生洪涝灾害,所以根据高程标准差大

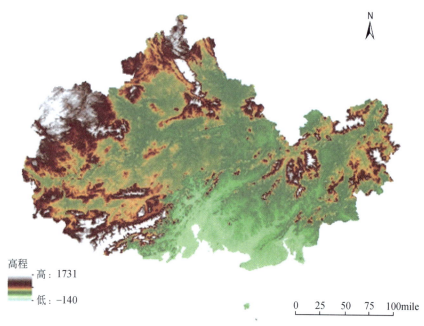

图 9.7　北部湾经济区地形分布图

小，将地形变化分为三级评估：一级≥200m、二级 100～200m、三级≤100m。通过专家打分法对地形因子进行赋值具体见附表 1。

表 9.1　地形因子赋值表

地形高程/m	高程标准差/m		
	一级（≤1）	二级（1～10）	三级（≥10）
一级（≤100）	高	较高	中等
二级（100～300）	较高	中等	较低
三级（≥300）	中等	较低	低

3）河网密度

使用 ArcGIS 的 Spatial Analysis Tool，对 DEM 数据进行填注、水流方向提取，设定流水累积量栅格 FlowAcc 中栅格单元值大于 10000 的栅格值为 1，得到河流网络栅格。在 DEM 中提取河网，并在 ArcMap 中对北部湾地区河网进行缓冲区分析，其中河网的缓冲区参数均为 1km，如图 9.8 所示。再进行河流网络数据矢量化，通过统计每个行政单元的河流网络密度，得出北部湾经济区河流网络危险性等级。

4）Landsat 遥感数据来源及预处理

Landsat-7 是 1999 年 4 月发射的陆地卫星连续发生系列的第七颗卫星，Landsat-7 在 16～18 天覆盖地球一次（重访周期），空间分辨率为 30m，搭载 ETM+传感器，增加了一

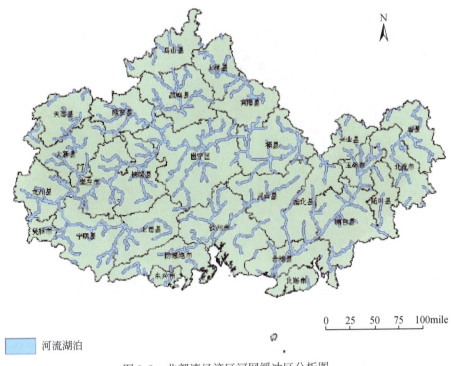

河流湖泊

图 9.8　北部湾经济区河网缓冲区分析图

个 15m 空间分辨率的全色（PAN）波段。2010 年的 TM/ETM 数据由中国科学院对地观测共享数据计划网（http：//ids. ceode. ac. cn/）提供。

首先在 ERDAS IMAGINE 9.1 的几何校正模块（Geometric Correction）下，选取投影系统、几何校正模型、地面控制点对 p124r44、p124r45、p125r43、p125r44、p125r45、p126r43、p126r44、p126r45 八景分别进行重采样；然后把研究数据的投影统一转换为等面积圆锥投影：Krasovsky_1940_Albers；最后在 ERDAS 软件中 Data Preparation 下 Mosaic Images 的功能模块完成研究区遥感影像的拼接，图像重叠部分取其平均值；在 ERDAS 软件中 Data Preparation 下的 Subset Image 模块以行政边界对影像进行不规则裁剪[24]，计算各个单元的 NDVI 指数并绘制植被覆盖度图（图 9.9）。

3. 插值数据处理

多年平均降水量、多年平均蒸发量数据来自广西气象局地面观测站数据，多年地震震级及震源数据来自广西地震志。首先在 ArcGIS 9.3 软件中通过气象站点及地震震源的经纬度信息建立数据站点位置图，然后将本书中所用到的多年平均降水量、气象灾害数据、地质灾害数据等要素作为属性字段添加到站点的属性列表中。再使用相关属性数据通过 ArcGIS 9.3 的 IDW 反距离插值法插值成栅格数据图，并绘制等降水量线及等震线等。

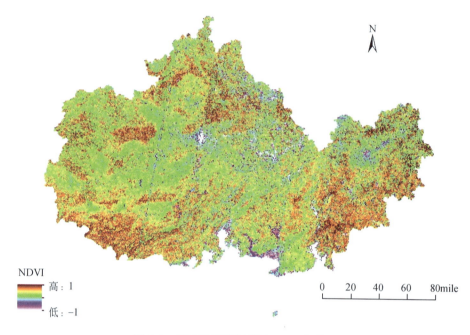

图 9.9　广西北部湾经济区 NDVI 指数

9.4　广西北部湾经济区自然灾害的时空分异

自然灾害是一发源于地球大气圈、岩石圈、生物圈的自然灾害，全球生态环境系统在不停地变化之中，常表现为各种能量的积累和释放，从而构成了各种自然事件，其中有些自然事件所产生的自然现象会对人类生存、社会稳定、经济发展造成威胁和损害。

北部湾经济区处于海陆过渡带，具有特殊的地形地貌、气候条件、土壤及植被条件，所以灾害种类较多，分布很广，北部湾经济区几乎没有未遭受过灾害的地区，有些地区甚至多种灾害同时发生。由于同时受多季风环流影响，季风系统比较复杂，一旦季风转换、进退失常就会出现气候异常事件并引发一系列的气象灾害对北部湾影响最为严重。以北部湾经济区常见的干旱、洪涝、热带气旋、冰雹、大风、雷暴、龙卷风、霜冻、低温阴雨、寒露风、地震、地陷、滑坡等灾害为研究对象，将北部湾经济区自然灾害分为气象水文、地质灾害两种及其次生灾害进行具体研究。

9.4.1　自然灾害时空分异

北部湾经济区受季风环流影响，夏季盛行偏南风，高温、多雨，冬季大部分地区盛行偏北风，低温、干燥。北部湾季风气候的主要特点之一是雨量集中在夏季高温时期，优点是雨热同季，缺点是雨季、旱季分明，一年之中旱、涝交替，使干旱与洪涝灾害发生的频率增大。季风气候的另一个主要特点是冬夏温差大，冬季气温较低。部分年冬季在寒潮、强冷空气入侵时，出现大范围的霜冻天气，造成较重的寒冻灾害。由于受季风环流影响，加上特定的地理位置和地形地貌，影响北部湾经济区的天气系统众多，既受西风带天气系统，如冷高压、冷锋、静止锋、高空槽、切变线等天气系统影响，又受东风带天气系统，如热带气旋（热带气旋）、热带辐合带、东风波等天气系统影响；既受大尺度天气系统，如副热带高压、西南热低压、低空急流等天气系统影响，又受中小尺度天气系统，如雷暴、飑线、热带云团、龙卷风等天气系统影响，使北部湾经济区境内气候变化多样，气象灾害频繁。

1. 洪涝灾害

洪涝灾害包括洪水灾害和渍涝灾害，泛称水灾，包括暴雨洪涝灾害、冰凌洪水灾害、溃坝洪水灾害、渍灾和涝灾等。从广西水旱灾情多年统计数据来看，北部湾经济区暴雨是导致洪涝灾害的主要原因。每当汛期，特别是涝年北部湾经济区的强降雨天气常常造成山洪暴发、河水上涨，冲毁农田、住房、公共设施等，引发山体滑坡、泥石流等次生灾害，给人民和财产造成巨大损失。

降水量多是发生洪涝灾害的背景，大范围、高轻度、持续时间长的暴雨天气过程是发生洪涝灾害的直接原因。4～9月是北部湾的汛期，雨量集中，暴雨频繁，除个别气象站外，北部湾各站点降水量均在1000mm以上，各地4～9月降水量占年降水量的60%～90%，其中暴雨日数占全年的90%左右。各地区降水量的季节差异也有所不同，北部湾经济区大部分地区的降水量集中在主汛期（5～8月），东部地区降水量集中在前汛期（4～6月），而南部地区降水量集中在后汛期（7～9月）（图9.10）。图9.11为北部湾经济区1950～1990年暴雨县数线形图。

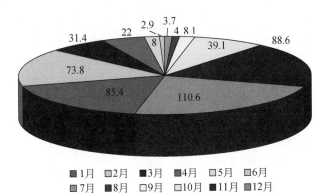

图9.10 北部湾经济区降水量逐月分布图

暴雨洪涝灾害是北部湾经济区对社会经济影响最严重的气象灾害之一。暴雨是指在短时间内出现大量降水。广西壮族自治区对于暴雨洪涝灾害有明确的规定，日降水量91～100mm，前10天降水量>160mm的或平均日降水量>100mm的称为小涝，平均日降水量>150mm的称为中涝，平均日降水量>200mm的称为大涝（表9.2），暴雨可能造成山洪暴发，江河泛滥，大面积积水，常常淹没农田，冲毁设施，还可引发滑坡、泥石流等灾害。在北部湾经济区暴雨灾害的次生灾害有洪灾、涝灾、滑坡、泥石流、生物灾害，其中滑坡

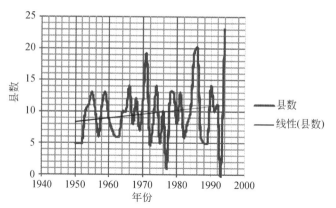

图 9.11　北部湾经济区 1950~1990 年暴雨县数线形图

泥石流又能引发次生水灾。

表 9.2　广西壮族自治区洪涝灾害等级表

小涝（>100mm）		中涝（>150mm）		大涝（>200mm）	
日降水量/mm	前 10 天总降水量/mm	日降水量/mm	前 10 天总降水量/mm	日降水量/mm	前 10 天总降水量/mm
91~100	>160	145~150	>240	191~200	>300
89~90	>170	131~140	>250	181~190	>320
71~80	>180	121~130	>260	171~180	>330
61~70	>190	111~120	>270	161~170	>340
51~61	>200	101~110	>280	151~160	>350

由于天气系统、季风强弱的变化，北部湾经济区受暴雨天气影响的县数越来越多，降水量年际变化很大。就全经济区平均而言，1961 年以来，降水量最多的 1994 年，年平均降水量达 2006.6mm，降水量最少的 1963 年，年平均降水量仅 1151.8mm。1994 年发生了 1950 年以来广西最大的洪涝灾害[25]。各地的年际变化差异更大，多数地区降水量最多年是最少年的 2~3 倍。20 世纪 80 年代以来，北部湾经济区发生的暴雨洪涝灾害越来越频繁，如 1994 年 6 月和 7 月、1996 年 7 月、1998 年 6 月、2001 年 7 月、2005 年 6 月等发生特大洪涝灾害，给工农业生产和人民生命财产造成重大损失。

由图 9.12 可以看出，北部湾的暴雨天气多分布在沿海三市（北海、防城港、钦州市）的大部分县（区）和玉林市各县（区），而南宁市和崇左市的各县区暴雨日数较少。范围广、强度大的暴雨天气极易引起洪涝灾害，一般来说，北部湾中洪涝多发生在北海、钦州、防城港 3 市的大部分地区以及玉林的大部分地区，其中钦州市区、防城港市区、东兴发生中涝灾害的频率在 50% 以上，南宁、崇左市各县（区）频率为 10%~30%，即 10 年有 1~3 次中涝。大涝以沿海三市大部分县（区）和玉林市大部分县（区）两个高值中心，这是由于沿海地区受热带气旋影响严重，而玉林市大部分地区河网密集，在强降雨过

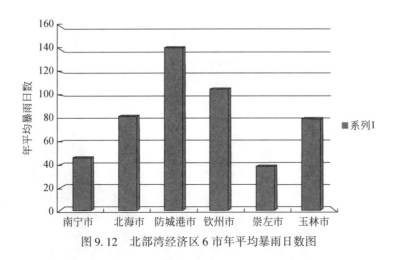

图 9.12　北部湾经济区 6 市年平均暴雨日数图

程中极易发生大涝灾害。

　　根据广西水旱灾情的统计资料，北部湾经济区洪涝灾害严重，图 9.13 为北部湾经济区洪涝灾害分布图，由图可知北部湾洪涝灾害分布不均，多分布在上思县、钦州市、玉林市、博白市、浦北县和上林县等地区。玉林市、博白县、浦北县降雨丰富、河网密集，是北部湾经济区洪涝灾害最易发生的地区。其中，玉林市多年平均降水量 1522mm，平均海拔只有 166m，低于全区平均海拔渍涝灾害严重。由 ArcGIS 9.3 提取的河网分布可知，玉林市河网密度达 0.328%，是北部湾河网密度最高的地区。每当强降雨天气发生，河水上涨，当超过一定警戒水位时就会引起河流洪水。钦州市、上思县，受热带气旋和海洋气团的影响年平均降水量偏高，且平均海拔只有 50m，洪涝灾害比较严重。上思县位于北部湾经济区北部，平均海拔 274m，但地形起伏大，地形标准差 238m 为北部湾经济区最高。年平均降水量 1701mm，降雨多集中于夏季，由于降雨强度大，雨量集中，地形起伏往往有山洪灾害发生。西部的崇左市、大新县、凭祥市等地年平均降水量较少，地形起伏不大，河网分布较少，是北部湾经济区洪涝灾害发生较少的地区。

2. 热带气旋灾害

　　热带气旋是一种发生在热带或副热带海洋上具有暖中心结构的强烈气旋性涡旋，俗称台风。盛夏，由于西太平洋副热带高压明显增强向北抬升、向西延伸，脊线自 20°N 向北跳到 25°N，广西前汛期结束。随着副热带高压继续北跳，赤道辐合带也随着向北抬升，北部湾经济区南部地区受赤道辐合带和热带气旋环流影响。

　　一般情况下，热带气旋中心进入 19°N 以北、112°E 以西，则对北部湾会产生不同程度的影响，广西气象部门称为影响区。当热带气旋的中心进入影响区，则认为热带气旋影响北部湾。根据 1949～2000 年统计，年影响广西的热带气旋平均每年有 5 个，最多的年份有 9 个。热带气旋中心进入北部湾内陆或近海，则对北部湾影响比较大，常造成不同程度的气象灾害。1949～2000 年统计资料显示每年进入北部湾的热带气旋有 2～3 个，最多的年份有 6 个，最少的年份没有。图 9.14 为 1950～2000 年影响北部湾内陆

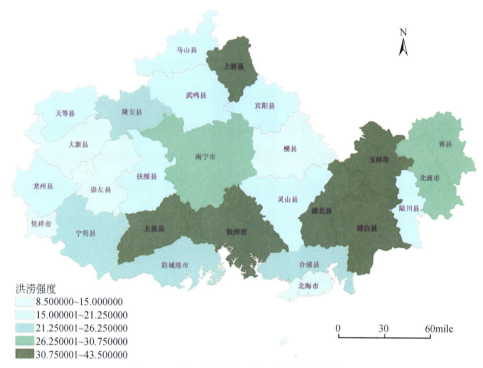

图 9.13 广西北部湾经济区洪涝灾害分布图

热带气旋个数和中心进入个数。由趋势线可以看出，影响北部湾的热带气旋个数在减少，但进入北部湾的热带气旋数却在增加，且近 10 年进入北部湾的热带气旋数比 50 年前明显增加。

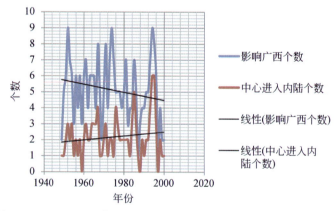

图 9.14 1950~2000 年影响、进入北部湾经济区热带气旋个数线形图

　　热带气旋对北部湾经济区的影响有利有弊。其所经之地，往往出现狂风、暴雨，造成大风灾害和暴雨洪涝灾害；海上还会出现巨浪和风暴潮，对海上和沿海地区的船只、港口、码头及各种设施产生破坏作用，造成生命、财产和经济的重大损失。但热带气旋对北部湾经济区也存在有利的一面。例如，久旱之时，热带气旋带来的降水可以解除旱

情，增加江河、水库的蓄水量。特别是一些广东—福建沿海登陆后经内陆影响广西的热带气旋，由于实力在途中已减弱，影响北部湾经济区多以降水天气为主，多数利多于弊。

从多年情况来看，4～12 月都有热带气旋影响广西，影响集中期是 7～9 月，如图 9.15 所示。热带气旋所经之地，往往会出现狂风、暴雨，造成风灾和洪涝灾害。例如，2001 年 7 月由第 3、4 号热带气旋引发的暴雨导致左江、右江、邕江、郁江、浔江江水暴涨，洪水泛滥。百色市遭遇了百年不遇的洪涝，南宁市发生了 1913 年以来最大的洪涝，贵港市出现了有水文记录以来最大的洪涝，广西因灾死亡 24 人，直接经济损失 159.03 亿元以上，其中南宁市损失 12 亿元。

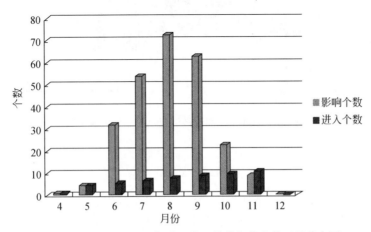

图 9.15　影响、进入北部湾经济区热带气旋个数逐月分布图

从图 9.16 多年热带气旋灾害的分布情况来看，北部湾经济区热带气旋灾害分布沿海高于内陆，低海拔地区高于高海拔地区。沿海三市（北海市、防城港市、钦州市）为热带气旋灾害频繁发生的高危地区，而北部湾北部的马山县、上林县和隆安县由于远离海洋且海拔较高、地形起伏大，因此热带气旋灾害影响较小。1950～2000 年，带来暴雨、洪涝、大风，对北部湾经济区影响大、范围广、强度大、灾害严重的热带气旋主要有 5413、6209、6608、6706、7106、7109、7411、8410、8510、8517、9108、9309、9615、9713 等台风；8107、9516 等强热带风暴；7004、8609 等热带风暴；9411 等热带低压。平均 2～3 年 1 个。这些热带气旋对北部湾经济区影响大、灾情严重。例如，7106 号台风于 1971 年 5 月 29 日至 6 月 2 日影响北部湾经济区，经济区东部和南部 29 站降 21 站次暴雨、14 站次大暴雨、4 站次特大暴雨；沿海有 6 站次出现大风。北海、钦州、玉林、贵港、南宁等市部分地区遭受特大的大风、暴雨洪涝灾害。仅玉林市就有近 40 万人受灾，倒塌房屋 84592 间，无家可归的有 5 万～6 万人、死亡 80 多人、重伤 100 多人。全广西农作物受灾 23 万 hm^2、死亡 197 人、伤 367 人。对交通、水利、电力、通信、航运、渔业、工矿等部门造成重大危害，经济损失严重。

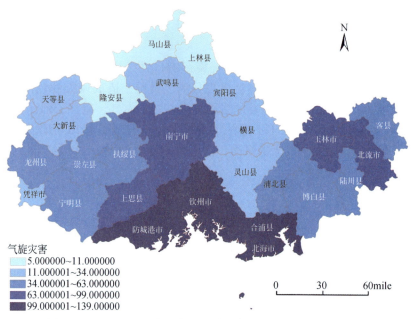

气旋灾害
5.000000~11.000000
11.000001~34.000000
34.000001~63.000000
63.000001~99.000000
99.000001~139.000000

图 9.16　1950~2000 年北部湾经济区热带气旋灾害个数分布图

3. 干旱灾害

干旱是指降水量明显偏少，造成地表径流、地下水减少、空气干燥、土壤水分亏缺等现象。当干旱现象影响农作物、经济作物生长造成减产，影响人们正常生活，影响工农业生产和经济发展，对社会经济发生危害时，就造成了干旱灾害。北部湾经济区降雨年际变化大，新中国成立以来，几乎年年有干旱，而且由图 9.17 可知，干旱灾害影响的县数越来越多。最严重的干旱年是 1963 年，北部湾经济区发生严重的春夏秋连旱。20 世纪 80 年代末以来是北部湾经济区干旱频发的时期，特大干旱灾害有 1998 年/1999 年秋冬春连旱、2003 年/2004 年夏秋冬春连旱、2004 年/2005 年秋冬春连旱，其中，2003 年/2004 年的夏秋冬春连旱广西受灾面积达 135.2 万 hm^2。

$$CI = PE/P \qquad (9.6)$$

式中，CI 为某时段的干旱指数；PE 为某时段蒸发量；P 为某时段降水量。干旱指数表示区域某时段降水量与蒸发量的关系，反映区域干旱情况。图 9.18 为 ArcGIS 9.3 运用插值分析做出的北部湾经济区干旱指数图。由图可知，北部湾经济区蒸发量、降水量分布不均，干旱指数大体上中部高，边缘低。中部的一些县市包括扶绥县、上思县、武鸣县的大部分地区蒸发量往往大于降水量。

北部湾经济区是降水量比较丰富的地区，大部分地区属湿润气候，但由于降水量分布不均和对水资源调节能力低而发生干旱。北部湾经济区受冬夏季风交替影响和区内复杂的地理环境作用，北部湾经济区降水分布不均导致干旱灾害分布差异。玉林市、钦州市是北部湾经济区降水量较多且地表水资源丰富的地区，但由于对水资源调节能力差，是北部湾

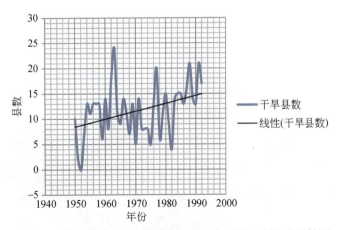

图 9.17　1950～1995 年北部湾经济区逐年干旱灾害影响县数图

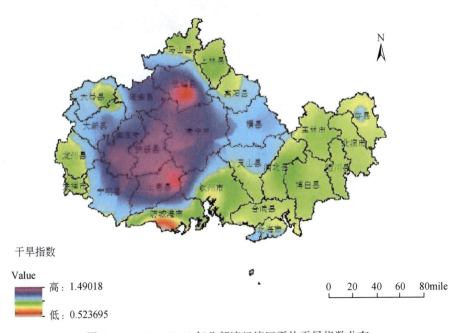

图 9.18　1950～2000 年北部湾经济区平均干旱指数分布

经济区干旱灾害最为严重的地区（图 9.19）。沿海的北海市和防城港市受热带气旋和海洋气候影响，降水量丰富干旱灾害发生较少。

4. 寒冻害

北部湾经济区水热资源丰富，具有发展热带、亚热带作物的优越气候条件，但是冬季寒潮入侵所带来的低温，常给农业生产带来不同程度的损失。当强冷空气入侵时，经济区极端最低气温达-2～-5℃，经济区南大部也有-1～-2℃，大部地区可出现霜冻或冰冻天气，给蔬菜、热带和亚热带水果、水产养殖等造成灾难性后果。北部湾经济区北部的一些

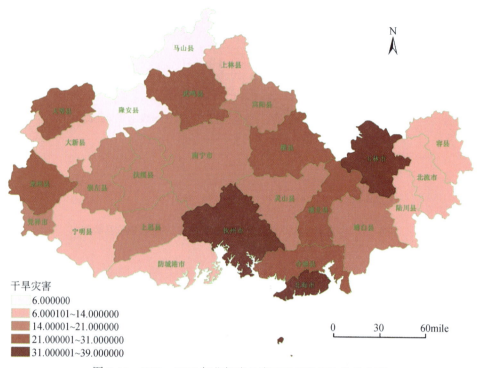

干旱灾害
- 6.000000
- 6.000101~14.000000
- 14.00001~21.000000
- 21.000001~31.000000
- 31.000001~39.000000

图 9.19　1950~2000 年北部湾经济区干旱灾害次数分布图

地区受寒冻害影响比较严重，而南部特别是沿海地区属于亚热带海洋气候，常年气温在 0℃以上，只有当一些极端气流影响严重时才会受寒冻害灾害影响。

5. 冰雹、大风、雷暴、龙卷风等气象灾害

强对流天气（冰雹、大风、雷暴、龙卷风等）是北部湾经济区的主要气象灾害之一，其中以冰雹、大风和雷暴对工农业生产、交通、通信、电力设施及人民生命财产造成的危害较大。北部湾经济区冰雹的分布特点是：西部多于东部，山区多于平原。北部湾西北是广西的多雹区域；冰雹主要出现在 2~5 月，这 4 个月降雹日数占全年总日数的 90% 以上，其中又以 3 月、4 月最多，分别占全年的 32.4% 和 34.6%。北部湾经济区每年都受到大风袭击，大风日数最多的地方是涠洲岛，平均每年有 31 天，其余大部地区平均每年有 1~9 天，夏季大风日数占全年的 42%、春季占 30%、秋季占 16%、冬季占 12%。广西是我国雷暴日数最多的省区之一，尤其在 4~9 月雷暴活动最频繁。各地的雷暴日数有明显的地域性分布特征，主要是南部多，北部少。地处十万大山南坡的东兴市年雷暴日数多达 105 天，是广西雷暴最多的地方。强对流天气往往来势凶猛，破坏力强，损失严重。

6. 地震灾害

北部湾属于地震频度不高、强度不大、震带不多和震源浅的小震区。经济区东南部、

南部等地，地震仍较活跃，是发震的主要地段。区域地壳稳定性受到不同程度的影响。自有记录开始，据不完全统计，共计 4 级以上的 40 次，5 级以上的 4 次（实际发生的地震数，远不止此数）。这些地震中烈度大部分在 6 度以下，尚未达到显著破坏程度。区内地震在时域上的分布是不均衡的。据近百年来发生大于 4 级地震和 1970 年以来仪器测出的 3 级以上地震，平均 5 年左右发生一次，具体见附表 2。

地震在地域上的分布极不均匀。据百年来发生在北部湾经济区的中强以上的 20 多次地震，几乎全部发生在南部、东南部，两次造成严重破坏的地震也发生在这些地区范围内。这种分布格局是由于本身地质构造决定的，尤其是与该地区东北方向合浦-陆川断裂带、灵山-防城断裂带以及西北方向右江断裂带、富宁-那坡断裂带等两组断裂带占据了桂东南、桂南和桂西北的广大地区，由于这两组断裂的活动，导致该区一系列中强及强烈地震的发生。

北部湾经济区地震属浅震源的构造地震。震源均在 20km 以内，一般为 5~10km，西北部为 10~15km，南部、东南部为 6~9km（图 9.20）。因而地震产生的地面效应较强烈，而波及面较小，小震级、高烈度是区内构造地震的一大特点。

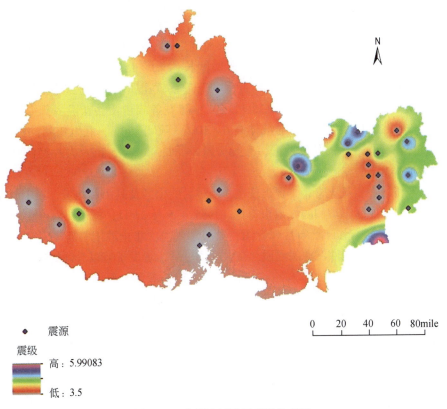

图 9.20　北部湾经济区震源分布图

7. 崩塌、滑坡、泥石流等地质灾害

北部湾经济区常发生的地质灾害种类很多，除地震外还有崩塌、滑坡、泥石流等突发性地质灾害。崩塌、滑坡、泥石流等地质灾害多发生在山地和丘陵地区。随着自然变异的增强和人为活动的影响，崩塌、滑坡、泥石流发生的频次以及对北部湾经济发展造成的损失在快速增长。

1998年隆安县那桐镇龙江村发生的龙江崩塌造成4人受伤，5人死亡，直接经济损失达90000元。此外，宁明县峙浪乡那除村的红层崩塌，体积为27750m³。土山崩塌主要分布于风化壳或土层较厚的天然斜坡或人工边坡陡峻的低山丘陵区。合浦县滨海平原大量发育的"崩沟"均属此类。东南部花岗岩分布区，山坡陡峻，植被稀疏，冲沟深切，使道路、水坝、渠道等人工边坡崩（坍）塌十分严重。容县杨梅圩小河南岸花岗岩坍塌长达40m，宽5~15m，高25m。岩体崩塌多见于碳酸盐岩、变质岩及红层地层分布区。一般裸露岩溶石峰分布的地方都有过岩崩，峰脚块石累累，或峰体内溶洞顶板崩塌。

近年来，北部湾经济区内滑坡现象相当活跃，并有加剧发展的趋势。其中，公路滑坡危害一直很严重，发生频繁灾情的地区有与南宁、钦州两地区接壤的宁明、上思、防城县（自治县）。滑坡经常同水灾叠加，1985年曾使全广西壮族自治区内100多条公路暂时断道，损失约3000万元，宁明是滑坡阻车严重地区之一。1986年7月22日9号台风袭击时，因滑坡使县内600km的道路断道，中断时间长达10~15天。湘桂铁路南宁市屯里至长岗岭区间，1986年7月发生滑坡（古近系和新近系软泥质岩滑坡），中断交通93小时，使用工程费近60万元。其次水库滑坡也较突出，防城各族自治县扶隆乡田心花岗岩分布区，1984年6月22日发生滑坡，滑坡体高6~10m，顶宽250m，底宽30m，长100m，体积10余万m³，填平2.5km长的冲沟，冲毁房屋34间、农田15亩及大片经济林。此外基岩滑坡也时有发生。

北部湾经济区泥石流灾害，主要出现在暴雨过后的山区及其山麓地带，集中分布于东部地区，包括崇左市、南宁市和防城港市等地。1985年5月27日，桂东北海洋山一带亦爆发过群发性泥石流灾害，南自灌阳县观音阁、灵川县大境，北止灌阳县新圩、全州县麻市一带，东起灌江干流，西至湘江源头河段，在大暴雨过后，爆发了数以千计的坡面泥石流和数十条沟通泥石流，将大量泥沙输入湘江及其支流（包括灌江、海洋河、漠川河、建江等），致使河床淤高，河道串流改道，扩大洪涝灾区范围，受灾面积达1000km²。据不完全统计，仅此一场特大暴雨引起的滑坡、泥石流和洪涝灾害的损失达1.6亿元以上。其中兴安一个县的损失逾1亿元，而城镇损失占了2/3，可见泥石流的群发性加剧了洪涝灾害。

9.4.2 综合自然灾害时空分异

北部湾经济区的地理位置及气候条件往往受到季风天气的影响，导致旱涝灾害的频繁发生，热带气旋的进入导致暴雨天气频繁，由于暴雨天气雨量大、持续时间长又常常引发滑坡、泥石流等地质灾害，常常带来巨大的财产损失。按其对北部湾经济区国计民生的影响大小依次为洪涝、干旱、热带气旋、泥石流、滑坡、崩塌、大风、雷击、寒冻害、低温

冷害、冰雹等灾害。其中，影响最为严重的是洪涝、干旱、热带气旋等灾害。将北部湾经济区 26 个县市作为基本单元，对洪涝灾害、干旱灾害、热带气旋灾害进行自然灾害综合时空分异分析。

分别统计北部湾经济区洪涝灾害、干旱灾害、热带气旋灾害 1950～1990 年逐年灾害影响县数，求得三种灾害逐年平均影响县数，绘制综合自然灾害逐年平均影响县数图（图 9.21）。由图可知，北部湾经济区 1950 年自然灾害平均只影响 5 个县市，而 1991 年影响达 19 个县市，总体趋势呈上升状。其中，1950～1953 年自然灾害分别影响 5 个、4 个、2 个、6 个县市，为灾害最少的四年，到 1954 年上涨到影响 11 个县市。1966 年自然灾害影响多达 18 个县市、1971 年影响 15 个县市、1986 年影响最多达 20 个县市，1991 年影响 19 个县市为灾害最为频繁的年份。由图可以分析预测，如果不采取必要的措施，在今后的几年中自然灾害对北部湾经济区各县市的影响还将继续加大。

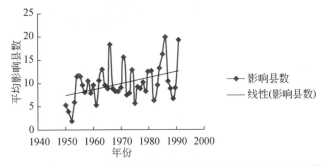

图 9.21　1950～1990 年北部湾经济区自然灾害逐年平均影响县数图

统计 1950～2000 年北部湾经济区各县市洪涝灾害、干旱灾害、热带气旋灾害发生次数，在 ArcGIS 中绘制北部湾经济区 50 年各县市自然灾害发生次数图（图 9.22）。50 年来，北部湾经济区灾害次数分布南高北低，沿海三市自然灾害发生次数最多，其中玉林市发生自然灾害 124 次，北海市 123 次、钦州市 113 次、防城港市 102 次，合浦县 100 次为北部湾最多。上林县 38 次、隆安县 38 次、凭祥市 42 次、马山县 45 次为北部湾最多。

运用专家打分法对 1950～2000 年北部湾经济区干旱灾害和热带气旋灾害逐县划分灾害等级，将干旱灾害影响等级划分为轻旱、中旱、重旱，热带气旋影响等级划分为轻微、中等、强烈，并分别赋值 1、2、3。根据各站点的降水量数据及灾害统计按照广西壮族自治区洪涝分级指标（表 9.2）对灾害发生强频等级进行分级，将洪涝灾害划分为小涝、中涝、大涝，并按式（9.7）和式（9.8）计算洪涝灾害强度等级。

$$h'_i = \frac{0.5 \times F_{\text{暴}i} + F_{\text{大暴}i} + 1.25 \times F_{\text{特大暴}i}}{\sum_{i=1}^{n} (0.5 \times F_{\text{暴}i}) + \sum_{i=q}^{n} (F_{\text{大暴}i}) + \sum_{i=1}^{n} (1.25 \times F_{\text{特大暴}i})} \tag{9.7}$$

$$H'_i = \frac{h'_i - h'_{i-\min}}{h'_{i-\max} - h'_{i-\min}} \tag{9.8}$$

式中，n 为研究区域县级行政区数目；$F_{\text{暴}i}$ 为第 i 个地区小涝频次；$F_{\text{大暴}i}$ 为第 i 个地区中涝频次；$F_{\text{特大暴}i}$ 为第 i 个地区大涝频次。

统计北部湾经济区干旱灾害、洪涝灾害、热带气旋灾害 50 年影响等级，对三种灾害分

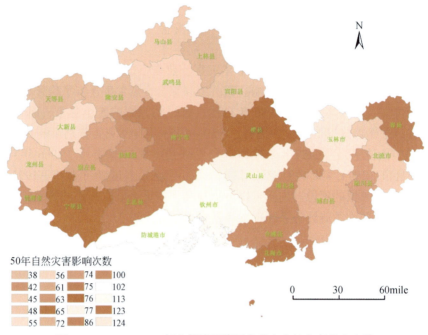

图 9.22　1950~2000 年北部湾经济区各县市自然灾害发生次数

别进行指标标准化，运用和积法求得北部湾经济区综合自然灾害影响等级，在 ArcMap 里对北部湾经济区自然灾害影响等级进行分级并绘制北部湾经济区 50 年自然灾害影响等级分布图（图 9.23）。由图可知，1950~2000 年北部湾经济区受自然灾害影响较为严重或受自然灾害影响损失较大的地区有上思县、合浦县、钦州市、玉林市等地区，凭祥县、大新县、马山县、隆安县、扶绥县、宾阳县受自然灾害影响等级较小或受自然灾害损失相对较小。

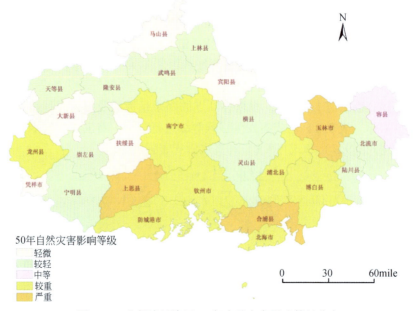

图 9.23　北部湾经济区 50 年自然灾害影响等级分布

9.5　北部湾经济区自然灾害风险评估

北部湾属半封闭型海湾，海水交换能力不强，尤其是广西沿海净化能力较差，属较脆弱海区。对北部湾经济区进行灾害风险性评估从而识别致灾因素，认识灾情；实行灾害预测；进行灾害损失评估；对灾害进行区划，针对区划制定防灾对策；实施灾害防治措施，进行项目管理变得越来越重要。而且对不同等级风险区土地资源的合理利用与投资，不同种类灾害保险制度的建立包括保险费率的厘定，以及政府的辅助决策等都具有重要意义。

北部湾自然灾害风险评估属于多灾种自然灾害，人口、社会经济、生态环境等多承灾体区域自然灾害综合风险评估，由于自然灾害种类繁多，不同类型承灾体对灾害的反映不同；承灾体多样，综合评估承灾体对象包括人、社会经济、房屋、农田等，没有统一的量纲进行评估；孕灾环境对于不同种灾害有不同的反映，如对于洪涝灾害风险来说河网密度、降水量等都会加大灾害风险，而对于干旱灾害来说河网密度大、降水量多的地区往往干旱灾害风险比较小。因此采用分别评估对北部湾经济区影响最为严重的几种灾害，如对北部湾影响较为严重的气象灾害洪涝灾害、干旱灾害、热带气旋灾害分别进行灾害风险评估，在分别评估洪涝灾害、干旱灾害、热带气旋灾害的基础上综合分析评估自然灾害风险。

9.5.1　指标体系构建原则与评估单元的划分

1. 构建原则

由于自然灾害系统的复杂性、风险的不确定性、影响因素的多样性，使得自然灾害风险评估指标体系的构建非常复杂。为了构建一个科学、全面、合理、实用的洪水灾害风险评估指标体系，应遵循以下几条原则。

（1）科学、合理性原则。科学性是评估指标体系构建的基本要求，指标体系及每个指标都应该具有明确的逻辑关系和科学意义，与实际情况相符，从而使评估结果具有更高的可信度和准确度。

（2）全面、系统性原则。自然灾害风险评估涉及诸多领域，应该全面考虑各个可能影响灾害风险的因素，系统构建评估指标体系。

（3）可行性和代表性原则。各项指标在合理、完整的基础上，应尽可能简单，使每一个子系统内的指标具有代表性和极大的不相关性（避免重复），易于获取，且便于量化分析。

（4）定性、定量相结合原则。北部湾经济区自然灾害风险评估属于大尺度、多灾种、多承灾体综合性风险评估，无论从概念模型的构建或是数据获得都很难采用定量化研究，而且定量化研究对于趋于灾害综合性和相关性反映不足，因此，采用定性与定量相结合的半定量化研究方式，以获得更高的可信度。

2. 评价单元的划分

北部湾经济区拥有土地面积 72700km²，占广西壮族自治区总面积的 30.7%，总计包括南宁市、北海市、钦州市、防城港市、玉林市、崇左市 6 个地级市。由于省辖市数量适中，同时考虑到数据的可获得性，将研究区按 26 个县级市划分，研究北部湾经济区各县域的自然灾害风险差异。把每一个县级市作为一个研究区，即把北部湾经济区分为南宁市辖区、武鸣县、隆安县、马山县、上林县、宾阳县、横县、北海市辖区、合浦县、防城港市辖区、上思县、钦州市辖区、灵山县、浦北县、玉林市辖区、容县、陆川县、博白县、北流市、崇左市辖区、扶绥县、宁明县、龙州县、大新县、天等县、凭祥市 26 个地区。

9.5.2 自然灾害风险评估体系

广西壮族自治区北部湾经济区地处华南经济圈、西南经济圈和东盟经济圈的结合部，是我国西部大开发地区唯一的沿海区域，也是我国与东盟国家既有海上通道又有陆地接壤的区域，区位优势明显，战略地位突出[26]。北部湾经济区自然灾害风险评估拟采用指标体系法，主要依据体现在以下几个方面。

（1）广西北部湾经济区有着包括海陆交错带、干湿交错带、森林边缘带等复杂的生态环境；因北回归线穿过该地区，在气候上属于南亚热带和北亚热带的过渡交错区，同时又因濒临北部湾而具有典型的海洋性气候特点；区内地貌类型复杂，有着海洋、滩涂、湿地、滨海平原、丘陵、台地、山地、河流、盆地等在内的复杂多样的生态系统。由于北部湾经济区内生态环境的复杂不宜采用单灾种的灾害风险评估，宜采用指标体系法，从北部湾经济区承灾体自身特征出发，综合评价其对灾害的脆弱性和风险性。

（2）自然灾害带有人为因素的深刻烙印，成为影响灾害风险的主要因素。因此，在北部湾经济区自然灾害风险评估中，不采用国内外多以自然系统为主的风险评估法，而需充分考虑社会经济要素与人文要素对北部湾经济区洪涝灾害脆弱程度的影响。

（3）北部湾经济区管辖范围大，应采用以人为因素占主导的大尺度的城市灾害综合风险评估方法，从灾害风险的内在要素出发，分析、理解城市洪涝灾害风险的指标体系应包括致灾因子危险性、生态环境脆弱性，以及暴露易损度，即风险＝致灾因子危险性∩生态环境脆弱性∩承灾体暴露易损性。

1. 自然灾害风险评价指标

区域自然灾害风险主要取决于描述自然灾害空间分布情况的灾害危险度和孕灾环境的脆弱性以及主要描述承灾体自身遭受自然灾害后损伤特性的社会经济发展程度。因此，区域自然灾害风险评价指标应包括各地发生自然灾害的危险性、孕灾环境的脆弱性，以及承灾体的暴露易损度三大类。

致灾因子要素主要包括灾害种类、灾害活动范围、强度、频率等，其变化频度越大，说明它给人类社会经济系统造成破坏的可能性越大。相应地，灾害风险源造成的灾害的风险就可能越高。因此，选择灾害 50 年内发生的次数作为评估指标反映灾害发生的概率。

同时，洪涝、热带气旋灾害选取灾害强度、干旱灾害选取评估单元的干旱指数为评估指标反映灾害发生的强度。

孕灾环境脆弱性受大气环境、水文气象环境以及下垫面环境等的影响严重。重大灾害的发生，除了全球气候异常外，还与生态环境的稳定度及破坏有着重要的关系。因此，在评价洪涝、热带气旋、灾害孕灾环境脆弱性选取地形等级、河流密度、植被覆盖度、多年平均降水量等作为评价指标。

承灾体暴露易损性是人类及其活动所在的社会与各种资源的集合对各种致灾因子产生不利影响的社会经济暴露易损程度。承灾体暴露易损性一般先从人类、财产以及抗灾减灾能力几个方面进行评估。自然灾害对人类社会的影响首先表现在人口方面，包括人口的死亡、受伤等。人口密度可以很好地反映区域的人口密集程度，是反映人类居住条件对灾害发生后可能产生的社会影响最直观的反映。抗灾万人病床数是对抗灾救灾能力的反映，表明一个区域对灾害应变能力的优劣。社会资本的密集程度及社会生产力的发展程度与自然灾害风险有很大关系，其密集程度越大、发展程度越好，自然灾害风险可能越大，可以用人均地区生产总值、经济密度等指标来表现。单位面积农作物百分比反映区域第一产业的发达程度，农作物往往是灾害影响最重的承灾体，选取单位面积农作物百分比表征农业对于灾害的抵抗能力。

2. 指标权重的确立

权重是衡量各项指标和准则层对其目标层贡献程度大小的物理量。多指标建模过程中，权重分配是一个不可避免的问题，本书采用 AHP 层次分析法进行指标权重的确定。AHP 层次分析法，是一种定性与定量相结合的决策分析方法，常被运用于多目标、多准则、多要素、多层次的非结构化的复杂决策问题，在灾害风险评估中也被广泛运用。AHP 决策分析的主要步骤体现在以下几个方面

（1）明确问题，弄清问题的范围、所包含的主要因素、各因素之间的关系等。

（2）建立层次结构，将问题所含的要素，按照其相互关系进行分组，每组为一个层次，各因素分别归入不同的层次结构。

（3）构造判断矩阵，通过专家打分法，判断某一层中的要素对于高一层次要素而言的相对重要程度。设 B 层次中的元素 B_1，B_2，B_3，$\cdots$，B_n，与上一层次 A 中的元素 A_k 有关系，则可通过判断矩阵表示（表9.3）。

表9.3　判断矩阵的形式

A_k	B_1	B_2	B_3	$\cdots$	B_n
B_1	b_{11}	b_{12}	b_{13}	$\cdots$	b_{1n}
B_2	b_{21}	b_{22}	b_{23}	$\cdots$	b_{2n}
B_3	b_{31}	b_{32}	b_{33}	$\cdots$	b_{3n}
$\cdots$					
B_n	b_{n1}	b_{n2}	b_{n3}		b_{nn}

根据 Saaty 的 1~9 标度方法进行打分，不同重要程度分别赋予不同的分值（表 9.4），得到不同因子间相互比较结果。

表 9.4　判断矩阵元素相关性标度方法

标度	含义
1	两个因子相比较，两者具有同样的重要性
3	两个因子相比较，其中一个比另一个稍微重要
5	两个因子相比较，其中一个相对另一个来说比较重要
7	两个因子相比较，其中一个相对另一个来说非常重要
9	两个因子相比较，其中一个相对另一个来说极其重要
2，4，6，8	介于上面两个相邻判断值的中间
倒数	若 i 与 j 相比较的判断值 b_{ij}，则 j 与 i 比较的判断值就为 $1/b_{ij}$

（4）计算层次单排序权重，层次单排序的目的是对于上层次中的某元素而言，确定本层次与之有联系的元素重要性次序的权重值。层次单排序的任务可归结为计算判断矩阵的特征根和特征向量，即对于判断矩阵 A，计算满足：$A - W = \lambda_{\max} W$，$\lambda_{\max}$ 为 A 的最大特征根，W 为对应于 $\lambda_{\max}$ 的正规化特征向量，W 的分量 W_i 就是对应元素单排序的权重。

当 CI = 0 时，判断矩阵具有完全一致性；CI 越大，判断矩阵的一致性就越差。通常 1 或 2 阶判断矩阵总是具有完全一致性。对于 2 阶以上的判断矩阵，其一致性指标 CI 与同阶的平均一致性指标 RI 之比，称为判断矩阵的随机一致性比例，记为 CR。一般当 CR = CI/RI<0.1 时，需要调整判断矩阵，直到满意为止。

（5）计算层次总排序权重，利用同一层次中所有层次单排序的结果，计算针对上一层次而言的本层次所有元素的重要性权重值，这就是层次总排序。层次总排序需要从上到下逐层进行，各个指标在整个指标体系中的中排序权重计算方法如下：

$$W_{xi} = W_x \times W_{x-xi} \tag{9.9}$$

式中，W_{xi} 为一级指标 x 在整个指标体系中的权重；W_{x-xi} 为二级指标 x_i 在 x 层次上的权重；$x = A$，B，C，D，$E(A$，B，C，D，E 分别代表一级指标）。

为评价层次总排序计算结果的一致性，类似于层次单排序，需要进行一致性检验，分别计算下列指标：

$$CI = \sum_{j=1}^{m} W_{aj} CI_j \tag{9.10}$$

$$RI = \sum_{j=1}^{m} W_{aj} RI_j \tag{9.11}$$

$$CR = \frac{CI}{RI} \tag{9.12}$$

式中，W_{aj} 为 A 层次中的元素 A_j 的层次总排序权重；CI 为层次总排序一致性指标，CI_j 为与 A_j 对应的下一层次的判断矩阵的一致性质指标；RI 为层次总排序的随机一致性指标，RI_j 为与 A_j

对应的下一层次中判断矩阵的随机一致性指标；CR 为层次总排序随机一致性比例。

　　同样，当 CR<0.10 时，认为层次总排序的计算结果具有令人满意的一致性；否则就需要对本层次的各判断矩阵进行调整，从而使层次总排序具有令人满意的一致性。

9.5.3　单灾种灾害风险评估

　　由于自然灾害系统的复杂性，不同种致灾因子的相关性，多灾种自然灾害风险评估工作在国际上成功的案例不多，但参照这些案例可以知道，自然灾害综合风险评估是在对不同灾种自然灾害进行风险评估的基础上综合评估得到的。北部湾经济区自然灾害综合风险评估以北部湾经济区洪涝灾害风险评估为例，对不同灾种分别进行风险评估，北部湾经济区单种灾害风险评估如图 9.24 所示。

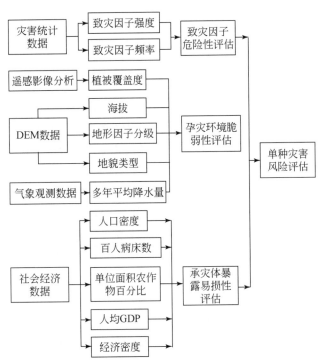

图 9.24　北部湾经济区单种灾害风险评估

1. 洪涝灾害风险评估指标体系

　　北部湾经济区洪涝灾害系统具有明显的层次结构，根据风险评估对象之间的相互关系，构筑北部湾经济区洪涝灾害风险评估层次结构，按照洪涝灾害风险评估原理、指标选取原则、评价方法，建立洪涝灾害风险评估指标体系（表 9.5）。

表9.5 北部湾经济区洪涝灾害风险评估指标体系

目标层	序号	准则层	序号2	方案层	序号3	指标性质
洪涝灾害风险	0	致灾因子危险性0.33	A	50年灾害发生频率0.11	A1	正
				暴雨强度0.213	A2	正
		孕灾环境脆弱性0.34	B	多年平均降水量0.169	B1	正
				地形因子0.032	B2	正
		区域暴露、易损程度0.33	C	植被覆盖度0.047	B3	负
				河网密度0.089	B4	正
				人口密度0.186	C1	正
				农作物百分比0.011	C2	正
				经济密度0.086	C3	正
				人均GDP 0.038	C4	正
				百人病床数0.019	C5	负

2. 指标意义

A1：50年灾害发生次数。根据统计资料统计区域50年内洪涝灾害发生次数。

A2：暴雨强度。根据历史灾情统计根据北部湾经济区各县对于洪涝灾害等级的划分和多年降水量的统计资料以及广西壮族自治区有关洪涝灾害的等级区分计算洪涝灾害强度等级。

B1：多年平均降水量。根据1950~2000年降水量的统计资料，计算北部湾各县域多年平均降雨量。

B2：地形因子。地形因子反映研究区地形地貌条件，地形平均高程越低，高程标准差越大，影响值越大，生态脆弱性越强，洪涝灾害风险性越强，越容易形成洪涝灾害。

B3：植被覆盖度。植被覆盖度是指植被（包括叶、茎、枝）在地面的垂直投影面积占统计区总面积的百分比，反映植被覆盖情况。归一化植被指数NDVI是利用植被强吸收可见光红光波段（0.6~0.7Lm）和高反射近红外波段（0.7~1.1Lm）的波谱特性，经过变换，增强植被信号，削弱噪声组合而成。NDVI是植被生长状态及植被覆盖度最佳指示因子，在一定程度上反映了像元所对应区域的植被覆盖类型的综合情况，是目前应用最广泛的一种植被指数。

$$NDVI = (NIR - R)/(NIR + R) \tag{9.13}$$

应用RS、GIS相结合的办法，选取Landsat TM影像运用NDVI估算研究区植被覆盖度。式中，NIR代表近红外波段，R代表红光波段，NDVI指数的取值范围一般为-1~1，NDVI<0表示地面覆盖为云、沙、水等，对可见光高反射；NDVI=0表示有岩石或裸土等；NDVI>0表示有植被覆盖，且随覆盖度的增大而增大[27]。

B4：河网密度。河网密度反映研究区河网、水系密集情况，河网密集地区洪涝灾害易发，且发生热带气旋灾害时也易引发洪涝、泥石流等次生灾害，而河网密集地区干旱灾害发生的可能性较小。

C1：人口密度。人口密度＝区域总人口/区域总面积（统计数据），人口密度反映区域人口分布状况，人口越密集，灾害发生后损失越严重。

C2：单位面积农作物百分比。单位面积农作物百分比＝农作物面积/区域总面积（统计数据），反映区域农作物分布情况。

C3：经济密度。经济密度＝地区生产总值/区域总面积（统计数据），经济密度反映区域经济发展状况和分布。

C4：人均生产总值（GDP）。人均生产总值为统计数据，反映区域经济发展状况，区域经济越发达，灾害发生时的损失越大。

C5：百人病床数。百人病床数为统计数据，反映区域抗灾救灾能力，为负指标。

3. 洪涝灾害风险综合评估

根据对北部湾经济区洪涝灾害风险评估原始数（附表 3）及图 9.25 ~ 图 9.27 中北部湾经济区各县市洪涝灾害致灾因子指数、孕灾危险性指数、暴露易损指数的分析，北部湾经济区洪涝灾害风险主要规律体现在以下几个方面。

（1）北部湾经济区洪涝灾害致灾因子指数，以钦州市、博白县、防城港市、浦北县等地区较高，凭祥市、崇左市较低，主要受各市（县）洪涝灾害发生频次和多年平均降水量因子影响。钦州市、博白县、防城港市、浦北县等地区多年平均降水量都在 1500mm 以上，地理位置南面靠近海洋，北面多有山脉阻挡，受台风影响程度明显较其他区域强，暴雨多发，导致洪涝灾害频繁发生。

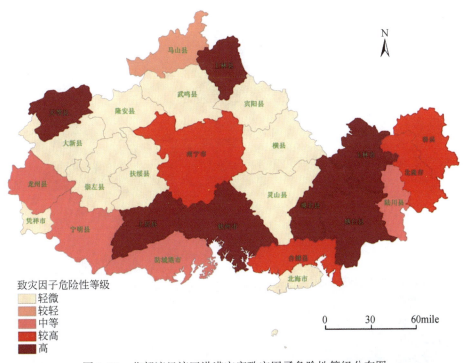

图 9.25 北部湾经济区洪涝灾害致灾因子危险性等级分布图

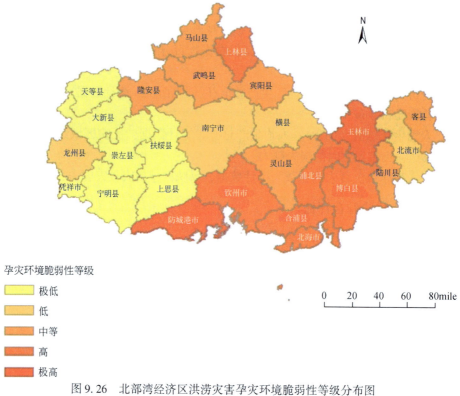

图 9.26 北部湾经济区洪涝灾害孕灾环境脆弱性等级分布图

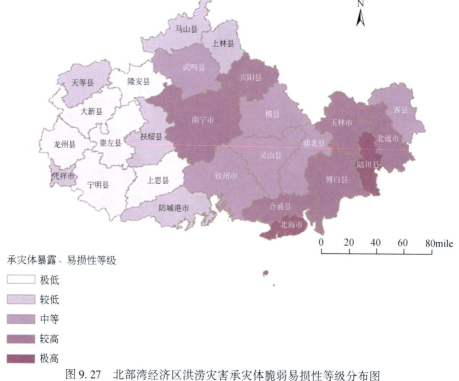

图 9.27 北部湾经济区洪涝灾害承灾体脆弱易损性等级分布图

（2）北部湾经济区洪涝灾害孕灾危险性指数最高的是玉林市、防城港市和上林县，特别是玉林市受河网密度和地形因子影响，在发生暴雨后极易发生洪涝灾害。而防城港市和上林县由于地势较高，且地形标准差较高，地势起伏明显，较其他地区易爆发山洪、泥石流等灾害。

（3）北部湾经济区洪涝灾害承灾体暴露、易损性指数分布中，受北海市和陆川县人口密度、经济密度大的影响，洪涝灾害灾损风险明显增大；而宁明县和上思县由于经济较为落后且人口密度小，对于洪涝灾害的易损程度也较小。

4. 单灾种灾害风险计算

根据经标准化之后的评估指标，采用下列综合风险评估模型：

$$R = \sum_{i=1}^{n} F_i \times W_i \qquad (9.14)$$

式中，R 为区灾害风险指数；F_i 为某区、县第 i 种指标的标准值；W_i 为第 i 种指标所占权重。依据式（9.14）和经标准化处理后的数据，计算研究区各行政单元指标因子指数和洪涝灾害综合风险指数。

洪涝灾害风险评估结果的表现形式为风险指数和风险等级，将风险指数划分为五个等级，根据风险指数进行排序，指数越高表示遭遇洪涝灾害风险的可能性越大。根据广西北部湾经济区洪涝灾害风险指数，在 ArcMap 中制作北部湾经济区洪涝灾害风险分布如图 9.28 所示。

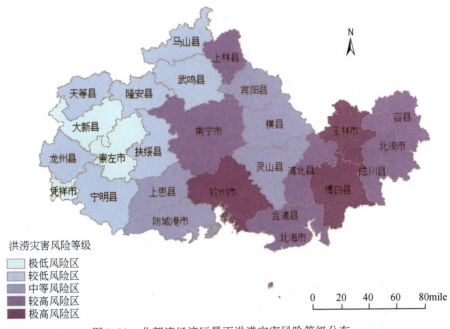

图 9.28　北部湾经济区暴雨洪涝灾害风险等级分布

从北部湾暴雨洪涝灾害风险分布图（图9.28）可以看出，北部湾经济区暴雨洪涝灾害风险分布不均，风险指数分布在0.2～0.8，灾害风险在空间上表现为风险值东高西低。这主要是由于东部地区靠近沿海，受台风影响，雨量丰沛，且河网密集，地形起伏较大，而西部地区雨量较少，海拔较高且河网分布少；风险值在经济发达且人口密集的城市普遍较高，如北海市、陆川县等地。其中钦州市、玉林市、博白县是北部湾经济区暴雨洪涝灾害风险高危地区，这三个县市河网密集、降水量高，历史灾情严重，因此灾害风险较高。而大新县、崇左市、凭祥市则由于年降水量较少，历史上受洪涝灾害影响较轻是洪涝灾害风险偏低的县市。

洪涝灾害风险级别越高，灾害发生时在该区域造成的损失可能越大，综合考虑洪涝灾害孕灾环境脆弱性以及承灾体脆弱性、易损性等因素，将北部湾经济区洪涝灾害风险划分为五个等级。

（1）洪涝灾害风险极高地区：玉林市、钦州市、博白县；

（2）洪涝灾害风险较高地区：南宁市、上林县、北海市、合浦县、浦北县、容县、陆川县、北流市；

（3）洪涝灾害风险中等地区：宾阳县、横县、防城港市、上思县、灵山县；

（4）洪涝灾害风险较低地区：天等县、宁明县、龙州县、扶绥县、武鸣县、隆安县、马山县；

（5）洪涝灾害风险极低地区：崇左市、凭祥市、大新县。

9.5.4　自然灾害风险综合评估

1. 干旱、热带气旋灾害风险评估

以北部湾经济区暴雨洪涝灾害风险评估为例，根据干旱灾害、热带气旋灾害指标体系和评估方法分别评估北部湾经济区干旱灾害风险和热带气旋灾害风险，并绘制风险区划图。

1）干旱灾害风险评估

在进行干旱灾害风险评估时选取干旱指数来表达区域干旱程度。干旱是由于降水量偏少或分布不均而导致的自然灾害，降水量越大、河网密度越高，越不容易发生干旱灾害，因此在进行北部湾经济区干旱灾害风险评估时将多年平均降水量和河网密度视为负指标进行考虑，北部湾经济区干旱灾害风险评估指标体系及权重见表9.6，北部湾经济区干旱灾害风险评估原始数据见附表4。

由北部湾经济区干旱灾害风险等级分布图（图9.29）可知，北部湾经济区干旱灾害风险指数以玉林市0.680、北海市0.657、钦州市0.605为最高，这是由于降水量分布不均匀、植被覆盖度不高、水资源调节能力差导致的，从历史灾情的分析上看玉林市、钦州市多次发生干旱灾害。而北海市由于经济密度大、承灾体暴露易损性大、河网密度小、植被覆盖率低、生态环境稳定性弱，灾害发生后损失可能性比较大。

表 9.6　北部湾经济区干旱灾害风险评估指标体系

目标层	序号	准则层	序号	方案层	序号	指标属性
干旱灾害风险	0	致灾因子危险性 0.33	A	50 年灾害发生次数 0.11	A1	正
				干旱指数 0.213	A2	正
		孕灾环境脆弱性 0.34	B	多年平均降水量 0.089	B1	负
				地形因子 0.169	B2	正
				植被覆盖度 0.047	B3	正
				河网密度 0.032	B4	负
		区域暴露、易损程度 0.33	C	人口密度 0.186	C1	正
				农作物百分比 0.011	C2	正
				经济密度 0.086	C3	正
				人均 GDP0.038	C4	正
				百人病床数 0.019	C5	负

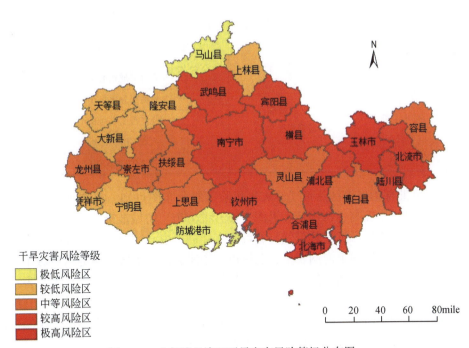

图 9.29　北部湾经济区干旱灾害风险等级分布图

　　干旱灾害风险级别越高，干旱灾害发生时在该区域造成的损失可能越大，从表 9.6 可以看出，将北部湾经济区干旱灾害风险划分为五个等级。

　　（1）干旱灾害风险极高地区：玉林市、北海市；

　　（2）干旱灾害风险较高地区：南宁市、武鸣县、宾阳市、横县、合浦县、钦州市、陆川县、北流市；

　　（3）干旱灾害风险中等地区：博白县、容县、崇左市、上思县、灵山县、扶绥县、龙州县；

（4）干旱灾害风险较低地区：天等县、宁明县、大新县、凭祥市、隆安县、上林县；

（5）干旱灾害风险极低地区：防城港市、马山县。

2）热带气旋灾害风险评估

北部湾经济区热带气旋灾害风险评估选取50年灾害发生频率和历史热带气旋强度为致灾因子危险性指标。由于对于热带气旋灾害来讲下垫面地形因子影响较大，而且热带气旋往往伴随着暴雨天气，降水量对其灾害影响程度也有很大的影响，具体指标体系及权重见表9.7，北部湾经济区热带气旋灾害风险评估原始数据见附表5。

表9.7 北部湾经济区热带气旋灾害风险评估指标体系

目标层	序号	准则层	序号2	方案层	序号3	指标性质
热带气旋灾害	0	致灾因子危险性0.33	A	50年灾害发生频率0.11	A1	正
				历史热带气旋强度0.213	A2	正
		生态环境脆弱性0.34	B	多年平均降水量0.089	B1	正
				地形0.169	B2	正
				植被0.047	B3	负
				水系0.032	B4	正
		区域暴露、易损程度0.33	C	人口密度0.186	C1	正
				农作物百分比0.011	C2	正
				经济密度0.086	C3	正
				人均GDP0.038	C4	正
				百人病床数0.019	C5	负

由图9.30北部湾经济区热带气旋灾害风险等级分布图可知，热带气旋灾害风险分布沿海高、内陆低，东面高、西面低。沿海三市（北海市、防城港市、钦州市）的大部分县市和玉林市由于距离海洋近，热带气旋有可能直接进入中心，而且海拔偏低，受热带气旋影响严重；玉林市和钦州市河网密集，北海市、合浦县以及防城港市为沿海城市，而且植被覆盖度普遍偏低，当受热带气旋影响时极易产生暴雨、洪涝、大风等次生灾害；这些地区经济发达，人口密度大，灾害种类多、经济密度大、防御能力差，因此热带气旋灾害风险极高。而内陆的马山县、隆安县、天等县、大新县、宁明县、凭祥县由于距海较远且海拔较高，热带气旋灾害很难影响到，因此灾害风险较小。

热带气旋灾害风险级别越高热带气旋，灾害发生时在该区域造成的损失可能越大，从表9.7可以看出，将北部湾经济区热带气旋灾害风险划分为五个等级。

（1）热带气旋灾害风险极高地区：防城港市、北海市、合浦县、钦州市；

（2）热带气旋灾害风险较高地区：南宁市、玉林市、上思县；

（3）热带气旋灾害风险中等地区：横县、容县、浦北县、陆川县、北流县、崇左县、博白县、扶绥县、宁明县、龙州县；

（4）热带气旋灾害风险较低地区：武鸣县、宾阳县、大新县、凭祥市、天等县、灵

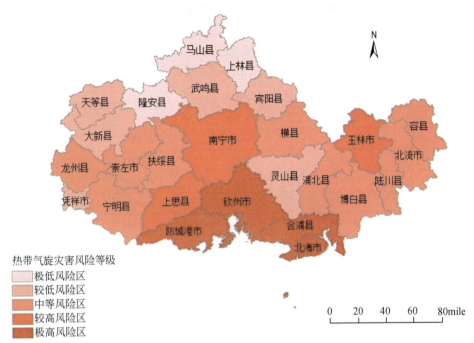

热带气旋灾害风险等级
- 极低风险区
- 较低风险区
- 中等风险区
- 较高风险区
- 极高风险区

0　20　40　60　80mile

图 9.30　北部湾经济区热带气旋灾害风险等级分布图

山县；

（5）热带气旋灾害风险极低地区：隆安县、马山县、上林县。

2. 自然灾害综合风险评估

本书为多灾种区域综合灾害风险评估，由于自然灾害系统十分复杂，指标体系的正负关系不统一，研究选用分别评估单种自然灾害的风险，然后综合求总风险的方法评估研究区自然灾害综合风险。

$$R = \sum \int (H_i, V_i, E_i) \tag{9.15}$$

式中，R 为自然灾害；H_i 为某一灾种 i 的致灾因子；V_i 为某一灾种 i 的孕灾环境；E_i 为某一灾种 i 的承灾体。

依据表 9.8 各类自然灾害的风险指数，基于 GIS 技术制作北部湾经济区三个相关因子的分级图，然后利用 GIS 空间叠加分析功能和几何平均数算法得到北部湾经济区自然灾害风险的综合指数，具体计算公式如下：

$$R = \sqrt[3]{\prod_{i=1}^{3} R_i} \tag{9.16}$$

式中，R 为北部湾经济区自然灾害综合风险指数；R_i 为各类灾害因子风险值。在此基础上，应用 ArcGIS 栅格重分类的自然分界法（Natural break）与定性分析相结合的方法，即得到北部湾经济区自然灾害风险指数。

表9.8 北部湾经济区自然灾害风险指数

地区	干旱灾害风险指数	洪涝灾害风险指数	热带气旋灾害风险指数	自然灾害风险指数
南宁市	0.5958	0.5588	0.5157	0.5558
武鸣县	0.5841	0.4484	0.3227	0.4388
隆安县	0.4544	0.402	0.259	0.3617
马山县	0.3966	0.4399	0.2572	0.3553
上林县	0.4309	0.5693	0.2947	0.4166
宾阳县	0.5441	0.5266	0.4099	0.4897
横县	0.5675	0.4669	0.4144	0.4788
北海市	0.6569	0.5919	0.8539	0.6924
合浦县	0.5797	0.6193	0.6714	0.6223
防城港市	0.3667	0.5251	0.6067	0.4889
上思县	0.4798	0.4841	0.4161	0.4589
钦州市	0.605	0.6815	0.5961	0.6264
灵山县	0.5214	0.4821	0.4081	0.4682
浦北县	0.5581	0.6225	0.4478	0.5378
玉林市	0.6795	0.7589	0.6244	0.6854
容县	0.4893	0.5734	0.4672	0.508
陆川县	0.5752	0.6221	0.5685	0.5881
博白县	0.5133	0.6683	0.4656	0.5426
北流市	0.5531	0.6144	0.4711	0.543
崇左市	0.5029	0.3418	0.3328	0.3853
扶绥县	0.5129	0.3864	0.3224	0.3998
宁明县	0.4433	0.407	0.2848	0.3718
龙州县	0.4985	0.4092	0.322	0.4035
大新县	0.4322	0.3574	0.2374	0.3322
天等县	0.4615	0.4426	0.2701	0.3807
凭祥市	0.4669	0.3129	0.2621	0.3371

自然灾害风险评估结果的表现形式为风险指数和风险等级，将风险指数划分为极高、较高、中等、较低、极低五个等级，根据风险指数进行排序，指数越高表示遭遇洪涝灾害风险的可能性越大。根据广西北部湾经济区自然灾害风险指数，在 ArcMap 中制作北部湾经济区洪涝灾害风险等级分布如图 9.31 所示。

由北部湾经济区自然灾害综合风险等级分布图（图 9.31）分析可知，北部湾经济区自然灾害风险总体分布东高西低，灾害风险多集中在东部的经济发达地区。沿海的北海市、合浦县、钦州市和玉林市等县市是北部湾经济区自然灾害风险指数偏高的地区，而西部的马山县、隆安县、大新县、凭祥县等县市是自然灾害风险指数较低，灾害风险小。

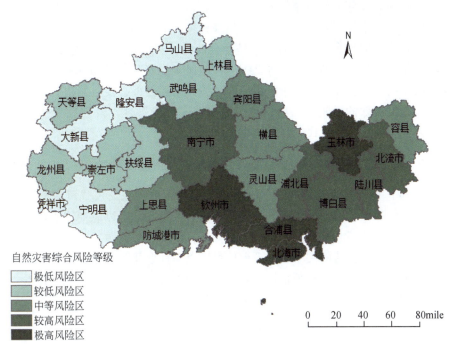

图9.31 北部湾经济区自然灾害综合风险等级分布图

自然灾害风险级别越高，灾害发生时在该区域造成的损失可能越大，从表9.8可以看出，将北部湾经济区自然灾害风险划分为五个等级。

(1) 自然灾害风险极高地区：玉林市、钦州市、北海市、合浦县；
(2) 自然灾害风险较高地区：南宁市、浦北县、博白县、陆川县、北流市；
(3) 自然灾害风险中等地区：防城港市辖区、上思县、宾阳县、灵山县、横县；
(4) 自然灾害风险较低地区：崇左市、上林县、武鸣县、龙州县、扶绥县、天等县；
(5) 自然灾害风险极低地区：马山县、隆安县、大新县、凭祥市、宁明县。

9.6 北部湾经济区自然灾害防灾减灾管理体系的构建

减轻自然灾害是一项复杂的系统工程，它的完备程度以及各个子系统的有效性决定了一个地区综合减灾能力的大小，从而影响自然灾害的损失程度。防灾能力没有随着经济的增长而加强是自然灾害损失大幅度增长的一个重要原因。综合减灾系统涉及防灾工程和社会经济等众多方面，研究开发有效的防治自然灾害的新方法、新措施，建立自然灾害保险、风险分担与分散的机制对社会发展和精神文明建设有重要意义。

9.6.1 加快建立灾害风险预警体系

随着北部湾地区城市化进程的加快，城市人口的密集程度越来越高，加上经济的发展和人类活动的频繁、财富的集中，自然灾害给原本脆弱的城市带来的灾害损失也随之上升。因而加快建立灾害风险预警体系是必要且急迫的任务。自然灾害预测和预警面临着两个方面的困难。一个是技术性的，即如何提高预警的准确率以及如何把灾害预测和预警信息及时传播给广大的社会公众。另一个是社会性的，实际是预测和预警发布的责任问题。一旦发生错报、漏报，必然会造成经济损失甚至民众不安和社会动乱。因此，随着信息技术和通信技术的进步，建立和完善灾害风险预警体系就显得必要且紧迫，不仅能从灾害发生前就采取切实有效的措施来预防，也可以对灾害风险管理以及灾后工作提供可行的建议，从而降低自然灾害给人民造成的生命和财产的损失。

1. 建立和完善社区（村）监管部门的基本单元预警体系

社区（村）是社会的基本单位，不断完善社区（村）减灾模式可以显著提高自然灾害风险系统的管理效率。社会团体和公民都参与社区事务，所以应专注于社区，重点在社区组织，它既是紧急核心平台，也提供了切入点，做到各种资源的整合。其次是加强社区和政府灾害监测相互支持的关系，让预警信息可以向社会及时传递，形成一种应急响应的联动机制。另外，社会各界必须积极筹划自己处理灾害的能力，利用现代技术，形成相对独立的功能完善的社区灾害风险管理决策机构防控网络。

2. 基于 GIS 的网络联动预警机制

针对北部湾地区发生的重大自然灾害，应建立一整套相应的预警机制：①科学地设定各种自然灾害的等级和发生时相对应的解决方案；②在各个市县和社区建立预警信息的传播渠道、设施和程序，及时发布信息，降低给公众带来的风险；③运用地理信息数据和现代技术，预测灾害发生强度和发生概率的空间分布，同时考虑破坏对象对破坏力的响应，使群众根据预警信息采取正确的防备行动；④建立灾害管理中心，各部门建立自然灾害预警系统，区域灾害部门在自然灾害、空间分布和发展的长期研究中，熟悉各种灾害的情况、分布和发展。这样就便于给灾害管理中心提供准确的地理信息数据。便于迅速了解和掌握灾情。在联动预警系统下，能够迅速安排警察、消防、医疗、交通、防洪、防震、水电、环保机构和紧急救援中心等 20 个专业救援职能的机构，使有效的应急资源得到合理的分配，采取紧急措施。

3. 充分发挥非政府组织的作用

灾害预警和预测，必须动员社会力量广泛参与，建立政府和社会共同参与、共同预警的灾害风险管理体系。非政府组织作为社会动员机制的整个资源中不可或缺的一部分，是社会资源的整合和宝贵的动员力量，应将其纳入社会动员机制当中。具体措施如下：①设立网络信箱，开通非政府组织参与防灾减灾的网络渠道。网络信息流通速度快、信息量大且覆盖面广，对灾情预警以及风险管理具有不可替代的优势。②适当加大非政府组织的投入，如在经费、业务、安全等方面的培训力度。③利用非政府组织与民众频繁的交流和接近性，在民众中可以开展各种自然灾害的预防、救援措施宣传，提高民众对灾害的警觉性。

9.6.2　建立多元化的灾害风险管理体系

在过去，当重大突发灾害发生时，通常由政府分管领导任临时总指挥，建立应急性机构。这种传统模式对过去发生的灾害曾发挥一定作用。但也存在一些问题，如缺乏部门之间的配合、闲置有效资源、低水平重复建设等。此外，作为临时指挥机构，如缺乏定期信息调整和磨合，在危机下出现协调困难，反映延迟的状态。应急时机不当、资源优化整合不佳、防范风险的能力不够等问题频频出现。因此，建立多元化的灾害风险管理系统是十分必要的。

1. 进行自然灾害风险综合评估，编制风险区划图

首先确立北部湾的自然灾害风险评估的框架。自然灾害风险分析主要是通过未来可能出现的灾害活动程度分析、受灾体承灾能力分析和防灾有效度分析来实现的。对这三个方面的分析分别称为灾变分析、易灾性分析以及防灾能力分析。其次，为了显示出北部湾地区自然灾害风险程度的差异性，应编制北部湾自然灾害风险区划图，反映单类和综合自然灾害风险分布的地区差异性，掌握自然灾害程度随时间与空间变化的规律。

2. 制定减轻自然灾害风险的对策和措施

制定对策和措施主要考虑四个方面：①回避、削弱或抑制风险源；②限制或疏导风险载体；③对风险受体进行保护或转移；④合理发挥风险管理体系的功能。实施减轻自然灾害风险是一项复杂的工程，需要各种措施相互配合。由于减轻自然灾害风险的各项措施不仅需要大量的经济支持和人力物力支持，而且措施本身也有风险，因此，需要对减轻自然灾害风险的措施进行效益评估，发挥风险管理体系功能，采取风险转移、风险共担等措施化解风险[28]。

3. 加强自然灾害数据库与信息系统的建设

减灾是一项复杂的系统工程，需要大量的灾情基础数据和信息。自然灾害评估的数据来自社会，其结果也应用于社会。因此应加强北部湾经济区自然灾害系统信息数据库建设，逐步实现自然灾害评估成果共享。自然灾害综合数据库的主要内容有：①自然灾害强度等级、频率、范围，以及持续时间和规律性；②评估自然灾害对北部湾各方面的影响以及损失评估；③重大自然灾害和区域灾害的等级划分；④减灾措施和效益评估；⑤自然灾害形成的社会背景及发展趋势。除此之外，自然灾害综合调研工作要逐步纳入标准化、规范化的轨道，要制定并完善自然灾害标准体系。调查研究的结果要输入自然灾害数据库。而自然灾害信息系统不仅应包括详细的历史灾情信息，还应具有分析灾害系统，处理灾情的功能，可为减灾、预测、防灾、抗灾、救灾、援建等各项措施提供详细的基础数据资料，直接为各级政府、部门、企业减灾工作服务，并为进入国际自然灾害系统做好准备。

9.6.3　加强自然灾害风险管理

自然灾害风险具有区域特点，但由于在社会和经济发展程度方面有着地区差异，导致一些灾害风险和损失风险之间可能存在差异。这就需要打破灾害风险管理中行政区域的概念。对于不同的时空特点、历史变化发展，来加强自然灾害风险管理。形成自下而上相对独立统归于上一级管理的灾害风险管理模式，同时提高全民族的灾害意识、提高社会公众的灾害科学观，才能对自然灾害的预防和管理提出可行的建议，将灾害损失降至最低，保证人民的生命安全和财产安全。

1. 全面合理进行北部湾区域城市规划，加快建设

经济发展在一定程度上加剧了该地区的脆弱性，社会经济脆弱性将加强灾害风险。虽然北部湾地区经济发展水平不高，但随着国家政策变化和城市发展的步伐，北部湾地区的经济水平和城市化水平必将有所提升，随之带来的自然灾害损失也将增加，这需要政府在城市规划过程中，平衡经济发展和人居环境的关系，要规划出城市公共避灾场所，如把公园、大型公共绿地、文化体育等公共设施建设在地势低洼处，而不是只考虑经济建设。这样可以有效减少洪水的风险，也改善城市生态环境。同时，人口密度控制可以减少人口增长对环境的压力，减少社会密度的易损性，改善卫生条件，以提高抵御自然灾害社会的能力。

开源节流，重视小型水库建设；合理调整农业结构，因地制宜种植作物，必要地区开展人工增雨[29]；开展有偿供水，以水养水，提高水费回收率。增加投入，加快堤防建设，建设好四道防线（即海河堤防、防护林带、农田防护林网、沿海红树林带）；实施水库除险加固，提高流域防洪能力，确保中心城市安全；科学调度，错峰消洪，以人为本，全力抢险，减少人员和经济损失[30,31]。

2. 注重灾害宣传

加强媒体在宣传自然灾害知识方面的作用，传播关于自然灾害的知识以提高人民的防灾意识，能有效减少自然灾害所带来的损失。从媒体的角度来看，舆论引导是良好的传播方式，具有传授知识、普及教育等社会功能。优点是传播范围广、传播速度快、社会影响力大。媒体作为信息传播的载体，在防灾救灾中能够发挥很好的预警作用。自然灾害是任何国家和地区都难以避免的，因此，一方面，政府部门及其领导干部必须要有提高媒体宣传自然灾害知识的认识，善于利用媒体宣传达到危机预警的作用。另一方面，媒体必须树立公共服务媒体宣传的意识，提高认识自然灾害的能力，加大宣传力度，发挥科学技术知识普及的社会功能作用。这样一来能做好应对自然灾害的准备，保持警觉。只有加强对自然灾害以及预防自然灾害的能力，大力宣传普及防灾救灾知识，才能把自然灾害的损失降到最低限度。

3. 以演练促进应急预案的完善

在实际的减灾工作中，经常发生灾害应急预案宣传不到位、各单位对应急预案不重视

的情况，直接导致民众和各单位不知道当真正灾害发生的时候到底采取哪些措施才是恰当的。因此，各政府单位可以根据气象灾害发生的频率、特点及其他情况来组织灾害演习。一方面，这样能检验并且提高应急指挥能力、应急准备工作和民众响应能力。另一方面，灾害演习之后的总结和预案的完善也是十分重要的工作，能够针对灾害发生时各个地区的特点来调整应急预案。同时，这也是提高民众对应急预案的熟知程度的有效方法。如此一来才能在灾害发生时，使得完善后的应急预案发挥它最大的效用，将人民群众的生命财产损失降至最低。

4. 完善社会保障体系，建立地方应急资金及物资储备制度

传统的无偿救助方式指国家灾害救助。这也是灾害救助的主要形式，因为灾害发生的不确定性、灾害后果的严重性等决定只有国家才能整合大量的社会资源进行及时救助。政府也一直设有专项救灾款目。但光凭传统的救助方式不仅增加了政府的开支负担，也助长了人们依赖的思想。此时，能够减少、共担灾害风险的重要途径——救灾保险制度，就显示出它的作用。救灾保险制度是指由政府负责组织，以各级财政和社会化集资作为物质基础，保障灾民基本生活和恢复其简单再生产的一种灾害保障形式。从 1987 年开始，中国民政部门先后在全国 102 个县进行了救灾保险改革试点，对农作物、养殖业生产、农房、农村劳动力等实行救灾保险。具体方法是：由中央救灾经费、地方财政补贴、农民自己缴纳的保险费形成救灾保险基金，当灾害发生、灾民需要时，给予相应的生活、生产等方面的保障与补偿。它的优点在于不仅能促进广西北部湾保险业发展，还能使灾民在灾后得到数倍于财政补贴的保险金，使灾后重建工作能够稳步就绪。另外，由于信息与灾情的不同步性，政府对于灾情评价和救灾安排、资源调配等决策带来严重的影响，因此各城市自身灾害应急建设的完善程度就显得尤为重要，所以应该积极建立北部湾各地应急资金及物资储备制度，开办救助服务中心，积极推动致力于促进全社会关注防灾减灾工作的志愿者队伍的建设。

9.7　结论与展望

广西北部湾经济区地理位置的独特性、气候系统的复杂性决定自然灾害分布时间和空间上的分布不均，加大了分析北部湾经济区自然灾害系统，进行自然灾害风险区划、灾害风险管理的难度。引起政府和学术界的高度重视。本书基于自然地理学、灾害学等科学，运用可取的数据对该区域近 50 年易发生的自然灾害时空分异进行分析，基于系统科学、遥感学原理等科学针对不同灾种的自然灾害，分析其致灾因子危险性、孕灾环境脆弱性、承灾体暴露、易损性进而分析不同灾种的灾害风险分布，最后综合分析研究区自然灾害风险分布并划分等级。基于风险管理学提出针对北部湾经济区自然灾害风险管理方案。在研究中通过分析得到一些结论，但由于数据来源、研究条件以及时间等方面的限制，存在一些不足之处和有待进一步研究的领域。本章就研究所得的主要结论进行归纳总结，并针对自然灾害风险评估研究进行展望。

9.7.1　主要结论

本书基于自然灾害风险评估系统，通过分析系统构成，选择评估指标，构建指标体系，运用空间分析和 AHP 主层次分析对北部湾经济区自然灾害时空分异和自然灾害风险分布进行分析，得出以下结论。

（1）北部湾经济区洪涝灾害主要受暴雨天气影响，且分布不均，暴雨天气主要集中在4~9月，近年来受暴雨天气影响的县数越来越多。近5年来受洪涝灾害影响最严重的地区主要有上思县、钦州市、玉林市、博白市、浦北县和上林县等地区。洪涝灾害风险最高的地区主要有钦州市、玉林市和博白县。

（2）北部湾经济区干旱灾害主要是降水量分布不均、水资源调节能力差造成的，新中国成立以来几乎年年有干旱，而且干旱灾害影响的县数也在逐渐增加。玉林市、钦州市虽然降水量丰富、河网密集，但由于水资源调节能力弱，近50年来受干旱灾害影响严重。干旱灾害风险分布最高的地区是玉林市、钦州市和北海市。

（3）北部湾经济区热带气旋灾害分布沿海高于内陆，低海拔地区高于高海拔地区，主要分布在沿海三市（北海市、钦州市、防城港市）。近50年来影响北部湾经济区的热带气旋在逐渐减少，但进入北部湾经济区的热带气旋却在逐渐增多，因此受热带气旋灾害影响产生的损失越来越严重。热带气旋灾害风险极高的地区有北海市、防城港市、钦州市和玉林市。

（4）影响北部湾经济区的自然灾害除了干旱灾害、洪涝灾害和热带气旋外还有寒冻害、冰雹、大风、雷暴和龙卷风等气象灾害，以及地震、地陷、滑坡、泥石流等地质灾害。而北部湾经济区为地震频度不高、强度不大、震带不多和震源浅的小震区。经济区东南部、南部等地，地震仍较活跃，是发震的主要地段。

（5）北部湾经济区自然灾害风险总体分布东高西低，灾害风险多集中在东部的经济发达地区。沿海的北海市、合浦县、钦州市和玉林市等县市是北部湾经济区自然灾害风险指数偏高的地区，而西部的马山县、隆安县、大新县、凭祥县等县市是自然灾害风险指数较低、灾害风险小的地区。

9.7.2　不足与展望

1. 自然灾害风险评估体系及评估指标的完善

本书通过对自然灾害风险评估体系的研究入手，试图分析自然灾害系统构成，但由于本研究区范围广，自然灾害系统过于复杂，影响因子众多，只能通过单灾种风险评估进而综合评估的方法进行研究，灾害之间的相关性不强，灾害系统表达不够明确。同时在选取评估指标时由于数据不易获得，只能通过半定性、半定量的方法选取一些指标，未能完成数据与地情的完全结合。国际上对于灾害系统的组成，灾害风险的定义，灾害指标的选取还没有明确的概念和统一的规定，特别是如何实现多灾种、多承灾体自然灾害系统及其次生灾害风险评估研究有待进一步的探讨研究。

2. 自然灾害灾情监测、灾害损失评估与统计的完善

由于本书选用数据大多通过统计年鉴、地方志记载的灾情统计，多数以县为单位，缺乏灾害发生的具体空间范围。而且在历史灾情统计资料中大多数没有很准确的记录灾害损失情况，或灾害影响情况。灾害检测的定量化和灾害评估及统计的标准化对进行灾害风险评估的精确化有重大意义，研究数据还需在以后的研究中逐步完善、精确。

3. 继而开展自然灾害风险区划和风险管理

本书承灾体暴露易损性指标多采用最新的统计年鉴上的统计数据，而自然灾害具有一定的偶然性和突发性，这些数据不能很好地反映逐年的灾害风险情况。沿海地区经济发展日新月异，但也加大了自然灾害风险的可能性，针对其自然灾害做进一步的动态观测及动态评估，建立海陆过渡带自然灾害风险动态监测信息系统，可为制定防灾、减灾措施提供科学的依据，从而促进北部湾经济区的社会经济可持续发展，实现人与环境的和谐发展。

参 考 文 献

[1] IPCC. Climate change 2007: The scientific basis. Cambridge: Cambridge University Press, 2007.

[2] 殷杰. 中国沿海台风风暴潮灾害风险评估研究. 上海：华东师范大学博士学位论文，2011.

[3] 丁一汇，任国玉，石广玉等. 气候变化国家评估报告. 中国气候变化的历史和未来趋势. 气候变化研究进展，2006，2（1）：3～8.

[4] 尹占娥，许世远，殷杰等. 基于小尺度的城市暴雨内涝灾害情景模拟与风险评估. 地理学报，2010，65（5）：553～562.

[5] 许世远，王军，石纯等. 沿海城市自然灾害风险研究. 地理学报，2006，61（2）：127～138.

[6] 杨华庭，田素珍等. 中国海洋灾害四十年资料汇编（1949～1990）. 北京：海洋出版社，1993.

[7] 马宗晋，高庆华. 中国自然灾害综合研究60年的进展. 中国人口资源与环境，2007，20（5）：1～5.

[8] 权瑞松. 典型沿海城市暴雨内涝风险评估研究. 上海：华东师范大学博士学位论文，2012.

[9] 林霞. 辽宁省气象灾害风险评价. 大连：辽宁师范大学硕士学位论文，2009.

[10] 史培军. 再论灾害研究的理论与实践. 自然灾害学报，1996，5（4）：6～17.

[11] 杨郁华. 国外国土整治经验介绍——美国田纳西河是怎样变害为利的. 地理译报，1983，（3）：1～5.

[12] Brabb E E. 1991. 滑坡在美国的发育程度和经济意义. 刘超臣等译. 世界地质，1991，（1）：179.

[13] 马寅生，张业成，张春山，王金山. 地质灾害风险评价的理论与方法. 地质力学学报，2004，10（1）：7～18.

[14] 尹占娥. 城市自然灾害风险评估与实证研究. 中国地理学会百年庆典学术论文摘要集，2009.

[15] 黄崇福. 自然灾害风险分析的基本原理. 自然灾害学报，1999，8（2）：21～30.

[16] 苏桂武，高庆华. 自然灾害风险的分析要素. 地学前缘，2003，10：272～279.

[17] 徐莉. 基于GIS和RS的区域生态环境建模与制图. 青岛：山东科技大学博士学位论文，2009.

[18] 曹惠娟. 灾害风险信息地图绘制及其在应急管理中的应用. 兰州：兰州大学硕士学位论文，2010.

[19] 扈海波，王迎春. 采用层次分析模型的城市气象灾害风险评估. 广州：中国气象学会，

2007, 97~103.

[20] 高元衡. 沿海旅游目的地成长研究——以广西北部湾经济区为例. 上海: 上海华东师范大学博士学位论文, 2009.

[21] 侯遵泽, 杨瑞. 基于层次分析方法的城市火灾风险评估研究. 火灾科学, 2004, 13 (4): 203~208.

[22] 李春梅, 罗晓玲, 刘锦銮等. 层次分析法在热带气旋灾害影响评估模式中的应用. 热带气象学报, 2006, 22 (3): 223~228.

[23] 王静爱, 史培军, 王瑛等. 中国城市自然灾害区划编制. 自然灾害学报, 2005, 14 (6): 42~46.

[24] 车良革. 广西北部湾经济区生态环境脆弱性评价. 南宁: 广西师范学院硕士学位论文, 2013.

[25] 廖雪萍, 覃卫坚, 唐炳莉. 广西近 50 年暴雨日数变化的小波分析. 气象, 2007, 33 (12): 39~45.

[26] 陈文捷, 温丽玲. 广西北部湾经济可持续发展研究. 生态经济, 2010, (8): 79~83.

[27] 车良革, 胡宝清, 李月连. 1991~2009 年南流江流域植被覆盖时空变化及其与地质相关分析. 广西师范学院学报: 自然科学版, 2012, 29 (3): 52~59.

[28] 高庆华, 张业成, 苏桂武. 自然灾害风险初议. 地球学报: 中国地质科学院院报, 1999, 20 (1): 81~86.

[29] 胡锦钦. 浅析北部湾沿海地区水旱灾害及防范措施. 珠江现代建设, 2012, (2): 25~29.

[30] 纪燕新. 北部湾广西沿海风暴潮灾害及防灾减灾研究. 南宁: 广西大学硕士学位论文, 2007.

[31] 田晓. 强化媒体对自然灾害知识的宣传作用. 社科纵横, 2008, 23 (6): 127~128.

第10章 广西北部湾经济区综合区划及优化开发

10.1 引　言

10.1.1 选题背景与研究意义

区划是地理学的传统工作和重要研究内容，是从区域角度观察和研究地域综合体，探讨区域单元的形成发展、分异组合、划分合并和相互联系，是对过程和类型综合研究的概括与总结[1]。地理区划是对地理区域进行划分的技术手段和方法，其概念涵盖了区划结果（区划方案、区划图）、区分的方法和过程、地理学研究的方法论三个方面的内容。地理学的综合研究要抓住典型区域来进行，要有全球观念，深化认识地域分异规律，是与国际接轨、连接全球的桥梁。具体到区划工作，地理学的综合性工作要进行综合区划研究[2]。

过去50年，由于工业化进程的加快，我国的地表、资源和社会经济格局都发生了显著变化。同时，在全球化与全球环境变化的影响下，我国的可持续发展面临着新的机遇与挑战。20世纪90年代以来，将自然和社会经济两方面要素结合起来进行区域综合划分的重要性被越来越多的学者所认可。过去的综合自然区划主要服务于农业生产，不能够满足现代社会经济社会发展的需要，因此进行囊括自然与人文要素、涵盖陆地和海洋系统的综合区划研究成为促进社会全面发展的必然。作为当前区划研究的一个新方向，集成自然与人文要素的综合区划将是人地系统研究对可持续发展的重大理论贡献，对于促进我国社会的可持续发展大有裨益。

海陆过渡带是人类赖以生存和发展的重要场所，也是现代社会经济发展的前沿地带，其生态系统受到来自陆地和海洋的双重影响，因此是全球变化的敏感区域和关键地区[3]。由于广西北部湾经济区位于亚欧大陆和北部湾海域的过渡地带，区内海陆过渡带与气候过渡带并存，生态环境受自然因素影响巨大。同时，本区地处西南、华南和东盟经济圈的结合部，是我国与东盟国家之间具有海上与陆地双重通道的区域，也是西部大开发地区中唯一的沿海区域，区位优势明显，战略地位突出[4]。区内岸线、海洋、农林、旅游等资源相当丰富，且环境承载量较大，但是近年来，随着经济建设的高速发展，人口快速增加、大批临海重化工业项目的建设建成以及商贸物流业的快速发展，人类活动对环境的影响加剧，北部湾经济区的生态环境面临巨大压力，出现了水土流失、植被退化、生物多样性丧失等多种环境问题。

在这种形势下，依托经济区资源环境优势，抓住发展机遇，在发展经济的同时，保护生态环境，实现资源、环境、经济、社会、人口的和谐发展，实现生态效益、经济效益和社会效益的和谐统一，最终走上可持续发展道路是北部湾经济区的必然选择。合理地进行区域划分是研究区域可持续发展的基础，因此，综合自然和人文要素的北部湾经济区综合区划是北部湾经济区可持续发展研究的基础和前提。目前，北部湾的规划多以各市为主体，较少考虑区域因素[5]，本章通过分析各分区的综合特征，为区域的可持续发展提供参考依据，具有重要的理论和实际意义。

本书在综合分析北部湾经济区自然环境和社会经济的基础上，以 DEM 数据、气候观测统计数据及社会经济数据等为基础，应用地理信息系统空间分析方法和系统聚类分析方法，对涵盖环境、资源、社会和经济等因素的 27 个指标数据进行空间分析和系统聚类分析，从而实现北部湾经济区的综合区划。然后，分析各区的综合发展状况，指出各区今后的发展方向，讨论北部湾经济区整体提升开发的建议。

10.1.2　研究综述

1. 国外研究现状

国外的区划工作研究始于 18 世纪末到 19 世纪初[6]。区域学派的奠基人赫特纳（Hettner）[7]认为，区域是在整体不断分解下形成的，分成的各部分区域在空间上必然相互连接，而类型则可以分散分布。1817 年，近代地理学创始人洪堡（Humboldt）[8]首先提出并绘制了世界等温线图，将距海远近、海拔、纬度、风向等因素纳入影响气候的因素中。1884 年，柯本（Köppen）[9]将世界分成六个温度带，随后又依据气候、降雨和自然植被的分布提出世界气候区。现代的自然地域划分研究开始于 19 世纪末，其标志是地理学家霍迈尔（Hommeyer）提出的地表自然区划及其主要单元内部逐级分区理论，并在此基础上阐明的区域、小区、地区和大区四级地理单元。与此同时美国科学家 Merriam[10]对美国农作物带和生命带做了详细的考察并进行了划分，标志着生态区划理论的形成。几乎在同一时间，道库恰耶夫对自然地带学说进行了扩展，主要依据是土壤的地带性。他提出地球表面上的动物、气候、植物分布顺序不是随机的，而是严密的。

由北向南排列，基于此将地球表层划分为不同的带[11]。20 世纪初，英国生态学家赫伯森（Herbertson）[12]提出世界自然区的方案。1908 年，赫特纳（Hettner）完成了自然区划，并提出区划的原则，后来发展为区划的基本理论和参考标准。

经过多位地理学者的深入研究，区划理论日臻完善，但是由于条件的限制缺乏对内在规律的深入探讨，当时的区划研究还停留在自然界表面，对自然现象规律的深入认识还不够，导致区域划分研究指标还停留在地貌、气候等单一因素上，甚至其中某些区划的研究划分依据还停留在单要素的水平上。1940 年以后，俄罗斯的学者首先进行了综合自然区划方面的研究。格里哥里耶夫、布迪科[13,14]首先提出辐射干燥指数理论，并简明概括全球陆地自然地带的周期律。20 世纪 60 年代末，莫斯科大学地理系编著出版的《苏联自然地理区划》，为后续的自然提供参考依据。

除此之外，生态区划方面的研究也取得了较大的进展，主要包括自然（生态）地域系

统划分的理论研究、全球或区域生态制图、生态区划类型和生态敏感性研究。20 世纪 70
年代末，美国学者贝利（Bailey）[15]第一次提出了生态地域划分理论，认为区划是按照一
定的空间关系来组合自然单元的过程，80 年代末对世界生态区域地图做了深入的编制。
德国生态学家沃尔德（Walter）[16]等依据气候特点，将陆地划分出 9 个地带生物群落。另
外，罗（Rowe）、威肯（Wiken）、贝利（Baily）等[17,18]对生态自然地域划分的依据、原
则、等级、方法等做了大量详实的研究和充分的讨论，促进了综合区划研究工作的进一步
发展。

在农业区划、自然灾害区划等方面国外也做了深入的研究及讨论。该领域的区划研究
开始于 19 世纪末 20 世纪初。19 世纪末，德国学者依据农作物、畜禽、农业各部门在地域
内的优势来划分农业区。由于苏联国土面积辽阔，各个地区自然条件迥异，因此农业区划
的研究工作很早就有涉及，并得到了重视。契林采夫和斯克沃尔佐夫分别出版了《欧洲农
业区划》以及《欧洲经济区划》，苏联农业部编制了农业区划，20 世纪 60 年代以后，农
业地理学家根据农业发展的自然条件、经济条件和土地利用方式，以及其他相关指标，将
整个苏联划分为多个农业地带。美国方面，各个州的农业地图早在 1916 年就由贝克
（Baker）和海森沃斯（Hainsworth）编制绘成。70 年代，法国地理学家克拉茨曼
（Klatzmann）[19]依据农业经济效益、自然条件及其他人文因素，将法国一共分为八大农业
经济区、24 个亚区和若干个小区。

在对自然灾害进行综合区划的研究中，GIS 技术得到了广泛应用。研究主要针对单一
灾害类型以及公众对灾害的应急对策和小区域来进行[20]。张丽君等以哥伦比亚中部的滑
坡灾害为研究对象，以地形坡度图、地质地貌图和土地利用图及该地区以前的滑坡灾害数
据为基础，采用多元回归的计算方法，获得对该地区滑坡事件发生影响最大的因子，并对
未来某一时间段内滑坡灾害的预测图做了进一步的分析。

由上述分析可以看出，国外的研究者仍在深入研究相关的区划理论方法，以期能更全
面系统地认识人地系统及其地域分布规律，但是仍有较多的国家在进行区划时以自然生态
系统的地域划分为主，较少将人的主体作用考虑在内，自然和人文因素的有机结合做得还
不够充分。

2. 国内研究现状

我国最早的区划思想始于春秋战国时期，《尚书·禹贡》是世界最早的区划著作之一。
近代的区划研究工作从 20 世纪 20 ~ 30 年代开始，现代自然地域划分研究开始的标志是竺
可桢[21]在 1929 年发表的《中国气候区域论》，在这之后，具有较高水平的研究当属黄秉
维对于植被区划的研究和李旭旦对地理区域划分的研究。这段时期是我国区划工作的起步
阶段，由于各方面条件的限制，这一时期的区划方案对理论和方法的探讨不够深入，大多
数相对比较简略。

进入 20 世纪 50 年代，国民经济建设全面复苏，为农业生产服务成为当时区划工作的
一个重要目标。由于国家层面的重视，推进了对全国尺度自然区划的研究，多位学者先后
提出了不同的中国综合自然区划方案，如林超、罗开富、黄秉维、任美锷、侯学煜、赵松
乔、席承藩等[22~29]。各位学者对综合自然区划的理论和方法问题进行了全方位的深入探

讨，一方面满足了当时社会生产的需要，另一方面，也使得区划研究工作取得了较大发展。

综合区划以地域综合体为研究对象，其区划范围往往比较广泛，尺度较大，考虑的因素较多，相比之下，部门区划集中于区域中某一要素为研究对象，如气候、水文、植被、地震等，由于对单要素的更深入研究也使得部门区划具有更强的适用性。在这一时期内，部门区划发展较快，部门地理学家在区划研究中，探讨了区划的依据、原则、指标，对前人研究方案进行补充完善，也提出了一些新的区划方案，如农业区划、气候区划、水文区划、植被区划、交通区划、地震区划等[30~38]，分别涵盖了各种自然要素和人文要素。

20世纪80年代以来，自然地域系统的研究中逐渐引入了生态系统的相关理论和方法。侯学煜[39]基于植被分布的地域差异，进行了全国自然生态区划，该方案是我国关于生态区划的最早研究成果。郑度、傅伯杰等[40,41]也各自提出了生态区划的研究方案。同时，随着市场经济的高速发展，对经济区域划分研究的需求越来越强烈，经济区划理论研究也取得了较大发展。另外，功能区也是地理研究的重要内容，我国开展了多方面的功能区划研究，进行了水、海洋、环境、自然保护区、生态等方面的功能区划研究。

区划既是科学的总结，又在当时的时代背景下对经济发展起到了一定作用。20世纪90年代后，我国区划开始以促进区域可持续发展为目标。黄秉维[42,43]率先提出了综合区划的概念，随后，部分学者对综合区划的方法、原则和指标体系进行了探讨。

郑度、傅小锋[44]认为，应当将自然、人文两方面结合起来进行地域划分，并探讨了综合区划的原则及指标体系，认为综合区划除了需遵循区划的一般原则外，还要注重将自然和人文地域分异规律相结合、宏观区域框架与地域类型相结合的原则等，综合区划的指标体系应涵盖自然和人文两方面，涉及环境、资源、经济、社会等多种因素。刘燕华等[45]讨论了我国开展综合区划工作的有关背景，指出在编制过程中需解决的一些重大科学问题，并建立了中国综合区划方案的结构。郑度回顾了中国区划研究工作的发展进程，指出各个时代区划工作的特点，讨论了目前区划的方法论及其存在的问题，说明进行综合区划研究的必要性与重要性，指出今后的研究重点是在区域经济可持续发展方面的应用，并指出需要解决的一些科学问题。刘军会、傅小锋[46]将"自上而下"和"自下而上"两种方法相结合，以全国性的自然、生态、经济、人口区划为基础，结合相关联学科的研究成果，构建中国可持续发展综合区划系统，并对区划方法进行探讨。

部分学者根据区划的方法论，进行综合区划的实践研究，尺度大小不一，研究对象相当广泛，涉及陆地表层系统、自然灾害、生态经济、自然资源、畜牧业、畜禽养殖污染等。吴绍洪[47]将资源概念引入区划中，根据柴达木盆地的优势资源，将其划分为5个资源亚区，16个资源小区，以期为区域的经济发展服务。葛全胜等[48]采用PSR评价模型将自然、生态、经济、资源数量等多方面因素相联系，建立包括46个指标的评价体系，使用模糊聚类方法对全国344个地区进行聚类分区，实现对陆地表层系统的分区。徐立天[49]选取自然条件、自然资源、社会和经济发展等方面的指标，应用系统聚类分析方法，对重庆市进行综合地理区划，并论述各区的资源基础及建设现状。万荣荣、贾宏俊[50]采用地图叠置法、主成分分析和聚类分析方法对安徽省进行综合区划的初步研究，一级区划以自然地域分异为基础划分，二级区划以人文因素地域分异为主导进行划分。

史世莲等[51]进行基于网格的甘肃省生态经济分区研究,基于生态与经济两大耦合系统,建立 GIS 格网技术和地统计学方法相结合的生态经济分区模型和分区方法,采用 26 个生态经济指标,将甘肃省分为 4 个生态经济区与 21 个生态经济亚区。付强[52]参考自然区划和畜牧业、污染减排核算区划等研究成果,采用多种分析方法,对中国畜禽养殖污染进行综合区划,并以东北区为典型,探索基于主导因素的类型区划方法。

综合区划不仅研究对象极其广泛,随着科技的发展,其研究方法也不断丰富,大量的技术手段和数理统计方法被引入,如 "3S" 技术、聚类分析、主成分分析等,这些技术和方法为区划工作提供了更精准的定量手段,减少了人工计算的繁琐工作,但同时也存在模式定量化的倾向,分区界线与实际情况有一定出入。在实际进行区划工作时,要定量分析与定性分析相结合,使区划结果与实际情况相符,达到为区域可持续发展服务的目的。

10.1.3　研究内容

本书以广西北部湾经济区为研究区,在综合自然地理学、系统科学、计量地理学、遥感原理和地理信息系统理论方法的指导下,利用空间分析、系统聚类分析和层次分析方法,以 Landsat TM 遥感影像和北部湾各类统计数据为数据基础进行综合区划研究。主要研究内容体现在以下几个方面。

(1) 论述北部湾经济区综合区划研究的选题背景、研究目的、意义及研究进展。综合前人研究方法,结合本研究区情况,提出本书的研究思路及方法。

(2) 确定北部湾经济区综合区划的原则和依据,构建综合区划指标体系。结合北部湾经济区的自然地理条件和社会经济发展状况,从区划目标和地域分异规律出发,确立区划的原则和依据,明确指标体系的类型,同时考虑到指标的可获取性、易处理性等,构建涵盖资源、环境、社会和经济四方面,包含 27 个指标的区划指标体系,并阐释所选取指标的地理意义。

(3) 对北部湾经济区进行初步分区。以北部湾 37 个县(市、区)为基本单位,采用栅格数据格式,运用空间分析和系统聚类分析方法分别对资源、环境、社会和经济四个子系统的指标数据进行处理,得到各子系统的分级图,使用层次分析法确定指标权重后,对各分级图进行图层叠加得到北部湾综合区划初步方案。

(4) 分析综合区划结果,提出优化开发建议。基于北部湾经济区综合区划方案,结合各分区自然地理条件及社会经济发展情况,分析各区在发展中的优势与不足,提出各分区今后的发展方向,并探讨北部湾经济区整体的优化开发对策,以期为区域的可持续发展提供一定的参考依据。

10.1.4　研究思路与技术路线

本书以广西北部湾经济区 6 个地级市为研究区域,以综合区划为研究主线,分析广西北部湾经济区的自然环境、资源及社会经济现状。首先,对国内外综合区划研究进行深入研究总结,提出本书的研究设计;然后,基于对广西北部湾经济区自然和人文两方面因素的综合考虑构建综合区划指标体系,采用空间分析和聚类分析方法进行综合区划研究,并针对区划结果提出区域可持续发展对策、措施;最后,得出本书的结论。本书的技术路线如图 10.1 所示。

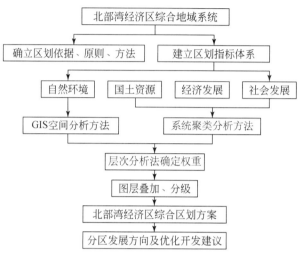

图 10.1 北部湾经济区综合区划研究技术路线图

10.2 研究区概况

10.2.1 地理位置

广西北部湾经济区位于中国西南端,包括南宁、北海、钦州、防城港四市所辖行政区域,并统筹玉林、崇左两市交通物流的规划建设。地理位置:北纬 20°26′~24°02′,东经 106°33′~110°53′,所含陆地面积 72755km²,浅海海域面积约 6488km²,滩涂面积 1005km²,拥有大陆海岸线 1595km,岛屿 620 多个(图 10.2)。北部湾海经济区是我国经济发展的重要增长点,并且统辖陆地与海洋,是综合区划研究的典型区域。

10.2.2 自然概况

1. 地形地貌

北部湾经济区中部为南宁盆地,四周多山地丘陵,区内岩溶地貌分布较广泛。南宁盆地位于左江、右江汇合口以东至邕宁的邕江河岸两旁,南、北、西三面被山地丘陵围绕,西北部和北部为高峰岭和昆仑关,东部为大明山,南部为七坡丘陵,是以南宁为中心的河谷盆地。南宁盆地北部的马山、武鸣等地分布大片岩溶地貌,有喀斯特峰林、孤峰平原等,生态环境较为脆弱。西部的崇左地区被左江及其支流切割,境内岩溶洼地与丘陵平原

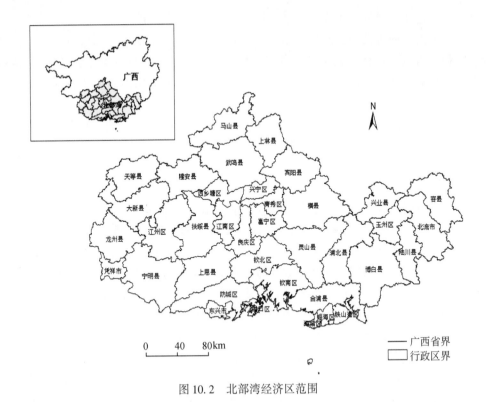

图 10.2　北部湾经济区范围

交错分布。左江上游的凭祥、龙州西北、大新一带，峰林、溶蚀洼地等发育较好，下游平原上分布着稀疏的喀斯特峰林。东部的玉林市境内丘陵台地广泛分布，六万大山、大容山分别盘踞西南和东北方，东端的云开大山为粤桂界山，境内主要平原有玉林盆地和博白平原，分别位于南流江断陷带的东北部和中部。

　　沿海三市多丘陵台地，地貌的发育和河流的流向均受构造线的控制，山地、丘陵及河流的流向多呈北东向发育，溺谷型港湾较多，如铁山港、钦州湾、大风江、珍珠港等。广西海岸类型分为冲积平原海岸和台地海岸，冲积平原海岸范围自北海岭底至西场岸段，即南流江三角洲平原。台地海岸包括西场到东兴的台地溺谷港湾海岸，以及北海岭底至洗米河口的阶地沙堤潟湖海岸。由于新构造运动以来，断块间歇性运动产生的山块以相对上升为主，形成了高程 5 ~ 8m、13 ~ 20m、30 ~ 50m、65 ~ 80m 的四级海成阶地[53]。海岸带较大的平原有南流江三角洲和钦江三角洲。自钦江以东海岸多为堆积海岸，常有沙堤和广阔平坦的潮滩，而钦江以西海岸多港湾、溺谷，潮滩窄并且常带砾石，属基岩海岸。

2. 气候

　　北部湾经济区纬度较低，北部接壤我国广阔的内陆，南部濒临北部湾海域，气候暖热，夏长冬暖，太阳辐射较强，日照充足，热量丰富，无霜期长，利于喜温作物的生长。大部分地区日照时数在 1600 小时以上，年平均气温 21.6 ~ 23.0℃，各地日均温≥10℃持续日数均在 300 天以上，最高可达 360 天，积温均高于 7000℃，最高达 8300℃。降水丰沛，年平均降水量为 1147.3 ~ 2689.5mm，但是降水时空分布不均，年际变化较大，其中，夏雨最多，占近年总量的一半左右，冬雨最少，不及总量的10%。

沿海地区由于地势低平，起伏较小，深受海洋暖湿气流影响，冬季盛行东北风，夏季盛行南风和西南风，具有季风明显、海洋性强、气候暖热、湿润多雨、干湿分明等特点。由于受海洋影响较深刻，夏秋时期台风尤为频繁。位于十万大山南面迎风坡的防城各族自治县，降水量异常丰富，那勤、那梭、马路、滩散一带年降水量超过3000mm，而北面背风坡的上思和宁明两县，年降水量只相当于那梭年降水量的30%。由于十万大山的屏障作用，南坡冬季非常温暖，是广西发展热带作物最理想的地方。

3. 水文

北部湾经济区内水资源丰富，河流众多。南宁市水资源总量约556亿m³，有多条河流的集水面积超过200km²，其中，郁江是南宁市最大的河流，入境水量382.5亿m³。崇左市境内河流流向均与地形构造一致，水量丰富，季节变化较大，主要有左江、黑水河、明江、水口河等，均属于珠江流域的西江水系。南宁与崇左两地分布着大片的岩溶地貌，地下水资源丰富。玉林市境内主要有南流江、九州江、北流河等河流。

沿海三市河流较多，独流入海水系流域总面积为22312km²，占广西总陆地总面积的9.4%[54]，多年平均径流深1086mm，年平均径流量262亿m³，占全区径流总量的13.9%[55]。其中，流域面积大于50km²的河流有123条，以南流江、钦江、茅岭江、大风江、防城江和北仑河六条河流最大，流域面积约1.8万km²。这些河流从陆地携带大量的物质流入海洋，是三角洲和滩涂形成的重要物质基础。南流江、钦江入海形成了广阔的三角洲冲积平原，河网发育，水稻土肥沃，是稻田的主要分布区。东兴北仑河入海一带，形成海积平原，也是水稻的重要产地之一。

4. 土壤

广西北部湾经济区土壤类型较多，土壤类型分布如图10.3所示，主要有赤红壤、砖红壤、水稻土、新积土、石灰（岩）土、紫色土、潮土、粗骨土、火山灰土等，其中以赤红壤分布面积最为广泛。南宁市的土壤主要类型有赤红壤、红壤、水稻土等8个土类及18个亚类，63个土层、126个土种。崇左市主要有水稻土、赤红壤、石灰（岩）土、紫色土、红壤、冲积土、沼泽土等土壤类型。玉林市主要有水稻土、赤红壤、红壤、黄壤、紫色土、新积土、冲积土、石灰（岩）土等土壤类型。

沿海三市除了赤红壤外，砖红壤分布面积也较大，集中分布在各海湾附近的陆地区域。北海市有砖红壤、水稻土、潮土和沼泽土四个土类。钦州市的地带性土壤包括砖红壤和赤红壤两类，非地带性土壤包括水稻土、冲积土等五类，其中犀牛脚、那丽、康熙岭等镇的浅海湾内沙滩分布风沙土，沼泽土仅红树林沼泽土1个土类，分布于大番坡、犀牛脚的沿海滩涂[56]。防城港市的西北山区以红壤和黄壤为主，南部丘陵沿海地带多分布冲积土和风沙土。

5. 植被

北部湾中亚热带季风区的原生地带性植被有两种，分别为常绿阔叶林和石灰岩常绿落

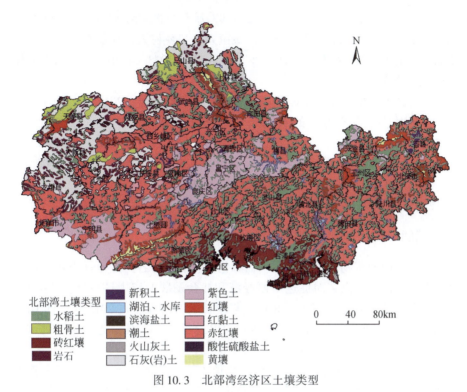

图 10.3　北部湾经济区土壤类型

叶阔叶混交林，次生植被为落叶阔叶林、暖性针叶林（如马尾松林）、暖性竹林（如毛竹林）、暖性灌丛或暖性灌草丛。北回归线以南的南亚热带，原生地带性植被为常绿季雨林和石灰岩常绿季雨林，次生植被与中亚热带近似，但热带种类增加，竹林以丛生竹为主，灌丛和灌草丛又与热性灌丛和热性灌草丛基本相同[57]。

北部湾沿海地区植被分布的东西差异较为明显。东部丘陵区以马尾松、岗松、桃金娘、鹧鸪草（或铁芒萁）群落为主，台地平原区土层较深厚，在稀疏人工桉树林下，以鹧鸪草、蜈蚣草、鼠尾草等为主[58]。西部气候潮湿，可见到含有较多篦竹的次生竹丛和苦竹林，其中常见金花茶。在局部沟谷中残存风吹楠、华坡垒等喜湿热的阔叶树，还有八角和肉桂经济林；丘陵上也种植菠萝、茶、橡胶、柑橙等。红树林主要分布在茅尾海、铁山港、大风江、珍珠港、防城港东湾、丹兜海及北海港等地的潮间带淤泥质海滩上，主要树种有白骨壤、桐花树、红海榄、秋茄等。

10.2.3　社会经济状况

1. 社会发展

北部湾经济区 6 个地级市下辖 37 县（市、区），截至 2012 年年末，常住人口有 1998.39 万人，占广西常住人口的 42.68%，比上年增长 0.8%，增幅较上年减少 0.2 个百分点。其中，南宁市 679.08 万人，北海市 157.2 万人，钦州市 313.33 万人，防城港市

88.69 万人，玉林市 558.12 万人，崇左市 201.97 万人。北部湾经济区男女比例为（女性为 100）113.34，2012 年出生率略微增长，城镇人口与乡村人口比例相差不大，其中，居住在城镇的人口有 924.55 万人，居住在乡村的人口有 1073.84 万人，分别占常住人口总量的 46.26% 和 53.74%。

北部湾经济区人民生活水平不断提高，基础设施日益完善。2012 年，南宁、北海、钦州、防城港、玉林、崇左六地区的农民人均纯收入分别为 6777 元、7227 元、7140 元、7539 元、7269 元、6263 元，分别比上年增长 15.9%、15.66%、15.77%、15.9%、15.9%、16.6%；城镇居民人均可支配收入分别为 22561 元、21202 元、21600 元、22203 元、22171 元、19370 元，分别比上年增长 12.78%、13.65%、12.22%、12.6%、13.17%、12.0%。

2. 经济基础

北部湾经济区内商贸物流、旅游业、临海化工、能源等各产业全面发展，海洋经济已经成为该区新的经济增长点，对促进广西经济和社会发展的作用日益重要。据初步核算，2012 年广西海洋生产总值 693 亿元，相比上年增长了 15.9%，占 2012 年广西 GDP 总量的 5.3%，占沿海三市（北海、钦州、防城港）GDP 总量的 38.2%。近年来，北部湾经济区发展势头迅猛，各项经济指标稳步增长，见表 10.1。

从表 10.1 可以看出，北部湾经济区生产总值占整个广西的 45.27%，第一产业产值接近广西总产值的一半，达 49.38%，第三产业占比 51.23%，产值超过广西总产值的一半，而土地面积仅占广西总土地面积的 30.69%。由此可见，北部湾经济区已经成为广西经济发展的重要支柱。因此，根据北部湾各地区的资源和经济现状，进行合理的区划，能够清楚各区之间的异同，以明确发展重点，利于北部湾经济持续稳定增长。

表 10.1　2012 年广西北部湾经济区主要经济指标

地区	地区生产总值/亿元	第一产业/亿元	第二产业/亿元	工业/亿元	第三产业/亿元	固定资产投资/亿元	社会消费品零售总额/亿元
南宁市	2503.18	322.96	960.75	706.11	1219.48	2585.18	1255.59
北海市	630.09	127.37	303.75	267.77	198.97	725.36	146.51
钦州市	691.32	166.81	289.15	237.24	235.35	652.59	237.56
防城港市	443.99	61.16	233.56	197.64	149.28	550.39	71.30
玉林市	1102.08	229.20	482.33	404.39	390.55	1004.26	422.83
崇左市	530.51	142.95	216.96	184.06	170.60	532.15	84.37
北部湾	5901.17	1050.45	2486.50	1997.19	2364.23	6049.93	2218.16
广西	1305.10	2127.37	6247.43	5279.26	4615.30	12635.2	4516.60
占广西比例/%	45.27	49.38	39.8	37.83	51.23	47.88	49.11

数据来源：广西 2013 年统计年鉴

10.3　研究理论与方法

进行综合区划研究必须要在区划原则的指导下，建立能够反映区域特征，具有可比性的指标体系，进而采用合理的方法进行定性与定量区划。本章基于北部湾现状分析构建综合区划的指标体系，并确定进行定量分析的方法，主要包括综合区划原则、依据的确定、指标体系的构建及指标解释等内容。

10.3.1　综合区划原则

综合区划以实现区域可持续发展为目标，以地域分异规律作为理论基础，除了要考虑传统区划应遵循的原则外，同时还要考虑自然因素和人文因素相结合的原则。

1. 发生统一性原则

任何区域单位都是地域分异因素作用下的历史发展的产物，是一个自然历史体，发生统一性是区域单位都具有的特征，是进行区划工作的基本原则[59]。在进行北部湾综合区划时，要深入探讨北部湾地区发展的历史背景和相互联系，各区域分异的原因与形成过程，同时兼顾区域的动态变化趋势。

2. 相对一致性原则

根据相对一致性原则要求，在进行北部湾综合区划时，必须注意其各类型区内部特征的相对一致性，如基本的自然因子或要素一致、综合特征基本一致。划分不同等级单位的一致性是相对的，根据具体情况，各有不同的标准。大区域可以划分为一系列中等区域，然后进一步划分为低级区域，无论是对区域进行自上而下的顺序划分，或是自下而上的逐级合并都要遵循该原则。

3. 空间连续性原则

空间连续性原则是指在综合区划中必须同时保持区域空间连续性和区域个体不可重复性，又可称为区域共轭性原则。任何一个区域都必须是完整的个体，不能出现彼此分离的部分。对于两个自然特征类似但彼此隔离的区域，不能把它们划分到同一个区域中。据此在进行北部湾综合区划时，要保证各分区地域的连续性，对于同一类型但是不连续的地区要划归为两个不同的分区。

4. 自然条件与社会经济条件相结合原则

进行综合区划时，要同时考虑自然和社会经济两个方面的要素，将其看做同等重要的组成成分。北部湾经济区自南向北从南亚热带季风气候过渡到中亚热带季风气候，随着气候的变化，温度、热量、水分、植被情况也都随之发生变化。同时，各地区经济生活水平、产业结构等也都具有明显的地域分异，因而以区域可持续发展为目标的综合区划，必须充分重视自然和人文两方面的地域分异规律，并使之结合起来加以考虑。

5. 综合分析与主导因素相结合原则

任何区域都是在地域分异规律影响下，由各自然地理成分和区域内各部分所组成的统一整体。因此，进行综合区划时，必须要全面分析区域所有成分相对于整体而言，在特征上的相似性和差异性。具体到北部湾经济区综合区划中，要选择反映自然因素、人文因素及其发展变化的相关指标来综合反映经济区的整体特征。同时，在综合分析北部湾地域分异特征的基础上，找出决定地域分异的主导因素，作为划分的主要依据，并探索各分区界线的恰当位置。

10.3.2 综合区划依据

进行综合区划时，要根据区域的内部差异，将自然、人文特征相似的区域归入同一个研究区，不相似的划归为不同的研究区，并确定其界线。然后，通过对各划分区域的环境、资源特征、社会经济状况及其发展趋势的研究，按照区域之间的从属关系，使各区域之间形成一定的等级系统。这样的区划有利于人们认识、利用研究区，达到人与自然的和谐共处，从而实现人类社会的可持续发展。

任何区划研究都要依据一定的准则和要求来进行划分。区划依据的确定是选取指标的基础，随着区划对象、尺度、目的的不同而有所差异，因此，要根据区划目的及区域的分异规律进行合理的判定。北部湾经济区综合区划是以促进区域自然和社会经济可持续发展为目的进行的区域划分，在划分时，不仅要考虑不同区域之间自然环境的差异，还要充分考虑经济发展水平差异对区划的影响。

1. 气候和地貌是区域自然环境分异的基础

北部湾经济区属于亚热带季风气候区，但由于区内地形分布的复杂性，山地、丘陵、平原、台地等不同地貌类型，以及由南至北距海远近不同，使各地区的气温、降水有所差异，从而影响农业生产及土地利用，使各地区具有不同的发展利用方向。因此，要充分考虑各地区自然环境条件的差异。而植被覆盖和土壤退化反映区域环境的稳定性，是区域可持续发展的保障。

2. 资源禀赋是区域可持续发展的基础

随着经济发展和科技进步，资源在区域发展中的重要性逐渐降低，但是在北部湾目前的发展阶段中，资源禀赋依然是衡量区域可持续发展能力的重要物质基础，通过区域的农业自然资源、旅游资源和矿产资源等来综合分析评价北部湾各地区的资源赋存状况。

3. 社会经济发展水平是区域可持续发展的动力

北部湾各地区的经济生活水平、产业结构有一定差异，必然会使得各地区具有不同的支撑基础和动力。当前的经济建设越好，可持续发展动力就越强，也能够促进基础设施、教育及医疗条件的改善。不同的经济发展程度其相应的社会和环境状况差异也较大，往往经济发达的地区，城市建设、人民生活水平和生态环境相对较好。因此，综合考虑影响区划的因素来确定区划依据，有利于后续区划工作的顺利进行。

10.3.3　综合区划指标体系

综合区划应选择可以定量化、有代表性、区域可比性的指标，能够全面反映研究区的资源、环境、社会及经济状况，并且具有充分的科学基础。依据以上区划原则和依据，建立北部湾经济区综合区划指标体系，涵盖自然因素和人文因素两大方面。

1. 资源环境指标体系

自然因素指标涉及自然环境、国土资源两方面。在自然环境方面，通常以温度、水分为主要指标，构建宏观的区域框架。在北部湾综合区划中通过气候、地貌方面描述北部湾自然地理分化过程和形成原因等的自然地理背景，选择多年平均降水量、年降水/年蒸发、≥10℃活动积温来反映气候状况，通过坡度和高程图来反映北部湾经济区的地形变化情况。采用植被、土壤、水体指标反映北部湾经济区自然地理过程及现代自然地理环境。土壤侵蚀模数、水环境指数来体现环境退化程度，退化环境在一定程度上反映了人类活动的负面影响，与自然区的划分紧密联系，可以从退化环境方面分析目前北部湾存在的生态问题。

国土资源包括可更新资源和不可更新资源，各地区的资源禀赋是衡量区域可持续发展能力的重要物质基础。本书选取人均耕地面积、耕地面积占比、人均水资源量、年径流量、年径流深、A级景点数量来分析北部湾的资源条件。

2. 社会经济条件指标体系

人文因素涉及经济、社会两方面。区域经济发展水平主要以人均国民生产总值来衡量，产业结构也在一定程度上反映出区域经济发展水平，而区域经济活力则体现了经济增长的速度和质量。本书选取人均 GDP、经济密度，以及第一、二、三产业 GDP 占比和国民生产总值增长指数等指标来分析北部湾经济区的经济发展水平。

区域社会发展水平主要通过人民生活水平、教育医疗水平、基础设施建设等方面来体现。生活质量是社会发展的表现，同时也是社会发展的强大动力，反映居民对物质生活和精神生活需求的满足程度，是评价社会发展水平的重要指标。采用农民人均纯收入和城镇居民人均可支配收入来体现人民生活水平。教育是促进社会和经济发展的根本措施，医疗是人民生活的保障，分别选取教育投入占 GDP 比重、每万人拥有教师数、每千人口卫生技术人员数、每千人口病床数来反映北部湾经济区的教育和医疗条件。区域基础设施的建设是可持续发展的保障，根据公路的区域密度来衡量基础设施的建设现状。

3. 综合区划指标体系的构建

北部湾经济区综合区划指标体系反映了北部湾环境、资源、社会、经济等方面的状况，使自然和人文两方面有机结合起来（表 10.2）。选取的指标有较高的概括力和代表性，简洁实用，指标数值易掌握和获取；具有区域可比性，可以量化，便于操作，是进行综合区划研究的基础。

表10.2 北部湾经济区综合区划指标体系

目标层 A	子系统（一级要素）B	二级要素层 C	指标层 D
综合区划系统	环境稳定性 B1	气候	多年平均降水量
			年降水/年蒸发
			积温
	资源优势度 B2	地貌	坡度
			高程
		植被	森林覆盖率
		土壤	土壤侵蚀敏感性
		水体	水环境指数
	经济发展度 B3	土地	人均耕地面积
			耕地在土地总面积占比
		水资源	人均水资源量
			年径流量
			年径流深
		旅游资源	国家 A 级景区数
		经济发展水平	人均 GDP
			经济密度
		产业结构	第一产业 GDP 比重
			第二产业 GDP 比重
			第三产业 GDP 比重
		区域经济活力	GDP 指数
	社会进步度 B4	基础设施	公路的区域密度
		生活水平	农民人均纯收入
			城镇居民可支配收入
		教育及医疗水平	教育投入占 GDP 比重
			每万人拥有教师数
			每千人口卫生技术人员数量
			每千人口病床数

10.3.4 综合区划方法

进行区域划分时，通常自上而下地划分较高等级的区域，自下而上地划分较低等级的区域。目前，区划采用的技术方法主要有叠置法、地理相关法、主导标志法、聚类分析法、遥感和地理信息技术等。本书将地理信息分析方法与聚类分析方法相结合，自下而上地进行区域合并。

1. 空间分析法

本书在处理自然环境方面的数据时，采用栅格数据格式进行空间分析，主要有空间数据的裁剪、插值、数据格式转换、表面分析、重分类、栅格计算、区域统计分析等。基于ArcGIS Spatial Analyst 空间分析模块，采用统一的地理坐标和投影坐标，将各单因子指标处理为 30m×30m 栅格数据，便于进行图层的叠加处理。基于栅格数据的空间分析是ArcGIS 空间分析的重要组成部分，主要包括距离制图、密度制图、栅格插值、表面生成与分析、单元统计、邻域统计、区域统计、重分类、栅格计算、格式转换等功能。ArcGIS Spatial Analyst 空间分析模块是 ArcGIS 中用于栅格数据空间分析的主要工具，采用它对栅格数据进行操作十分方便，可以解决各种空间问题[60]。

2. 聚类分析法

系统聚类法又称为层次聚类法、分层聚类法，在聚类分析中应用较广泛，将距离最近或最相似的聚为一类，聚类效果较好，可以清楚地了解聚类的整个过程[61]。本书使用SPSS 19.0 对资源和人文因素方面的数据进行系统聚类分析，分别将资源、社会、经济情况相近的区域划归为同一类别，相异的区域划归为不同类别，从而了解北部湾经济区的资源分区概况及经济社会发展之间的差异，得到各子系统的分区图。步骤如下。

1）原始数据标准化转换

标准化公式可表示为

$$Z_{ij} = \frac{X_{ij} - \overline{X_j}}{\sigma_j} \tag{10.1}$$

式中，$\overline{X_j} = \sum_{i=1}^{n} (X_{ij})/n$；$\sigma_j = \sqrt{\frac{1}{n-1}\sum_{i=1}^{n}(X_{ij} - \overline{X_j})^2}$；$X_{ij}$ 为各项指标的实际值；$\overline{X_j}$ 为 X_{ij} 的均值；σ_j 为 X_{ij} 的标准差；$i = 1, 2, \cdots, n$；$j = 1, 2, \cdots, p$。

2）计算欧式距离

聚类分析前要定义距离，常用距离有欧氏距离、绝对值距离、切比雪夫距离、兰氏距离、马氏距离等。计算欧氏距离的公式可表示为

$$d_{ij} = \sqrt{\sum_{k=1}^{p}(X_{ik} - K_{jk})^2} \tag{10.2}$$

3）离差平方和聚类法

进行正确分类后，同类地区的离差平方和应当较小，类与类的离差平方和较大。设将 n 个地区分成 k 类，n_t 表示 G_t 中的地区个数，$\overline{X}^{(t)}$ 是 G_t 的重心，则 k 个类的类内离差平方和为

$$S = t\sum_{t=1}^{k} S_t = \sum_{t=1}^{k}\sum_{i=1}^{n_t} \left[X_i^{(t)} - \overline{X}^{(t)} \right]' \left[X_i^{(t)} - \overline{X}^{(t)} \right] \tag{10.3}$$

3. 层次分析法

本书采用层次分析法来确定环境子系统中各指标因子的权重，以及环境、资源、社会、经济四个子系统的相对权重，从而了解各指标和各子系统的相对重要性程度。层次分析法是美国运筹学家 T. L. Saaty 于 20 世纪 70 年代提出的一种定性与定量相结合的决策分析方法。它通过模拟人的决策思维过程，来分析多目标、多因素、多准则、多层次的非结构化的复杂决策问题，具有系统性强、思路清晰、方法渐变、适用面广等特点。层次分析法的基本思想是，在对复杂问题进行决策时，通过构造判断矩阵，引入合理的度量标度来度量各因素之间的相对重要性，从而为有关决策提供依据，该方法的基本原理也由此而来[62]。

AHP 决策分析方法的基本过程，包括明确问题、建立层次结构模型、构造判断矩阵、层次单排序、层次总排序和一致性检验六个基本步骤。应用此方法解决问题的思路是：首先，根据问题的范围、要达到的目标、所包含的因素、各因素之间的关系等，将问题分出系列层次，形成一个递进的层次结构模型；然后，判断模型中每一层次逐个因素的相对重要性，并定量表示出来；接下来，确定每一层次全部因素的相对次序，并赋予权值；最后，通过综合计算，得到方案层相对重要性次序的组合权值，以此来进行方案排序。

10.3.5 数据来源及预处理

根据研究需要，选取遥感数据、气候统计资料及社会经济统计数据，具体数据如下：
（1）空间分辨率为 30m 的 DEM 数据；
（2）数字化 1:25 万广西行政区图，得到广西北部湾经济区的行政区矢量图；
（3）广西壮族自治区气象局的广西气候统计资料；
（4）广西水文水资源局编制的《广西水资源调查评价报告》；
（5）北部湾经济区的水文、土壤、植被及社会经济等相关统计数据。

1. 气象数据来源

研究区 $\geqslant 10℃$ 活动积温、多年平均降水量、蒸发量数据，来自广西气象局气象站点的气候统计数据。使用 ArcGIS 10.0 软件根据气象站点的经纬度信息建立气象站点位置图，便于进行各指标图件的处理。

2. DEM 数据

DEM 数据来源于国际科学数据服务平台（http://datamirror.csdb.cn/），空间分辨率为 30m。用 ArcGIS 10.0 对 DEM 数据进行拼接、投影变换，根据研究区范围进行裁剪。

3. 环境资源数据

人均耕地面积、耕地面积占比数据由 2013 年广西统计年鉴、玉林年鉴、北海年鉴县区概况中获取各地区总耕地面积，结合总人口和行政区面积算得。水资源量、年径流量和年径流深资料来源于 2004 年广西水文水资源局编制的《广西水资源调查评价报告》。森林覆盖率、旅游资源数据来自广西统计年鉴和各地区年鉴。

4. 社会经济数据

反映人文因素的经济发展水平、产业结构、区域经济活力、基础设施建设、生活水平、教育及医疗水平的各项指标数据来源于 2013 年广西及各地市年鉴、统计年鉴，广西教育年鉴等。

10.4　广西北部湾经济区综合区划指标处理

本书对综合区划指标体系中各指标进行处理，以栅格数据来表示环境子系统中各单因子指标，将资源、社会、经济子系统分级图转为栅格图层，在使用层次分析法确定权重后，运用"栅格计算器"叠加计算得到指标的综合指数图。

10.4.1　自然环境指标的处理与分析

本书对选取的自然环境各项指标进行量化处理，参考钟诚、黄方、张红梅等[63~66]研究成果，根据各指标对生态环境稳定性的正向影响大小，相对地分为环境稳定性低、较低、一般、较高、高五级，并分别赋值为 1、3、5、7、9（表 10.3），以反映各地区生态环境的优劣状况。具体处理数据时，采用栅格数据结构，应用 ArcGIS 的空间分析功能来实现各种代数和逻辑运算。进行空间数据叠加时，采用统一的坐标系和投影系统，以保证不同图层数据良好的空间重合性。

表 10.3　北部湾经济区环境稳定性评价因子量化分级

指标因子		指标等级				
		1	2	3	4	5
多年平均	指标	>2000mm	1800~2000mm	1600~1800mm	1400~1600mm	<1400mm
降水量	指数	1	3	5	7	9
年降水/	指标	<0.88	0.88~1.0	1.0~1.2	1.2~1.5	>1.5
年蒸发	指数	1	3	5	7	9
≥10℃	指标	<7200	7200~7400	7400~7600	7600~7800	>7800
活动积温	指数	1	3	5	7	9
坡度	指标	>35°	25°~35°	15°~25°	5°~15°	<5°
	指数	1	3	5	7	9
高程	指标	>680m	420~680m	250~420m	120~250m	<120m
	指数	1	3	5	7	9
森林	指标	<36%	36%~44%	44%~54%	54%~61%	>61%
覆盖率	指数	1	3	5	7	9
土壤侵蚀	指标	>5	4.2~5	3.5~4.2	2.55~3.5	<2.55
敏感性	指数	1	3	5	7	9

续表

指标因子		指标等级				
		1	2	3	4	5
水环境	指标	<2.0	2.0~3.2	3.2~4.5	4.5~8.6	>8.6
指数	指数	1	3	5	7	9

1. 气候因子

气候条件的差异会对各地区产业发展和农业生产产生一定的影响，本书选取多年平均降水量、年降水/年蒸发、≥10℃活动积温三个指标来衡量各地区之间的气候环境差异。

1) 多年平均降水量

北部湾地区处于亚热带季风气候控制之下，降水主要集中在夏季，冬季较少，季节分配不均，对人类利用水资源产生不利影响。降水通过降水量和强度对地表物质运动产生影响，影响水土流失及地表物质稳定性。鉴于资料的可获取性，选取多年平均降水量指标，将数据添加到站点图层的属性表中，再使用 IDW 反距离加权插值法插值成 30m×30m 栅格图（图10.4）。

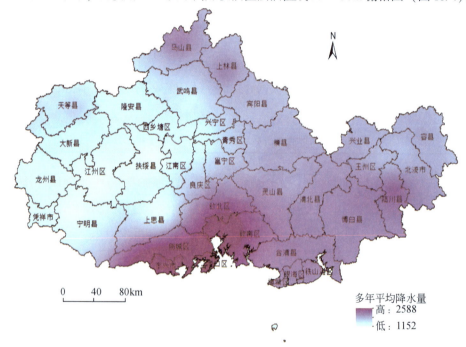

图10.4　北部湾多年平均降水量

由图10.4可以看出，北部湾南部及沿海地区降水量较高，十万大山迎风坡区域出现降水量高值区，而十万大山背风坡的左江河谷，出现降水量低值区，总趋势是自东、东南、东北向西递减。根据量化分级表10.3，对多年平均降水量图进行重分类（图10.5）。

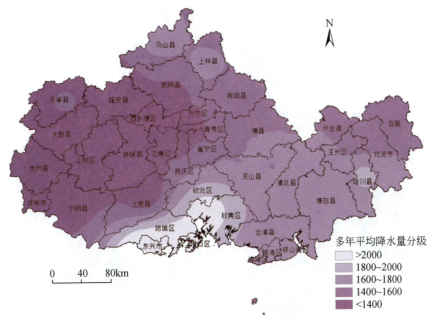

图 10.5　北部湾多年平均降水量分级图

2）年降水/年蒸发

北部湾地区整体降水量丰富，但是部分地区由于地貌原因，气候较为干热，加上特殊的岩溶地貌，不少地方用水形势严峻。年降水量与年蒸发量可以反映出一地区的降水与蒸发的收支平衡关系，比值小于 1，说明蒸发量超过降水量。采用北部湾多年平均降水量、蒸发量数据求得比值，然后将数据添加到站点图层的属性表中，再插值成 30m×30m 栅格数据（图 10.6）。根

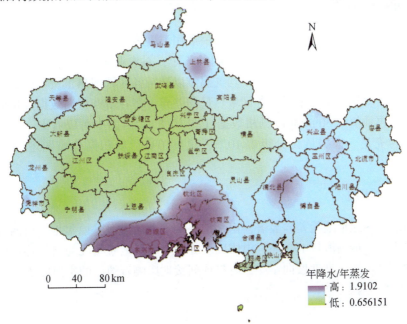

图 10.6　北部湾年降水/年蒸发分布图

据表 10.3，对年降水/年蒸发分布图进行重分类（图 10.7）。

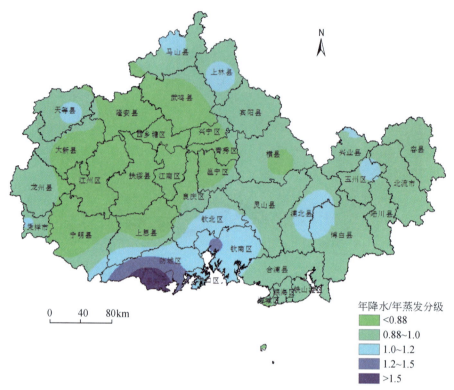

图 10.7　北部湾年降水/年蒸发分级图

3）≥10℃活动积温

热量资源是农业气候资源的主要表征，一般用温度表示。积温是衡量区域热量资源的重要热量指标，能表示温度强度及持续时间的长短，对农业生产、生物生长有重要影响。北部湾地区位于亚热带，阳光充足，平均气温难以衡量各区域间热量资源的配置情况，因此选取≥10℃活动积温指标来反映各区域热量的差异。将各站点积温数据连接到站点图层的属性表中，再插值成 30m×30m 栅格数据（图 10.8）。由图中可以看出，北部湾沿海地区的热量最为充足。根据量化分级表 10.3，对≥10℃活动积温分布图进行重分类（图 10.9）。

2. 地形地貌因子

北部湾地区内地形地貌差异显著，南部地势低平，为沿海平原盆地，而西部、北部和东部地区多山地，最高海拔 1731m，山体坡度陡峻。地形地貌状况与自然环境状况密切相关，地形的高低不同、坡度坡向不一，直接或间接地影响着地区的水热配置、物质与能量

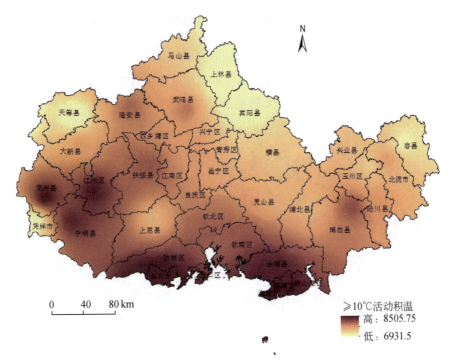

图 10.8　北部湾≥10℃活动积温分布图

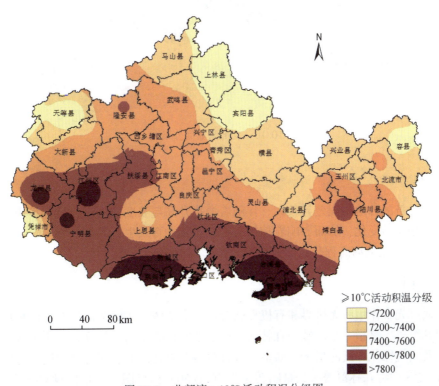

图 10.9　北部湾≥10℃活动积温分级图

的分布，制约人类活动及土地利用方式，进而影响到地区自然环境的稳定性。

1）坡度

坡度对地表物质的稳定性有着重要影响，不同坡度下的坡面物质运动对外力作用影响的强弱不同。坡度小，地表环境相对更稳定。对北部湾经济区 DEM 图进行表面分析，得到该区的坡度分布图，根据量化分级表 10.3，对坡度分布图进行重分类（图 10.10）。

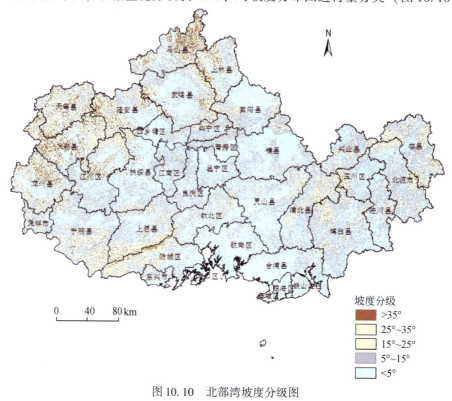

图 10.10　北部湾坡度分级图

2）高程

北部湾经济区各地高程差异较大，伴随着海拔升高与坡度增大，自然环境中的水热组合也会发生相应的变化，从而影响着植被类型、土壤发育及生态系统的稳定性。根据量化分级表 10.3，对北部湾高程分布图进行重分类（图 10.11）。

3. 植被因子

植物通过光合作用将无机界和有机界联合成一个整体，从而保证自然地理环境的稳定发展。森林覆盖率是指一个区域中森林面积占土地面积的比例，是反映一个地区森林资源丰富程度及实现绿化程度的指标。通常，森林覆盖率越高，生态环境协调度和稳定性就越好。在 ArcGIS 中将森林覆盖率矢量图转化为 30m×30m 栅格图后，根据量化分级表 10.3，对森林覆盖率分布图进行重分类（图 10.12）。

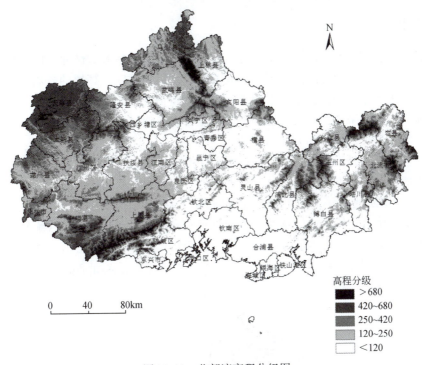

图 10.11　北部湾高程分级图

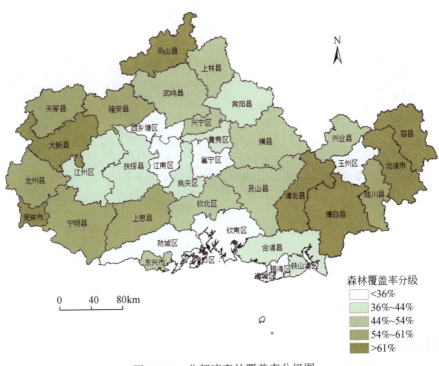

图 10.12　北部湾森林覆盖率分级图

4. 土壤因子

土壤是人类生存和发展的最基本资源，严重的水土流失是各地区面对的共同生态环境问题。北部湾经济区位于海陆过渡带，地处亚热带季风气候区，频繁的暴雨、陡峻的地形等自然条件，为土壤侵蚀提供了有力的外动力条件和物质基础，而不合理的人类活动更加剧了水土流失。一般来说，土壤侵蚀的强弱程度将会影响区域土地的可持续利用程度，从而影响该区域今后土地利用的方向与措施。

土壤侵蚀敏感性是指在没有采取任何水土保持措施的自然状态下，地表土壤发生侵蚀的概率。土壤侵蚀敏感性指数的计算是根据水土流失通用方程（USLE），综合考虑降雨侵蚀力（R）、土壤质地（K）、坡度坡长/地形地貌（LS）和植被覆盖（C）因子计算而得出的。北部湾经济区土壤侵蚀敏感性指数的计算，首先采用重分类、区域统计分析等方法获得各相关因子的分级图，然后采用空间叠加分析和几何平均算法得出土壤侵蚀敏感性指数。该指数越高，则环境稳定性越低。根据量化分级表 10.3，对北部湾土壤侵蚀敏感性进行分级（图 10.13）。

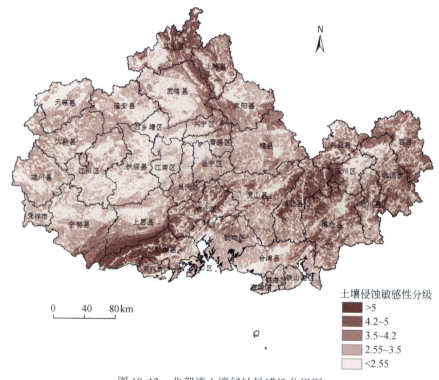

图 10.13 北部湾土壤侵蚀敏感性分级图

5. 水体因子

水是生态系统物质流与能量流的重要载体，在生态系统中发挥着重要作用，同时也是人类社会生活的基本物质。水环境指数也称为区域水体密度指数，计算方法为：水环境指数=水域面积/区域面积，其中，水域面积采用评价时段内的最大水域面积，包括湖泊、水库及河流等。利用广西北部湾土地利用现状数据得到各行政区的水域面积，进而求得各行政区的水环境指数。

水环境指数越高，区域水体密度越大，水资源量越丰富，对区域发展越有利。在 ArcGIS 中将水环境指数矢量图转为 30m×30m 栅格图后，根据量化分级表 10.3，对水环境指数分布图进行重分类（图 10.14）。

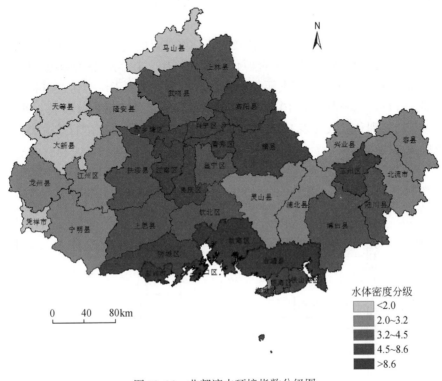

图 10.14　北部湾水环境指数分级图

10.4.2　自然资源指标的处理与分析

丰富的资源是地区持续发展的基础和依托，鉴于数据的可获取性及便于操作定量处理考虑，选取人均耕地面积、耕地面积比重、人均水资源量、年径流量、年径流深和国家 A 级景点数量等指标来表征各地区的资源概况。

人均耕地面积=区域耕地总面积/区域总人口，反映人口资源与土地资源的组合及空间分布情况。人均耕地面积越多，能够投入农业生产的土地资源越丰富。土地是进行农业生产的基础，耕地在土地总面积中所占的比重，反映区域耕地资源的丰富程度。

人均水资源量指在一个地区（流域）内，某一个时期按人口平均每人所占有的水资源量。本书人均水资源量以县域为单位进行计算，人均水资源量=区域水资源总量/区域总人口。人均水资源量越多，表征该地区的水资源量越丰富。景点数量的多少，是旅游吸引力的保证,是旅游业发展的重要基础,本书根据广西统计年鉴中的国家 A 级景点名称表,统计各区域所拥有的 A 级景点数量。

资源丰富程度的多寡,将会直接影响到一个地区社会经济实现可持续发展的保障程度。对于反映资源优势度的指标,在 SPSS 19.0 中应用系统聚类分析方法进行归并聚类。为了消除原始数据量纲不同的影响,首先对原始数据进行标准化处理。根据资源子系统的指标,综合聚类步骤,得到如图 10.15 所示的聚类分析结果。由图 10.15 可知,在欧氏距离为 11 时得到最佳分区结果,这时可将北部湾 37 个县(市、区)分成 5 个区域。

比较 5 个分区各指标的平均值,相比较而言,将其对应地分为资源优势度低至资源优势度高五个类别,得到北部湾经济区资源优势度分区图。在 ArcGIS 中将资源现状分区矢量图转为 30m×30m 栅格图,根据资源越丰富,自然和人文因素综合协调可持续发展越有保障的原则,进行量化分级(表 10.4)。根据聚类分析结果和量化分级表,可得到 37 个县区各自对应的类别和指数(表 10.5),据此对北部湾经济分区图进行重分类,得到资源优势度指数图(图 10.16)。

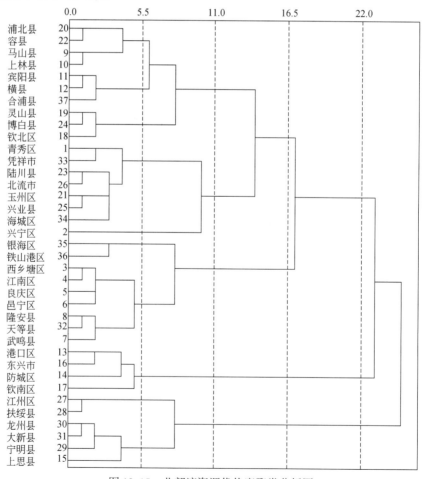

图 10.15　北部湾资源优势度聚类分析图

表 10.4　北部湾资源优势度量化分级

指标因子		指标等级				
		1	2	3	4	5
资源优势度	指标	资源优势度低	资源优势度较低	资源优势度一般	资源优势度较高	资源优势度高
	指数	1	3	5	7	9

表 10.5　北部湾经济区资源分区指数

地区	类别	指数	地区	类别	指数
青秀区	5	1	合浦县	3	5
兴宁区	5	1	港口区	2	7
江南区	4	3	防城区	2	7
西乡塘区	4	3	上思县	1	9
良庆区	4	3	东兴市	2	7
邕宁区	4	3	玉州区	5	1
武鸣县	4	3	容县	3	5
隆安县	4	3	陆川县	5	1
马山县	3	5	博白县	3	5
上林县	3	5	兴业县	5	1
宾阳县	3	5	北流市	5	1
横县	3	5	江州区	1	9
钦北区	3	5	扶绥县	1	9
钦南区	2	7	宁明县	1	9
灵山县	3	5	龙州县	1	9
浦北县	3	5	大新县	1	9
海城区	5	1	天等县	4	3
银海区	4	3	凭祥市	5	1
铁山港区	4	3			

10.4.3　经济发展指标的处理与分析

经济发展程度是区域生态和经济系统的重要支配因子，其发展程度的高低会影响到保持区域环境稳定性与进行生态经济结构重建的能力。对于经济发展指标的分析，根据指标体系在 SPSS 中采用聚类分析方法进行。为了消除原始数据量纲不同的影响，采用标准差标准化方法对原始数据进行标准化处理。

根据经济指标，综合以上聚类步骤，可得到如图 10.17 所示的聚类分析结果。由图 10.17 可知，在欧氏距离为 7 时得到最佳分区结果，这时可将北部湾 37 个县（市、区）分成 5 个区域。

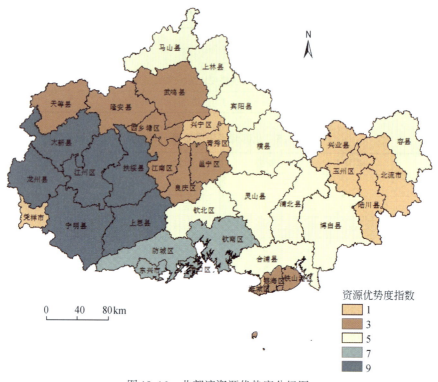

图 10.16 北部湾资源优势度分级图

比较 5 个分区各指标的平均值，相比较而言，将其对应地分为经济发展差、经济发展较差、经济发展一般、经济发展较好、经济发展好五个级别，从而得到北部湾经济区经济发展分区图。在 ArcGIS 中将经济发展分区矢量图转为 30m×30m 栅格图，根据经济状况越好，自然因素和人文因素的综合协调程度越好的原则，进行量化分级（表 10.6）。根据聚类分析结果和量化分级表，可得到 37 个县（市、区）各自对应的类别和指数（表 10.7），据此对北部湾经济分区图进行重分类（图 10.18）。

表 10.6 北部湾经济发展水平量化分级

指标因子		指标等级				
		1	2	3	4	5
经济发展水平	指标	经济发展差	经济发展较差	经济发展一般	经济发展较好	经济发展好
	指数	1	3	5	7	9

表 10.7 北部湾经济区经济分区指数

地区	类别	指数	地区	类别	指数
青秀区	1	9	合浦县	5	1
兴宁区	1	9	港口区	3	5
江南区	3	5	防城区	5	1
西乡塘区	3	5	上思县	5	1
良庆区	4	3	东兴市	3	5

续表

地区	类别	指数	地区	类别	指数
邕宁区	5	1	玉州区	3	5
武鸣县	4	3	容县	4	3
隆安县	5	1	陆川县	4	3
马山县	5	1	博白县	5	1
上林县	5	1	兴业县	5	1
宾阳县	5	1	北流市	4	3
横县	4	3	江州区	5	1
钦北区	5	1	扶绥县	5	1
钦南区	5	1	宁明县	5	1
灵山县	5	1	龙州县	5	1
浦北县	4	3	大新县	4	3
海城区	3	5	天等县	5	1
银海区	2	7	凭祥市	3	5
铁山港区	2	7			

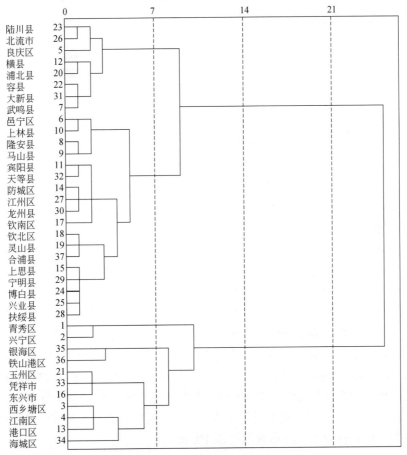

图 10.17　北部湾经济发展度聚类分析图

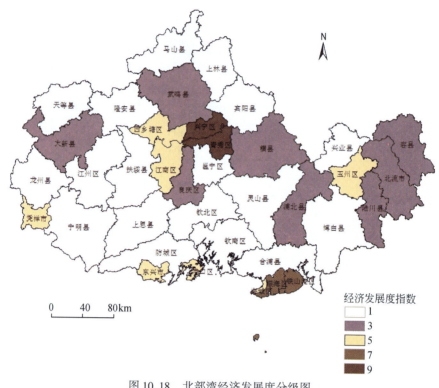

图 10.18　北部湾经济发展度分级图

10.4.4　社会进步指标的处理与分析

　　区域的社会发展水平与经济发展水平有着密切的关系。随着经济发展速度的不断加快，人民生活水平逐步提高，教育医疗制度也越来越完善，基础设施建设的高速发展使得人民生活更加便捷，而这些方面共同反映的社会进步情况是衡量区域综合状况的重要因子，是进行区域综合区划的重要指标。为了消除原始数据不同量纲的影响，首先采用标准差标准化方法对原始数据进行标准化处理。依照前述步骤，在 SPSS 19.0 软件中进行系统聚类分析，可得到如图 10.19 所示的聚类分析结果。由图 10.19 可知，在欧氏距离为 5 时得到最佳分区结果，这时可将北部湾 37 个县（市、区）分成 5 个区域。

　　比较 5 个分区各指标的平均值，相比较而言，将其对应地分为社会进步度高至社会进步度低五个级别，得到北部湾经济区社会进步度分区图。在 ArcGIS 中将社会进步度分区矢量图转为 30m×30m 栅格图，根据社会进步度越高，自然和人文因素综合协调状况程度越有保障的原则，进行量化分级（表 10.8）。根据聚类分析结果和量化分级表，可得到 37 个县（市、区）各自对应的类别和指数（表 10.9），据此对北部湾经济区的社会发展分区图进行重分类，得到社会进步度指数图（图 10.20）。

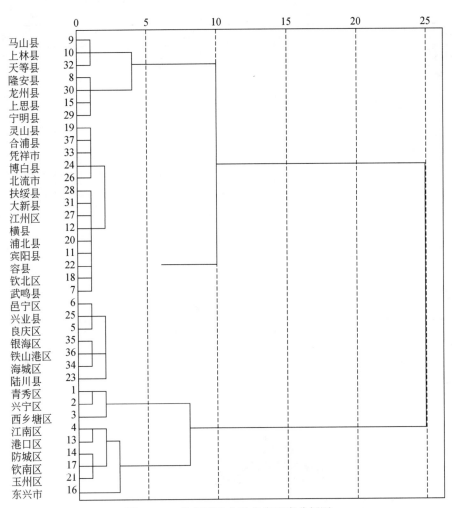

图 10.19　北部湾社会进步度聚类分析图

表 10.8　北部湾社会进步水平量化分级

指标因子		指标等级				
		1	2	3	4	5
社会进步	指标	社会进步度低	社会进步度较低	社会进步度一般	社会进步度较高	社会进步度高
水平	指数	1	3	5	7	9

表 10.9　北部湾经济区社会分区指数

地区	类别	指数	地区	类别	指数
青秀区	1	9	合浦县	4	3
兴宁区	1	9	港口区	2	7

续表

地区	类别	指数	地区	类别	指数
江南区	2	7	防城区	2	7
西乡塘区	1	9	上思县	5	1
良庆区	3	5	东兴市	2	7
邕宁区	3	5	玉州区	2	7
武鸣县	4	3	容县	4	3
隆安县	5	1	陆川县	3	5
马山县	5	1	博白县	4	3
上林县	5	1	兴业县	3	5
宾阳县	4	3	北流市	4	3
横县	4	3	江州区	4	3
钦北区	4	3	扶绥县	4	3
钦南区	2	7	宁明县	5	1
灵山县	4	3	龙州县	5	1
浦北县	4	3	大新县	4	3
海城区	3	5	天等县	5	1
银海区	3	5	凭祥市	4	3
铁山港区	3	5			

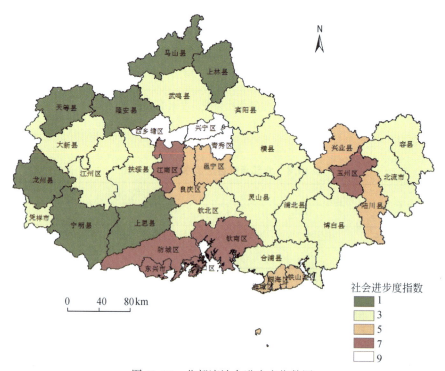

图 10.20 北部湾社会进步度指数图

10.4.5　综合区划子系统指标的综合运算

1. 指标因子权重的确定

将各单因子指标处理完成后，要确定四个子系统及部分指标的权重。指标权重的确定是否合理，将会影响到最终计算结果是否接近于实际。因此，在运用层次分析法计算指标权重的基础上，应考虑指标的综合性、实用性、规律性和准确性来进行适当的调整。

北部湾经济区综合区划是基于环境稳定性、资源优势度、经济发展度、社会进步度四个子系统进行的区划，各子系统在综合区划中的重要性略有差异，应赋予不同的权重，本书采用 AHP 层次分析法来确定区划体系各子系统的权重（表 10.10）。

而在环境子系统中，各单因子指标均以栅格数据形式来处理，为得到环境稳定性的分级图，需对其子系统中各指标确定权重后，在 ArcGIS 软件中进行叠加计算操作（表10.11）。

表 10.10　北部湾经济区综合区划子系统权重

子系统	环境稳定性 B1	资源优势度 B2	经济发展度 B3	社会进步度 B4
权重	0.2	0.3	0.25	0.25

表 10.11　北部湾经济区环境稳定性指标因子权重

子系统 B	二级要素层 C	权重	指标层 D	权重
环境稳定性	气候	0.19	多年平均降水量	0.37
			年降水/年蒸发	0.53
			积温	0.1
	地貌	0.26	坡度	0.83
			高程	0.17
	植被	0.35	森林覆盖率	1
	土壤	0.08	土壤侵蚀敏感性	1
	水体	0.12	水环境指数	1

2. 指标因子的综合处理与分析

将各单因子指标图处理完成后，指标因子综合处理的过程通过 ArcGIS 的空间叠置分析来实现，采用空间分析扩展模块 Spatial Analyst 作为实现工具。先将环境子系统二级要素层中气候、地貌指标下经过重分类的各单因子指标，根据其相应权重在"栅格计算器"进行叠加操作，叠加结果图采用自然间断点分级法分为五级，分别得到气候、地貌、土地资源、水资源的重分类图。接下来，对环境子系统下的五个二级要素层指标的重分类图根据各自权重进行地图代数运算，采用自然间断点分级法分为五级，得到环境稳定性分级图（图 10.21）。

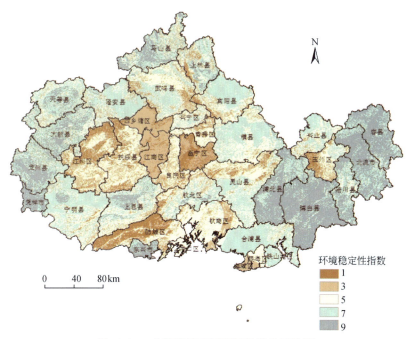

图 10.21　北部湾经济区环境稳定性指数图

最后，将资源、环境、经济、社会四个子系统的分级图结合各自权重通过"栅格计算器"进行叠加操作，采用自然间断点分级法分为五级，从而得到自然和人文综合因子的分布图（图 10.22）。

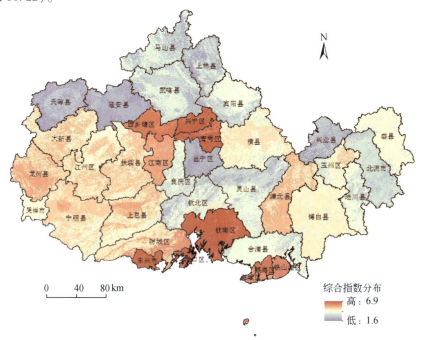

图 10.22　北部湾经济区综合指数分布图

从综合因子分布图上看，四个子系统叠加后的数值范围从最小值 1.6 到最大值 6.9，这个值代表的是其中一个栅格的值，值越大，该栅格所在区域的自然和人文因素协调状况越好，环境稳定性、资源优势度、经济发展度和社会进步度的综合协调状况越好。从图 10.22 可以看出，北部湾经济区中部城区和南部沿海平原综合指数最高，自然与社会经济状况最好，西北部喀斯特山地丘陵广布地区综合指数最低。

10.5　广西北部湾经济区综合区划结果及优化开发对策研究

北部湾经济区综合区划研究目标是促进区域可持续发展，分区界线与行政区的界线相一致，能够使划分结果具有更强的可操作性。因此本书以各县（市、区）行政区作为区域图，利用 ArcGIS 空间扩展模块 Spatial Analyst 中的区域分析工具，以北部湾经济区综合因子分布图为基础，计算每一行政区的综合指数的平均值，然后对平均值进行分级，从而能够得到北部湾经济区的综合区划结果。在分析各区发展现状的基础上提出各区今后的发展方向，并探讨北部湾经济区整体优化开发的初步建议。

10.5.1　北部湾经济区综合区划结果

以县为基本单位，北部湾经济区 37 个县（市、区）可划分为 4 个一级区，8 个二级区（图 10.23），一级区的命名采用区位+地貌类型两名法，二级区的命名采用区位+地貌类型+发展方向三名法，分区的命名综合体现了各区地域特征及其今后的发展方向，综合各方面因素对北部湾经济区综合分区命名见表 10.12。

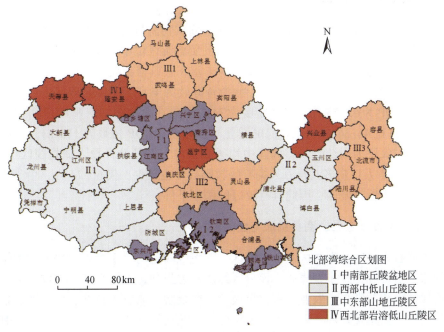

图 10.23　北部湾经济区综合区划图

表 10.12　广西北部湾经济区综合区划方案

编号	一级区	二级区	所含县（市、区）
Ⅰ	中南部丘陵盆地区	Ⅰ-1 中部盆地金融、商贸物流与会展旅游区	兴宁区、青秀区、西乡塘区、江南区
		Ⅰ-2 桂南沿海台地丘陵临海工业与港口商贸旅游区	港口区、东兴市、铁山港区、钦南区、银海区、海城区
Ⅱ	西部中低山丘陵区	Ⅱ-1 桂西南左江河谷山地丘陵生态农业、资源加工与边贸旅游区	江州区、扶绥县、凭祥市、宁明县、上思县、龙州县、大新县、防城区
		Ⅱ-2 桂东南丘陵平原机械制造、医药、服装与商贸物流综合区	玉州区、浦北县、博白县、横县
Ⅲ	中东部山地丘陵区	Ⅲ-1 北部岩溶山地丘陵生态农业、矿产与旅游综合区	上林县、马山县、武鸣县、宾阳县、良庆区、钦北区、灵山县、合浦县、北流市、陆川县、容县
		Ⅲ-2 南部丘陵台地生态农业、轻工业与水产养殖区	
		Ⅲ-3 东部山地丘陵农牧业、工业与养生度假旅游区	
Ⅳ	西北部岩溶低山丘陵区	Ⅳ-1 西北部岩溶低山丘陵特色农业、建材与食品加工区	邕宁区、兴业县、天等县、隆安县

10.5.2　分区现状及发展方向

1. Ⅰ中南部丘陵盆地区

本区分为两个二级区，Ⅰ-1 中部盆地金融、商贸物流与会展旅游区位于北部湾经济区中部，Ⅰ-2 桂南沿海台地丘陵临海工业与港口商贸旅游区位于南部沿海地区。地貌类型以低山、丘陵、台地为主，沿海地区降水量较为丰富。人口密度大，人均耕地面积和森林覆盖率为四区中最低，A 级景点个数最多，旅游资源较为丰富。本区是四区中经济发展最好的区域，人均 GDP 为 62173 元，经济密度为 3417 万元/km²，第二产业 GDP 占比 44.39%，第三产业 GDP 占比 45.34%。国民 GDP 总量增长较快，GDP 指数为 116.81。城镇居民人均可支配收入与农民人均纯收入在四区中均居第一位，但是教育投入却是四区中最低的，只有 1.29%，由于人口众多，每万人拥有的教师数量也最少，仅 60.74 人，由于本区所属各地均为各地级市所辖城区，因此具有较好的医疗条件。

1）Ⅰ-1 中部盆地金融、商贸物流与会展旅游区

该区中所含兴宁区、青秀区、西乡塘区、江南区四地均属南宁市，地形较为平坦，拥有丰富的旅游资源和一些小型煤矿。该分区经济实力强劲，人均 GDP 为 73995 元，人口稠密，人均耕地面积非常少，农业所占比重极低。以金融、商贸、餐饮、房地产、信息技术为代表的第三产业迅速发展，形成了全方位的商品流通服务体系，是南宁的商贸中心。

该区分布有较多小型煤矿，是广西主要的煤矿产区。旅游资源丰富，有风景秀丽的青

秀山、凤凰谷、人民公园、金花茶公园等自然风光，也拥有民族博物馆、科技馆、云顶观光等人文旅游资源，丰富的旅游资源带动了餐饮、酒店等相关产业的迅速发展。

该区工业基础良好，第三产业产值超过该区总产值的一半以上，主要为金融、商贸、房地产、饮食娱乐、信息产业，形成了功能齐全、多层次、全方位的商品流通服务体系，多个核心商业圈和商业街区使该区成为南宁的商贸中心。由于接壤东南亚，坐拥优越的区位条件，是我国与东盟各国贸易往来的重要桥梁。近年来，时尚产品的零售业、会展业、旅游业的发展已经初具规模，一年一度的东盟博览会吸引着成千上万的国内外人员前来洽谈贸易、旅游观光，促进了壮乡文化和东南亚文化的传播。东盟博览会在促进贸易往来的同时，也提升了主办城市南宁的知名度，为其进一步发展奠定了基础。

发展方向：该区具有较好的经济基础，今后要继续推进第二、三产业的发展，将该区打造为区域性的国际金融商贸中心。会展旅游和时尚购物成为该区经济的重要增长点，因此要充分利用东盟博览会会展契机，发展壮大该区的时尚会展旅游业。一方面，政府要加强引导，在政策上给予更多的支持，完善会展基础设施建设，如改善交通条件，优化会展场馆；另一方面，优化品牌实施环境，要开拓会展旅游市场，培养和引进专业会展人才，来提高会展旅游的规划、开发、组织和接待水平[67]。

2）Ⅱ-2 桂南沿海台地丘陵临海工业与港口商贸旅游区

该区包括港口区、东兴市、铁山港区、钦南区、银海区、海城区 6 个地区，均为沿海城市，有众多深水港口，是西南地区最便捷的出海口。境内丘陵起伏，地势北高南低，较大的平原有钦江三角洲，不少小面积平地交错在山地丘陵之间。区域经济发展迅速，水资源量丰富，森林覆盖率较低，耕地资源缺乏，人均耕地面积不足 1 亩，教育投入占比低于 1%，为各区中最少。

该区海洋资源非常丰富，沿海滩涂面积广大，养殖业发展前景广阔。目前主要养殖对虾、大蚝、珍珠、文蛤、牡蛎、龟鳖等。矿产种类主要有煤、锰、花岗岩、石英砂、高岭土、石灰石等。滨海旅游资源十分丰富，有海底世界、涠洲岛、银滩、京岛、海洋之窗等旅游胜地，还有能够保护海岸的大片红树林，以及丰富的海产品。

该区良好的区位优势和资源优势，为发展临海工业提供了较好的条件，三次产业结构中，工业所占比重超过一半，初步形成了粮油、电力、化工、冶金、建材、水产品加工等临港工业体系，逐步形成多元化产业格局。同时该区积极调整农业产业结构，优化产业布局，大力发展特色产业，有金花茶、荔枝、龙眼、肉桂、八角等特色农产品。

发展方向：该区今后要不断优化产业结构，逐步进行产业升级。工业方面，继续发展能源、化工、港口机械、海洋产业等优势产业，积极促进配套及关联产业的发展，利用众多深水港口的优势，发展造船关联产业，形成北部湾船舶修造产业集群，大力发展港口物流运输业。

同时，要不断提高第三产业所占比重，积极发展旅游、信息等朝阳产业。风光旖旎的滨海风光是该区经济发展的一个着力点，在今后的发展中，要进一步发掘旅游资源的文化内涵，多开发游客参与和体验的活动项目，进一步建设和完善旅游设施。对旅游从业人员要加强职业岗位技能的培训，提高从业人员业务素质，从而可以提高旅游服务产品质量；

加强旅游营销，做强做大旅游品牌。

2. Ⅱ西部中低山丘陵区

本区分为两个二级区，Ⅱ-1 桂西南左江河谷山地丘陵生态农业、资源加工与边贸旅游区和Ⅱ-2 桂东南丘陵平原机械制造、医药、服装与商贸物流综合区。地貌类型以山地丘陵为主，降水量丰富，人均水资源量和耕地面积为四区中最多，A 级景点个数较少。本区经济发展速度较快，人均 GDP 为 26420 元，经济密度为 1079 万元/km²，第一产业 GDP占比 24.74%，第二产业 GDP 占比 43.28%，第三产业 GDP 占比 31.98%，产业结构比为24.74∶43.28∶31.98，国民 GDP 总量增长较快，GDP 指数为 115.61。教育投入和万人拥有教师数量较少，在四区中均为第三位，医疗条件相对较好。

1）Ⅱ-1 桂西南左江河谷山地丘陵生态农业、资源加工与边贸旅游区

该区包括江州区、扶绥县、凭祥市、宁明县、上思县、龙州县、大新县、防城区 8 个地区，位于北部湾的西部，广西的西南部，区内山地丘陵覆盖面积广。江州区和扶绥县沿着左江河谷分布，形成河谷阶地，宁明县、龙州县、大新县、凭祥市四地区岩溶覆盖面积大，山地丘陵多。上思县和防城区交界处的十万大山，海拔高，植被茂密，森林资源丰富。年降水量充足，水资源丰富，后备土地资源较多，人均耕地面积有 3.5 亩。

该区有丰富的矿产资源，如锰矿、膨润土矿，其中大新县下雷锰矿床是中国最大的锰矿床，保有资源储量 1.32 亿 t，占广西保有资源储量的 59.7%，占中国的 22.98%。宁明膨润土矿床探明资源储量 6.40 亿 t，是中国最大的膨润土矿床。扶绥煤田位于扶绥县、江州区和宁明县毗邻地带，累计探明煤炭资源储量 1.32 亿 t。旅游景点中比较有名的是友谊关及中越边界的德天瀑布。

该区耕地面积大，农产品种类丰富。农业生产结构中，以种植业、畜牧业为主，经济作物布局中，甘蔗播种面积比重最大，是广西重要的甘蔗产区，木薯种植也较广泛。该区依托丰富的矿产资源、森林资源，以及大面积种植甘蔗等特点，工业重点发展能源、制糖、林纸、农产品加工等产业。以大新县和江州区为重点，立足锰产业基础，延长产业链，推动锰产业向精深加工发展。

发展方向：该区在开发锰矿资源的同时，要做好生态环境的保护，发展锰业循环经济。今后要以江州区、扶绥县、宁明县和龙州县等地为重点，推广科学种蔗，形成产业化经营模式，依靠科技来提高甘蔗单产量和含糖量，发展糖业循环经济。不断调整农作物布局与结构，保持农田生态平衡，发展生态农业，对于宁明的八角、中药材，以及大新的桂圆肉、苦丁茶等具有较高的知名度的特色农副产品，要加强品牌营销，开发更广阔的市场。

该区中多个县与越南接壤，要充分抓住沿边的区位优势，充分利用两种资源两个市场，建设跨境经济合作区，扩大边境贸易，不断深化边关旅游产品的开发，提升旅游目的地形象，从而提高第三产业产值。

2）Ⅱ-2 桂东南丘陵平原机械制造、医药、服装与商贸物流综合区

该区包括玉州区、浦北县、博白县、横县 4 个地区，地形复杂，主要为丘陵、平原、

盆地。森林覆盖率较高，由于人口众多，人均面积只有 1 亩。自然条件得天独厚，雨量充沛、土壤肥沃。现代农业快速发展，形成畜牧、水产、无公害蔬菜等主导产业共同发展的格局，养殖业、服装加工业、药业发展迅速。

矿产资源种类多，分布广，主要有铅锌矿、锰矿、磷矿、铁矿、金矿及地热资源等。A 级旅游景点数量不多，主要有西津湖、九龙瀑布、龟山公园。水资源的年内分布和区域分布都不均衡，其利用量还远远少于水资源总量。

工业经济多元化发展，形成了机械制造、服装皮革、健康产业、陶瓷水泥等多种产业集群。乡镇企业发展势头强劲，成衣制造业逐步发展成为地区性支柱产业，目前已初步形成以服装制造业为主，相关配套产业共同发展的大格局。

农业依然以种植业为主，但是产值结构发生了较大的变化，种植业产值所占比重不断下降，林牧副渔业产值份额逐步上升。该区是中国优质八角、香蕉的重要生产基地，也是广西最大的肉鸡、蛋鸡生产基地。特色农产品主要有香蕉、八角、荔枝、龙眼、糖蔗、中草药等，养殖业发展迅速，参皇鸡、瘦肉型猪养殖基地规模不断拓展，境内有南流江水系和西江水系，淡水鱼养殖业前景巨大。同时，种植业也为制糖业提供了大量原料。

发展方向：该区工业发展迅速，今后要继续推进机械制造、服装、陶瓷水泥等优势产业的发展。对自身发展方向进行准确定位，不断研发新产品，丰富产品线，延长产业链，走中高端路线，以获取更高的产品附加值。区内森林覆盖率较高，适宜发展林浆纸业，由于水资源时空分布的不均衡，要加强水利工程的建设。

健康产业是高速发展的朝阳产业，由于符合现代人类的追求，因此拥有广阔的市场前景。促进健康产业发展，需要快速扩大药企产业规模，增加研发投入，升级产品结构，加强市场开发，优化产业链，建立生产基地，对药材的种植实行规模化管理和经营，开发药园观光旅游和新的保健产品[68]。进行中药材加工，创新技术研发平台，推进新产品，引进高素质人才。

3. Ⅲ中东部山地丘陵区

本区包括三个二级区，分别为Ⅲ-1 北部岩溶山地丘陵生态农业、矿产与旅游综合区，Ⅲ-2 南部丘陵台地生态农业、轻工业与水产养殖，Ⅲ-3 东部山地丘陵农牧业、工业与养生度假旅游区。地貌以山地丘陵为主，北部有大片岩溶山地分布。本区森林覆盖率为四区中最高，达 51.74%，后备土地资源不足，人均耕地面积较少。人均 GDP 为 10349 元，经济密度为 567 万元/km²，第一产业 GDP 占比 29.09%，第二产业 GDP 占比 41.71%，第三产业 GDP 占比 29.2%，GDP 指数为 116.81。教育投入和万人拥有教师数量最多，但是医疗条件相对较差。

1）Ⅲ-1 北部岩溶山地丘陵生态农业、矿产与旅游综合区

该区包括上林县、马山县、武鸣县、宾阳县 4 个地区，环绕着大明山分布，地貌类型以山地丘陵为主，岩溶山地广布。该区经济发展慢，第一产业比重较高，教育投入量大，人均水资源量丰富，人均耕地面积超过 2 亩。农业是该区国民经济基础，工业也在逐步加速发展。

由于环绕大明山，矿产资源十分丰富，主要有钨、锰矿、钼、铜、石灰石、花岗岩等，可为工业生产提供较充足的生产原料。土地、劳动力资源丰富。本区是广西南宁的后花园，自然旅游资源主要有大明山、昆仑关、金伦洞、依岭岩等，还有一年一度的"三月三"歌圩节及不孤村等人文景观，吸引着无数游客前去欣赏传统壮乡文化。

该区农作物以粮食为主，经济作物次之，盛产水稻、玉米等农产品，还有甘蔗、花生、木薯、蔬菜、水果等经济作物，农业是该地区经济的重要组成部分。工业产业主要为制糖、淀粉、建材、造纸、饲料、医药化工、矿产加工等，通过改善软环境，加大招商引资力度，实施项目拉动战略，推动民营经济的发展。

发展方向：该区矿产资源丰富，要合理开采，协调好与生态环境保护的关系。岩溶地貌形成了不少有特色的溶洞，是极具吸引力的旅游资源，但是目前开发力度较小，未充分得到利用，今后要对有潜力的溶洞进行评估开发，也要做好配套设施的建设，提高吸引力。

区内山地较多，要积极发展生态农业，一方面，对于石山区，要封山育林进行生态恢复，可种植经济林，发展林下经济作物，在生态重建的同时也能取得较好的经济效益；另一方面，要扩大草地种植面积，发展畜牧养殖业，推广本区的特色畜牧产品山羊。由于岩溶地区降水下渗，地表缺水严重，因此要多建设水利工程，供给生活和农业用水。对于该区种植面积较广的速生丰产林，要科学种植，合理施肥，以保持土壤肥力，达到经济效益与生态效益并举。

2) Ⅲ-2 南部丘陵台地生态农业、轻工业与水产养殖区

该区包括良庆区、钦北区、灵山县、合浦县4个地区，地貌类型主要为丘陵、台地、平原。地势平坦，土地肥沃，人均耕地面积不多，第一产业比重较高，是国民经济的重要支柱。农业以种植业为主，主要农产品有水稻、甘蔗、香蕉、玉桂八角、蚕桑、禽畜水产和冬菜生产等，特色产品有荔枝、珍珠等，是中国荔枝之乡、南珠之乡。合浦沿海滩涂多，适宜养殖，所产南珠，久负盛名。

该区矿产资源丰富，大部分矿产集中连片，储量丰富，品位高，易于开采。品种主要有石灰石、重晶石、花岗岩、锰矿等20多个矿种。旅游资源相当丰富，主要有六峰山、大王滩、五象岭森林公园、大王滩、凤亭湖、绿都温泉、竹泉岛等旅游景点。

该区工业发展步伐不断加快，重点发展资源型工业，形成了制糖、酒精、造纸、矿产品、松香、中成药等支柱工业产业。近年来，通过不断引进新技术改造农产品，以工业促农业发展，引进较发达地区企业的先进技术来改造果菜品、制糖、制药、木器、林化产、编织等本地资源型企业，带动多个乡镇的产业发展。

发展方向：该区农业是国民经济的重要支柱，首先要稳定农业生产，合理安排种植比例，扩大经济作物种植面积，积极发展养殖业。对于灵山荔枝、合浦珍珠，要增加技术人员数量，对种养农户进行帮扶，以提升种养业的技术含量，进行科学化、规模化、专业化种养；同时也要延长产业链，进行深加工，加强品牌建设和推广营销，使其走出广西，占领更多市场。继续发展特色产业，建设特色农产品名优品牌，关注流通销售环节。

另外，要积极发展工业产业，逐步进行产业升级，由资源型产业升级至技术型产业，

优化产业结构，进行绿色生产。要不断提高第三产业所占比重，政府应积极引导，给以政策支持，发展旅游、健康产业等。

3) Ⅲ-3 东部山地丘陵农牧业、工业与养生度假旅游区

该区包括北流市、陆川县、容县三地区，地貌类型主要为中低山丘陵，雨量充沛，气候温和，土地肥沃。该区农业资源丰富，已发展成为综合性农业区，是全国商品粮、荔枝、瘦肉型猪生产基地。森林覆盖率在各区中最高，而人均耕地面积则最少。经济发展中，第二产业所占比重较高，超过了 50%。

该区矿产资源丰富，金属矿种主要有金、银、铅、锌、钛铁、硫铁等，非金属矿种主要有滑石矿、石灰石、花岗岩、高岭土、陶泥等，储量丰富。旅游景区有勾漏洞、大容山森林公园、谢鲁温泉、龙珠湖等。陆川温泉是分布在县城范围的温泉群，是珍贵的旅游、疗养资源，是广西区内旅游观光疗养胜地，矿泉水资源也相当丰富。

在农业生产中，新技术得到大面积推广，粮食产量稳步增长，生产过程中的机械化作业水平明显提高，特色农业发展较快，先后建成了一批特色农业发展基地，如陆川猪农业基地、无公害蔬菜农业基地、奶水牛农业基地等。土特产资源主要有陆川猪、沙田柚、木菠萝、淮山、乌石酱油、桂圆肉、丁香荔枝等。

在第一、三产业高速增长的同时，第二产业比重也进一步提升。服务业加快发展，产业结构进一步优化，旅游业、信息服务业、物流运输等新兴产业发展迅速。该区充分发挥区域资源优势，形成了具有地区特色的以机械、建材、日用瓷器、食品、皮件、兽药为主的工业体系。

发展方向：利用该区丰富的森林资源，应积极发展林业生产、林下经济区及特色农产品，继续推进特色农产品的种养，打造名优品牌。该区工业发展基础良好，在生产中要不断优化产业结构，坚持走循环经济道路。依托区内丰富的地下热水资源，可进行旅游资源的深度开发。以温泉疗养、药膳美食为基础，打造养生优品，开发系列产品，通过对旅游产品和市场的调研、定位，选取适合的营销方式，如网络营销、口碑营销、联合营销等，扩大本区旅游品牌的知名度和吸引力，获得更好的经济效益[69]。

4. Ⅳ西部岩溶低山丘陵区

本区包括邕宁区、兴业县、天等县、隆安县四个地区，区域内地貌以低山丘陵为主，岩溶山地分布面积广。区域森林覆盖率较高，人均耕地面积有 2.1 亩。地区内 A 级景点个数较少，旅游资源较为欠缺。本区与其他各区相比较，是经济发展最落后的地区，人均 GDP16086 元，经济密度为 368 万元/km²，产业结构比重为 36.5∶33.5∶30，与各区相比第一产业产值比重最高，第三产业比重最低。每年的教育投入占 GDP 比重较高，达 4.44%，医疗条件需要进一步改善提高。

境内矿产资源较为丰富，主要有锰矿和高岭土矿，天等县东平锰矿探明资源储量 627.5 万 t，为中型锰矿床。兴业县的龙安高岭土矿床是一个大型矿床，探明资源储量达 1502 万 t。旅游景点主要有龙虎山、鹿峰山。

本区经济增长速度相对较慢，农业产值比重较高，是该区域国民经济基础。种植业以

粮食生产为主，在平原地区以水稻种植为主，山区主要种植玉米，套种豆类和薯类。经济作物主要有甘蔗、木薯、花生、芝麻等，以糖蔗为大宗作物。工业主要有食品、建材、煤炭、印刷、造纸、化学、机械等产业，其中以机制糖、水泥为大宗制品。

发展方向：本区应积极优化产业结构，调整产业布局，在保证农业稳定发展的基础上，积极促进第二、三产业协调发展，注重岩溶地区的生态恢复。农业方面，应进一步优化农业种植结构，提高经济作物种植比例，发展畜牧业，积极发展高产、优质、高效的生态农业，不断开发特色农产品，推进品牌建设，进行规模化生产。工业方面，政府应给予积极的引导和扶持，制糖业、造纸业要发展循环经济，延长产业链，扩大甘蔗、林木种植面积，提高产业的科技含量。建材、煤炭、机械、水泥等产业要集中做大做强品牌，积极进行市场开发，扩大市场份额，不断提高工业产值。

10.5.3 广西北部湾经济区优化开发建议

本书将北部湾经济区划分为四个一级区和八个二级区，区划结果与区域自然状况、地貌类型及产业发展分布相一致，区划步骤清晰，结构合理，有较高的实用性和可操作性，对各分区指导经济社会建设有一定的参考价值。各区自然环境和经济社会发展情况各具特点，要依据各区的差异合理配置生产力，优化产业结构，以促进区域的可持续发展。

1. 提高耕地质量，改善农业生产条件

粮食生产是国民生活之根本，各地区首先要稳定农业生产，提高粮食作物单产量。北部湾地区红壤分布面积广，土地肥力不高，区内山地丘陵和岩溶石山分布范围广，各分区可利用的耕地资源有限，人均耕地面积少，因此要提高现有的耕地质量，实施中低产田改造工程，建设配套完善的高标准农田，实现农业资源的可持续利用。另外，北部湾地区总体的有效灌溉率不高，要加强水利枢纽及灌区配套设施，因地制宜建设大石山区小型水利设施，增强抗旱能力。

2. 科学利用自然资源，走高效生态发展道路

北部湾经济区农业资源十分丰富，但是资源综合利用率不高，有效资源不能充分利用，使得农业发展与生态保护不能协同发展，同时也降低了经济效益。今后，要增加研发投入，加大开发新技术力度，提高蔗糖、桑蚕、蔬果等产业的资源循环利用率，增加农业发展中的高科技含量，进一步开发农业自然资源潜力，扩大循环生产模式的应用区域，构建结构合理、组合优化、高效集约的生态产业群。

3. 优化产业结构，走可持续发展道路

在稳定农业生产的同时，要积极调整产业结构，不断提高第二、三产业比重。对于工业建设基础较好的地区，要合理规划，调整产业布局，走新型工业化道路，降低生产能耗，使效益最大化。对于工业基础薄弱，正在加速发展的地区，在工业建设的过程中，要注重生态环境的保护，处理好废渣、废水、废气，发展循环经济，进行清洁生产，走可持

续发展道路。根据各城市的功能定位,对产业布局进行合理安排,明确其资源优势,使已有优势产业的价值得到充分体现,明确各城市的主导产业,围绕主导产业合理安排分工,提高城市产业的集中化程度,避免产业趋同现象,为进行各区域合作创造条件。

4. 整合资源优势,打造特色品牌

在广西"两区一带"发展新格局中,北部湾经济区要抓住发展机遇,整合优势资源,实现区域化布局、专业化生产、规模化建设、一体化经营,使农业生产、经济发展与环境保护相协调。北部湾经济区的品牌要体现在产品的地域特色、文化特色及民族特色上,要通过技术改造、包装和加工,形成体现壮乡文化的产品系列。对于已经形成的特色品牌产品,要加强品牌建设与推广,发挥品牌效应、规范基地生产、拓展增值加工,从而提升竞争力。

5. 提升旅游形象,联合打造旅游品牌

北部湾地区旅游资源丰富,尤其是滨海城市的海滩旅游资源,由于污染小,开发程度低,有着良好的发展前景。例如,自汉代开辟的以合浦港为重要起点的"海上丝绸之路",蕴藏着深厚的历史文化渊源,是环北部湾地区最有价值的历史文化遗产,怎样契合"海上丝绸之路"的历史文化内涵来发展旅游,不是仅靠一两个城市就可以做到的。应该从整体上考虑,联合环北部湾地区的各个城市,构建以"海上丝绸之路"沿岸城市为主,以汉代"海上丝绸之路"始发港旅游文化品牌为中心的热带海洋观光旅游带[70]。

10.6　结论与展望

10.6.1　主要结论

本书依托丰富的数据和资料,定性分析与定量分析相结合,深入分析北部湾经济区的自然和社会经济现状,根据建立的区划指标体系,采用空间分析、层次分析、聚类分析方法处理数据,在使用栅格数据得到区划综合指数图后,以县(市、区)为单位来计算平均值并根据均值分级,从而得到北部湾经济区综合区划初步方案。通过分析,本书得出以下主要结论。

1. 建立北部湾经济区综合区划指标体系

本书通过对北部湾经济区综合地理环境的分析,依据发生统一性、相对一致性、空间连续性、自然因素与人文因素相结合、综合因素与主导因素相结合原则,构建包括自然环境、国土资源、经济发展、社会进步四大类,涉及气候、地貌、植被、土壤、水体、土地、水资源和旅游资源、经济发展水平、产业结构、区域经济活力、基础设施建设、生活水平、教育及医疗水平等方面的 27 个指标构成的综合区划指标体系,涵盖自然和人文两方面因素,具有一定的区域代表性。

2. 北部湾经济区综合区划初步方案

本书运用 ArcGIS 空间分析和系统聚类分析方法进行综合区划，将北部湾分成四个一级区，分别为Ⅰ中南部丘陵盆地区、Ⅱ西部中低山丘陵区、Ⅲ中东部山地丘陵区和Ⅳ西北部岩溶低山丘陵区。在一级分区的基础上，各一级区又可分为若干二级区，分别为Ⅰ-1 中部盆地金融、商贸物流与会展旅游区，Ⅰ-2 桂南沿海台地丘陵临海工业与港口商贸旅游区，Ⅱ-1 桂西南左江河谷山地丘陵生态农业、资源加工与边贸旅游区，Ⅱ-2 桂东南丘陵平原机械制造、医药、服装与商贸物流综合区，Ⅲ-1 北部岩溶山地丘陵生态农业、矿产与旅游综合区，Ⅲ-2 南部丘陵台地生态农业、轻工业与水产养殖区，Ⅲ-3 东部山地丘陵农牧业、工业与养生度假旅游区，Ⅳ-1 西北部岩溶低山丘陵特色农业、建材与食品加工区 8 个二级区。区划结果与地貌类型的分布、各区综合发展及资源环境状况相一致。

3. 分区发展方向及整体优化开发建议

通过对四个一级区指标平均值的比较，可以发现各分区在生态环境、资源禀赋、经济发展及社会建设等方面的差异。综合比较而言，一区具有良好的发展前景，其经济发展水平、产业结构以及社会建设情况优于其他三区，由于人口密度大，人均资源量相对紧缺，城市建设的快速发展，森林覆盖率相对较低。其他三区正处于加速发展阶段，在产业结构中，第一产业所占比重较高。依据 8 个二级区的综合地理状况，分析各区的资源开发现状、农业、工业发展与布局，根据各区发展实际提出今后的发展方向，并针对北部湾经济区提出整体优化提升的建议。各分区的产业发展布局，三次产业结构差异较大，要依据区域发展基础，结合优势资源，选择适宜的途径，勇于探索，不断创新，实现区域的可持续发展。

10.6.2 不足与展望

本书通过对北部湾经济区的综合分析，利用区划指标体系采用定量方法得到北部湾综合区划的初步方案，但是，受时间及数据的可获取性的限制，本书还存在一些不足之处，有待在今后的工作中继续完善，主要体现在以下几个方面。

1. 数据不足

本书所建立的指标体系涵盖环境、资源、社会和经济四个方面，由于研究区综合状况的复杂性和研究资料的有限性，各部分所选取的指标数量有限，未能充分反映研究区的全部情况及发展动态，今后的研究中应加以完善。

2. 数据格式

本书数据处理采用栅格数据形式，但是仍然没有打破行政界限，对于资源、社会、经济数据，各行政区内部指标采用均一的数值来表示，未能很好地表现出区域内部的差异。后续研究中，可采用 GIS 格网技术，突破行政边界的束缚，采用镇一级行政单元的数据来表现区域的差异性。

3. 区域完整性

广西北部湾经济区是海陆过渡地区，陆地、海岸带与海洋三部分各自有着不同的环境、资源和经济发展格局，本书目前研究的综合区划仅涉及陆地部分，今后可继续探索，将陆地系统和海洋系统集成进行综合区划的方法，通过建立可比性的指标体系，将此三部分结合起来进行全方位的区划，以获得统辖海陆地区的综合区划方案。

参 考 文 献

[1] 郑度，葛全胜，张雪芹等. 中国区划工作的回顾与展望. 地理研究，2005，24（3）：330～344.

[2] 郑度. 关于地理学的区域性和地域分异研究. 地理研究，1998，17（1）：4～9.

[3] 国际地理学联合会海洋地理专业委员会. 海洋地理国际宪章地理学报. 1999，54（3）：284～286.

[4] 北部湾（广西）经济区规划建设管理委员会办公室. 广西北部湾经济区开放开发报告（2006～2010）北京：社会科学文献出版社，2010.

[5] 张协奎，林剑，陈伟清等. 广西北部湾经济区城市群可持续发展对策研究. 中国软科学，2009，（5）：184～192.

[6] 杨勤业，吴绍洪，郑度. 自然地域系统研究的回顾与展望. 地理研究，2002，21（4）：407～417.

[7] Hettner A. Geography：Its History，Nature and Methology. Beijing：The Commercial Press，1983.

[8] Robinson A H. Humboldt's map of isothermal lines：a milestone in thematic cartography. Cartographic Journal，1947，4（2）：119～123.

[9] Köppen W. Die Wärmezonen der Erde，nach der Dauer der heissen，gemässigten und kalten Zeit und nach der Wirkung der Wärme auf die organische Welt betrachtet. Meteorol Z，1884，1：215～226.

[10] Merriam C H. 1898. Life Zones and Crop Zones of the United States. Climton：Climton Hart Merriam.

[11] Dockuchaev V V. On the theory of natural zones. Sochineniya（collected Works）. Moscow：Politizdat，1951.

[12] Herbertson A J. The major natural regions：an essay in systematic geography. Geography Journal，1905，（25）：300.

[13] 格里哥里耶夫 A A. 地理地带性及其一些规律. 地理译报，1957，4：12～23.

[14] 格里哥里耶夫 A A. 地理地带性周期规律. 地理译从，1965，（2）：1～3.

[15] Bailey R G. Ecoregions of the United States，USDA Forest Service. Intermountain Region，1976，1：7500000（colored）.

[16] Walter H，Box E. Global classification of natural terrestrial ecosystem. Vegetation，1976，32（2）：75～811.

[17] Rowe J S，Sheard J W. Ecological land classification：a survey approach. Environmental Management，1981，5（5）：451～464.

[18] Wiken E B. Ecozones of Canada. Environment Canada. Lands Directorate，Ottwa. Ontario（mimeo），1982.

[19] 罗其友. 农业区域协调评价的理论与方法研究. 北京：中国农业科学院博士学位论文，2010.

[20] Geoff Well. Hazard Identification and Risk Assessment. Rugby：Institute of Chemcial Engineers，1996.

[21] 竺可桢. 中国气候区域论. 南京：北极阁气象研究所，1929.

[22] 林超. 中国自然区划大纲（摘要）. 地理学报，1954，20（4）：395～418.

[23] 罗开富. 中国自然地理分区草案. 地理学报，1954，20（4）：379～394.

[24] 黄秉维. 中国综合自然区划的初步草案. 地理学报, 1958, 24 (4): 348~365.

[25] 任美锷, 杨纫章. 中国自然区划问题. 地理学报, 1961, 27: 66~74.

[26] 任美锷, 杨纫章, 包浩生. 中国自然区划纲要. 北京: 商务印书馆, 1979.

[27] 侯学煜, 姜恕, 陈昌笃等. 对于中国各自然区的农、林、牧、副、渔业发展方向的意见. 学科通报, 1963, (9): 8~26.

[28] 赵松乔. 中国综合自然地理区划的一个新方案. 地理学报, 1983, 38 (1): 1~10.

[29] 席承藩, 张俊民, 丘宝剑等. 中国自然区划概要. 北京: 科学出版社, 1984.

[30] 周立三. 中国综合农业区划. 北京: 农业出版社, 1981.

[31] 陈咸吉. 中国气候区划新探. 气象学报, 1982, 40 (1): 35~48.

[32] 陈明荣. 试论中国气候区划. 地理科学, 1990, 10 (4): 308~315.

[33] 郑景云, 尹云鹤, 李炳元. 中国气候区划新方案. 地理学报, 2010, 65 (1): 3~12.

[34] 熊怡, 张家桢. 中国水文区划. 北京: 科学出版社, 1995.

[35] 侯学煜. 中国的植被. 北京: 人民教育出版社, 1960.

[36] 吴征镒. 中国植被. 北京: 科学出版社, 1980.

[37] 耿大定, 陈传康, 杨吾扬等. 论中国公路自然区划. 地理学报, 1978, 33 (1): 49~62.

[38] 高孟潭. 新的国家地震区划图. 地震学报, 2003, 25 (6): 630~637.

[39] 侯学煜. 中国自然生态区划与大农业发展战略. 北京: 科学出版社, 1988.

[40] Zheng D. A study on the eco-geographic regional system of China. FAO FRA 2000 Global Ecological Zoning Workshop, Cambridge, U K, July 28~30, 1999.

[41] 傅伯杰, 刘国华, 陈利顶等. 中国生态区划方案. 生态学报, 2001, 21 (1): 1~6.

[42] 黄秉维. 加强可持续发展战略科学基础——建立地球系统科学. 科学对社会的影响, 1996, (1): 15~21.

[43] 黄秉维. 论地球系统科学与可持续发展战略科学基础. 地理学报, 1996, 51 (4): 350~354.

[44] 郑度, 傅小锋. 关于综合地理区划若干问题的探讨. 地理科学, 1999, 19 (3): 193~197.

[45] 刘燕华, 郑度, 葛全胜等. 关于开展中国综合区划研究若干问题的认识. 地理研究, 2005, 24 (3): 321~329.

[46] 刘军会, 傅小锋. 关于中国可持续发展综合区划方法的探讨. 中国人口·资源与环境, 2005, 15 (4): 11~16.

[47] 吴绍洪. 综合区划的初步设想. 地理研究, 1998, 17 (4): 367~374.

[48] 葛全胜, 赵名茶, 郑景云等. 中国陆地表层系统分区初探. 地理学报, 2002, 57 (5): 515~522.

[49] 徐立天. 重庆市综合地理区划研究. 重庆: 西南大学硕士学位论文, 2013.

[50] 万荣荣, 贾宏俊. 安徽省综合地理区划初步研究. 安徽师范大学学报 (自然科学版), 2001, 24 (3): 298~301.

[51] 史世莲, 魏丽, 章文波. 基于格网的甘肃省生态经济分区研究. 干旱区地理, 2012, 35 (96): 1021~1026.

[52] 付强. 中国畜养产污综合区划方法研究. 开封: 河南大学博士学位论文, 2013.

[53] 国家海洋局, 国家测绘局. 中国海岸带和海涂资源综合调查图集 (广西分册). 天津: 天津市人民地国印刷厂, 1989.

[54] 广西壮族自治区地方志编纂委员会. 广西通志·水利志. 南宁: 广西人民出版社, 2011.

[55] 邓晓玫, 宋书巧. 广西海岸带研究现状及展望. 海洋开发与管理, 2011, (7): 32~35.

[56] 钦州市土地管理局. 钦州土地志. 南宁: 广西人民出版社, 2003.

[57] 广西壮族自治区地方志编纂委员会. 广西通志·自然地理志. 南宁: 广西人民出版社, 1994.

[58] 广西壮族自治区海岸带和海涂资源综合调查领导小组．广西壮族自治区海岸带和海涂资源综合调查报告第六卷（地貌、第四纪地质）植被卷，1986.

[59] 伍光和，蔡运龙．综合自然地理．北京：高等教育出版社，2003.

[60] 池建．精通 ArcGIS 地理信息系统．北京：清华大学出版社，2011.

[61] 谢龙汗，尚涛．SPSS 统计分析与数据挖掘．北京：电子工业出版社，2012.

[62] 徐建华．计量地理学．北京：高等教育出版社，2006.

[63] 刘南威．自然地理学．北京：科学出版社，2000.

[64] 钟诚，何宗宜，刘淑珍．西藏生态环境稳定性评价研究．地理科学，2005，25（5）：573~578.

[65] 黄方，刘湘南，张养贞．GIS 支持下的吉林省西部生态环境脆弱态势评价研究．地理科学，2003，23（1）：95~100.

[66] 张红梅，沙晋明．基于 RS 与 GIS 的福州市生态环境脆弱性研究．自然灾害学报，2007，16（2）：133~137.

[67] 陈姣凤．南宁会展旅游的品牌战略研究．湘潭：湘潭大学硕士学位论文，2008.

[68] 李常官．广西玉林市中医药产业发展战略研究．南宁：广西大学硕士学位论文，2012.

[69] 何素衍．玉林旅游市场营销研究．南宁：广西大学硕士学位论文，2013.

[70] 吴小玲．"海上丝绸之路"与钦州的发展．钦州师范高等专科学校学报，2002，17（4）：58~63.

第11章 广西北部湾经济区土地集约利用与产业优化结构耦合

11.1 引 言

11.1.1 研究背景和意义

1. 研究背景

广西北部湾经济区位于广西南部，包括南宁、北海、钦州、防城港四个行政区域，并规划建设玉林、崇左两市的交通物流基地，土地面积 42500km²[1]。广西北部湾经济区联结了东盟经济圈、西南经济圈、华南经济圈，它是西部大开发地区唯一的沿海经济区，也是我国与东盟国家不仅陆地相连而且海上相通的经济区，具有优越的地理位置和重要的战略地位。国家对广西北部湾经济区的发展极为重视，将广西北部湾经济区打造成为西部大开发的桥头堡，建设成为面向东盟开放合作的重点发展区域，赋予经济区新的使命，对经济区提出更高的要求。加快发展广西北部湾经济区已经拥有充足的条件和难得的机遇，更不容错失良机。中国-东盟博览会的举办和"两廊一圈"的提出，使广西迎来了一次重大的发展机遇，也使广西沿海地区受到了前所未有的关注。从世界各地的经济区发展历史来看，一个国家或者地区的产业中心绝大部分地理位置靠近沿海，对促进经济的发展起主导作用。

2. 研究意义

推进广西北部湾经济区跃上新台阶的战略思想是：在保证北部湾经济区经济总量保持稳定增长的前提下，实现产业结构与土地利用的优化配置。在带动经济增长的同时优化经济区的产业结构，提高经济区的土地集约利用水平，形成产业结构与土地利用之间的良性机制。本书在产业结构和土地利用理论的基础上，对广西北部湾经济区的产业结构和土地利用现状进行分析，通过寻求产业结构与土地利用的耦合点，提出适宜广西北部湾经济区发展的最佳方案，加快推进广西北部湾经济区的开放开发，不仅关系到广西在国内地位的提升，而且还影响到国家整体的战略布局。加快推进广西北部湾经济区开放开发，有利于推动广西经济社会全面进步，从整体上带动和提升民族地区发展水平，振兴民族经济，巩固民族团结，保障边疆稳定；有利于国家西部大开发战略的贯彻落实，提升西部地区出海大通道的能力，加强西部地区经济总体实力，缩短与东部发达地区的差距，实现共同发展的大目标；填充我国西南沿海经济地区的空白，使我国的东部、南部、西南部联结成统一经济战线，完善我国沿海经济区的战略布局；加快中国-东盟自由贸易区建设步伐，为我国与东盟国家经济往来、政治沟通、文化融合提供基础保障。

21世纪快速发展的经济全球化和区域经济一体化，对广西北部湾经济区的产业结构和土地利用提出了新的要求。首先，全球化的背景下，我国经济的快速发展加大了东西部地区经济发展水平的差距，西部地区落后的经济发展水平已经成为中国经济快速发展的瓶颈；其次，东南沿海地区的产业结构急需实现优化升级，广西北部湾经济区已成为国内产业转移的首选目的地；再次，广西北部湾经济区中的农业经济仍然占据重要份额，是我国新农村建设的重要战略部署，也是中国打开西南大通道，实现与东南亚国家经济一体化的纽带和桥梁。国内产业转移的进行和中国-东盟自由贸易区的建立对广西北部湾经济区的产业结构和土地利用提出了更为严峻的挑战，广西北部湾经济区应该总结东南沿海的产业结构和土地利用模式，取其精华，弃其糟粕，实现广西北部湾经济区产业结构与土地利用的协调发展。东南沿海地区向广西北部湾经济区转移的产业主要集中在劳动密集型、高耗能、高污染的行业，虽然在一定程度上促进了广西北部湾经济区的经济发展，但是不利于广西北部湾经济区的生态保护以及可持续发展，对广西北部湾经济区产业结构优化升级和土地集约利用起不到推进作用。在国内产业结构全面调整和东南亚区域经济一体化强劲的发展势头之时，广西北部湾经济区更应狠抓机遇，优化产业结构，不断促进土地资源的集约节约利用，力求与国际先进的发展模式接轨。

综上所述，本书具有丰富的理论基础和现实意义。从理论上讲，它明确了广西北部湾经济区发展过程中要考虑到优化产业结构和集约利用土地，形成一种良性的发展模式，避免走东南沿海地区产业结构与土地利用不协调的老路；在实践中，广西北部湾经济区正处于起步和发展阶段，确定好发展的思路和目标对整个经济区未来的发展起到至关重要的作用，同时为地方政府制定相关政策提供了指南，进一步使产业结构和土地利用达到优化配置，促进广西北部湾经济区经济统筹、协调、可持续发展。

同时值得注意的是在对广西北部湾经济区产业结构优化和土地集约利用的研究过程中，要理解"耦合机制"、"产业结构优化"、"土地集约利用"三个基本的概念，以便能紧紧抓住文章研究的脉络和研究方向，对于本书是从以下几个方面理解的。

（1）耦合机制：本书中的耦合机制是指通过对产业结构与土地利用进行系统研究，所研究的过程就是这个机制的耦合过程。

（2）土地集约利用：在单位面积的土地上增加生产资料和改变生产方式，引用先进的科学技术和系统的管理方法，使单位面积的土地上获得更多经济效益、社会效益和生态效益的一种利用方式。

（3）产业结构优化：产业结构优化是指通过产业调整，使各产业实现协调发展，并满足社会不断增长需求过程中的合理化和高级化。

11.1.2　产业结构演变研究综述

1. 国外研究综述

17世纪英国经济学家威廉·配第1672年出版的《政治算术》是最早关于产业结构的

论述，这部论述在古典经济学中占有重要的地位。威廉·配第以统计作为政治经济学的研究方法，比较国民经济各个部门劳动者的收入水平，发现"农业的收入低于工业，商业又比工业的多，即服务业的附加值>商业的附加值>工业的附加值>农业附加值"的规律[2]。威廉·配第认为，产业之间的收入差距使劳动者向更高收入部门集中和转移，低收入部门所需的劳动者由更低收入部门的劳动者来填充，形成了金字塔型的变化形式。这是人类历史上首次对产业结构的论述，虽然没有明确地给出"产业"的定义，但已将人类生产部门初步划定为第一产业（农业）、第二产业（工业）、第三产业（商业），为后来的经济研究者提供了理论基础[3]。

由于人的认识具有历史局限性，威廉·配第没能将他的学说更深入地研究。后来的学者柯林·克拉克发展了威廉·配第的学说，以定量分析的方式和方法研究产业，后人将他们的研究成果称为"配第-克拉克定理"。配第-克拉克定理认为：经济的发展提升了国民的人均收入水平，第一产业国民收入比重小于第二产业国民收入比重，第二产业国民收入比重又小于第三产业国民收入比重，劳动力的相对比重在不断上升。经过对大量经济数据的统计分析，配第与克拉克发现了其中潜藏着的变化规律，国民的人均收入水平提高的同时，劳动力会从第一产业向第二产业转移，当国民的人均收入水平继续提升，劳动力于是向第三产业转移。

法国经济学家魁奈在 1758 年完成了他的第一部著作《经济表》，经过 8 年的继续探索和研究，于 1766 年著成《经济表分析》。魁奈提出：法国以农业为主要的生产部门，存在着三个阶级：第一个阶级为土地所有者阶级，即国王、教会、官吏和地主；第二阶级为不生产阶级，即工人和工商业资本家；第三阶级为生产阶级，即从事农业生产的阶级，包括农业工人和租地资本家。魁奈认为，在国民经济运转过程中，农业产品是"原始产品"，他以国民经济运行的起点——农业总产品为研究的出发点，以商品循环为纽带，分析社会再生产过程中的"原始产品学说"。由于历史的局限性，魁奈的学说仅仅从农业产品的消费结构、生产结构和流通结构论述产品的结构，但是他对国民经济的分析方法，最早形成了特定产业当中的生产、流通、消费结构理论，为后来马克思关于社会生产以及生产部门划分、部门之间关系的政治经济学说奠定了基础[3]。

马克思在其政治经济学说中，将社会总生产划分为生产资料部门和消费资料部门[4]。马克思通过高度抽象的思维，将古典的产业划分理论和社会总产品运动理论综合运用，融合到生产资料部门和消费资料部门理论之中，形成马克思主义政治经济学。马克思认为，社会总产品和社会总消费必须以合理的比例存在，而这种比例的形成关键在于按合理的比例分配社会劳动。这是马克思在产业结构理论方面优越于前人的方面，也就是对劳动者的素质技能结构研究。与此同时，马克思认识到投资结构也是产业结构的关键因素，他认为，由于不同部门投入的资本存在差异性，将会导致部门产生的利润率不同，其直接的后果是资本的流向从利润低的部门向利润高的部门转移，这种部门之间的利润差距形成了产业结构调整的经济基础。马克思同时在其著名的《资本论》中指出，产业结构的调整并非只由资本的流动来决定，还必须与劳动者有机地结合起来[5]。

在接下来的一个多世纪里，西方经济学家对于产业结构的研究有了更深的进展。1931年，经济学家霍夫曼在出版的《工业化的阶段和类型》一书中，通过对过去 50 年当中 20

个国家进行实证分析，总结了制造业的生产资料工业和消费资料工业之间的净产值比例变化关系，从而得出著名的"霍夫曼定律"：在工业化的进程中，消费资料工业净产值与生产资料净产值之比是递减的[6]。霍夫曼进一步分析了成因，他认为，生产要素（自然资源、资本、劳动力）、国内外市场资源配置、技术熟练程度、消费者习性等影响工业化的进程和产业结构调整。此后的一些经济学家如盐也谷一、库兹涅茨等对霍夫曼的理论进行修正，他们得出的结论为：资源、劳动力、资本、技术这四个主要因素影响了产业结构调整。这些经济学家的研究虽然丰富和充实了产业结构的理论，但却逐步扩大了资本、资源和技术的比重，劳动力被置于一个次要的位置[6]。随着研究的进一步深入，产业结构理论的发展逻辑与政治经济学一样，进入了"见物不见人"的阶段，产业结构理论被作为"纯经济"来看待。苏联修正马克思主义政治经济学中产业结构物化的经济理论显得尤为明显，这种理论忽略劳动者在产业结构的主体地位，这些理论对新中国成立之后改革开放之前产生了很深的影响。

以上回顾了产业结构理论研究的发展历程，而对于产业结构在一个特定区域的研究形成了区域产业结构理论学说。最早的区域产业结构理论可以追溯到 19 世纪中期，英国的阿瑟杨和德国的泰尔提出生产要素配合比例和生产费用与收益的关系，以及资本主义农业经营的目的是获得最大利润这一基本问题[7]。在此基础上，农业经济研究者约翰·冯·杜能分析了农业与国民经济的关系，首次阐述了农业区位论。杜能详细地论述了区位地租理论，他将普鲁士的耕作制度划分为六种制度，对每种耕作制度进行划分，这就是影响深远的杜能环[8]。杜能农业区位理论虽说是在众多的假设前提下进行论证的普遍性理论，难能可贵的是他抓住了问题的核心，即农产品从庄田到市场的输送成本，从而奠定了区域产业结构的基础[9]。

杜能农业区位理论对韦伯以及克里斯泰勒等后来的工业区位理论产生了很大的影响和启发。随着西欧工业，特别是钢铁和机器制造业的蓬勃发展，以及交通运输水平的提高，出现了以研究成本和运输费用为主要内容的工业区位理论，工业区位理论的最初提出者是龙哈德，而将工业区位论发扬光大的是德国经济学家韦伯。韦伯于 1909 年出版《工业区位论》一书，工业区位理论才正式走进人们的视野。韦伯的工业区位理论要以三个基本的假定条件为前提，第一个假设条件是原料产地的地理分布是已知的；第二个假设条件是产品的消费市场与消费规模是确定的；第三个假设前提是劳动力不能移动地存在于多数的已知点。在此假定的基础上构筑了他的工业区位理论的三个阶段。第一个阶段为运费指向论；第二阶段在运费指向论的基础上的劳动力成本指向论；第三个阶段为在前两个基础上的集聚指向论。由此可见，韦伯工业区位理论的核心思想为"最小费用即最佳区位"，这一核心概念在后来的区域产业研究中一直被沿袭下来。西方对区位理论的研究除了韦伯外，还有众多学者，如德国的地理学家克里斯泰勒。他撰写了一本重要著作《德国南部的中心地原理》，书中总结了其他学者零星的研究成果，汇总成为系统化和理论化的中心地理论。他认为，市场的存在影响着中心地的空间分布形态，同时还受到交通和行政的制约，最终产生相异的中心地系统空间模型[10]。除此之外，西方经济学者对资源禀赋理论也较为重视。亚当·斯密首先提出绝对成本理论，大卫·李嘉图继而提出相对成本理论，接着伯尔蒂尔·俄林在其著作《区域贸易与国际贸易》系统地提出资源禀赋理论。他认为一个区域主要的生产要素为土地、劳动力和资本，这些生产要素的有效结合能使区域的优势显现，俄林主张各区域间形成突出本区域优势的区域分工，资本充裕的地区发展资本密集型产业，自然资源丰富的地区发展资源密集型产业，劳动力资源丰富的地区发展劳动力密集型产业[11]。俄林的资源禀赋理论系统地阐述了各区域间的优势资源，还主张各区域间相互协调发展，是产业转移理论的雏形，他的理论具有运动开放式的指导意义。

随着区域产业理论在实际中的运用，经济学家对于均衡发展和非均衡发展出现了分歧。主张均衡发展的经济学家认为，落后地区是产业投资的重点区域，这样才能保持与先进地区同样的发展水平[12]，代表人物为萨伊、穆勒等；主张非均衡发展的经济学家则认为，应优先发展具有资源优势的区域，实行有区别、有重点的发展方针，代表人物有缪尔达尔、赫希曼等经济学家。非均衡理论对我国改革开放以后重点发展东南沿海地区影响深远。针对各区域的具体发展问题，各国经济学家通过讨论，确立主导产业的增长极模式理论。其中，江世银认为，主导产业应该具有如下的特征：高创新能力、高关联度和高增长性，并且与区域经济增长呈正相关性[13]；程达军认为，在区域经济中，通过主导产业的带动作用形成产业集群，带动区域的快速发展[14]。

纵观国外产业结构相关理论的发展史，经历了一个由单一到多元，由抽象到具体的历程，对各个地区、国家的产业发展起到重要的理论指导作用。

2. 国内研究综述

我国正式引入西方政治经济学的时间为20世纪80年代中期，与国内一直沿用的苏联模式马克思主义政治经济学形成了对比，这两种模式理论为我国学者研究产业结构提供了思想基础。我国的产业结构划分是以英国经济学家费希尔的划分理论为基础，主要划分为：直接利用自然界资源生产的第一产业；对自然界资源进行第一次加工和再次加工的第二产业；不生产物质产品的第三产业[15]。杨治的《产业经济导论》是我国产业结构理论研究的先驱之作，改革开放以来的几十年时间里，对于产业结构的研究形成了内容比较丰富、角度比较多元的理论体系。比较全面、典型的是周振华提出的"成长、弹性、关联效应"理论[16]。周振华的理论为后来研究产业结构的学者奠定了基础，其研究思想对后人产生了深远的影响。根据我国经济发展的实际情况，孙尚清、魏后凯、李悦等通过产业作用机理和实证分析构建优化模型，从劳动力、资源、资金三方面入手，以实现最大经济效益为目标，探索产业结构的优化和升级[17]。这些理论为我国改革开放后的经济建设提供了发展方向，在东南沿海地区表现得尤为突出。由于受到西方政治经济学的影响，我国经济学界学者在研究产业结构机理时，总是摆脱不了以资本作为产业结构研究核心的束缚。我国经济在经历了改革开放20多年的高速增长之后，开始面临着产业结构调整的最关键矛盾，即马克思所提及的"资本有机构成"矛盾，严格来说是资本与劳动者技能之间的矛盾。我国以经济效益为目标的发展模式，推动的往往只是以"短、平、快"为基本特点的轻工业和消费型服务业，导致这些部门的劳动者素质技能得不到全面的提升，而这个矛盾也成为制约我国产业结构优化升级的桎梏[3]。

国内关于区域产业结构的研究中，比较具有代表性的是著名的经济地理学家李小建提出的产业结构理论，在其撰写的著作《经济地理学》中提出：区域产业结构的演进机制主要有两个，一个是市场机制，另一个是政府干预[7]。天津大学和金生教授、李江博士在《区域产业结构优化与战略性产业选择的新方法》一文中分析了过去战略性产业的相关研究，他们认为战略性产业不同于主导产业，也不等同于新兴产业，更不等同于支柱产业，以优化产业结构的"战略"为研究出发点，重新阐释了战略性产业，继而提出了战略性产业选择的新途径以供参考[18]。王平和云鹤在《产业结构的动力探源》中分析了企业经营者的技能革新和制度规范、兴趣爱好等因素作用于产业结构的过程[19]。华南师范大学经济研究所所长李江帆和研究所讲师黄少军在其发表的《世界第三产业与产业结构演变分析》中探索了第三产业与产业结构的演变规律，他们经过研究后认为绝大部分欧美发达国家与标准模式相比，第二产业产值比重位于标准模式之下，而第三产业产值位于标准模式之上[20]。湖南长沙理工大学经济与管理学院的韩峰讲师、王琢卓教授在《产业结构对城镇土地集约利用的影响研究》一文中论述到，就全国层面来看，产业结构和土地利用呈现出明显的 U 型和倒 U 型规律；就地区层面而言，现阶段东部地区产业结构优化水平仍未达到促进土地集约利用的有效区间，中部地区产业结构优化升级有利于土地的集约利用，西部地区产业结构优化对土地利用影响不明显[21]。西安工业大学的王珀与雷亚萍在其文章《产业结构优化与城市化互动发展研究》中，实证并分析了优化产业结构与城市化的关系，总结出就业、供给和需求结构是影响产业结构和城市化因子的结论[22]。河南理工大学测绘与国土信息工程学院高级工程师丁安民在其文章《产业视角下土地配置分析及探讨——以深圳市怀德社区为例》中得出三个结论：一是挖掘内部潜力，提升土地的利用效益；二是结合具体情况编制产业规划，产业规划是城市规划的依据和出发点；三是在土地分配和使用过程中，要以产权主体的利益和意愿为重心[23]。

11.1.3　土地利用演变研究综述

1. 国外研究综述

国外关于土地利用理论的研究成果比较全面和丰富，归纳起来有以下几个方面：土地区位理论研究、地租和地价理论研究、人地协调理论研究、生态经济理论研究、系统工程理论研究、土地集约利用理论研究、土地可持续利用研究。

对于土地区位理论研究主要分为古典区位论和现代区位论[24]，古典区位论的代表人物及代表作有杜能的《农业区位论》、韦伯的《工业区位论》、克里斯泰勒的《中心地区位论》、萨伦巴和马利士的《点轴开发理论》、廖什的《市场区位论》，艾莎德的《区位与空间经济》和贝克曼的《区位理论》是现代区位论的代表。区位理论是研究人类在占有的场地里所进行的活动，它以研究空间选择及空间活动为目的，探索人类活动的变化规律[25]，区位论中的区位主体是占有场所的事物[26]。杜能在《农业区位论》中提出了农业区位的中心思想。1909 年韦伯撰写了《工业区位论》一文，从此工业区位论进入大众视野。韦伯工业区位论中不考虑社会文化方面的区位因素，只将劳动力、运费和原材料列为考虑的因素。克里斯泰勒总结杜能的《农业区位论》和韦伯的《工业区位论》，提出了《中心地理论》，他的理论为区域规划和城镇规划提供了重要的理论基础[27]。

对于地租和地价的理论研究是土地利用理论研究的起源，也是众多学者研究土地利用理论时必须参考的对象。地租属于历史范畴的概念，地租产生的前提是土地有组织的利用和土地所有权的出现。土地所有者和不占有土地的直接生产者是地租存在的经济基础，在西方土地经济学者看来，地租可以分为经济地租和契约地租。威廉·配第在《赋税论》中阐述到：地租形成的基础是土地上生产的农作物所得的剩余收入，一定年限的地租总额相当于土地的购买价格[28]。在亚当·斯密的《国富论》中有关地租的描述为：地租是使用者偿还土地的价值的一种度量，是土地使用者向土地拥有者支付的价格[29]。1817 年，大卫·李嘉图在其著作《政治经济学与赋税原理》中有关地租的论述为：地租仅仅指地主出租土地使用权后获得的回报，大卫·李嘉图经过研究后得出：地租产生必须具备两个条件，一个是土地有限性，另一个是土地差别性，因此形成了三种地租类型[30]。马克思在其著名的作品《资本论》中详细论述了地租理论，他认为任何形态的地租都是土地所有权反映于经济上，任何地租都是剩余劳动的产物，都以土地所有权的存在为依据[5]。马克思在地租产生的前提和缘由的基础上，提出了垄断地租、极差地租和绝对地租三种形态。

人地协调理论以人类与环境之间的关系为研究对象。人类在地球上出现以来就与周围的环境息息相关。站在历史的角度来看，人类与自然界大致经历以下几个阶段：在原始社会，人类的生产力还处于低级阶段，只能依赖自然；随着生产力水平的逐渐提高，人类进入封建社会，人类开始有意识地去改变自然环境，对自然界施加自己的意识；到了近现代，人类开始意识到不能一味地向自然索取和占用，产生了保护自然环境的思想。从环境决定论→征服自然论→人地协调论，记录了人类与自然界相互作用的历程。环境决定论是指把自然看做社会发展的决定因素，人类的活动都要受到自然环境的制约，环境决定论主要代表人物有西方学者阿布·杜波斯、法国的孟德斯鸠、俄国的普列汉诺夫等[31]；征服自然论是指一味地从人类自身出发，不顾客观条件，不尊重规律，过分强调人的主观能动性，盲目地追求对自然的片面征服，征服自然论的代表人物有英国的哲学家弗兰斯·培根、法国的哲学家笛卡尔和德国的自然科学家歌德[32]。人地协调论是一种良性的循环的发展观，人地协调论的主要代表人物有德国地理学家拉采尔、美国学者巴罗斯、英国学者罗士培[33]。人地协调论思想产生后很快受到各国学者的认同和发展，由于世界人口的急剧增长，各种自然资源的消耗和匮乏，使得人们越来越关注自然环境，所以人地协调论作为一种新型的人地关系发展观，被越来越多的学者所接受。当今社会，人类社会和自然环境相互作用的范围扩大化和相互作用的形式复杂化，使得人类活动深入到自然环境的每一个角落，这使得自然环境能够最直接地将影响反馈于人类。所以人类的生存与自然环境相互依存，人类也无法存在于自然环境之外。

对于生态经济理论的研究最早是从生态学理论和经济学理论衍生而来，它基于经济理论基础之上来研究生态系统的结构、功能及变化规律，它的理论基础是生态环境与土地利用的经济性。生态经济理论大致经历了如下的发展历程：德国的动物学家海克于 1866 年第一次阐述生态学一词。在他看来，生态学研究的是生物与无机和有机环境关系的一种学科[34]；1939 年德国地理学家卡尔·特罗尔在《航空像片制图和生态学的土地研究》一文中提出了景观生态学的概念，景观生态学是一种把景观学和生态学结合起来研究的思维方法[35]。土地资源承载着自然环境和社会经济，是不可取代的资源。在复杂的地域空间系统里，土地生态系统、经济系统耦合成复合体。因此，人类不能只利用土地，而忽视对土地的维护。

系统工程理论是土地利用研究面对更为复杂的自然环境系统和社会经济系统的深入探究。系统一词早在古希腊就已经被哲学家们所使用，随着社会的发展，系统一词慢慢地运用到具体的科学领域并具有其特殊的含义。系统工程理论以美国的学者爱德华·霍尔为代表，他提出系统工程的三维结构是由时间维、逻辑维和专业维组成立体空间结构[36]。从美国以及俄罗斯的太空空间站到我国的神舟系列航天飞行，都是系统理论的成功案例。在如今，系统理论已经运用到了社会的各个领域，如土地利用、城乡建设、交通水利建设、生态环境保护、资源的开发和环境监测等方面，系统工程理论是从全方位视角解决环境–资源–社会–经济–技术的新型思维。

古典经济学家对土地集约利用理论的研究最早，主要的代表人物有安特生和杜尔格等。他们发现了农地集约耕作中的报酬递减规律，他们认为级差地租是由于集约利用引起的[37]。马克思给集约利用下了明确定义：在经济学上，所谓耕作集约化，无非是指资本集中在同一土地上，而不是分散在若干毗连的土地上。对于城市土地集约利用的内涵，学者进行了全方位的探究，部分学者认为，土地集约利用大致可以分为两类：一类是从土地利用的成效出发的内涵，另一类是从空间尺度出发的内涵[38]。也有学者从土地利用结构、强度和效益三个方面对土地集约利用内涵进行探究[39]。虽然城市土地集约利用的内涵没有明确的定义，但在土地利用规划、城乡规划中土地集约利用的思想从未改变[40]。

对于土地可持续利用理论的研究，取得了比较丰硕的成果。随着人口的剧增，粮食的短缺、能源消耗、环境恶化等危及人类生存的重大问题在全球范围内普遍出现，人们对传统的以经济利益为目标的发展模式产生了种种的忧虑和怀疑，并积极的探索，力图找到一条解决或避免人类危机的可持续发展道路。在这种背景下，在斯德哥尔摩召开了第一次世界环境会议，这次会议的主题为"只有一个地球"，大会讨论并通过了《人类环境宣言》的议案[41]；在内罗毕召开了人类环境特别会议，会议宣布了《内罗毕宣言》[55]。1983 年 11 月，联合国成立"世界环境与发展委员会"（WCED），由挪威首相布伦特兰担任委员会的主席，她在 1987 年的第 42 届联合国大会上正式提出了可持续发展的思想和概念[43]。1992 年在巴西里约热内卢召开了联合国环境和发展大会，大会通过了《里约宣言》，也叫做《21 世纪议程》[44]。纵观人类发展的历程，都是在实践中不断地认识世界，改变世界，然后调整自身发展策略，力图达到与自然界的承载力相协调。对于土地的可持续利用，众多学者进行了深入的研究。土地资源可持续利用意味着土地的数量和质量要满足不断增长的人口和不断发展的经济水平对土地的需求。

2. 国内研究综述

国内关于土地利用的研究既有源远流长的本土研究历史，又继承和发展了国外的研究理论，主要有人地关系协调理论研究、可持续利用理论研究、城市土地集约利用理论研究、科学发展观理论研究等。

我国关于人地关系协调理论研究取得了一定的进展，人地关系有两种解释：一种是经典的解释，另一种是非经典的解释。人类在很早以前，通过劳动不断积累了对周围地理事物与人类关系的早期认知。春秋战国时期，我国就出现了许多人地观。此后，在长期的封建时代，落后的生产力制约了人们思想的更新，人地观止步不前[45]。新中国成立初期，我国的地理学受到苏联二元论消极的影响，使得地理学理论进展缓慢。二元论认为自然界和人类社会按照各自的规律发展，割裂了物质世界的统一性，将自然地理和经济地理分割开来，忽略人地关系这一主题。随着我国经济体制的改革和社会的进步，二元理论与我国的国情越来越相抵触[46]。1989 年，我国著名学者钱学森提出了建立地理科学体系的见解，他认为自然地理和人文地理是不可分割的两部分，自然地理和人文地理相辅相成共同组成地理科学体系[47]。钱学森的见解切合了我国发展的利弊，重新审视地理学，从而使地理学的发展回到正确的轨道上来。中国科学院院士、著名的经济地理学家陆大道在《关于地理学的人地系统理论研究》一文中分析了我国的人地关系，他认为地域系统的人地关系研究，要以地理学理论为基础，实施可持续发展战略[48]。我国的学者兼容并蓄，继往开来，取得了卓有成效的进展。比较具有代表性的学者有竺可桢、胡焕庸、张其昀、任美锷、李旭旦、吴传钧、鲍觉民、王建、赵荣、王涌恩、李小建、李国平等。

在我国可持续利用的思想源远流长，春秋战国时期就已经出现了永续利用的思想，著名的代表作有《山海经》和《禹贡》。春秋战国之后，国内的史志关于可持续利用的记录延续不断，如西汉的史学家司马迁撰写的《史记》、东汉史学界班固撰写的《汉书》、晚唐时期官府志《元和郡县图志》、元代官府志《大元一统志》，以及明末徐霞客撰写的《徐霞客游记》等史志都对可持续利用有相关的论述。进入现代社会后，可持续利用理论在世界各个领域迅速传播开来。《21 世纪议程》中对土地资源规划和管理综合方法提出这样的要求：应制定土地资源可持续性指标体系，并需考虑环境、经济、社会、人口、文化和政治因素（Developing indicators of sustainability for land resources，taking into account environmental，economic，social，demographic，cultural and political factors），以此作为科技发展的优先领域之一。我国积极响应联合国关于可持续利用的号召，温家宝在政府工作报告大会上提出在全国范围内减少碳排放量，集约节约利用土地，确保我国 18 亿亩耕地保有量，实现我国社会经济的可持续发展和土地资源的可持续利用。中国工程院副院长谢克昌院士在学术论坛上表示：快速推进的工业化、城镇化对煤炭的消耗剧增，带来了诸多环境问题。为此，急切需要寻求一种可持续开发利用煤炭的新模式[49]。可持续利用要求摒弃割裂人地关系的二元论，树立持续利用观，从整体上建立人口、资源、环境、生态与发展的协调体系，实现人类社会与自然环境的优化发展。

我国关于土地集约利用理论研究主要集中在城市的土地集约利用方面，城市土地集约利用理论研究起步较晚，但也取得了一定的进展。20 世纪 90 年代，随着我国工业化、城镇化的发展，土地粗放低效利用和耕地资源短缺的现象引起了政府、专家、学者的关注，兴起了一股研究土地集约利用的热潮。中山大学城市与区域研究中心分析了从我国城市资源紧缺与土地不合理利用现状，尝试寻找一种土地集约利用方法，以求推动两者之间可持续发展。中国科学院南京地理与湖泊研究所朱天明、杨桂山、万荣荣三位学者总结出城市土地集约利用的研究主要从三方面展开[50]。南京大学政府管理学院的赵小风博士、国土资源与旅游学系的黄贤金教授等总结了城市土地集约利用的研究进展，从三方面对国内外城市土地集约利用研究进行梳理和总结[39]。华中师范大学城市与环境科学学院刘洁、郑文升、张毅等学者在其发表的论文《城市土地集约利用度与城市化综合水平协调度分析——以环渤海地区为例》中运用软件分析了土地利用情况，通过测算城镇化率与集约利用率的协调度系数，得出"S"型曲线演化规律[51]。国内关于土地集约利用的研究学者还有很多，如张换兆、郝寿义、张金萍、钟太洋、陈崇成、邱炳文、朱红梅、周子英、黄纯、赵姚阳、濮励杰、卜崇峰、潘琦、王丽青、张富刚、郝晋珉、姜广辉等。

科学发展观运用于土地利用理论研究之中，是土地利用理论的新思想，也是土地利用理论的深入和发展，使原有的理论得到了补充、修正和完善。中共中央原总书记、国家主席、国家军委主席胡锦涛党在 2003 年 7 月 28 日的讲话中首次提出科学发展观[52,53]。科学发展观对于土地利用的要求是科学合理地利用每一寸土地，实现社会经济的科学发展。科学发展观在国家层面上提出来后，兴起了一股研究科学发展观的热潮，国内学者在研究理论方面取得了一定的进展。华中农业大学土地管理学院陈银蓉、梅昀两位教授在其发表的论文《科学发展观与新时期土地利用规划修编》中提出了相应的建议[54]。中国农业大学资源与环境学院郝晋珉教授、刘洁、段瑞娟等在科学发展观的指导下提出了新一轮土地利用总体规划的新理念[55]。国土资源部信息中心、全国土地利用总体规划修编委成员刘新卫博士，中国土地勘测规划院刘康、左玉强高级工程师，中国国土资源经济研究院杜舰教授在《践行科学发展观的新一轮土地利用总体规划》一文中对新一轮土地利用规划提出了更加严格的要求[56]。

11.1.4　研究内容和研究方法

1. 研究内容

本书以广西北部湾经济区的产业结构和土地利用变化为研究对象，主要开展以下几个方面的研究。

（1）广西北部湾经济区产业结构和土地利用现状分析及变化分析。

（2）广西北部湾经济区产业结构的优化度。

（3）广西北部湾经济区土地利用的集约度。

（4）广西北部湾经济区产业结构与土地利用之间的耦合度。

（5）在分析广西北部湾经济区产业结构和土地利用之间的耦合基础上，总结经济区产业结构与土地利用间存在的主要问题，并有针对性地提出促进广西北部湾经济区产业结构优化与土地集约利用之间耦合的政策建议。

2. 研究方法

本书以广西北部湾经济区 2005～2012 年 8 年的产业结构数据和土地利用数据为依据，构建合理的指标评价体系。在测算经济区的产业结构优化度的过程中，在模糊综合分析模型的基础上，运用熵值法确定产业结构的指标权重，采用"降半阶梯形"函数确定指标隶属度，通过矩阵运算，得出 2005～2012 年广西北部湾经济区产业结构的优化度；在测算经济区的土地利用集约度的过程中，首先通过极值法确定指标权重，然后基于 BP 神经网络模型，不断地对网络的输入层、隐藏层、输出层进行调试，得出最优模型，最后在训练好的 BP 神经网络模型基础上输入评价指标，测算出经济区土地利用的集约度。以经济区的优化度和集约度为基础，运用灰色关联度模型，求得产业结构与土地利用之间的关联系数，通过关联系数测算出经济区的耦合度。

11.1.5　技术路线与创新之处

1. 技术路线

图 11.1 为研究内容的技术路线。

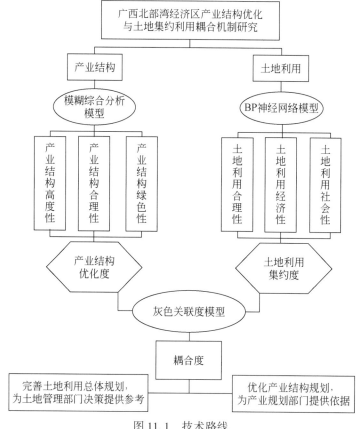

图 11.1　技术路线

2. 研究创新之处

纵观国内外，关于产业结构的研究文献非常丰富，土地利用的研究文献也取得了丰硕的成果，而将两者结合起来研究的文献却比较少，本书将产业结构与土地利用结合起来研究。

首先，采用模糊综合分析模型测算出广西北部湾经济区产业结构的优化度，模糊综合分析法是一种研究和处理模糊现象的新型数学方法，通过模糊综合分析模型可以测算出广西北部湾经济区产业结构的优化度，运用模糊综合分析法研究区域产业结构问题是一次勇敢的尝试和探索。

其次，采用 BP 神经网络模型测算广西北部湾经济区历年来土地利用的集约度。改革开放以来，国内学者关于土地集约利用的研究一般基于传统的模式，即首先建立评价指标体系，然后采用德尔菲专家打分法、主成分分析法或者系统聚类分析法确定指标权重，最后以权值来度量土地利用集约度。这种方法存在着主观性、判断性强、计算繁冗的缺陷，得出的结果缺乏科学性和客观性。本书在探索广西北部湾经济区土地集约利用时，尝试运用 BP 神经网络系统，建立一个合适的评价模型，对广西北部湾经济区的土地集约利用做一个综合的评价。

最后，基于灰色系统理论的灰色关联度模型测算出经济区产业结构优化度和土地利用集约度两者之间的耦合度。本书以优化度、集约度以及耦合度贯穿其中，是本书的脉络所在，也是本书的创新之处。

11.2　理论与评价方法

11.2.1　产业结构的理论和优化度评价方法

1. 产业结构的理论

当今，产业结构的优化和升级越来越受到政府部门和学术界的重视。改革开放以来，我国的工业化和城镇化发展迅猛，经济总量大幅度提升，社会经济等各项事业取得了辉煌的成就，但是各个地区的经济高速增长主要还是靠钢铁、水泥等建筑材料，以炼油和合成材料为主的石油化工，以及以电力、有色金属等基础工业的量的扩展来实现，这种以外延式扩大再生产来获得经济增长的方式使我国付出了沉重的环境代价，也使我国资源和能源面临严峻的挑战[57]。如何转变经济增长方式，根据各地的资源环境承载能力和基础设施支撑条件等，引导我国的产业发展和规划走向健康、有序之路；如何构建一个疏密有致、集约化、高效化、节约型的产业发展空间；如何协调资源环境与产业发展的关系等问题，是摆在政府及学者面前的难题[58]。

本书借鉴前人在产业结构以及土地利用研究的基础上，以广西北部湾经济区为研究对象，通过对产业结构与土地利用变化动态、产业结构优化度、土地利用集约度、产业结构与土地利用之间的耦合度等方面的研究，提出广西北部湾经济区产业结构与土地利用之间的耦合机制。

2. 产业结构优化度的评价方法

1）模糊综合评价模型

模糊综合评价是以模糊变换的原理为基础，对研究对象综合的判断和评价，是一种较为新颖的方法。它是美国自动控制专家查德（Zadeh）在 1965 年第一次提出[59]，此理论一出，便受到了社会各界研究者的青睐，广泛地运用于自然科学和社会科学领域。综合评价就是对受到多个因素影响的事物或对象做出一个总体的评价，平时的生活和研究过程中经常用到这种评价方法，采用模糊综合评价模型对研究对象进行评价，其最大优点是评价结果能够较为准确地反映实际情况[60]。

在地理学中的资源与环境问题、环境生态问题、区域产业结构优化问题等经常用到模糊综合分析模型。模糊综合分析模型通过将定性问题转化为定量化的推理模式来评价客观事物，运用模糊综合分析法处理各种不能用精确定量方法描述的诸多情况有特别的优势，所以它在研究领域受到专家学者的青睐。

2）模糊综合评价模型测算优化度

运用模糊综合评价模型测算产业结构的优化度，首先要对选取的指标赋权重，本书采用熵值赋权重法确定产业结构指标权重。熵主要用于信息论中，它是对信息的不确定性的一种度量。熵值与不确定性成正比关系，信息量与熵值成反比关系，信息量与不确定性亦成反比关系。因此，研究过程中可以采用计算熵值来对一个事件的概率做出评价。确定指标权重是构建模糊综合评价模型的基础，而模糊综合评价模型具有单层次和多层次之分。当评价的事物属于单层次结构类型时，应该采用单层次模糊评价模型；当评价的事物属于多层次结构类型时，应该采用多层次模糊评价模型。多层次模糊评价模型具有多层结构，也就是说评价目标是一级因素，它还包含二级、三级或者更多级别因素。在研究过程中这种评价模型遵循循序渐进的思想，即首先对最小级别的每个指标做出评价，然后在基于最小指标的评价结果基础上对上一级指标做出评价，最后是对一级指标做出评价得出结果。本书在评价经济区产业结构的过程中选取 1 个一级指标、3 个二级指标和 25 个三级指标组成评价指标体系，广西北部湾经济区产业结构优化的指标体系见表 11.1。

表 11.1　产业结构优化评价指标体系

目标层	准则层	指标层	单位
广西北部湾经济区产业结构优化评价（A）	产业结构高度性（B1）	霍夫曼比例（C1）	%
		人均固定资产投资（C2）	元
		进出口比例（C3）	%
		基础产业超前系数（C4）	%
		人才密度指数（C5）	%
		人口密集度（C6）	人/km²
		第三产业增长速度（C7）	%
	产业结构合理性（B2）	第一、二产业与第三产业结构比例（C8）	%
		单位耕地面积化肥使用量（C9）	hm²/t
		高新技术产业增加值（C10）	%
		能源消费弹性系数（C11）	%
		第三产业贡献指数（C12）	%
		重化工程度指数（C13）	%
		经济区 GDP 占总 GDP 比重（C14）	%

续表

目标层	准则层	指标层	单位
广西北部湾经济区产业结构优化评价（A）	产业结构合理性（B2）	建筑业技术装备系数（C15）	元/人
		工业成本费用利润率（C16）	%
		固定资产投资增长率（C17）	%
		工业增加值增长速度（C18）	%
		第二、三产业从业人员比重（C19）	%
		第二产业产值比重（C20）	%
	产业结构绿色性（B3）	有效灌溉面积增长率（C21）	%
		入境旅游者增长率（C22）	%
		城市绿化覆盖面积（C23）	hm^2
		三废综合利用产品产值（C24）	万元
		工业废水排放达标率（C25）	%

产业结构优化评价指标体系中二级指标产业结构高度性（B1）包括 7 个三级指标：霍夫曼比例（C1）、人均固定资产投资（C2）、进出口比例（C3）、基础产业超前系数（C4）、人才密度指数（C5）、人口密集度（C6）、第三产业增长速度（C7）。

其中，霍夫曼比例表示工业内部产业结构演进的高度化程度的指标，计算公式如下：

$$霍夫曼比例系数 = \frac{消费资料工业净产值}{生产资料工业净产值} \times 100\% \qquad (11.1)$$

由于广西北部湾经济区没有关于消费资料和生产资料的统计数据，本书用第二、三产业产值代替计算。基础产业是指在一个国家或区域范围内在国民经济中处于基础地位的产业，是其他产业发展的基础，对其他产业起到制约和决定作用。如农业、工业、交通业、运输业、建筑业等，基础产业超前系数的计算公式如下：

$$基础产业超前系数 = \frac{基础产业产值增长率}{国内生产总值增长率} \times 100\% - 1 \qquad (11.2)$$

人才密度指数指在一定区域或本系统内，人才资源在总人口资源中所占的比重，人才密度指数越高，说明总人口中人才越多，人才越多，所需就业岗位越多，就业能力就越低，计算公式如下：

$$人才密度指数 = \frac{区域人才资源}{总人口资源} \times 100\% \qquad (11.3)$$

产业结构优化评价指标体系中二级指标产业结构合理性（B2）包括 13 个三级指标：第一、二产业与第三产业结构比例（C8），单位耕地面积化肥使用量（C9），高新技术产业增加值（C10），能源消费弹性系数（C11），第三产业贡献率（C12），重化工程度指数（C13），经济区 GDP 占总 GDP 比重（C14），建筑业技术装备系数（C15），工业成本费用利润率（C16），固定资产投资增长率（C17），工业增加值增长速度（C18），第二、三产业从业人员比重（C19），第二产业产值比重（C20）。

其中，高新技术产业是指以高新技术为基础的产业，用于研究、开发、生产高新产品，高新技术产业是知识密集型、技术密集型产业，一般包括电子信息产业、生物制药产业、新材料产业，计算公式如下：

$$高新技术产业增加值 = \frac{本年高新技术产业产值 - 上一年高新技术产业产值}{上一年高新技术产业产值} \times 100\%$$

$$(11.4)$$

能源消费弹性系数是反映能源消费增长速度与国民经济增长速度之间比例关系的指标，计算公式如下：

$$能源消费弹性系数 = \frac{能源消费量年平均增长速度}{国民经济年平均增长速度} \times 100\% \qquad (11.5)$$

第三产业贡献指数是指第三产业对 GDP 增长的贡献率，计算公式如下：

$$第三产业贡献指数 = \frac{第三产业增加值}{国民生产总值增量} \times 100\% \qquad (11.6)$$

重化工程度指数是指为国民经济各部门提供物质技术基础的主要生产资料的重工业与为国民经济各部门提供生活消费品和制作手工工具的轻工业之间的产值比例，计算公式如下：

$$重化工程度指数 = \frac{重工业产值}{轻工业产值} \times 100\% \qquad (11.7)$$

建筑行业技术装备系数是指年末建筑业企业自有机械设备净值与年末全部职工人数的比值，计算公式如下：

$$建筑业技术装备系数 = \frac{年末建筑业企业自有机械设备净值}{年末全部职工人数的比值} \times 100\% \qquad (11.8)$$

工业成本费用利润指在一定时期内实现的利润与成本费用之比，是反映工业生产成本与费用投入的经济效益指标，同时也是反映降低成本的经济效益的指标，计算公式如下：

$$工业成本费用利润率 = \frac{利润总额}{成本费用总额} \times 100\% \qquad (11.9)$$

产业结构优化评价指标体系中二级指标产业结构绿色性（B3）包括 5 个三级指标：有效灌溉面积增长率（C21）、入境旅游者增长率（C22）、城市绿化覆盖面积（C23）、三废综合利用产品产值（C24）、工业废水排放达标率（C25）。

有效灌溉面积是指具有一定的水源，地块比较平整，灌溉工程或设备已经配套，在一般年景下当年能够进行正常灌溉的耕地面积。在一般情况下，有效灌溉面积应等于灌溉工程或设备已经配套，能够进行正常灌溉的水田和水浇地面积之和，有效灌溉面积增长率计算公式如下：

$$有效灌溉面积增长率 = \frac{本年度有效灌溉面积 - 上一年度有效灌溉面积}{上一年度有效灌溉面积} \times 100\%$$

$$(11.10)$$

三废综合利用产品产值是指利用三废（废液、废气、废渣）作为主要原料生产的产品价值（现行价）；已经销售或准备销售的应计算产品价值，留作生产自用的不应计算产品价值，计算公式如下：

$$三废综合利用产品产值 = 废液产品价值 + 废气产品价值 + 废渣产品价值 \qquad (11.11)$$

工业废水排放达标率是指城市（地区）工业废水排放达标量占其工业废水排放总量的

百分比；工业废水排放达标量是指各项指标都达到国家或地方排放标准的外排工业废水量，包括未经处理外排达标和经过处理后外排达标两部分，工业废水达标率计算公式如下：

$$工业废水排放达标率 = \frac{工业废水排放达标量}{工业废水排放总量} \times 100\% \qquad (11.12)$$

11.2.2　土地利用的理论和集约度评价方法

1. 土地利用的理论

土地是人类活动的基础，是物质资料的来源和人类的起源，土地利用影响人类的社会活动，对社会经济的发展起到至关重要的作用。土地利用随着人类的出现而产生，人口的增长对用地的需求与土地资源的稀缺性之间的矛盾日益紧张，为了缓解人地之间的矛盾，必须把人口与土地问题置于同等重要的位置加以解决。迄今为止，国内外学者对土地利用的界定有以下几种看法：一些学者认为，土地利用是一种经济活动过程，是人类运用主观意识作用于土地而获取物质产品和服务[61]；另一些学者认为，土地利用是指人们在土地上投入劳动力后获得某种回报[62]；还有一些学者认为，土地利用是自然存在和人为干预共同作用的结果[63]；更有一些学者认为，土地利用是指在时空变化过程中土地的表层的变迁[64]。综合以上观点，随着社会经济的飞速发展，在土地需求的刺激下，人类依据实际需要安排各种用地，总称为土地利用。人类社会的发展是一部人类不断适应土地，不断改造土地和不断利用土地的发展史，土地资源的稀缺性和对土地不断增加的需求性是土地利用研究的不变主题。

2. 土地利用集约度的评价方法

1) BP 神经网络法

神经网络基于现代化神经科学研究成果基础之上，它具有人脑功能的基本特性，但并不完全等同于人脑，它是对研究对象的抽象、简化与模拟研究过程。神经网络模仿生物大脑的结构和功能，采用数学和物理方法进行研究而构成的一种信息处理系统。神经网络具有的并行结构和并行处理能力、容错性、高度非线性、非精确性，以及自学习、自组织和自适应性等特点与人类智能特点相类似，使其不同于传统的计算机算法和人工智能方法[65]。1986 年由 Rumelhart 等[66]提出的误差反传（Error-Back Propagation，BP）神经网络（Artificial Neural Network，ANN）运用得最广泛。神经网络算法被运用到各种评价、预测工作中，其网络构成简单、映射能力强，整个过程是一个输入到输出的高度非线性映射[67]。通过不断地输入训练数据，得到输出数据，根据误差逆向修改网络权重，达到调整各个单元连接权值的目的，使网络输出误差稳定地收敛于一个范围[68]。

BP 神经网络是一种单向传播的网络系统，它的神经网络具有三层或者三层以上，最简单的网络模型由输入层、隐藏层和输出层组成[69]。

输入层用于输入样本，样本可以是模拟信号波形、图像、数据等。如果输入的是数据，应先将数据标准化至 [0, 1]。输入层不会改变输入的原始数据，同层神经元间无关联，异层神经元之间前向连接，输入层维度等于输入层指标个数。

隐藏层是输入层指标维数 n 映射到维数 m 的过程。隐藏层的数目选择是一个十分复杂的问题，往往要在实际的操作过程中不断地输入和调试，因而不存在固定的个数。但并不是隐藏层的数目越多越好，隐藏层单元数目多误差不一定最佳，隐藏层节点过多会导致软件需要很长运行时间，或导致电脑运行卡死。下面列出的几个公式可用于确定隐藏层个数。

（1）$\sum_{i=1}^{n} C_{n_1}^{i} > k$，其中，$k$ 为样本数，n_1 为隐单元数，n 为输入单元数。

（2）$n_1 = \sqrt{n+m} + a$，其中，m 为输出神经元数，n 为输入单元数，a 为 [1, 10] 的常数。

（3）$n_1 = \log_2 n$，其中，n 为输入单元数。

输出层是结果的输出，它的维数可根据实际情况而定，作为分类器而使用的 BP 神经网络，如果模式类别一共有 m 个，那么输出层神经元的个数为 m 或者 $\log_2 m$。

根据上面的分析，BP 神经网络模型结构图如图 11.2 所示，图中圆圈表示各层神经元。

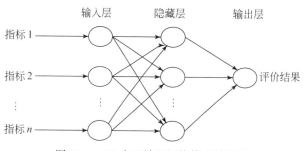

图 11.2　BP 人工神经网络模型结构图

2）BP 神经网络模型测算集约度

运用 BP 神经网络模型测算土地的集约度要经过以下步骤。

（1）输入样本数据（import data）。样本数据主要用于 MATLAB R2012B 软件的训练。样本数据主要为土地数据，本书以广西北部湾经济区为研究对象，土地的数据主要为北部湾的南宁、北海、钦州、防城港四市 2005～2012 年的土地数据，广西北部湾经济区的土地数据数值大，为了便于软件识别和运算，需要对原始数据进行标准化处理。本书采用"极值化"标准化法。经过标准化处理，原始数据均转化为 [0, 1] 范围内的值。

（2）训练数据（training data）。将样本数据导入 MATLAB R2012B 软件训练，训练的目的在于为 MATLAB R2012B 软件提供数据基础，以便软件构建动态神经网络模型，在训练过程中，动态神经网络模型的误差会越来越小，达到一个极小值，这就是动态神经网络模型的拐点，此时应该停止对数据的训练。

（3）验证数据（validation data）。验证数据是用来验证神经网络模型的阈值以及参数在新的数据环境下不会再发生改变。

（4）测试数据（testing data）。测试数据主要用于测试网络的好与不好。

（5）输入指标数据（input index data），求出土地利用的集约度。以建立好的神经网络模型为基础，输入指标数据得出评价结果。指标数据为评价体系的标准化值，土地集约利用评价指标体系见表 11.2。

表 11.2　土地集约利用评价指标体系

目标层	准则层	指标层	单位
土地集约利用评价（A）	土地利用合理性（B1）	人均耕地面积（C1）	亩/人
		人均建设用地（C2）	m^2/人
		复种指数（C3）	%
		土地垦殖率（C4）	%
		农用地面积比重（C5）	%
		建设用地面积比重（C6）	%
		森林覆盖率（C7）	%
		单位耕地面积化肥使用量（C8）	hm^2/t
		有效灌溉面积（C9）	$10^3 hm^2$
	土地利用经济性（B2）	商品房销售面积（C10）	万 m^2
		第一产业占 GDP 比重（C11）	%
		工业占 GDP 比重（C12）	%
		农民人均纯收入（C13）	元
		单位建设用地固定资产投资强度（C14）	万元/hm^2
		人均财政收入（C15）	元/人
		城镇居民家庭恩格尔系数（C16）	%
		单位耕地面积粮食产量（C17）	kg/hm^2
	土地利用社会性（B3）	人口自然增长率（C18）	%
		人均粮食占有量（C19）	kg/人
		农村人均住房面积（C20）	m^2/人
		人口密度（C21）	人/km^2
		经济区 GDP 占全区域 GDP 比重（C22）	%
		城乡居民收入比重（C23）	%
		城镇人口比重（C24）	%
		公路里程（25）	km

评价指标体系涉及数据多、数据量大、数据之间相互影响制约，需要对原始数据标准化处理，在指标标准化时，将评价指标分为三种效应类型，一是正向类型指标（+），这类现状值越高越好，与经济发展呈正相关关系，如农民人均纯收入、交通通达度、森林覆盖率等；二是负向类型指标（−），这类现状值越低越好，与社会经济发展呈负相关关系，

如化肥的使用率、旱地面积比重、工业废水排放率、耕地的减少率、农村居民家庭恩格尔系数等；三是中性类型指标，这类指标适中为宜，如人口的自然增长率等。以上三种类型的指标分别采用不同的标准化方法[70]。将原始数据转化到 [0, 1] 区间，便于后续在神经网络中的计算。

11.2.3 产业结构与土地利用的理论和耦合度评价方法

1. 产业结构与土地利用的理论

在国内，将产业结构作为单独研究对象，或者将土地利用作为研究对象已取得了丰硕的成果，而将产业结构与土地利用结合起来研究还处于初级阶段。关于两者之间的研究，江西师范大学经济学院硕士研究生熊华在其导师但承龙的指导下完成了硕士论文《海南省土地利用结构与产业发展关系研究》，文章以土地利用分类为基础，从产业视角对土地利用重新分类，分析了三次产业用地的数据，提出一些建议和意见。丁安民、廉文娟在《产业视角下的土地配置分析及探讨——以深圳市怀德社区为例》总结了土地资源配置存在的问题和产业结构的现状，对怀德社区的产业与土地利用进行一些探讨。韩峰、王琢卓、杨海余在资源科学上发表了《产业结构对城镇土地集约利用的影响研究》一文，基于STIRPAT 模型的基础上，采用 Least Square Method 实证分析产业结构对土地利用的影响。

2. 产业结构与土地利用耦合度评价方法

1）灰色关联度模型

灰色关联度是灰色系统理论的主要内容，根据曲线间的相似程度来判断因素间的关联程度是灰色关联度的基本思想，因此灰色关联度模型属于几何的范畴，是一种几何的比较。客观世界，既是物质世界又是信息世界。它既包含大量的已知信息，也包含大量的未知信息。未知信息称为黑色信息，已知信息称为白色信息，既含有已知信息又含有未知和非确定信息的系统称为灰色系统。灰色系统理论是我国学者邓聚龙教授首创的一种系统科学理论，它主要包括灰色系统建模理论、灰色规划方法、灰色系统控制理论、灰色关联分析方法、灰色预测方法、灰色决策方法等[71]。在地理系统中，许多因素的关系是灰色的，人们很难分清哪些因素是主导因素，哪些是非主导因素，哪些因素之间关系密切，哪些不密切，灰色关联分析为解决这类问题提供了一种有效的方法[72]。

2）灰色关联度模型测算耦合度

本书基于灰色系统理论，运用灰色关联度模型测算产业结构与土地利用的耦合度，步骤如下：

设 x_1, $x_2 \cdots$, x_n 为 N 个因素，反映各因素变化特征的数据列分别为 $\{x_1(t)\}$, $\{x_2(t)\}$, $\cdots$, $\{x_n(t)\}$, $t = 1, 2, \cdots, M$, 因素 x_j 对 x_i 的关联度系数定义为

$$\varepsilon_{ij} = \frac{\Delta_{\min} + k\Delta_{\max}}{\Delta_{ij}(t) + k\Delta_{\max}} (t = 1, 2, \cdots, M) \tag{11.13}$$

式中，ε_{ij} 为因素 x_j 对 x_i 在 t 时刻的关联系数；其中，

$$\Delta_{ij}(t) = |x_i(t) - x_j(t)|$$
$$\Delta_{max} = \max_i \max_j \Delta_{ij}(t)$$
$$\Delta_{min} = \min_i \min_j \Delta_{ij}(t)$$

k 为 $[0,1]$ 区间上的灰数。不难看出，$\Delta_{ij}(t)$ 的最小值是 Δ_{min}，当它最小时，关联系数 $\varepsilon_{ij}(t)$ 取最大值 $\max_i \varepsilon_{ij}(t) = 1$；$\Delta_{ij}(t)$ 的最大取值为 Δ_{max}，当它最大时，关联系数 $\varepsilon_{ij}(t)$ 取最小值。

$$\min_i \varepsilon_{ij}(t) = \frac{1}{1+k} \cdot \left(k + \frac{\Delta_{min}}{\Delta_{max}}\right)$$

可见，$\varepsilon_{ij}(t)$ 是一个有界的离散函数。若取灰数的白值化为 1，则有

$$\frac{1}{2}\left(1 + \frac{\Delta_{min}}{\Delta_{max}}\right) \leqslant \varepsilon_{ij}(t) \leqslant 1$$

在实际计算时，可取 $\Delta_{min} = 0$，这时有

$$0 \leqslant \varepsilon_{ij} \leqslant 1$$

作出函数 $\varepsilon_{ij} = \varepsilon_{ij}(t)$ 随时间变化的曲线，它称为关联曲线。水平线说明任何时刻的关联系数都为 1，它代表 x_i 与 x_i 本身的关联曲线 $\varepsilon_i = 1$，因为自己与自己总可以认为是密切关联的。

将曲线 $\varepsilon_{ij}(t)$ 与 $\varepsilon_{ii}(t)$ 和坐标轴围成的面积分别记为 s_{ij} 和 s_{ii}，则定义 x_j 对 x_i 的关联度为

$$r_{ij} = \frac{s_{ij}}{s_{ii}}$$

显然 $s_{ii} = 1 \times M = M$，所以可以进一步缩写成

$$r_{ij} = \frac{s_{ij}}{M}$$

在实际计算中，常用近似公式

$$r_{ij} \approx \frac{1}{M} \sum_{i=1}^{M} \varepsilon_{ij}(t)$$

作为关联度的计算公式。

11.3　研究区概况、数据来源及处理

11.3.1　广西北部湾经济区概况

1. 自然条件概况

1）地理位置

广西北部湾经济区位于中国大陆海岸线的最南端，介于北纬 $20°06' \sim 24°02'$，东经

107°32′~109°56′之间，海岸线长 1595km，是我国近期对外开放的重点区域，处在东南亚、西南六省镇区、粤港澳的十字路口，广西北部湾经济区位于广西南部，包括南宁、北海、钦州、防城港四个行政区域，并规划建设玉林、崇左两市的交通物流基地，土地面积42500km²。广西北部湾经济区联结了东盟经济圈、西南经济圈、华南经济圈，它是西部大开发地区唯一的沿海经济区，也是我国与东盟国家不仅陆地相连，而且海上相通的经济区，具有优越的地理位置和重要的战略地位。广西北部湾经济区地理位置及行政区划如图11.3 所示。

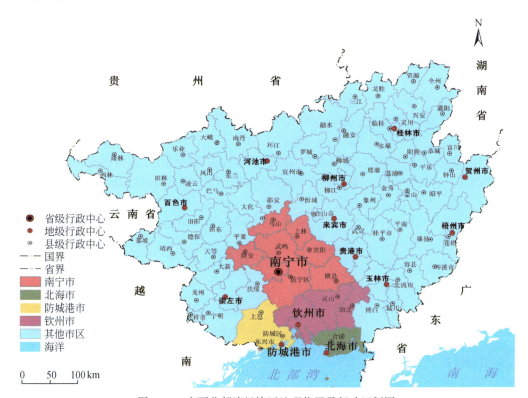

图 11.3　广西北部湾经济区地理位置及行政区划图

2）资源状况

广西北部湾经济区拥有众多天然深水港口、丰富的旅游资源、浩瀚的海洋生物资源、富足的矿产资源、可观的能源资源、珍贵的动植物资源等。其经济腹地广阔，辐射范围深远，是我国与东盟国家的连接纽带。

3）气候

广西北部湾经济区属亚热带季风气候区，年均温22.7℃，气候温暖，雨水充沛，光照充足。雨热同期给这个区域的植物提供了良好的生长环境，农作物能够实现一年两季，植物生长茂盛，森林覆盖率超过45％，空气质量好，是一个适合居住的区域。

4）水资源

广西北部湾经济区水资源较为丰富。区域内河流众多，支流干流汇集成广阔的流域，区域内降水充沛，为河流的水源补给提供了天然的保障。

5）土壤

参考广西土壤普查资料，按土壤形成条件、成土过程和属性进行划分，广西北部湾经济区土壤类型主要分为赤红壤、砖红壤、石灰土、紫色土、水稻土等。土壤类型比较丰富，为综合开发利用土地资源提供了有利的条件。

6）植被

广西北部湾经济区属南亚热带季风气候，植被分类上属于桂南植被区，生长着热带和亚热带的季雨林。但气候中的水热条件受地形影响而分布不均匀，植被生长有异，主要分为次生常绿季雨林类型，温凉湿润气候灌木类型、天然草地植被类型，人工植被类型。

2. 社会经济概况

广西北部湾经济区包括南宁、北海、钦州、防城港四市。广西北部湾经济区四市与广西的其他城市逐步形成了以大城市为中心，中等城市为骨干，小城市为基础的大中小城市相结合的多层次城镇网络体系。加快推进广西北部湾经济区开放开发，有利于推动广西经济社会全面进步，从整体上带动和提升民族地区发展水平，振兴民族经济，巩固民族团结，保障边疆稳定。

1）人口概况

2012 年广西总人口 5240.00 万人，2012 年广西北部湾经济区总人口 1335.97 万人，平均城镇化率为 43.06%，城镇人口为 599.45 万人，比全区高出 3.2 个百分点。其中，南宁市总人口为 699.08 万人，城镇人口 323.18 万人，城镇化率为 46.23%；2012 年北海市总人口为 164.41 万人，城镇人口 74.59 万人，城镇化率为 45.37%；2012 年钦州市总人口为 385.22 万人，城镇人口 139.72 万人，城镇化率为 36.27%；2012 年防城港市总人口 87.26 万人，城镇人口 38.21 万人，城镇化率为 43.79%。广西北部湾经济区人口统计数据见表 11.3。

表 11.3　广西北部湾经济区 2012 年人口统计表

地区	总人口/万人	占广西人口比例/%
南宁市	699.08	13.34
北海市	164.41	3.14
钦州市	385.22	7.35
防城港市	87.26	1.67
广西北部湾经济区	1335.97	25.50
广西	5240.00	100

数据来源：广西统计年鉴和广西北部湾网

2）生产总值概况

2012 年广西生产总值为 13035.10 亿元，广西北部湾经济区生产总值 4268.58 亿元，占广西的 32.75%。其中，2012 年南宁市生产总值为 2503.18 亿元，占广西北部湾经济区的 58.64%；2012 年北海市生产总值为 630.09 亿元，占广西北部湾经济区的 14.76%；2012 年钦州市生产总值为 691.32 亿元，占广西北部湾经济区的 16.20%；2012 年防城港市生产总值为 443.99 亿元，占广西北部湾经济区的 10.40%，广西北部湾经济区四市中南宁的生产总值占的比重最大，然后是钦州市，其次是北海市，比重最小的是防城港市。2012 年广西北部湾经济区生产总值统计数据见表 11.4 和图 11.4。

表 11.4 2012 年广西北部湾经济区生产总值统计数据

地区	产值/亿元
广西	13035.10
广西北部湾经济区	4268.58
南宁市	2503.18
北海市	630.09
钦州市	691.32
防城港市	443.99

数据来源：广西统计年鉴和广西北部湾网

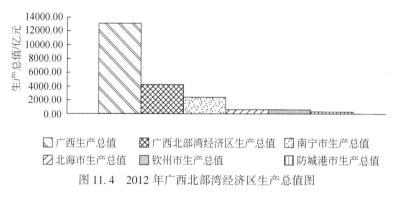

图 11.4 2012 年广西北部湾经济区生产总值图

11.3.2 广西北部湾经济区产业结构现状和土地利用现状

1. 广西北部湾经济区产业结构现状

广西北部湾经济区成立以来，经过八年多的不懈努力，经济区建设取得了令人欣慰的成果。它是我国近期对外开放的重点区域，在国家战略的支持和自治区一系列政策措施的指导下，广西北部湾经济区引领广西经济向前推进，经济与效益稳健协调增长，经济成果显著，呈现一副生机勃勃、欣欣向荣的景象。2012 年广西北部湾经济区生产总值为 4316.36 亿元，占广西的 33.12%，相比上一年增加了 680.41 亿元，生产总值指数为

118.96%。其中，南宁市 2012 年地区生产总值为 2503.55 亿元，相比上一年增加了291.74 亿元，生产总值指数为 112.3%；北海市 2012 年地区生产总值为 630.09 亿元，相比上一年增加了 131.78 亿元，生产总值指数为 121.7%；钦州市 2012 年地区生产总值为691.32 亿元，相比上一年增加了 226.67 亿元，生产总值指数为 111.8%；防城港市 2012年地区生产总值为 457.53 亿元，相比上一年增加了 30.22 亿元，生产总值指数为112.2%，广西北部湾经济区 2005～2012 年地区生产总值统计数据见表 11.5。

表 11.5 广西北部湾经济区 2005～2012 年地区生产总值统计表 （单位：亿元）

年份	广西生产总值	广西北部湾经济区生产总值	南宁市生产总值	北海市生产总值	钦州市生产总值	防城港市生产总值
2005	3984.10	1179.67	727.90	164.61	188.02	99.14
2006	4746.16	1418.09	880.11	179.25	235.95	122.78
2007	5823.41	1764.60	1089.07	225.95	286.67	162.91
2008	7021.00	2156.02	1320.43	276.50	345.75	213.34
2009	7759.16	2492.99	1524.71	321.06	396.18	251.04
2010	9569.85	3042.76	1800.26	401.41	520.67	320.42
2011	11720.87	3588.17	2211.44	498.31	464.65	413.77
2012	13035.10	4268.58	2503.18	630.09	691.32	443.99

数据来源：广西统计年鉴和广西北部湾网

2012 年，广西第一产业生产总值为 2172.37 亿元，广西北部湾经济区第一产业生产总值为 680.30 亿元，占广西生产总值的 31.31%，其中南宁市生产总值为 322.96 亿元，占北部湾经济区的 47.47%，北海市生产总值为 127.37 亿元，占北部湾经济区的 18.72%，钦州市生产总值为 168.81 亿元，占北部湾经济区的 24.81%，防城港市生产总值为 61.16亿元，占北部湾经济区的 8.99%，广西北部湾经济区 2005～2012 年第一产业生产总值统计数据见表 11.6。

表 11.6 广西北部湾经济区 2005～2012 年第一产业生产总值统计表

（单位：亿元）

年份	广西第一产业生产总值	广西北部湾经济区第一产业生产总值	南宁市第一产业生产总值	北海市第一产业生产总值	钦州市第一产业生产总值	防城港市第一产业生产总值
2005	912.50	278.50	124.25	51.76	76.45	26.04
2006	1032.47	314.25	144.34	56.08	84.29	29.54
2007	1241.35	371.74	178.00	63.53	97.34	32.87
2008	1453.75	417.93	203.11	70.60	107.77	36.45
2009	1458.49	413.37	212.38	77.07	114.04	9.88
2010	1675.06	511.24	244.43	87.17	132.21	47.43
2011	2047.23	635.05	305.55	115.73	156.01	57.76
2012	2172.37	680.30	322.96	127.37	168.81	61.16

数据来源：广西统计年鉴和广西北部湾网

2012 年，广西第二产业生产总值为 6247.43 亿元，广西北部湾经济区第二产业生产总值为 1787.21 亿元，占广西生产总值的 28.61%，其中南宁市生产总值为 960.75 亿元，占北部湾经济区的 53.76%，北海市生产总值为 303.75 亿元，占北部湾经济区的 17.00%，钦州市生产总值为 289.15 亿元，占北部湾经济区的 16.18%，防城港市生产总值为 233.56 亿元，占北部湾经济区的 13.07%，广西北部湾经济区 2005～2012 年第二产业生产总值统计数据见表 11.7。

表 11.7　广西北部湾经济区 2005～2012 年第二产业生产总值统计表　　　（单位：亿元）

年份	广西第二产业生产总值	广西北部湾经济区第二产业生产总值	南宁市第二产业生产总值	北海市第二产业生产总值	钦州市第二产业生产总值	防城港市第二产业生产总值
2005	1510.68	367.74	231.21	49.81	51.50	35.22
2006	1878.56	484.68	297.31	59.32	79.50	48.55
2007	2425.29	615.46	372.27	71.79	98.69	72.71
2008	3037.74	778.77	457.94	96.60	124.85	99.38
2009	3381.54	912.17	527.46	118.40	141.38	124.93
2010	4511.68	1198.04	651.88	167.88	218.51	159.77
2011	5675.32	1545.34	829.61	207.40	290.70	217.63
2012	6247.43	1787.21	960.75	303.75	289.15	233.56

数据来源：广西统计年鉴和广西北部湾网

2012 年，广西第三产业生产总值为 4615.30 亿元，广西北部湾经济区第三产业生产总值为 1803.08 亿元，占广西生产总值的 39.07%，其中南宁市生产总值为 1219.48 亿元，占北部湾经济区的 67.63%，北海市生产总值为 198.97 亿元，占北部湾经济区的 11.04%，钦州市生产总值为 235.35 亿元，占北部湾经济区的 13.05%，防城港市生产总值为 149.48 亿元，占北部湾经济区的 8.28%，广西北部湾经济区 2005～2012 年第三产业生产总值统计数据见表 11.8。

表 11.8　广西北部湾经济区 2005～2012 年第三产业生产总值统计表　　　（单位：亿元）

年份	广西第三产业生产总值	广西北部湾经济区第三产业生产总值	南宁第三产业生产总值	北海第三产业生产总值	钦州第三产业生产总值	防城港第三产业生产总值
2005	1560.92	533.43	372.44	63.04	60.08	37.87
2006	1835.12	619.16	438.46	63.85	72.15	44.70
2007	2156.76	777.40	538.8	90.62	90.65	57.33
2008	2529.51	959.32	659.39	109.30	113.13	77.50
2009	2919.13	1137.46	784.88	125.59	140.76	86.23

续表

年份	广西第三产业生产总值	广西北部湾经济区第三产业生产总值	南宁第三产业生产总值	北海第三产业生产总值	钦州第三产业生产总值	防城港第三产业生产总值
2010	3383.11	1333.46	903.94	146.36	169.95	113.21
2011	3998.33	1589.92	1076.28	175.38	199.91	138.35
2012	4615.30	1803.08	1219.48	198.97	235.35	149.28

数据来源：广西统计年鉴和广西北部湾网

2012 年广西三大产业生产总值的比重分别为 16.67%、47.93%、35.41%，广西第二产业占的比重最大，广西北部湾经济区三大产业生产总值的比重分别为 15.93%、41.85%、42.22%，广西北部湾经济区第三产业占的比重最大。广西北部湾产业结构发生了变化，第三产业在国民经济中占的比重随着北部湾经济区的发展越来越大，第三产业略大于第二产业，而第一产业在广西北部湾经济区的国民经济中的比重逐年降低。广西北部湾经济区三大产业结构产值变化趋势如图 11.5 所示。

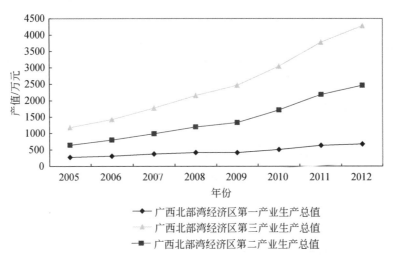

图 11.5　广西北部湾经济区三大产业结构产值变化趋势图

2012 年，广西财政收入为 1810.14 亿元，广西北部湾经济区财政收入为 713.68 亿元，占广西生产总值的 39.43%，其中南宁市财政收入为 422.00 亿元，占北部湾经济区的 59.13%，北海市财政收入为 100.10 亿元，占北部湾经济区的 14.03%，钦州市财政收入为 139.20 亿元，占北部湾经济区的 19.50%，防城港市财政收入为 52.38 亿元，占北部湾经济区的 7.34%，广西北部湾经济区 2005～2012 年财政收入统计数据见表 11.9。

表 11.9　广西北部湾经济区 2005～2012 年财政收入统计表　（单位：亿元）

年份	广西财政收入	广西北部湾经济区财政收入	南宁市财政收入	北海市财政收入	钦州市财政收入	防城港市财政收入
2005	283.04	141.64	100.22	19.27	14.11	8.04

续表

年份	广西财政收入	广西北部湾经济区财政收入	南宁市财政收入	北海市财政收入	钦州市财政收入	防城港市财政收入
2006	342.58	171.22	120.36	23.10	17.17	10.59
2007	703.88	220.19	150.84	30.03	23.56	15.76
2008	843.30	272.82	191.87	27.03	32.00	21.92
2009	966.88	332.53	231.37	35.75	38.02	27.39
2010	128.61	441.47	300.88	47.10	58.37	35.12
2011	1542.23	588.47	363.52	57.50	123.10	44.35
2012	1810.14	713.68	422.00	100.10	139.20	52.38

数据来源：广西统计年鉴和广西北部湾网

2012 年广西工业总产值为 5167.52 亿元，比上年增长 421.64 亿元，涨幅为 8.88%，2012 年广西北部湾经济区工业总产值为 1408.76 亿元，比上年增长 179.85 亿元，涨幅为 14.63%，涨幅比全区高 5.75 个百分点，占全区工业产值的比重达 27.26%，广西北部湾经济区 2005~2012 年工业产值统计数据见表 11.10。

表 11.10　　广西北部湾经济区 2005~2012 年工业生产总值入统计表　　（单位：亿元）

年份	广西工业生产总值	广西北部湾经济区工业生产总值	南宁工业生产总值	北海工业生产总值	钦州工业生产总值	防城港工业生产总值
2005	1281.99	278.19	165.18	41.64	41.65	29.72
2006	1617.20	381.40	221.29	50.36	68.52	41.23
2007	1760.50	496.05	284.09	61.32	86.30	64.34
2008	1662.40	630.08	352.27	82.50	107.37	87.94
2009	2804.52	724.33	395.80	100.70	118.10	109.73
2010	3942.93	954.80	483.78	144.92	187.91	138.19
2011	4745.88	1228.91	612.59	176.10	252.90	187.32
2012	5167.52	1408.76	706.11	267.77	237.24	197.64

数据来源：广西统计年鉴和广西北部湾网

从数据上来看，广西北部湾经济区在近几年的发展呈上升的趋势，但是也存在着不少的问题。

（1）高新技术产业发展较快，但结构单一。广西北部湾经济区自 2006 年成立以来，高新技术企业的个数平稳增长，从业人员数基本保持稳定上升。但是，从高技术产业总量排位及所占比例看，增加值在全国排位处于下游水平，在第 20 位以后。广西北部湾经济区高新技术产业存在着结构过于单一的缺陷，广西北部湾经济区在高技术产业中表现较为突出的行业是医药制造业、电子及通信设备制造业、医疗设备及仪器仪表制造业，其他高新技术产业不突出。

（2）高新技术产业对国民经济的贡献不突出。衡量工业产业结构优劣的要素之一是看高技术产业产值占制造业产值的比重。根据相关部门的统计资料显示，广西北部湾经济区高技术产业的总产值占广西制造业产值低于全国平均水平，广西北部湾经济区高技术产业在全国高技术产业的比重也很低。

（3）工业单位增加值能耗不降反增。根据相关的统计数据，2012 年广西 14 个市中，柳州、桂林、梧州、钦州、贵港、玉林、百色、贺州、来宾、崇左的万元工业增加值能耗同比分别下降 12.8%、18.4%、11.7%、0.8%、12.2%、6.3%、4.9%、15.4%、5.8%、10.1%；南宁、北海、防城港、河池未能实现下降，同比分别增长 1.6%、11.6%、3.0%、5.3%。广西北部湾经济区的四市中，只有钦州市的工业单位增加值能耗下降。

（4）进出口总额增长较快，出口增速明显低于进口。自从广西北部湾经济区的成立以来，以中国–东盟博览会为契机，经济区的进口总额逐年增长，虽然出口总额也在逐年增长，但是出口增速明显低于进口。

（5）工业能耗持续上升。由于新增企业较多对规模以上工业能耗增速拉动明显，再加上部分产品单耗较高直接影响规模以上工业能耗，节能降耗形势严峻。

2. 广西北部湾经济区土地利用现状

广西北部湾经济区 2005 年、2009 年、2012 年土地利用现状见附表 6、附表 7、附表 8。

1）南宁市土地利用现状

根据 2013 年土地利用现状变更调查数据，南宁市 2012 年土地总面积为 2209930.54hm²，其中农用地面积为 1871178.18hm²，占土地总面积的 84.67%；建设用地面积为 168709.12hm²，占土地总面积的 7.63%，其他土地面积为 170043.24hm²，占土地总面积的 7.69%。

（1）农用地：面积为 1871178.18hm²，占土地总面积的 84.67%。其中，耕地面积为 686460.05hm²，占土地总面积的 31.06%；园地面积为 84483.08hm²，占土地总面积的 3.82%；林地面积为 975047.71hm²，占土地总面积的 44.12%；牧草地面积为 1263.04hm² 顷，占土地总面积的 0.06%；其他农用地面积为 123924.30hm²，占土地总面积的比重为 5.61%。

（2）建设用地：面积为 168709.12hm²，占土地总面积的 7.64%。其中，城乡建设用地面积为 115803.08hm²，占土地总面积的 5.24%；交通运输用地面积为 17875.65hm²，占土地总面积的 0.81%；水利设施及其他特殊用地面积为 35030.39hm²，占土地总面积的 1.59%。

（3）其他土地：总面积为 170043.24hm²，占土地总面积的 7.69%。其中，水域面积为 31371.76hm²，占土地总面积的 1.42%；自然保留地面积为 138671.48hm²，占土地总面积的 6.27%。

2012 年南宁市土地利用率为 86.7%，单位建设用地生产总值为 148.37 万元/hm²，单位建设用地第二产业产值为 56.95 万元/hm²，单位建设用地第三产业产值为 72.28 万元/hm²，全市耕地复种指数为 2.43，土地垦殖率为 31.06%，森林覆盖率为 44.12%，人均建设用地为 165.65m²/人。

南宁市 2012 年土地利用现状见表 11.11 和图 11.6。

表 11.11　南宁市 2012 年土地利用现状

一级地类	二级地类	面积/hm²	占总面积的比例/%	占一级地类的比例/%
农业用地	耕地	686460.05	31.06	36.69
	园地	84483.08	3.82	4.51
	林地	975047.71	44.12	52.11
	牧草地	1263.04	0.06	0.07
	其他农用地	123924.30	5.61	6.62
	小计	1871178.18	84.67	100.00
建设用地	城乡建设用地	115803.08	5.24	68.64
	交通运输用地	17875.65	0.81	10.60
	水利设施及其他特殊用地	35030.39	1.59	20.76
	小计	168709.12	7.64	100.00
其他土地	水域	31371.76	1.42	18.45
	自然保留地	138671.48	6.27	81.55
	小计	170043.24	7.69	100.00
合计		2209930.54		100.00

数据来源：南宁市国土资源局和南宁市统计年鉴

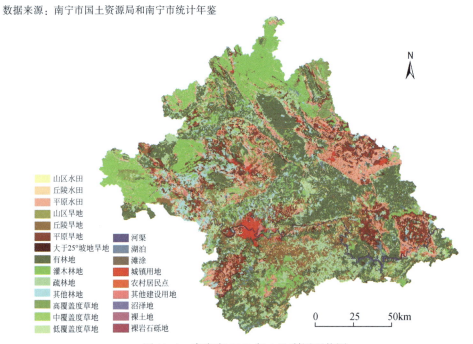

图 11.6　南宁市 2012 年土地利用现状图

2) 北海市土地利用现状

根据 2013 年土地利用现状变更调查数据，北海市 2012 年土地总面积为 26591.13hm²，其中农用地面积为 17665.11hm²，占土地总面积的 66.43%；建设用地面积为 3891.42hm²，占土地总面积的 14.63%，其他土地面积为 5034.60hm²，占土地总面积的 18.93%。

（1）农用地：面积为 17665.11hm²，占土地总面积的 66.43%。其中，耕地面积为 8306.96hm²，占土地总面积的 31.24%；园地面积为 452.02hm²，占土地总面积的 1.70%；林地面积为 6586.94hm²，占土地总面积的 24.77%；牧草地面积为 0.61hm²，占土地总面积的 0.00%；其他农用地面积为 2318.58hm²，占土地总面积的 8.72%。

（2）建设用地：面积为 3891.42hm²，占土地总面积的 14.63%。其中，城乡建设用地面积为 3064.06hm²，占土地总面积的 11.52%；交通运输用地面积为 313.40hm²，占土地总面积的 1.18%；水利设施及其他特殊用地面积为 513.96hm²，占土地总面积的 1.93%。

（3）其他土地：总面积为 5034.60hm²，占土地总面积的 18.94%。其中，水域面积为 4263.86hm²，占土地总面积的 16.04%；自然保留地面积为 770.74hm²，占土地总面积的 2.90%。

2012 年北海市土地利用率为 81.07%，单位建设用地生产总值为 1619.18 万元/hm²，单位建设用地第二产业产值为 780.56 万元/hm²，单位建设用地第三产业产值为 511.30 万元/hm²，全市耕地复种指数为 2.64，土地垦殖率为 31.24%，森林覆盖率为 24.77%，人均建设用地为 52.19m³/人。

北海市 2012 年土地利用现状见表 11.12 和图 11.7。

表 11.12　北海市 2012 年土地利用现状

一级地类	二级地类	面积/hm²	占总面积的比例/%	占一级地类的比例/%
农业用地	耕地	8306.96	31.24	47.02
	园地	452.02	1.70	2.56
	林地	6586.94	24.77	37.29
	牧草地	0.61	0.00	0.00
	其他农用地	2318.58	8.72	13.13
	小计	17665.11	66.43	100
建设用地	城乡建设用地	3064.06	11.52	78.74
	交通运输用地	313.40	1.18	8.05
	水利设施及其他特殊用地	513.96	1.93	13.21
	小计	3891.42	14.63	100.00
其他土地	水域	4263.86	16.04	84.69
	自然保留地	770.74	2.90	15.31
	小计	5034.60	18.94	100.00
合计		26591.13	100.00	

数据来源：北海市国土资源局和广西统计年鉴

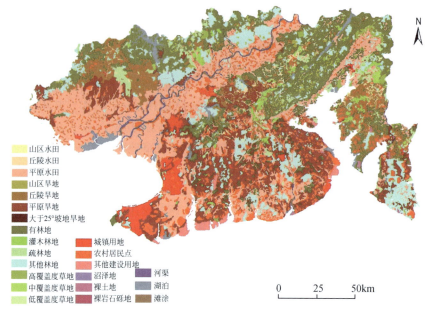

图 11.7　北海市 2012 年土地利用现状图

3）钦州市土地利用现状

根据 2013 年土地利用现状变更调查数据，钦州市 2012 年土地总面积为 72524.69hm²，其中农用地面积为 59049.08hm²，占土地总面积的 81.42%；建设用地面积为 5786.76hm²，占土地总面积的 7.98%，其他土地面积为 7688.85hm²，占土地总面积的 10.60%。

（1）农用地：面积为 59049.08hm²，占土地总面积的 81.42%。其中，耕地面积为 14135.50hm²，占土地总面积的 19.49%；园地面积为 8359.71hm²，占土地总面积的 11.23%；林地面积为 34199.70hm²，占土地总面积的 47.16%；牧草地面积为 0hm²，占土地总面积的 0.00%；其他农用地面积为 2354.17hm²，占土地总面积的 3.25%。

（2）建设用地：面积为 5786.76hm²，占土地总面积的 7.98%。其中，城乡建设用地面积为 3608.61hm²，占土地总面积的 4.97%；交通运输用地面积为 1149.98hm²，占土地总面积的 1.59%；水利设施及其他特殊用地面积为 1028.18hm²，占土地总面积的 1.42%。

（3）其他土地：总面积为 7688.85hm²，占土地总面积的 10.60%。其中，水域面积为 2167.63hm²，占土地总面积的 2.99%；自然保留地面积为 5521.22hm²，占土地总面积的 7.61%。

2012 年钦州市土地利用率为 89.40%，单位建设用地生产总值为 1194.66 万元/hm²，单位建设用地第二产业产值为 499.67 万元/hm²，单位建设用地第三产业产值为 406.70 万元/hm²，全市耕地复种指数为 2.55，土地垦殖率为 19.49%，森林覆盖率为 47.16%，人均建设用地为 41.42m²/人。

钦州市 2012 年土地利用现状见表 11.13 和图 11.8。

表 11.13　钦州市 2012 年土地利用现状

一级地类	二级地类	面积/hm²	占总面积的比例/%	占一级地类的比例/%
农业用地	耕地	14135.50	19.49	23.94
	园地	8359.71	11.52	14.16
	林地	34199.70	47.16	57.92
	牧草地	0	0.00	0.00
	其他农用地	2354.17	3.25	3.98
	小计	59049.08	81.42	100.00
建设用地	城乡建设用地	3608.61	4.97	62.36
	交通运输用地	1149.98	1.59	19.87
	水利设施及其他特殊用地	1028.18	1.42	17.77
	小计	5786.76	7.98	100.00
其他土地	水域	2167.6	2.99	28.19
	自然保留地	5521.22	7.61	71.81
	小计	7688.85	10.60	100.00
合计		72524.69	100.00	

数据来源：钦州市国土资源局和广西统计年鉴

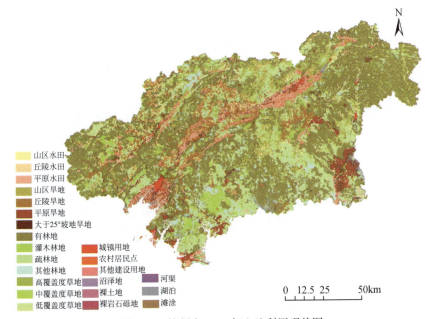

图 11.8　钦州市 2012 年土地利用现状图

4）防城港市土地利用现状

根据 2013 年土地利用现状变更调查数据，防城港市 2012 年土地总面积为 41546.50hm²，其中农用地面积为 34633.59hm²，占土地总面积的 83.36%；建设用地面积为 2519.95hm²，占土地总面积的 6.07%，其他土地面积为 4392.96hm²，占土地总面积的 10.57%。

（1）农用地：面积为 34633.59hm²，占土地总面积的 83.36%。其中，耕地面积为 6101.26hm²，占土地总面积的 14.68%；园地面积为 999.83hm²，占土地总面积的 2.41%；林地面积为 26388.99hm²，占土地总面积的 63.52%；牧草地面积为 0.29hm²，占土地总面积的 0.00%；其他农用地面积为 1143.22hm²，占土地总面积的 2.75%。

（2）建设用地：面积为 2519.95hm²，占土地总面积的 6.07%。其中，城乡建设用地面积为 1515.59hm²，占土地总面积的 3.65%；交通运输用地面积为 486.47hm²，占土地总面积的 1.17%；水利设施及其他特殊用地面积为 517.89hm²，占土地总面积的 1.25%。

（3）其他土地：总面积为 4392.96hm²，占土地总面积的 10.57%。其中，水域面积为 2270.34hm²，占土地总面积的 5.46%；自然保留地面积为 2122.62hm²，占土地总面积的 5.11%。

2012 年防城港土地利用率为 89.43%，单位建设用地生产总值为 1761.90 万元/hm²，单位建设用地第二产业产值为 926.84 万元/hm²，单位建设用地第三产业产值为 592.39 万元/hm²，全市耕地复种指数为 2.74，土地垦殖率为 14.69%，森林覆盖率为 63.52%，人均建设用地为 65.95m²/人。

防城港市 2012 年土地利用现状见表 11.14 和图 11.9。

表 11.14　防城港市 2012 年土地利用现状

一级地类	二级地类	面积/hm²	占总面积的比例/%	占一级地类的比例/%
农业用地	耕地	6101.26	14.68	17.62
	园地	999.83	2.41	2.89
	林地	26388.99	63.52	76.19
	牧草地	0.29	0.00	0.00
	其他农用地	1143.22	2.75	3.30
	小计	34633.59	83.36	100.00
建设用地	城乡建设用地	1515.59	3.65	60.14
	交通运输用地	486.47	1.17	19.31
	水利设施及其他特殊用地	517.89	1.25	20.55
	小计	2519.95	6.07	100.00
其他土地	水域	2270.34	5.46	51.68
	自然保留地	2122.62	5.11	48.32
	小计	4392.96	10.57	100.00
合计		41546.50	100.00	

数据来源：防城港市国土资源局和广西统计年鉴

5）广西北部湾经济区土地利用现状主要问题

（1）人均耕地面积偏小，耕地供需紧张形势日益严峻。2012 年广西北部湾经济区总人口为 1335.97 万人，人均耕地面积 0.80 亩/人，通过人口分析测算，到 2020 年经济区总人口约为 1427.56 万人，人均耕地将降至 0.75 亩/人。随着人口的增长，耕地供需紧张的

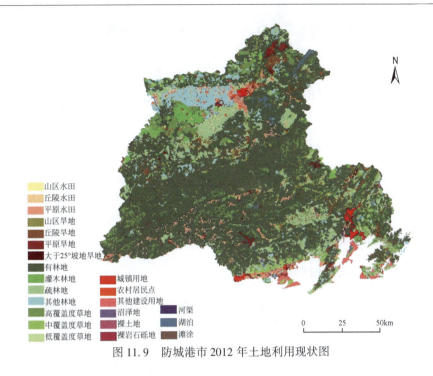

山区水田
丘陵水田
平原水田
山区旱地
丘陵旱地
平原旱地
大于25°坡地旱地
有林地
灌木林地　　　城镇用地
疏林地　　　　农村居民点
其他林地　　　其他建设用地
高覆盖度草地　沼泽地　　　河渠
中覆盖度草地　裸土地　　　湖泊
低覆盖度草地　裸岩石砾地　滩涂

0　　25　　50km

图 11.9　防城港市 2012 年土地利用现状图

形势将日益严峻。

（2）土地利用综合效益不高。2012 年广西北部湾经济区单位建设用地生产总值为 235.95 万元/hm²，虽然高于西江经济带、桂西资源富集区的同期平均水平，但是广西北部湾经济区的各个行政区单位建设用地生产总值存在较大差异；单位建设用地第二产业值为 77.87 万元/hm²，单位建设用地第三产业值为 99.67 万元/hm²，也处于较低水平，土地利用经济效益有待进一步提高。2012 年广西北部湾经济区耕地的垦殖率为 30.42%，耕地的利用率还有待提高；生态效益方面，广西北部湾经济区水土流失较为严重，土地整治项目有待继续推进。

（3）受土地类型的影响，土地后备资源不足。广西北部湾经济区其他土地面积占总面积的比重仅为 7.96%，而且以裸地、内陆滩涂为主，土地开发利用难度大，荒草地的面积小，后备土地资源较匮乏。

（4）土地利用结构不协调，土地供需矛盾有待调整。据 2013 年南宁市、北海市、钦州市、防城港市土地利用现状变更调查，广西北部湾经济区土地利用现状结构不够合理，农业用地、建设用地和其他土地的比例为 84：8：8，各类用地结构相差悬殊。土地利用内部结构亦不够合理，在农用地内部，耕地占 36.07%、园地占 4.76%、林地占 52.57%、牧草地占 0.06%、其他农用地占 6.54%，用地内部结构的不均衡直接影响各行业的综合平衡发展；在建设用地内部，城乡建设用地占 68.54%、交通运输用地占 10.96%、水利设施和其他特殊用地占 20.50%，农村居民点占地过大，城镇工矿用地规模偏小，影响城镇用地规模扩大和城镇化进程。

（5）规划城乡土地协调利用的任务重。推进区域土地协调利用，实现城乡协调发展，加快土地资源利用新格局的形成，以更严格的制度统筹区域土地利用。但是，广西北部湾经济区各市县经济社会发展的不平衡以及各行业、各区域土地利用目标的多元化，使得优化产业结构、集约节约利用土地更加困难。

11.3.3 广西北部湾经济区数据来源和处理

1. 广西北部湾经济区数据来源

本书的数据包括经济数据和土地数据，主要来源为广西师范学院图书馆、2006～2013年的《广西统计年鉴》、广西北部湾网、广西信息统计局、各市的国土资源局、广西科学技术厅、广西地理信息测绘局、广西工业化和信息委员会、广西壮族自治区政府网、北部湾环境演变与资源利用省部共建教育部重点实验室。

2. 广西北部湾经济区数据处理

广西北部湾经济区产业结构数据通过归一化处理后运用熵值法确定指标权重，再运用"降半阶梯函数"计算指标隶属度，最后运用模糊综合评价法测算经济区产业结构的优化度。

广西北部湾经济区土地数据首先采用极值标准化的方法进行处理，然后基于 MATLAB R2012b 数据分析统计软件，构建 BP 神经网络模型，测算出广西北部湾经济区土地利用的集约度。

广西北部湾经济区产业结构与土地利用的耦合度在基于优化度和集约度的基础上，运用灰色关联度公式计算出关联系数，通过关联系数求出耦合度。

11.4 广西北部湾经济区产业结构优化和土地集约利用耦合机制评价过程

11.4.1 产业结构优化度评价过程

1. 广西北部湾经济区产业结构优化指标体系的构建

产业结构指标的选取既要能够将系统的整体性情况真实地反映出来，又要保证指标数据的获得，指标选取遵循以下原则。

1）系统性原则

所构建的评价指标体系要能够系统地反映整体功能，能够对评价对象的整体性能及本质特征进行全面的反映和刻画。同时，在构建评价指标体系时，要抓住主要影响因素，使整个评价指标体系达到合理、有序的结构，选取的指标不能是独立单一的，要具有关联性、代表性，从而保证评价结果的准确性。

2）可比性原则

评价指标体系结果的可信度在基于可比性的基础上。指标选取要客观，符合实际情况，这样能够进行比较。对原始指标数据标准化或者归一化后达到无量纲化，才具有可比性，利于做出评价。

3）一致性原则

评价指标要与评价目标相一致，从而才能够真实地反映产业结构的现实状况。在构建指标体系时，不仅要能够反映出存在的问题，还要能够间接地反映出结果。值得一提的是，评价指标体系中尽可能的少纳入与评价对象和评价目的无关的指标。

4）科学性原则

科学的选取指标，要求所选用的指标能够真实地反映产业结构的现状及存在的问题，同时要求采用定量与定性分析相结合的方法，正确地反映产业内部的关联性。

5）可测性原则

所选用的指标必须能够进行度量或测定，相关的数据要能够容易获得，不易获得数据的指标会阻碍研究的进度。选取的评价指标口径要一致、数据要规范、涵义要明确。

6）独立性原则

在评价指标体系中，同一级别上的各个指标之间不能存在任何包含或被包含的关系，从而可以保证能够将产业结构的实际情况客观地反映出来。

2. 模糊综合评价模型测算过程

1）确定指标集

指标集是评价对象的各种因素组成的集合，可以表示为：$U = \{u_1, u_2, \cdots, u_n\}$ U 是指标集，$u_i(i = 1, 2, 3, \cdots, n)$ 是组成指标体系的各个因子，它们之间相互独立，组成了评价指标体系。广西北部湾经济区产业结构优化指标体系由 1 个目标层（广西北部湾经济区产业结构优化评价 A），3 个准则层（产业结构高度性 B1、产业结构合理性 B2 和产业结构的绿色性 B3），25 个指标层（霍夫曼比例 C1，人均固定资产投资 C2，进出口比例 C3，基础产业超前系数 C4，人才密度指数 C5，人口密集度 C6，第三产业增长速度 C7，第一、二产业与第三产业结构比例 C8，单位耕地面积化肥使用量 C9，高新技术产业增加值 C10，能源消费弹性系数 C11，第三产业贡献率 C12，重化工程度指数 C13，经济区 GDP 占总 GDP 比重 C14，建筑业技术装备系数 C15，工业成本费用利润率 C16，固定资产投资增长率 C17，工业增加值增长速度 C18，第二、三产业从业人员比重 C19，第二产业产值比重 C20，有效灌溉面积增长率 C21，入境旅游者增长率 C22，城市绿化覆盖面积 C23，三废综合利用产品产值 C24，工业废水达标率 C25）组成。广西北部湾经济区产业结构指标原始数据以及标准化数据见表 11.15 和表 11.16。

表 11.15　广西北部湾经济区产业结构优化指标体系原始数据

目标层	准则层	指标层	单位	2005年	2006年	2007年	2008年	2009年	2010年	2011年	2012年
广西北部湾经济区产业结构优化评价(A)	产业结构高度性(B1)	霍夫曼比例(C1)	%	68.94	78.28	79.17	81.18	80.19	89.84	97.20	99.12
		人均固定资产投资(C2)	元	4449.13	5589.29	7169.50	9902.36	15153.66	21288.72	27729.11	33784.59
		进出口比例(C3)	%	112.01	131.22	123.32	112.84	91.15	117.65	145.18	169.20
		基础产业超前系数(C4)	%	54.78	56.34	55.94	55.51	53.17	56.18	60.77	57.81
		人才密度指数(C5)	%	6.20	6.50	6.80	6.50	7.10	7.60	8.50	9.50
		人口密集度(C6)	人/km^2	285	291	297	302	560	559	563	568
		第三产业增长速度(C7)	%	16.07	25.56	23.40	18.57	17.23	19.23	13.41	11.28
		第一、二产业与第三产业结构比例(C8)	%	121.15	129.03	126.99	124.74	116.54	128.18	137.14	136.85
		单位耕地面积化肥使用量(C9)	t/hm^2	1.27	1.49	1.40	1.38	0.94	0.89	0.89	0.87
		高新技术产业增加值(C10)	%	9.87	12.89	14.44	15.15	17.00	19.03	23.41	24.28
		能源消费弹性系数(C11)	%	111.00	104.00	95.00	88.00	85.00	81.00	67.00	55.00
		第三产业贡献指数(C12)	%	35.96	45.67	46.48	52.87	35.65	47.02	31.33	33.19
		重化工程度指数(C13)	%	114.70	121.70	130.70	141.20	123.40	110.78	157.66	142.47
	产业结构合理性(B2)	经济区 GDP 占总 GDP 比重(C14)	%	29.61	29.88	30.30	30.71	32.13	31.80	30.61	32.75
		建筑业技术装备系数(C15)	元/人	8723.00	7631.00	7933.00	9420.00	8312.00	7128.00	7859.00	6818.00
		工业成本费用利润率(C16)	%	6.8700	7.4100	8.4500	6.5800	7.2000	9.7500	8.6900	7.5200
		固定资产投资增长率(C17)	%	28.18	30.77	40.55	54.74	40.22	31.29	22.93	25.97
		工业增加值增长速度(C18)	%	2230.00	2580.00	2850.00	2460.00	2020.00	2570.00	2340.00	2215.00
		第二、三产业从业人员比重(C19)	%	37.35	45.54	53.24	55.68	65.23	69.03	69.46	67.79
		第二产业产值比重(C20)	%	31.17	34.18	34.88	36.12	36.59	39.37	43.07	41.87
	产业结构绿色性(B3)	有效灌溉面积增长率(C21)	%	-0.20	-8.04	8.67	0.49	-4.25	5.78	4.55	2.40
		入境旅游者增长率(C22)	%	21.13	19.69	24.37	28.73	32.96	36.74	24.11	28.74
		城市绿化覆盖面积(C23)	hm^2	35442.0	36407.0	37777.0	38809.0	38411.0	41440.0	43746.0	46503.0
		三废综合利用产品产值(C24)	万元	238923	312363	418233	457779	432197	510233	584789	621693
		工业废水排放达标率(C25)	%	83.69	87.62	88.17	89.63	92.13	96.92	95.64	96.01

表 11.16　广西北部湾经济区产业结构优化指标体系标准化数据

目标层	准则层	指标层	2005 年	2006 年	2007 年	2008 年	2009 年	2010 年	2011 年	2012 年
广西北部湾经济区产业结构优化评价（A）	产业结构高度性（B1）	霍夫曼比例（C1）	0.0000	0.3095	0.3390	0.4056	0.3729	0.6927	0.9363	1.0000
		人均固定资产投资（C2）	0.0000	0.0389	0.0927	0.1859	0.3649	0.5740	0.7936	1.0000
		进出口比例（C3）	0.2672	0.5134	0.4122	0.2779	0.0000	0.3395	0.6923	1.0000
		基础产业超前系数（C4）	0.2121	0.4171	0.3652	0.3073	0.0000	0.3956	1.0000	0.6103
		人才密度指数（C5）	0.0000	0.0909	0.1818	0.0909	0.2727	0.4242	0.6970	1.0000
		人口密集度（C6）	0.0000	0.0205	0.0405	0.0589	0.9703	0.9666	0.9822	1.0000
		第三产业增长速度（C7）	0.3358	1.0000	0.8490	0.5107	0.4170	0.5572	0.1493	0.0000
		第一、二产业与第三产业结构比例（C8）	0.2239	0.6067	0.5073	0.3985	0.0000	0.5654	1.0000	0.9860
		单位耕地面积化肥使用量（C9）	0.6464	1.0000	0.8560	0.8161	0.1085	0.0234	0.0210	0.0000
		高新技术产业增加值（C10）	0.0000	0.2096	0.3171	0.3664	0.4948	0.6357	0.9396	1.0000
		能源消费弹性系数（C11）	1.0000	0.8750	0.7143	0.5893	0.5357	0.4643	0.2143	0.0000
		第三产业贡献指数（C12）	0.2149	0.6658	0.7034	1.0000	0.2007	0.7287	0.0000	0.0863
		重化工程度指数（C13）	0.0836	0.2329	0.4249	0.6489	0.2692	0.0000	1.0000	0.6760
	产业结构合理性（B2）	经济区 GDP 占总 GDP 比重（C14）	0.0000	0.0858	0.2207	0.3502	0.8033	0.6967	0.3200	1.0000
		建筑业技术装备系数（C15）	0.7321	0.3125	0.4285	1.0000	0.5742	0.1191	0.4001	0.0000
		工业成本费用利润率（C16）	0.0915	0.2618	0.5899	0.0000	0.1956	1.0000	0.6656	0.2965
		固定资产投资增长率（C17）	0.1653	0.2465	0.5541	1.0000	0.5437	0.2629	0.0000	0.0957
		工业增加值增长速度（C18）	0.2530	0.6747	1.0000	0.5301	0.0000	0.6627	0.3855	0.2349
		第二、三产业从业人员比重（C19）	0.0000	0.2551	0.4949	0.5709	0.8683	0.9866	1.0000	0.9480
		第二产业产值比重（C20）	0.0000	0.2527	0.3115	0.4160	0.4554	0.6894	1.0000	0.8992
	产业结构绿色性（B3）	有效灌溉面积增长率（C21）	0.4692	0.0000	1.0000	0.5101	0.2267	0.8269	0.7530	0.6248
		入境旅游者增长率（C22）	0.0844	0.0000	0.2744	0.5301	0.7782	1.0000	0.2590	0.5307
		城市绿化覆盖面积（C23）	0.0000	0.0872	0.2111	0.3044	0.2684	0.5423	0.7507	1.0000
		三废综合利用产品产值（C24）	0.0000	0.1919	0.4685	0.5718	0.5049	0.7088	0.9036	1.0000
		工业废水排放达标率（C25）	0.0000	0.2971	0.3386	0.4490	0.6379	1.0000	0.9033	0.9312

2）确定指标权重集

指标权重的确定方法有聚类分析法、德尔菲专家打分法、主成分分析法、变异系数法和熵值法，本书采用熵值法确定指标的权重。设有 n 个指标，m 个样本，形成原始数据矩阵 $X = (x'_{ij})_{m \times n}$，$x'_{ij}$ 表示第 i 个样本第 j 项评价指标的标准化值。

利用熵值法确定指标权重的步骤如下：

（1）将各指标的标准化值同度量化，计算第 i 个样本第 j 项指标标准化值的比重：

$$P_{ij} = \frac{x'_{ij}}{\sum x'_{ij}}$$

（2）计算第 j 项指标的熵值 e_j：

$$e_j = -k \sum P_{ij} \ln P_{ij}$$

令

$$k = \frac{1}{\ln m}，则有 0 \leq e_j \leq 1。$$

（3）计算第 j 项指标的差异性系数 g_j。熵值越小，指标间差异性越大，指标就越重要：

$$g_j = 1 - e_j$$

（4）定义第 j 项指标的权重 w_j：

$$w_j = \frac{g_j}{\sum g_j}$$

熵值法确定广西北部湾经济区产业结构优化 25 个指标权重值见表 11.17。

表 11.17　广西北部湾经济区产业结构优化指标权重值

目标层	准则层	权重	指标层	权重
广西北部湾经济区产业结构优化评价（A）	产业结构高度性（B1）	0.3171	霍夫曼比例（C1）	0.0308
			人均固定资产投资（C2）	0.0593
			进出口比例（C3）	0.0313
			基础产业超前系数（C4）	0.0321
			人才密度指数（C5）	0.0568
			人口密集度（C6）	0.0732
			第三产业增长速度（C7）	0.0336
	产业结构合理性（B2）	0.5107	第一、二产业与第三产业结构比例（C8）	0.0296
			单位耕地面积化肥使用量（C9）	0.0705
			高新技术产业增加值（C10）	0.0333
			能源消费弹性系数（C11）	0.0275
			第三产业贡献指数（C12）	0.0449
			重化工程度指数（C13）	0.0426
			经济区 GDP 占总 GDP 比重（C14）	0.0440

续表

目标层	准则层	权重	指标层	权重
广西北部湾经济区 产业结构优化评价 （A）	产业结构合理性 （B2）	0.5107	建筑业技术装备系数（C15）	0.0355
			工业成本费用利润率（C16）	0.0458
			固定资产投资增长率（C17）	0.0476
			工业增加值增长速度（C18）	0.0313
			第二、三产业从业人员比重（C19）	0.0270
			第二产业产值比重（C20）	0.0312
	产业结构绿色性 （B3）	0.1721	有效灌溉面积增长率（C21）	0.0269
			入境旅游者增长率（C22）	0.0415
			城市绿化覆盖面积（C23）	0.0458
			三废综合利用产品产值（C24）	0.0288
			工业废水排放达标率（C25）	0.0290

3）确定评语集

针对不同评价对象，评语集有不同的含义，如果是评价土地利用情况，那么评语集就是土地利用的集约度的集合；如果是评价环境，那么评语集就是环境污染等级的集合，如果是评价产业结构的合理性，那么评语集就是产业结构的优化度的集合。评语集的建立参考了国内著名学者徐建华以及张中显、刘文生、王艳玲等撰写的硕士论文已取得的研究成果，并结合广西北部湾经济区的实际情况，将产业结构评价等级标准由高到低分为好、较好、一般、较差、差五个等级。评价语集常用 V 来表示，V_1 表示第一级，V_2 表示第二级，V_3 表示第三级，V_n 表示第 n 级，广西北部湾经济区产业结构优化分为五个评价等级，分别为 V_1，V_2，V_3，V_4，V_5，见表 11.18。

表 11.18　产业结构评价语集合

等级	一级	二级	三级	四级	五级
评价语	好	较好	一般	较差	差
分值	≥0.85	0.75~0.85	0.65~0.75	0.55~0.65	≤0.55

4）确定指标隶属度

隶属度属于模糊评价函数中的概念：模糊综合评价是对受多种因素影响的事务做出全面评价的一种十分有效的多因素决策方法，其特点是评价结果不是绝对地肯定或否定，而是以一个模糊集合来表示。各层指标的隶属度表示为 R_1、R_2、R_3、$L \cdot R_n$ 广西北部湾经济区产业结构的指标隶属度如图 11.10 所示。

$$R_1 = \begin{pmatrix} a_{11} & \cdots & a_{1n} \\ \vdots & \vdots & \vdots \\ a_{m1} & \cdots & a_{mn} \end{pmatrix} \quad R_2 = \begin{pmatrix} r_{21} & \cdots & r_{2n} \\ \vdots & \vdots & \vdots \\ r_{m21} & \cdots & r_{mn} \end{pmatrix} \quad R_3 = \begin{pmatrix} r_{31} & \cdots & r_{3n} \\ \vdots & \vdots & \vdots \\ r_{m31} & \cdots & r_{mn} \end{pmatrix}$$

图 11.10　产业结构指标隶属度

　　确定隶属度的方法有三角形函数法、降半阶梯形函数法、模糊统计法、例证法、专家经验法、二元对比排序法，本书采用降半阶梯形函数法计算广西北部湾经济区产业结构的指标隶属度，建立隶属度矩阵，降半阶梯形函数法是一种较实用的确定隶属度函数的方法，它通过对梯形函数来确定指标的隶属度。广西北部湾经济区产业结构优化指标隶属度的计算过程如下。

　　（1）产业结构优化度等级的划分。产业结构优化度等级是不同产业结构指标转化为可以用分值来衡量产业结构优化程度的一种分级方法。产业结构优化等级的划分要能够充分地反映经济区产业结构现状、产业结构的优势、产业结构存在的缺陷等，所以选取的指标要全面系统，要具有代表性。对于产业结构优化度等级的划分参考了"十二五"国家战略性新兴产业发展规划，以及国内外对于产业研究取得的成果，并结合广西北部湾经济区的实际情况，将经济区的影响因素进行分级，具体结果见表11.19。

表 11.19　广西北部湾经济区产业结构指标等级表

指标　　　　　等级	单位	一级	二级	三级	四级	五级
霍夫曼比例（C1）	%	>95	85~95	75~85	65~75	<65
人均固定资产投资（C2）	元	>35000	30000~35000	25000~35000	20000~25000	<20000
进出口比例（C3）	%	>16	14~16	12~14	10~12	<10
基础产业超前系数（C4）	%	>80	60~80	40~60	20~40	<20
人才密度指数（C5）	%	>10	8~10	6~8	4~6	<4
人口密集度（C6）	人/km^2	>1000	750~1000	500~750	250~500	<250
第三产业增长速度（C7）	%	>35	25~35	15~25	5~15	<5
第一、二产业与第三产业结构比例（C8）	%	>150	125~150	100~125	75~100	<75
单位耕地面积化肥使用量（C9）	t/hm^2	<1.0	1.0~1.2	1.2~1.4	1.4~1.6	>1.6
高新技术产业增加值（C10）	%	>30	25~30	20~25	15~20	<15
能源消费弹性系数（C11）	%	<50	50~60	60~70	70~80	>80
第三产业贡献指数（C12）	%	>50	45~50	40~45	35~40	<35
重化工程度指数（C13）	%	>150	140~150	130~140	120~130	<120
经济区GDP占总GDP比重（C14）	%	>35	34.35	33~34	32~33	<32
建筑业技术装备系数（C15）	元/人	>10000	9000~10000	8000~9000	7000~8000	<7000
工业成本费用利润率（C16）	%	>10	8.5~10	7.0~8.5	5.5~7.0	<5.5
固定资产投资增长率（C17）	%	>50	45~50	40~45	35~40	<35
工业增加值（C18）	万元	>3000	2800~3000	2600~2800	2400~2600	2200~2400
第二、三产业从业人员比重（C19）	%	>65	60~65	55~60	50~55	<50
第二产业产值比重（C20）	%	>45	40~45	35~40	30~35	<30
有效灌溉面积增长率（C21）	%	>10	8~10	6~8	4~6	<4
入境旅游者增长率（C22）	%	>35	30~35	25~30	20~25	<20
城市绿化覆盖面积（C23）	hm^2	>45000	42500~45000	40000~42500	37500~40000	<37500
三废综合利用产品产值（C24）	万元	>600000	550000~600000	500000~550000	450000~500000	<450000
工业废水排放达标率（C25）	%	>95	92~95	89~92	86–89	<86

（2）指标隶属度的计算过程。本书选用降半阶梯形函数确定隶属度，降半阶梯形函数公式如下所示。

$$U_1(x) = \begin{cases} 0 & x \leqslant V_1 \\ \dfrac{V_2 - x}{V_2 - V_1} & V_1 < x \leqslant V_2 \\ 1 & x > V_2 \end{cases} \tag{11.14}$$

$$U_2(x) = \begin{cases} 0 & x \leqslant V_1 \text{ 或 } x > V_3 \\ \dfrac{x - V_1}{V_2 - V_1} & V_1 < x \leqslant V_2 \\ \dfrac{V_3 - x}{V_3 - V_2} & V_2 < x \leqslant V_3 \end{cases} \tag{11.15}$$

$$U_3(x) = \begin{cases} 0 & x \leqslant V_2 \text{ 或 } x > V_4 \\ \dfrac{x - V_2}{V_3 - V_2} & V_2 < x \leqslant V_3 \\ \dfrac{V_4 - x}{V_4 - V_3} & V_3 < x \leqslant V_4 \end{cases} \tag{11.16}$$

$$U_4(x) = \begin{cases} 0 & x < V_3 \text{ 或 } x > V_4 \\ \dfrac{x - V_3}{V_4 - V_3} & V_3 < x \leqslant V_4 \\ \dfrac{V_5 - x}{V_5 - V_4} & V_4 < x \leqslant V_5 \end{cases} \tag{11.17}$$

$$U_5(x) = \begin{cases} 0 & x \leqslant V_4 \\ \dfrac{x - V_4}{V_5 - V_4} & V_4 < x \leqslant V_5 \\ 1 & x \geqslant V_5 \end{cases} \tag{11.18}$$

V_1、V_2、V_3、V_4、V_5 分别表示产业结构的等级，按照式（11.14）～式（11.18），计算隶属度，广西北部湾经济区 2005～2012 年产业结构指标的隶属度计算结果见表 11.20～表 11.27。

表 11.20　2005 年广西北部湾经济区产业结构指标的隶属度

等级 指标	一级	二级	三级	四级	五级
霍夫曼比例（C1）	0.0000	0.0000	0.0000	0.3940	0.6060
人均固定资产投资（C2）	0.0000	0.0000	0.0000	0.3215	0.6785
进出口比例（C3）	0.0000	0.0000	0.3995	0.6005	0.0000
基础产业超前系数（C4）	0.0000	0.0000	0.7390	0.2610	0.0000
人才密度指数（C5）	0.0000	0.0000	0.1000	0.9000	0.0000

等级 指标	一级	二级	三级	四级	五级
人口密集度（C6）	0.0000	0.0000	0.0000	0.1400	0.8600
第三产业增长速度（C7）	0.0000	0.0000	0.1070	0.8930	0.0000
第一、二产业与第三产业结构比例（C8）	0.0000	0.8459	0.1541	0.0000	0.0000
单位耕地面积化肥使用量（C9）	0.0000	0.6406	0.3594	0.0000	0.0000
高新技术产业增加值（C10）	0.0000	0.0000	0.0000	0.9740	0.0260
能源消费弹性系数（C11）	0.0000	0.0000	0.00	0.8472	0.1528
第三产业贡献指数（C12）	0.0000	0.0000	0.1915	0.8085	0.0000
重化工程度指数（C13）	0.0000	0.0000	0.0000	0.4700	0.5300
经济区 GDP 占总 GDP 比重（C14）	0.0000	0.0000	0.0000	0.6094	0.3906
建筑业技术装备系数（C15）	0.0000	0.7230	0.2770	0.0000	0.0000
工业成本费用利润率（C16）	0.0000	0.0000	0.9133	0.0867	0.0000
固定资产投资增长率（C17）	0.0000	0.0000	0.0000	0.6365	0.3635
工业增加值（C18）	0.0000	0.0000	0.0000	0.1500	0.8500
第二、三产业从业人员比重（C19）	0.0000	0.0000	0.0000	0.1346	0.8654
第二产业产值比重（C20）	0.0000	0.0000	0.2346	0.7654	0.0000
有效灌溉面积增长率（C21）	0.0000	0.0000	0.0000	0.9124	0.0876
入境旅游者增长率（C22）	0.0000	0.0000	0.2260	0.7740	0.0000
城市绿化覆盖面积（C23）	0.0000	0.0000	0.9116	0.0884	0.0000
三废综合利用产品产值（C24）	0.0000	0.0000	0.0000	0.1245	0.8755
工业废水排放达标率（C25）	0.0000	0.0000	0.0000	0.1478	0.8522

表 11.21　2006 年广西北部湾经济区产业结构指标的隶属度

隶属度 指标	一级	二级	三级	四级	五级
霍夫曼比例（C1）	0.0000	0.3280	0.6720	0.0000	0.0000
人均固定资产投资（C2）	0.0000	0.0000	0.0000	0.1247	0.8753
进出口比例（C3）	0.0000	0.5611	0.4389	0.0000	0.0000
基础产业超前系数（C4）	0.0000	0.8169	0.1831	0.0000	0.0000
人才密度指数（C5）	0.0000	0.2500	0.7500	0.0000	0.0000
人口密集度（C6）	0.0000	0.0000	0.1637	0.8363	0.0000
第三产业增长速度（C7）	0.0557	0.9443	0.0000	0.0000	0.0000
第一、二产业与第三产业结构比例（C8）	0.1614	0.8386	0.0000	0.0000	0.0000
单位耕地面积化肥使用量（C9）	0.0000	0.0000	0.5530	0.4470	0.0000
高新技术产业增加值（C10）	0.0000	0.0000	0.5780	0.4220	0.0000

续表

隶属度 指标	一级	二级	三级	四级	五级
能源消费弹性系数（C11）	0.0000	0.0000	0.0000	0.2137	0.7863
第三产业贡献指数（C12）	0.1334	0.8666	0.0000	0.0000	0.0000
重化工程度指数（C13）	0.0000	0.0000	0.1700	0.8300	0.0000
经济区 GDP 占总 GDP 比重（C14）	0.0000	0.0000	0.0000	0.8787	0.1213
建筑业技术装备系数（C15）	0.0000	0.0000	0.6310	0.3690	0.0000
工业成本费用利润率（C16）	0.0000	0.2733	0.7267	0.0000	0.0000
固定资产投资增长率（C17）	0.0000	0.0000	0.1537	0.8463	0.0000
工业增加值（C18）	0.0000	0.0000	0.9000	0.1000	0.0000
第二、三产业从业人员比重（C19）	0.0000	0.0000	0.1537	0.8463	0.0000
第二产业产值比重（C20）	0.0000	0.0000	0.8357	0.1643	0.0000
有效灌溉面积增长率（C21）	0.0000	0.0000	0.0000	0.1123	0.8877
入境旅游者增长率（C22）	0.0000	0.0000	0.0000	0.9380	0.0620
城市绿化覆盖面积（C23）	0.0000	0.2814	0.7186	0.0000	0.0000
三废综合利用产品产值（C24）	0.0000	0.0000	0.1236	0.8764	0.0000
工业废水排放达标率（C25）	0.0000	0.0000	0.8733	0.1267	0.0000

表 11.22　2007 年广西北部湾经济区产业结构指标的隶属度

隶属度 指标	一级	二级	三级	四级	五级
霍夫曼比例（C1）	0.0000	0.4169	0.5831	0.0000	0.0000
人均固定资产投资（C2）	0.0000	0.4000	0.6000	0.0000	0.0000
进出口比例（C3）	0.0000	0.1661	0.8339	0.0000	0.0000
基础产业超前系数（C4）	0.0000	0.7972	0.2028	0.0000	0.0000
人才密度指数（C5）	0.0000	0.4000	0.6000	0.0000	0.0000
人口密集度（C6）	0.0000	0.0000	0.1863	0.8137	0.0000
第三产业增长速度（C7）	0.0000	0.8401	0.1599	0.0000	0.0000
第一、二产业与第三产业结构比例（C8）	0.0795	0.9205	0.0000	0.0000	0.0000
单位耕地面积化肥使用量（C9）	0.0000	0.0000	0.9958	0.0042	0.0000
高新技术产业增加值（C10）	0.0000	0.0000	0.8880	0.1120	0.0000
能源消费弹性系数（C11）	0.0000	0.0000	0.0000	0.5000	0.5000
第三产业贡献指数（C12）	0.2954	0.7046	0.0000	0.0000	0.0000
重化工程度指数（C13）	0.0000	0.0700	0.9300	0.0000	0.0000
经济区 GDP 占总 GDP 比重（C14）	0.0000	0.0000	0.3018	0.6982	0.0000
建筑业技术装备系数（C15）	0.0000	0.0000	0.6310	0.3690	0.0000

续表

隶属度\指标	一级	二级	三级	四级	五级
工业成本费用利润率（C16）	0.0000	0.9667	0.0333	0.0000	0.0000
固定资产投资增长率（C17）	0.1103	0.8897	0.0000	0.0000	0.0000
工业增加值（C18）	0.2500	0.7500	0.0000	0.0000	0.0000
第二、三产业从业人员比重（C19）	0.0000	0.0000	0.6480	0.3520	0.0000
第二产业产值比重（C20）	0.0000	0.0000	0.9756	0.0244	0.0000
有效灌溉面积增长率（C21）	0.3368	0.6632	0.0000	0.0000	0.0000
入境旅游者增长率（C22）	0.0000	0.0000	0.8740	0.1260	0.0000
城市绿化覆盖面积（C23）	0.0000	0.5554	0.4446	0.0000	0.0000
三废综合利用产品产值（C24）	0.0000	0.1823	0.8177	0.0000	0.0000
工业废水排放达标率（C25）	0.0000	0.0567	0.9433	0.0000	0.0000

表 11.23　2008 年广西北部湾经济区产业结构指标的隶属度

隶属度\指标	一级	二级	三级	四级	五级
霍夫曼比例（C1）	0.0000	0.6179	0.3821	0.0000	0.0000
人均固定资产投资（C2）	0.0000	0.0000	0.0000	0.1245	0.8755
进出口比例（C3）	0.0000	0.0000	0.6420	0.3580	0.0000
基础产业超前系数（C4）	0.0000	0.7753	0.2247	0.0000	0.0000
人才密度指数（C5）	0.0000	0.2500	0.7500	0.0000	0.0000
人口密集度（C6）	0.0000	0.0000	0.0000	0.2072	0.7928	0.0000
第三产业增长速度（C7）	0.0000	0.0000	0.6275	0.3725	0.0000
第一、二产业与第三产业结构比例（C8）	0.0000	0.9898	0.0102	0.0000	0.0000
单位耕地面积化肥使用量（C9）	0.0000	0.1185	0.8815	0.0000	0.0000
高新技术产业增加值（C10）	0.0000	0.0300	0.9700	0.0000	0.0000
能源消费弹性系数（C11）	0.0000	0.0000	0.2000	0.8000	0.0000
第三产业贡献指数（C12）	0.9563	0.0437	0.0000	0.0000	0.0000
重化工程度指数（C13）	0.1200	0.8800	0.0000	0.0000	0.0000
经济区 GDP 占总 GDP 比重（C14）	0.0000	0.0000	0.7082	0.2918	0.0000
建筑业技术装备系数（C15）	0.4200	0.5800	0.0000	0.0000	0.0000
工业成本费用利润率（C16）	0.0000	0.0000	0.7200	0.2800	0.0000
固定资产投资增长率（C17）	0.9876	0.0124	0.0000	0.0000	0.0000
工业增加值（C18）	0.0000	0.0000	0.3000	0.7000	0.0000
第二、三产业从业人员比重（C19）	0.0000	0.1360	0.8640	0.0000	0.0000
第二产业产值比重（C20）	0.0000	0.2241	0.7759	0.0000	0.0000

隶属度\指标	一级	二级	三级	四级	五级
有效灌溉面积增长率（C21）	0.0000	0.0000	0.0000	0.2356	0.7644
入境旅游者增长率（C22）	0.0000	0.7460	0.2540	0.0000	0.0000
城市绿化覆盖面积（C23）	0.0000	0.7618	0.2382	0.0000	0.0000
三废综合利用产品产值（C24）	0.0000	0.5778	0.4222	0.0000	0.0000
工业废水排放达标率（C25）	0.0000	0.5433	0.4567	0.0000	0.0000

表 11.24　2009 年广西北部湾经济区产业结构指标的隶属度

隶属度\指标	一级	二级	三级	四级	五级
霍夫曼比例（C1）	0.0000	0.5194	0.4806	0.0000	0.0000
人均固定资产投资（C2）	0.0000	0.0000	0.0000	0.2578	0.7422
进出口比例（C3）	0.0000	0.0000	0.0000	0.1478	0.8522
基础产业超前系数（C4）	0.0000	0.6585	0.3415	0.0000	0.0000
人才密度指数（C5）	0.0000	0.5500	0.4500	0.0000	0.0000
人口密集度（C6）	0.0000	0.2398	0.7602	0.0000	0.0000
第三产业增长速度（C7）	0.0000	0.2231	0.7769	0.0000	0.0000
第一、二产业与第三产业结构比例（C8）	0.0000	0.6614	0.3386	0.0000	0.0000
单位耕地面积化肥使用量（C9）	0.3896	0.6104	0.0000	0.0000	0.0000
高新技术产业增加值（C10）	0.0000	0.4000	0.6000	0.0000	0.0000
能源消费弹性系数（C11）	0.0000	0.0000	0.5000	0.5000	0.0000
第三产业贡献指数（C12）	0.0000	0.0000	0.1303	0.8697	0.0000
重化工程度指数（C13）	0.0000	0.0000	0.3400	0.6600	0.0000
经济区 GDP 占总 GDP 比重（C14）	0.1296	0.8704	0.0000	0.0000	0.0000
建筑业技术装备系数（C15）	0.0000	0.3120	0.6880	0.0000	0.0000
工业成本费用利润率（C16）	0.0000	0.1333	0.8667	0.0000	0.0000
固定资产投资增长率（C17）	0.0442	0.9558	0.0000	0.0000	0.0000
工业增加值（C18）	0.0000	0.0000	0.0000	0.7589	0.2411
第二、三产业从业人员比重（C19）	0.9765	0.0235	0.0000	0.0000	0.0000
第二产业产值比重（C20）	0.0000	0.3179	0.6821	0.0000	0.0000
有效灌溉面积增长率（C21）	0.0000	0.0000	0.0000	0.1278	0.8722
入境旅游者增长率（C22）	0.5920	0.4080	0.0000	0.0000	0.0000
城市绿化覆盖面积（C23）	0.0000	0.7618	0.2382	0.0000	0.0000
三废综合利用产品产值（C24）	0.0000	0.3220	0.6780	0.0000	0.0000
工业废水排放达标率（C25）	0.3767	0.6233	0.0000	0.0000	0.0000

表 11.25　2010 年广西北部湾经济区产业结构指标的隶属度

隶属度 指标	一级	二级	三级	四级	五级
霍夫曼比例（C1）	0.4844	0.5156	0.0000	0.0000	0.0000
人均固定资产投资（C2）	0.0000	0.0000	0.2577	0.7423	0.0000
进出口比例（C3）	0.0000	0.0000	0.8824	0.1176	0.0000
基础产业超前系数（C4）	0.0000	0.8088	0.1912	0.0000	0.0000
人才密度指数（C5）	0.0000	0.8000	0.2000	0.0000	0.0000
人口密集度（C6）	0.0000	0.2355	0.7645	0.0000	0.0000
第三产业增长速度（C7）	0.0000	0.4233	0.5767	0.0000	0.0000
第一、二产业与第三产业结构比例（C8）	0.1274	0.8726	0.0000	0.0000	0.0000
单位耕地面积化肥使用量（C9）	0.7897	0.2103	0.0000	0.0000	0.0000
高新技术产业增加值（C10）	0.0000	0.8060	0.1940	0.0000	0.0000
能源消费弹性系数（C11）	0.0000	0.0000	0.9000	0.1000	0.0000
第三产业贡献指数（C12）	0.4043	0.5957	0.0000	0.0000	0.0000
重化工程度指数（C13）	0.0000	0.0000	0.0000	0.0782	0.9218
经济区 GDP 占总 GDP 比重（C14）	0.0000	0.7953	0.2047	0.0000	0.0000
建筑业技术装备系数（C15）	0.0000	0.0000	0.1280	0.8720	0.0000
工业成本费用利润率（C16）	0.8333	0.1667	0.0000	0.0000	0.0000
固定资产投资增长率（C17）	0.0000	0.0000	0.2575	0.7425	0.0000
工业增加值（C18）	0.0000	0.0000	0.8500	0.1500	0.0000
第二、三产业从业人员比重（C19）	0.9865	0.0135	0.0000	0.0000	0.0000
第二产业产值比重（C20）	0.0000	0.8747	0.1253	0.0000	0.0000
有效灌溉面积增长率（C21）	0.0000	0.0000	0.8903	0.1097	0.0000
入境旅游者增长率（C22）	0.8963	0.1037	0.0000	0.0000	0.0000
城市绿化覆盖面积（C23）	0.2880	0.7120	0.0000	0.0000	0.0000
三废综合利用产品产值（C24）	0.1023	0.8977	0.0000	0.0000	0.0000
工业废水排放达标率（C25）	0.8965	0.1035	0.0000	0.0000	0.0000

表 11.26　2011 年广西北部湾经济区产业结构指标的隶属度

隶属度 指标	一级	二级	三级	四级	五级
霍夫曼比例（C1）	0.9586	0.0414	0.0000	0.0000	0.0000
人均固定资产投资（C2）	0.0000	0.5458	0.4542	0.0000	0.0000
进出口比例（C3）	0.2591	0.7409	0.0000	0.0000	0.0000
基础产业超前系数（C4）	0.0383	0.9617	0.0000	0.0000	0.0000
人才密度指数（C5）	0.2500	0.7500	0.0000	0.0000	0.0000

续表

指标＼隶属度	一级	二级	三级	四级	五级
人口密集度（C6）	0.0000	0.2533	0.7467	0.0000	0.0000
第三产业增长速度（C7）	0.0000	0.0000	0.8407	0.1593	0.0000
第一、二产业与第三产业结构比例（C8）	0.4855	0.5145	0.0000	0.0000	0.0000
单位耕地面积化肥使用量（C9）	0.8990	0.1010	0.0000	0.0000	0.0000
高新技术产业增加值（C10）	0.6820	0.3180	0.0000	0.0000	0.0000
能源消费弹性系数（C11）	0.3000	0.7000	0.0000	0.0000	0.0000
第三产业贡献指数（C12）	0.0000	0.0000	0.0000	0.2656	0.7344
重化工程度指数（C13）	0.9768	0.0232	0.0000	0.0000	0.0000
经济区 GDP 占总 GDP 比重（C14）	0.0000	0.0000	0.6135	0.3865	0.0000
建筑业技术装备系数（C15）	0.0000	0.0000	0.8590	0.1410	0.0000
工业成本费用利润率（C16）	0.1267	0.8733	0.0000	0.0000	0.0000
固定资产投资增长率（C17）	0.0000	0.0000	0.0000	0.4512	0.5488
工业增加值（C18）	0.0000	0.0000	0.0000	0.7000	0.3000
第二、三产业从业人员比重（C19）	0.9865	0.0135	0.0000	0.0000	0.0000
第二产业产值比重（C20）	0.6135	0.3865	0.0000	0.0000	0.0000
有效灌溉面积增长率（C21）	0.0000	0.0000	0.2727	0.7273	0.0000
入境旅游者增长率（C22）	0.0000	0.0000	0.8214	0.1786	0.0000
城市绿化覆盖面积（C23）	0.7492	0.2508	0.0000	0.0000	0.0000
三废综合利用产品产值（C24）	0.8479	0.1521	0.0000	0.0000	0.0000
工业废水排放达标率（C25）	0.9653	0.0347	0.0000	0.0000	0.0000

表 11.27　2012 年广西北部湾经济区产业结构指标的隶属度

指标＼隶属度	一级	二级	三级	四级	五级
霍夫曼比例（C1）	0.9878	0.0122	0.0000	0.0000	0.0000
人均固定资产投资（C2）	0.7569	0.2431	0.0000	0.0000	0.0000
进出口比例（C3）	0.9564	0.0436	0.0000	0.0000	0.0000
基础产业超前系数（C4）	0.0000	0.8903	0.1097	0.0000	0.0000
人才密度指数（C5）	0.7500	0.2500	0.0000	0.0000	0.0000
人口密集度（C6）	0.0000	0.2734	0.7266	0.0000	0.0000
第三产业增长速度（C7）	0.0000	0.0000	0.6275	0.3725	0.0000

隶属度\n指标	一级	二级	三级	四级	五级
第一、二产业与第三产业结构比例（C8）	0.4740	0.5260	0.0000	0.0000	0.0000
单位耕地面积化肥使用量（C9）	0.9590	0.0410	0.0000	0.0000	0.0000
高新技术产业增加值（C10）	0.8560	0.1440	0.0000	0.0000	0.0000
能源消费弹性系数（C11）	0.8931	0.1069	0.0000	0.0000	0.0000
第三产业贡献指数（C12）	0.0000	0.0000	0.0000	0.6375	0.3625
重化工程度指数（C13）	0.2470	0.7530	0.0000	0.0000	0.0000
经济区 GDP 占总 GDP 比重（C14）	0.7468	0.2532	0.0000	0.0000	0.0000
建筑业技术装备系数（C15）	0.0000	0.0000	0.0000	0.2473	0.7527
工业成本费用利润率（C16）	0.0000	0.3467	0.6533	0.0000	0.0000
固定资产投资增长率（C17）	0.0000	0.0000	0.0000	0.1940	0.8060
工业增加值（C18）	0.0000	0.0000	0.0000	0.0750	0.9250
第二、三产业从业人员比重（C19）	0.9673	0.0327	0.0000	0.0000	0.0000
第二产业产值比重（C20）	0.3738	0.6262	0.0000	0.0000	0.0000
有效灌溉面积增长率（C21）	0.0000	0.0000	0.0000	0.5623	0.4377
入境旅游者增长率（C22）	0.0000	0.7480	0.2520	0.0000	0.0000
城市绿化覆盖面积（C23）	0.9763	0.0237	0.0000	0.0000	0.0000
三废综合利用产品产值（C24）	0.9409	0.0591	0.0000	0.0000	0.0000
工业废水排放达标率（C25）	0.9867	0.0133	0.0000	0.0000	0.0000

将以上计算得出的 2005～2012 年广西北部湾经济区各个指标隶属度，带入权重矩阵继续运算。运算的步骤为先对二级评价因子（25 个）权重进行模糊评价，然后再对一级评价因子（3 个）权重进行模糊评价，由于数据量庞大，以 2012 年的数据为例进行运算过程展示。二级模糊评价：

$$
B1 = \begin{vmatrix} 0.0972 \\ 0.1871 \\ 0.0987 \\ 0.1013 \\ 0.1791 \\ 0.2307 \\ 0.1059 \end{vmatrix} \times \begin{vmatrix} 0.9878 & 0.0122 & 0.0000 & 0.0000 & 0.0000 \\ 0.7569 & 0.2431 & 0.0000 & 0.0000 & 0.0000 \\ 0.9564 & 0.0436 & 0.0000 & 0.0000 & 0.0000 \\ 0.0000 & 0.8903 & 0.1097 & 0.0000 & 0.0000 \\ 0.7500 & 0.2500 & 0.0000 & 0.0000 & 0.0000 \\ 0.0000 & 0.2734 & 0.7266 & 0.0000 & 0.0000 \\ 0.0000 & 0.0000 & 0.6275 & 0.3725 & 0.0000 \end{vmatrix}
$$

$$B2 = \begin{vmatrix} 0.0579 \\ 0.1379 \\ 0.0652 \\ 0.0539 \\ 0.0880 \\ 0.0834 \\ 0.0861 \\ 0.0695 \\ 0.0896 \\ 0.0932 \\ 0.0613 \\ 0.0529 \\ 0.0611 \end{vmatrix} \times \begin{vmatrix} 0.4740 & 0.5260 & 0.0000 & 0.0000 & 0.0000 \\ 0.9590 & 0.0410 & 0.0000 & 0.0000 & 0.0000 \\ 0.8560 & 0.1440 & 0.0000 & 0.0000 & 0.0000 \\ 0.8931 & 0.1069 & 0.0000 & 0.0000 & 0.0000 \\ 0.0000 & 0.0000 & 0.0000 & 0.6375 & 0.3625 \\ 0.2470 & 0.7530 & 0.0000 & 0.0000 & 0.0000 \\ 0.7468 & 0.2532 & 0.0000 & 0.0000 & 0.0000 \\ 0.0000 & 0.0000 & 0.0000 & 0.2473 & 0.7527 \\ 0.0000 & 0.3467 & 0.6533 & 0.0000 & 0.0000 \\ 0.0000 & 0.0000 & 0.0000 & 0.1940 & 0.8060 \\ 0.0000 & 0.0000 & 0.0000 & 0.0750 & 0.9250 \\ 0.9673 & 0.0327 & 0.0000 & 0.0000 & 0.0000 \\ 0.3738 & 0.6262 & 0.0000 & 0.0000 & 0.0000 \end{vmatrix}$$

$$B3 = \begin{vmatrix} 0.1564 \\ 0.2411 \\ 0.2663 \\ 0.1675 \\ 0.1687 \end{vmatrix} \times \begin{vmatrix} 0.0000 & 0.0000 & 0.0000 & 0.5623 & 0.4377 \\ 0.0000 & 0.7480 & 0.2520 & 0.0000 & 0.0000 \\ 0.9763 & 0.0237 & 0.0000 & 0.0000 & 0.0000 \\ 0.9409 & 0.0591 & 0.0000 & 0.0000 & 0.0000 \\ 0.9867 & 0.0133 & 0.0000 & 0.0000 & 0.0000 \end{vmatrix}$$

B1 = 0.4663　0.2490　0.2452　0.0395　0.0000

B2 = 0.4226　0.2069　0.0586　0.0959　0.2160

B3 = 0.5840　0.1988　0.0608　0.0879　0.0685

一级模糊评价：

$$B = \begin{vmatrix} 0.317119 \\ 0.510736 \\ 0.172145 \end{vmatrix} \times \begin{vmatrix} 0.4663 & 0.2490 & 0.2452 & 0.0395 & 0.0000 \\ 0.4226 & 0.2069 & 0.0586 & 0.0959 & 0.2160 \\ 0.5840 & 0.1988 & 0.0608 & 0.0879 & 0.0685 \end{vmatrix}$$

$$= (0.4643 \quad 0.2189 \quad 0.1181 \quad 0.0766 \quad 0.1221)$$

同理，广西北部湾经济区 2005～2011 年产业结构优化模糊综合评价依照以上的过程可以计算得出结果，见表 11.28。

表 11.28　2005～2012 年广西北部湾经济区产业结构等级评价结果

年份 \ 评价结果	一级	二级	三级	四级	五级
2005	0.000	0.0958	0.1941	0.4238	0.2863
2006	0.012	0.1890	0.3436	0.3494	0.1054

年份＼评价结果	一级	二级	三级	四级	五级
2007	0.0378	0.3404	0.4714	0.1366	0.0138
2008	0.1100	0.2664	0.3861	0.1650	0.0725
2009	0.0971	0.3601	0.3130	0.1281	0.1017
2010	0.2367	0.3490	0.2472	0.1278	0.0393
2011	0.3418	0.2713	0.2087	0.1097	0.0685
2012	0.4643	0.2189	0.1181	0.0766	0.1221

再根据表 11.28 产业结构评价语集合的界定，可以计算得出 2005～2012 年广西产业结构的优化度，即

$$
P = \begin{vmatrix} 0.9000 \\ 0.8500 \\ 0.7500 \\ 0.6500 \\ 0.5500 \end{vmatrix} \times \begin{vmatrix} 0.0000 & 0.0126 & 0.0378 & 0.1100 & 0.0971 & 0.2367 & 0.3418 & 0.4643 \\ 0.0958 & 0.1890 & 0.3404 & 0.2664 & 0.3601 & 0.3490 & 0.2713 & 0.2189 \\ 0.1941 & 0.3436 & 0.4714 & 0.3861 & 0.3130 & 0.2472 & 0.2087 & 0.1181 \\ 0.4238 & 0.3494 & 0.1366 & 0.1650 & 0.1281 & 0.1278 & 0.1097 & 0.0766 \\ 0.2863 & 0.1054 & 0.0138 & 0.0725 & 0.1017 & 0.0393 & 0.0685 & 0.1221 \end{vmatrix}
$$

$$
P_{2005 \sim 2012} = (0.6599 \quad 0.7148 \quad 0.7733 \quad 0.7621 \quad 0.7674 \quad 0.7998 \quad 0.8037 \quad 0.8094)
$$

11.4.2　土地利用集约度评价过程

1. 广西北部湾经济区土地集约利用指标体系的构建

广西北部湾经济区土地集约利用的评价指标体系所选取的指标必须要能反映经济区的实际情况，本书的指标选取经济区的耕地、园地、林地、城镇工矿用地、农村居民点、交通运输用地，经济区的人口、地区生产总值、固定生产总值、第一产业生产总值、第二产业生产总值、农民人均纯收入、城镇居民纯收入等 25 个指标。指标体系由 1 个目标层（广西北部湾经济区土地集约利用评价 A）、3 个准则层（土地利用合理性 B1、土地利用经济性 B2 和土地利用社会性 B3），25 个指标层（人均耕地面积 C1、人均建设用地 C2、复种指数 C3、土地垦殖率 C4、农用地面积比重 C5、建设用地面积比重 C6、森林覆盖率 C7、单位耕地面积化肥使用量 C8、有效灌溉面积 C9、商品房销售面积 C10、第一产业占 GDP 比重 C11、工业占 GDP 比重 C12、农民人均纯收入 C13、单位建设用地固定资产投资强度 C14、人均财政收入 C15、城镇居民恩格尔系数 C16、单位耕地面积粮食产量 C17、人口自然增长率 C18、人均粮食占有量 C19、农村人均住房面积 C20、人口密度 C21、经济区地区 GDP 占全区 GDP 比重 C22、城乡居民收入比重 C23、城镇人口比重 C24、公路里程 C25）组成。广西北部湾经济区的指标体系原始数据见表 11.29，指标标准化值见表 11.30。

表 11.29　广西北部湾经济区土地集约利用评价指标体系

目标层	准则层	指标层	单位	2005 年	2006 年	2007 年	2008 年	2009 年	2010 年	2011 年	2012 年
土地集约利用评价（A）	土地利用合理性（B1）	人均耕地面积(C1)	亩/人	1.27	1.24	1.21	1.19	0.82	0.82	0.81	0.80
		人均建设用地(C2)	m²/人	225.18	224.60	222.40	218.67	128.64	133.93	135.11	135.41
		复种指数(C3)	%	213.00	224.00	227.00	236.00	231.00	244.00	238.00	246.00
		土地垦殖率(C4)	%	24.12	23.96	23.99	23.99	30.60	30.51	30.46	30.42
		农用地面积比重(C5)	%	73.48	73.92	73.86	73.83	84.78	84.52	84.41	84.34
		建设用地面积比重(C6)	%	6.42	6.53	6.60	6.67	7.20	7.49	7.61	7.70
		森林覆盖率(C7)	%	39.99	39.74	39.73	39.71	44.47	44.40	44.36	44.34
		单位耕地面积化肥使用量(C8)	hm²/t	1.27	1.49	1.40	1.38	0.94	0.89	0.89	0.87
		有效灌溉面积(C9)	10³hm²	391.17	390.40	359.02	390.16	392.06	375.40	397.10	415.15
	土地利用经济性（B2）	商品房销售面积(C10)	万 m²	148.03	610.64	820.96	729.94	1130.17	1201.15	1245.92	1051.28
		第一产业占 GDP 比重(C11)	%	23.61	22.16	21.07	19.38	16.58	16.80	17.70	15.94
		工业占 GDP 比重(C12)	%	23.58	26.90	28.11	29.22	29.05	31.38	34.25	33.00
		农民人均纯收入(C13)	元	2913.75	3256.00	3758.25	4307.00	4713.75	5349.75	6166.50	7170.75
		单位建设用地固定资产投资强度(C14)	万元/hm²	19.76	24.89	32.24	44.79	117.80	158.96	205.24	249.49
		人均财政收入(C15)	元/人	1128.86	1364.61	1721.39	2095.91	2526.46	3360.48	4444.13	5342.04
		城镇居民家庭恩格尔系数(C16)		0.67	0.64	0.62	0.63	0.66	0.66	0.65	0.64
		单位耕地面积粮食产量(C17)	kg/hm²	3383.48	3515.46	3590.86	3458.05	5198.25	5136.85	5102.62	5315.78
	土地利用社会性（B3）	人口自然增长率(C18)	%	2.03	1.95	1.76	1.11	(0.19)	0.79	0.89	0.69
		人均粮食占有量(C19)	kg/人	286.19	289.56	290.45	274.84	284.10	280.39	275.87	284.50
		农村人均住房面积(C20)	m²/人	27.72	28.89	30.16	30.78	32.40	33.02	33.00	34.77
		人口密度(C21)	人/km²	285.11	290.92	296.58	301.80	559.94	558.88	563.33	568.35
		经济区 GDP 占全区域 GDP 比重(C22)	%	29.61	29.88	30.30	30.71	32.13	31.80	30.61	32.75
		城乡居民收入比重(C23)	%	299.61	305.03	322.14	330.31	335.31	327.20	314.73	305.29
		城镇人口比重(24)	%	41.11	41.93	42.79	42.59	43.18	43.91	44.12	44.87
		公路里程(25)	km	13745.0	16889.0	18784.0	20162.0	20650.0	20909.0	23041.0	22873.0

数据来源：2005～2013 年《广西统计年鉴》

表11.30　广西北部湾经济区土地集约利用评价指标标准化

指标	2005年	2006年	2007年	2008年	2009年	2010年	2011年	2012年
C1	1.0000	0.9286	0.8810	0.8357	0.0365	0.0343	0.0175	0.0000
C2	1.0000	0.9940	0.9712	0.9326	0.0000	0.0547	0.0670	0.0701
C3	0.0000	0.3333	0.4242	0.6970	0.5455	0.9394	0.7576	1.0000
C4	0.0241	0.0000	0.0044	0.0041	1.0000	0.9855	0.9779	0.9722
C5	0.0000	0.0390	0.0335	0.0308	1.0000	0.9766	0.9674	0.9610
C6	0.0000	0.0891	0.1378	0.1982	0.6137	0.8345	0.9332	1.0000
C7	0.0592	0.0072	0.0041	0.0000	1.0000	0.9844	0.9768	0.9724
C8	0.6464	1.0000	0.8560	0.8161	0.1085	0.0234	0.0210	0.0000
C9	0.5728	0.5591	0.0000	0.5548	0.5886	0.2918	0.6784	1.0000
C10	0.0000	0.4214	0.6129	0.5300	0.8946	0.9592	1.0000	0.8227
C11	1.0000	0.8112	0.6686	0.4494	0.0839	0.1127	0.2296	0.0000
C12	0.0000	0.3106	0.4246	0.5289	0.5130	0.7310	1.0000	0.8832
C13	0.0000	0.0804	0.1984	0.3273	0.4228	0.5722	0.7641	1.0000
C14	0.0000	0.0223	0.0543	0.1089	0.4267	0.6059	0.8074	1.0000
C15	0.0000	0.0560	0.1406	0.2295	0.3317	0.5297	0.7869	1.0000
C16	1.0000	0.3933	0.0000	0.2546	0.7370	0.8665	0.6496	0.4154
C17	0.0000	0.0683	0.1073	0.0386	0.9392	0.9074	0.8897	1.0000
C18	1.0000	0.9602	0.8774	0.5862	0.0000	0.4422	0.4863	0.3965
C19	0.7270	0.9430	1.0000	0.0000	0.5930	0.3552	0.0655	0.6184
C20	0.0000	0.1664	0.3466	0.4346	0.6637	0.7524	0.7492	1.0000
C21	0.0000	0.0205	0.0405	0.0589	0.9703	0.9666	0.9822	1.0000
C22	0.0000	0.0858	0.2207	0.3502	0.8033	0.6967	0.3200	1.0000
C23	0.0000	0.1519	0.6311	0.8598	1.0000	0.7728	0.4236	0.1592
C24	0.0000	0.2181	0.4468	0.3936	0.5505	0.7447	0.8005	1.0000
C25	0.0000	0.3382	0.5421	0.6903	0.7428	0.7707	1.0000	0.9819

2. 神经网络学习过程

本书运用 BP 神经网络测算广西北部湾经济区土地利用的集约度。BP 神经网络模型的构建经过以下的学习过程。

（1）网络初始化。给每个连接权值 w_{ij}、v_{jt}、阈值 θ_j 与 r_t 赋予区间（-1，1）内的随机值。其中，w_{ij} 表示输入层至隐藏层的连接权值，v_{jt} 表示隐藏层至输出层的连接权值，θ_j 表示隐藏层各单元输出阈值，输出层各单元的输出阈值，$i=1，2，\cdots，n$；$j=1，2，\cdots，p$；$t=1，2，\cdots，q$。

（2）随机选取一组输入和目标样本 $P_k=(a_1^k，a_2^k，\cdots，a_n^k)$、$T_k=(s_1^k，s_2^k，\cdots，s_p^k)$ 提供给网络。其中，$P_k=(a_1^k，a_2^k，\cdots，a_n^k)$ 表示网络输入向量，$T_k=(s_1^k，s_2^k，\cdots，s_p^k)$ 表示目

标网络目标向量。

（3）用输入样本 $P_k = (a_1^k,\ a_2^k,\ \cdots,\ a_n^k)$、连接权值 w_{ij} 和阈值 θ_j 计算隐藏层各单元的输入 s_j，然后用通过传递函数计算隐藏层各单元的输出，其中 b_j 表示隐藏层单元输入向量，s_j 表示输出层向量，计算公式如下：

$$s_j = \sum_{i=1}^{n} w_{ij} - \theta_j\ i = 1,\ 2,\ \cdots, n\ j = 1,\ 2,\ \cdots,\ p \qquad (11.19)$$

$$b_j = f(s_j)\ j = 1,\ 2,\ \cdots,\ p \qquad (11.20)$$

（4）利用隐藏层的输出 b_j、连接权值 v_{jt} 和阈值 θ_j 计算隐藏层各单元的输入 s_j，然后用 s_j 通过传递函数计算输出各单元的响应 C_t。其中，L_t 表示输出层单元输入向量，C_t 表示输出向量，计算公式如下：

$$L_t = \sum_{j=1}^{p} v_{jt}\, b_i - r_t\ t = 1,\ 2,\ \cdots,\ q \qquad (11.21)$$

$$C_t = f(L_t)\ t = 1,\ 2,\ \cdots,\ q \qquad (11.22)$$

（5）利用网络目标向量 $T_k = (s_1^k,\ s_2^k,\ \cdots,\ s_p^k)$，网络的实际输出 C_t，计算输出层的各单元一般化误差 d_t^k，计算公式如下：

$$d_t^k = (s_1^k - C_t) \cdot C_t(1 - C_t)\ t = 1,\ 2,\ \cdots,\ q \qquad (11.23)$$

（6）利用连接权值 v_{jt}，输出层 d_t 的一般误差和隐藏层 b_j 的输出计算中间层各个单元的一般化误差 e_j^k，计算公式如下：

$$e_j^k = \Big[\sum_{i=1}^{q} d_t \cdot v_{jt} \Big] \cdot b_j(1 - b_j) \qquad (11.24)$$

（7）利用输出层各单元的一般化误差 d_t^k 与隐藏层各单元的输出 b_j 来修正连接权值 v_{jt} 和阈值 r_t，计算公式如下：

$$v_{jt}(N + 1) = W_{jt}(N) + \partial \cdot d_t^k \cdot b_i \qquad (11.25)$$

$$rt(N + 1) = rt(N) + \partial \cdot d_t^k \qquad (11.26)$$

式中，$t = 1,\ 2,\ \cdots,\ q$；$j = 1,\ 2,\ \cdots,\ p$；$0 < \partial < 1$

（8）隐藏层各单元的一般化误差 e_j^k，输入层各单元的输入 $P_k = (a_1^k,\ a_2^k,\ \cdots,\ a_n^k)$ 来修正连接权值 w_{ij} 和阈值 θ_j，计算公式如下：

$$w_{ij}(N + 1) = W_{ij}(N) + \beta\, e_j^k \cdot a_i^k \qquad (11.27)$$

$$\theta_j(N + 1) = \theta_j(N) + \beta\, e_j^k \qquad (11.28)$$

式中，$i = 1,\ 2,\ \cdots,\ n$；$j = 1,\ 2,\ \cdots,\ p$；$0 < \beta < 1$

（9）随机选取下一个学习样本向量提供给网络，返回到步骤(3)，直到 m 个训练完毕。

（10）重新从 m 个学习样本中随机选取一组输入和目标样本，返回步骤(3)，直到网络全局误差 E 小于预先设定的一个极小值，即网络收敛。如果学习次数大于预先设定的值，网络就无法收敛。

（11）学习结束。

3. BP 神经网络训练过程

BP 神经网络的训练数据来自广西北部湾经济区南宁市、北海市、钦州市和防城港市的 2005～2012 年土地利用数据，按照土地利用规划体系整理，将土地利用数据分为耕地、园地、林地、牧草地、其他农用地、城乡建设用地、交通运输用地、水利设施用地、水域用地、自然保留地十大类。这些数据需要归一化处理后作为构建模型的训练数据，也就是样本数据。广西北部湾经济区土地利用数据归一化处理后，见表 11.31。

表 11.31 广西北部湾经济区各地类数据标准化

样本数据	耕地	园地	林地	牧草地	其他农用地	城乡建设用地	交通运输用地	水利设施及其他用地	水域	自然保留地
C1	0.3180	0.3476	0.3394	0.4309	0.2398	0.3660	0.5111	0.2742	0.1255	0.1084
C2	0.1343	0.0182	0.0956	0.1703	0.1311	0.0921	0.0845	0.0996	0.0120	0.0670
C3	0.1686	0.0809	0.1909	0.0072	0.1917	0.1522	0.1152	0.2587	0.1373	0.0515
C4	0.0798	0.1534	0.1080	0.1096	0.0806	0.0288	0.0386	0.0119	0.0072	0.1306
C5	0.0560	0.0151	0.0583	0.0860	0.1036	0.0342	0.0413	0.0199	0.0000	0.2970
C6	0.0576	0.0125	0.0594	0.0788	0.0882	0.0538	0.0137	0.0371	0.0071	0.1792
C7	0.1539	0.2263	0.1421	0.1171	0.1475	0.1040	0.0872	0.0821	0.0147	0.1613
C8	0.9929	0.8561	0.9992	1.0000	1.0000	0.9585	1.0000	0.8617	0.4538	1.0000
C9	0.0000	0.0000	0.0005	0.0000	0.0000	0.0695	0.0247	0.0111	0.0677	0.0077
C10	0.0209	0.0162	0.0100	0.0000	0.0124	0.0583	0.0636	0.0288	0.0622	0.0159
C11	0.0153	0.0227	0.0110	0.0002	0.0104	0.0331	0.0401	0.0133	0.1402	0.0162
C12	0.1346	0.0921	0.1049	0.0002	0.1080	0.1987	0.0757	0.0925	0.6549	0.0291
C13	0.1831	0.1321	0.1291	0.0004	0.1396	0.4232	0.2584	0.1847	1.0000	0.0715
C14	0.0724	0.0266	0.1229	0.0472	0.1336	0.1088	0.1609	0.1459	0.3062	0.1308
C15	0.0812	0.0716	0.1345	0.0543	0.0869	0.0807	0.0469	0.0203	0.0111	0.0758
C16	0.1297	0.5135	0.2053	0.0010	0.1007	0.1633	0.0393	0.1060	0.0115	0.0561
C17	0.0721	0.0624	0.1826	0.0017	0.0653	0.0672	0.0295	0.0668	0.0142	0.0738
C18	0.3677	0.6753	0.6480	0.1043	0.3953	0.4837	0.3308	0.3781	0.4181	0.3390
C19	0.0058	0.0006	0.0150	0.0047	0.0142	0.0234	0.0349	0.0093	0.1000	0.0047
C20	0.0452	0.0847	0.1773	0.0763	0.0265	0.0314	0.0414	0.0242	0.1579	0.0990
C21	0.0590	0.0184	0.2273	0.0520	0.0407	0.0164	0.0099	0.1462	0.0168	0.1057
C22	0.0062	0.0409	0.0298	0.0001	0.0266	0.0020	0.0000	0.0000	0.0660	0.0186
C23	0.3263	0.3677	0.3398	0.4297	0.1881	0.3978	0.4191	0.2630	0.1267	0.1018
C24	0.1337	0.0182	0.0961	0.1695	0.1311	0.0952	0.0863	0.0996	0.0120	0.0662
C25	0.1684	0.0808	0.1909	0.0072	0.1916	0.1536	0.1220	0.2587	0.1373	0.0513
C26	0.0797	0.1537	0.1080	0.1096	0.0806	0.0292	0.0399	0.0119	0.0072	0.1306
C27	0.0558	0.0151	0.0583	0.0860	0.1035	0.0353	0.0414	0.0199	0.0000	0.2970
C28	0.0575	0.0124	0.0595	0.0784	0.0882	0.0540	0.0138	0.0371	0.0071	0.1792
C29	0.1538	0.2255	0.1419	0.1164	0.1474	0.1074	0.0918	0.0821	0.0147	0.1611

续表

样本数据	耕地	园地	林地	牧草地	其他农用地	城乡建设用地	交通运输用地	水利设施及其他用地	水域	自然保留地
C30	1.0000	0.8755	1.0000	0.9969	0.9481	1.0000	0.9228	0.8506	0.4550	0.9922
C31	0.0022	0.0000	0.0000	0.0000	0.0003	0.0722	0.0245	0.0087	0.0664	0.0001
C32	0.0231	0.0167	0.0096	0.0000	0.0126	0.0610	0.0634	0.0264	0.0609	0.0084
C33	0.0175	0.0232	0.0105	0.0002	0.0106	0.0358	0.0399	0.0109	0.1389	0.0087
C34	0.1368	0.0930	0.1045	0.0002	0.1769	0.2014	0.0754	0.0901	0.6536	0.0215
C35	0.1920	0.1339	0.1274	0.0005	0.2092	0.4341	0.2573	0.1751	0.9947	0.0412
C36	0.0636	0.0378	0.1178	0.0468	0.1350	0.1131	0.1638	0.1466	0.3055	0.1240
C37	0.0768	0.1454	0.1320	0.0541	0.0876	0.0829	0.0483	0.0207	0.0107	0.0724
C38	0.1253	0.6458	0.2028	0.0008	0.1014	0.1655	0.0407	0.1064	0.0111	0.0527
C39	0.0677	0.1699	0.1801	0.0016	0.0660	0.0694	0.0310	0.0672	0.0139	0.0704
C40	0.3458	1.0000	0.6354	0.1033	0.3989	0.4946	0.3380	0.3800	0.4162	0.3221
C41	0.0045	0.0009	0.0150	0.0047	0.0208	0.0239	0.0373	0.0093	0.1000	0.0046
C42	0.0440	0.0850	0.1773	0.0763	0.0331	0.0319	0.0439	0.0242	0.1579	0.0989
C43	0.0577	0.0186	0.2272	0.0520	0.0473	0.0169	0.0124	0.1462	0.0168	0.1056
C44	0.0049	0.0412	0.0297	0.0001	0.0332	0.0025	0.0024	0.0000	0.0660	0.0184
C45	0.3256	0.3648	0.3396	0.4293	0.1869	0.3950	0.4205	0.3056	0.1264	0.1017
C46	0.1337	0.0182	0.0961	0.1374	0.1311	0.0920	0.0863	0.1122	0.0109	0.0693
C47	0.1684	0.0808	0.1909	0.0072	0.1915	0.1304	0.1220	0.3303	0.1373	0.0513
C48	0.0794	0.1528	0.1080	0.1085	0.0806	0.0293	0.0650	0.0144	0.0072	0.1304
C49	0.0558	0.0151	0.0583	0.0860	0.1035	0.0350	0.0417	0.0214	0.0000	0.2970
C50	0.0578	0.0124	0.0595	0.0777	0.0882	0.0526	0.0138	0.0437	0.0071	0.1787
C51	0.1536	0.2236	0.1419	0.1148	0.1473	0.1068	0.0918	0.0942	0.0147	0.1612
C52	0.9989	0.8698	0.9997	0.9609	0.9467	0.9686	0.9495	1.0000	0.4535	0.9946
C53	0.0022	0.0000	0.0000	0.0000	0.0003	0.0722	0.0245	0.0087	0.0664	0.0001
C54	0.0231	0.0167	0.0096	0.0000	0.0126	0.0610	0.0634	0.0264	0.0609	0.0084
C55	0.0175	0.0232	0.0105	0.0002	0.0106	0.0358	0.0399	0.0109	0.1389	0.0087
C56	0.1368	0.0930	0.1045	0.0002	0.1769	0.2014	0.0754	0.0901	0.6536	0.0215
C57	0.1920	0.1339	0.1274	0.0005	0.2092	0.4341	0.2573	0.1751	0.9947	0.0412
C58	0.0636	0.0377	0.1178	0.0467	0.1350	0.1076	0.1638	0.1566	0.3055	0.1239
C59	0.0768	0.1454	0.1319	0.0541	0.0876	0.0802	0.0483	0.0307	0.0107	0.0724
C60	0.1253	0.6457	0.2028	0.0008	0.1014	0.1627	0.0407	0.1264	0.0111	0.0526
C61	0.0677	0.1698	0.1800	0.0015	0.0660	0.0667	0.0310	0.0772	0.0139	0.0703
C62	0.3458	0.9997	0.6353	0.1031	0.3989	0.4809	0.3380	0.4300	0.4162	0.3217

续表

样本数据	耕地	园地	林地	牧草地	其他农用地	城乡建设用地	交通运输用地	水利设施及其他用地	水域	自然保留地
C63	0.0053	0.0008	0.0149	0.0047	0.0185	0.0214	0.0383	0.0194	0.0965	0.0047
C64	0.0447	0.0849	0.1772	0.0763	0.0308	0.0294	0.0449	0.0344	0.1545	0.0990
C65	0.0585	0.0186	0.2271	0.0520	0.0449	0.0144	0.0134	0.1564	0.0134	0.1057
C66	0.0057	0.0411	0.0296	0.0001	0.0309	0.0000	0.0034	0.0102	0.0625	0.0186
C67	0.3244	0.3616	0.3391	0.4286	0.1846	0.4128	0.4251	0.3062	0.1264	0.1014
C68	0.1335	0.0182	0.0961	0.1373	0.1311	0.0933	0.0863	0.1122	0.0109	0.0693
C69	0.1683	0.0808	0.1909	0.0072	0.1915	0.1305	0.1231	0.3303	0.1373	0.0513
C70	0.0794	0.1528	0.1080	0.1085	0.0806	0.0297	0.0650	0.0144	0.0072	0.1304
C71	0.0558	0.0151	0.0583	0.0860	0.1035	0.0351	0.0417	0.0214	0.0000	0.2970
C72	0.0577	0.0123	0.0595	0.0777	0.0882	0.0527	0.0139	0.0437	0.0071	0.1787
C73	0.1552	0.2232	0.1418	0.1083	0.1473	0.1095	0.0918	0.0879	0.0147	0.1595
C74	0.9991	0.8661	0.9992	0.9537	0.9444	0.9910	0.9554	0.9943	0.4535	0.9927
C75	0.0021	0.0000	0.0000	0.0000	0.0004	0.0604	0.0245	0.0169	0.0664	0.0000
C76	0.0231	0.0167	0.0096	0.0000	0.0128	0.0489	0.0637	0.0346	0.0606	0.0082
C77	0.0175	0.0232	0.0105	0.0002	0.0108	0.0234	0.0399	0.0192	0.1389	0.0086
C78	0.1369	0.0927	0.1044	0.0002	0.1770	0.1891	0.0755	0.2247	0.6535	0.0214
C79	0.1919	0.1337	0.1272	0.0005	0.2098	0.3854	0.2578	0.3345	0.9944	0.0408
C80	0.0635	0.0377	0.1177	0.0459	0.1349	0.1107	0.1658	0.1561	0.3054	0.1236
C81	0.0770	0.1453	0.1319	0.0540	0.0876	0.0805	0.0483	0.0307	0.0107	0.0721
C82	0.1254	0.6457	0.2028	0.0008	0.1014	0.1632	0.0407	0.1264	0.0111	0.0524
C83	0.0677	0.1698	0.1800	0.0015	0.0660	0.0669	0.0310	0.0772	0.0139	0.0703
C84	0.3459	0.9996	0.6352	0.1021	0.3987	0.4849	0.3401	0.4295	0.4161	0.3209
C85	0.0051	0.0008	0.0146	0.0045	0.0185	0.0244	0.0418	0.0192	0.0965	0.0047
C86	0.0447	0.0849	0.1772	0.0763	0.0308	0.0300	0.0449	0.0344	0.1545	0.0989
C87	0.0585	0.0186	0.2271	0.0520	0.0449	0.0145	0.0134	0.1564	0.0134	0.1057
C88	0.0056	0.0473	0.0296	0.0001	0.0309	0.0011	0.0034	0.0102	0.0625	0.0172
C89	1.0000	1.0000	1.0000	1.0000	1.0000	0.8973	0.8109	0.7210	1.0000	0.3607
C90	0.4352	0.0305	0.3748	0.0000	0.2071	0.2926	0.1393	0.2757	0.2875	0.1391
C91	0.5200	0.3268	0.6233	0.0000	0.3366	0.4276	0.2120	1.0000	0.6511	0.0640
C92	0.2940	0.5065	0.4097	0.0017	0.1761	0.1116	0.1033	0.0475	0.2576	0.5005
C93	0.2170	0.0340	0.5847	0.0006	0.1597	0.1446	0.0721	0.0849	0.1490	0.3389
C94	0.2274	0.0333	0.2455	0.0143	0.1442	0.1749	0.0696	0.1413	0.2518	1.0000
C95	0.5526	0.5912	0.5789	0.0377	0.3676	0.3043	0.1580	0.2411	0.3183	0.2117

样本数据	耕地	园地	林地	牧草地	其他农用地	城乡建设用地	交通运输用地	水利设施及其他用地	水域	自然保留地
C96	0.0001	0.0023	0.0000	0.0000	0.0000	0.0039	0.0003	0.0000	0.0258	0.0000
C97	0.0062	0.0009	0.0015	0.0000	0.0047	0.0082	0.0050	0.0018	0.0423	0.0015
C98	0.0053	0.0006	0.0017	0.0000	0.0035	0.0038	0.0085	0.0011	0.0504	0.0025
C99	0.0250	0.0090	0.0219	0.0005	0.0350	0.0284	0.0080	0.0318	0.2297	0.0097
C100	0.0142	0.0124	0.0255	0.0000	0.0240	0.0161	0.0137	0.0231	0.1414	0.0499
C101	0.0140	0.0596	0.0271	0.0000	0.0102	0.0089	0.0052	0.0068	0.0032	0.0199
C102	0.0243	0.1228	0.0412	0.0000	0.0135	0.0209	0.0065	0.0254	0.0004	0.0204
C103	0.0115	0.0521	0.0393	0.0000	0.0095	0.0094	0.0038	0.0145	0.0023	0.0133
C104	0.0004	0.0001	0.0031	0.0000	0.0049	0.0039	0.0043	0.0001	0.0553	0.0015
C105	0.0071	0.0161	0.0438	0.0002	0.0079	0.0046	0.0065	0.0067	0.0499	0.0178
C106	0.0175	0.0031	0.0485	0.0000	0.0080	0.0005	0.0058	0.0233	0.0077	0.0181
C107	0.0011	0.0100	0.0071	0.0000	0.0045	0.0000	0.0000	0.0040	0.0454	0.0021
C108	0.9934	0.9819	0.9958	0.9770	0.9890	0.9684	0.8796	0.7294	0.9952	0.3555
C109	0.4335	0.0303	0.3739	0.0000	0.2066	0.2994	0.1736	0.2762	0.2874	0.1385
C110	0.5196	0.3266	0.6232	0.0000	0.3367	0.4300	0.2124	0.9999	0.6510	0.0639
C111	0.2938	0.5054	0.4096	0.0017	0.1761	0.1133	0.1090	0.0475	0.2576	0.5005
C112	0.2168	0.0332	0.5846	0.0006	0.1596	0.1466	0.0721	0.0844	0.1490	0.3388
C113	0.2271	0.0400	0.2445	0.0143	0.1441	0.1764	0.0723	0.1415	0.2516	0.9999
C114	0.5517	0.5868	0.5787	0.0377	0.3677	0.3101	0.1714	0.2411	0.3182	0.2116
C115	0.0000	0.0023	0.0000	0.0000	0.0000	0.0041	0.0003	0.0000	0.0258	0.0000
C116	0.0062	0.0009	0.0015	0.0000	0.0047	0.0083	0.0051	0.0018	0.0423	0.0015
C117	0.0053	0.0006	0.0017	0.0000	0.0034	0.0042	0.0088	0.0010	0.0504	0.0025
C118	0.0249	0.0090	0.0219	0.0005	0.0350	0.0284	0.0082	0.0318	0.2297	0.0097
C119	0.0141	0.0123	0.0253	0.0000	0.0199	0.0173	0.0376	0.0232	0.1413	0.0497
C120	0.0139	0.0594	0.0270	0.0000	0.0081	0.0091	0.0198	0.0067	0.0032	0.0199
C121	0.0243	0.1225	0.0412	0.0000	0.0094	0.0211	0.0315	0.0254	0.0004	0.0203
C122	0.0115	0.0519	0.0393	0.0000	0.0067	0.0095	0.0198	0.0145	0.0023	0.0133
C123	0.0004	0.0001	0.0030	0.0000	0.0047	0.0046	0.0050	0.0001	0.0552	0.0015
C124	0.0071	0.0160	0.0438	0.0002	0.0069	0.0047	0.0123	0.0067	0.0499	0.0178
C125	0.0174	0.0031	0.0485	0.0000	0.0051	0.0007	0.0218	0.0233	0.0077	0.0181
C126	0.0011	0.0100	0.0071	0.0000	0.0041	0.0001	0.0022	0.0040	0.0454	0.0021
C127	0.9893	0.9750	0.9932	0.9703	0.9883	0.9895	0.9617	0.7564	0.9917	0.3509
C128	0.4340	0.0303	0.3739	0.0000	0.2062	0.3004	0.1748	0.2762	0.2874	0.1360

续表

样本数据	耕地	园地	林地	牧草地	其他农用地	城乡建设用地	交通运输用地	水利设施及其他用地	水域	自然保留地
C129	0.5193	0.3264	0.6230	0.0000	0.3366	0.4316	0.2179	0.9999	0.6508	0.0639
C130	0.2933	0.5037	0.4096	0.0017	0.1765	0.1154	0.1156	0.0475	0.2575	0.5004
C131	0.2167	0.0332	0.5846	0.0006	0.1595	0.1471	0.0741	0.0844	0.1490	0.3388
C132	0.2270	0.0400	0.2445	0.0143	0.1440	0.1772	0.0733	0.1415	0.2516	0.9997
C133	0.5509	0.5852	0.5786	0.0377	0.3677	0.3154	0.1744	0.2411	0.3181	0.2112
C134	0.0000	0.0023	0.0000	0.0000	0.0000	0.0043	0.0004	0.0000	0.0255	0.0000
C135	0.0062	0.0009	0.0015	0.0000	0.0047	0.0085	0.0052	0.0018	0.0419	0.0015
C136	0.0052	0.0006	0.0016	0.0000	0.0034	0.0045	0.0089	0.0011	0.0504	0.0025
C137	0.0249	0.0090	0.0219	0.0005	0.0350	0.0285	0.0083	0.0318	0.2296	0.0097
C138	0.0140	0.0123	0.0253	0.0000	0.0198	0.0178	0.0399	0.0232	0.1411	0.0495
C139	0.0139	0.0594	0.0270	0.0000	0.0081	0.0092	0.0200	0.0067	0.0032	0.0198
C140	0.0243	0.1224	0.0412	0.0000	0.0093	0.0212	0.0316	0.0254	0.0004	0.0203
C141	0.0115	0.0519	0.0393	0.0000	0.0067	0.0096	0.0198	0.0145	0.0023	0.0132
C142	0.0003	0.0001	0.0030	0.0000	0.0046	0.0055	0.0054	0.0001	0.0538	0.0014
C143	0.0071	0.0160	0.0438	0.0002	0.0069	0.0050	0.0126	0.0067	0.0498	0.0176
C144	0.0174	0.0031	0.0485	0.0000	0.0051	0.0007	0.0219	0.0233	0.0077	0.0181
C145	0.0011	0.0100	0.0071	0.0000	0.0041	0.0001	0.0022	0.0040	0.0453	0.0021
C146	0.9874	0.9724	0.9922	0.9645	0.9868	1.0000	1.0000	0.7671	0.9913	0.3482
C147	0.4339	0.0303	0.3738	0.0000	0.2063	0.3012	0.1748	0.2762	0.2874	0.1360
C148	0.5192	0.3263	0.6230	0.0000	0.3367	0.4323	0.2179	0.9999	0.6508	0.0638
C149	0.2932	0.5033	0.4095	0.0017	0.1768	0.1155	0.1191	0.0475	0.2574	0.5004
C150	0.2162	0.0330	0.5842	0.0006	0.1593	0.1472	0.1005	0.0844	0.1487	0.3381
C151	0.2263	0.0399	0.2442	0.0143	0.1434	0.1774	0.1041	0.1415	0.2512	0.9991
C152	0.5503	0.5833	0.5785	0.0377	0.3677	0.3197	0.1746	0.2412	0.3181	0.2112
C153	0.0000	0.0023	0.0000	0.0000	0.0000	0.0044	0.0006	0.0001	0.0254	0.0000
C154	0.0061	0.0009	0.0015	0.0000	0.0047	0.0087	0.0053	0.0019	0.0418	0.0015
C155	0.0052	0.0006	0.0016	0.0000	0.0034	0.0046	0.0090	0.0012	0.0502	0.0025
C156	0.0249	0.0089	0.0219	0.0005	0.0350	0.0286	0.0084	0.0319	0.2296	0.0096
C157	0.0140	0.0122	0.0253	0.0000	0.0198	0.0179	0.0405	0.0236	0.1407	0.0494
C158	0.0139	0.0593	0.0270	0.0000	0.0080	0.0093	0.0206	0.0071	0.0029	0.0198
C159	0.0243	0.1224	0.0412	0.0000	0.0093	0.0214	0.0322	0.0258	0.0000	0.0202
C160	0.0115	0.0518	0.0393	0.0000	0.0066	0.0097	0.0204	0.0149	0.0019	0.0132
C161	0.0003	(0.0000)	0.0030	0.0000	0.0045	0.0058	0.0056	0.0001	0.0535	0.0013

样本数据	耕地	园地	林地	牧草地	其他农用地	城乡建设用地	交通运输用地	水利设施及其他用地	水域	自然保留地
C162	0.0071	0.0159	0.0438	0.0002	0.0069	0.0053	0.0128	0.0067	0.0495	0.0175
C163	0.0174	0.0031	0.0485	0.0000	0.0050	0.0010	0.0221	0.0233	0.0074	0.0180
C164	0.0011	0.0099	0.0071	0.0000	0.0040	0.0005	0.0024	0.0040	0.0450	0.0021

注：广西北部湾经济区土地数据来源于南宁、北海、钦州、防城港国土资源局及广西统计年鉴

4. BP 神经网络模型的确定

运用 BP 神经网络对广西北部湾经济区土地利用的集约度评价，评价模型由输入层、隐藏层和输出层组成，本书选取 25 个评价指标，经过标准化处理使指标在 [0，1] 的区间范围内，所以输入层节点数为评价指标个数 25；隐藏层节点的确定比较困难，经过不断的测试和调整，最终确定隐藏层节点数为 125，输出层节点数设定为 5 个，即土地集约利用的 5 个评价等级，广西北部湾经济区土地利用评价等级见表 11.32。BP 神经网络参数的设置为:%epoch：训练次数取 1000;%goal：误差性能目标值 le-3；隐含层节点数 150。BP 神经网络具体代码如下：net. trainParam. epochs = 1000；net. trainParam. goal = 0.001；hiddenLayerSize = 150 神经网络根据参数的设置运行，输出土地集约利用的五种评价等级，土地集约利用评价等级见表 11.32。

表 11.32　土地集约利用评价等级

层次	粗放利用	初步集约利用	基本集约利用	中度集约利用	高度集约利用
评价值	$M<0.45$	$0.45≤M<0.65$	$0.45≤M<0.65$	$0.65≤M<0.85$	$M≥0.85$

在 MATLAB R2012b 数据分析软件中输入样本数据，训练网络模型，训练过程如图 11.11 和图 11.12 所示。

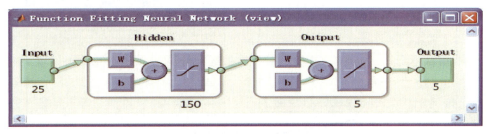

图 11.11　网络训练过程

5. BP 神经网络模型误差分析

BP 神经网络模型经过不断的调整输入节点与隐藏节点的连接强度及阈值、隐藏节点与输出节点的连接强度及阈值，使误差沿梯度方向下降，经过反复的训练，BP 神经网络

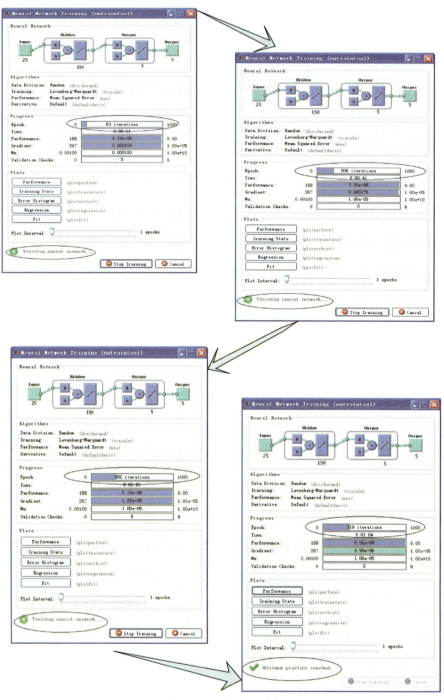

图 11.12　网络训练过程

在经过 319 次训练达到最小误差值 0.0023366，训练即告停止。本书运用的是 MATLAB R2012b 秋季版的软件，相对于 MATLAB 7.0、MATLAB R2007、MATLAB R2008、MATLAB R2009、MATLAB R2010、MATLAB R2011 具有更先进的模块和功能，MATLAB

R2012b 秋季版的软件在分析误差方面，增加了训练数据曲线（training data line）和验证数据曲线（validation data line），它是 MATLAB 7.0 软件的升级和改进，在选用软件的过程中应使用或更新到最新版的软件，BP 神经网络误差分析图如图 11.13 所示。

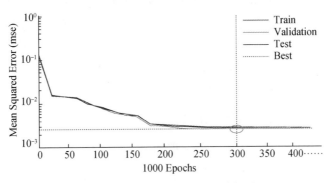

图 11.13　BP 神经网络误差分析图

从图 11.13 可以看出，神经网络在分析误差的时候训练数据曲线（taining data line）、验证数据曲线（validation data line）和测试数据曲线（testing data line）几乎完全拟合，说明构建出的模型符合实际情况。

6. BP 神经网络模型结果分析

将标准化处理过的指标通过 Excel 导入模型计算，最后得出广西北部湾经济区 2005～2012 年土地利用的集约度，结果见表 11.33 和图 11.14。

表 11.33　广西北部湾经济区 2005～2012 年土地利用集约度评价值

年份	2005	2006	2007	2008	2009	2010	2011	2012
集约度	0.5767	0.5897	0.6009	0.6217	0.6408	0.6923	0.7647	0.7542
层次	粗放利用	粗放利用	初步集约利用	基本集约利用	基本集约利用	中度集约利用	中度集约利用	中度集约利用

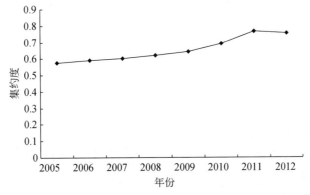

图 11.14　广西北部湾经济区 2005～2012 年土地利用集约度评价值

11.4.3　产业结构和土地利用的耦合度评价过程

灰色系统因子之间的关系密切程度用灰色关联度来展现，用它来度量系统变化趋势[73]。通常情况下，如果系统的变化规律是可量化的，那么就能够用序列的变化趋势来表示，而每个序列的变化趋势都会按一定的形状变化。灰色关联度的模型有广义绝对关联度、灰色斜率关联度、邓氏灰色关联度等几种模型。本书运用邓氏灰色关联度模型测算广西北部湾经济区产业结构与土地利用的耦合度。

1. 产业结构的优化度和土地利用的集约度

本章在 11.4.1 节产业结构优化评价过程中，通过模糊综合分析模型测算出产业结构的优化度；在 11.4.2 节土地利用集约度评价过程中，通过 BP 神经网络测算出广西北部湾经济区土地利用的集约度。产业结构的优化度和土地利用的集约度是测算耦合度的基础，也是测算数据的来源。广西北部湾经济区产业结构的优化度以及土地利用的集约度见表11.34 和图 11.15。

表 11.34　广西北部湾经济区 2005～2012 年产业结构优化度与土地利用集约度评价值

年份	2005	2006	2007	2008	2009	2010	2011	2012
优化度	0.6599	0.7148	0.7733	0.7621	0.7674	0.7998	0.8037	0.8094
集约度	0.5767	0.5897	0.6009	0.6217	0.6408	0.6923	0.7647	0.7542

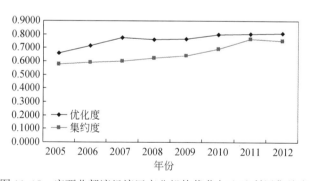

图 11.15　广西北部湾经济区产业机构优化与土地利用集约度

2. 耦合度的测算过程

本书采用灰色系统理论研究方法，运用灰色关联度模型来求取广西北部湾经济区产业结构和土地利用的耦合度，计算过程如下。

在基于原始数据的基础上，运用 DPF 数据处理软件，可以构建得出关联矩阵，见表 11.35。

表 11. 35　关联矩阵

关联矩阵	2005 年	2006 年	2007 年	2008 年	2009 年	2010 年	2011 年	2012 年
2005 年	1. 0000	0. 2555	0. 2986	0. 1665	0. 1184	0. 1103	0. 0983	0. 1017
2006 年	0. 1914	1. 0000	0. 5728	0. 2487	0. 1321	0. 1180	0. 0993	0. 1045
2007 年	0. 2349	0. 5830	1. 0000	0. 2160	0. 1243	0. 1123	0. 0956	0. 1001
2008 年	0. 0956	0. 2026	0. 1683	1. 0000	0. 1795	0. 1483	0. 1131	0. 1224
2009 年	0. 0949	0. 1470	0. 1334	0. 2439	1. 0000	0. 5581	0. 3129	0. 3666
2010 年	0. 0935	0. 1391	0. 1276	0. 2150	0. 5739	1. 0000	0. 4421	0. 5595
2011 年	0. 0983	0. 1377	0. 1279	0. 1942	0. 3680	0. 4861	1. 0000	0. 7533
2012 年	0. 0997	0. 1418	0. 1311	0. 2047	0. 4191	0. 5938	0. 7491	1. 0000

通过以上矩阵，确定产业结构优化度与土地利用集约度之间的关联系数，关联系数的计算公式如下：

$$\varepsilon_{ij} = \frac{\Delta_{\min} + k\Delta_{\max}}{\Delta_{ij}(t) + k\Delta_{\max}} (t = 1, 2, \cdots, M) \tag{11.29}$$

$$\Delta_{ij}(t) = |x_i(t) - x_j(t)| = \begin{bmatrix} 0.0832 \\ 0.1251 \\ 0.1724 \\ 0.1404 \\ 0.1266 \\ 0.1075 \\ 0.0390 \\ 0.0552 \end{bmatrix} \quad \Delta_{\min} = \begin{bmatrix} 0.0317 \\ 0.0476 \\ 0.0656 \\ 0.0534 \\ 0.0482 \\ 0.0409 \\ 0.0149 \\ 0.0210 \end{bmatrix} \quad \Delta_{\max} = \begin{bmatrix} 0.0508 \\ 0.0764 \\ 0.1052 \\ 0.0857 \\ 0.0773 \\ 0.0656 \\ 0.0238 \\ 0.0337 \end{bmatrix}$$

计算过程中，根据实际的需要，取灰数的白化值为 0. 5 ~ 1. 0，计算结果见表 11. 36 和图 11. 16。

表 11. 36　产业结构优化度与土地利用集约度的灰色关联系数

年份	2005	2006	2007	2008	2009	2010	2011	2012
灰色关联系数	0. 5254	0. 5466	0. 5660	0. 5838	0. 6002	0. 6154	0. 6294	0. 6425

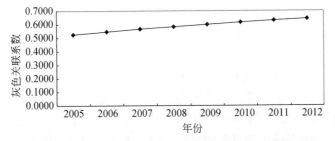

图 11. 16　产业结构优化度与土地利用集约度的灰色关联系数

根据公式：$r_{ij} \approx \dfrac{1}{M} \sum\limits_{i=1}^{M} \varepsilon_{ij}(t)$ 计算得出灰色关联度，即

$$r_{ij} \approx \frac{1}{M} \sum_{i=1}^{M} \varepsilon_{ij}(t)$$

$$= \frac{1}{8} \times (0.5254 + 0.5466 + 0.5660 + 0.5838 + 0.6002 + 0.6154 + 0.6294 + 0.6425)$$

$$= 0.5887$$

产业结构与土地利用的耦合度取值为 [0, 1]，越靠近 1 说明耦合度越好，根据模糊系统理论，以及结合广西北部湾经济区的实际情况，本书简要地把耦合度划分为五级，即可反映出经济区的产业结构与土地利用的耦合关系，耦合度的等级划分见表 11.37。

表 11.37 耦合度等级划分

划分等级	杂乱	无序	基本耦合	较好耦合	高度耦合
耦合度	0~0.2	0.2~0.4	0.4~0.6	0.6~0.8	0.8~1.0

根据划分等级以及计算结果，2005~2012 年广西北部湾经济区产业结构优化度与土地利用集约度的耦合度为 0.5887，处于基本耦合的状态，发展的空间和上升的潜力大，广西北部湾经济区 2005~2012 年产业结构与土地集约利用的耦合度见表 11.38。

表 11.38 产业结构与土地集约利用的耦合度

年份	2005	2006	2007	2008	2009	2010	2011	2012
灰色关联系数	0.5254	0.5466	0.5660	0.5838	0.6002	0.6154	0.6294	0.6425
耦合度	0.5887							

11.5 产业结构优化和土地集约利用主要影响因素、建议及措施

11.5.1 广西北部湾经济区产业结构优化和土地集约利用主要影响因素

经过对广西北部湾经济区产业结构现状和土地利用现状的分析，对广西北部湾产业结构数据和土地利用数据的统计，总结得出影响经济区产业结构优化和土地集约利用的主要影响因素有以下几点。

第一，产业结构的无序造成了土地利用的粗放。产业结构具有相对的动态性，而土地资源在一定程度上是固定的，产业结构的无序造成了土地利用的粗放，所以要实现土地的集约利用首先要优化产业结构布局。产业结构的优化可以减少土地资源的使用量，提高土地利用的集约度。尤其是在土地资源相对紧缺的经济区，产业结构的创新尤显重要。产业结构的优化和土地集约利用是相互统一、相互促进的，产业结构的优化升级促进了土地资源的集约利用，土地资源的高效利用反过来满足了经济利益主体追求最大利润的目标，保

护了自然资源和生态环境。

第二，单一的产业结构对国民经济的贡献不突出。广西北部湾经济区自 2006 年成立以来，企业的个数平稳增长，从业人员数基本保持平稳上升。但是，从产业总量排位及所占比例看，增加值在全国排位处于下游水平，主要原因在于经济区的产业存在着结构过于单一的缺陷，主要集中于医药制造业、电子及通信设备制造业、医疗设备及仪器仪表制造业，其他产业不突出。由于产业结构的单一造成了经济区产业的总产值低于东部沿海经济区的平均总产值，对国民的经济贡献不突出。

第三，土地利用结构不合理，土地存在供需矛盾。据 2013 年南宁市、北海市、钦州市、防城港市土地利用现状变更调查，广西北部湾经济区土地利用现状结构不够合理，农业用地、建设用地和其他土地的比例为 84：8：8，各类用地结构相差悬殊。土地利用内部结构亦不够合理，在农用地内部，耕地、园地、林地、牧草地以及其他农用地内部结构的不均衡直接影响农业的综合平衡发展；在建设用地内部，农村居民点占地过大，城镇工矿用地规模偏小，影响城镇规模扩大和城镇化进程。

11.5.2　广西北部湾经济区产业结构优化和土地集约利用的建议及措施

通过对广西北部湾经济区产业结构和土地利用的深入探索，本书提出以下几点建议和措施。

首先，对于广西北部湾经济区的定位要明确。广西北部湾经济区成立之初的定位是打造成为中国与东盟国家之间的合作共赢基地，其中包括物流基地、商贸基地、加工制造基地和信息交流中心。随着国内几大经济区的优化升级，广西北部湾经济区要紧跟时代步伐，以创新的思维和方式把广西北部湾经济区打造成国家级的高新技术产业带，成为推动自治区经济发展的增长极，树立在全国范围内的影响力。具体来说，广西北部湾经济区要充分发挥经济区的引领带动作用，利用沿海港口优势，积极引进国内外大企业大项目，不断完善基础设施条件，加快建设重点产业园区，重点发展石化、钢铁、电子信息、有色金属、食品、装备制造、修造船业、能源、林浆造纸等产业，加快形成临海重化工业基地和现代物流基地。

其次，对于广西北部湾经济区的政策要持之以恒。这里的政策包括国家层面的帮扶政策和自治区级别的优惠政策，国家继续加大对经济区的投入，循序渐进地完善经济区产业结构的布局和土地利用的规划。自治区以饱满的热情打造具有广西民族特色的经济区，融民族特色于经济建设、生态保护之中，使广西北部湾经济区成为我国比较具有独特风格的经济区，成为西南地区一个闪耀的明珠。

然后，大胆任用人才，提升广西北部湾经济区的软实力。统计数据的过程中发现，广西北部湾经济区人才密度指数都处于 10% 以下甚至更低的水平。科学技术是第一生产力，人才是核心竞争力，要把科学技术变成实实在在的生产力，要通过人才实现，唯有坚持人才优先才能提升经济区的软实力。

最后，大力支持高新技术产业的发展。随着经济区全球化和经济区域集团化，高新技术产业是经济增长强大的助推器，高新技术产业在经济区的重要地位日益突出，广西北部湾经济区对于高新技术产业态度要遵循以下原则：加强科学与经济结合，建立高新技术成果化机制；多途径、多层面对高新技术产业的加大投入；运用高新技术对传统产业改造和升级；建立新型的高新技术人才培养和管理体系。具体对于每个市来说，南宁市大力发展铝加工、电子信息、机械装备制造等产业，加快推进农产品加工、化工、建材、造纸、轻纺等产业升级，积极发展生物工程与制药、新能源、新材料等产业，全面打造成为区域性加工制造基地、物流基地和信息交流中心。北海市充分发挥港口优势和岸线资源，大力发展石油化工、电子信息等产业，加快发展装备制造业、海洋产品加工和林浆造纸产业，大力提升新材料、能源、建材及农产品等产业。钦州市依托日益完善的基础设施网络，主动承接国际国内产业转移，以工业园区为载体，优化产业空间布局。防城港市依托深水良港和东兴国家重点开发开放实验区，以钢铁、核电、铜镍三大项目为引领，重点加快企沙工业区、大西南临港工业园区、粮油食品产业园、东兴边境经济合作社等园区建设。

11.6 结论与展望

11.6.1 结论

本书以广西北部湾经济区 2005～2012 年 8 年的产业结构数据和土地利用数据为依据，构建合理的指标评价体系。在测算经济区的产业结构优化度的过程中，基于模糊综合分析模型基础上，运用熵值法确定产业结构的指标权重，采用"降半阶梯形"函数确定指标隶属度，通过矩阵运算，得出 2005～2012 年广西北部湾经济区产业结构的优化度 P = (0.6599, 0.7148, 0.7733, 0.7621, 0.7674, 0.7998, 0.8037, 0.8094)；在测算经济区的土地利用集约度的过程中，首先通过极值法确定指标权重，然后在基于 BP 神经网络模型的基础上，不断地对网络的输入层、隐藏层、输出层进行调试，得出最优模型，最后通过训练好的 BP 神经网络模型测算出经济区土地利用的集约度 T = (0.5767, 0.5897, 0.6009, 0.6217, 0.6408, 0.6923, 0.7647, 07542)。以经济区的优化度和集约度为基础，运用灰色关联度模型，求得产业结构与土地利用之间的关联系数 O = (0.5254, 0.5446, 0.5660, 0.5838, 0.6002, 0.6154, 0.6294, 0.6425)。研究结果表明，广西北部湾经济区 2005～2012 年产业结构与土地利用的耦合度为 0.5887，处于基本耦合的阶段，广西北部湾经济区的产业结构与土地利用之间具有充足的上升空间和较大的发展潜力。

11.6.2 展望

综合模糊分析模型、BP 神经网络模型和灰色关联度模型的选用是一种敢于挑战和勇于尝新的精神，希望能为产业结构和土地利用的研究起到添砖增瓦的作用，也为其他学者研究不同领域的两者甚至三者之间的耦合关系提供参考。但是，在选用模型的过程中要考虑到模型存在的局限性。要想一个模型能够成功地解决现实中的问题，至少与三个因素紧密相关：第一个是模型的目标，即模型的目标是否明确且可度量；第二个是模型的范围线，即模型的范围线是否界定得清楚；第三是模型的数据，即模型的数据来源是否准确且易于获取。所以在研究的过程中要考虑到选用模型存在的风险性。本书初步运用了一些模型，在往后的学习中仍需做更深入的研究。

相对于珠三角经济区、长三角经济区、京津唐经济区、环渤海经济区来说，广西北部湾经济区还处于起步阶段，各方面都在日臻完善，尤其是产业结构与土地利用之间布局也取得了一定的进展，我们应该看到的是广西北部湾经济区具有的巨大潜力和广阔的前景，依托区内的广阔经济腹地、海外便捷的交通和巨大的国际市场，广西北部湾经济区会取得辉煌的成就，成为中国另一颗闪耀的明珠。

参 考 文 献

[1] 北部湾（广西）经济区规划建设管理委员会办公室，广西社会科学院，广西北部湾发展研究院. 广西北部湾经济区蓝皮书. 北京：社会科学文献出版社，2010.

[2] 威廉·配第. 政治算术. 北京：商务印书馆，1928.

[3] 荣毅宏. 中国西南地区产业结构研究. 北京：中国经济出版社，2009.

[4] 马克思. 马克思恩格斯选集. 北京：人民出版社，1972.

[5] 马克思. 资本论3卷. 北京：人民出版社，1975.

[6] 霍夫曼. 工业化的阶段和类型. 北京：人民出版社，1983.

[7] 李小建，李国平，曾刚等. 经济地理学. 北京：高等教育出版社，2009.

[8] 杜能. 孤立国. 南京：南京中正分局，1947.

[9] 马兰，张曦. 农业区位论及其现实意义. 云南农业科技，2003，（3）：3~5.

[10] Christaller W. 德国南部中心地原理. 常正文，王兴中等译. 北京：商务印书馆，1998.

[11] 伯尔蒂尔·俄林. 区域贸易与国际贸易. 北京：商务印书馆，1996.

[12] Simonis A R. Industrial Metabolism：Estructuring for sustainable development. Tokyo：United Nations University，1994.

[13] 江世银. 区域产业结构调整与主导产业结构研究. 上海：上海人民出版社，2004.

[14] 程达军. 产业集群与循环经济工业园系统结构与动力比较. 经济研究，2005，（9）：51~59.

[15] 刘永佶. 劳动历史观. 北京：商务印书馆，1981.

[16] 周振华. 现代经济增长中的结构效应. 上海：上海人民出版社，1995.

[17] 孙尚清. 中国产业结构研究. 太原：山西人民出版社，1988.

[18] 李江，和金生. 区域产业结构优化与战略性产业选择的新方法. 现代财经，2008，28（8）：70~73.

[19] 王平，云鹤. 产业结构优化的动力探源. 浙江理工大学学报，2007，24（6）：678~681.

[20] 李江帆，黄少军. 世界第三产业与产业结构演变规律分析. 经济理论与经济管理，2001，（2）：30~34.

[21] 韩峰，王琢卓，杨海余. 产业结构对城镇土地集约利用的影响研究. 资源科学，2013，35（2）：388~395.

[22] 王珀，雷亚萍. 产业结构优化与城市化互动发展研究. 经济研究导刊，2006，（5）：23~25.

[23] 丁安民. 产业视角下土地配置分析及探讨——以深圳市怀德社区为例. 国土资源情报，2012，（1）：29~31.

[24] 王万茂，董祚继，王群等. 土地利用规划学. 北京：科学出版社，2006.

[25] Schmidt-Renner G. 经济地理学基础理论. 经济地理研究会译. 东京：古今书院，1970.

[26] 西冈久雄．经济地理分析（增补版）．东京：大明堂，1986.

[27] 福田和晓．经济区位的理论与实践．东京：大明堂，1990.

[28] 威廉·配第．赋税论．邱霞，原磊译．北京：华夏出版社，2006.

[29] 亚当·斯密．国富论．郭大力，王亚南译．北京：商务印书馆，1972.

[30] 大卫·李嘉图．政治经济学与赋税原理．郭大力，王亚南译．北京：译林出版社，2011.

[31] 顾乃忠．地理环境与文化——兼论地理环境决定论研究的方法论．浙江社会科学，2000，(3)：133~140.

[32] 石海兵，刘继平．天人合一与征服自然——中西自然观的比较．辽宁工程技术大学学报，2000，2(3)：79~81.

[33] 卓玛措．人地关系协调理论与区域开发．青海师范大学学报，2005，(6)：24~27.

[34] 赵桂慎．生态经济学．北京：化学工业出版社，2009.

[35] 赵松乔．中国土地类型研究．北京：科学出版社，1986.

[36] 汪应洛．系统工程学．北京：高等教育出版社，2007.

[37] 邓鹏宇，肖白玉．土地利用理论的演进．东莞理工学院学报，2011，18(2)：65~69.

[38] 毛蒋兴，闫小培，王爱民．20世纪90年代以来我国城市土地集约利用研究述评．地理与地理信息科学，2005，21(2)：48~52.

[39] 赵小风，黄贤金，陈逸等．城市土地集约利用研究进展．自然资源学报，2010，25(11)：1979~1996.

[40] 邵晓梅，刘庆，张衍毓．土地集约利用的研究进展及展望．地理科学进展，2006，25(2)：86~95.

[41] 第一次世界环境会议．人类环境宣言——只有一个地球．瑞典首都斯德哥尔摩，1972.

[42] 人类环境特别会议．内罗毕宣言．肯尼亚首都内罗毕，1982.

[43] 第42届联合国大会．世界环境与发展．纽约曼哈顿，1987.

[44] 联合国环境和发展大会．21世纪议程．巴西里约热内卢，1992.

[45] 吴传钧．论地理学的研究核心——人地关系地域系统．经济地理，1991，11(3)：1~5.

[46] 张远广，符清华．人地系统与人地关系浅析．人文地理，1988，(2)：20~22.

[47] 钱学森．关于地学的发展问题．北京：科学出版社，1988.

[48] 陆大道．关于地理学的人-地系统理论研究．地理研究，2002，21(2)135~145.

[49] 中国网．中国建设．http://js.China.com.cn/sylm/ep/ny/281693_2.shtml.，2012

[50] 朱天明，杨桂山，万荣荣．城市土地集约利用国内外研究进展．经济地理，2009，29(6)：977~983.

[51] 刘洁，郑文升，张毅学等．城市土地集约利用度与城市化综合水平协调度分析——以环渤海地区为例．华中师范大学学报（自然科学版），2012，46(5)：616~623.

[52] 百度·百科：http://baike.baidu.com/link?url=c8Tlzi2Z8MRna6MDq9iRkkSXau z5WwFc pqMlMjd.

[53] 胡锦涛．高举中国特色社会主义伟大旗帜为夺取全面建设小康社会新胜利而奋斗．中国共产党第十七次全国代表大会，2007.

[54] 陈银蓉，梅昀．科学发展观与新时期土地利用规划修编．中国土地科学，2005，19(3)：3~7.

[55] 刘洁，郝晋珉，段瑞娟．坚持科学发展观，规划土地空间——新一轮土地利用总体规划修编之思考．前沿论坛，2007，(2)：38~40.

[56] 刘新卫，刘康，杜舰等．践行科学发展观的新一轮土地利用总体规划．国土资源情报，2009，(5)：3~5.

[57] 刘卫东，陆大道．新时期我国区域空间规划的方法论探讨——以"西部开发重点区域规划前期研

究"为例. 地理学报, 2005, 60 (6): 894～902.

[58] 张文忠. 产业发展和规划的理论与实践. 北京: 科学出版社, 2009.

[59] 徐建华. 现代地理学中的数学方法. 北京: 高等教育出版社, 2002.

[60] 张中昱. 基于 BP 神经网络和模糊综合评价的环境分析评价系统. 天津: 天津大学电子信息工程学院硕士学位论文, 2006.

[61] 毕宝德, 柴强, 李玲. 土地经济学. 北京: 中国人民大学出版社, 1998.

[62] 林英彦. 土地利用概要. 台湾: 台湾文笙书局, 1995.

[63] FAO 联合国粮食及农业组织. 立法在发展中国家土地利用规划中的作用. 联合国, 1985.

[64] 曼德尔 R B. 土地利用理论与实践. 西安: 西北农业大学出版社, 1987.

[65] 马锐. 人工神经网络原理. 北京: 机械工业出版社, 2010.

[66] Rumelhart D E, Hinton G E, Williams R J. Learning representation by back propagation errors. Nature, 1986, 3 (6): 899～905.

[67] 张旭念, 何如海. BP 人工神经网络在判定土地集约利用程度中的应用——以合肥市为例. 湖北经济学院学报, 2012, 9 (10): 57～59.

[68] 李双成, 郑度. 人工神经网络模型在地学研究中的应用进展. 地球科学进展, 2003, 18 (1): 68～76.

[69] 飞思科技产品研发中心. 神经网络理论与 MATLAB 7 实现. 北京: 电子工业出版社, 2005.

[70] 龙静. 基于 BP 人工神经网络的城乡土地利用精明增长研究. 南宁: 广西师范学院硕士学位论文, 2012.

[71] 邓聚龙. 灰色系统——社会·经济. 北京: 国防工业出版社, 1985.

[72] 邓聚龙. 灰色系统基本方法. 武汉: 华中理工大学出版社, 1987.

[73] 孙玉刚. 灰色关联分析及其应用的研究. 南京: 南京航空航天大学硕士学位论文, 2007.

第 12 章　广西北部湾经济区海岸带城市区域发展的空间结构关系

12.1　引　　言

12.1.1　研究背景与意义

区域发展是指在国民经济增长的背景下，区域总量获得增长，人口及人均收入提高，物质性和社会性的基础设施不断完善，地区间建立合理的经济关系，逐步缩小地区间社会经济发展水平的差距，以及为此目标而制定的区域政策。第二次世界大战以后，虽然全球范围内社会经济取得了巨大的发展，但人口激增、资源短缺、环境恶化等问题依然是世界各国亟待解决的问题，并在很大程度上制约着各国、各地区的发展，而这些问题都在区域发展中得到广泛的反映。因此，区域发展依然是当代世界各国普遍关注的重大社会经济问题[1]。

区域发展需要以空间结构为依托，区域内各种经济活动的产生需要把分散在地理空间上的相关要素组织起来，形成一定的经济活动过程，同时各种经济活动之间需要相互联系、相互配合，因此就需要克服地理空间的约束而相互连接起来，形成一个大的经济系统。区域空间结构通过一定的空间组织形式把分散于地理空间的相关资源和要素连接起来，使经济活动能够运转，因此区域空间结构的演化直接制约着区域经济发展的进程。同时，区域空间结构又随着区域的发展而得到不断的发展和优化，使区域实现可持续发展。

因此，区域发展演化的核心是区域空间结构的发展与优化。区域发展问题是地理学，尤其是经济地理学的理论和实践研究领域，也是其最擅长的研究领域。而空间是认识区域的一个重要范畴，空间结构又是描述区域的一个重要角度和侧面，是反映人类社会经济活动的地域分异和组合的基本特征。因此，研究区域发展的空间结构，无论从理论上，还是实践上，在地理学中都有重要意义。

由于区域是一个社会、经济、生态复合的巨系统，因而区域发展必然涉及社会、经济、生态结构中产业、人口、资源、环境等多种要素的流动与布局，这些结构要素的布局最终都要通过空间载体来实现。我们注意到，以往许多对区域发展的剖析和理解都是循着经济、社会、历史、文化的脉络展开的，作为人类各种活动载体的空间却未能得到充分重视。如以下一些值得深入探讨的理论问题：一个区域的发展与之所依托的空间之间存在着怎样的机理关系？空间作为区域城市化、工业化、现代化发展的载体，促使其不断演变的动力机制是什么？区域空间结构与区域发展如何在相互依托中互相发挥促进作用？有哪些可供实践的模式等。这说明区域发展与空间结构演化之间是一个值得认真研究的广阔领域，深化这一领域的研究，无疑具有推动理论突破与优化区域空间布局、推动区域发展的双重需要。

广西是中国与东盟多区域合作的重要交汇点。面积 23 多万 km²，人口 4900 多万，有着独特的区位优势，南临北部湾，毗邻经济发达的珠江三角洲和港澳地区，是中国与东盟之间唯一既有陆地接壤又有海上通道的省区。经过多年的培育，广西已经初步形成以制糖、有色、冶金、电力、汽车、机械、建材、食品、医药等为主的一批优势产业，具备与东盟国家开展经贸合作的良好基础。

2008 年 1 月 16 日，国家批准实施《广西北部湾经济区发展规划》，标志着广西北部湾经济区开放开发纳入国家发展战略。为了推进北部湾合作与开发，广西已启动广西北部湾经济区的规划与建设。成立广西北部湾经济区规划建设管理委员会，以港口建设为龙头，以发展沿海工业为重点，以基础设施建设为保障，以南宁、北海、钦州、防城港城市群为依托，努力将该区域打造成为中国与东盟的区域性物流基地、商贸基地、加工制造基地和信息交流中心。广西北部湾经济区将有可能成为中国继珠江三角、长江三角、环渤海湾之后的第四增长极，但对于广西北部湾经济区的区域发展与空间结构的研究却是一个空白。

随着区域经济一体化在国内学术界得到广泛研究，应该有效地整合广西北部湾经济区的资源，调整城市间的竞争关系，针对其缺点和不足，提升整体竞争力，更好地发挥集聚作用和带动作用，是一个很重要和迫切的问题，研究广西北部湾经济区区域发展和空间结构有着重要的理论和现实意义。

12.1.2 国内外相关研究现状

1. 国外研究现状

国外对于区域发展和空间结构的研究颇多。在 1976 年，法国地理学家戈特曼就预言，长三角将形成以上海为中心的世界第六大都市圈，这是继纽约都市圈、多伦多和芝加哥都市圈、东京都市圈、巴黎和阿姆斯特丹都市圈、伦敦和曼彻斯特都市圈之后又一个国际化大都市圈。最早注意到城市密集带出现并对它进行研究的是法国巴黎大学政治学院教授和美国普林斯顿高等研究员简·戈特曼，1989 年发表的《Megalopolis》一书中，提出在欧洲、日本、中国的长三角亦存在巨城市带的雏形。中国学者也开始了从理论上探讨这一类空间形态的形成、演变、分布。有学者指出，类似西方 Megalopolis 的城市群空间组织在长江、珠江两三角洲已出现，但也有人认为，即使是中国的长三角，与国外的几个 Megalopolis 相比，差距还甚远，不能相提并论[2]。

国外对区域发展和空间结构的理论研究也比较深刻，成为广西北部湾经济区区域发展和空间结构研究的理论基础[3~7]。主要研究理论包括以下几个方面。

（1）区位理论研究。区位理论萌芽于资本主义商业、运输业大发展的 18 世纪。自 19 世纪初至 20 世纪 40 年代先后形成了四个代表性的区位论，即杜能的农业区位论、韦伯的工业区位论、克里斯泰勒的中心地理论和廖什的市场区位理论。50 年代以后，区位论研究又更多地关注生产力区位决策和区域经济的合理发展，区域经济发展与社会、生态之间的协调，改善社会经济的空间结构等。

（2）产业结构研究。自 20 世纪 20 年代开始区域发展问题研究以后，学者逐步注意到区域发展不仅限于区域国民生产总值人均国民收入的提高等，而且在发展过程中产业结构也会发生变化。区域产业结构研究理论主要有德国经济学家霍夫曼（W. Hoffman）的产业结构发展阶段论、克拉克（C. Clark）的三大产业类型划分理论、葛丁（Golding）和弗里曼（C. Freeman）提出的产业和产品的生命周期论等。

（3）区域政策研究。区域政策研究与区域发展问题研究几乎同时产生于 20 世纪 20 年代。只是到了 60 年代，许多国家的区域发展问题大量出现、经济发展不平衡问题加剧，需要国家和地区政府更多地研究区域经济制定宏观运行的机制，制定相应的政策与措施。区域政策研究主要集中在各种类型地区应当实行什么样的区域政策以及这些政策起作用的可能性和界限。

（4）国际贸易与区域分工研究。随着商品经济的发展，国际间贸易成为促进各国经济发展的重要因素和条件。对该问题的研究主要有亚当·斯密的绝对利益理论、大卫·李嘉图的比较利益论和俄林的价格差异学说。这些理论的提出为区域发展的进一步研究打下了基础。

（5）区域空间结构研究。区域空间结构研究是进入现代地理学以来，由近代的古典区位论发展起来的一个新兴研究领域，是地理学四大学派之一的空间学派的核心研究内容。

区域空间结构研究是在区位论的基础上产生的，但两者也有不同之处，空间结构研究把处于一定范围的各有关事物看成具有一定功能的有机体，并且从时间变化上来加以考察。20 世纪 50 年代以后经由美国学者达恩（E. S. Dunn）、艾撒德（W. L . Sard）和原联邦德国学者奥托伦巴（E. Otremba）、博芬特尔（E. V. Boventer）等得到了进一步的发展。有关区域空间结构的研究源于区位论，区位论也可以看成现代空间结构理论的微观部分，经过发展，逐渐形成了现代空间结构理论。

（1）古典区位理论。古典区位理论产生于 19 世纪 20 ~ 30 年代，其研究主要局限在对企业、产业的区位选择、空间行为和组织结构方面。杜能在 1826 年的《孤立国同农业和国民经济的关系》中，确定了农业生产方式的空间配置原则为以城市为中心，由里向外依次为各种不同产品生产的同心圆结构。韦伯于 1909 年出版的《工业区位论：区位的纯理论》，探索了资本、人口向大城市移动（大城市产业与人口集聚现象）背后的空间机制。随着资本主义社会经济的发展和市场规模的扩大，瑞典经济学家帕兰德、美国经济学家胡佛等不断修正韦伯以市场因素对产品价格的影响近似为零的前提，考虑更为复杂的运输费用结构和规模经济等因素来确定企业的最佳空间布局。德国学者克里斯塔勒于 1933 年的《德国南部的中心地》中首先系统阐明了"中心地理论"，提出了"城市区位论"。他认为高效的组织物质财富生产和流通的空间结构必然是以城市为中心，并有相应的多级市场区域构成的网络体系。廖什和贝克曼详细研究了市场规模与市场需求结构对区位选择、产业配置和城市规模的影响，扩展了区位理论研究的范围。

（2）现代空间结构理论的形成。第二次世界大战以来，美国经济学家与欧洲学者一道将古典区位理论进行综合，从而提出了现代空间结构理论和"空间经济学"的概念。艾萨德在他的著作中将"空间系统"作为区域经济的研究对象，并将投入-产出方法应用于区域发展分析，从而开创了区域空间结构发展综合研究及其应用（区域规划）的先河。从 20 世纪 50～60 年代兴起的空间经济学对古典区位理论的发展主要体现在以下几个方面。

首先，对空间结构的理解与地理学家不同。经济学家把一个特定区域形成的经济结构表述为一个相对独立的空间系统，并将其设定为空间经济学的研究对象（W. lsard）。决定空间结构及其差异的主要因素是要素聚积、运输费用和对土地的开发利用等（E. V. Boventer）。

其次，明确界定区域空间系统的层次性。按照内聚性差异，一个特定的经济区域可以划分为匀质区（稳定发展）、节点区（带头发展）和规划区（计划发展）（S. R. Bouldeville）；按照区域收入水平差异划分为增长区、停滞区和退化区；或者按照增长率差异划分为繁荣区、欠发达区、潜在的欠发达区和落后区（L. N. Klassen）。在一个区域空间范围内，如果某些区域的要素聚积形成累积性发展之势时，就会形成中心区域和外围区域（J. Frietlinann）。这种区域空间如果放大到国际层次，就有中心国家（发达国家）和外围国家（发展中国家）的区别。

再次，许多经济学家研究了区域经济增长过程中空间结构的均衡与非均衡状态的变化，出现了许多理论学说，如纳克斯 1953 年的"平衡增长"理论、佩鲁 1955 年的"增长极"理论、诺斯 1955 年的"输出基础理论"、缪尔达尔和卡尔多 1957 年的"循环累积因果理论"和"回流效应理论"、罗宾斯坦 1957 年的"临界最小努力"理论、辛格和赫希曼 1958 年的"不平衡增长"理论。

最后，更加强调决策者行为对区域布局及其发展的影响。普瑞德应用决策者的行为矩阵来解释区位选择的最优化，从而解决政府和企业家在区域市场中的主体缺位问题。

（3）新经济地理学对空间结构理论的发展。从 1970 年以来，新经济地理学的代表人物克鲁格曼针对区域经济学的规模报酬不变和完全竞争的前提试图通过建立不完全竞争市场结构下的规模报酬递增模型，把区域经济理论研究纳入主流经济学，同时弥补了主流经济学忽视空间地理概念而无法解释经济空间现象的不足。他的模型证明了工业活动倾向于空间集聚的一般性趋势，现实中产业区的形成具有路径依赖性，产业空间聚集一旦建立起来，就倾向于自我延续下去。其他学者如佩德森创立了一个等级传播模型，即从高级中心（城市）向低等级中心呈现跳跃式扩散。塔穆拉指出，区域经济趋同的关键在于落后地区具有一种"后发优势"，即落后地区通过技术的"外溢效应"和"干中学"可以取得比发达地区更高的增长速度，并最终赶上发达地区。在卢卡斯看来，城市化不仅能够产生聚集经济效应，而且还可以通过产生"外溢效应"从而促进技术进步。克鲁格曼指出，在规模经济和收益递增的驱动下，各国通过发展专业化和贸易，提高其收益，国内区域经济一体化和国际区域经济一体化虽然在空间形式上有差别，但是正在从理论变成现实[52]。

经典空间结构研究评价：以上这些理论模式都从不同的角度描述或解释了区域空间结构的模式或机制。尽管有很大的不同，但都普遍假定空间结构基于减小距离，增大点及其在地区结构中的功能原则。极化理论、增长极理论和点轴理论都试图从点、线、面的不同空间组合分异中寻找区域空间经济的发展途径，也都设想了极化和扩散效应最终使区域由不均衡走向均衡[8]。

2. 国内研究现状

国内区域发展的研究多数建立在对国外经典区域发展理论的基础上开展国内区域发展的新理论探索和区域发展资源环境基础、影响因素、效应、模式战略、政策等实践研究[9~17]。区域发展研究越来越侧重于区域经济发展的阶段特征、经济差异、产业结构、影响因素、发展趋势和方向等方面的研究，而对区域发展与空间结构演变关系的深入研究则几乎是个空白[18~29]。

空间结构的研究始于20世纪30~40年代的德国，自50年代以来，在美国、瑞典、联邦德国等获得了进一步的发展。但在中国才是近20年的事情，并从未构筑起完整的、系统的、成熟的理论体系。新中国成立以来我国对空间结构理论的研究基本上可以划分为改革开放前、改革开放后的80年代和90年代以后三个阶段。

1）改革开放前阶段

新中国成立后，我国效仿苏联模式建立了高度集权的计划经济体制，学术界也引进了苏联的生产力布局理论，为使当时国家"平衡发展"战略能够顺利实施，理论界对生产分布规律的认识就是"通过生产要素有计划按比例的分配，使地区之间以及地区内部各部门之间协调发展，促进各地区和全国国民经济的普遍高涨以及各生产要素的保持或发展"。

此时从事空间结构理论研究的主要是经济地理学家，学者的研究主要集中在工农业各部门如何在全国进行布局上，如周立三等1995年为农业部编写了《中国农业区划初步意见》、《全国农业现状区划（草案）》（1962），将全国划分为6个农业地带和16个农业区。邓静中等于1960年编写了《中国农业区划方法论》。工业布局领域，张祖千1956年、曹言行1958年等进行了较为深入的研究。在交通运输业领域，彭运鹏1955年、杨吾扬1956年、郑弘毅1957年等提出了有影响力的观点。

2）改革开放后的20世纪80年代阶段

改革开放后的20世纪80年代，我国的经济地理和人文地理专家一方面积极吸取西方国家的空间结构理论，一方面还受着苏联生产力布局理论的影响。学者主要讨论我国生产力布局的总框架，陆大道提出了T字形生产布局以及在此基础上形成的（字形生产布局和弓箭形生产布局、王建提出了"九大都市圈"模式、厉以宁提出了"中心辐射"模式、刘宪法提出了"菱形发展"模式等。国家应根据梯度理论，立足东部、循序西移，做好生产布局的一、二、三级轴线和国土重点整治地区的工作。学术界的这些研究与认同，后来成了研究我国区域开发和经济区划的理论基础。

陆大道于1986年提出了"点轴"理论，他指出几乎所有的产业都是产生和集聚于"点"上，并由线状基础设施联系在一起。集聚于各级"点"上的产业及人口等，要沿着主轴向周围区域辐射其影响力产生扩散。针对我国空间开发的问题，他提出了沿海和沿长江地带的T字形开发战略。杨吾扬、牛亚菲等在华北平原根据克里斯塔勒的中心地学说对我国的城镇建设进行了研究。

3）20 世纪 90 年代以后阶段

20 世纪 90 年代以前，我国对空间结构理论进行研究的主要是人文地理学者，他们从人地关系出发，运用综合性的研究方法对空间结构的地域性因素进行分析。90 年代以后，随着区域经济学科在我国的逐步形成和发展，越来越多的经济学家开始将研究领域转向空间结构，他们更侧重于经济关系的分析，从而丰富和发展经济地理学家的研究成果，空间结构理论研究出现了前所未有的蓬勃局面。宏观、中观领域里空间结构的研究已经深入到包括区域发展模式、优化区域产业结构、城市经济、城乡联系、农业可持续发展方面；微观领域研究开始涉及企业组织、企业兼并与退出机制以及组建企业集团、跨地区跨行业的联合与合作等诸多的经济活动。同时，也从制度创新角度开始研究空间结构问题。这一时期，也涌现了大量的关于空间结构研究的成果，如吴传钧于 1997 年出版了《现代经济地理学》；陈栋生于 1993 年、郝寿义、安虎森于 1999 年分别出版了《区域经济学》；李小建于 1999 年将公司组织引入空间结构分析出版了《公司地理学》；陆玉麒（1998）针对口岸城市提出了双核结构的空间模式，这一现象广泛存在于我国沿海和沿江地区，如成都—重庆，沈阳—大连、北京—天津等，也广泛存在于其他国家和地区中。归纳双核结构现象的共同点，可以发现一方是政治、经济、文化三位一体的区域性中心城市，主要是省会城市；另一方则是重要的港口城市，行使着区域中心城市的门户港城的功能。据此，可以对双核结构模式作出如下定义：在某一区域中，由区域中心城市和港口城市及其连线所组成的一种空间结构现象。覃成林对如何协调我国空间结构的差异问题于 1997 年出版了《中国区域经济差异研究》；叶大年针对地理结构的对称性于 2000 年提出了我国城市分布在空间上的对称原理；耿明斋于 2004 年将我国华北、中原、松辽平原引入研究范围探索欠发达平原农业区工业化的空间结构特征；陈修颖等对区域空间结构重组和重构的理论与实践的研究[30,31]。随着我国西部大开发和振兴东北老工业基地战略的实施，我国学者运用西方空间结构理论结合现实发表了大量的著述，对区域政府的政策实施提供了有力的理论支撑，同时越来越多的学者把目光投向了中国的城市空间结构和城市群空间结构的特征、演变规律、驱动机制研究，并把 3S 技术和分形理论等方法引入相关研究中[32~38]。

国内空间结构研究评价：从国内对空间结构研究可以看出，在 20 世纪 80 年代初，受国民经济建设的要求，经济地理学的主要任务还是集中于生产力布局与国土开发上，对具体的开发战略研究多，尚缺少对区域空间理论的系统研究。进入 80 年代后期，学术界开始普遍重视对区域与城市空间问题的研究，研究重点转向对西方经典区域空间理论的引进与借鉴[39~43]。

12.1.3　研究内容、方法和技术路线

1. 研究内容

1）分析区域发展与空间结构之间的理论关联

揭示区域发展的空间结构演化特征识别途径，为区域发展的空间结构研究提供理论基

础与方法支撑。区域发展与空间结构之间存在着密切的关系，一方面，区域发展是空间结构演化的动力；另一方面，空间结构的演化也促进区域的发展。基于模型构建、多元统计分析等技术与方法，阐述区域发展概况与空间结构特征识别途径。

2）广西北部湾经济区区域发展概况分析

运用数学模型构建等方法，从区域发展背景分析出发，研究区域发展所处阶段、区域产业结构特征、区域经济发展差异等内容。

3）不同时相广西北部湾经济区区域综合实力空间分异格局研究

采用定性与定量相结合的分析途经，运用多元统计分析、模型构建等方法，选取县级行政单元，建立评价指标体系与评价模型，进行区域综合实力的综合评价，分析区域综合实力不同时相差异以及同一时相内城市区域内部综合实力的空间分异格局。

4）广西北部湾经济区区域空间结构优化策略分析

基于区域空间结构演化特征的识别和区域空间结构优化所面临问题的分析，提出广西北部湾经济区区域空间结构优化策略。

2. 研究方法

1）系统论

从系统论的角度，将区域看成是一个有相互联系的诸要素组成的复杂的综合体，诸系统要素组成一定的结构。同时，将区域发展与空间结构也看成是一个相互影响、相互联系的整体，研究它们之间的相互关系。在研究中又对系统进行解构和重构，也就是既考虑系统内每个要素都有各自的特性，也考虑各个要素结合在一起会得出整体功能，同时注意各要素进行重新组合产生新的特性。

2）比较法

这是认识空间差异的主要手段。比较法在研究中的运用主要有两种形式，一种是纵向比较，即对比同一研究客体在不同时期空间分布的异同点，进而探求其发生发展的运动过程和规律性；另一种是横向比较，即在同一时期对不同研究客体进行比较，揭示差异性。

本书采用纵向比较法分析不同时相广西北部湾经济区区域综合实力的空间分异格局，采用横向比较法，对比同一时期不同区域在发展和空间结构的差异。

3）多元统计分析

在区域发展中反映和影响区域发展的因素很多，通过主成分分析可提取主要因子，得出各指标的权重。区域内部发展状况参差不齐，通过聚类分析可以将发展状况类似的划为同一类型，便于比较分析。

3. 技术路线

广西北部湾经济区区域发展与空间结构研究技术路线如图 12.1 所示。

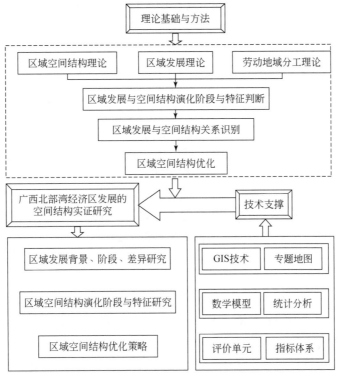

图 12.1　广西北部湾经济区区域发展与空间结构研究技术路线图

12.2　区域发展与空间结构研究理论与方法

12.2.1　区域发展理论

区域发展是经济地理学和区域科学的核心研究领域。第二次世界大战之后，世界经济和各国经济中的区域结构均呈现出了显著的核心——边缘的结构模式特征，为解释这种模式的形成和演变，在经济地理学和新兴的区域科学领域，宏观层面和中观层面的区域发展研究迅速兴起，并出现和形成了各具特色的区域发展理论。但自 20 世纪 70 年代末期以来，这种传统的区域结构模式在许多国家和地区被打破，核心区的衰落和一些边缘区的兴起以及区域经济乃至全球经济的一体化发展，构成了一系列新的地理景观和地理格局。工业化和区域发展路径的多样化对传统的区域发展理论提出了挑战，众多新的区域发展理论正处在形成之中，研究视角、研究方法的多元化和由此导致的不同观点之间的争论和交流，使区域发展成为国际学术界高度关注的一个热点领域，本书主要涉及的区域发展理论包括以下几个方面[44~49]。

1. 发展阶段理论

早期的发展阶段理论大多属于产业结构变动理论在区域层面的应用。1930 年，克拉克（Clark）和费雪（Fisher）在国家层面上统计观察到，在经济增长过程中，第一产业的相对重要性下降，而第二和第三产业的相对重要性上升，因此认为部门结构相对重要性的变动会带动经济增长。1949 年，胡佛（Hoover）及费雪（Fisher）提出了区域发展需经历五个阶段的观点，即自给自足经济阶段、乡村工业崛起经济阶段、农业生产结构变迁阶段、工业化阶段、服务业输出阶段。1960 年，罗斯托（Rostow）在宏观经济层面上提出了经济增长需经历五个阶段的观点，即传统社会阶段、"起飞"准备阶段、起飞阶段、成熟阶段、高额消费阶段。后来，罗斯托又在此基础上增加了第六阶段，即追求生活质量阶段。20 世纪 60 年代中期，伴随着区域发展理论研究中空间向度的导入，弗里德曼（Friedmann）基于核心——边缘模式提出了具有空间特征的区域发展阶段理论，即区域经济发展大体需要经历四个阶段，即地方中心比较独立、没有等级体系的均衡分布结构阶段，以及大核心出现极化作用加强的核心——边缘结构阶段、强有力的外围副中心出现经济腹地再分配的多核心结构阶段、城镇体系形成的等级体系结构阶段。

2. 均衡增长理论

新古典经济学一直是西方经济学发展的主流，而均衡既是新古典经济学基本的分析方法，也是其对经济发展所持的基本观点，因而均衡增长理论实际就是新古典增长理论。该理论单纯从供给出发，认为区域的长期增长来源于三个要素：资本、劳动和技术进步，在固定规模报酬和市场机制运营不存在主要障碍的假设下，由于要素报酬率的区域差异，劳动力将由低工资区域流向高工资区域，资本则从高工资区域流向低工资区域，因而市场机制的自我调节将使区域发展的差异不会持久，最终区域之间的发展差距缩小，区域之间将趋于均衡增长或者说趋于收敛。20 世纪 60 年代美国学者威廉姆森（Williamson）基于一些发达国家区域收入差异的变化所做的统计分析和据此提出的经济增长和区域均衡增长之间的"倒 U 型"相关假说，是均衡增长理论中最富有影响的观点。

3. 不均衡增长理论

与新古典均衡增长观点相反，一些经济学家和地理学家提出了区域不均衡增长理论。佩鲁（Perroux）的增长极理论、缪尔达尔（Myrdal）和卡尔多（Kaldor）的循环因果积累原理、赫希曼（Hirschman）的联系理论均强调，在市场力的作用下，区域发展之间的差距不会缩小反而会扩大，因为规模经济和集聚经济所产生的"极化效应"或"反吸效应"和"报酬递增"，将促使资本、劳动和产出在一定区域的循环积累，而其所产生的"涓滴效应"或"扩散效应"以及政府的转移支付只能将区域差异保持在一定限度而不足以促进区域收敛。因此，不均衡增长理论认为，"只要总的发展水平低，市场力量的自然作用在任何时候都将增加国内和国际不平等"，要促进落后地区的发展，缩小区域发展差距，必须依赖于强有力的政府干预和周密的经济政策，如在落后地区建立"增长极"和"增长中心"以启动这些地区的发展，培养其自我发展的能力，然后利用市场力量实现这些地区的积累增长。

12.2.2　区域空间结构理论

1. 空间结构的概念

空间是物质存在的一种客观形式，由于空间的存在，使得地理事物得以存在。由于空间的特化，产生了地方或地区，乃至区域。空间与区域联系在一起形成区域–空间统一体。区域以空间得以存在，空间应区域而有意义。

空间必须通过一定的结构来体现。对于空间结构这个概念，可以从广义和狭义两个层面来理解。广义的空间结构称为地域结构，指某一区域之内自然、生态和社会等结构的空间组合。地域结构反映的是自然和人类活动作用于地球表面所形成的空间组织形式，一定地区地域结构的形成和变化，取决于构成区域各成分或要素及各种不同物质结构的对应变换关系。狭义的空间结构常指以资源、人群活动场所为载荷的产业区位为中心问题的空间分异与组织关系，常见的有资源–环境–人口结构、城市群结构和空间结构[50~53]。

空间结构体现了社会经济客体在空间中相互作用所形成的空间集聚程度和集聚形态，其中包括多种社会经济客体，如资源的空间结构、产业的空间结构、技术空间结构、社会空间结构，但核心是产业的空间结构，它是联系其他不同类型空间结构的枢纽，代表空间结构的演化和发展。

2. 区域空间结构的演化

1) 影响空间结构演化的因素

（1）生产力发展水平：生产力发展水平和商品经济的发展程度是制约地域空间结构形成发展的决定性因素。空间结构层次的高低，网络系统的发达程度、区域核心与其他城镇和外围地域的发展水平等，主要受生产力发展水平直接制约。

（2）地理位置：地理位置对地域空间结构的形式和内容均有重要影响，如临海地域往往形成以港口或港口群为核心的空间结构，网络呈扇状向内地辐射。如果港口的功能发达且处在较发达的大地域系统之中，其外围地域的经济多数比较发达。主要交通枢纽、首都或大区中心，其区域核心的地位十分显著，网络往往呈放射状且密集，外围地域的经济也比较发达。

（3）自然条件与自然资源：①自然条件与自然资源对地域空间结构的形式与内容有直接影响。自然条件优越的地域，开发的历史早，其空间结构的内容较为丰富，结构也较为紧凑；自然条件严酷的地域，如沙漠地区与寒冷的冻土地带，由于人类的经济活动受到限制，往往形成一种在较大范围上以少数或单一核心为主的稀疏网络空间结构。②自然条件的分布及其地域组合状况对空间结构有较大的影响，如平原地域的空间结构与山区的空间结构有很大的差异。大的河流可以成为区域开发的轴带，带动地域的经济发展。③自然条件地域组合特点对地域空间结构框架有着深刻影响，如我国三大地形单元对东、中、西三个地带的影响。

（4）社会历史因素：有些地区由于历史悠久，经过长期的历史积累，经济内容比较丰富，空间结构比较紧凑。如由于长时期首都或重要行政中心的作用，会使所在地域的核心城市获得突出发展，形成发达的网络系统，以强大的核心带动外围地域的发展，往往形成城市群。

2）区域空间结构的演化

由于结构是在一定时期和发展条件下，区域内部各种经济组织进行空间分布与组合的结果，因而区域内任何社会经济客体的空间活动及其相互关系都会形成一种空间态势。随着时间的推移，区域社会生产力的进步，区域空间结构也随之进行演化，由简单到复杂、由混沌到秩序[54~57]。

关于区域社会经济处于不同发展阶段所形成的相应空间结构特征的研究颇多。美国学者弗里德曼在 1966 年出版的《区域发展政策》一书中把区域空间结构的演变划分为四个阶段，在不同的阶段空间结构表现出特有的形式。

（1）低水平均衡阶段：前工业化时代，由于这一时期区域的生产力水平滞后，总体上处于低水平的平衡状态，对应的区域空间结构是由一些独立的地方中心与广大的农村组成，它们之间并无等级结构分异，基本特征是匀质无序的，空间的自发生长居于次要地位，人为控制的情况较为突出；并且受地理条件和交通技术的制约，这一时期空间演变非常缓慢，具有明显的封闭性，区域内部各地区的发展基本是独立的，彼此联系较少。

（2）极核发展阶段：进入工业化初期，区域空间结构发展到过渡阶段。随着经济快速增长，空间的原始均衡状态被打破，出现了区域性的经济中心，形成了单个相对强大的经济中心与落后的外围地区的组合，区域空间的原始状态均衡状态也被打破，空间差异初步显现，产生了一定的空间经济梯度。

（3）扩散阶段：工业化成熟阶段之后，形成了区域的多中心体系，每个经济中心都有大小不一的外围地区，这样区域内部形成了若干规模不等的中心-外围结构，它们依据各自的中心在经济中心体系中的位置及关系相互组合在一起，构成了更趋复杂化和有序化的区域空间结构，点轴空间模式开始形成。

（4）高水平均衡阶段：到了后工业阶段，社会经济发展到了较高水平，区内与区际联系日趋紧密，经济中心与外围腹地的发展差异在缩小，逐步形成了功能上一体化的完善空间结构体系。

除弗里德曼的空间结构演变理论外，我国台湾学者唐富藏认为区域空间结构的演变一般要经过早期发展的集中阶段、集中后扩散阶段和扩散后地方中心成长三个阶段；陆大道先生提出的农业占绝对优势的阶段、过渡阶段、工业化和经济起飞阶段、技术工业和高消费阶段的区域空间结构四阶段演变过程的难点也颇有影响力。

空间结构的形成和演化是区域内部和外部各种力量相互作用的物质空间反映。这一过程的实现需要动力的牵引，各种动力在相互作用之后的合力的物化，才能体现为区域空间的重组或扩展。而真正导致这些演变的力量却是无形的，它存在于历史进程中的各种政治运动、经济改革、社会变迁、文化演进、技术创新的背后，难以形象的描述。在市场经济条件下，没有一个单一的力量可以完全决定空间的结构。在经济全球化条件下，更有国际资本对地方层面上各种力量的影响。虽然如此，但在某一特定时期，仍然会有某种力量主导最后的合力，并主要影响区域空间结构的变化。总的来看，可以分为外部推力、内生动力和区域间相互影响而产生的区域耦合力三类；城市经济发展是区域空间结构演化的内在动力；人为干预、技术发展与社会因素的影响是区域空间结构演化的外部推力；区域间的相互作用是区域空间结构演化的耦合动力。

3. 区域空间结构优化

区域空间结构优化指一定地区在现有资源、社会经济和技术条件下，选择为使空间经济系统达到最佳运行状态而采取的措施。目的是在把已确定的区域社会经济发展目标科学地落实到空间经济实体中，并通过最佳的空间配置使个体要素充分发挥作用，整体效益达到最优，使地域经济空间形成"自我持续发展"的框架。区域空间结构优化的本质规定性应该使空间结构合理化和空间结构高度化。

1）空间结构合理化

空间结构合理化指空间经济结构要素之间有机联系的聚合质量，主要包括以下两个方面内容：第一，各空间经济构成要素的相对区位关系。第二，空间结构要素的关联作用程度。空间结构合理化是以要素在一定地域空间上的合理聚集和有效关联为基础的，它必定产生较大的结构效益。显然，空间结构合理化是空间结构优化的又一重要目标。

2）空间结构高度化

空间结构高度化指空间结构从低度水准向高度水准发展。其结构形式和层次的复杂化、结构功能的多样化、结构关联紧密化和结构状态的有序化是空间结构从低级形态向高级形态发展的根本标志。这些空间结构质的变化决定了结构要素形态特征和发展水平的变化。空间结构的优化发展，也包括空间经济结构高度化的问题。空间经济结构发展的基本趋势总是表现为有序的发展。

空间结构合理化和高度化共同构成空间结构优化的两大基本内容。空间结构合理化是空间结构高度化的基础。它们之间是相互作用的，要实现空间结构高度化，必须使其结构合理化。空间结构合理化是一个不断调整要素聚集形态和关联系统的过程，这一过程也就是空间结构向高度化发展的成长过程。

12.2.3　区域发展与空间结构关联

地理条件差异是社会分工形成发展的基础，劳动部门分工又是劳动地域的基础。而社会生产力是劳动地域分工形成发展的根本动力，在当今主要表现为科技创新。随着社会生产力的发展，社会部门分工越细，地域分工的形式亦越复杂，而劳动地域分工又反作用于社会生产力。劳动地域分工一方面促使地域间差异的扩大，同时又可使地域间的联系更加紧密，从而形成不同等级的区域经济系统，推动区域经济的进一步发展，也是促进世界经济一体化的强大动力。

1. 区域发展是空间结构演化的动力

城市一方面作为构成区域空间结构的基本要素，另一方面在区域发展中又有着重要的地位。随着区域的发展，城市的规模和相互关系也发生变化，最终导致区域空间结构产生变化。

1）城市在区域发展中的地位和作用

城市不仅是区域的生产中心，而且是区域商业贸易中心和交通枢纽，是区域间物资交流的枢纽。城市能够促进区域之间的合理协作，把各方面分散的经济力量聚集起来，形成现实的新的生产力。此外，城市也是区域的金融活动中心，国家财政税收的基地。它们是促进资金周转，调节区域间经济活动的枢纽。因而城市在区域中有着极为重要的地位。同时城市也发挥着重要作用：组织和带动区域发展、推动技术进步和产业升级、培育和发展市场体系、对外开放中的窗口和示范作用、推动区域农村发展。

2）区域对城市发展的影响

城市是区域经济的核心，区域是城市赖以形成和发展的依托。任何一个城市的形成和发展都是与其区域的经济发展紧密地联系在一起的。区域条件影响到城市位置、性质、规模、对外交通和总体布局等，其中尤为重要的是对中心城市的性质、规模等的影响。城市的腹地，即中心城市吸引力和辐射力所及（服务）的主要范围，为城市提供农副产品原料、矿产品、劳动力等，因而一个城市的腹地是决定城市性质和规模的首要因素。城市的腹地区域经济发展水平的高低决定其能够向城市提供多少粮食和原材料，能够吸收多少工业产品，对城市有多大的经济、社会需求和文化需求等，成为影响城市发展的主要因素。

3）城市发展推动空间结构的演变

城市是构成区域空间结构的主要因素，城市与周围地区存在着多种多样的交流和联系。就单个城市而言，随着城市的发展，城市与周围地区之间在发展上的相互依赖程度也就越来越大，进而在组织关系上和空间上逐渐地结合为一个整体，形成经济区域。而规模较大的城市与其腹地则构成了一个规模较大的经济区域。在一个区域内，一般都存在若干个规模不等的城市。这些城市相互联结在一起形成了城市体系。城市体系实际上就构成了区域的空间框架。城市在空间上的分布与组合及周围地区的联系，构造了区域空间结构的基本形态。城市间的区位关系构成了区域空间结构的形，城市间等级规模的差异构成了区域空间结构的态。不同等级的城市间可能有相同的形，但城市的发展状态却存在很大差异。因此对空间结构研究既要看到它的形，更要看到它的态。城市的发展不仅改变了区域空间结构的形，而且改变了区域空间结构的状态，从而推动区域空间结构的演变，而不同的区域空间结构状态则对应着区域的不同发展阶段，不同阶段的空间结构不同则又反衬出空间结构的演化。

2. 空间结构的演化促进区域的发展

1）区域的极化和扩散

空间结构的演化通过集聚和扩散产生的极化效应和扩散效应来推动区域的发展。集聚是指资源、要素和部分经济活动等在地理空间上的集中趋向与过程。这一过程在空间上表现为向点集聚和向轴集聚，集聚过程是区域空间结构演化的一个必然阶段，也是区域由不平衡向平衡发展的过程。通过集聚可以加快建设进程，减少社会投资，增强经验效益，促进综合生产能力的形成。集聚会诱发和推动资源、要素、企业、经济部门等向优区位转移，形成区域经济增长极或增长中心。集聚还可以促进发达区域、城市、城市密集区、专业化区域、产业密集带等的形成和发展，提高区域发展层次。

空间结构的变化在产生极化效应的同时也产生扩散效应。这种扩散作用一方面是城市通过其产品、资金、人才、信息的流动，将其集聚动力和创新成果，传达到广大腹地，促使腹地经济成长。另一方面随着扩散的进行，外围区域的经济增长，促进了本地区产品及原料市场增加，技术改良加快，就业机会扩大，又推动城市自身的发展。扩散机制在总体上将促进资源、要素、企业、经济部门在空间上趋于相对均衡，逐步缩小区域间经济水平差异，有利于相关区域之间经济的协调发展。通过扩散效应，城市以物质、能量输出和空间扩展来发展自己，使城市的规模、实力越来越大；另外，城市又以渐进式扩散的方式促使新的（下一级别的）城市形成和扩大，区域发展的结构提高。

2）区域经济一体化

区域经济一体化指不同的空间经济主体之间为了生产、消费、贸易等利益的获取，产生的市场一体化的过程。区域经济一体化是状态与过程、手段与目的统一。不同的区域背景（经济、社会、文化等）、区域经济一体化模式与演化进程具有不同的规律。然而促进区域经济一体化的动力机制，即区域经济一体化过程最一般的经济规律是统一的。区域经济一体化表现在地表空间上就是所谓的区域衔接问题，所谓区域衔接，就是经济区域内部的各个地区之间，在劳动地域分工基础上的一体化过程中的有机联系和协调发展。区域衔接的关键，是在于发挥城市的经济中心作用，建立多层次、网络型的城镇经济体系。作为区域经济中心的城市是经济一体化的区域衔接中介，城市之间的横向协同和城乡之间的纵向交融，就构成了区域经济一体化的基本骨架，区域衔接抓住了这个骨架，区域经济一体化就有了发展的地域依托。因此区域空间结构的演化和层次的提高将推动生产要素在地区间的流动，从而加速区域一体化进程，而区域的一体化有助于地区间均衡发展，缩小地区间的差异，从而推动区域整体发展水平的提高。

3）区域经济可持续协调发展

区域经济的发展是一个连续的动态过程，它具有不同的发展阶段。这些阶段所追求的增长与均衡目的又有着质和量的差别，而区域经济的均衡增长只能通过非均衡增长阶段后才能实现。一般来说，在经济发展的不同阶段，区域所采取的空间开发模式也往往不同，但不同的空间结构模式对区域发展所起的效果是不同的。因此在区域内点辐射作用能否有效发挥，在很大程度上依赖于良好的辐射媒介，这些是点辐射有效进行的根本保证。由点辐射向线辐射和面辐射转变将提高辐射层次，扩大辐射区域。因此空间结构的优化，将加速区域经济的发展，由原来的非均衡向均衡协调发展转变。

空间结构的演化有利于完善和强化城市体系，使体系内的城市协调发展，在城市职能、产业特色、空间组织、区域性基础设施建设上相互配合，促进城乡间经济协调发展，塑造整体优势，发挥整体带动作用，形成城市和区域相互促进的经济增长模式，加快城市化进程，推动区域经济、社会、人口、资源、环境协调发展。

12.2.4 区域发展与空间结构研究方法

1. 区域经济发展阶段判断

区域经济发展具有阶段性，各阶段之间存在着明显的特征差别。对当前经济发展阶段的判断是研究经济发展的首要问题。处于不同经济发展阶段的区域，其在社会组织、调度、运用生产要素的方式以及后果方面存在着质的差异；受阶段性条件的制约，其经济发展的近期目标、战略重点、发展模式等也不相同。经济发展的过程体现着经济发展的一般规律，它反映着经济发展的过去，描述出经济发展的现状，预示着未来经济的发展方向。因此，从经济发展阶段角度对区域经济发展进行综合比较研究和准确定位，明确各地区在区域总格局中的地位，对不同的区域实施不同的区域知道政策，实现地域间的合理分工、协调发展和国民经济长期稳定地运行有重要的理论和现实意义[58,59]。

能否正确判断经济发展所处的阶段，取决于能否选择正确的方法和适当的标准。目前，不同学者往往基于自身的研究角度对经济发展阶段的评判标准做出不同的划分，评价方法存在较大差异。但是，无论从何种角度来评价经济发展所处的阶段，前提都要明确经济发展的内涵。在很多实际情况中，处于较高发展阶段的区域并非所有地区比其他区域优越，而处于相对较低经济发展阶段的区域也并非所有地区都不如其他区域，因此，一个地区经济发展阶段只是从总体上进行评判。

经济发展是经济增长和经济结构变化的综合过程。经济发展不仅指经济水平的提高，同时还包括经济结构的改变。经济发展阶段的判定指标可以划分为两类：一类是水平指标，反映经济发展的总体水平和增长速度；另一类是结构指标，反映产业、就业、消费等经济结构的变动。综合发展经济学的有关理论，借鉴钱纳里等实证研究的多国模式所揭示的理论成果，依据相关数据的易获取程度，选取人均 GDP、三大产业结构、城市化水平三个方面内容作为总体判断广西北部湾经济区发展阶段的指标。

2. 区域经济发展差异研究

1）衡量经济差异的方法

区域经济差异表现在绝对差异和相对差异两个方面，绝对差异指标包括绝对差值、极差和极均差、标准差等，相对差异指标包括极值比率与极均值比率、标准差、变异系数、基尼系数、泰尔系数等，本书采用标准差（W）来衡量北部湾经济的绝对差异，变异系数（V）作为衡量相对差异的指标[60]。

$$W = \sqrt{\sum (X_i - \bar{X})^2 / N}, \ V = W/\bar{X} \tag{12.1}$$

式中，V 为变异系数；X_i 为各单元值；$\bar{X}$ 为整个区域平均值；N 为单元个数。

2）经济活动集聚的衡量指标

为了分析北部湾的经济活动与人口（或土地面积）的空间分布存在的偏离问题，假定经济活动与人口（或土地面积）的空间分布存在这样一个反映经济活动的空间集聚程度与人口（或土地面积）的空间集聚程度的偏差的量，称为偏置度。计算式如下：

$$SD_i = E_i / P_i \tag{12.2}$$

式中，SD_i 为区域的经济活动与土地面积、人口空间分布偏置度；E_i 为 i 区域占全省的 GDP 比重；P_i 为 i 占全省人口（或土地面积）的比重。某区域的经济活动与人口（或土地面积）空间分布偏置度的基本含义是，假定区域劳动生产率（或面积产出率）相等，且家庭规模一样，那么，其经济活动与人口（或土地面积）的空间分布相等，则 $SD_i = 1$，表示经济活动与人口、土地面积的空间分布均衡；$SD_i > 1$，表示经济活动空间集聚程度大于人口（或土地面积）空间集聚程度（或经济活动在该区域上的集聚程度大于在其他某些区域上的集聚程度）；$SD_i < 1$，表示经济活动空间集聚程度小于人口（或土地面积）空间集聚程度（或经济活动在该区域上的集聚程度小于在其他某些区域上的集聚程度）。

3. 区域综合实力评价

1）评价指标体系建立

区域空间结构体现了社会经济客体在空间中相互作用所形成的空间集聚程度和集聚形态，其中包括多种社会经济客体，如资源的空间结构、产业的空间结构、技术空间结构、社会空间结构，但核心是产业的空间结构，区域综合实力正好反映了一个地区社会经济系统的发展水平，因而是评价区域空间结构和地区社会经济系统发展状况的重要指标。从系统的角度可以把一个地区看作一个结构复杂的系统，评价一个地区的综合实力一般包括三个子系统，即经济发展子系统、社会发展子系统和资源环境子系统，其中每个子系统又可进一步划分。在进行地区发展综合评价的过程中首先是选取指标，在指标的选取上，既要遵循系统性、完整性、有效性和可比性的原则，指标尽可能地覆盖社会经济发展的方方面面，又要注意设计的指标应尽可能简便、易于操作，以确保依据指标体系进行数据资料收集的可行性以及数据资料处理的可比性[61~65]。本书主要选取 16 项指标，由于对于北部湾经济区各地来说自然条件相差不大，而且随着社会经济发展，自然资源的地位相对下降，人文资源的地位日益提高，而人文资源的指标在社会发展中都有体现，也根据实际资料的收集情况，因此就不再将资源环境子系统单独列出（表 12.1）。

2）评价方法选取

本书采用区域经济分析中常用的因子分析作为权重确定方法，其原理与步骤如下：

（1）原始数据无量纲化。

$$U_{ij} = (X_{ij} - X_{j\min}) / (X_{j\max} - X_{j\min}) \tag{12.3}$$

式中，U_{ij} 为无量纲化后的数据；i 为评价单元序号；j 为评价指标序号；X_{ij} 为第 i 个评价单元第 j 个指标的原始指标值；$X_{j\max}$ 为第 j 个指标的最大值；$X_{j\min}$ 为第 j 个指标的最小值。

表 12.1　区域综合实力评价指标体系

区域经济发展	经济水平	人均 GDP（X_1）
		地均 GDP（X_2）
		人均地方财政收入（X_3）
		人均工业总产值（X_4）
		人均全社会固定资产投资（X_5）
	经济结构	第二产业占 GDP 比重（X_6）
		第三产业占 GDP 比重（X_7）
		非农产业占 GDP 比重（X_8）
区域社会发展	社会结构	非农业人口占总人口比重（X_9）
		第二、三产业就业比重（X_{10}）
	基础设施	路网密度（X_{11}）
		人均邮电业务量（X_{12}）
		万人拥有固定和移动电话用户数（X_{13}）
	生活质量	人均城乡居民储蓄存款余额（X_{14}）
		农民人均纯收入（X_{15}）
		人均社会消费品零售总额（X_{16}）

（2）把无量纲化后的数据放入 SPSS 中的因子分析模块进行分析，根据累积贡献率大于 85% 和特征根大于 1 的原则综合考虑来确定所提取主因子个数，并保留分析过程中的因子得分和因子载荷系数。

（3）计算主因子权重。

$$g_i = \lambda_i \Big/ \sum_{j=1}^{k} \lambda_j \tag{12.4}$$

式中，g_i 为第 i 个主因子权重；λ_i 为第 i 个主因子的特征值；$\sum \lambda_j$ 为所提取主因子特征值之和；$j = 1$，2，3，$\cdots$，k；k 为主因子个数。

（4）计算综合得分。

$$F_j = \sum_{i=1}^{k} g_i \times f_i \tag{12.5}$$

式中，F_j 为第 j 个评价单元的综合得分；f_i 为第 i 个主因子得分；g_i 为第 i 个主因子权重；$i = 1$，2，3，$\cdots$，k。

4. 区域经济发展差异与区域综合实力关系研究

本书采用回归分析的方法，旨在从定量上揭示区域经济活动集聚状况与空间结构演变的关系。回归分析是处理两个及两个以上变量间线性依存关系的统计方法。此类问题很普遍，如人头发中某种金属元素的含量与血液中该元素的含量有关系；人的体表面积与身高、体重有关系；等等。回归分析就是用于说明这种依存变化的数学关系。

12.3　广西北部湾经济区区域发展概况分析

本书主要采集了 1997 年、2002 年和 2007 年三个时段广西北部湾经济区的社会经济统计数据，对这一时段内广西北部湾经济区的区域发展过程进行分析，包括区域发展的背景，区域发展所处的阶段、区域经济结构特征以及区域发展差异等内容的研究。

12.3.1　区域发展背景分析

1. 发展基础

1）地理位置与区位

（1）地理位置。广西北部湾经济区位于广西壮族自治区南部（图 12.2），介于东经 107°22′~109°51′、北纬 21°27′~24°3′之间。包括南宁、钦州、北海、防城港 4 个地级市，共辖 13 区、10 县和 1 个县级市。区域国土面积 4.25 万 km²，占广西土地面积的 17.9%，2007 年总人口 1279.15 万人，占广西总人口的 25.57%，大陆海岸线 1595km。南临北部湾海域，西南角与越南接壤，西、北、东三面分别与广西区的崇左、百色、河池、来宾、贵港、玉林等市相邻，东南角与广东省湛江市接壤。总体而言，广西北部湾经济区背靠大西南，面向北部湾，毗邻东南亚诸国和珠江三角洲，区域地位和地缘优势非常突出[66]。

（2）区位特征。从整个的空间经济区位而言，广西北部湾经济区背靠大西南，面向东南亚，东临珠三角，处于中国-东盟自由贸易区、泛珠三角经济圈和大西南经济圈的中心结合部。是我国西部唯一的沿海又沿边的地区，既是西南地区最便捷的出海大通道，又是促进中国-东盟全面合作的重要桥梁和基地，是我国对外开放、走向东盟、走向世界的重要门户和前沿，政治、经济、社会文化区位优势明显，战略地位突出。

2）自然资源与环境

（1）自然旅游资源。该地区属亚热带季风气候，四季常绿，物种丰富，已发现陆栖脊椎野生动物 929 种，其中属全国重点保护的珍稀动物 149 种，占全国总数的 44.5%；野生植物 8354 种，居全国第三位，其中国家一级重点保护植物 37 种，著名的珍稀植物有金花茶、银杉等。全区森林面积 982 万 hm²，森林覆盖率达到 41.33%。区内拥有十万大山、北海银滩、涠洲岛、钦州湾"七十二泾"、龙门诸岛、江山半岛和京族三岛等特色资源，集滨海风光、历史人文、民族风情、边关文化、原始风貌于一体。

（2）港口、海洋资源。北部湾城镇群海岸线曲折，深水条件好，天然港湾众多。该地区海洋资源丰富，拥有浅滩和滩涂共 7500 多 km²；海洋生物众多，是中国著名的四大热带渔场之一，鱼类资源有 500 多种，虾蟹类有 220 多种；浅海有主要经济鱼类 50 多种，经济虾蟹类 10 多种。北部湾同时也是我国著名的"南珠"产地。海洋油气资源丰富，目前已探明油气经济资源为石油 229 亿 t、天然气 14400 亿 m³，开发前景广阔。

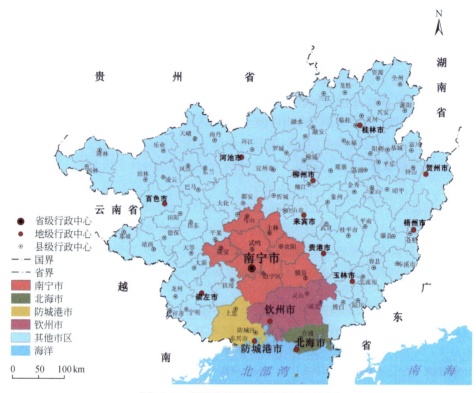

图 12.2　广西北部湾经济区行政区划图

（3）生态环境。整体生态环境良好，大部分城市环境质量均为二级以上标准，是目前我国近海水质保持最好的海域之一，非常适宜居住和旅游、休闲度假。区内拥有众多山区林地、沿海红树林、丰富的水网，发挥着优良的生态服务功能。北部湾为内凹湾区，雷州半岛和海南岛是其天然屏障，阻挡了台风的正面登陆，风暴潮危害较福建、浙江、广东等东南沿海地区小。

3）经济发展概况

2007 年，南宁、北海、钦州、防城港四市 GDP 为 1778.79 亿元，约占广西生产总值的 29.87%，工业增加值、人均 GDP、人均财政收入等主要经济指标增长速度居广西前列，经济发展势头强劲。2007 年广西北部湾经济区经济增长速度达到 17.4%，在沿海基础设施建设、港口开发、金融合作、保税物流体系建设等方面均取得了重大进展。

从表 12.2 可以看出，南宁的总体经济实力最强，超过沿海三个市的总和；从人均经济水平看，钦州明显落后，防城港市发展迅速，位居首位。图 12.3 反映了 2007 年广西北部湾经济区 GDP 空间分布情况。

表 12.2　2007 年广西北部湾经济区各市概况

区域指标	南宁市	北海市	钦州市	防城港市
土地面积/km²	22112	3337	10843	6181

续表

区域指标	南宁市	北海市	钦州市	防城港市
年末总人口/万人	683.5	156.3	356	83.3
市域 GDP/亿元	1069	246.6	303.9	159.3
市域人均 GDP/元	15759	15988	9552	19329
市辖区人口/万人	259.8	58.1	128	49.9
中心城区面积/km²	179	72	48	19

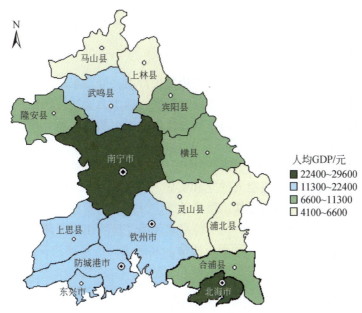

图 12.3　2007 年广西北部湾经济区人均 GDP 空间分布

4）综合交通概况

目前广西北部湾经济区内部已经初步形成了由铁路、高速公路、港口、机场为主体，以南宁为枢纽向外放射的综合交通体系。

广西北部湾经济区铁路网主要由对外铁路和区域铁路两个层次组成，其中对外铁路有 4 条：南昆线南宁至百色段、黎湛铁路黎塘至玉林段、湘桂线黎塘至柳州段、湘桂线南宁到凭祥段。组团内部铁路（主要由广西沿海铁路公司运营）有南防线（南宁南至防城港）、钦北线（钦州至北海）、黎钦线（黎塘至钦州）和钦港线（钦州东至钦州港）4 条线路。2005 年，南北钦防区域内铁路营业里程达 1423km，其中国家铁路营业里程达到 1000 余千米，占广西全区国家铁路营业里程的 50% 左右；地方铁路达 423km，占广西地方铁路的 50%（广西地方铁路约 700km）以上，占该区域铁路总营业里程的 29.73%。

广西北部湾经济区公路交通是现状区域内的最主要交通方式，区域内高速公路主要包括：南宁—钦州—防城港高速公路、钦州—山口高速公路和石湾—北海高速公路，其他包括都安—南宁高速公路南宁段、全州—友谊关高速公路南宁段、岑溪—百色高速公路南宁段。高速公路以外，组团间的公路以二级公路为主。区域内公路线网密度也由 1995 年的 12.82km/100km^2 提高到 2005 年的 34.03km/100km^2。

2005 年，区域内港口生产性泊位数达 119 个，比 1997 年增加了 77 个。内河港口 34 个；沿海港口生产性泊位达 85 个，其中万吨级以上泊位 26 个（防城港 13 个、钦州港 8 个、北海港 5 个），分别比 1997 年增加了 45 个和 10 个。目前防城港共有生产泊位 24 个，其中万吨级以上有 14 个，防城港有 20 万吨级矿石码头 1 个，也是我国第四个 20 万吨级矿石码头。

现有机场 2 个，总能力 290 万人次，其中南宁吴圩国际机场跑道长 2700m，宽 45m。北海福成机场跑道已由最初的 2700m，扩建为目前的 3200m，宽 45m，能力为 40 万人次。

2. 发展机遇

国家深入实施西部大开发战略和推进兴边富民行动，鼓励东部产业和外资向中西部地区转移，重大项目布局将充分考虑支持中西部发展，加大力度扶持民族地区、边疆地区发展，支持西南地区经济协作、泛珠三角区域合作以及国内其他区域合作，为北部湾经济区加快发展注入了新的活力和动力[1]。

中国–东盟自由贸易区建设加快推进，中国–东盟博览会和商务与投资峰会、大湄公河次区域经济合作等一系列合作机制的建立和实施，深化了中国–东盟合作，为北部湾经济区发挥面向东盟合作前沿和桥头堡作用奠定基础。

国家高度重视广西沿海地区发展，明确将北部湾经济区作为西部大开发和面向东盟开放合作的重点地区，提出新要求，赋予新使命。北部湾经济区加快发展的机遇已经来到，条件已经具备，时机已经成熟。

1）中国–东盟自由贸易区

（1）货物贸易的自由化加快北部湾地区现有优势产业发展。根据已达成共识，到 2010 年，中国和原东盟六国将实现贸易自由化，即关税降为 0；到 2015 年，东盟新成员国除部分敏感产品以外的全部关税降为 0；到 2018 年，东盟新成员国的所有敏感产品的关税均降至 0。与此同时，逐步取消所有非关税壁垒，包括简化海关程序、推行电子通关、检验检疫、交通运输便捷化和相互认证等措施，见表 12.3。

表 12.3　中国–东盟自由贸易区部分关税削减时间表

年份	关税税率	覆盖关税条目	参与国家
2003	WTO 最惠国关税税率	全部	中国与东盟 10 国
2003	中国与泰国果蔬关税降至 0	中泰全部果蔬	中国、泰国
2004	农产品关税开始下调	农产品	中国与东盟 10 国
2005	对所有成员开始削减关税	全部	中国与东盟 10 国

---

① 中国城市规划设计研究院. 北部湾（广西）经济区城镇群概念规划. 2006.

年份	关税税率	覆盖关税条目	参与国家
2006	农产品关税 0	农产品	中国与东盟 10 国
2010	关税降至 0	除部分敏感产品外的产品	中国与原东盟 6 国
2015	关税降至 0	除部分敏感产品外的产品	东盟新成员国

建立中国-东盟自由贸易区有利于发挥北部湾地区工农业的优势,扩大投资和优势产品的出口。广西北部湾经济区正步入工业化的加速阶段,自由贸易区的建立降低了原材料产品进口的成本,对北部湾地区工业化进程具有深远影响。

(2) 服务贸易自由化将有助于加强服务业合作。根据中国与东盟之间的协议,双方将在 WTO 服务贸易总协议规范的基础上,进一步加强彼此间服务业合作,放宽服务贸易限制,在服务贸易自由化的深度与广度方面有所拓展。重点合作领域有旅游服务、教育服务、咨询服务、金融、保险、电信等。

旅游业:北部湾城镇群与东盟国家的旅游资源各有特色,有很大的互补性。如北部湾地区有北海银滩、亚洲最大的跨国瀑布——德天瀑布等著名旅游景点,越南有世界自然遗产下龙湾,柬埔寨有世界文化遗产吴哥窟,泰国有金碧辉煌的宫殿和佛寺以及风光旖旎的海岛,印度尼西亚有风光秀丽的巴厘岛,马来西亚有世界著名的云顶景区等。近年来,中国与泰国、新加坡、菲律宾、越南、缅甸等东盟国家分别签署了政府旅游合作协定或旅游合作谅解备忘录,同意将积极创造条件,争取尽早在东盟地区实现互免旅游签证,为双方旅游业的发展提供更多便利。这将有利于北部湾地区加快与东南亚旅游市场的对接,利用国内外两个市场、两种资源,形成资源共享、客源互流、彼此促进的广西—越南—东盟其他国家的大旅游格局。

物流业:在中国与东盟建立的自由贸易区中,北部湾地区确实占有得天独厚的区位优势。不仅在国内的东西部分工中是承东启西,而且在中国与东盟的合作中更是接北连南,公路、铁路、海运和航空都在北部湾地区交汇。随着中国-东盟自由贸易区的建成,中国与东南亚之间交通网络的完善和对接,中国与东南亚之间经由北部湾集散的商品和人员将会更多,其中重点是华南、华东与中南半岛国家之间的陆路往来及西南与东南亚岛国之间的海路往来。由于经济发展水平的差异和相互的互补性,人员和货物运输量最大的还是华南、华东和西南地区,他们的工业消费品、设备、器材主要是经北部湾地区进入中南半岛各国。

广西交通经过十多年的建设,已形成以高等级公路、铁路、海运和航空的立体交通运输网,而且公路、铁路、海运与越南相连。随着越南与柬埔寨、老挝和缅甸、泰国交通条件的改善,中国产品进入东盟和东盟产品进入中国内地,北部湾地区都是最便捷的陆路和海上大通道。因此,建立中国-东盟自由贸易区是广西抓住机遇加快建设中国交通运输中心和物流中心的最佳时机,是广西交通运输业和物流业千载难逢的发展机遇。由于前沿地带的合作机会和大通道的枢纽作用,广西将成为中国内地企业与东盟市场的商贸物流中心。

会展业:北部湾地区会展业经过近年的发展,基础设施进一步完善,积累了较丰富的会展经验。中国-东盟博览会会址永久选在南宁，为会展业的发展带来新的契机。中国-东盟自由贸易区的建立必将大大促进中国和东盟各国的贸易往来，而贸易往来需要通过各种各样的投资贸易洽谈会、商品展销会来寻找商机，采购商品，为北部湾地区会展业提供难得的发展机会。可以通过举办东盟国家特色的轻工业展、农产品展、旅游产品展，加强与东盟国家会展合作，积极发展北部湾会展业。

2）泛珠三角区域合作

珠三角得我国改革开放之先，现已成为"世界级"的制造业基地，有堪称世界级的国际城市——香港，是中国经济国际化和外向化程度最高的地区，20多年来是拉动中国经济高速增长的重要引擎。近年来，随着国内外经济的发展，珠三角中心城市向现代服务业、金融、航运和科技研发中心方向转型，产业结构不断升级，电子信息、电气机械、化学石油成为三大新兴支柱产业。受到人民币升值、土地价格和劳动力价格上涨等因素影响，珠三角地区的纺织服装、食品饮料、建筑材料等传统产业增长率明显降低，出口增长乏力，其中服装、鞋类、塑料制品、灯具及照明装置等产业的增长尤其缓慢。从统计数据来看，2000~2007年8年间，广东轻工业的发展速度已经低于工业的平均水平，部分劳动密集型产业的发展速度已经低于平均水平，在资金密集型产业和技术密集型产业的挤压下，劳动密集型产业呈加速转移趋势。

3）西部大开发

西部大开发是国家为了促进我国区域社会经济和谐发展所做出的重大的战略决策，尤其是国家"十五"计划把南桂昆经济区作为国家实施西部大开发发展战略的三大重点区域之一，表明国家在实施西部大开发战略采取的是非均衡发展模式，同时表明广西的地位在国家战略层面上得到了确认。北部湾地区是西部大开发的重要组成部分。

对西部各省来说都是获得了难得的发展机遇。2000~2005年的5年间，国家在规划指导、重大工程建设、资金投入、政策措施等多方面对西部大开发予以重点支持，中央建设资金累计安排西部地区约4600亿元，财政转移支付和专项补助累计安排5000多亿元，有力地支持了西部地区经济建设和社会事业发展。西部大开发集中力量进行交通、电力、水利、通信重大项目建设，加强西部地区水资源开发利用、交通运输网络和能源开发体系建设，发挥基础设施建设综合效益。此外，还注重生态、教育等方面的规划和建设。这些重点项目的建设和实施，为包括北部湾地区在内的广大西部地区的经济发展提供了长期的坚实基础。

除此之外，国家还对西部优势产业和特色经济的发展给予政策支持。近期，在国务院西部办、国家发展改革委员会等六部门联合颁发的《关于促进西部地区特色优势产业发展的意见》（简称《意见》）中，广西列入国家发展重点的特色优势产业涉及能源及化学工业、重要矿产品开发及加工、特色农牧业及加工业、重大装备制造业、高技术产业和旅游六大方面。《意见》提出，在发展能源方面，要建设广西沿海地区炼油及相关产业基地；在铝土矿的开发上，将加大开发力度，提高综合利用水平，扩大氧化铝生产能力，优化电解铝结构，延长铝加工产业链，建设广西铝加工基地；在特色农牧业及加工方面，在广西、四川等有条件的地区大力发展林浆纸一体化工业，建设广西糖业生产基地。这些被列入国家发展重点的特色优势产业，将受到中央 7 项政策支持：在重大项目布局上，同等条件下将获得优先考虑；享受政府投入倾斜，获得一定额度的中央预算内资金和长期建设国债资金支持；享受金融优先服务；等等。

4）国家"十一五"主体功能区规划

国家在"十一五"规划纲要中高度关注主体功能区的建设。按照国家"十一五"规划纲要对重点开发区域的要求，东部的辽东半岛、山东半岛和海峡西岸地区，中部的中原城市群、江汉平原、长株潭城市群，西部的成渝地区、关中地区和广西北部湾经济区已具备了作为重点开发区域的条件。从发展条件看，广西北部湾经济区成为西部为数不多的重点开发区域之一。未来有望在基础设施建设、优势产业发展、城市化和工业化、生态治理与环境保护等方面得到国家相关政策的扶持，这将为广西北部湾经济区的发展带来直接的机遇。

5）自治区政府的战略决策与倾斜政策

为加快和带动广西壮族自治区经济发展，自治区党委和政府成立了广西北部湾经济区规划建设委员会及其办公室，统筹管理经济区规划建设等重大问题，不仅高起点、高标准、高质量地在编制广西北部湾经济区的发展规划，而且正在统筹推进重大产业项目和实施沿海基础设施建设大会战；同时，积极协调沿海临海型产业一体化布局。此外，自治区正制定一系列政策鼓励广西北部湾经济区的开发建设。

12.3.2　区域经济发展阶段判定

1. 人均 GDP 与发展阶段

人均 GDP 是反映经济增长直接结果的重要指标。著名西方发展经济学家钱纳里等运用多国模式对人均 GDP 水平与经济发展阶段的关系进行了深入的研究。按照钱纳里的分析，现代经济发展分为三个大阶段和六个小阶段，即初级产品加工阶段、工业化阶段（包括工业化初期、中期以及后期阶段）和发达经济阶段（包括初级阶段和高级阶段），不同阶段具有不同的人均 GDP 数量特征（表 12.4）。

在运用钱纳里阶段划分总量标准时，必须考虑美元自身升值或贬值对判断结论的可能影响，因此可以选择两种价格标准之一进行换算，或者把比较期的人均 GDP 换算为某一年份的美元值，或者把发展阶段划分的数量标准调整为比较期的美元值。在对广西北部湾经济区发展阶段进行评判的过程中，把钱纳里 1982 年人均 GDP 美元值作为评价基准值（表 12.4），对于 2007 年广西北部湾经济区人均 GDP 按照有关汇率值进行了换算。

表 12.4 钱纳里给出的工业化典型模式

人均 GDP	第一阶段	第二阶段	第三阶段	第四阶段	第五阶段	第六阶段
1982 年/美元	364～728	728～1456	1456～2912	2912.5460	5460～8736	8736～13104

注：第一阶段为初级产品生产阶段；第二阶段为工业低级初级阶段；第三阶段为工业化中级阶段；第四阶段为工业化高级阶段；第五阶段为发达经济初级阶段；第六阶段为发达经济高级阶段

　　根据表 12.5 中的汇率数据，计算出从 1982～2007 年的人民币对美元的平均汇率的几何平均值为 5.568。按照汇率法计算，结合表 12.4 中的基本数据可以得到 2007 年广西北部湾经济区人均 GDP 为 2497 美元（1982 年）、广西为 2228 美元（1982 年）、全国为 3352 美元（1982 年）（表 12.6）。按照 1982 年钱纳里的总量标准，对照相应的工业化水平，2007 年广西北部湾经济区总体处于工业化中级阶段，正处于全面工业化阶段向工业化后期发展的过渡时期，广西也处于工业化中级阶段，但落后于广西北部湾经济区的水平，而全国刚刚步入工业化高级阶段，由刚步入工业化高级阶段向发达经济初级阶段迈进仍然有很长的路要走。显而易见，广西北部湾经济区目前所处的工业化阶段与全国的工业化阶段还有一定距离。

表 12.5 中国 1982～2007 年 1 美元对人民币年平均汇率表

年份	1 美元	年份	1 美元
1982	1.8926	1995	8.3507
1983	1.9757	1996	8.3142
1984	2.327	1997	8.2898
1985	2.9367	1998	8.2791
1986	3.4528	1999	8.2796
1987	3.7221	2000	8.2784
1988	3.7221	2001	8.277
1989	3.7659	2002	8.277
1990	4.7838	2003	8.277
1991	5.3227	2004	8.2768
1992	5.5149	2005	8.1917
1993	5.7619	2006	7.9735
1994	8.6187	2007	7.6071

表 12.6 2007 年北部湾地区人均 GDP

指标 地区	人均 GDP/元	1982 年/美元
南宁市	15640	2809
北海市	15774	2833
防城港市	19117	3433

续表

指标 地区	人均 GDP/元	1982 年/美元
钦州市	8537	1533
广西北部湾经济区	13906	2497
广西	12408	2228
全国	18665	3352

注：1982~2007 年美元/人民币的平均汇率的几何平均值为 1∶5.568

2. 三大产业结构与发展阶段

区域经济发展阶段与产业结构的演变互为依存，研究区域产业结构通常能够揭示所在区域的经济发展阶段。如发达的经济区域其三大产业结构合理，发展中的经济区域其三大产业结构不尽合理。诺贝尔经济学奖获得者西蒙·库兹涅茨研究认为，工业化往往是产业结构变动最为迅速的时期，其演进阶段也通过产业结构的变动表现出来，按照农业、工业、服务业三大产业划分工业化发展有八个阶段（表 12.7）。

表 12.7　西蒙·库兹涅茨的 GDP 与产业分布

钱纳里的阶段划分		阶段	人均 GDP （1982 年美元）	三大产业分布/%		
				第一产业	第二产业	第三产业
初级产品生产阶段		1	264	53.6	18.5	27.9
		2	421	44.6	22.4	33.0
		3	703	37.9	24.6	37.5
工业化阶段	初级阶段	4	1126	32.3	29.4	28.3
	中级阶段	5	1835	22.5	35.2	42.3
		6	2752	17.4	39.5	43.1
	高级阶段	7	4407	11.8	52.9	35.3
后工业化发达经济阶段		8	7043	9.2	50.2	40.6

注：为了与钱纳里的阶段划分进行比较，根据人均 GDP（1982 年美元），将钱纳里的阶段划分和西蒙·库兹涅茨的 GDP 与产业分布做了比较分析

钱纳里和西蒙·库兹涅茨等经济学家认为，工业化的演进过程是三大产业退役过程，即在工业化初期，第一产业比重要高于第二、三产业，随着工业化进程的不断演进，产业结构中第一产业比重持续下降，第二产业的比重则迅速上升，同时拉动第三产业比重提高。当第一产业下降到 20% 左右或以下，第二产业比重上升至高于第三产业而在 GDP 构成中占最大比重时，工业化就进入了中级阶段；当第一产业的比重再降到 10% 以下，第二产业的比重上升至最高水平时，工业化进入高级阶段，此后第二产业的比重转为相对稳定或有所下降，第三产业在 GDP 构成中持续上升时，工业化就到了成熟期，开始向后工业化阶段即发达经济过渡。

表 12.8 是 2000~2007 年广西北部湾经济区与全国的三大产业构成。从 2000~2007

年，广西北部湾经济区和全国的三大产业结构演化符合区域经济发展阶段的相关理论。全国的第一产业从 2000 年的 16.4% 逐步降低至 2007 年的 11.7%，降低了 4.7 个百分点；2000～2007 年第二产业比重降低了 1 个百分点；第三产业比重 2000～2007 年增加了 5.7 个百分点；广西北部湾经济区的第一产业比重变化趋势与全国一致，但是变化的速度更快，2000～2007 年第一产业比重由 28.7% 降低至 19.2%，降低了 9.5 个百分点。不同的是，广西北部湾经济区的第二产业比重正处于快速发展阶段，第二产业比重由 2000 年的 26.8% 提高至 2007 年的 37.2%，增加了 10.4 个百分点；而第三产业的比重则有所下降，由 2000 年的 44.5% 降低至 2007 年的 43.6%，降低了 0.9 个百分点。

表 12.8　2002～2007 年广西北部湾经济区与全国三大产业构成对比表

年份	广西北部湾经济区/%			全国/%		
	第一产业	第二产业	第三产业	第一产业	第二产业	第三产业
2000	28.7	26.8	44.5	16.4	50.2	33.4
2002	27.9	26.4	45.7	15.3	50.4	34.3
2004	23.7	31.3	45	15.2	52.9	31.9
2006	20.6	35.9	43.5	11.8	48.7	39.5
2007	19.2	37.2	43.6	11.7	49.2	39.1

从产业结构的变化来看，2006 年以前广西北部湾经济区一直处于工业化初级阶段，到 2006 年第一产业比重下降到 20% 左右，但第二产业的比重还没有上升到占 GDP 的最大比重，说明第二产业和第三产业的结构不合理，第二产业比重偏低，导致第三产业"虚高"的现象，但第二产业发展的速度较快，相信将在未来几年内超过第三产业比重，由此判断广西北部湾经济区正在由工业化初级阶段向工业化中级阶段迈进，而全国第一产业比重已降至 11.7%，且呈逐步降低趋势，可见全国的三大产业结构演变领先于广西北部湾经济区的水平，全国正在向工业化高级阶段靠近。

3. 城市化水平与发展阶段

空间结构是标示区域经济发展阶段不同于其他经济发展阶段划分的标志。地区空间结构态势与地区城市化水平、城市体系、城市规模等有着十分密切的关系。在区域经济迅速发展的同时，区域空间结构也在不断发生演变。表现为大城市的功能不断完善，规模不断扩张，同时中小城市的数目也有所增加。在这其中，城市化过程是区域空间结构变化的主要方面。在区域经济的发展过程中，随着工业化与城市化的推进，城市人口的比重将呈上升趋势。从大尺度的区域层面来讲，区域经济越发达，城市往往也越发达。城市发展是经济发展的必然结果。从这个意义上说，城市化水平及其结构是衡量区域经济发展阶段相对重要的量化指标。

城市化的规律一般认为，城市化水平小于 10% 是城市化史前阶段；10%～20% 是城市化起步阶段；20%～50% 是城市化加速发展阶段；50%～60% 是城市化基本实现阶段；60%～80% 是城市化高度发达阶段；城市化率大于 80% 是城市化自我完善和城乡完全实现一体化阶段。

由表12.9可见，1997～2007年，广西北部湾经济区的城市化率稳步提高，由1997年的20.3%提高至2007年的23.3%，年均增长0.3%，城市化速度缓慢。对应城市化规律而言，广西北部湾经济区正处于城市化加速发展的阶段，从区域工业化进程与城市化水平关系来看，广西北部湾经济区目前正由工业化初级阶段向工业化中级阶段过渡。

表12.9 广西北部湾经济区城市化水平

年份	广西北部湾经济区/%	南宁市/%	北海市/%	防城港市/%	钦州市/%
1997	20.3	23.9	25.9	22.7	10.2
2002	21.8	25.4	29.1	24.9	10.9
2007	23.3	27.2	29.8	29.5	11.3

注：由于数据的可获取性问题，城市化率所用数据为非农业人口占总人口比重

4. 区域经济发展阶段总体判断

结合国内外一些学者对区域发展阶段的研究，将各阶段的区域经济发展特征和空间结构特征归纳为表12.10。

表12.10 区域发展阶段及其空间结构特征

区域发展阶段	空间结构类型	空间结构主要特征	产业结构	
			三大产业比重	主导产业
前工业化时期	离散型	均质无序	I＞II＞III	农业
工业化初级阶段	聚集型	极核发展	II＞I＞III	纺织、食品、采矿
工业化中高级阶段	扩散型	城市化速度加快	II＞III＞I	电力、化学、钢铁
		空间分布不均衡		汽车、机电
后工业化阶段	网络型	均衡化、网络化	III＞II＞I	高新技术、
				第三产业

由于人均GDP在衡量经济发展阶段中的重要性，因此在判断区域经济发展阶段时，以人均GDP为重要的参考指标，而产业结构和城市化水平作为参考指标，综合考虑广西北部湾经济区良好的发展现状和巨大的发展潜力，结合表12.10中所反映的区域发展各个阶段的特征，判定广西北部湾经济区总体上处于工业化中级阶段，地区全面工业化初见端倪，但目前空间结构类型仍然以集聚为主，区域空间结构演化滞后于区域工业化进程，区域经济中心和增长极发育仍然不够强大，区域经济中心、次中心及其周围地区组成的多中心体系发育不成熟，核心-边缘结构中区域中心的空间辐射和扩散作用正慢慢加强。

12.3.3 区域经济结构特征

经济结构是指经济活动中社会经济各种成分、国民经济各个部门以及社会生产和再生产各个方面的构成及其相互关系。经济结构从广义上讲包括两个方面：一是生产关系结

构，主要是所有制结构，通常又称为社会经济结构；二是生产力结构，以产业结构为主干，通常又称为国民经济结构，即狭义的经济结构，本书中的区域经济结构主要指区域产业结构。

1. 产业结构发生重大变化，序列由"三、一、二"转变为"三、二、一"

1997年，广西北部湾经济区三大产业结构之比32.8∶29.4∶37.8（图12.4）；2002年，三大产业结构之比为27.9∶26.4∶45.7（图12.5）；2007年，三大产业之比为19.2∶37.2∶43.6，产业结构序列发生重大变化，第二产业比重增加较快，但由于工业基础薄弱，第二产业比重仍然较低（图12.6）。

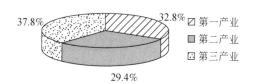

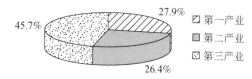

图 12.4 1997年广西北部湾经济区三大产业比重　　图 12.5 2002年广西北部湾经济区三大产业比重

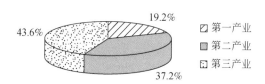

图 12.6 2007年广西北部湾经济区三大产业比重

2. 第一产业比重偏高，第二产业比重仍然偏低

2007年，广西北部湾经济区三大产业结构之比为19.2∶37.2∶43.6；广西三大产业结构之比为20.9∶40.7∶38.4；全国三大产业结构之比为11.7∶49.2∶39.1。可见该地区的第一产业比例虽然已经逐步降低，所占比重仍然偏高，而第二产业比例明显偏低。

广西北部湾经济区各城市的工业职能普遍薄弱，基本不具备区际竞争能力。从产业结构来看，广西北部湾经济区产业结构为"三、二、一"结构，南宁市三大产业属于"三、二、一"结构，北海市、钦州、防城港市是典型的"二、三、一"结构。尽管各城市产业结构有所不同，但共同的问题是农业比重较高，第二产业比例明显偏低，产业结构存在虚高化的问题，城镇作为工业集聚中心的作用并没有充分发挥出来。

3. 产业内部的结构性矛盾仍然存在

2007年第一产业内部以种植业为主，畜牧业比重较低；在种植业内部以粮食作物（稻谷、木薯等）和经济作物（糖料蔗、水果、茶叶等）为主；此外，以初级农产品为主，农产品加工比重低。第二产业内部以资源加工型制造业为主，尤其是制糖业在全国占据较高的份额，具有一定的竞争优势，而技术密集型制造业和高新技术产业比重低，但近年来，石油化工、造纸等原材料工业有一大批重大在建项目，未来几年将成为广西北部湾经济区的主导工业。从工业门类看，各市农副产品加工业、化学原料及化工制品制造业、中医药制造业、非金属矿物制品业等资源型工业比重较高。其中，各市农副产品加工业比重均在 20% 以上，大大高于全区的平均水平。这些加工程度低、附加值较低、产业链条短的资源型工业为主的格局也同样表明，本地区仍处于工业化中期阶段。第三产业内部以商贸流通、交通运输、通信、旅游等服务业为主，金融、保险、信息服务、物流等现代服务业比重较低。图 12.7 展现了 2007 年广西北部湾经济区三大产业结构情况。

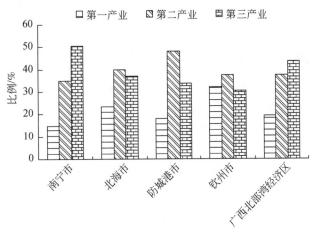

图 12.7　2007 年广西北部湾经济区三大产业结构

4. 沿海地区产业结构趋同化

南宁市是综合性职能城市，是地区级的核心城市，其他城市以中小型为主，是次中心城市。南宁与北海、钦州、防城港三市的职能差异和互补关系较明显，而且即使存在个别产业职能趋同，由于次中心城市规模与南宁差距较大，中心城市的绝对支配性也使整合阻力大大降低。关键是北海、钦州、防城港三市都是港口城市，城市规模相差不大，建港条件都比较优越，三市间关于港口建设的竞争从未停止，但是三市都建成大港口不太现实，因此职能存在趋同性，发展方向与分工不明确，非良性竞争多于协调，且本身规模小、经济实力弱，难以担当好次级经济中心的角色。

5. 产业整体竞争力不强，缺乏有竞争力的产业集群

广西北部湾经济区经济基础薄弱，工业化水平低，产业竞争力相应不强，主要表现在：一是传统农业向现代农业和农业产业化转变速度慢、农产品加工增值率低，第二产业缺乏一批拥有自主知识产权的知名品牌和竞争力强的优势企业，第三产业无论是物流，还是旅游等服务业特色都不够明显；二是缺乏有竞争力的产业集群，产业以原材料工业为主，产业链条短，缺乏上下游等环节的相互衔接与延伸，产品附加值低，竞争力薄弱；三是无论外商直接投资（FDI）规模，还是民营经济都比较薄弱，既缺乏"明星"企业的牵引作用——行业龙头或跨国公司，又缺乏"众星"的辉映——民营企业的扎堆集聚。

12.3.4 区域经济发展差异分析

由于 1997～2007 年南宁市的行政区划发生了改变，2003 年原来的邕宁县并入了南宁市辖区，为了数据的前后可比性，在地级市数据比较过程中把 1997～2002 年的行政区划都还原成 2007 年现有的行政区划，即邕宁县并入市辖区，横县、宾阳县、上林县、马山县、隆安县并入南宁市辖区；而在 15 个县域单元的比较过程中，1997～2002 年南宁市辖区数据则采用原有数据，邕宁县的数据不并入南宁市辖区。

1. 总体差异：绝对差异与相对差异

1997～2007 年，广西北部湾经济区人均 GDP 不断增加，由 1997 年的 5688.879 元提高到 2002 年的 6805.379 元和 2007 年的 13906.031 元，15 个县域评价单元的人均 GDP 平均值由 1997 年的 5687.097 元提高到 2002 年的 6872.520 元和 2007 年的 127374.659 元，北部湾经济区人均 GDP 的标准差由 1997 年的 895.176 元扩大到 2002 年的 1311.469 元和 2007 年的 2056.574 元，北部湾经济区人均 GDP、各县域人均 GDP 平均值、北部湾经济区人均 GDP 标准差的变化轨迹几乎一致，各县域人均 GDP 的绝对差异随着北部湾经济区人均 GDP 的提高而扩大，而县域之间的差异呈现出波动性变化，变异系数由 1997 年的 0.157 提高到 2002 年的 0.191，随后又减低至 2007 年的 0.166（表 12.11，图 12.8，图 12.9）。

表 12.11　广西北部湾经济区经济水平差异变化状况

年份　　　　指标	北部湾经济区人均 GDP/元	县域人均 GDP 平均值/元	县域人均 GDP 标准差/元	县域人均 GDP 变异系数
1997	5688.879	5687.097	895.176	0.157
2002	6805.379	6872.520	1311.469	0.191
2007	13906.031	12374.659	2056.574	0.166

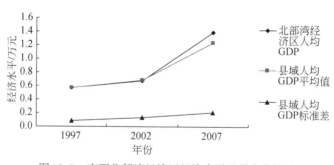

图 12.8　广西北部湾经济区经济水平差异变化情况

2. 内部差异：经济活动集聚程度

为便于前后数据的对比分析，1997 年、2002 年的邕宁县并入南宁市辖区数据进行分析，得到各个区域经济活动的人口和面积偏置度，按照人口、面积偏置度的大小和空间分

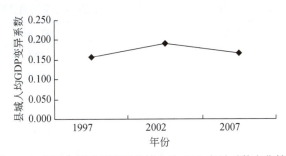

图 12.9　广西北部湾经济区县域人均 GDP 变异系数变化情况

布规律分为 4 级，发现广西北部湾经济区存在 2 个增长核心区和 2 个边缘区（图 12.10）。

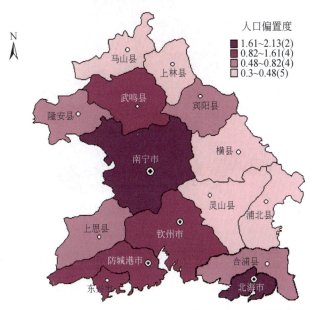

图 12.10　2007 年广西北部湾经济区人口偏置度空间分布图

1）南宁增长核心区

南宁增长核心区主要指南宁市辖区，由表 12.12 可知，1997～2007 年经济活动相对于面积和人口空间分布的偏置度均大于 1，且呈现出逐年增大的趋势，表明经济活动集聚的趋势正在加快。南宁市是自治区的省会，是自治区的政治、经济、文化中心，同时也是广西北部湾经济区的核心城市，1997～2007 年，人均 GDP 均高于经济区的平均水平，分别为 1.69 倍、2.08 倍、2.39 倍，呈现出逐年增大的趋势，国内生产总值的比重也越来越大，占经济区 GDP 总量比重分别为 31.70%、38.76%、43.20%，非农业人口占经济区比重在 43% 以上，非农业产值比重大于 40%（图 12.11），总体看来，南宁增长核心区带动了整个经济区的经济增长（表 12.13）。

表 12.12　南宁的经济活动与人口、面积空间分布的偏置度

地区	人口、面积偏置度	1997 年	2002 年	2007 年
南宁	SDp	1.646	1.983	2.127
	SDa	2.061	2.520	2.836

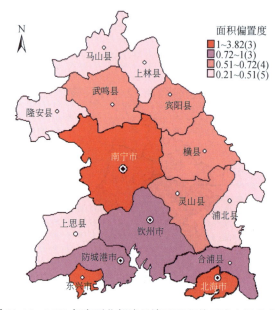

图 12.11　2007 年广西北部湾经济区面积偏置度空间分布图

表 12.13　南宁增长核心区主要社会经济指标占广西北部湾经济区比重

经济指标	1997 年	2002 年	2007 年
人口/%	19.26	19.55	20.31
面积/%	15.38	15.38	15.24
GDP/%	31.70	38.76	43.20
人均 GDP	1.69	2.08	2.39
非农业人口/%	44.19	43.63	44.87
非农业产值/%	41.50	48.51	49.68
SDp	1.65	1.98	2.13
SDa	2.06	2.52	2.84

2）北海-钦州-东兴-防城港沿海经济成长带

　　沿海经济成长带包括北海市辖区、钦州市辖区、防城港市辖区、东兴市 4 个地区，其中钦州市辖区人口、面积偏置度均小于 1，经济活动集聚程度不高，但由于其区位与资源条件优越，发展潜力巨大，近年来发展较迅速，就非农业人口数量看来已踏入中等城市的行列，所以也并入该经济成长带（表 12.14）。

表 12.14　北海、东兴、防城港的经济活动与人口、面积空间分布的偏置度

地区	人口、面积偏置度	1997 年	2002 年	2007 年
北海	SDp	2.228	2.284	1.891
	SDa	4.332	4.518	3.815
钦州	SDp	0.804	0.925	0.891
	SDa	0.721	0.828	0.793
东兴	SDp	1.749	1.990	1.421
	SDa	1.115	1.329	1.001
防城港	SDp	1.179	1.399	1.609
	SDa	0.728	0.842	0.943

1997～2007 年，北海-钦州-东兴-防城港增长核心区人均 GDP 高于整个经济区的平均水平，分别为 1.28 倍、1.45 倍、1.46 倍，总人口占 19.3%，非农业人口占 20% 以上，GDP 总量占 24% 以上，经济活动人口偏置度除钦州外均大于 1，经济活动面积偏置度除钦州和防城港外均大于 1，整个增长区的经济活动人口、面积偏置度均大于 1，2007 年为 1.29，表明该区域对经济活动的集聚具有一定的吸引力，是南宁增长核心区之外另一个增长核心区（表 12.15）。

表 12.15　北海—钦州—东兴—防城港增长核心区主要社会经济指标占经济区比重

经济指标	1997 年	2002 年	2007 年
人口/%	19.28	19.29	19.36
面积/%	21.31	21.33	21.43
GDP/%	24.02	26.68	25.07
人均 GDP/%	1.28	1.45	1.46
非农业人口/%	21.49	22.72	22.79
非农业产值/%	22.73	25.26	24.59
SDp	1.25	1.38	1.29
SDa	1.13	1.25	1.17

3）北部内陆欠发达区

北部欠发达区包括武鸣县、隆安县、上林县、马山县、宾阳县、横县 6 个地区。该区域位于经济区北部，除 1997 年的武鸣县和宾阳县外，其余年份和地区的经济活动人口、面积偏置度均小于 1，处于核心区以外的边缘区（表 12.16）。

表 12.16　北部欠发达区的经济活动与人口、面积空间分布的偏置度

地区	人口、面积偏置度	1997 年	2002 年	2007 年
武鸣县	SDp	1.561	0.944	0.920
	SDa	1.090	0.630	0.605

地区	人口、面积偏置度	1997 年	2002 年	2007 年
横县	SDp	0.659	0.478	0.475
	SDa	0.748	0.529	0.525
宾阳县	SDp	0.667	0.422	0.486
	SDa	1.013	0.640	0.716
上林县	SDp	0.487	0.380	0.315
	SDa	0.431	0.330	0.270
隆安县	SDp	0.431	0.434	0.495
	SDa	0.263	0.252	0.278
马山县	SDp	0.256	0.295	0.300
	SDa	0.200	0.225	0.223

1997~2007 年，北部欠发达区的人均 GDP 均低于整个经济区的平均水平，分别为 74%、53%、57%，人口占经济区比重分别为 34.59%、33.70%、33.13%，土地面积占 36.89%，GDP 总量占经济区比重分别为 24.84%、16.91%、16.89%，非农业人口比重逐年降低，分别为 19.19%、18.55% 和 17.64%，2007 年非农业产值占 13.71%，经济活动人口面积偏置度均小于 1，且呈降低趋势，2007 年为 0.51 和 0.46，说明该区域的经济活动集聚程度小于人口的集聚程度（表 12.17）。

表 12.17 北部欠发达区主要社会经济指标占经济区比重

经济指标	1997 年	2002 年	2007 年
人口/%	34.59	33.70	33.13
面积/%	36.89	36.89	36.83
GDP/%	24.84	16.91	16.89
人均 GDP/%	74	53	57
非农业人口/%	19.19	18.55	17.64
非农业产值/%	20.07	13.04	13.71
SDp	0.72	0.50	0.51
SDa	0.67	0.46	0.46

4）中南部沿海欠发达区

中南部欠发达区包括合浦县、上思县、灵山县、浦北县 4 个地区。除 1997 年与 2002 年合浦县的 SDa 大于 1 以外，其余地区的经济活动人口、面积偏置度均小于 1，说明该区域是北部欠发达区以外的另一个边缘区（表 12.18）。

表 12.18　中南部欠发达区的经济活动与人口、面积空间分布的偏置度

地区	人口、面积偏置度	1997 年	2002 年	2007 年
合浦县	SDp	0.986	0.829	0.686
	SDa	1.368	1.154	0.940
上思县	SDp	0.778	0.820	0.816
	SDa	0.212	0.215	0.210
灵山县	SDp	0.588	0.499	0.459
	SDa	0.765	0.684	0.616
浦北县	SDp	0.623	0.627	0.458
	SDa	0.682	0.694	0.509

　　1997 ~ 2007 年，中南部欠发达区的人均 GDP 均低于广西北部湾经济区的平均水平，分别为 74%、67% 和 61%，呈逐年减少趋势，GDP 总量占经济区比重由 19.44% 降至 17.66%、12.38%，非农业人口比重分别为 15.13%、15.10% 和 12.37%，非农业产值也呈降低趋势，分别为 15.71%、13.19% 和 12.02%，整个区域的经济活动人口、面积偏置度均小于 1，2007 年为 0.55 和 0.56，经济活动集聚程度远小于人口集聚程度，说明该区域处于增长核心区以外的边缘区（表 12.19）。

表 12.19　中南部欠发达区主要社会经济指标占经济区比重

经济指标	1997 年	2002 年	2007 年
人口/%	26.87	27.46	27.20
面积/%	26.43	26.40	26.51
GDP/%	19.44	17.66	12.38
人均 GDP/%	74	67	61
非农业人口/%	15.13	15.10	12.37
非农业产值/%	15.71	13.19	12.02
SDp	0.72	0.64	0.55
SDa	0.74	0.67	0.56

12.4　广西北部湾经济区区域空间结构演化

12.4.1　区域综合实力分析

1. 1997 年广西北部湾经济区区域综合实力评价

　　根据《1998 年广西统计年鉴》，采集所要研究的 15 个样本区的 16 项指标。对收集到的数据进行标准化处理。将处理后的数据利用 SPSS13.0 统计软件进行因子分析得出各样

本区在各个主因子的得分，再依据式（12.4）中确定的各因子权重值赋权，得到各样本区的综合得分（表12.20）。

表12.20　1997年广西北部湾经济区区域综合实力排名

地区	综合得分	排序
南宁市辖区	2.7960	1
北海市辖区	0.6009	2
东兴市	0.4791	3
防城港市辖区	0.0858	4
钦州市辖区	−0.1688	5
马山县	−0.2207	6
隆安县	−0.2563	7
宾阳县	−0.2916	8
上林县	−0.3153	9
合浦县	−0.3719	10
上思县	−0.3944	11
横县	−0.4220	12
灵山县	−0.4286	13
武鸣县	−0.4607	14
浦北县	−0.6315	15

利用SPSS 13.0软件对所得出的各样本区的综合得分进行聚类分析，并对各个样本区的综合实力进行排序和分级（表12.21）。

表12.21　1997年广西北部湾经济区区域综合实力分级

等级	得分区间	地区
一级	2.8～2.7	南宁市辖区
二级	0.61～0.08	北海市辖区、东兴市、防城港市辖区
三级	−0.16～−0.32	钦州市辖区、马山县、隆安县、宾阳县、上林县
四级	−0.37～−0.64	合浦县、上思县、横县、灵山县、武鸣县、浦北县

根据1997年广西北部湾经济区区域综合实力差异绘制空间差异分布图（图12.12）。

2. 2002年广西北部湾经济区区域综合实力评价

根据《2003年广西统计年鉴》，采集所要研究的15个样本区的18项指标，采用同样的方法得出各个样本区的综合得分（表12.22）。

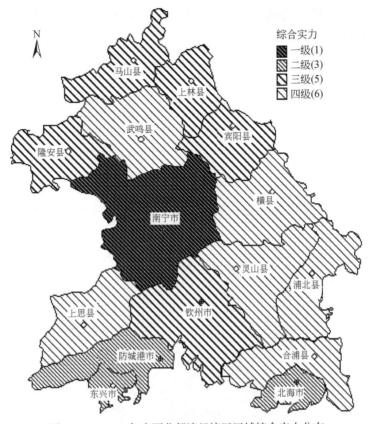

图 12.12　1997 年广西北部湾经济区区域综合实力分布

表 12.22　2002 年广西北部湾经济区区域综合实力排名

地区	综合得分	排序
南宁市辖区	2.5620	1
东兴市	0.8400	2
北海市辖区	0.7960	3
防城港市辖区	0.2602	4
钦州市辖区	−0.1482	5
上思县	−0.1921	6
横县	−0.2944	7
宾阳县	−0.3042	8
武鸣县	−0.4021	9
上林县	−0.4484	10
隆安县	−0.4663	11
马山县	−0.4706	12
合浦县	−0.5232	13
灵山县	−0.5864	14
浦北县	−0.6222	15

利用 SPSS 13.0 软件对所得出的各样本区的综合得分进行聚类分析，并对各个样本区的综合实力进行排序和分级（表 12.23）。

表 12.23 2002 年广西北部湾经济区区域综合实力分级

等级	得分区间	地区
一级	2.57~2.56	南宁市辖区
二级	0.85~0.26	东兴市、北海市辖区、防城港市辖区
三级	−0.14~−0.41	钦州市辖区、上思县、横县、宾阳县、武鸣县
四级	−0.44~−0.63	上林县、隆安县、马山县、合浦县、灵山县、浦北县

根据 2002 年广西北部湾经济区区域综合实力差异绘制空间差异分布图（图 12.13）。

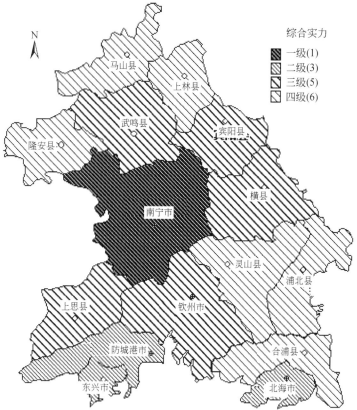

图 12.13 2002 年广西北部湾经济区区域综合实力分布

3. 2007 年广西北部湾经济区区域综合实力评价

根据《2008 年广西统计年鉴》，采集所要研究的 15 个样本区的 18 项指标，采用同样的方法得出各个样本区的综合得分（表 12.24）。

表 12.24　2007 年广西北部湾经济区区域综合实力排名

地区	综合得分	排序
南宁市辖区	2.1518	1
东兴市	0.9426	2
北海市辖区	0.9408	3
防城港市辖区	0.3408	4
钦州市辖区	0.3011	5
宾阳县	−0.2838	6
横县	−0.3059	7
合浦县	−0.3949	8
浦北县	−0.3976	9
武鸣县	−0.4016	10
上思县	−0.4707	11
马山县	−0.5131	12
隆安县	−0.5634	13
灵山县	−0.6277	14
上林县	−0.7185	15

利用 SPSS 13.0 软件对所得出的各样本区的综合得分进行聚类分析，并对各个样本区的综合实力进行排序和分级（表 12.25）。

表 12.25　2007 年广西北部湾经济区区域综合实力分级

等级	得分区间	地区
一级	2.11~2.16	南宁市辖区
二级	0.95~0.29	东兴市、北海市辖区、防城港市辖区、钦州市辖区
三级	−0.28~−0.41	宾阳县、横县、合浦县、浦北县、武鸣县
四级	−0.47~−0.72	上思县、马山县、隆安县、灵山县、上林县

根据 2007 年广西北部湾经济区区域综合实力差异绘制空间差异分布图（图 12.14）。

12.4.2　区域空间结构演化

由表 12.26 可见，广西北部湾经济区的城市等级差异显著，城市等级提升缓慢，1997~2007 年城市等级提高的只有南宁市（武鸣县、横县）、钦州市（市辖区、浦北县）和北海（合浦县）。首位城市与次级中心城市差异显著，核心城市数量不足，综合实力不强，应加快二级城市向一级中心城市迈进的步伐，充分发挥次级中心城市的辐射带动作用，促进三级和四级城市的发展和空间结构的优化。

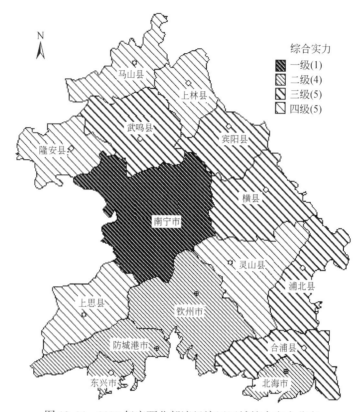

图 12.14　2007 年广西北部湾经济区区域综合实力分布

表 12.26　南北钦防各级城市数目

数目	1997 年					2002 年					2007 年				
	北部湾	南宁市	北海市	钦州市	防城港市	北部湾	南宁市	北海市	钦州市	防城港市	北部湾	南宁市	北海市	钦州市	防城港市
一级	1	1	0	0	0	1	1	0	0	0	1	1	0	0	0
二级	3	0	1	0	2	3	0	1	0	2	4	0	1	1	2
三级	5	4	0	1	0	5	3	0	1	1	5	3	1	1	0
四级	6	2	1	2	1	6	3	1	2	0	5	3	0	1	1
总数	15	7	2	3	3	15	7	2	3	3	15	7	2	3	3

1. 1997 年低水平均衡阶段

从 1997 年广西北部湾经济区区域综合实力分布图可见，一级城市为南宁市，二级城市有北海市、防城港市、东兴市，除东兴为县级市以外，其余各地均为各地地方行政中心，这些城市承担了经济中心和行政中心的双重功能。一级城市南宁市位于经济区中部，二级城市主要分布于南部沿海，三级城市在北部内陆和南部沿海均有分布，虽然中南部的核心地位已经初见端倪，中心和边缘的差距已经存在，但从三级、四级城市的分布上看，1997 年明显比 2002 年和 2007 年分散，呈现出较低水平的空间均衡现象。

2. 1997~2002 年区域综合实力差异扩大阶段

如表 12.26 所示，1997~2002 年四个级别城市的数量都没有发生改变，然而三级、四级城市分布却发生了改变，1997~2002 年三级城市中内陆与沿海城市数量之比由 4：1 降低至 3：2，1997~2002 年四级城市中内陆与沿海城市数量之比由 2：4 提高到 3：3，可见沿海地区城市的整体级别有所提高，三级城市集中分布于南宁市周边地区，而四级城市分布于西北部和东南部，衡量区域相对差异的人均 GDP 变异系数由 0.157 扩大到 0.191，说明区域发展处于增长极培育和极化作用强化阶段，区域综合实力差距也因此扩大了。

3. 2002~2007 年空间结构调整阶段

2002~2007 年，二级、四级城市数量发生改变，二级城市增加一个，四级城市减少一个，二级城市增加了钦州市，二级城市中沿海与内陆城市数量之比由 3：0 提高到 4：0，四级城市中沿海与内陆城市数量之比由 3：3 降低至 2：3，人均 GDP 变异系数由 0.191 减少至 0.166，区域内四个等级城市数量之比由 1：3：5：6 转变为 1：4：5：5，次级中心城市得到较快发展，区域空间结构处于优化调整阶段，城镇体系结构向合理方向发展（表 12.27，图 12.15）。

表 12.27　广西北部湾经济区 1997~2007 年城镇人口等级数量分布情况

规模等级 /万人	城市等级	1997 年		2002 年		2007 年	
		城市数量	非农业人口比重/%	城市数量	非农业人口比重/%	城市数量	非农业人口比重/%
>100	特大城市	0	0	1	41.35	1	44.87
50~100	大城市	1	41.87	0	0	0	0
20~50	中等城市	0	0	1	9.64	2	16.29
<20	小城市	14	58.13	13	49.01	12	38.84

4. 2007 年以后多中心加强联系阶段

区域空间结构的发展有四个阶段：前工业化时期的低水平均衡阶段、工业化时期的极核发展阶段、工业化成熟时期的多中心扩散阶段、后工业化时期的高水平均衡阶段。广西北部湾经济区城市群的极核增长及轴线扩展已具有一定基础，自治区的经济、政治、文化中心作为中心城市，自治区仅有的三个海港城市亦分布于此，并以南昆、湘桂、南防、钦北、钦港、黎钦 6 条铁路，075 高等级国道、050 高等级国道、325 国道、322 国道、324 国道、209 国道、210 国道、陆屋—钦州港高等级公路以及一批省级公路互连而成交通网络，以"人字形"发展轴线为主的城镇轴带组合初具规模，中心城市与次中心城市之间联系逐渐加强。高层次人才、创新科技、高层次第三产业日益向极核城市集聚，传统产业也开始向次级中心城市和小城镇扩散，虽然区域城镇空间体系演化在相当一段时间仍会以集聚为主，但是在加入 WTO、东盟自由贸易区、泛珠三角合作、建设"两廊一圈"以及建设广西北部湾经济区的大环境下，受自身产业重组以及更大经济体辐射的影响下，伴随产

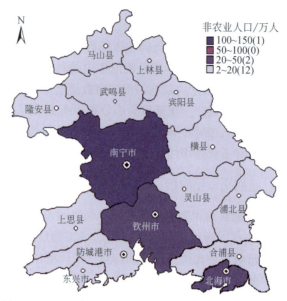

图 12.15　2007 年广西北部湾经济区非农业人口空间分布

业扩散与重组的城镇空间的扩散已不可避免[66]。由此可以判断，区域空间演化正向极核发展阶段的高级层次发展，而 2007 年广西北部湾经济区区域经济发展已迈入工业化中级阶段，可见区域空间结构的演化滞后于区域工业化进程。

12.4.3　区域经济发展差异与区域综合实力的关系分析

选取区域经济发展差异中的经济活动人口偏置度与区域综合实力进入 SPSS 回归分析模块，以区域综合实力为因变量，经济活动人口偏置度为自变量，分别得到 1997 年、2002 年、2007 年的回归分析模型。

1. 1997 年区域综合实力回归模型

应用回归分析方法对区域综合实力（Y_1）与经济活动人口偏置度（X_1）进行计算，得到标准化方程：

$$Y_1 = -0.835 + 0.854X_1(R^2 = 0.335)$$

回归方程中因变量与自变量的相关系数 $R = 0.579$，回归方程的决定系数 $R^2 = 0.335$，可知经济活动人口偏置度可解释区域综合实力 33.5% 的信息，回归方程检验的结果较理想，常数项和自变量显著性水平检验 P 值分别为 0.044 和 0.024，均小于 0.05，说明回归模型具有统计学意义（表 12.28）。由方程中 X 系数的大小可知，人口偏置度每变化一个单位，区域综合实力变化 0.854 个单位，由系数的符号可知经济活动的集聚程度与区域综合实力呈正相关变化（图 12.16）。

表 12.28　1997 年区域综合实力回归模型参数

模型		未标准化系数		标准化系数	t 值	P 值
		系数 B	系数标准差	系数 β		
1	常数	−0.835	0.375	—	−2.225	0.044
	人口偏置度	0.854	0.334	0.579	2.557	0.024

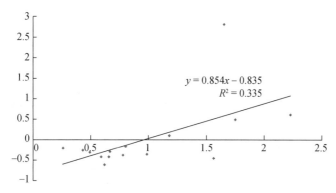

图 12.16　1997 年回归分析散点图

2. 2002 年区域综合实力回归模型

应用回归分析方法对区域综合实力（Y_2）与经济活动人口偏置度（X_2）进行计算，得到标准化方程：

$$Y_2 = -1.014 + 1.063X_2(R^2 = 0.674)$$

回归方程中因变量与自变量的相关系数 $R = 0.821$，回归方程的决定系数 $R^2 = 0.674$，可知经济活动人口偏置度可解释区域综合实力 67.4% 的信息，回归方程检验的结果很理想，常数项和自变量显著性水平检验 P 值分别为 0.001 和 0，均小于 0.05，说明回归模型具有统计学意义（表 12.29）。由方程中 X 系数的大小可知，人口偏置度每变化一个单位，区域综合实力变化 1.063 个单位，由系数的符号可知经济活动的集聚程度与区域综合实力呈正相关变化（图 12.17）。

表 12.29　2002 年区域综合实力回归模型参数

模型		未标准化系数		标准化系数	t 值	P 值
		系数 B	系数标准差	系数 β		
1	常数	−1.014	0.234	—	−4.326	0.001
	人口偏置度	1.063	0.205	0.821	5.187	0.000

3. 2007 年区域综合实力回归模型

应用回归分析方法对区域综合实力（Y_3）与经济活动人口偏置度（X_3）进行计算，得到标准化方程：

$$Y_3 = -1.101 + 1.235X_3(R^2 = 0.836)$$

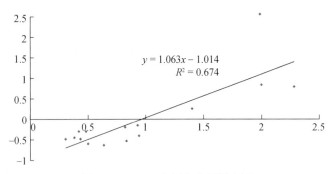

图 12.17　2002 年回归分析散点图

回归方程中因变量与自变量的相关系数 $R = 0.914$，回归方程的决定系数 $R^2 = 0.836$，可知经济活动人口偏置度可解释区域综合实力 83.6% 的信息，回归方程检验的结果非常理想，常数项和自变量显著性水平检验 P 值均为 0，均小于 0.05，说明回归模型具有统计学意义（表 12.30）。由方程中 X 系数的大小可知，人口偏置度每变化一个单位，区域综合实力变化 1.235 个单位，由系数的符号可知经济活动的集聚程度与区域综合实力呈正相关变化（图 12.18）。

表 12.30　2007 年区域综合实力回归模型参数

模型		未标准化系数		标准化系数	t 值	P 值
		系数 B	系数标准差	系数 β		
1	常数	−1.101	0.161	—	−6.847	0.000
	人口偏置度	1.235	0.152	0.914	8.137	0.000

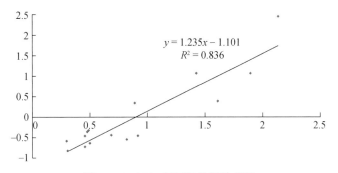

图 12.18　2007 年回归分析散点图

由三个年份的区域综合实力与经济活动人口偏置度回归分析表明，回归方程的相关系数 R 和决定系数 R^2 越来越大，说明回归方程中经济活动集聚程度所能解释的区域空间结构信息量越来越多，广西北部湾经济区的区域综合实力与区域经济活动集聚状态存在正相关关系，且两者之间的关系越来越密切。

12.5　广西北部湾经济区区域空间结构优化

12.5.1　区域空间结构优化面临的问题

1. 区域发展空间不均衡明显，呈现典型首位型城市分布

广西北部湾经济区区域发展空间不均衡现象明显，南宁市一极独大，是经济增长的核心区域，北海-钦州-东兴-防城港沿海经济成长带是另一个增长核心区，此外还存在北部内陆和中南部沿海两个欠发达地区，南宁市的经济总量超过沿海三个市的总和，在经济区内处于绝对领先地位，是经济区发展的龙头，但由沿海区域次中心城市组成的经济成长带仍然不够强大，与主中心之间的联系不够密切，且欠发达地区难以接受辐射和扩散作用，区域间的发展不均衡现象非常明显，只有通过进一步培育南宁主中心和沿海次中心，形成区域发展强大的增长极，才能进一步带动欠发达地区的发展。

按照城市位序-规模法则，正常的 2 城市指数应该是 2，4 城市指数和 11 城市指数都应该是 1。广西北部湾经济区的 2 城市指数为 4.67，4 城市指数为 1.96，11 城市指数为 1.83，均明显高于正常值，说明广西北部湾经济区首位城市的垄断性较强，人口分布差异大，城镇规模分布是首位分布[67]。首位型城市规模分布反映了空间集中的趋势。一种很流行的观点是，城市的首位分布是与经济发展的低水平联系在一起的，简单地说，经济不发达是造成首位分布的原因。反之，经济发展是城市体系均衡发展的原因。经济一体化创造了一体化的社会网络和一体化的城市体系。经济高度发展下的城市体系的均衡发展就是城市群空间一体化的表征。

2. 城镇体系发育不成熟，城镇化落后于工业化

虽然北部湾城镇群的城镇化和工业化进程都已经取得了长足的发展，但是两化之间并没有形成良好的互动关系，一方面工业化水平偏低，制约城镇化推进，另一方面城镇的产业聚集功能不强，反过来影响了工业化发展。这是当前制约北部湾城镇群发展的核心问题之一。

目前广西北部湾经济区整体上进入工业化中级阶段，但城镇化水平仍然较低，城镇体系发育不成熟，特大城市与中等城市之间出现断层，缺乏具有较强辐射功能的大城市，区域空间结构的演化滞后于区域工业化总体进程。

3. 核心城市不强，辐射带动作用有限

城市作为区域经济和社会活动的中心，对区域发展具有辐射和拉动作用。首位城市南宁在北部湾经济区中虽然具有较强的垄断地位，但是和区内发展较好的柳州、桂林相比并不具有绝对优势；与周边其他城市群的中心城市相比也无明显优势，在经济实力、产业规模等方面仍有较大的差距，其对周围区域发展的辐射、拉动作用仍然较弱。

其他城市经过多年发展也初具规模，但水平参差不齐，综合实力远逊于南宁。北海、防城港经济发展水平较高，但城市总体规模过小；钦州的现状规模和经济实力则更弱。这些城市目前尚难以成为南宁之外有效的次级辐射源，更难以拉动城镇群的整体发展。尤其是沿海地区，面对未来工业化、城镇化加速发展的局面，沿海三市规模都太小，社会服务、管理水平差距较大。

4. 沿海城市职能重合

南宁与北海、钦州、防城港三市的职能差异和互补关系较明显，但北海、钦州、防城港都是港口城市，建港条件都比较优越，职能存在趋同性，发展方向与分工不明确，三市均想通过建设高等级的港口成为广西乃至大西南的出海口，三市间关于港口建设的竞争从未停止。非良性竞争多于协调，且因规模小、经济实力弱，难以发挥经济中心的作用。从现实情况来看，三市都建成国际化的大型港口不太现实，因此港口城市的职能关系尚需协调[68]。

5. 行政体制分割，资源配置效率降低

各城市囿于行政区利益，规划间缺乏整体协调，严重影响区域战略性资源的有效利用与配置，将会降低发展效率，不利于区域一体化的推进。这种不协调突出体现在沿海地区。

首先，表现在沿海港口规划上。北海、钦州、防城港三市都规划了规模庞大的港区，并没有考虑附近港口的发展可能，更称不上有分工合作。出于各自利益的考虑，各市纷纷建设深水码头、深水航道、疏港公路铁路。其结果是分散了有限的资金和资源，并造成大量的海岸线无序开发，降低了港口整体发展优势和集聚效益，也对岸线资源保护造成压力。而且，由于港口本身并不制造贸易，因此这些港口或相互竞争有限的腹地货源，或"硬化"更多的岸线发展工业区，这不仅迷惑了自己，更不利于广西沿海的引资和整体持续发展的进程。在市场需求有限、岸线资源并不富裕的情况下，集中发展港口是提高经济效益、合理分配岸线资源的明智选择。

其次，表现在沿海各城市的功能定位的落实上。按照已有（或进行中）的规划，各城市功能定位比较明确，即北海以旅游、商贸为主；钦州以临港工业为主，港口作为工业的配套功能；防城港以发展港口为主，其他功能为辅。但在具体实施中，各城市纷纷竞争临海重工业和能源项目，热衷建设深水航道，扩大港口经营项目，重复建设倾向已经显现。

最后，在区域基础设施建设和生态环境保护方面还未体现共建共享的意愿。在旅游、公共交通、信息化建设等方面的合作比较薄弱，致使区域优势资源发挥大打折扣。

6. 交通能力不足，影响区位优势发挥

广西北部湾经济区虽然形成了相对完善的内部交通体系，但对外联系的通道建设相对滞后，形成了多个方向的交通瓶颈，直接影响城镇群作为西南出海大通道的作用以及承接珠三角产业转移的规模。

1) 铁路集疏运系统能力严重不足

铁路线路布局不合理。目前区域运输通道中，只有南宁至昆明方向和南宁至衡阳方向有铁路，南宁和广州之间、南宁与贵阳之间均没有直接铁路联系，造成绕行距离长、运输效率低、运输费用高。此外，城镇群内铁路线路技术标准普遍较低，通过能力小。目前铁路干线几乎全部处于饱和状态，线路上限制口较多，运输能力很难提高。

现行铁路管理体制也是造成铁路交通瓶颈的重要因素。目前南昆线、湘桂线、黔桂线等国家干线铁路由国家铁道部统一管理、调度，而南防线、黎钦线、钦北线等地方铁路归广西沿海铁路集团公司管理，国家铁路与地方铁路之间没有很好衔接，在运行计划、车皮调度、运算核算等方面存在不平等现象，导致沿海港口集疏运系统费用偏高、运输量有限。

2) 公路对外运输通道不畅

目前，西南出海公路通道广西段虽已全线贯通，但广西通往云南、贵州、湖南、广东以及越南方向的出省出边公路通道还在建设中，出海公路通道配套系统还不够完善，横贯东西向的高速公路主骨架没有形成。

在整个对外主要运输通道中，除北海到湛江方向高速公路连通外，其他几个主要对外运输通道均没有高速公路与相邻省市相互衔接，导致未能与全国高速公路成网，严重影响区域与外省市物资的交流和人员往来。由于现有一些通道上公路等级较低，通行能力不高，严重制约着北部湾城镇群对外运输的发展。

此外，虽然南宁—友谊关铁路恢复通车，南宁—友谊关高速公路竣工已经通车，但是越南国内陆路通道建设滞后，双方铁路轨道标准存在差异，影响了国际通道建设。

3) 交通枢纽服务能力较低

南宁机场作为区域性枢纽机场，目前的场站设施能力过低，飞行航线少，缺乏大型民航企业进驻，影响了客货运输水平的提高，与南宁拥有的区域地位越来越不相称。北海机场作为支线机场，由于距离南宁过近，周边客源有限，运输能力始终达不到设计能力，尚有潜力可挖。

12.5.2　区域空间结构优化策略

1. 以"双核、双轴"构建"倒 T"型空间发展格局

目前广西北部湾经济区整体上进入工业化的中级阶段，需要强有力的增长点拉动整个区域的发展。按照经济地理中空间发展的点–轴理论，在两个以上的增长点之间通常会形成易于发展和聚集的增长轴。按照这一规律，广西北部湾经济区的空间结构为：南宁、北海、钦州、防城港形成区域增长点，以南宁和滨海构成双核结构；东起山口，西至东兴，包括北海、钦州、防城港等增长点的沿海地区形成沿海经济成长轴；南宁至钦州形成另一

条增长轴。由此，构成了广西北部湾经济区"倒T"型的空间结构，沿海经济成长轴是主要的发展轴带，"南宁-钦州发展轴"是次要发展轴带（图12.19）。

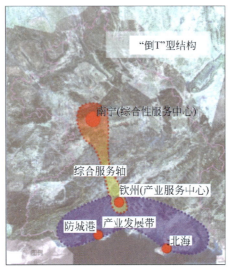

图 12.19　广西北部湾经济区"倒T"型空间

在这一空间结构中，南宁作为更大范围的区域中心，主要提供管理、总部、研发职能、服务职能，其经济增长不在于总量，而在于增长的质量和职能的辐射范围；而从带动区域发展的动力来看，临海型工业与港口发展是带动区域发展的关键。在整个区域中，沿海发展带具有更强的牵引力。随着广西北部湾经济区城镇化水平的提高，沿海发展带内部、南宁-沿海发展带之间快速通道的形成，区域城镇空间将进一步向网络化发展，并最终形成区域城镇一体化的格局。区域内城镇职能的分工与协作在整个区域中展开，城市之间功能趋同，服务设施小而全的状况有望得到彻底改变。

1）双核：区域发展"发动机"

陆玉麒教授提出了双核型空间结构的区域发展模式。该模式通过区域中心城市和港口城市的空间组合，能够兼顾区域中心城市的趋中性和港口城市的边缘性。基于这种区域发展模式原理，以广西北部湾经济区为区域背景，构建"南宁-滨海城市"双核空间结构。

以南宁和滨海为双核，构筑区域发展的"发动机"，形成稳定的"三角形"城镇空间结构。这种空间布局结构强调近期在提升南宁区域核心与国际化城市地位的同时，重点打造由北、钦、防组成的沿海增长极。以沿海城镇带的一体化建设和整合为动力，通过规划引导与政策倾斜，整合沿海港口、城市、旅游岸线、产业园区和基础设施通道。以临海工业区、自由贸易区、出口加工区等主要产业区建设为突破口，充分发挥沿海区位优势和开放政策优势。加快重工业发展步伐，促进传统产业升级，积极培育新兴产业，提升对外贸易和出口加工功能，促进沿海副中心城市超常规发展。

沿海增长极构筑的最终目标是要将广西北部湾滨海地区建成开放型、创新型、多功能、现代化的经济新区、社会新区、生态新区，打造为广西的"滨海新区"。这一概念的落实将会促进广西北部湾滨海地区实现从海洋资源区向海洋经济强区的跨越式发展，有利于海洋经济建设与城镇建设协调互动、可持续发展，从而带动北部湾城镇群整体发展。

借鉴目前国内外城镇群"双核"发展模式的优势，在现状"强势省会+弱势沿海"的格局下，南宁作为省会中心城市与沿海三市之间具有共同的利益诉求而不是冲突。南宁拥有行政管理、金融服务、国际贸易、文化教育、铁路枢纽和航空港等资源，作为区域核心城市具有强大的聚集和扩散能力，将对沿海地区发展形成强大支撑；而其工业化的加快发展也将对港口运输产生更大的需求。沿海地区拥有港口、旅游岸线和东兴边境口岸，以及发展海洋经济和临港工业、宜居城市的基本条件，但自身实力和中心城市不强，港口作用发挥有限。适时利用省会的优势资源带动沿海资源整合，并通过核心的整合进一步带动区域的整合。在这种"双核"型城市格局中，关键在于打破条块分割，消除制度障碍，促进城市间的互补与协作，建立一种优势互补的新型合作关系。

2）双轴：经济与城镇聚集带

（1）南宁–滨海城镇聚集轴

由南宁到滨海地区的发展轴，是承接广西桂柳–南宁–沿海发展"脊梁"的主体，是沿海加速发展的"生命线"。这条发展轴的形成是拉动广西由"沿线时代"转向"沿海时代"的载体，是提升区域核心竞争力、构筑区域整体空间体系的需要，也是未来区域重要功能成长的拓展区。

随着沿海与腹地纵向联系和基础设施走廊的强化，以及来自南宁和沿海的双重拉动，这一区域的发展优势将日益凸显，最有可能形成人口产业聚集、分工合作密切的城镇发展带。为促进沿海要素快速聚集，应该进一步整合与重构这条南北向的发展主轴线，更有效地推进南宁和沿海的极核地带城镇聚集轴的形成。

（2）沿海经济成长轴

世界许多大都市区的发展过程中都经历过向海滨集聚的阶段，海湾区往往成为承载新的产业和功能最具竞争力的地区。因此，重点打造沿海发展带，培育新的区域增长极，既是顺应全球与历史的趋势，也是当前广西发展的重心所在。

沿海经济成长轴包括北海、钦州、防城港等沿海的地带，横亘广西沿海地区，以沿海快速路和铁路为依托，东承珠三角城镇群和粤西城镇群，西接以河内为中心的北越城镇群，有优良的港口资源作为依托，是环北部湾地区联合发展的主要通道和城市走廊，串联了区内所有海港和许多重要口岸，是区域发展海洋经济和外向型经济的主战场。未来将以港口为中心，形成面向内陆的扇面型辐射，推动城镇和产业空间的横向分工联合，是未来城镇、人口、产业高度密集的连绵型发展地区，是广西北部湾经济区近期优先发展地区。

该经济成长轴由钦防都市区和北海都市区组成。钦防都市区应依托港口，大力发展海洋运输、海洋渔业、冶金、海洋化工、重型机械、粮油加工、能源、林浆纸、修造船、港口仓储物流等临港产业。北海都市区应重点发展电子信息、滨海旅游、海洋化工，以海洋资源开发为核心的高新技术、生物制药、海水淡化及综合利用等产业，适当发展污染少的加工贸易。该地区应配合国家战略，加强沿海油气等矿产资源的勘查开发，进一步培育壮大海洋油气等矿产产业，使之成为北部湾，乃至西部地区新的经济增长点。

2. 继续推进区域非均衡发展战略

产业的发展和产业链的组织是城市群经济及空间一体化的基本动力。北部湾经济区是一个发展中地区，区域储蓄能力小，区域资本供给不足，难以实现均衡发展所需的大推动作用。与发达国家或地区普遍存在的有效需求不足相对应，北部湾经济区则是有效供给不足。在这种情况下，将有限的资本投资到无发展优势产业或相对落后地区，将会出现巨大的机会成本，因此必须把资本集中投资于较为发达且发展条件好的产业和地区。

由于社会经济发展水平的不平衡性，高速增长的契机只能出现在个别产业和地区，产生的较大增长势头可以作为区域经济总体发展的推动力量，引起产业纵向和横向分工。发展迅速的点一般是发展条件好的城镇或有发展基础和发展前景的产业，它们对周围地区起着吸引和辐射作用。应该有选择地把这些点作为地区增长极，对其集中投资和重点发展，再通过其增长辐射向外传播，从而带动整个区域。具体到该地区，则应该重点发展南宁、北海、钦州、防城港四市和东兴、浦北、合浦、宾阳、邕宁等地的相关优势产业，如南宁的金融业、制造业、建筑业、物流业，钦州的临海重工业、电子产业，防城港的钢铁产业、物流业，北海的高科技产业、旅游业等。而且重点中也要分主次，应根据自身特点和总体发展思路重点发展相应产业，做到由核心城市进行重点产业布局，次中心城市和县市主动适应，与之产业对接。

3. 城镇化与工业化同步推进，完善城镇体系结构

广西北部湾经济区城镇体系存在中间层次的断层，在一定程度上割裂了不同级别城市之间的联系，使不同级别城市之间的产业、技术、文化、信息等不能畅通地流动，造成了小城镇不能有效地分担首位城市的部分职能，而首位城市也不能有效地拉动周围小城镇的发展。为此，在对广西北部湾经济区城镇体系等级规模进行优化时，应结合实际情况，选择一些区位优势明显、基础设施健全、经济基础较好、发展潜力大的城市，如北海、钦州、防城港、合浦、宾阳等作为大城市和中等城市的培育对象并给予政策扶持，促使它们快速成长，成为联系首位城市和小城镇的重要桥梁。

4. 明确沿海城市港口分工与定位

北海、钦州、防城港三港口发挥各自的优势，使北部湾诸多港口形成优势互补，相互协调的分层规划布局下的港口群，达到效益最大化的目标。

防城港是我国大陆海岸线西南端的深水良港，是西南出海大通道的主要出海口。经过十多年的建设，防城港码头规模、货物吞吐量、服务范围日益扩大，综合性枢纽港作用突出，金属矿、非金属矿、煤炭等大宗散货运输在广西占主导地位，西南出海大通道出海口的作用初步显现。其定位应是：中国沿海主枢纽港之一，西南大通道上的重要出海港口，北部湾地区主要的大宗货物的中转港口。

钦州港作为地区性重要的沿海工业港口，是环北部湾经济圈的重要港口之一，应发挥其区位、交通、腹地等优势，促进北部湾区域经济的发展。

北海港应发挥其自然条件、旅游资源的优势，继续发展商贸旅游功能。

1）防城港——大宗货物中转港口城市

随着外向型经济和临海产业带的发展，防城港应充分发挥港口的基础平台作用，发展以港口为中心的现代物流业，进一步拓展商贸、仓储、配送、临港工业、金融、信息服务等功能，发展集装箱运输，成为以能源和大宗物资运输为主、功能齐全的现代化综合性港口。

为了满足临海工业基地大量物资进出口中转业务需要，在2010年前可优先以第三、第四港区为主枢纽港口，主要布局集装箱和矿石专业泊位；第一、第二老港区为支线港口，主要布局通用散货港口；专业泊位布局在第五和企沙港区，主要服务于腹地企沙工业区的企业。

发展业主码头。近期建设的另一重点是第三、第四港区的通用散货码头的建设，满足预测吞吐量的需求。远期集中力量加强集装箱专用码头和第五港区专业码头的建设，促进防城港码头大型化、专业化、现代化发展。

2）钦州——沿海工业港口城市

钦州港近期主要为钦州市及临海工业的发展服务；为广西北部湾经济区和广西经济发展服务；逐步为发展环北部湾经济圈，持续推进西部大开发，加快泛珠三角经济圈、中国-东盟自由贸易区社会经济发展服务；为我国进一步开放、沟通与世界各地的外贸运输服务。远期应根据自身的特点和条件，具备临海工业、现代物流、对外贸易、保税加工、综合服务等功能，并逐步发展成为设施先进、功能完善、运行高效、文明环保的国际贸易深水港。

以西港区为主枢纽港，主要布局通用泊位；专业泊位主要布局在中港区，满足工业企业的专业化物流需求；其他港区为支线港和喂给港。

近期建设重点应集中在西港区，完善其作为地区性枢纽港口的作用。尤其要加紧油品码头的建设，满足腹地如中国石油广西石化1000万t级炼油项目等工业的海运需求。远期建设重点应集中在中港区专用码头的建设，进一步促进钦州港的现代化发展。

3）北海——商贸旅游港口城市

为发挥港口规模经济优势，便于疏港交通的组织，本次规划对于较偏远的大风江港区不进行规划。出于对红树林的保护，榄根港区亦不宜规划建设工业港区。北海港口布局规划对货运港口和客运港口分别规划。货运以铁山港为主枢纽港口，主要满足集装箱货物的物流要求；以石步岭港区和沙田港区为支线港口，主要布局散货泊位和专业泊位。客运以侨港为枢纽港口，以海角和涠洲港为支线港。北海港近期以煤炭、矿石的散货码头为建设重点，满足大幅增长的吞吐量需求。远期以专业码头和集装箱码头为建设重点，将铁山港区建设成为现代化的综合性工业港口。

5. 消除行政与体制壁垒，建立城市群统一协调管理机制

应把北部湾经济区看作一个整体，也可看作一个"大南宁"，其客观因素决定了在考

虑它们的发展时应将其看作一个城市综合体来规划。多年来，人们思想上已越来越认识到南宁、北海、钦州、防城港四市在本地区乃至自治区经济发展中的重大作用，也越来越认识到该经济区必须统一规划建设的重要性，随着 2008 年《广西北部湾经济区发展规划》正式批准实施，这一问题得到了初步解决。然而要彻底解决问题，关键在于管理上要有突破，应从根本上强化北部湾经济区规划建设管理委员会的作用，统一协调北部湾经济区的重大社会经济问题，对北部湾经济区在用地、交通、产业结构、给排水、电力电讯、环保、金融、贸易等方面进行统一规划布局，目前这一根本性问题尚未得到妥善解决。针对招商引资竞争力不足的现象，建议建立统一的协调机制进行联合招商，以实现资源的优化配置，同时加强城市之间的交通联系，形成沿海产业发展带，形成以点促线、以线带面的城镇体系发展格局。

6. 构筑一体化、开放化的基础设施体系

城市群空间一体化要求内部统一公共服务职能，如统一的供水、供电、公共交通、环境治理等，这样才能实现效率的最大化。同时，也需要一体化的设施体系具备开放性的特点，方便自身与其他都市带和城市群进行对接，从而融入更大规模的城市体系中。因此，基础设施体系一体化、开放化规划建设是城市群空间一体化的必然要求和重要内容。基础设施体系主要包括交通设施、通信及信息设施、金融服务等。便捷的交通网络设施是城市群联系的管道，城市间的物质流态要素的交流均需以此为途径，一个一体化、开放化的城市群交通网络将给城市群经济的发展带来无穷动力。

12.6 结论与展望

12.6.1 主要结论

随着《广西北部湾经济区发展规划》的制定和批准实施，广西北部湾经济区的发展将迈上一个新的台阶，这对广西北部湾经济区的区域发展与空间结构研究提出了新的要求。通过本文的研究，得到以下主要结论。

（1）选取人均 GDP、产业结构、城市化水平为衡量指标，对广西北部湾经济区发展阶段进行综合判断，得到两个结论：①广西北部湾经济区总体上处于工业化中级阶段，地区全面工业化初见端倪。②城市化与产业结构演化滞后于经济发展和工业化进程。

（2）对 1997~2007 年广西北部湾经济区的区域发展差异从总体差异和内部差异两方面分析，得到三个结论：①广西北部湾经济区人均 GDP、人均 GDP 平均值、人均 GDP 标准差的变化轨迹几乎一致，呈上升趋势，且上升幅度加快，绝对差异逐步扩大。②相对差异呈现出先扩大后缩小的波动性变化。③通过经济活动集聚程度的分析，发现广西北部湾经济区存在两个经济增长核心区和两个欠发达地区，即南宁增长核心区、北海-钦州-东兴-防城港沿海经济成长带、北部内陆欠发达区以及中南部沿海欠发达区。

（3）建立综合实力评价体系，研究 1997 年、2002 年、2007 年三个时段的广西北部湾

经济区 15 个评价单元的综合实力，得到两个结论：①广西北部湾经济区的城市等级差异显著，城市等级提升缓慢。②通过三个时段区域综合实力分析，发现广西北部湾经济区的空间结构演化存在四个阶段：第一是 1997 年低水平均衡阶段；第二是 1997~2002 年区域综合实力差异扩大阶段；第三是 2002~2007 年空间结构调整阶段；第四是 2007 年以后多中心加强联系阶段。

（4）选取区域经济发展差异中的经济活动人口偏置度与区域综合实力进入 SPSS 回归分析模块，以区域综合实力为因变量，经济活动人口偏置度为自变量，分别得到 1997 年、2002 年、2007 年的回归分析模型。

由三个年份的区域综合实力与经济活动人口偏置度回归分析表明：①回归方程的相关系数 R 和决定系数 R^2 越来越大，说明回归方程中经济活动集聚程度所能解释的区域空间结构信息量越来越多。②广西北部湾经济区的区域综合实力与区域经济活动集聚程度存在正相关关系，且两者之间的关系越来越密切。

12.6.2　不足与展望

限于笔者的研究能力、研究时间和所能够收集到的论文资料、数据，对于区域发展与空间结构的研究仍然有许多问题有待于进一步探讨。

（1）本书研究了区域发展过程与区域空间结构演变所体现出的相对应的特征和阶段，在研究区域发展过程与空间结构演变之间的关系方面只有理论上的分析，定量研究方面只选取了区域发展差异中的经济活动人口偏置度与区域综合实力进行回归分析，在定量基础上开展两者之间的互动演变关系研究有待于进一步的深入。

（2）本书只考虑了广西北部湾经济区内部区域发展与空间结构的关系，对于区外的其他区域对本区域的影响则没有深入的研究，如珠三角、中国-东盟自由贸易区对广西北部湾区域发展与空间结构演变的影响等。

（3）在本书研究中可以应用新的技术手段，如 3S 技术的应用，一方面对区域发展过程进行研究，另一方面选择反映空间结构发育程度的空间结构指数、空间结构发挥程度的指标、空间结构变化度的预测等，对空间结构的发展演化进行模拟、预测和检验，并指导区域空间结构的优化和调整。

（4）本书对于综合交通体系等轴线的作用缺乏详细的分析，对于适宜的空间开发模式探讨不足。

参 考 文 献

［1］管卫华. 江苏省区域发展与空间结构研究. 南京：南京师范大学硕士学位论文, 2003.
［2］杨轶. 长江三角洲区域发展和空间结构研究. 郑州：中国人民解放军信息工程大学硕士学位论文, 2006.
［3］耿明斋. 现代空间结构理论回顾及区域空间结构的演变规律. 企业活力, 2005,（11）：1~5.
［4］Friedman J R. Regional Development Poliey: a case study of Venezuela. Cambridge: Mass MIT Press, 1966.
［5］Friedman J R, Alonso W. Regional development and Planning. Cambridge: Mass MIT Press, 1964.
［6］Northam R M. Urban GegraPhy. NewYork: J. Wiley Sons, 1978：135~143.

［7］ David Landes. The wealth and Poverty of Nations——Why Some Are So Rich And Some So Poor. W. W. North&Company，NewYork，London，1998.

［8］ 甄峰. 信息时代的区域空间结构. 北京：商务印书馆，2004.

［9］ 张雪花，张宏伟，张宝安. SD-MOP 整合模型在区域发展战略规划研究中的应用. 系统工程，2007，25（9）：65～72.

［10］ 樊杰. 地理学的综合性与区域发展的集成研究. 地理学报，2004，59（5）：33～40.

［11］ 栾维新，王海壮. 长山群岛区域发展的地理基础与差异因素研究. 地理科学，2005，25（5）44～50.

［12］ 谢辉，程晓凌，张雷等. 东北地区资源环境基础与区域发展政策. 地域研究与开发，2006，25（2）：47～51.

［13］ 汤尚颖，曹勇涛，程胜. 区域形态创新模式与区域发展. 理论探索，2007，（5）：79～83.

［14］ 吕新苗，吴绍洪，杨勤业. 全球环境变化对我国区域发展的可能影响评述. 地理科学进展，2003，22（3）：260～269.

［15］ 吕拉昌，魏也华. 新经济地理学中的制度转向与区域发展. 经济地理，2005，25（4）：437～441.

［16］ 李国胜，郭兆成. 自然地理格局对区域发展时空分异影响的评价方法. 地理研究，2007，26（1）：1～10.

［17］ 张雷，沈叙建，杨荫凯等. 中国区域发展的资源环境协调问题. 地理科学进展，2004，23（6）：10～19.

［18］ 李名升，孙虎，韩良等. 吉林省区域经济差异分析. 经济地理，2006，26（12）：41～44.

［19］ 欧向军，顾朝林. 江苏省区域经济极化及其动力机制定量分析. 地理学报，2004，59（5）：791～799.

［20］ 孙姗姗，朱传耿. 区域经济发展差异研究进展与展望. 人文地理，2008，（2）：11～18.

［21］ 孟斌，王劲峰，张文忠等. 基于空间分析方法的中国区域差异研究. 地理科学，2005，25（4）：393～400.

［22］ 汪涛，曾刚. 新区域主义的发展及对中国区域经济发展模式的影响. 人文地理，2003，18（5）：52～55.

［23］ 李娟文，王启仿. 区域经济发展阶段理论与我国区域经济发展阶段现状分析. 经济地理，2000，20（4）：6～9.

［24］ 姜绍华，魏晓笛. 山东区域经济发展的阶段定位与阶段特征. 理论学刊，2003，（1）：104～105.

［25］ 高志刚. 产业结构与新疆区域经济发展. 干旱区地理，2004，27（4）：592～596.

［26］ 周新宏，沈霁蕾. 长三角区域经济发展现状及趋势研究. 经济纵横，2007，（4）：67～69.

［27］ 刘传江，吕力. 长江三角洲地区产业结构趋同、制造业空间扩散与区域经济发展. 管理世界，2005，（4）：35～39.

［28］ 梁军，路光前. 工程伦理与区域经济发展模式——以陕北地区能源产业的伦理考察为例. 西北大学学报（自然科学版），2007，37（6）：931～934.

［29］ 于潇. 我国区域经济发展与结构变迁——东北地区经济结构调整过程中的自主创新之路. 吉林大学社会科学学报，2006，46（6）：17～22.

［30］ 陈修颖. 区域空间结构重组：国际背景与中国意义. 经济地理，2005，25（4）：463～466.

［31］ 陈志文，陈修颖. 区域空间结构重组：结构重组研究的新领域. 江西社会科学，2007，（9）：166～170.

［32］ 张晓平，刘卫东. 开发区与我国城市空间结构演进及其动力机制. 地理科学，2003，23（2）：142～149.

[33] 李全林，马晓冬，朱传耿等．基于 GIS 的盐城城市空间结构演化分析．地理与地理信息科学，2007，23（3）：69～73.

[34] 陈小素，乔旭宁．基于 GIS 的区域经济空间结构演化研究——以河南省为例．地域研究与开发，2005，24（3）：119～122.

[35] 周惠来，郭蕊．中国城市群研究的回顾与展望．地域研究与开发，2007，26（5）：55～60.

[36] 官卫华，姚士谋．城市群空间发展演化态势研究——以福厦城市群为例．现代城市研究，2003，（2）：82～86.

[37] 王良健，周克刚，许抄军等．基于分形理论的长株潭城市群空间结构特征研究．地理与地理信息科学，2005，21（6）：74～78.

[38] 王海壮．长山群岛空间结构演变规律、驱动机制与调控研究．大连：辽宁师范大学硕士学位论文，2004.

[39] 江莹．区域城市化进程中的空间结构演化研究——以长江三角洲地区为例．武汉：华中师范大学硕士学位论文，2004.

[40] 吴启焰，朱喜钢．城市空间结构研究的回顾与展望．地理学与国土研究，2001，17（2）：46～50.

[41] 朱巍．成都市城市交通与城市空间结构相互关系研究．四川：西南交通大学硕士学位论文，2005.

[42] 余斌，曾菊新，罗静．中国城镇非密集地区城乡发展的空间创新研究．地理科学，2007，27（3）：296～303.

[43] 尹晓波，侯祖兵．海峡西岸经济区城市群的定位及发展路径．经济地理，2006，26（3）：473～477.

[44] 苗长虹．区域发展理论：回顾与展望．地理科学进展，1999，18（4）：296～305.

[45] Williamson J G. Regional inequalities and the process of national development. Economic Development and Cultural Change，1965，（13）：1～84.

[46] Myrdal G. Economic theory and underdeveloped regions. London：Duckworth，1957.

[47] 何金玲．国际区域经济发展理论综述．经济纵横，2007，（1）：85～87.

[48] 何金玲．中国区域经济发展的理论与实践．工业技术经济，2007，26（2）：10～11.

[49] 陈秀山，石碧华．区域经济均衡与非均衡发展理论．教学与研究，2000，（10）：12～18.

[50] 王颖．淮安市的空间结构域区域发展．南京：南京师范大学硕士学位论文，2003.

[51] 陆玉麒．区域发展中的空间结构研究．南京：南京师范大学出版社，1998.

[52] 甄峰，顾朝林．信息时代空间结构研究新进展．地理研究，2002，21（2）：257～266.

[53] 魏心镇．国土规划的理论开拓——关于地域结构的研究．地理学报，1989，44（3）：35～39.

[54] 彭震伟．区域研究和区域规划．上海：同济大学出版社，1998.

[55] 陆玉麒．中国区域空间结构研究的回顾与展望．地理科学进展，2002，21（4）：468～476.

[56] 李皓，杨海燕．区域空间结构演进机制再认识．西南民族大学学报（人文社会科学版），2008，（2）：116～120.

[57] 闫永林．区域空间结构与经济发展．商业经济，2006，（8）：25～26.

[58] 潘玉君，李灿光，武友德，区域发展研究：发展阶段与约束条件．北京：科学出版社，2007.

[59] 李占雷，杨金廷，李少波．邯郸市经济发展阶段的分析与判断．河北建筑科技学院学报（社科版），2003，20（3）：84～86.

[60] 吕化霞．山东经济空间分异与空间开发策略研究．河南：河南大学硕士学位论文，2007.

[61] 管卫华，赵媛，林振山．改革开放以来江苏省区域空间结构变化．地理研究，2004，23（4）：541～550.

[62] 欧向军．江苏省区域发展差异综合分析．地域研究与开发，2006，25（5）：18～23.

［63］彭宝玉，覃成林．河南县域经济实力评价及空间差异分析．地域研究与开发，2007，26（1）：45～49.

［64］仇方道，朱传耿，单勇兵．江苏省县域综合实力评价及区域分异特征．地理与地理信息科学，2003，19（6）：65～69.

［65］仇方道，朱传耿，单勇兵等．中国县域综合实力评价与区域分异特征．地理科学，2004，24（4）：392～398.

［66］蒋勇，黄鹄．广西北部湾经济区城镇体系的现状和问题研究．广西财经学院学报，2008，21（5）：20～23.

［67］朱士鹏，毛蒋兴，徐兵．广西北部湾经济区城镇规模分布分形研究．广西社会科学，2009（1）：19～22.

［68］蒋勇，黄鹄．广西北部湾经济区城市群空间一体化机制及策略探讨．热带地理，2009，29（1）：43～48.

附　　录

附表 1　北部湾经济区各县市地形因子等级表

城市	min	max	mean	stddev	等级	城市	min	max	mean	stddev	等级
南宁市	−75	930	122	57	2	浦北县	2	1084	168	139	4
武鸣县	−122	1729	223	176	4	玉林	3	1245	166	137	4
隆安县	−140	1038	236	141	4	容县	−11	1230	257	184	4
马山县	−10	1286	327	131	2	陆川县	3	774	145	94	2
上林县	−51	1731	274	238	5	博白县	1	895	122	105	3
宾阳县	16	1084	160	120	2	北流市	6	1238	230	164	2
横县	−73	986	109	79	2	崇左市	5	1033	210	100	2
北海市	0	155	15	10	2	扶绥县	7	778	170	95	2
合浦县	0	525	26	30	3	宁明县	6	1358	317	180	1
防城港市	−7	1411	182	234	5	龙州县	11	1014	270	120	3
上思县	7	1448	321	191	2	大新县	12	969	375	129	1
钦州市	−6	957	50	73	4	天等县	133	1050	530	93	1
灵山县	3	851	100	79	3	凭祥市	57	856	309	118	1

附表 2　有记录以来广西壮族自治区地震震级及震源记录

年份	震源 E	震源 N	震级	年份	震源 E	震源 N	震级	年份	震源 E	震源 N	震级	年份	震源 E	震源 N	震级
1045	110.6	24.4	4	1524	107.2	23.6	4.5	1673	110.2	22.7	3.5	1759	109.9	23.9	5
1272	111.3	23.5	4	1535	110.5	22.9	3.5	1673	111.1	23.4	4	1778	110.6	22.5	5.25
1318	110.5	23.5	5	1555	107.4	22.4	3.5	1686	110	22.8	5.5	1806	109.4	25	4.75
1372	111.1	24.2	5	1587	111	24.7	4	1686	110.5	24.7	4.75	1806	108.3	23.4	4.5
1482	107.4	22.4	3.5	1598	110.5	25	4.5	1695	109.1	24.9	5.5	1817	106.4	23.1	4
1499	110.3	22.3	3.5	1599	110.3	25.5	4.75	1700	109.1	24.9	4	1819	110.6	26	3.5
1501	108.6	22	3.5	1604	109.3	24.5	4	1709	110.2	22.7	4	1838	110.3	22.5	3.5
1502	111	24.1	4.75	1635	110.6	24.6	4	1711	110.9	24.5	4	1847	108.9	22.2	4
1507	110.6	22.8	5.25	1639	110.6	24.7	4.75	1711	110.9	24.5	4	1847	110.2	22.6	4
1507	107.6	22.6	3.5	1650	110.3	25.3	4	1712	110.8	24.2	4	1853	108.6	22	3.5
1510	107.4	22.3	3.5	1661	108.2	24.6	4.5	1727	108.7	23.3	3.5	1857	110.3	22.7	4.75
1510	109.5	24.9	5	1662	110.6	23.1	4.5	1727	108.7	23.3	4	1857	110.2	22.9	3.5
1520	111	24	5	1664	108.1	24.4	3.5	1729	111.3	24.8	3.5	1857	110.3	22.5	3.5
1521	107.4	22.3	3.5	1665	110.8	24.4	5	1736	110.9	23.2	4.75	1858	110.2	22.5	4.5
1521	107.4	22.3	3.5	1672	110.4	24.7	4.75	1751	106.9	23.7	4.75	1859	110.3	22.5	4

续表

年份	震源		震级	年份	震源		震级	年份	震源		震级	年份	震源		震级
	E	N			E	N			E	N			E	N	
1859	110.3	22.5	3.5	1917	111.6	24.4	4	1936	109.4	23.7	3.5	1945	106.5	24.8	4
1860	110.3	22.5	3.5	1917	109.7	24	3.5	1937	110.2	22.6	4	1947	108.3	23.7	4
1860	110.1	22.9	5.5	6618	111.7	24.3	4	1937	110.2	22.6	3.5	1948	109.8	22.9	3.5
1861	110.3	22.5	3.5	1918	106.4	23.3	4	1937	106.8	22.3	3.5	1948	107.4	24.4	3.5
1862	108.7	22.4	3.5	1919	106.3	24	4	1938	107.4	22.3	3.5	1949	106.5	24.8	4.75
1863	107.4	22.3	3.5	1905	108.6	22.3	4	1938	110	22.7	4	1949	106.4	24	3.5
1869	107.3	22.2	4.75	1905	107.1	23.5	4	1938	106.6	24.8	4.5	1951	108.2	24.7	3.5
1873	110.2	22.5	4	1905	108	24.6	4.5	1938	110.2	22.2	3.5	1953	110.2	22.5	3.5
1873	110.3	22.5	3.5	1905	107.5	23.4	4.75	1939	109.4	23.1	3.5	1953	106.6	23.9	3.5
1875	107.8	24.7	3.5	1925	106.5	23.9	3.5	1939	107.4	23.4	4	1955	106.4	23.4	4
1875	106.5	25	6.5	1926	108.1	24.7	4.75	1939	107.2	25	4	1956	108.2	23.7	3.5
1875	111.5	24.4	3.5	1929	106.1	24.2	3.5	1940	107.5	22.4	3.5	1956	108.6	22	3.5
1886	106.8	22.3	4.75	1930	107.5	23.5	4.75	1940	110.3	22.3	3.5	1958	106.4	23.4	4
1887	107.4	24.4	3.5	1930	106.9	23.9	3.5	1940	109.4	21.3	3.5	1958	109.4	21.3	3.5
1890	110.3	21.9	6	1930	106.5	23.2	4	1941	109.6	23.1	3.5	1958	109.5	22.6	5.75
1890	110.2	22.5	3.5	1930	108.1	24.5	4	1941	107.3	24.3	4	1960	108.5	24.3	5
1890	108.5	21.9	3.5	1930	105.2	24.5	4	1942	109.8	22.9	3.5	1962	106	24.3	5
1890	110.6	22.2	4.75	1931	10703	24	4.5	1941	108.1	25	3.5	1962	107.7	24.6	3.5
1892	110.3	22.3	3.5	1931	108	24.6	3.5	1943	110.2	22.6	3.5	1964	107.6	25.2	4
1893	107.8	22.8	4.75	1931	105.3	24.7	3.5	1943	106.4	23.3	4	1964	106.9	24.7	3.5
1895	108.6	22	3.5	1934	107.4	24.1	4.75	1943	108.1	24.5	4.75	1965	108.1	23.9	3.5
1899	109.6	23.4	5	1935	109.1	24.3	4.5	1943	107.5	23.4	3.5	1966	105.8	23.3	4.5
1900	107.4	24.3	3.5	1935	105.3	24.6	4	1943	106.6	24	3.5	1967	106.6	24.2	4
1905	106.6	24.6	3.5	1935	107.3	22.1	3.5	1944	110.3	22.3	3.5	1967	108.9	21.4	3.5
1910	105.2	24.5	4.75	1935	109.4	22.5	3.5	1944	107.4	25	3.5				
1911	109.8	23	5.25	1936	108.2	24.9	4	1945	106.5	23.9	4				
1913	109.2	23.7	3.5	1936	109.4	22.5	6.75	1945	106.4	23.4	4				

附表3 北部湾经济区洪涝灾害风险评估原始数据

地区	灾害发生次数	历史灾情等级	河网密度/%	植被覆盖度/%	地形因子	平均降水量/mm	单位面积农作物百分比/%	人均GDP/元	经济密度/元	人口密度/人	百人病床数/个
南宁市	20	29	0.1598	0.094	2	1252	0.4173	26330	814.16	0.0311	31.20
武鸣县	14	19.5	0.1499	0.163	4	1323	0.5060	25571	440.07	0.0202	29.11
隆安县	7	24.5	0.1599	0.138	4	1276	0.3128	12354	171.18	0.0177	34.69

地区	灾害发生次数	历史灾情等级	河网密度/%	植被覆盖度/%	地形因子	平均降水量/mm	单位面积农作物百分比/%	人均GDP/元	经济密度/元	人口密度/人	百人病床数/个
马山县	20	21.25	0.0771	0.107	2	1737	0.2306	7568	133.71	0.0231	19.33
上林县	21	37.5	0.1362	0.121	5	1701	0.3145	8517	170.41	0.0261	19.03
宾阳县	16	18.5	0.1364	0.093	3	1551	0.5612	13260	491.06	0.0457	23.26
横县	15	18.25	0.0739	0.072	2	1606	0.4065	14590	389.34	0.0347	16.42
北海市	25	8.5	0.0281	0.02	3	1679	0.5432	25657	1202.90	0.0485	48.48
合浦县	27	26.25	0.1363	0.072	3	1717	0.5374	15388	584.24	0.0442	29.54
防城港市	12	24.5	0.1175	0.14	5	2329	0.1839	37264	514.97	0.0138	36.12
上思县	18	43.5	0.1249	0.147	2	1189	0.1923	20173	150.69	0.0087	22.90
钦州市	32	42.75	0.1422	0.099	4	1708	0.3354	16421	480.19	0.0350	34.15
灵山县	11	19.5	0.1064	0.091	3	1598	0.3536	9766	320.52	0.0441	24.10
浦北县	20	42.75	0.1327	0.119	4	1684	0.2804	10945	325.39	0.0361	20.55
玉林市	31	39.75	0.3282	0.096	4	1522	0.3689	15011	654.50	0.0523	53.58
容县	24	30.75	0.1214	0.124	4	1597	0.2526	13124	383.36	0.0360	19.80
陆川县	19	20.5	0.0886	0.154	2	1871	0.3845	14779	744.20	0.0671	17.39
博白县	25	41.25	0.1508	0.161	3	1759	0.3535	10358	368.29	0.0459	16.77
北流市	22	29.25	0.1168	0.125	2	1500	0.3592	13261	624.06	0.0559	19.04
崇左市	10	15	0.1574	0.127	2	1152	0.2734	18734	226.14	0.0135	33.00
扶绥县	14	16.75	0.1581	0.118	2	1158	0.4570	20896	284.33	0.0159	24.12
宁明县	22	24.5	0.1547	0.196	1	1155	0.1818	15475	148.68	0.0117	19.11
龙州县	17	23	0.1535	0.146	3	1254	0.2518	18843	197.82	0.0117	32.45
大新县	14	14.75	0.1575	0.143	1	1295	0.2301	17818	206.14	0.0135	19.61
天等县	22	25.25	0.1094	0.153	1	1441	0.2500	10997	164.91	0.0202	19.76
凭祥市	8	8.75	0.1020	0.196	1	1269	0.1733	21886	386.65	0.0171	21.11

附表4　北部湾经济区干旱灾害风险原始数据

地区	干旱指数	灾害重现率	河网密度/%	植被覆盖度	地形因子/%	多年平均降水量/mm	单位面积农作物百分比/%	人均GDP/元	经济密度/元	人口密度/人	百人病床数/个
南宁市	1.302	0.500	0.160	0.094	2	1252	0.417	26330	814	0.031	31.2
武鸣县	1.490	0.619	0.150	0.163	4	1323	0.506	25571	440	0.020	29.1
隆安县	1.261	0.310	0.160	0.138	4	1276	0.313	12354	171	0.018	34.7
马山县	0.973	0.262	0.077	0.107	2	1737	0.231	7568	134	0.023	19.3
上林县	0.929	0.333	0.136	0.121	5	1701	0.314	8517	170	0.026	19.0
宾阳县	1.029	0.405	0.136	0.093	3	1551	0.561	13260	491	0.046	23.3

续表

地区	干旱指数	灾害重现率	河网密度/%	植被覆盖度	地形因子/%	多年平均降水量/mm	单位面积农作物百分比/%	人均GDP/元	经济密度/元	人口密度/人	百人病床数/个
横县	1.173	0.595	0.074	0.072	2	1606	0.406	14590	389	0.035	16.4
北海市	1.143	0.143	0.028	0.020	3	1679	0.543	25657	1203	0.048	48.5
合浦县	1.015	0.595	0.136	0.072	3	1717	0.537	15388	584	0.044	29.5
防城港市	0.524	0.262	0.117	0.140	5	2329	0.184	37264	515	0.014	36.1
上思县	1.400	0.452	0.125	0.147	2	1189	0.192	20173	151	0.009	22.9
钦州市	0.822	0.929	0.142	0.099	4	1708	0.335	16421	480	0.035	34.2
灵山县	1.147	0.381	0.106	0.091	3	1598	0.354	9766	321	0.044	24.1
浦北县	0.922	0.738	0.133	0.119	4	1684	0.280	10945	325	0.036	20.5
玉林市	0.985	0.929	0.328	0.096	4	1522	0.369	15011	655	0.052	53.6
容县	1.067	0.333	0.121	0.124	4	1597	0.253	13124	383	0.036	19.8
陆川县	1.020	0.310	0.089	0.154	2	1871	0.385	14779	744	0.067	17.4
博白县	1.028	0.429	0.151	0.161	3	1759	0.354	10358	368	0.046	16.8
北流市	1.028	0.310	0.117	0.125	2	1500	0.359	13261	624	0.056	19.0
崇左市	1.370	0.476	0.157	0.127	2	1152	0.273	18734	226	0.014	33.0
扶绥县	1.370	0.429	0.158	0.118	2	1158	0.457	20896	284	0.016	24.1
宁明县	1.455	0.286	0.155	0.196	1	1155	0.182	15475	149	0.012	19.1
龙州县	1.002	0.643	0.153	0.146	3	1254	0.252	18843	198	0.012	32.5
大新县	1.208	0.333	0.157	0.143	1	1295	0.230	17818	206	0.014	19.6
天等县	0.932	0.548	0.109	0.153	1	1441	0.250	10997	165	0.020	19.8
凭祥市	0.992	0.405	0.102	0.196	1	1269	0.173	21886	387	0.017	21.1

附表5　北部湾经济区热带气旋灾害风险评估原始数据

地区	50年灾害重现率/%	台风灾害历史灾情等级/次	河网密度/%	植被覆盖度/%	地形因子	多年平均降水量/mm	单位面积农作物百分比/%	人均GDP/元	经济密度/元	人口密度/人	百人病床数/个
南宁市	0.938	80	0.160	0.094	2	1252	0.417	26330	814.156	0.031	31.2
武鸣县	0.354	20	0.150	0.163	4	1323	0.506	25571	440.068	0.020	29.1
隆安县	0.292	11	0.160	0.138	4	1276	0.313	12354	171.176	0.018	34.7
马山县	0.229	9	0.077	0.107	2	1737	0.231	7568	133.712	0.023	19.3
上林县	0.229	5	0.136	0.121	5	1701	0.314	8517	170.413	0.026	19.0
宾阳县	0.396	23	0.136	0.093	3	1551	0.561	13260	491.063	0.046	23.3
横县	0.583	42	0.074	0.072	2	1606	0.406	14590	389.341	0.035	16.4
北海市	1.208	139	0.028	0.020	3	1679	0.543	25657	1202.899	0.048	48.5
合浦县	1.188	135	0.136	0.072	3	1717	0.537	15388	584.241	0.044	29.5

地区	50 年灾害重现率/%	台风灾害历史灾情等级/次	河网密度/%	植被覆盖度/%	地形因子	多年平均降水量/mm	单位面积农作物百分比/%	人均GDP/元	经济密度/元	人口密度/人	百人病床数/个
防城港市	1.229	131	0.117	0.140	5	2329	0.184	37264	514.972	0.014	36.1
上思县	1.063	99	0.125	0.147	2	1189	0.192	20173	150.686	0.009	22.9
钦州市	1.167	115	0.142	0.099	4	1708	0.335	16421	480.186	0.035	34.2
灵山县	0.500	34	0.106	0.091	3	1598	0.354	9766	320.517	0.044	24.1
浦北县	0.771	54	0.133	0.119	4	1684	0.280	10945	325.395	0.036	20.5
玉林市	1.125	90	0.328	0.096	4	1522	0.369	15011	654.501	0.052	53.6
容县	0.833	63	0.121	0.124	4	1597	0.253	13124	383.362	0.036	19.8
陆川县	0.854	61	0.089	0.154	2	1871	0.385	14779	744.202	0.067	17.4
博白县	0.708	55	0.151	0.161	3	1759	0.354	10358	368.289	0.046	16.8
北流市	0.625	43	0.117	0.125	2	1500	0.359	13261	624.057	0.056	19.0
崇左市	0.646	54	0.157	0.127	2	1152	0.273	18734	226.136	0.014	33.0
扶绥县	0.542	38	0.158	0.118	2	1158	0.457	20896	284.329	0.016	24.1
宁明县	0.604	46	0.155	0.196	1	1155	0.182	15475	148.684	0.012	19.1
龙州县	0.625	47	0.153	0.146	3	1254	0.252	18843	197.820	0.012	32.5
大新县	0.292	17	0.157	0.143	1	1295	0.230	17818	206.141	0.014	19.6
天等县	0.458	23	0.109	0.153	1	1441	0.250	10997	164.909	0.020	19.8
凭祥市	0.354	22	0.102	0.196	1	1269	0.173	21886	386.647	0.017	21.1

附表 6　广西北部湾经济区 2005 年土地利用汇总表

（单位：hm²）

地区	总计	农业用地						建设用地				其他土地		
		小计	耕地	园地	林地	牧草地	其他农用地	小计	城乡建设用地	交通运输用地	水利设施及其他用地	小计	水域	自然保留地
市区	647645.23	537697.81	198397.22	31044.83	262968.90	16967.59	28319.27	52936.00	37234.96	6611.37	9089.67	57011.42	10928.95	46082.47
宾阳县	230849.28	183807.08	85240.00	1656.30	74568.03	6704.19	15638.56	15741.00	10894.71	1280.97	3565.32	31301.20	2685.30	28615.90
横县	345636.03	284833.59	106369.79	7252.11	148224.63	285.37	22701.69	26946.38	16679.91	1664.73	8601.74	33856.06	11782.13	22073.93
隆安县	227733.90	163664.13	51715.95	13718.01	84167.01	4316.37	9746.79	6309.17	4812.57	707.51	789.09	57760.60	2338.89	55421.71
马山县	234533.44	99987.13	37030.56	1377.19	45762.77	3388.04	12428.57	7118.13	5333.31	741.85	1042.97	127428.18	1814.33	125613.85
上林县	186964.30	99502.90	38018.81	1146.65	46605.93	3102.95	10628.56	9199.32	7216.32	396.97	1586.03	78262.08	2333.45	75928.63
武鸣县	337835.73	250189.41	97354.72	20218.15	110460.25	4612.21	17544.08	16370.13	12043.51	1315.27	3011.35	71276.19	2885.22	68390.97
南宁市	2211197.92	1619682.06	614127.05	76413.25	772757.53	39376.71	117007.52	134620.12	94215.29	12718.66	27686.17	456895.74	34768.27	422127.47
海城区	24322.36	3980.11	2534.85	31.08	1072.50	0.00	341.68	10019.93	8722.42	534.84	762.67	10322.32	6733.16	3589.16
银海区	50516.64	27124.23	15400.21	1478.28	8457.37	1.31	1787.06	9989.42	7645.71	1020.59	1323.12	13402.99	6329.71	7073.28
铁山港区	50731.77	24751.63	11961.91	2059.26	9171.24	7.70	1551.52	6783.73	5223.28	727.07	833.38	19196.41	11995.50	7200.91
合浦县	276036.44	188380.91	85431.40	8244.34	81752.13	7.61	12945.43	25657.01	21146.26	1171.20	3339.55	61998.52	49366.67	12631.85
北海市	401607.22	244236.90	115328.37	11812.96	100453.24	16.64	16625.69	52450.09	42737.67	3453.71	6258.71	104920.23	74425.03	30495.20
钦南区	262308.91	162973.26	47123.91	2407.83	95658.45	1859.19	15923.88	19767.37	12501.83	2235.79	5029.75	79568.28	24049.93	55518.35
钦北区	222826.39	176195.17	52538.61	6423.36	104611.46	2137.87	10483.87	11673.58	9805.74	811.80	1056.04	34957.64	2621.79	32335.85
灵山县	348650.72	299763.78	82433.26	45845.40	159352.55	40.22	12092.35	22228.60	17745.25	716.42	3766.93	26658.34	2650.35	24007.99
浦北县	248298.58	202334.30	46916.88	5600.20	141784.20	68.86	7964.16	11629.69	8507.37	594.96	2527.36	34334.59	2848.19	31486.40
钦州市	1082084.59	841266.51	229012.66	60276.79	501406.67	4106.14	46464.25	65299.24	48560.19	4358.97	12380.08	175518.84	32170.25	143348.59
港口区	37762.62	20678.17	6090.00	87.51	12310.27	186.54	2003.85	5662.98	4295.36	661.53	706.09	11421.47	9074.95	2346.52
防城区	244534.99	182155.97	30399.34	7590.44	137724.56	3003.84	3437.79	6985.07	5062.05	743.60	1179.42	55393.95	13281.40	42112.55
上思县	280956.39	223969.69	38857.24	1670.96	176307.48	2049.01	5085.00	9011.32	3621.81	349.93	5039.58	47975.38	3036.18	44939.20
东兴市	54864.77	37195.53	6326.87	3683.00	23731.67	5.17	3448.82	2876.19	2237.85	225.89	412.45	14793.05	6607.10	8185.95
防城港	618118.73	463999.34	81673.45	13031.90	350073.99	5244.55	13975.45	24535.55	15217.07	1980.95	7337.53	129583.84	31999.63	97584.21
北部湾经济区	4313008.45	3169184.82	1040141.53	161534.90	1724691.43	48744.04	194072.92	276904.99	200730.22	22512.28	53662.49	866918.64	173363.18	693555.46

（单位:hm²）

附表 7　广西北部湾经济区 2009 年土地利用汇总表

地区	总计	农业用地						建设用地				其他土地		
		小计	耕地	园地	林地	牧草地	其他农用地	小计	城乡建设用地	交通运输用地	水利设施及其他用地	小计	水域	自然保留地
六城区	644682.32	556045.52	212586.59	33940.68	256180.50	1239.85	52097.90	58807.50	41322.05	7623.42	9862.03	29829.30	10568.67	19260.63
宾阳县	229816.92	200492.56	92612.20	1038.63	96036.73	0.00	10805.00	18736.93	13631.79	1326.60	3778.54	10587.43	3154.71	7432.72
横县	344805.76	298947.54	110609.30	11095.68	159693.86	0.00	17548.70	35492.95	19812.13	2008.31	13672.51	10365.27	6938.23	3427.04
隆安县	230558.61	193993.94	62612.75	17193.01	104997.37	2.07	9188.74	6997.32	5346.44	989.39	661.49	29567.35	2843.88	26723.47
马山县	234076.09	205537.86	46245.47	1158.20	149798.61	0.70	8334.88	8725.19	6854.34	697.45	1173.40	19813.04	1714.05	18098.99
上林县	187100.18	120077.65	48462.16	1134.36	62936.94	17.69	7526.50	10859.75	8242.16	673.93	1943.66	56162.78	2783.35	53379.43
武鸣县	338890.65	305130.57	117536.61	20067.00	148316.16	46.80	19164.00	18975.66	14166.12	1502.78	3306.76	14784.42	3475.06	11309.36
南宁市	2209930.53	1880225.64	690665.08	85627.56	977960.17	1307.11	124665.72	158595.30	109375.03	14821.88	34398.39	171109.59	31477.95	139631.64
海城区	1214.64	319.60	163.61	83.88	50.51	0.00	21.60	449.52	412.37	24.09	13.06	445.52	432.21	13.31
银海区	3606.54	2195.35	1462.25	37.01	431.81	0.00	264.28	716.53	610.70	68.40	37.43	694.66	603.58	91.08
铁山港区	3355.47	1983.81	1278.45	27.07	479.48	0.00	198.81	536.73	407.83	101.13	27.77	834.93	687.66	147.27
合浦县	18414.46	13253.98	5451.13	309.45	5649.64	0.61	1843.15	2076.93	1532.89	96.35	447.69	3083.55	2553.16	530.39
北海市	26591.13	17752.76	8355.45	457.42	6611.44	0.61	2327.84	3779.71	2963.79	289.97	525.95	5058.66	4276.61	782.05
钦南区	17183.93	11428.44	3162.52	427.43	6567.25	0.00	1271.24	1449.04	970.96	149.51	328.57	4306.45	1634.49	2671.96
钦北区	14781.14	12690.37	3121.63	2026.31	6991.78	0.00	550.65	817.64	642.84	69.53	105.27	1273.13	197.29	1075.84
灵山县	23716.97	20817.30	5320.37	4171.06	10604.65	0.00	721.22	1634.45	1191.80	81.95	360.70	1265.22	167.29	1097.93
浦北县	16842.67	15003.40	2592.03	1772.22	10122.88	0.00	516.27	931.08	663.03	56.78	211.27	908.19	187.06	721.13
钦州市	72524.69	59939.49	14196.54	8397.01	34286.56	0.00	3059.38	4832.21	3468.63	357.77	1005.81	7752.99	2186.13	5566.86
港口区	2673.50	1352.81	230.24	7.60	839.86	0.00	275.11	489.64	414.14	61.35	14.15	831.05	738.79	92.26
防城区	16180.81	13903.42	1646.87	550.20	11276.73	0.29	429.33	633.74	446.88	81.95	104.91	1643.65	682.91	960.74
上思县	18757.39	16872.17	3859.11	111.44	12468.11	0.00	433.51	665.28	258.40	75.76	331.12	1219.94	243.66	976.28
东兴市	3934.78	2850.82	385.00	344.99	1869.03	0.00	251.80	323.28	234.47	21.06	67.75	760.68	635.47	125.21
防城港	41546.49	34979.22	6121.22	1014.23	26453.73	0.29	1389.75	2111.94	1353.88	240.13	517.93	4455.33	2300.83	2154.50
北部湾经济区	2350592.84	1992897.10	719338.28	95496.22	1045311.90	1308.01	131442.69	169319.17	117161.34	15709.75	36448.08	188376.57	40241.52	148135.05

附表 8　广西北部湾经济区 2012 年土地利用汇总表

（单位：hm²）

地区	总计	农业用地						建设用地				其他土地		
		小计	耕地	园地	林地	牧草地	其他农用地	小计	城乡建设用地	交通运输用地	水利设施及其他用地	小计	水域	自然保留地
六城区	644682.33	549697.35	209902.30	33004.22	254185.24	1195.78	51409.81	65910.71	46023.43	9396.07	10491.21	29074.27	10477.82	18596.45
宾阳县	229824.69	199929.87	92331.43	1032.49	95801.92	0.00	10764.03	19469.33	14023.82	1660.03	3785.48	10425.49	3153.99	7271.50
横县	344805.37	298687.20	110439.87	11077.46	159616.36	0.00	17553.51	35765.54	20030.00	2064.15	13671.39	10352.63	6935.43	3417.20
隆安县	230558.61	193680.28	62425.42	17084.79	104940.72	2.07	9227.28	7321.84	5522.48	1137.88	661.48	29556.49	2842.10	26714.39
马山县	234075.57	205205.15	46079.95	1124.80	149685.27	0.70	8314.43	9102.41	6972.94	962.99	1166.48	19768.01	1710.92	18057.09
上林县	187093.32	119683.50	48225.85	1360.72	62589.95	17.69	7489.29	11300.32	8357.27	996.88	1946.17	56109.50	2777.69	53331.81
武鸣县	338890.65	304294.83	117055.23	19798.60	148228.25	46.80	19165.95	19838.97	14873.14	1657.65	3308.18	14756.85	3473.81	11283.04
南宁市	2209930.54	1871178.18	686460.05	84483.08	975047.71	1263.04	123924.30	168709.12	115803.08	17875.65	35030.39	170043.24	31371.76	138671.48
海城区	1214.65	298.06	148.75	82.25	48.05	0.00	19.01	477.11	436.57	26.23	14.31	439.48	428.22	11.26
银海区	3606.55	2178.92	1455.14	35.73	426.02	0.00	262.03	740.49	630.86	70.79	38.84	687.14	598.00	89.14
铁山港区	3355.47	1946.50	1257.31	25.99	467.18	0.00	196.02	578.91	444.38	105.62	28.91	830.06	685.62	144.44
合浦县	18414.45	13241.63	5445.75	308.06	5645.68	0.61	1841.53	2094.90	1546.25	99.76	448.89	3077.92	2552.03	525.89
北海市	26591.13	17665.11	8306.96	452.02	6586.94	0.61	2318.58	3891.42	3064.06	313.40	513.96	5034.60	4263.86	770.74
钦南区	17183.94	11117.46	3128.14	419.42	6522.32	0.00	1047.58	1789.28	1053.53	400.70	335.05	4277.20	1627.41	2649.79
钦北区	14781.12	12534.63	3107.96	2018.93	6969.52	0.00	438.22	987.06	662.45	214.06	110.55	1259.43	193.42	1066.01
灵山县	23716.95	20560.09	5304.55	4157.58	10594.29	0.00	503.67	1901.46	1212.87	322.69	365.90	1255.40	163.50	1091.90
浦北县	16842.66	14836.89	2594.85	1763.78	10113.57	0.00	364.69	1108.95	679.75	212.52	216.68	896.82	183.30	713.52
钦州市	72524.70	59049.08	14135.50	8359.71	34199.70	0.00	2354.17	5786.77	3608.61	1149.98	1028.18	7688.85	2167.63	5521.22
港口区	2673.51	1283.78	216.96	5.13	806.30	0.00	255.39	587.45	500.34	73.29	13.82	802.28	720.18	82.10
防城区	16180.81	13830.93	1652.24	544.37	11257.19	0.29	376.84	723.82	477.75	141.12	104.95	1626.06	678.25	947.81
上思县	18757.37	16704.03	3850.92	109.00	12463.00	0.00	281.11	841.37	281.68	228.30	331.39	1211.97	240.10	971.87
东兴市	3934.78	2814.84	381.14	341.32	1862.50	0.00	229.88	367.29	255.81	43.76	67.72	752.65	631.82	120.83
防城港市	41546.48	34633.58	6101.26	999.82	26388.99	0.29	1143.22	2519.95	1515.59	486.47	517.89	4392.95	2270.34	2122.61
北部湾经济区	2350592.86	1982525.95	715003.77	94294.64	1042223.34	1263.94	129740.26	180907.26	123991.34	19825.50	37090.42	187159.65	40073.60	147086.05